21世纪普通高等学校（本科）法学精品教材

劳动和社会保障法学

Labor Law and Social Security Law

第二版

主　编　谢根成

暨南大学出版社
JINAN UNIVERSITY PRESS

中国·广州

图书在版编目（CIP）数据

劳动和社会保障法学/谢根成主编 . —2 版 . —广州：暨南大学出版社，2014.6
（2016.8 重印）
（21 世纪普通高等学校（本科）法学精品教材）
ISBN 978 - 7 - 5668 - 0982 - 7

Ⅰ.①劳…　Ⅱ.①谢…　Ⅲ.①劳动法—法的理论—中国—高等学校—教材 ②社会保障—行政—法的理论—中国—高等学校—教材　Ⅳ.①D922.501 ②D922.182.31

中国版本图书馆 CIP 数据核字（2014）第 065489 号

劳动和社会保障法学
LAODONG HE SHEHUIBAOZHANGFAXUE
主编：谢根成

出 版 人：徐义雄
责任编辑：苏彩桃　牛　攀
责任校对：方　敏　徐晓俊　周海燕

出版发行：暨南大学出版社（510630）
电　话：总编室（8620）85221601
　　　　　营销部（8620）85225284　85228291　85228292（邮购）
传　真：（8620）85221583（办公室）　85223774（营销部）
网　址：http://www.jnupress.com　http://press.jnu.edu.cn
排　版：广州市天河星辰文化发展部照排中心
印　刷：湛江日报社印刷厂
开　本：787mm×1092mm　1/16
印　张：27.5
字　数：610 千
版　次：2010 年 1 月第 1 版　2014 年 6 月第 2 版
印　次：2016 年 8 月第 3 次
印　数：5001—6000 册
定　价：59.80 元

劳动和社会保障法学编委会

主　　　编　　谢根成

副 主 编　　管　斌　张在范

编委会成员　（以撰写章节先后为序）

　　　　　　刘焱白　谢根成　张少峰

　　　　　　张在范　管　斌　谢　伟

　　　　　　焦　娟　万　崎　杜曙光

　　　　　　杨玉聪　王朝阳

总　序

　　胡锦涛总书记在中国共产党第十七次全国代表大会上的报告中指出："最广泛地动员和组织人民依法管理国家事务和社会事务，管理经济和文化事业；坚持依法治国基本方略，树立社会主义法治理念，实现国家各项工作法治化，保障公民合法权益；坚持社会主义政治制度的特点和优势，推进社会主义民主政治制度化、规范化、程序化，为党和国家长治久安提供政治和法律制度保障。"依法治国是社会主义民主政治的基本要求，要全面落实依法治国的基本方略，建设社会主义法治国家，必备的法律知识应当成为人们尤其是普通高等学校学生知识结构的重要组成部分；熟悉和掌握法律、法规，对于弘扬法治精神，形成自觉学法、守法、用法的社会氛围具有重大意义。

　　当前，党和国家致力于完善中国特色社会主义法律体系，建设公正、高效、权威的社会主义司法制度。在这样的背景下，对培养法律高级专门人才的高等学校法学教育提出了更新、更高的期望和要求。我国法学专业的教材建设处在一个高速发展的过程中，这为普通高等学校法学教育的具体实施提供了一定程度的保障。但从严格意义上来说，制约普通高等学校法学教育发展的教材问题依然存在，主要表现为法学教材理论与实际结合的程度不够，尤其表现在高职高专法学教材中。

　　为了适应法学教育发展的新形势，积极探索和总结高等法学教育教学改革的方法和经验，针对当前绝大多数法学教材理论脱离实际的倾向，暨南大学出版社组织了全国几十所大学共同编写了"21世纪普通高等学校法学精品教材"。这套教材分为本科和高职高专两个系列，内容涵盖了法学的全部学科，系统性强；囊括了最新立法成果、相关领域的理论研究成果和前沿热点问题，贴近时代发展，做到了理论性与实用性的较好结合。这两套系列教材堪称系统工程，其规模之大、覆盖面之广，在法学教材建设中首屈一指；在知识系统的完整性、理论观点的稳妥性、引用资料和法规的准确性以及文字表达的规范性和可读性等方面都达到了较高的水平。

　　教材是教学之本，好的教材对提高教学质量、提升科研水平有着重要的作用。组织编写和出版一套高质量的教材，殊非易事，由全国相关院校的专家学者认真编写的这套系列教材必将对全国法学高等教育起到积极的推动作用。衷心希望更多的高校学者和教师为建设适应新世纪法学教学和实践需要的教材继续贡献力量。是为序。

中华人民共和国司法部原部长　邹瑜

2008 年 3 月 3 日

第二版前言

本书自 2010 年 1 月出版以来，已过去四年多的时间。在此期间，恰值中国劳动法和社会保障法处于大发展的时期，无论是立法还是理论研究都取得了重大进展。立法方面，最引人注目的无疑是 2010 年 10 月 28 日通过的《中华人民共和国社会保险法》。该法是一部事关亿万劳动者切身利益和调节国民收入分配格局的极为重要的法律，是我国社会保障法制建设中的一个里程碑。另外还修订和颁布了一系列重要的法律、法规、规章和司法解释，如《中华人民共和国劳动合同法》（2012 年）、《工伤保险条例》（2010 年）、《自然灾害救助条例》（2010 年）、《女职工劳动保护特别规定》（2012 年）、《企业劳动争议协商调解规定》（2011 年）、《最高人民法院关于审理劳动争议案件适用法律若干问题的解释（三）》（2010 年）、《最高人民法院关于审理劳动争议案件适用法律若干问题的解释（四）》（2013 年）。理论方面，近年来劳动法和社会保障法理论研究均取得了很大成绩。一批理论著作、论文、教科书相继问世，其中劳动法基础理论、劳动合同法和社会保险法等方面的成果尤为丰硕。

在立法与理论都有重大进展的情况下，我们于 2013 年 3 月启动了修订工作，在尽量保持原版风格和架构的前提下，对本书进行了进一步的完善。

本书修订的主要内容包括：第一，根据《中华人民共和国劳动合同法》（修订）的规定，修改了第四章劳动合同法的内容；第二，根据《企业劳动争议协商调解规定》、《最高人民法院关于审理劳动争议案件适用法律若干问题的解释（三）》、《最高人民法院关于审理劳动争议案件适用法律若干问题的解释（四）》的规定，修改了第十二章劳动争议处理的内容；第三，根据《中华人民共和国社会保险法》的规定，重新撰写或修改了第十五章社会保险法概论、第十六章养老保险、第十七章失业保险、第十八章医疗保险等内容；第四，根据《中华人民共和国社会保险法》、《工伤保险条例》（修订）的规定，修改了第十九章工伤保险的内容；第五，对一些章节的文字进行了修改，也更换了一些案例和资料。

本书的主编为谢根成教授，副主编为管斌副教授和张在范教授。参与本书第二版编著的作者如下（以撰写章节先后为序）：广东财经大学刘焱白，第一、八、二十三章；广东财经大学谢根成，第二、十四章；广东财经大学张少峰，第三、九章；河南师范大学张在范，第四、五、十章；华中科技大学管斌，第六、七、十二、十三、十八章；广东财经大学谢伟，第十一、十七章；广东技术师范学院焦娟，第十五、十六、十九、二十二章；广州市广播电视大学司法分校万崎，第二十、二十一章。华中科技大学杨阳、华中科技大学方仁磊和郑祯、武汉大学张东昌、华中科技大学张健、上海财经大学王凤岩，协助管斌分别完成了第六、七、十二、十三、十八章的修改。

　　值此第二版出版之际，再次向给本书倾注关爱的法学界同仁、学子以及暨南大学出版社的编辑致以最诚挚的谢意！

　　对于本书的编写，尽管我们竭尽全力，但由于能力、资源有限，疏漏和不妥之处在所难免，尚祈广大读者不吝指正。

谢根成
2014 年 4 月于广东财经大学

第一版前言

劳动法和社会保障法是法律体系中的一个重要部分，也是社会生活中极为重要的法律。劳动法学与社会保障法学是两个既有联系又有区别的独立的法律学科。劳动法保护弱势劳动群体的合法权益，维系及发展和谐稳定的劳动关系。社会保障法是社会的安全网，稳定器和实现社会公平、和谐的调节器。劳动法和社会保障法是我国社会主义市场主体不可或缺的法律支撑，是建设社会主义和谐社会的法律保障。

本书是 21 世纪普通高等学校法学精品教材，也是全国高等学校法学专业本科的核心课程教材。本书分为劳动法和社会保障法两编，共二十三章。

本书编写力求适用于教学需要，语言简明、体例清晰，系统地介绍了劳动和社会保障法学的基本理论，全面阐述了劳动与社会保障实体和程序法律制度，反映了劳动和社会保障法学的最新研究成果以及劳动和社会保障制度的最新进展。

本书由谢根成教授担任主编，管斌副教授、张在范副教授担任副主编。全书由主编、副主编负责统稿。各章撰稿人（以编写章节先后为序）是：广东商学院刘焱白，第一、八、二十三章；广东商学院谢根成，第二、十四章；广东商学院张少峰：第三、九章；河南师范大学张在范，第四、五、十章；华中科技大学管斌，第六、七、十二、十三、十八章；广东商学院杜曙光，第十一、十七章；广州自明企业管理顾问有限公司杨玉聪，第十五、十六、二十二章；广州金鹏律师事务所王朝阳，第十九章；广州市广播电视大学司法分校万崎，第二十、二十一章。

在本书的编写过程中，暨南大学出版社苏彩桃主任提出了许多宝贵的修改意见，为本书的顺利出版付出了大量心血。本书的编写参考和引用了许多出版的专著、教材及相关论文，在此一并感谢。

本书既可以作为高等学校法学、经济学、管理学等专业的学生学习的教材，也可以作为国家机关、企事业单位人员从事法律、经济和社会工作的参考书。

由于我们的理论水平和实践经验有限，更由于对劳动和社会保障法学的探讨远无止境、劳动和社会保障法制的改革尚待深入，本书不当之处在所难免，诚恳地希望读者批评指正，以便本书再版时加以改正和提高。

编者
2009 年 10 月

目　录

第二编　社会保障法

第一编　劳动法

第一章　劳动法的产生和发展

第一节　劳动法的产生

一、劳动法产生的历史条件

劳动法是在特定历史条件下才产生的。这是因为劳动法的主要调整对象为劳动关系，劳动关系的存在是劳动法产生的前提和基础。劳动关系作为劳动力与生产资料相结合以实现劳动过程的社会关系，只有劳动者获得完全的人身自由，劳动力和生产资料分别归属于不同主体，即劳动力的所有者和生产资料的所有者或占有者不是同一个主体，双方主体为实现劳动过程才会形成劳动关系。因此，劳动法产生的历史条件有两个：一为劳动者具有一定的人身自由；二为劳动力和生产资料分别归属于不同主体。①

只有在资本主义社会才具有产生劳动法的条件，而在前资本主义社会，并不具备劳动法产生的前提。在奴隶社会中，奴隶只是奴隶主的"会说话的工具"，寓于奴隶身体的劳动力归奴隶主所有，生产资料也为奴隶主所有，奴隶与奴隶主之间不形成劳动关系。即便奴隶为其主人以外的自由人提供劳动，由于奴隶的地位等于法律上的物，因而也只是奴隶主将其"物"借与他人使用。在封建社会中，农奴与封建主也存在人身依附关系，农奴的劳动力与生产资料都归封建主所有，农奴为封建主无偿劳动，因而农奴与封建主之间不形成劳动关系。当然，在奴隶社会和封建社会，也有奴隶、农奴之外的少数自由人以自己的劳动力为他人劳动，但这种现象在社会中所占分量甚轻，不可能大量形成劳动关系。

后来，人类社会步入资本原始积累阶段，劳动力与生产资料分别归属于不同主体的现象才会出现，即劳动力归无产者所有、生产资料归资本家所有，于是才产生了雇佣劳动和劳动关系。

在资本主义原始积累阶段，农民成为除了寓于自己人身的劳动力以外一无所有的自由人，生产资料被集中在资本家手中。这样，无产者为谋生存，只得把自己的劳动力出卖给资本家使用，以取得用于购买生活资料的工资；资本家为使其资本增值，就必须以支付工资的方式购买无产者的劳动力，使之与其生产资料相结合，实现劳动价值。至此，才出现了劳动关系，从而具备了劳动法赖以产生的条件。

---

① 贾俊玲. 劳动法与社会保障法学. 北京：中国劳动社会保障出版社，2005.4.

二、劳动法产生的过程

劳动法的产生主要经历了三个过程：资本主义原始积累阶段的"劳工法规"、自由资本主义阶段的"工厂法"和劳动法成为独立的部门法。

（一）资本主义原始积累阶段的"劳工法规"

"劳工法规"，也称为"血腥劳工立法"，其显著特点是以非经济强制手段保护资本家对劳动者的剥削。英国伊丽莎白女王时期的《学徒法》规定，支付法律规定的定额以上工资的人将受到处罚，支付较高工资的人判处监禁 10 日，而取得工资的人判处监禁 21 日。可见，上述调整劳动关系的法律规范是加强资本家对劳动者剥削的法律工具，不同于后来出现的以保护劳动者利益为主旨、限制雇佣剥削的劳动法，因而并不被认为是劳动法的起源。①

（二）自由资本主义阶段的"工厂法"

19 世纪初，西方进入自由竞争资本主义阶段，资本主义生产方式已成长壮大。此时，资本仅仅依靠经济关系的无声强制就足以保证资本家对工人的剥削和统治，无需再借助国家的非经济强制手段。因而"劳工法规"被逐步废止，"工厂法"随之出现。1802 年，英国《学徒健康和道德法》的颁布标志着最早的"工厂法"出现。该法主要规定，纺织厂不能聘用 9 岁以下的学徒，童工每天工作时间不得超过 12 小时。"工厂法"是保护劳动者的立法，它通过规定工时上限和工资下限，限制资本家的剥削程度。因此，一般都把"工厂法"看作是劳动法的起源，并把英国的《学徒健康和道德法》视为现代劳动法产生的标志。此后，英国的"工厂法"不断向前发展，其他国家也效仿制定各自的"工厂法"。②

（三）劳动法成为独立的部门法

在劳动法产生初期，资本家与工人之间的雇佣关系是通过民法中的雇佣合同加以调整的。然而，由于劳资双方的经济地位并不平等，资本家往往利用这种民事合同苛刻地对待劳动者，侵犯劳动者的权益。为了约束资本家滥用其经济强势地位的行为，保护劳动者权益，维护社会公共利益，国家有必要对雇佣关系进行干预，就最低工资标准、最高劳动时间、劳动保护条件及就业保障等问题进行强制规范。另外，劳动者为了更好地维护自己的权益，逐步形成了集体力量与资本家抗衡。通过集体谈判，劳动者团体（主要指工会）代表劳动者与资本家就一些重要劳动问题进行协商。对于这种集体谈判，无法再使用民法来规范，而需要国家通过特别立法予以调整，一方面要依法赋予劳动者团体合法地位，另一方面又要制约工会权力的过分膨胀，从而使劳资双方达到一种相对合

---

① 王全兴. 劳动法. 北京：法律出版社，2008.6.
② 王全兴. 劳动法. 北京：法律出版社，2008.6.

理的平衡状态。劳动法正是在这种情况下从民法中分化出来并形成独立的部门法，成为一个兼有"当事人平等协商"和"国家干预"的特点，以保护劳动者权益为主旨的，公私法相融合的独立的法律部门。[①]

三、劳动法产生的原因

（一）劳动法的产生是工人运动及工人阶级长期斗争的结果

18 世纪中叶以后，产业革命在创造了一个大工业资本家阶级的同时，也创造了一个人数众多的产业工人阶级。工人阶级为了自身的生存权利，对资产阶级的残酷剥削进行了强烈的反抗和斗争。随着劳资矛盾日趋尖锐，工人运动不断高涨，劳资斗争逐渐升级为集体斗争。工人阶级的斗争影响了资产阶级国家的统治和安全。这种斗争的结果为资产阶级政府采取法律手段干预劳资关系，为缓和日趋严重的阶级矛盾提供了社会政治前提。许多劳动法规正是资产阶级政府在无产阶级斗争的压力下被迫制定的。

（二）劳动法的产生是发展生产力的要求

劳动者是生产力系统中的决定性因素，劳动力再生产是生产力赖以发展的必要条件。因而，保护劳动者就是保护生产力，这符合全社会各阶级利益的要求。资本家为了最大限度地攫取利润，不断压低工资，延长工作时间，工作场所条件极端恶劣，工人健康受到严重摧残，死亡率不断升高，平均寿命日趋缩短。这种对劳动力的掠夺性、破坏性使用，危及劳动力的再生产，导致劳动力资源面临枯竭的威胁。为了使劳动力免遭更大损失，促进资本主义的发展，政府需要用法律来限制资本家的残酷剥削行为。

（三）劳动法的产生是受 18 世纪启蒙运动和法国革命思想影响的结果

受 18 世纪启蒙运动和法国革命思想的影响，资产阶级的某些社会政治思想家主张劳动自由，认为人生而平等自由，工人做工是自愿的，不得加以强迫，工人可以自愿地和雇主订立契约；强迫劳动者从事雇佣劳动，过度地延长工作时间和压低工资数额，都是不道德和非正义的；劳动者可以依据契约自由原则，不接受其不愿意接受的雇佣。这些进步的思想主张为劳动法的产生提供了思想基础。

第二节　外国劳动立法概况

一、20 世纪以前的劳动立法

20 世纪以前的劳动立法属于自由竞争阶段的劳动立法。这一阶段的劳动立法主要有

[①]　史尚宽. 劳动法原论. 台北：正大印书馆，1978.2；王全兴. 劳动法. 北京：法律出版社，1997.59；董保华. 劳动法论. 上海：上海世界图书出版公司，1999.10.

工厂法、工会法、劳动争议法及社会保险法。

(一) 工厂法

自 1802 年英国的《学徒健康和道德法》制定后，英国又陆续颁布了几项法规，将禁止雇佣童工的范围扩大到其他行业，并将限制工作时间的范围扩大到女工。1833 年，英国工厂法规定，纤维工业禁止雇佣 9 岁以下的儿童，9 岁以上 13 岁以下童工的日工作时间不得超过 8 小时，13 岁以上 18 岁以下童工的日工作时间不得超过 12 小时。1847 年，英国《十时间法》规定，13 岁至 18 岁的童工及女工的日工作时间不得超过 10 小时。此后，工厂法逐渐适用于英国的一切大工业。法国在 1806 年制定了工厂法，其后又对该法进行了修改和增订。1841 年，法国制定了《童工、未成年工保护法》。德国在产业革命完成后也制定了工厂法，例如，1839 年的《普鲁士工厂矿山规则》和 1869 年北德意志联邦的《工业劳动法》。美国各州通过州立法制定本州的工厂法。1836 年，马萨诸塞州通过一项童工法，规定 15 岁以下童工的雇佣条件及童工教育问题。1848 年，加利福尼亚州颁布一项法律，规定禁止 9 种工厂雇佣 12 岁以下儿童。自 19 世纪后半期起，欧美一些资本主义国家的工厂法已从只适用于纺织工业发展成为普遍适用于所有工矿业，但未包括一切生产部门的所有工人。工厂法的内容也逐渐充实，不仅包括工作时间和儿童受雇年龄，还包括安全卫生、工人教育、工资支付等方面。[①]

(二) 工会法

早在 18 世纪末，产业工人就组织起来，形成集体力量对抗强大的雇主，并以罢工为武器对雇主进行抗议和威胁。例如，1791 年，美国费城、纽约等城市的印刷业、制鞋业和木制业的工人成立了行业组织，工人们以这样的组织形式团结起来反抗雇主的剥削。1799 年，美国费城的制鞋业工人组织与雇主就劳动标准问题进行集体谈判。这一时期，欧美资本主义国家对工会采取了从绝对禁止到相对禁止的态度。到 19 世纪后半期，欧美各国多已承认工会为合法组织，对工会的行动也给予一定的自由，但对工人的罢工权，各国还不认可。[②]

(三) 劳动争议法

19 世纪后半期，英国、法国、美国、新西兰等资本主义国家陆续设立了劳动争议调解、仲裁的专门机构。此前，各国对处理劳动争议并没有专门的程序和审理机构，而是适用民事、刑事案件的有关处理办法。到 19 世纪末期，这些国家都制定了处理劳动争议的专门法规。

(四) 社会保险法

19 世纪末期，德国率先实行社会保险制度，先后制定了疾病保险、伤害保险、老年

---

① 任扶善. 世界劳动立法. 北京：中国劳动出版社，1991. 21.
② 王全兴. 劳动法学. 北京：高等教育出版社，2004. 184.

和残废保险的专门法规。随后，英、法等国也制定了工人伤亡事故赔偿的社保法规。

二、20 世纪以后的劳动立法

(一) 垄断阶段的资本主义国家劳动立法

20 世纪初，主要资本主义国家进入了垄断阶段。在此阶段，劳动立法有了新的发展：

1. 制定劳动法的国家越来越多

此时，以前没有颁布过任何劳动法规的亚洲、非洲、拉丁美洲国家，都先后制定了自己的工厂法和其他劳动法规。

2. 劳动法体系逐步完善

一些国家通过劳动立法不断充实劳动法内容，疾病、养老、残疾保险制度逐步建立，还增加了失业保险制度；许多国家都设立劳工部，作为劳动法执行及其监督的行政主管机关。在一些国家，已出现作为最高形式的劳动法典，例如《西班牙劳动法典》(1926 年)、《墨西哥劳动法典》(1931 年)、《智利劳动法典》(1931 年)。

3. 工会和集体劳动关系立法得到较大发展

1904 年，新西兰最早颁布了规范集体合同的法律。1907 年，奥地利和荷兰也相继制定了有关集体合同的法律。1918 年，德国颁布了《集体合同、劳工及使用人委员会和劳动争议仲裁法》，对集体合同制度作了比较详细的规定。1919 年，法国制定了集体合同特别法，并纳入劳动法典当中。1921 年，德国又颁布了《集体合同法》，并将其纳入德国统一劳动法中。1924 年，芬兰制定了集体合同法。1928 年，瑞士颁布了集体合同法。1932—1938 年，美国分别制定了《诺里斯—拉瓜迪亚法》、《全国产业复兴法》、《国家劳资关系法》、《社会保障法》和《公平劳动标准法》，对工会和集体劳动关系予以立法规范。

4. 20 世纪 30 年代，西方国家劳动立法出现两种不同倾向

一种立法倾向是以德、意、日为代表的法西斯国家，不仅把已经颁布实施的改善劳动条件的法令一一废除，而且把劳动立法作为实现法西斯专政、进一步控制工人的工具。另一种立法倾向是以英、美为代表的一些国家，为了摆脱经济危机，对工人采取了一定的让步政策。英国于 1932—1938 年间先后颁布了缩短女工和青年工人劳动时间及改善安全卫生条件的几项法律。美国在 1935 年颁布了《国家劳资关系法》，规定工人有组织工会和工会有代表工人同雇主订立集体合同的权利。1938 年，美国颁布了《公平劳动标准法》，规定工人最低工资标准和最高工作时间，以及超过时间限额的工资支付办法。[①]

(二) 国家垄断阶段的资本主义国家劳动立法

第二次世界大战结束以后，主要资本主义国家由私人垄断发展到国家垄断的新阶

---

① 任扶善. 世界劳动立法. 北京：中国劳动出版社，1991. 21.

段。在此阶段，资本主义危机进一步加深，劳动立法又有了许多新进展。

1. 劳动立法的内容出现反动和进步两种趋势

反动趋势体现在资本主义国家产生了一批现代的反工人立法。例如，1947年，美国的《塔夫脱—哈特莱法》规定工会应受政府和法院的监督，禁止工会将工会基金用于政治活动；规定要求废除或改变集体合同，必须在60天前通知对方，在此期间，禁止罢工或闭厂，而由联邦仲裁与调解局进行调解；规定政府有权命令大罢工延期80天举行，禁止共产党人担任工会的职务等。其进步趋势表现在那些改善劳动条件和扩大社会保障的规范之中。例如，许多国家实行40小时工作周和最低工资制的规定，扩大社会保险范围和提高社会保险待遇的规定等。

2. 劳动法体系进一步完善

资本主义国家劳动立法包括了就业措施、劳动合同、学徒合同、工资、工时与休假、妇女和儿童劳动、安全与卫生、社会保障、工会、集体合同、劳动争议处理、劳动执法监督等部分，基本囊括了劳动关系的各个方面，资本主义劳动法的完整体系初步构成。

3. 20世纪60年代，西方国家的劳动立法出现了进一步维护劳动者权益的新趋势

在工人运动的压力下，各主要资本主义国家相继颁布了一些改善劳动条件和劳动待遇的法律。例如，法国颁布了关于改善劳动条件、男女同工同酬、在劳动方面限制种族歧视的法律；日本于1976年重新修订了《劳动标准法》，制定了关于最低工资、劳动安全与卫生、职业训练、女工福利等方面的法律。[①]

（三）社会主义国家的劳动立法

俄国十月革命后，苏维埃政权颁布了由列宁签署的关于8小时工作制的法令，这是社会主义国家的第一个劳动法令。1918年，苏维埃政权颁布了第一部《劳动法典》，1922年又重新颁布了更完备的《俄罗斯联邦劳动法典》，体现了工人阶级地位的转变和国家对劳动和劳动者的态度。它以法典的形式使劳动法彻底脱离了民法的范畴。此后成立的社会主义国家也颁布了许多劳动法规，有些国家还颁布了劳动法典。例如，20世纪60—80年代，罗马尼亚、匈牙利、民主德国、捷克斯洛伐克、阿尔巴尼亚、波兰、南斯拉夫等社会主义国家都曾颁布过劳动法典。

社会主义国家劳动法的产生，在世界范围内对劳动法的发展具有重要意义。主要体现在：①社会主义国家的劳动法作为劳动者保护法，不仅在历史上第一次实现了各国无产阶级长期争取的8小时工作制的要求，而且还在工作时间和休息时间、劳动报酬、劳动安全卫生和职业培训等方面规定了一系列保护劳动者的措施；②社会主义国家赋予劳动法以劳动管理法的作用，通过劳动法来组织社会劳动，提高劳动效率；③苏联的第一部宪法，是历史上第一部规定劳动问题的宪法，这为许多国家所仿效。苏联制定的《苏俄劳动法典》是历史上最早的劳动法典之一，长期以来，为其他社会主义国家的劳动立

---

① 关怀. 劳动法学. 北京：中国人民大学出版社，2001.8.

法提供了典范，同时也被许多民族独立国家的劳动立法所效仿。[①]

第三节　中国劳动立法概况

一、新中国成立以前的劳动立法

中国的劳动立法，最早出现于 20 世纪初期。北洋政府农商部于 1923 年颁布了《暂行工厂规则》，内容包括最低受雇年龄、工作时间与休息时间、对童工和女工工作的限制，以及工资福利、补习教育、工厂检查等规定。同时期，北洋政府还颁布了《矿工待遇规则》、《煤矿爆发预防规则》及《矿工待遇条例》等法规。但在当时的历史条件下，这些劳动法规都是徒有虚名的一纸空文。

1924 年，孙中山以大元帅的名义颁布了《工会条例》。1926 年，国民政府颁布了《劳工仲裁条例》及《国民政府组织解决雇主雇工争执仲裁条例》等法规。南京国民政府则沿袭清末《民法草案》的做法，把劳动关系作为雇佣关系放入 1929—1931 年的民法中。南京国民政府先后颁布了《工会法》、《工厂法》、《劳资争议处理法》、《团体协约法》、《劳动契约法》等 13 项劳动法规。[②] 但南京国民政府的劳动立法有名无实，许多劳动法律不仅没有保护劳动者的权利，反而限制和剥夺劳动者的权利。

1922 年，中国共产党领导下的中国劳动组合书记部提出《劳动法大纲》。1931 年，中华工农兵苏维埃第一次全国代表大会通过了《中华苏维埃共和国劳动法》。抗日战争时期，各边区政府也曾颁布过许多劳动法令，如陕甘宁边区制定的《陕甘宁边区劳动保护条例（草案）》，晋冀鲁豫边区颁布的《晋冀鲁豫边区劳工保护暂行条例》等。解放战争时期，第六次全国劳动大会于 1948 年通过了《关于中国职工运动当前任务的决议》，对解放区的劳动问题提出了全面而详尽的建议，对调整劳动关系提出了基本原则。这些劳动立法是中国社会主义劳动法的萌芽，为新中国成立后的劳动立法提供了丰富经验。[③]

二、新中国成立以后的劳动立法

中华人民共和国成立后，我国劳动立法经历了三个阶段：

（一）1949—1978 年

这一阶段，我国劳动立法处于恢复期和曲折发展期。新中国成立初期，为保障工会

---

① 王全兴. 劳动法. 北京：法律出版社，2004. 4.
② 黄越钦. 劳动法新论. 北京：中国政法大学出版社，2003. 11.
③ 关怀. 劳动法学. 北京：中国人民大学出版社，2001. 10.

的法律地位，中央人民政府颁布了《工会法》。为解决旧中国遗留下来的失业问题，中央人民政府颁布了《关于失业技术员工登记介绍办法》、《救济失业工人暂行办法》、《关于失业人员统一登记办法》及《关于劳动就业问题的决定》。为处理劳资争议，劳动部颁布了《关于劳动争议解决程序的规定》。为加强劳动保护，劳动部制定了《工业交通及建筑企业职工伤亡事故报告办法》、《工厂卫生暂行条例（草案）》及《关于防止沥青中毒办法》等；国务院颁布了《工厂安全卫生规程》、《建筑安装工程安全技术规程》和《工人职员伤亡事故报告规程》等。为建立劳动保险制度，政务院颁布了《劳动保险条例》。为加强企业劳动管理，政务院颁布了《国营企业内部劳动规则纲要》。为改革工资制度，国务院颁布了《关于工资改革的决定》。在 20 世纪 50 年代末社会主义全面建设阶段，我国劳动立法有了新的发展。1958 年，国务院颁布了《关于工人、职员退休处理的暂行规定》和《关于企业、事业单位和国家机关中普通工和勤杂工的工资待遇的暂行规定》等重要规定。1963 年，国务院颁布了《关于加强企业生产中安全工作的几项规定》和《防止矽尘危害工作管理办法》等。进入文化大革命后，我国劳动立法基本处于停滞状态。

（二）1978—1994 年

十一届三中全会以后，我国劳动立法进入改革发展期，主要体现在以下方面：

1. 劳动人事制度

劳动人事部 1982 年发布《关于积极试行劳动合同制的通知》，国务院 1986 年发布《国营企业实行劳动合同制暂行规定》、《国营企业招用工人暂行规定》、《国营企业辞退违纪职工暂行规定》和《国营企业职工待业保险暂行规定》等，积极改革劳动人事制度。

2. 企业劳动管理

国务院 1978 年颁布了《关于安置老弱病残干部的暂行办法》、《关于工人退休、退职的暂行办法》、《关于实行奖励和计件工资制度的通知》，1982 年发布《矿山安全条例》、《矿山安全监督条例》和《锅炉压力容器安全监察条例》。全国人大常委会 1992 年通过《矿山安全法》。国务院 1988 年发布《女职工劳动保护规定》。劳动部 1991 年颁布《女职工禁忌劳动的规定》。劳动人事部 1987 年发布《严格禁止招用童工的规定》。国务院 1994 年发布《关于职工工作时间的规定》。

3. 职工民主管理

中共中央和国务院 1986 年联合发布《全民所有制工业企业职工代表大会条例》。全国人大 1988 年通过了《企业法》，对职工代表大会的组织形式及职代会的职权作出了明确规定。

4. 劳动争议处理

国务院 1982 年发布《企业职工奖惩条例》，1987 年发布《国营企业劳动争议处理暂行规定》，1993 年颁布了《中华人民共和国企业劳动争议处理条例》。

（三）1994 年至今

1994 年《中华人民共和国劳动法》（以下简称《劳动法》）的颁布标志着我国劳动

立法进入了一个新的历史阶段。在此阶段，全国人大常委会还通过了《工会法》、《矿山安全法》、《职业病防治法》；国务院发布了《全民所有制企业招用农民合同制工人的规定》、《禁止使用童工的规定》、《企业职工伤亡事故报告和处理规定》、《失业保险条例》、《国有企业富余职工安置规定》、《关于企业职工养老保险制度改革的决定》、《劳动就业服务企业管理规定》、《国务院关于职工工作时间的规定》、《全国年节及纪念日放假办法》及《关于大力开展职业技术教育的决定》等行政法规；劳动部制定了大量的部门规章；各地方立法机构和地方政府也制定了大量的地方性劳动法规和规章。2007 年，我国劳动立法进入高潮期。2007 年 6—12 月，全国人大常委会分别通过了《中华人民共和国劳动合同法》（以下简称《劳动合同法》）、《就业促进法》和《劳动争议调解仲裁法》。2010 年 10 月，全国人大常委会通过了《中华人民共和国社会保险法》（以下简称《社会保险法》）。我国已初步形成比较完整的劳动法体系。

第四节　国际劳动立法

一、国际劳动立法的历史发展

国际劳动立法是一种特殊类型的劳动立法。采用国际立法的办法来改善各国工人劳动状况的思想，早在 19 世纪初就已在欧洲出现。到 19 世纪后半期，各国工人力量日益壮大并成为一种重要的国际力量，各国工会在全国会议和国际会议上多次讨论国际劳动立法问题，从而使国际劳动立法的思想普遍传播，并使各国政府不得不考虑国际劳动立法问题。瑞士是最先同意国际劳动立法的国家。1890 年，由瑞士政府首倡、有 15 个国家参加的讨论国际劳动立法的柏林会议召开，这是国际劳动立法的首次会议。1900 年，国际劳动立法协会在巴黎正式成立。1901 年，国际劳动立法协会在瑞士的巴塞尔召开第一次代表大会，会上通过了《关于禁止工厂女工做夜工的公约》和《关于使用白磷的公约》。这标志着国际劳动立法的开端。1919 年，国际劳工组织成立。在国际劳工组织的倡导和组织下，国际劳动立法得到迅速发展。[①]

二、国际劳工组织

1919 年，根据《凡尔赛和约》，国际劳工组织在瑞士日内瓦成立。1946 年，国际劳工组织成为联合国的一个专门机构。该组织主要有 3 个组成部分，即国际劳工大会、理事会、国际劳工局。国际劳工大会是最高权力机构，每年召开一次会议。闭会期间，理事会指导该组织工作。国际劳工局是其常设秘书处。

该组织的宗旨是："促进充分就业和提高生活水平；促进劳资合作；改善劳动条件；

---

① 王家宠. 国际劳动公约概要. 北京：中国劳动出版社，1991. 11.

扩大社会保障；保证劳动者的职业安全与卫生；获得世界持久和平，建立和维护社会正义。"该组织实行"三方代表"原则，即各成员国代表团由政府代表 2 人，工人、雇主代表各 1 人组成，三方分别参加各类会议和机构，独立表决。

该组织的一项重要活动是从事国际劳工立法、制定国际劳工标准。国际劳工立法采用两种形式：国际劳工公约和国际劳工建议书。公约是国际条约，以出席国际劳工大会 2/3 以上代表表决通过的方式制定，经会员国自主决定，可在任何时间履行批准手续，即对该国产生法律约束力，对不批准的国家则无约束力。建议书以同样方式制定，但无须批准，其作用是供会员国在相关领域制定国家政策和法律法规时参考。从 1919 年第一届大会到 2007 年第九十六届大会，国际劳工组织一共制定了 188 个公约和 199 个建议书。这些公约和建议书都采取单行法形式，每个公约或建议书只包括某一项劳动问题或问题某一方面的规定。①

中国是该组织的创始国之一。1983 年，中国正式恢复了在该组织的活动。1985 年，该组织在北京设立分支机构——国际劳工组织北京局。截至 2007 年，我国已批准了 25 个国际劳工公约。

三、国际劳动立法的内容和劳工标准

国际劳动立法的内容主要包括：①基本劳工人权，即结社自由、废除强迫劳动、实行集体谈判、劳动机会和待遇的平等、废除童工劳动；②就业、社会政策、劳动管理、劳资关系、工作条件（包括工资、工时、职业安全卫生）、社会保障、工伤赔偿、抚恤、失业保险；③针对特定人群和职业的保护，包括妇女、童工和未成年工、老年工人、残疾人、移民工人、海员、渔民、码头工人等。

虽然国际劳动立法重视国际劳工标准的制定，对维护各国工人和其他劳动者的基本权益起到了积极作用，但是，由于历史原因，整个国际劳工标准体系主要以发达国家的社会经济发展水平和需要为基础而制定。因此，尽管国际劳工组织称其为国际劳工最低标准，并标榜标准的普遍性和灵活性，但广大发展中国家在劳工标准的制定、批准及实施方面仍有不少困难，与发达国家存在许多矛盾。特别是近年来，少数西方国家的工会组织和政府主张，应将各国执行劳工标准的状况与其国际贸易和市场准入相联系，在国际劳动立法中引起一片反对之声。②

案例分析

【案情】1886 年 5 月 1 日，美国劳工联合会等 8 个劳工组织决定发起争取 8 小时工作日运动，即"8 小时工作，8 小时休息，另 8 小时任凭自己支配"。此次工人运动的中心设在芝加哥。5 月 3 日，芝加哥政府当局开始用暴力镇压工人，打死、打伤 4 人。5 月

---

① 刘旭. 国际劳工标准概述. 北京：中国劳动社会保障出版社，2003.23.
② 林燕玲. 国际劳工标准. 北京：中国工人出版社，2002.35.

4 日，罢工工人再次聚集到芝加哥秣市广场抗议。有罢工破坏者故意投掷一颗炸弹，结果警察向工人队伍疯狂开枪，200 多名工人被打死、打伤，更多工人被逮捕。芝加哥工人的鲜血燃起了全美工人斗争的烈火，并迅速蔓延到欧洲和世界各地。在世界进步舆论的支持下，一个月后，美国政府终于宣布实施 8 小时工作制。

【问题】保护劳动者的劳动立法是资产阶级的恩赐还是工人阶级团结斗争的结果？

【解析】19 世纪 80 年代，为了刺激经济的高速发展，榨取更多的剩余价值，美国资本家不断采取增加劳动时间和劳动强度的办法来残酷剥削工人。美国工人平均日工作时间超过 10 小时，每天工作 12～15 个小时的现象非常普遍。1886 年 5 月 1 日大罢工以后，美国工人平均每周工作时数减少至低于 50 小时。此一案例生动说明，8 小时工作制并非从天而降，为了争取这个基本权利，劳动者曾经进行了长期的艰苦斗争，甚至献出了鲜血和生命。这是因为，自资本主义生产关系产生以来，劳动力所有者与劳动力使用者就在利益上处于尖锐对立的地位，这种利益对立造成了双方行为上的冲突，这也直接反映在劳动立法上。最初的劳动立法完全由劳动力使用者即资本家所掌控，劳动立法的出发点也是为了保障资本家榨取更多的剩余价值，而完全不顾及劳动者的基本权益。劳动者为了自身的生存权利，需要不断对资产阶级的残酷剥削进行反抗和斗争。随着工人运动不断高涨，特别是劳动者团结起来形成集体力量，使得资本家及其资产阶级政权不断作出让步，劳动立法也不断作出对劳动者有利的规定。因此，保护劳动者的劳动立法并不是资产阶级的恩赐，而是工人阶级团结斗争的结果，许多劳动法规正是在工人阶级斗争的压力下被迫制定的。

第二章　劳动法基础理论

第一节　劳动法的含义

一、劳动的概念

劳动法是以劳动关系为调整对象，劳动关系产生于劳动过程，因而要认识劳动法，就要先了解劳动的含义。

劳动，是一个使用范围十分广泛的概念。一般意义上的劳动是指人们为创造社会财富所进行的有意识、有目的的活动。马克思在《资本论》中对劳动的一般含义作过精辟的阐述，即劳动是劳动力的使用（消费），是制造使用价值的有目的的活动，"是人们以自身的活动来引起、调整和控制人与自然之间的物质变换过程"。①

劳动法上的劳动，除了有其一般含义之外，还有其特定的内涵：它要求从事劳动的人具备作为劳动者的法定条件；这种劳动是由劳动者从事的能够得到劳动报酬从而用以满足自身及其家庭成员生活需求的劳动；这种劳动的对象必须是除本人和家人以外的他人，具有明显的社会性；这种劳动还必须建立在劳动合同或者雇佣关系的基础上，是从属于一定的用人单位或雇主的，从事劳动的人须服从用人单位或雇主的管理。我国台湾法学家史尚宽在其《劳动法原论》一书中指出："广义的劳动谓之有意识的且有一定目的肉体的或精神的操作。然在劳动法上之劳动，须具备下列条件：①为法律义务之履行；②为基于契约关系；③为有偿的；④为职业的；⑤为在于之从属关系。"由此得出："劳动法的劳动为基于契约上义务在从属的关系所为之职业上有偿的劳动。"② 我国内地学者王全兴在分析劳动法上的劳动时，将其定义为："专指职工为谋生而从事的履行劳动法规、集体合同和劳动合同所规定义务的集体劳动。"③

二、劳动法的概念

劳动法，在有些国家亦称"劳工法"。对劳动法的概念主要有两种解释：

---

① 马克思. 资本论（第一卷）. 北京：人民出版社，1975. 201.
② 史尚宽. 劳动法原论. 上海：上海正大印书馆，1934. 1.
③ 王全兴. 劳动法. 北京：法律出版社，1997. 49.

第一，法律原则和规则说。英国《牛津法律大辞典》对劳动法的解释是：与雇佣劳动相关的全部法律原则和规则，大致与工业法相同，它规定的是雇佣劳动或劳动或工业法律方面的问题。[①]

第二，劳动关系说。史尚宽认为："劳动法为关系劳动之法。详言之，劳动法为规范劳动关系及附随一切关系之法律制度之全体。"[②] 我国内地学者关怀也认为："劳动法是调整劳动关系以及与劳动关系有密切联系的一些关系的法律。"[③]

本书采用劳动关系说，即劳动法是调整劳动关系以及与劳动关系有密切联系的其他社会关系的法律规范的总称，它不仅包括国家最高立法机构制定、颁布的全国性、综合性的劳动法，即法典式的劳动法，还包括其他各种规范性文件中有关调整劳动关系以及与劳动关系有密切联系的其他社会关系的法律规范。

第二节 劳动法的调整对象

法律是社会关系的调整器，不同的社会关系是划分法律部门的重要依据。从劳动法的概念中可以明确劳动法的调整对象包括两重社会关系：其一，劳动关系，这是劳动法调整的最主要、最基本的关系；其二，与劳动关系有密切联系的其他社会关系。

一、劳动关系

（一）劳动关系的概念

劳动关系是指在劳动过程中人与人之间发生的社会关系。这种社会关系又可分为两种：一种是劳动者在劳动过程中与其他劳动者的关系；另一种是劳动者与其所在的单位（劳动使用者）之间的关系。劳动法调整的劳动关系，并不包括前一种关系，而仅限于后一种关系。因为劳动关系产生的前提是劳动力的所有权和使用权发生了分离，即劳动者把自己拥有的劳动力的使用权让渡给用人单位，由用人单位在劳动过程中管理和支配，由此双方形成劳动关系，进而受劳动法的调整和规范。因此，劳动法中所称的劳动关系是指在劳动过程中，劳动者与用人单位之间发生的一种社会关系，也即狭义上的劳动关系。

（二）劳动关系的特征

1. 劳动关系是在实现劳动过程中发生的关系

劳动者提供劳动能力，包括体力劳动能力和智力劳动能力，劳动使用者（用人单位）提供劳动过程所需要的生产条件和工作条件，劳动关系是双方在直接的劳动过程中

---

① 牛津法律大辞典. 北京：光明日报出版社，1988. 511.
② 史尚宽. 劳动法原论. 上海：上海正大印书馆，1934. 1.
③ 关怀. 劳动法学. 北京：法律出版社，1996. 2.

发生的关系。根据劳动关系的这一特征，我们可以把作为劳动法调整对象的劳动关系同某些与劳动有关，但并不是在劳动过程中所发生的关系区别开来。例如，某人将自己的著作交由出版社出版，形成出版关系；农民将自己的粮食在市场上出售，发生买卖关系。这些关系虽然也与劳动有关，但并不是在实现劳动过程中发生的关系，而是在流通领域发生的关系，因而这种关系不应由劳动法来调整，而要由民法来调整。

2. 劳动关系的主体，一方是劳动者，另一方是用人单位

劳动关系的一方——劳动者，作为劳动力的所有者和提供者，并非同自有的或直接支配的生产资料相结合，而是与用人单位提供的生产资料相结合；劳动关系的另一方——用人单位，在劳动关系中则作为生产资料的支配者和劳动力的需求者出现。劳动者的劳动与用人单位提供的生产资料相结合，从而完成劳动过程；而劳动者用自己的劳动资料、劳动工具进行劳动，不产生劳动法中的劳动关系。如个体劳动者的个人劳动，由于与自有的生产资料直接结合，就不会产生劳动法上的劳动关系。如果个体劳动者请了帮工、带了学徒，这就发生了帮工、学徒与个体劳动者提供的生产资料相结合，就产生了劳动法上的劳动关系。

3. 劳动关系是主体双方管理和被管理的关系

劳动关系一经建立，劳动者的劳动力就归用人单位支配，而劳动者就成为另一方用人单位的成员，需要遵守用人单位的内部劳动规章制度。遵守用人单位的内部劳动规章制度是劳动者的义务，制定劳动规章制度是用人单位的权利。用人单位和劳动者之间便建立起一种以指挥和服从为特征的管理关系，这种管理关系又是一种隶属关系。

根据劳动关系的这一特征，我们可以把作为劳动法调整对象的劳动关系同某些与劳动有关，但劳动者并非是该用人单位成员的关系如劳务关系相区别。劳务关系是指当事人之间因提供劳务而发生的民事关系。劳动关系和劳务关系有以下四点区别①：

首先，社会关系性质不同。劳动关系是仅与劳动过程相联系的社会关系，表现为劳动者向用人单位提供劳动力；劳务关系虽也与劳动过程相联系，但它更着眼于实现过程，与劳动成果紧密联系。

其次，劳动力的支配权不同。在劳动关系中，劳动力的支配权归掌握生产资料的用人单位行使，双方形成管理与被管理的隶属关系；在劳务关系中，则由劳务提供方自行组织和实现劳动过程。

再次，风险责任不同。在劳动关系中，由用人单位承担风险责任，而用人单位拥有或掌握的生产资料往往成为其承担风险责任的物质基础；在劳务关系中，劳务提供者自行承担风险。

最后，劳动报酬的性质不同。因劳动关系而产生的劳动报酬，具有分配的性质，不完全和不直接随市场供求情况变动，其支付形式往往特定化为一种持续的、定期的工资支付方式；因劳务而取得的劳动报酬，是商品价格的一次性支付，商品价格与市场的变化是直接联系的。

---

① 石美遐. 劳动法学. 北京：中国劳动社会保障出版社，2004.9～10.

（三）劳动关系的种类

依照不同的标准，劳动关系可以分为不同的种类。以所有制为标准，可以分为全民所有制劳动关系、集体所有制劳动关系、个体经营劳动关系、联营企业劳动关系、股份制企业劳动关系、外商投资企业关系等；以职业为分类标准，可以分为企业劳动关系、国家机关劳动关系、事业单位劳动关系；以资本的组织形式为标准，可以分为国有控股公司劳动关系、私营企业劳动关系、外商投资企业劳动关系、有限责任公司劳动关系等；以劳动关系所在产业为标准，可以分为工业劳动关系、商业劳动关系、农业劳动关系、服务业劳动关系等；以劳动关系确立为标准，可以分为劳动合同关系与非劳动合同关系。

在我国，依上述不同标准划分的各种劳动关系，其运行方式、内容、存在的范围、受国家控制干预程度等，存在一定的差别。随着我国社会主义市场经济的深入发展及我国劳动法制的不断完善，不同所有制劳动关系将逐步按统一规则运行，劳动关系将全部依据劳动合同建立。

二、与劳动关系有密切联系的其他社会关系

劳动法除以劳动关系作为基本的主要调整对象外，还调整与劳动关系有密切联系的一些社会关系。这些社会关系本身不是劳动关系，但与劳动关系有着直接或间接的联系。它们有些是劳动关系发生的前提，有些是劳动关系发生的直接后果，有些则是伴随劳动关系附带发生的。与劳动关系有密切联系的社会关系，一般包括以下六种：

（一）管理方面的关系

劳动力管理方面的关系，主要是指劳动行政部门与单位和职工之间因就业、培训等问题而发生的关系。如用人单位在招收、录用劳动者时应遵守法律，服从劳动行政部门的管理。

（二）劳动服务方面的关系

如职业介绍机构、职业培训机构为劳动力的培训和流动提供服务过程中与用人单位、劳动者之间发生的关系。

（三）社会保险方面的关系

国家社会保险机构与用人单位及职工之间因执行社会保险制度而发生的关系。社会保险中的某些项目，如退休职工可以领取退休金，失业职工可以领取失业救济金，死亡职工的家属可以领取丧葬费、抚恤费和救济费等。这些虽然是在劳动关系结束之后出现的，劳动者此时已经脱离劳动过程，但因为是劳动关系直接引起的，是劳动关系的直接后果，所以应由劳动法来调整。

（四）处理劳动争议方面的关系

处理劳动争议方面的关系是指国家劳动争议仲裁机构、人民法院与用人单位、职工之间由于调处和审理劳动争议而产生的关系。

（五）工会因履行职责与用人单位发生的关系

工会因履行职责与用人单位发生的关系，主要是指为维护劳动者的合法权益而与用人单位之间发生的关系，如集体合同关系、在劳动法监督检查过程中发生的关系等。

（六）相关国家机关监督劳动法执行的关系

相关国家机关监督劳动法执行的关系是指国家劳动行政机关、卫生管理部门等在劳动执法监督、监察过程中与用人单位发生的关系。

三、劳动法的适用范围

劳动法的适用范围，也称为劳动法的效力范围，是指劳动法的空间适用范围、时间适用范围和对人的适用范围。①

（一）劳动法的空间适用范围

劳动法的空间适用范围即劳动法适用的地域范围。劳动法适用的地域范围，取决于劳动法律规范文件的制定机关。全国人民代表大会及其常务委员会颁布的劳动法律、国务院发布的劳动行政法规等，适用于我国全部区域；地方性立法机关制定的劳动法规，适用于当地人民政府行政管辖区域之内，但不得与全国性法规相冲突；民族自治地方人民代表大会制定的劳动自治条例和单行条例，只适用于该民族自治地方；港、澳、台地区的劳动立法只适用于港、澳、台地区。

（二）劳动法的时间适用范围

劳动法的时间适用范围即劳动法的时间效力，是指劳动法的生效时间和失效时间。关于劳动法的生效，一般有两种方式：一种是自公布之日起生效，另一种是公布后并不立即生效，而是规定一个实施日期，自实施日期到来之时开始生效。《中华人民共和国劳动法》即属第二种情形，于1994年7月5日公布，1995年1月1日起实施。

劳动法的失效一般也有两种方式：一种是法律本身规定终止生效的特定时间或在特定条件出现时自然失效；另一种是在新颁布的法律规范文件中明文指出旧法律规范文件失效。

---

① 张志京. 劳动法学. 上海：复旦大学出版社，2006.7.

（三）劳动法对人的适用范围

劳动法对人的适用范围即劳动法对人的效力。《劳动法》第二条规定："在中华人民共和国境内的企业、个体经济组织（以下统称用人单位）和与之形成劳动关系的劳动者，适用本法。""国家机关、事业组织、社会团体和与之建立劳动合同关系的劳动者，依照本法执行。"用人单位主要是指企业和个体经济组织，事业单位、国家机关、社会团体与劳动者建立劳动合同关系的，也可称为"用人单位"。相应地，只有在这五种用人单位管理下从事劳动并获取相应报酬的自然人，才可以成为劳动法上的劳动者。劳动法对人的适用范围可以概括为：劳动法适用于基于订立劳动合同而形成劳动关系的劳动者与用人单位。由于立法的局限，我国目前尚有相当部分主体之间的劳动关系不在劳动法的调整范围之内。随着我国劳动法律制度的发展和完善，劳动法对人的适用范围将会逐步扩大。

目前，我国学界对劳动法对人的适用范围这个问题存在一些争议，如公务员是否属于劳动法的调整范围，国有企业的厂长和经理是否属于劳动法意义上的劳动者，劳动法是否能调整事业单位的人事关系等。[①]

第三节　劳动法的地位和功能

关于劳动法的地位，通常有两种理解：一是指劳动法在法律体系中的地位，即劳动法在法律体系中是否属于一个法律部门，以及它与其他法律部门有何关系；二是劳动法在社会中的地位，实际上是指劳动法的重要程度。劳动法在社会中的地位是决定劳动法在法律体系中所处地位的重要因素，而劳动法在法律体系中的地位则是劳动法在社会中所处地位的法律表现和法律保障。

一、劳动法在法律体系中的地位

国内外学界对劳动法地位的认识并不完全一致，如认为劳动法是社会法的一个组成部分，或劳动法是民商法的一个组成部分，或劳动法是经济法的一个组成部分，或是公法和私法交叉部分的新法域等。但多数人认为，劳动法是一个独立的法律部门。本书亦持这样的观点。

劳动法之所以成为一个独立的法律部门，其依据主要有：

第一，劳动法有自己特定的调整对象。劳动法调整劳动关系和与劳动关系密切联系的其他社会关系，这些关系不仅有人身关系和财产关系的内容，也有平等关系和隶属关系的特征。这是其他任何一个法律部门都无法调整和代替的。

第二，劳动法有自己特有的基本原则。劳动法的基本原则可以概括为：维护劳动者

---

① 李炳安. 劳动和社会保障法. 厦门：厦门大学出版社，2007. 59~66.

合法权益原则和协调劳动关系原则。这与民法、经济法及行政法的原则有着明显的区别。

第三，劳动法有特定的主体。劳动法中的劳动者和劳动力的使用者之间的关系，是劳动法区别于民法、经济法及行政法的重要特点，并且劳动者、劳动力的使用者均有特定的主体资格。

第四，劳动法有独立的内容体系。劳动法包括了就业促进、劳动合同、集体合同、工时休假、工资保障、劳动安全卫生、女职工和未成年工的特殊保护、职业培训、社会保险、劳动监督及劳动争议处理等内容。劳动法完整而系统的内容体系也是其他法律部门所不能包含的。

二、劳动法与相邻部门法的区别

（一）劳动法与民法的区别

1. 调整的对象不同

民法是调整财产关系以及与财产关系有密切联系的人身关系，而劳动法的调整对象则是劳动关系以及与劳动关系有密切联系的社会关系。

2. 法律关系的主体不同

民事法律关系的主体可以双方都是法人，或一方是法人而另一方是公民，也可以双方都是公民。劳动法律关系的主体，必须一方是劳动者，另一方是用人单位（劳动力使用者）。

3. 适用的原则不同

民法适用的主要原则是诚实信用、平等自愿和等价有偿，而劳动法则以维护劳动者合法权益和协调劳动关系为主要原则。

（二）劳动法与经济法的区别

1. 调整的对象不同

经济法是调整国家协调本国经济运行过程中发生的特定的经济关系，这些经济关系的调整是为了对国家经济活动进行宏观调控和市场规制；而劳动法的调整对象是劳动者与用人单位的劳动关系以及与劳动关系有密切联系的社会关系。

2. 法律关系的主体不同

经济法律关系的主体包括国家机关、经济组织、社会团体、经济组织的内部机构和有关人员以及个人；而劳动关系的主体特定为劳动者和用人单位。

3. 适用的原则不同

经济法适用的主要原则有协调经济原则、维护公平竞争原则、责权利相统一原则等；而劳动法的主要原则是维护劳动者合法权益原则和协调劳动关系原则。

（三）劳动法与行政法的区别

1. 调整的对象不同

行政法调整的对象是国家机关在实施国家行政管理过程中发生的行政关系；而劳动法的调整对象是劳动者与用人单位的劳动关系以及与劳动关系有密切联系的社会关系。

2. 法律关系的主体不同

行政法律关系的主体可以是国家行政机关之间，也可以是国家行政机关与企业、事业组织、社会团体、个体经济组织之间，还可以是国家行政机关与公民之间的关系，其关系主体的一方必须是国家行政机关；而劳动关系的主体则是劳动者和用人单位。

3. 适用的原则不同

行政法的原则主要是依法行政原则、行政公开原则及行政合理原则；而劳动法的主要原则是维护劳动者合法权益原则和协调劳动关系原则。

三、劳动法的功能

（一）保护劳动者的合法权益

保护劳动者的合法权益是我国劳动法的基本宗旨，《劳动法》第一条对此有明确规定，我国劳动法的多项制度也体现了保护劳动者合法权益的基本宗旨。例如，劳动法确认劳动力为劳动者所有，赋予劳动者在劳动关系中与用人单位处于平等的法律地位；规定劳动者享有就业和选择职业、获得劳动报酬、休息、劳动安全与卫生、社会保险和福利待遇等权利；规定用人单位负有向劳动者提供劳动待遇、劳动条件等义务，从而使劳动者的权益获得了法律保障。这对于保护劳动者的合法权益、调动劳动者的积极性具有重要作用。

（二）合理解决劳动争议

在劳动关系中由于各种原因产生劳动争议，如果不能及时得到解决，就会加深用人单位与劳动者的隔阂和矛盾，影响劳动关系的稳定和生产的发展。劳动法是处理劳动争议的准绳，正确贯彻劳动法可以减少劳动争议的发生，也可以使劳动纠纷得到及时解决，这对促进社会的安定团结具有重要的作用。

（三）建立和谐劳动关系，促进生产力的发展

在组织生产过程中，建立和谐的劳动关系是生产力发展的重要条件，如果劳动者与用人单位经常处于尖锐冲突的状态下，势必影响劳动生产率的提高，进而影响生产力的发展。劳动法的贯彻实施使劳动关系的调整有章可循、有法可依，用人单位依法经营，劳动者依法生产，可以由此建立和谐的劳动关系，促进生产率的提高，进而加快生产力的发展。

第四节 劳动法的渊源和体系

一、劳动法的渊源

法律渊源一般是指法律的具体表现形式。劳动法的渊源，是指由国家制定或认可的劳动法律规范的表现形式。具体如下：

（一）宪法

我国宪法中有关劳动问题的规定，构成了全部劳动法规的立法基础。因为宪法是我国的基本法，是由最高国家权力机关——全国人民代表大会制定、修改并监督实施的，它具有最高的法律权威和法律效力。一切基本法、行政法规和地方性法规都不得与其相抵触，它是制定一切法律的根据。因此，宪法中有关劳动问题的规定是劳动法的表现形式，是劳动法的一个重要组成部分。

（二）劳动基本法

劳动基本法的效力仅次于宪法。属于这一层次的劳动法的渊源，最重要的是1994年7月5日由第八届全国人民代表大会第八次会议审议通过，于1995年1月1日正式实施的《中华人民共和国劳动法》。它是我国有关劳动问题的基本法，是劳动法的基本形式，是调整我国劳动关系的主要准则。《中华人民共和国劳动合同法》（2012年12月28日修订）、《中华人民共和国社会保险法》（2010年10月28日通过），也是专门调整劳动关系的基本法律。我国的一切劳动法规都应在遵守宪法的基础上，与《劳动法》、《劳动合同法》和《社会保险法》的规范保持一致。

（三）其他劳动法律

其他法律是劳动法的重要表现形式，包括全国人民代表大会及其常务委员会制定并颁布的专门调整劳动关系的法律，以及其他法律中涉及调整劳动关系的内容。如《中华人民共和国就业促进法》、《中华人民共和国劳动争议调解仲裁法》、《中华人民共和国工会法》、《中华人民共和国妇女权益保障法》、《中华人民共和国中外合资经营企业法》、《中华人民共和国外资企业法》、《中华人民共和国职业教育法》、《中华人民共和国矿山安全法》、《中华人民共和国安全生产法》及《中华人民共和国职业病防治法》等法律中，都包含有关调整劳动关系的规范。这些有关调整劳动关系的法律规范，是劳动法的渊源之一，成为劳动法的组成部分。

（四）劳动行政法规

国务院是我国最高的国家行政机关，它有权根据宪法和法律制定并颁布行政法规，包括条例、规定、命令、办法、实施细则等。其内容不得与宪法和法律相抵触，具有普遍的法律效力。国务院颁布的大量劳动法规，是当前我国调整劳动关系的重要依据。如《国务院关于职工工作时间的规定》（1995 年 3 月 25 日修订）、《国务院关于建立城镇职工基本医疗保险制度的决定》（1998 年）、《中华人民共和国企业劳动争议处理条例》（1993 年）、《失业保险条例》（1999 年）、《社会保险费征缴暂行条例》（1999 年）、《工伤保险条例》（2010 年 12 月 20 日修订）、《劳动保障监察条例》（2001 年）、《自然灾害救助条例》（2010 年）、《女职工劳动保护特别规定》（2012 年）等，都是劳动法的重要渊源。

（五）劳动部门规章

国务院劳动和社会保障行政部门及有关部门，根据法律和行政法规，有权在本部门权限内制定规范性劳动文件，这也是劳动法的渊源。例如，原劳动部《关于贯彻执行〈中华人民共和国劳动法〉若干问题的意见》（1995 年 8 月 4 日颁布）、《劳动力市场管理规定》（2000 年 12 月 8 日颁布）、《企业最低工资规定》（1993 年 11 月 24 日颁布）、《最低工资规定》（2004 年 2 月 5 日颁布）、《企业职工培训规定》（1996 年 10 月 3 日颁布）、劳动和社会保障部《关于确认劳动关系的有关通知》（2005 年 5 月 25 日颁布）、人力资源和社会保障部《企业劳动争议协商调解规定》（2011 年 11 月 30 日颁布）等，都是调整劳动关系的重要规范。

（六）地方性劳动法规

在我国，依据宪法规定，省、自治区、直辖市人民代表大会及其常务委员会，在不与宪法、法律、行政法规相抵触的前提下，可以制定和发布地方性法规，报全国人民代表大会常务委员会备案。民族自治地方人民代表大会，有权依照当地民族的政治、经济、文化特点，制定、发布自治条例和单行条例，报全国人民代表大会常务委员会批准后生效。这些适用于本地区的地方性法规中的劳动法规，也属于劳动法渊源的范畴。例如《北京市企业劳动者工伤保险规定》、《北京市劳动合同规定》、《广东省劳动合同管理规定》、《上海市劳动合同条例》、《山东省劳动合同条例》等。

（七）国际劳工公约

国际劳工组织通过的国际劳工公约和建议书属于国际劳动法的范畴。我国是国际劳工组织的成员，凡经我国政府批准的公约和建议书在我国具有法律效力，也是我国劳动法的组成部分。如，1985 年 5 月我国政府承认的旧中国政府批准的 14 个国际劳工公约；又如，1987 年 9 月我国政府签署的《残疾人职业康复和就业公约》，2002 年 6 月我国政府批准的《禁止和立即行动消除最恶劣形式童工劳动公约》。截至 2007 年 10 月，共有 25 个国际劳工公约在我国批准生效。

（八）司法解释

司法解释是指由最高人民法院在审理劳动争议案件中，对于如何正确适用劳动法律规范所作的解释。这种解释是一种具有普遍约束力的解释，是全国各级人民法院审理劳动争议案件的依据。因此，最高人民法院对劳动法律规范的解释也是劳动法的渊源。如最高人民法院《关于审理劳动争议案件适用法律若干问题的解释》（2001 年 4 月 30 日施行，以下简称《解释》）、《关于审理劳动争议案件适用法律若干问题的解释（二）》（2006 年 10 月 1 日起施行，以下简称《解释（二）》）、《关于审理劳动争议案件适用法律若干问题的解释（三）》（2010 年 9 月 14 日起施行，以下简称《解释（三）》）、《关于审理劳动争议案件适用法律若干问题的解释（四）》（2013 年 2 月 1 日起施行，以下简称《解释（四）》）。最高人民法院《关于人民法院审理事业单位人员人事争议案件若干问题的规定》、最高人民法院《关于解除劳动合同的劳动争议仲裁申请期限应如何起算问题的批复》等。

（九）香港、澳门特别行政区劳动法律

香港、澳门特别行政区根据各自的《基本法》，均有独立的立法权，可以保留原有法律和制定新的劳工法律。这种立法表现形式是我国实行"一国两制"方针下所独有的。

二、劳动法的体系

劳动法的体系是指一个国家的全部劳动法律规范按照一定的标准分类组合所形成的具有一定纵向结构和横向结构的体系。① 从纵向看，我国目前已形成了以宪法和劳动法为核心的保护劳动者权益的多层次的法律体系，这种结构体系实际上就是劳动法的渊源问题。

从横向结构看，我国劳动法体系的内容主要包括《就业促进法》、《劳动合同法》、《集体合同法》、《工作时间和休息休假法》、《工资法》、《劳动安全卫生法》、《女职工和未成年工的特殊保护法》、《职业培训法》、《社会保险法》、《劳动监督法》和《劳动争议处理法》等。

第五节　劳动法的基本原则

一、劳动法基本原则的概念

劳动法的基本原则是指法律在调整劳动关系以及与劳动关系密切联系的其他社会关系时所必须遵循的基本准则。劳动法的基本原则是主导劳动法体系的理念，它集中体现了劳动法的本质和精神，是劳动立法、守法、执法、司法的根基和出发点。

---

① 张颖. 劳动法学. 北京：中国劳动社会保障出版社，2007. 15～16.

二、劳动法基本原则的内容

（一）关于劳动法基本原则的争鸣

关于劳动法基本原则的内容，我国理论界的看法存在很大的分歧，主要代表性观点有：

第一，公民有劳动的权利和义务；保护劳动者的合法权益；处理劳动问题坚持男女平等、民族平等原则；劳动者拥有集会、结社的自由和参加民主管理的权利；在组织劳动中实现奖惩结合。①

第二，公民享有劳动权利和履行劳动义务的原则；劳动法主体利益平衡中的三方性原则；劳动者享有综合性权利原则。②

第三，劳动既是公民权利又是公民义务原则；保护劳动者合法权益原则；劳动力资源合理配置原则。③

第四，尊重劳动自由原则；公民劳动权利平等原则；劳动关系协调原则；双重利益保障原则。④

第五，各尽所能、按劳分配原则；保护劳动者原则。⑤

第六，社会正义原则；劳动自由原则；三方合作原则。⑥

第七，维护劳动者合法权益与兼顾用人单位利益相结合原则；实行劳动行为自主与劳动标准制约相结合原则；坚持劳动者平等竞争与特殊劳动保护相结合原则；贯彻按劳分配和公平救助相结合原则；坚持法律调节和三方对话相结合原则。⑦

第八，劳动自由原则；劳动协调原则；劳动保障原则。⑧

第九，就业平等原则；劳动保障原则；同工同酬原则。⑨

第十，保护劳动者合法权益原则；三方性原则。⑩

上述关于劳动法基本原则的观点，有的以宪法为依据，将宪法中有关劳动法的某些条文直接移植为劳动法的各项基本原则；有的进行高度抽象，概括出劳动法的基本原则。条文直接移植说涉及劳动法制度的各个方面，较为全面和具体，但学界认为，它对有些原则的表述，只是对宪法条文的简单复述和摘引，理论概括性不强，很难起到劳动法基本原则的作用。高度抽象概括说在法律原则的形式上具有概括性特征，能起到法律

---

① 关怀，林嘉. 劳动法. 北京：中国人民大学出版社，2006. 14～16.
② 贾俊玲. 劳动法和社会保障法学. 北京：中国劳动社会保障出版社，2005. 39～40.
③ 王全兴. 劳动法学. 北京：人民法院出版社、中国人民公安大学出版社，2005. 62～65.
④ 石美遐. 劳动法学. 北京：中国劳动社会保障出版社，2004. 36～41.
⑤ 董保华. 劳动关系调整的法律机制. 上海：上海交通大学出版社，2000. 76～77.
⑥ 周长征. 劳动法学. 北京：科学出版社，2004. 27～44.
⑦ 郭捷. 劳动法学. 北京：中国政法大学出版社，2007. 47～50.
⑧ 冯彦君. 劳动法学. 长春：吉林大学出版社，1999. 43.
⑨ 李炳安. 劳动和社会保障法. 厦门：厦门大学出版社，2007. 69～71.
⑩ 张志京. 劳动法学. 上海：复旦大学出版社，2006. 16～18.

原则应该起到的作用，而不流于对具体制度的重复和强调，给人的启发较大。① 关于劳动法基本原则的理论研究，目前仍处于争鸣中。我们认为，劳动法的基本原则不应直接移植宪法的有关条文，也不应与相邻部门法基本原则相同，它应具有概括性、统领性、权威性和稳定性。

（二）劳动法基本原则的内容

1. 维护劳动者合法权益原则

维护劳动者合法权益原则是劳动法的核心原则，是劳动法区别于其他部门法的本质特征。维护劳动者合法权益原则，包括国家通过立法对劳动者的弱势地位予以救济，在用人单位和劳动者之间达成新的平衡关系，以保护劳动者的合法权益。我国宪法和劳动法规定的劳动者的合法权益主要有劳动权、按劳取酬权、休息休假权、安全生产权、物质帮助权、民主管理权、专业技能培训权、享受社会保险和福利权、提请劳动争议权等。

劳动者的上述合法权益，在劳动过程的任何环节中都应得到全面、平等的保护。无论是法定权益还是约定权益，无论人身权益还是财产权益，都应得到全面的保护；不论民族、种族、性别、年龄、文化程度、财产状况、宗教信仰、职业、劳动关系性质，劳动者的法律地位一律平等，其合法权益一律平等地受到保护。

当然，这种平等保护，并不排斥对特定劳动者的特殊保护。我国劳动法特别规定了对女工权益，如经期、孕期、产期、哺乳期给予特殊保护，并且禁止性别就业歧视。我国劳动法对未成年工的特定权益保护也作了特别规定，如禁忌劳动范围、健康检查制度等，对残疾人、少数民族人员、退役军人等特殊群体的就业予以倾斜保护。

2. 协调劳动关系原则

协调劳动关系原则是指劳动法在调整劳动关系以及与其有密切联系的其他社会关系时通过各种机制和方式对劳动关系进行协调，促使劳动关系实现和保持和谐稳定。协调劳动关系原则既是目的性原则，也是手段性原则。作为目的性原则要求，要实现劳动权利义务的统一、劳动关系的契约化、劳动法主体利益的平衡、劳动法各种力量有机结合等；作为手段性原则要求，在劳动法调整机制中要注意运用强制、协商、调解、仲裁这些调整手段。②

劳动权利义务统一，是协调劳动关系原则在劳动立法结构上的要求，具体表现在：劳动既是权利也是义务；劳动法的主体既享有劳动权利又承担劳动义务。

劳动关系的契约化，是协调劳动关系原则在劳动法律关系上的具体要求，它要求劳动关系的产生和维系要依赖劳动契约，而不是行政的力量。劳动契约是由劳动者和用人单位自愿缔结的，是双方协商的产物，反映了双方的意志。推进劳动合同制改革，完善和执行劳动合同法律制度，是贯彻协调劳动关系原则的具体体现。

劳动法主体利益的平衡，是国家、用人单位和劳动者三方利益的平衡。国家的利益

① 石美遐. 劳动法学. 北京：中国劳动社会保障出版社，2004. 34~36.
② 石美遐. 劳动法学. 北京：中国劳动社会保障出版社，2004. 39.

是整体利益，在劳动法上，主要表现为通过保障和促进劳动关系的健康、稳定发展，为劳动者的劳动权实现和用人单位事业发展创造良好的外部环境，进而实现社会安定，经济健康发展。用人单位的利益需要得到尊重和保障，这是劳动法的任务之一。劳动者有正当利益，用人单位也有正当利益，保护劳动者的合法利益并不意味着可以毫不顾及用人单位的正当利益，更不意味着用人单位的正当利益根本不受法律保护。因此，协调好劳动法主体的利益关系是劳动法的重要任务，是促进经济发展和社会进步的力量源泉。

劳动法上各种力量的有机结合，是指国家力量、资本力量和劳动者的力量的有机结合。国家力量是政治统治力量；资本力量是经济力量；劳动者的力量是一种社会力量。具体的组合形式主要有：劳动立法上的三方参与机制、工资水平的三方决定机制、劳动争议的三方处理机制。①

劳动法的这两条基本原则是由劳动关系的基本特点决定的，二者相辅相成，不可偏废。只有将二者有机地结合起来，才能满足调整劳动关系的基本需要，才能保障劳动关系的和谐稳定，促进经济社会发展。

第六节　劳动法律关系

法律关系是指当事人依据法律规范而形成的具有权利义务内容的社会关系。劳动法律关系是指劳动关系的当事人依据劳动法律规范，在实现社会劳动过程中形成的权利义务关系。

一、劳动法律关系与劳动关系

劳动法律关系与劳动关系是两个不同的概念，二者既有联系又有区别。

（一）二者的联系

①劳动关系是劳动法律关系产生的基础，劳动法律关系是劳动关系在法律上的表现形式；②劳动法律关系不仅反映劳动关系，而且一旦形成，便给劳动关系以积极的影响；③劳动关系的发展变化，要求劳动法律关系作出相应调整，劳动法律关系也会随之变化。

（二）二者的区别

①劳动法律关系是思想意志关系，属于上层建筑，它体现了国家的意志；劳动关系是社会物质关系，属于经济基础。②劳动法律关系以劳动法律规范为前提；劳动关系是在劳动过程中发生的，以劳动为前提。③劳动法律关系的内容是法定的权利义务，劳动者和用人单位必须依法享有权利并承担义务；劳动关系的内容是劳动，劳动者提供劳动

---

① 石美遐. 劳动法学. 北京：中国劳动社会保障出版社，2004.40.

力，用人单位使用劳动力，双方形成劳动力的支配和被支配关系。

二、劳动法律关系与民事法律关系

劳动法律关系与民事法律关系在性质、产生依据、前提条件及内容等方面都不相同。劳动法律关系中的劳动者与用人单位之间具有隶属关系，劳动者必须遵守用人单位的内部规章制度，有权享受该单位提供的劳动条件、社会保险和福利等；民事法律关系的双方当事人之间不具有管理和被管理的隶属关系，不能享受单位员工的权利，也无须履行相应的义务。

三、劳动法律关系的分类

按照劳动者人数，可将劳动法律关系划分为个别劳动法律关系和集体劳动法律关系。劳动者个人与用人单位签订劳动合同所确立的劳动法律关系为个别劳动法律关系，劳动者集体通过单位工会或职工代表与用人单位签订集体劳动合同所形成的劳动法律关系为集体劳动法律关系。集体劳动法律关系一般是在个别劳动法律关系确立之后形成的，但集体劳动法律关系又为提高个别劳动法律关系中职工的劳动条件和劳动待遇奠定了基础。

四、劳动法律关系的要素

劳动法律关系的要素是构成各种劳动法律关系不可缺少的组成部分。任何法律关系都由法律关系的主体、内容和客体三要素构成。劳动法律关系的要素也可分为劳动法律关系的主体、劳动法律关系的内容和劳动法律关系的客体三部分。

（一）劳动法律关系的主体

法律关系的主体是指依法享有权利和承担义务的法律关系的参与者。劳动法律关系的主体是依照劳动法享有权利和承担义务的劳动法律关系的参与者。劳动法律关系的主体包括劳动者和用人单位。

1. 劳动者

（1）劳动者的概念。劳动者是指参加劳动法律关系并享有劳动权利和承担劳动义务的自然人。这一概念排除了没有参加劳动法律关系的自然人。它包括具有劳动能力的我国公民、外国人和无国籍人；包括企业、个体经济组织的劳动者，实行企业化管理的事业组织的工作人员，与国家机关、事业单位、社会团体建立劳动关系的劳动者（即工勤人员），以及其他通过劳动合同（包括聘用合同）与国家机关、事业单位、社会团体建立劳动关系的劳动者等。

（2）劳动者的权利能力和行为能力。劳动者作为劳动法律关系主体，必须具备一定的条件，即必须具有劳动权利能力和劳动行为能力。所谓劳动权利能力，是指自然人依法享有劳动权利和承担劳动义务的资格。劳动行为能力，是指自然人以自己的行为依法享有劳动权利和承担劳动义务的资格。劳动者的劳动权利能力和劳动行为能力具有以下特点：

第一，劳动者的劳动权利能力和劳动行为能力一般始于 16 周岁。我国《劳动法》规定："禁止用人单位招用未满 16 周岁的未成年人。"据此，只有年满 16 周岁的公民才有劳动权利能力和劳动行为能力，才能行使自己的劳动权利并承担劳动义务。体育、文艺等行业需招用 16 周岁以下者要经批准。

第二，劳动者的劳动权利能力和劳动行为能力是统一、不可分割的。劳动者只有同时具有劳动权利能力和劳动行为能力，才能成为劳动法律关系的主体。一旦丧失了劳动行为能力，也就不能享有劳动权利能力，因而没有资格作为劳动法律关系的主体。公民的民事权利能力，始于出生，终于死亡。公民的民事行为能力则受到年龄和智力状况的限制，18 周岁以上的公民具有完全的民事行为能力，10 周岁以上的未成年人具有部分民事行为能力，不满 10 周岁的未成年人则无民事行为能力。因此，劳动者的劳动权利能力和劳动行为能力的开始时间，晚于公民的民事权利能力，早于公民的完全民事行为能力。

第三，劳动权利能力和劳动行为能力只能由劳动者本人实现。劳动者只有直接参加社会劳动，才能在劳动过程中实现自己的劳动权利能力和劳动行为能力。法律不允许他人代理劳动者行使劳动权利能力和劳动行为能力。而在民事法律关系中，有部分民事行为能力或没有民事行为能力的公民，却仍然享有民事权利能力，可以由其法定代理人代理或协助其参加民事法律关系。即使具有完全民事行为能力的公民，也可委托他人代理自己行使民事权利能力和民事行为能力，参与民事法律关系。

第四，某些劳动者的劳动权利能力和劳动行为能力会受到一定的限制。根据我国《劳动法》的规定，某些职业或工种，对劳动者的劳动权利能力和劳动行为能力有一定的限制。例如，未成年人和妇女劳动者，不得从事井下工作，不得从事繁重的体力劳动等；某些特种作业，如锅炉工、电梯工需要劳动者经过特种职业培训并取得职业资格后才可以从事工作。而公民的民事权利能力和民事行为能力在法律规定的范围内则不受任何限制。

2. 用人单位

（1）用人单位的概念。用人单位是指参加劳动法律关系，具有劳动用人权利能力和用人行为能力，并按照法律规定或合同约定向职工支付劳动报酬的单位。用人单位包括各类企业、个体工商户、事业单位、机关和社会团体。

（2）用人单位的劳动权利能力和劳动行为能力。用人单位的劳动权利能力是指用人单位享有用人权利和承担用人义务的资格，它是用人单位参与劳动关系、成为合法主体的前提条件。用人单位的劳动行为能力是指用人单位依法以自己的行为行使用人权利和承担用人义务的资格。它是用人单位参与劳动法律关系、享受权利和履行义务的基本条件。[①] 用人单位只有在依法成立之后，才具有劳动法中的权利能力和行为能力，才有资

---

① 李炳安. 劳动和社会保障法. 厦门：厦门大学出版社，2007. 82.

格参加劳动法律关系，招收员工。用人单位的权利能力和行为能力，是通过其职能机构或代理人实现的。

（二）劳动法律关系的内容

劳动法律关系的内容，是指劳动法律关系主体双方依法享有的权利和承担的义务。它是劳动法律关系的基础，是联结劳动法律关系主体与客体的媒介，也是劳动法律关系的核心和实质。

劳动法律关系主体依法享有的权利，是指劳动法律规范确认的劳动法律关系主体应享受的权利和获得的利益。劳动法律关系主体依法承担的义务，是指承担义务的劳动法律关系主体依照劳动法律规范，履行自己应尽的义务，以满足权利主体的要求。劳动法律关系主体的权利和义务是相辅相成、密不可分的，具有统一性和对应性，存在于同一个劳动法律关系之中。

根据我国宪法、劳动法的规定，劳动法律关系的内容如下：

1. 劳动者的权利与义务

《劳动法》第三条规定："劳动者享有平等就业和选择职业的权利、取得劳动报酬的权利、休息休假的权利、获得劳动安全卫生保护的权利、接受职业技能培训的权利、享受社会保险和福利的权利、提请劳动争议处理的权利以及法律规定的其他劳动权利。劳动者应当完成劳动任务，提高职业技能，执行劳动安全卫生规程，遵守劳动纪律和职业道德。"

2. 用人单位的权利与义务

用人单位的权利与义务和劳动者的权利与义务是对应的。劳动者的权利，即企事业单位、国家机关、社会团体、个体经济组织等用人单位的义务。劳动者的义务，即企事业单位、国家机关、社会团体、个体经济组织等用人单位的权利。为了进一步强调用人单位的义务，我国《劳动法》第四条还专门规定："用人单位应当依法建立和完善规章制度，保障劳动者享有劳动权利和履行劳动义务。"

（三）劳动法律关系的客体

劳动法律关系的客体是指劳动法律关系主体双方的权利与义务共同指向的对象。主体双方的权利和义务必须共同指向同一对象，才能形成劳动法律关系，因此，客体也就是构成劳动法律关系不可或缺的重要因素。

关于劳动法律关系的客体，学界有不同的观点。一种观点认为，劳动法律关系的客体是劳动行为。[①] 另一种观点认为，劳动法律关系的客体是劳动力。[②] 还有一种观点认为，劳动法律关系的客体不只是劳动行为或劳动力。[③]

我们同意第二种观点。其理由为："因为明确劳动力是劳动法律关系的客体，有利

[①] 关怀. 劳动法教程. 北京：法律出版社，2007. 38.
[②] 董保华. 劳动法律关系调整的机制. 上海：上海交通大学出版社，2000. 284.
[③] 王全兴. 劳动法学. 北京：人民法院出版社、中国人民公安大学出版社，2005. 88.

于保障劳动者的权益。首先，劳动者作为劳动力所有权人，有权选择适合自身劳动力特点的用人单位；其次，劳动者作为劳动力所有权人，本身就有权要求对劳动力的使用限制在不损害其物质载体的范围内；再次，承认劳动者与用人单位围绕着劳动力而展开的劳动力所有权与劳动力使用权，双方才有可能通过劳动合同与集体合同约定双方在劳动力保护、使用上的权利义务；最后，承认劳动力有偿转让而产生的劳动力所有权和使用权的分离具有内在不平衡性，国家就必须制定以倾斜立法为特征的劳动标准法。"①

五、劳动法律关系的产生、变更和消灭

（一）劳动法律关系产生、变更和消灭的概念

1. 劳动法律关系的产生

劳动法律关系的产生，是指因一定的劳动法律事实而在用人单位与劳动者之间产生相应的劳动权利和劳动义务关系。能够引起劳动法律关系发生的法律事实只能是双方劳动法律行为（双方意思表示一致的合法行为）。单方的劳动法律行为、其他主体的合法行为和不合法行为都不能引起劳动法律关系的产生。

2. 劳动法律关系的变更

劳动法律关系的变更，是指劳动法律关系主体之间已形成的劳动法律关系，由于一定情况的出现而引起法律关系中某些要素的变化。能够引起劳动法律关系变更的法律事实主要是双方的劳动法律行为，具体表现为双方通过协商一致改变原来约定的合同内容。在特定情况下，当事人单方的法律行为也能依法产生变更法律关系的效果。

3. 劳动法律关系的消灭

劳动法律关系的消灭，是指劳动法律关系主体之间原先设立的劳动法律关系依法解除或终止的情况，可以引起劳动法律关系消灭的法律事实包括各种行为和各种事件。

（二）劳动法律事实

劳动法律关系产生、变更或消灭，都是通过一定的法律事实而引起的。劳动法律事实是指劳动法规定的能够引起劳动法律关系的产生、变更和消灭的一切客观情况。例如，在劳动法律关系的产生上，劳动者和用人单位所具有的劳动权利能力和劳动行为能力仅仅是可以依法参与劳动法律关系的资格，它只是一种可能性，要使这种可能变为现实，即在劳动者和用人单位之间建立一定的劳动法律关系，双方就必须通过协商达成一致意见并签订劳动合同。这种协商一致并签订劳动合同的行为就是法律事实，它是引起具体劳动法律关系产生的原因。同样，劳动法律关系的变更或消灭，也都是通过一定的法律事实才能引起。例如，某用人单位的职工因工负伤，不能从事原来的工作而被调换工作岗位而引起劳动法律关系的变更。劳动合同期限届满、劳动者在劳动法律关系存续期间死亡而引起劳动法律关系消灭。

根据我国劳动法的规定，劳动法律事实多种多样。按照其发生是否以行为人的意志

---

① 石美遐. 劳动法学. 北京：中国劳动社会保障出版社，2004. 25 ~ 26.

为转移来划分，可将其分为行为和事件两大类。

1. 行为

作为劳动法律事实的行为，是指劳动法规定的，能够引起劳动法律关系产生、变更和消灭的人的有意志的活动。它可分为合法行为和违法行为。按照行为人所处的地位和实施行为的目的、性质和职责，可以将其分为劳动法律行为、劳动行政管理行为、劳动仲裁行为和劳动司法行为四类。

劳动法律行为是指劳动者、用人单位根据现行劳动法律规范的要求所作出的行为，包括合法行为和违法行为。合法行为是指符合法律、法规规定的行为，通常能产生当事人预期的法律后果。合法行为有：主体双方依法签订、履行、变更、解除劳动合同的行为；劳动者完成生产任务、工作任务的行为；用人单位实施的劳动管理的行为等。违法行为是指违反法律、法规规定的行为，通常产生与行为人愿望相违背的后果。违法行为包括职工的严重违纪行为、失职、营私舞弊行为，用人单位侵犯职工合法权益的行为等。合法行为和违法行为都能引起一定的法律后果，因而都是法律事实。

劳动行政管理行为是指国家劳动行政管理机关依法行使劳动行政管理职权的行为。如劳动行政管理机关监督、检查劳动法律、法规执行情况的行为。

劳动仲裁行为是指劳动争议仲裁机构依法仲裁劳动争议案件的行为。生效的劳动争议调解书和裁决书，均能引起劳动法律关系发生一定的变化，因而都是法律事实。

劳动司法行为是指由人民法院依法审理劳动争议案件的行为。如各级人民法院对当事人不服仲裁而提起诉讼的劳动争议案件所作的裁定与判决，也能引起一定的劳动法律后果，因而也是法律事实。

2. 事件

作为劳动法律事实的事件，是指不以行为人的意志为转移的客观现象。包括外界自然现象，如地震、洪水、飓风等自然灾害；也包括人身自然现象，如人身伤残、疾病、死亡等，这些人身自然现象能引起劳动能力的丧失和部分丧失，使劳动法律关系发生变更或消灭。此外，还包括社会现象，如战争、动乱等。事件虽不以人的意志为转移，但其在一定条件下，能够引起劳动法律关系的变更或消灭，因而都是法律事实。

案 例 分 析

【案情】2000年6月5日，王某与某工厂签订5年劳动合同，月薪1 500元。2002年5月，王某回家休探亲假时，经过单位领导同意，向单位借款人民币2万元，以供家中购房之需。2003年6月5日，王某于30天前预先向单位提出，要求提前解除劳动合同。该工厂领导不同意，除非王某将其所欠余款15 000元归还后再考虑与其解除劳动合同。王某不服，向当地劳动争议仲裁委员会提出申请，要求解除劳动合同。当地劳动争议仲裁委员会受理该案后作出裁定：同意解除劳动合同，同时要求王某将欠款余额15 000元归还该工厂。理由是：这项债务纠纷是在劳动合同存续期间发生的。若无劳动合同存在，不可能发生该项借款。因此，应属于该劳动争议一部分，准予合并处理。[①]

【问题】

1. 职工向单位借款是否属于劳动争议？为什么？

2. 劳动合同争议与债务纠纷可以合并处理吗？

【解析】

1. 职工向单位借款不属于劳动争议。因为劳动争议是劳动者和用人单位因劳动合同的履行或劳动法律、法规的执行而产生的纠纷，而职工与用人单位的借款纠纷并不具有劳动争议的本质特征，故而应将其列为一般的民事纠纷。

2. 根据我国《劳动法》的规定，劳动争议仲裁委员会无权受理劳动争议以外的案件。债务纠纷属于民事案件，应按《民事诉讼法》的规定处理，而不能按劳动争议审理程序处理。因此，当地劳动争议仲裁委员会无权将用人单位的该项诉求与劳动争议合并处理。

---

① 关怀. 劳动法教程. 北京：法律出版社，2007.43.

第三章　促进就业

第一节　劳动就业概述

一、劳动就业的概念与特征

劳动就业是指具备就业资格和就业愿望的人，从事一定的社会活动或经济活动，并取得一定数量的合法劳动报酬或经营收入的活动及状态。就业在不同的学科中有不同的解释：在社会学中，就业是劳动力和生产资料得到合理利用的过程；从劳动者个人角度来看，就业是劳动者谋生的基本途径；从劳动经济学的角度看，就业是劳动力与生产资料相结合生产社会物质财富并进行社会分配的过程。

就业是民生之本，是富民之路和安国之策。就业问题不仅关系到改革发展稳定的大局，关系到亿万人民的切身利益，关系到社会的和谐稳定，也直接影响到党和政府在群众中的威信、形象和凝聚力。把就业问题放在经济社会发展的突出位置是构建和谐社会的必然要求。党的十六届六中全会把"社会就业比较充分"列为我国构建和谐社会的九大目标之一，将就业作为经济社会发展和调整经济结构的重要目标，以实现经济发展和扩大就业良性互动，指出大力发展劳动密集型产业、服务业、非公有制经济和中小企业，以吸纳更多人就业。劳动和社会保障部确定的当年的工作目标为：解决 1 400 万人就业与再就业问题，保证失业率控制在 4.6% 以内。并且自 2012 年起，我国宏观决策部门越来越清楚地认识到就业率在社会发展评估中的核心评估指标作用。同时开始以就业率和通货膨胀率双重指标来确定 GDP 的快慢。这意味着，在中央积极就业政策推动下，各地加大就业与再就业工作力度，一个更加宽松、积极的就业环境正在逐步形成。

1982 年国际劳工统计大会通过的《关于经济活动人口、就业、失业和不充分就业统计的决议》规定，就业包括有薪就业和自主就业两种形式。有薪就业是指在统计期内从事某种有酬工作，无论该劳动报酬是采取现金还是实物的形式。如果劳动者在统计期内暂时不在工作岗位上，但是和该工作岗位有一种正式的附属关系，在临时状态结束后可以回去工作的，同样属于就业统计范围之内。自主就业是指人们在统计期内从事为赢得利润或家庭利益的某种工作。依照该规定，雇主、个体经营者、生产合作社成员、不领取报酬的家庭工人及为家庭消费而从事生产的人都属于自主就业的范围。据此，从事有酬或无酬劳动的学生、家庭主妇等同样属于有薪就业或自主就业，军事人员同样属于就业人群的范围。依照我国现行法律规定，就业人员实现就业的方式主要有：①正规就业，即就业人员在用人单位从事全时制劳动；②非正规就业，又称灵活就业，即就业人员从事非全时制劳动，如弹性就业、阶段性就业等；③个体经营劳动，即就业人员从事个体工商业经营活动，广义上还包括农民承包农村土地从事农业生产经营活动。相比之下，国际劳工组织的就业统计标准比我国的就业统计标准的口径宽泛得多，更能反映真实的就业率。

理解劳动法中的就业概念，应当把握就业概念的如下特征：①劳动者是具有劳动权利能力和劳动行为能力的公民，包括法定劳动年龄内能够参加劳动的盲、聋、哑和其他有残疾的公民。②劳动者必须从事法律允许的有益于社会的某种职业。劳动者的劳动内容受到一定的法律限制，例如，从事卖淫、贩毒、打手等活动，都不能称为就业。③劳动者所从事的社会职业必须是有一定的劳动报酬或经营收入，能够用以维持劳动者本人及其赡养一定的家庭人口的基本生活需要。实现就业与否，通常以公民在一定期间内参加劳动所取得的劳动报酬或收入是否足以构成其生活的主要经济来源为标准。依照国际劳工组织统计会议的规定，从事规定时间有酬（或收入）工作的和在规定时间内正规从事 1/3 以上时间工作的，才可视为已经就业。我国规定，就业人员劳动报酬达到和超过当地最低工资标准的，为充分就业；劳动时间少于法定工作时间，且劳动报酬低于当地最低工资标准、高于城市居民最低生活保障标准，本人愿意从事更多工作的，为不充分就业。④就业人员有就业愿望。如果一个公民具备就业资格，但无就业的主观愿望，国家就无须保障其就业。

失业，在我国又称为待业，是一个与就业相对应的概念。它是指在法定劳动年龄范围内有劳动能力和就业愿望的公民未能实现就业的状态。国际劳工组织在 1988 年的《促进就业和保护失业公约》中将失业划分为全失业和半失业。全失业是指凡是能够工作、可以工作并确实在寻找工作的劳动者不能得到适当职业而没有收入的状态；半失业是指因暂时停工引起临时解雇而使收入中止，尤其是由于经济、技术结构和类似性质的原因使收入中止而没有中断就业关系的状态。在我国，由于一直存在城乡二元就业机制，政策法规中的失业（待业）概念仅指城镇失业，而将乡村中的未就业者称为农村剩余劳动力。

在我国，失业作为一个法律概念，其具有下述特征：①失业的主体有特定性。失业者仅限于依据有关法规和政策应当保证其就业的公民，不满或超过法定劳动年龄者、完全丧失劳动能力者和无就业愿望者，以及在校学生、现役军人和其他依法无须保障其就业的人员，均不存在失业问题。②失业必须是处于未获得就业岗位的状态。既包括从未获得就业岗位，也包括失去原有就业岗位而未获得新就业岗位。已有就业岗位但因故暂时未能在岗劳动的状态则不属于失业。虽有就业岗位，却在较长时间只能得到非全日制工作从而未能领取全额劳动报酬的，也应视为失业。③失业的构成要件中不考虑劳动者的主观状态。无论是在市场上有就业机会而不接受可获得的就业岗位，还是因无就业机会而无法获得就业岗位，均属于失业，不以未能获得就业岗位的原因为限，即法律意义上的失业，既包括自愿失业，也包括非自愿失业。

二、我国劳动就业的立法概况

在我国劳动立法中，关于就业的法律规定占有重要地位，甚至在一定意义上可以说整个劳动法就是公民实现就业的保障法体系。

就业问题历来是世界各国的普遍性社会问题。由于就业是民生之本，是关系到社会发展和稳定的大事，解决好就业问题成了各国政府义不容辞的责任。为有效促进就业，法律已经成为各国促进就业普遍采用的主要手段。促进就业立法一直是近现代劳动保障立法中最为活跃的领域之一。改革开放之后，为建立适应社会主义市场经济的新型就业制度，我国制定了许多重要法规和政策，对就业方针、就业形式、职工招用、劳动力流动、就业服务、就业管理和特殊就业政策等具体问题均作了明确规定。《劳动法》专章规定了促进就业内容，在《劳动法》颁布后，制定了《就业登记规定》（1995年）、《职业指导办法》（1994年）、《农村劳动力跨省流动就业管理暂行规定》（1994年）、《劳动就业服务企业管理规定》（1990年）、《职业介绍服务规程》（1998年）、《劳动力市场管理规定》及《就业服务与就业管理规定》（2007年）等一系列配套法规。

在我国劳动就业立法中最为重要的《中华人民共和国就业促进法》（以下简称《就业促进法》）颁布于2007年8月30日，自2008年1月1日起施行。我国为了建立起促进就业的长效机制，使经济发展与扩大就业相协调，促进社会和谐稳定，制定了《就业促进法》。促进就业和治理失业是政府的重要职责，《就业促进法》明确了各级政府在促进就业中的职责，并将其职责落实到政策支持、公平就业、就业服务和管理、职业教育和培训及就业援助等方面。《就业促进法》要求各级政府把扩大就业作为经济和社会发展的重要目的；在公平就业方面，政府要创造公平的就业环境，消除就业歧视，制定政策并采取措施对就业困难人员给予扶持和援助，建立起包括妇女、少数民族人员、残疾人、传染病病源携带者、农村劳动者在内的特殊群体保障体系。在就业服务和管理方面，各级政府要培育和完善统一开放、竞争有序的人力资源市场，建立健全公共就业服务体系，为劳动者就业提供服务，并对职业中介机构和职业中介活动进行规范管理。在职业教育和培训方面，国家依法发展职业教育，鼓励发展职业培训，增强劳动者的就业能力和创业能力。在劳动就业援助方面，各级政府建立健全就业援助制度，对就业困难人员实行优先扶持和重点帮助，其中特别规定了对城市零就业家庭的就业援助。为贯彻落实《就业促进法》，劳动和社会保障部于2007年11月5日颁布了《就业服务与就业管理规定》，进一步细化了《就业促进法》中就业服务和管理、就业援助的相应内容。该规定自2008年1月1日起施行，与《就业促进法》配套施行。

三、我国的劳动就业制度

劳动就业制度是指国家规定的劳动者如何实现就业以及国家促进就业和保障就业的一系列制度。就其基本功能而言，即为劳动力资源配置制度。

在社会主义市场经济体制中，一方面，劳动力是一种特殊商品，劳动力资源只有通过劳动力市场供求双方的选择，在价值规律和竞争机制的作用下，才能够得到优化配置；另一方面，以市场调节作为劳动力资源配置的手段，虽然能自发地倾向于提高效率和鼓励强者，但在实现公平和保护弱者方面却无能为力，因而需要国家运用劳动政策进行引导和调节，以保障社会公平和保护弱者。因此，社会主义市场经济体制中劳动就业制度的模式，应当是国家政策指导下的劳动力资源市场配置模式。

劳动就业制度包含的主要内容有：①国家宏观调控，即国家依法运用政策、经济杠杆、行政监督等手段，对劳动力资源配置实行以间接调控为主的宏观调控，力争充分实现就业目标并与其他宏观目标相协调；②城乡协调发展，即在就业问题上，实行城乡统筹，既保证城镇就业的稳定与发展，又积极开拓农村劳动力的就业途径，使城镇就业与农村剩余劳动力向非农产业和城镇转移相协调；③企业自主用工，即企业有权在合法的前提下自主招工和辞退职工；④劳动者自主择业，即劳动者有权自主地选择用人单位，平等地参与就业竞争；⑤市场调节供求，即劳动力供求双方均受市场调节，使市场调节成为劳动力资源配置的基础性手段；⑥社会提供服务，即建立以职业介绍、就业训练、失业保险和生产自救等为主要内容的就业服务体系，充分发挥其对劳动力资源配置的综合服务功能，为劳动力供求各方提供主动、全面、便捷的服务。

四、劳动就业的基本原则

（一）积极就业原则

劳动就业权是每个公民都依法享有的宪法权。公民劳动就业权能否实现，不完全是由自己的主观意志决定的，而在很大程度上依赖于社会客观条件的状态。因此，国家作为劳动就业权的相对义务主体，负有的不仅仅是不妨碍权利主体行使权利的不作为义务，还要采取一切措施，发展经济，创造和增加就业机会，以积极的行为促进和实现就业。自第二次世界大战以后，各国的失业问题都比较严重，几乎各国的经济政策都致力于解决就业问题，从那时起，减少失业、促进就业也就成为世界各国政府共同努力的目标。

我国《劳动法》对促进就业作了专章规定。《就业促进法》规定促进就业和治理失业是政府的重要职责。《就业促进法》明确了各级政府在促进就业中的职责，将其职责落实到政策支持、公平就业、就业服务和管理、职业教育和培训、就业援助等方面，同时要求各级政府把扩大就业作为经济和社会发展的重要目标。

（二）平等就业原则

平等就业原则的基本内容是要求平等的就业机会和公平的就业条件。《劳动法》第十二条规定，劳动者就业，不因民族、种族、性别、宗教信仰不同而受歧视。《就业促进法》第二十五条、第二十六条也规定了消除就业歧视，应当向劳动者提供平等的就业机会和公平的就业条件。平等就业意味着公民在就业过程中平等竞争，即社会对公民的劳动能力要以同一尺度和标准衡量，经过公平竞争择优吸收劳动力就业。平等就业是国家对公民生存权平等的保护在劳动就业上的具体反映，它客观上要求打破工人和干部、农民和市民的身份，冲破地区封锁，消除条块分割，在全国范围内形成统一的劳动力市场，建立劳动力平等就业的竞争机制，不得实施就业歧视。

（三）照顾特殊群体就业的原则

特殊群体人员是指由于生理、健康、文化、历史和社会等原因有就业障碍或在劳动力市场上处于劣势的人员的统称，包括妇女、残疾人、少数民族人员、退役军人等。妇女在劳动就业中因身体结构和生理机能的特殊性而受歧视，是当今世界各国普遍存在的现象。实现男女就业机会平等仅靠妇女的单方面努力是不够的，法律应对此作出相应的规定，通过对妇女就业的照顾以达到事实上平等的目的。我国《劳动法》第十三条规定，妇女享有与男子平等的就业权利。在录用职工时，除国家规定的不适合妇女的工种或岗位外，不得以性别为由拒绝录用妇女或提高对妇女的录用标准。

残疾人、退役军人和少数民族人员，或因健康原因，或因文化原因，或因历史和社会原因等，在就业过程中需要给予特殊照顾。根据《劳动法》第十四条规定，残疾人、少数民族人员、退出现役的军人的就业，法律、法规有特别规定的，从其规定。《残疾人保障法》、《民族区域自治法》及《兵役法》中分别对特殊群体人员的就业作了具体规定，对这些特殊群体进行就业照顾是人类进步和社会文明程度提高的标志。

第二节　劳动力市场

一、劳动力市场的概念与种类

（一）劳动力市场的概念

劳动力市场是指劳动力流动和交换的场所，同时也是运用价值规律和市场供求规律、市场竞争规律对劳动力资源进行调节和配置的一种机制。

（二）劳动力市场的种类

从不同的角度可以把劳动力市场分为不同的种类。根据市场组织方式的不同，可以将劳动力市场分为劳动保障机构组织的劳动力交流洽谈市场、以职业介绍为主的职业介绍市场、以大众传播媒介的传播为主要方式的劳动力市场及以互联网为主的网络市场。根据市场行为性质的不同，可以将劳动力市场分为营利性的职业介绍机构市场和非营利性的职业介绍机构市场。

二、劳动力市场的管理

（一）劳动力市场的准入管理

劳动者年满16周岁，有劳动能力且有就业愿望，符合法律规定条件，可持本人身份证和接受教育、培训的相关证明，通过职业介绍机构介绍或直接联系用人单位等渠道求职。劳动者就业前，应当接受必要的职业教育或职业培训。城镇初高中毕业生就业前应参加劳动预备培训。

在劳动力市场的准入制度中，法律对用人单位进入劳动市场的一般原则和行为提出了相应的管理要求。用人单位招用人员的原则是用人单位在招用人员工作中，应当面向社会、公开招收、公平竞争、择优录用。用人单位在招用职工时，除国家规定不适合从事的工种或岗位外，不得以性别、民族、种族、宗教信仰为由拒绝录用或提高录用标准。用人单位招用国家规定须持证上岗的技术工种人员，应按照《招用技术工种从业人员规定》执行。用人单位委托职业介绍机构招用人员时，应当出示单位介绍信、营业执照副本或其他法人登记文件、招用人员简章和经办人身份证件。用人单位通过报刊、广播、电视等大众传媒发布招用人员广告时，需经当地劳动保障行政部门审核后，按国家有关规定办理。用人单位招用人员时禁止有下列行为：①提供虚假招聘信息；②招用无合法证件的人员；③向求职者收取招聘费用；④向被录用人员收取保证金或抵押金；⑤扣押被录用人员的身份证等证件；⑥以招用人员为名牟取不正当利益或进行其他违法活动。用人单位招用人员后，应当自录用之日起三日内，到当地劳动保障行政部门办理录用备案手续，并为被录用人员办理就业登记。用人单位违反上述规定未按期办理录用备案手续，由劳动保障行政部门责令限期改正；逾期不改正的，处以1 000元以下罚款。

（二）职业介绍机构的管理

职业介绍机构是指依法设立的、从事职业介绍工作的专门机构。它是劳动力市场的中介，为劳动力供求双方服务，促进求职者和用人单位相互选择，充分开发、利用和合理配置劳动力资源。

在我国职业介绍机构的发展历史中，包括劳动部门开办的职业介绍机构、非劳动部门开办的职业介绍机构和公民个人开办的职业介绍机构三类。现行立法以是否具有营利目的为标准，将职业介绍机构分为非营利性职业介绍机构和营利性职业介绍机构。非营利性职业介绍机构，包括公共职业介绍机构和其他非营利性职业介绍机构。公共职业介绍，是指由各级劳动保障行政部门开办，承担公共就业服务职能的公益性服务机构。公共职业介绍机构使用全国统一标识。其他非营利性职业介绍机构，是指由劳动保障行政部门以外的其他政府部门、企事业单位、社会团体和其他社会力量开办，从事非营利性职业介绍活动的服务机构。营利性职业介绍机构，是指由法人、其他组织和公民个人开办，从事营利性职业介绍活动的服务机构。除此之外，我国现行制度中还有涉外的劳动职业介绍机构。

法律对设立劳动职业介绍机构的条件和程序均作了具体规定。

开办职业介绍机构应当具备下列条件：①有明确的业务范围、机构章程和管理制度（开办非营利性职业介绍机构的，应当在机构章程和管理制度中体现其非营利宗旨）；②有开展业务必备的固定场所、办公设施和一定数量的开办资金；③有一定数量具备相应职业资格的专职工作人员；④法律、法规规定的其他条件。

职业介绍机构的设立程序是：①申请与批准。职业介绍实行行政许可制度。开办职业介绍机构，须经劳动保障行政部门批准。劳动保障行政部门接到开办职业介绍机构的申请，应当自接到申请之日起 30 日内处理完毕。对批准开办的职业介绍机构应实行年度审验。②登记注册。开办非营利性职业介绍机构，须持劳动保障行政部门的批准文件，根据国家有关规定到相应的登记管理机关进行登记。属于事业单位的，应到机构编制管理机关办理事业单位登记或备案；属于民办非企业单位的，应到民政部门办理民办非企业单位登记。开办营利性职业介绍机构，须持劳动保障行政部门的批准文件，到工商行政管理机关办理企业登记注册。

违反上述程序，未经批准设立职业介绍机构或未经批准从事职业介绍活动的，由劳动保障行政部门责令其停止职业介绍活动，并可处以 10 000 元以下罚款；有违法所得的，可处以不超过违法所得 3 倍的罚款，但最高不得超过 30 000 元。

现行劳动法律、法规禁止职业介绍机构实施下列行为：①超出核准的业务范围经营。②提供虚假信息。③超标准收费。公共职业介绍机构和其他非营利性职业介绍机构的有偿服务项目，其收费标准实行政府指导价，由省级劳动保障行政部门提出建议，报同级价格主管部门确定。营利性职业介绍机构的收费标准，参照国家有关规定自主确定，并接受当地物价部门监督。④介绍求职者从事法律、法规禁止从事的职业。⑤为无合法证照的用人单位或者无合法身份证件的求职者进行职业介绍服务活动。⑥以暴力、胁迫、欺诈等方式进行职业介绍活动。⑦伪造、涂改、转让批准文件。⑧以职业介绍为名牟取不正当利益或进行其他违法活动。

对中外合资、中外合作职业介绍机构的管理主要是根据《中外合资中外合作职业介绍机构设立管理暂行规定》来进行的，设立中外合资、中外合作职业介绍机构应当经省级人民政府劳动保障行政部门和省级人民政府外经贸及民政部门批准，并到企业住所地国家工商行政管理总局授权的地方工商行政管理局进行登记注册。至目前仍不得设立外商独资职业介绍机构。其中特别规定外国企业常驻中国代表机构和在中国成立的外国商会不得在中国从事职业介绍服务。中外合资、中外合作职业介绍机构可以从事下列业务：①为中外求职者和用人单位提供职业介绍服务；②提供职业指导、咨询服务；③收集和发布劳动力市场信息；④经省级劳动保障行政部门或其授权的地市级劳动保障行政部门同意，举办职业招聘洽谈会；⑤经省级劳动保障行政部门或其授权的地市级劳动保障行政部门核准的其他服务项目。

在境外就业中介管理中所谓的境外就业中介，是指为中国公民境外就业或者为境外雇主在中国境内招聘中国公民到境外就业提供相关服务的活动。境外中介机构的设立根据《境外就业中介管理规定》，从事境外就业中介活动应当具备以下条件：①符合企业法人设立的条件；②具有法律、外语、财会专业资格的专职工作人员，有健全的工作制度和工作人员守则；③备用金不低于 50 万元；④法律、行政法规规定的其他条件。境外就业中介实行行政许可制度。申请从事境外就业中介活动的机构应当向其所在地的省级劳动保障行政部门提出申请，经初审同意并征得同级公安机关同意后，报劳动和社会保障部审批。劳动和社会保障部审查批准并抄送公安部后，向该机构颁发境外就业中介许可证。

境外就业中介机构依法从事下列业务：①为中国公民提供境外就业信息、咨询；

②接受境外雇主的委托，为其推荐所需的招聘人员；③为境外就业人员进行出境前培训，并协助其办理有关职业资格证书、公证等手续；④协助境外就业人员办理出境所需要的护照、签证、公证材料、体检、防疫注射等手续和证照；⑤为境外就业人员代办社会保险；⑥协助境外就业人员通过调解、仲裁、诉讼等程序维护其合法权益。

境外就业中介机构应当依法履行下列义务：①核查境外雇主的合法开业证明、资信证明、境外雇主所在国家或者地区移民部门或者其他有关政府主管部门批准的招聘外籍人员许可证明等有关资料；②协助、指导境外就业人员同境外雇主签订劳动合同，并对劳动合同的内容进行确认。境外就业中介机构不得以承包、转包等方式交由其他未经批准的中介机构或个人开展境外就业中介活动；不得组织非法出入境；不得组织中国公民到境外从事中国法律所禁止的违法犯罪活动。根据《境外就业中介管理规定》，我国对境外就业中介许可证实行年审制度。

（三）劳动力市场的管理特点与管理体制

在整个国民经济运行过程中，产品市场和劳动力市场是联系企业和社会成员的两个环节，二者缺一不可，但劳动力市场和产品市场存在很大差别。与产品市场相比，劳动力市场管理的基本特征有以下两点：①劳动力市场的调节机制为劳动力价格机制，即劳动力市场是以劳动力价格为杠杆，通过供求状况的变化来实现总量平衡；②劳动力市场的交易对象具有特殊性。与产品市场不同，劳动力市场中的合约关系具有相对稳定性。在产品市场上，买卖各方每天都可能调整或更换交易对象。但在劳动力市场上，由于频繁调整人员和更换工作都要付出一定的成本，因而劳动力供求双方的合约通常期限较长，内容也相对稳定。

我国劳动力市场管理实行以劳动行政部门管理为主的管理体制，即主要由劳动保障行政部门实施对劳动力市场的管理。由劳动保障行政部门对劳动力市场进行综合和统一管理，在劳动力市场管理中具有最重要的地位。在我国，县级以上各级人民政府的劳动保障行政部门主管本行政区域内的劳动力市场管理工作。县级以上各级人民政府的劳动保障行政部门还可以委托其所属的就业服务机构，具体办理本行政区域内的劳动力市场管理有关事务。

第三节　特殊群体的就业保障

特殊群体就业保障是指国家通过立法和制定相关政策对妇女、残疾人、少数民族人员、退役军人、农村剩余劳动力、下岗失业人员等特殊群体的就业实行特殊保护措施的制度。国家所承担的保障公平就业的宪法义务，在很大程度上是通过为特殊群体提供就业保障来实现的。根据《劳动法》的一般规定和《妇女权益保障法》、《残疾人保障法》、《兵役法》等法律、法规及政策的具体规定，特殊群体就业保障主要包括以下五方面内容：第一，对妇女的特殊就业保障；第二，对残疾人的特殊就业保障；第三，对退役军人的特殊就业保障；第四，对少数民族的特殊就业保障；第五，对国有企业下岗失业人员的特殊就业保障等。

一、妇女就业的保障

在我国现有人口中，妇女占了近一半比例，妇女劳动力已成为我国重要的劳动力资源。实践表明，妇女就业作为开发、利用劳动力资源的重要方面，对经济、社会的发展起着巨大的推动作用。由于妇女的独特生理条件和身兼妻子、母亲、家庭主妇等多个角色，以及经济、社会、意识形态等方面的因素，致使妇女就业具有特别障碍，因此，在就业机会和待遇上男女不平等的现象在各国仍然比较普遍。以上主要原因决定了妇女就业保障的核心问题就是要保障妇女享有与男子平等的就业权，即消除就业上的性别歧视。

保障妇女就业权在国际上历史悠久，在许多国际劳工公约和建议书中多次就禁止就业中的性别歧视作出了规定，并且要求各会员国保证男女工人在得到职业指导、就业咨询、职业培训、工作安排等方面享有平等和同等的便利；促进男女工人在获得职业和职务上机会均等，且不违反有关保护妇女健康和福利的国际规章和国内法律。

根据《劳动法》、《妇女权益保障法》及其他法律、法规的规定，我国妇女就业保障制度的主要内容有：①妇女享有与男子平等的就业权利。这是从总体原则上肯定了妇女的平等就业权。②用人单位在招用职工时，除国家规定的不适合妇女的工种或岗位外，不得以性别为由拒绝录用妇女。这是侧重于从劳动岗位安排上保护妇女就业。③凡适合妇女从事劳动的单位，不得拒绝招收女职工。这是侧重于从用人单位的义务方面保护妇女就业。④用人单位不得在女职工孕期、产期、哺乳期内解除其劳动合同。这是侧重于从女职工在特殊时期就业的特别保护。⑤用人单位在招用职工时，不得提高对妇女的录用标准。这是侧重于从录用标准上保护妇女就业。⑥实行男女同工同酬，在晋职、晋级、评定专业技术职务、分配住房和享受福利待遇等方面坚持男女平等。这是对女职工在就业待遇方面的保护。

二、残疾人就业的保障

残疾人是指由于已经正式确认的生理上和心理上的缺陷，以致其在合适的就业中取得、保持和晋升职位的希望大为降低的劳动者。根据国际劳工公约《残疾人职业康复与就业公约》的规定，由于残疾人在择业方面因其生理和心理障碍而处于劣势，不可能和正常人一样在劳动力市场上一同竞争就业，出于人道主义精神和促进经济社会发展的目的，政府和社会有责任帮助残疾人实现就业。

我国于1989年制定了《社会福利企业招用残疾人职工暂行规定》，特别是在1990年制定的《残疾人保障法》中对残疾人就业问题设专章作了规定。此外还专门制定了《残疾人事业"八五"计划纲要》等文件。

根据《残疾人保障法》及其他法规、政策的规定，残疾人劳动就业实行集中与分散相结合的方针。在职工的招用、聘用、转正、晋级、职称评定、劳动报酬、生活福利及劳动保险等方面，不得歧视残疾人。

我国现行制度中关于残疾人就业保障的主要措施有：①各级政府要将残疾人就业纳入各地劳动就业计划，统筹规划，做好失业登记、职业培训、就业介绍和分配、失业保险和其他就业组织工作。②依托各地残疾人联合会设立残疾人劳动服务机构，形成纳入城镇劳动服务系统和农村社会化服务体系的残疾人劳动服务网络，政府有关部门应当指导、支持残疾人劳动服务网络的建设和工作。③集中安排残疾人就业。国家和社会通过开办残疾人福利企业、按摩医疗机构和其他福利性企业、事业组织，集中安排残疾人就业。④国家推动各单位积极吸收残疾人就业；鼓励、帮助残疾人自愿组织起来就业或从事个体经营和劳动。国家机关、社会团体、企事业组织、城乡集体经济组织，应当按一定比例（具体比例由各省、自治区、直辖市人民政府具体规定）安排残疾人就业，并为其选择适当的工种和岗位，分散安排残疾人就业。安排残疾人就业达不到规定比例的单位应向残疾人劳动就业服务机构缴纳残疾人就业保障金。地方各级政府和农村基层组织，应当组织和扶持农村残疾人从事种植业、养殖业、手工业和其他形式的生产劳动。⑤对残疾人就业实行优惠政策和扶持保护。国家对残疾人福利性企事业组织和城乡残疾人个体劳动者，实行税收减免政策，并在生产、经营、技术、资金、物质及场地等方面给予扶持。地方政府和有关部门应当确定适合残疾人生产的产品，优先安排残疾人福利企业生产，并逐步确定某些产品由残疾人福利企业生产。对于申请从事个体工商业的残疾人，有关部门应当优先核发营业执照，并在场地、信贷等方面给予照顾。对从事各类生产劳动的农村残疾人，有关部门应当在生产服务、技术指导、农用物资供应、农副产品收购和信贷等方面给予帮助。

三、退役军人就业的保障

退役军人是指在中国人民解放军和中国人民武装警察部队中因服役期满或其他合法原因退出现役的人。军人担负着保卫祖国和人民安危的重担，对退役军人实行就业安置等特殊保障措施，有利于稳定军心和维护国家安全。目前涉及对退役军人实行就业保障的主要法规政策除《劳动法》外，还有《兵役法》、《中国人民解放军志愿兵退出现役安置暂行办法》、《退伍义务兵安置条例》、《中国人民解放军士官退出现役安置暂行办法》及《军队转业干部安置暂行办法》及《军人抚恤优待条例》等。我国政策法规对退役军人就业保障的规定主要有以下两方面的内容：

（一）安置原则

退役军人安置工作，贯彻从"从哪里来、回哪里去"的原则和妥善安置、各得其所的方针，由退役军人安置机构在地方各级人民政府领导下以及有关部门协助下具体进行。

（二）具体就业安置措施
1. 农业户口退役义务兵就业安置
原是农业户口的义务兵退役后，由乡、镇的人民政府妥善安排他们的生产和生活；

在服役期间荣立二等功（含二等功）以上的，应当安排工作；对有一定专长的，应当向有关部门推荐录用；各用人单位在面向农村招收工人时，在同等条件下应当优先录用退伍义务兵；对在服役期间荣立三等功、超期服役的退伍义务兵和女性退伍义务兵应当给予适当照顾。

2. 城镇户口退役义务兵就业安置

原是城镇户口的义务兵退役后，由县、自治县、市、市辖区的人民政府安排工作，也可以由上一级或省、自治区、直辖市的人民政府在本地区内统筹安排。义务兵服役前没有参加工作的，由国家统一分配工作，实行按系统分配任务、包干安置的办法，各接收单位必须妥善安排。在部队获得大军区（含大军区）以上单位授予的荣誉称号和荣立二等功以上的，安排工作时，应优先照顾本人意愿。在部队荣立三等功和超期服役的，安排工作时，在条件允许的情况下，应当照顾本人的特长和意愿。在部队被培养成为有一定专业和特长的，安排工作时，应当尽量做到专业对口。义务兵退伍前原是国家机关、人民团体、企业、事业单位的正式职工，退伍后原则上回原单位复工复职。对于因残、因病不能坚持8小时工作的，原工作单位应当按照与具有同样情况的一般工作人员同等对待的原则妥善安置。退伍义务兵原工作单位已撤销或合并的，由上一级机关或合并后的单位负责安置。

3. 伤残退役义务兵就业安置

因战、因公致残的二等、三等革命伤残军人，原是城市户口的，由原征集地的退伍军人安置机构为其安排力所能及的工作；原是农业户口的，原征集地区有条件的，可以在企业、事业单位安排适当工作。

4. 志愿兵的安置

志愿兵退役后，由原征集地的县级政府安排工作，遇有特殊情况也可以由上一级或省级政府统筹安排；安排工作时，应尽量按专业技术对口分配，并按法定标准评定工资级别。志愿兵退役时，本人申请复员回乡参加农业生产的，应予鼓励，并增发安家补助费；生产、生活有困难的，当地政府应协助解决。

5. 退役士官就业安置

退役士官就业安置分为复员安置和转业安置两种。服现役满第一期或第二期规定年限的，或符合转业或退休条件而本人要求复员并经过批准的退役士官，作复员安置。符合下列条件之一的退役士官作转业安置：服役满10年的；服现役期间荣立二等功以上奖励的；服现役期间因战、因公致残被评为二等、三等伤残等级的；服现役未满10年，因国家建设需要调出军队的；符合退休条件，地方需要和本人自愿转业的。国家对士官退役后的就业安置规定了专门办法。作复员和转业安置的士官退出现役后，原则上回入伍时户口所在地的县（市）安置。

四、少数民族人员的就业保障

对少数民族人员就业实行特殊保障的制度，是我国民族政策的重要组成部分，是国家促进少数民族地区经济和社会发展的重要手段。关于少数民族人员就业保障的法律规定，除基本的劳动立法外，主要是由民族事务法律法规和政策规定的。对少数民族人员就业保障的规定的主要内容有：

（一）优先招收少数民族人员

民族自治地方的企业、事业单位在招收人员的时候，要优先招收少数民族人员。上级国家机关隶属的在民族自治地方的企事业单位招收人员时，应当优先招收当地少数民族人员。民族自治地方每年编制内的干部和职工自然减员、缺额及国家当年新增用人指标由民族自治地方通过考核予以补充，对少数民族人员优先录用。上级政府在每年下达的农业户口转非农业户口计划中，划出一定指标用于民族自治地方在农牧民中招收少数民族职工。

（二）培养少数民族人才

民族自治地方的自治机关要采取各种措施从当地民族中大量培养各级干部和各种科学技术、经营管理等专业人才和技术工人，并且注意在少数民族中培养各级干部和各种专业技术人才；上级国家机关对此负有帮助职责。国家开办民族学院，在高等学校开办民族班、民族预科，专门招收少数民族学生，并且可以采取定向招生、定向分配的办法。高等学校和中等专业学校在招收新生时，对少数民族考生适当放宽录取标准和条件。

五、下岗失业人员的再就业保障

（一）下岗的概念与程序

下岗是指劳动力与劳动岗位相分离的状态。通常称处于下岗状态的人员为下岗人员。社会中也有人将下岗称之为失业，但下岗与失业的本质内容不同。下岗虽然没有具体工作任务内容，但与用人单位的劳动关系和劳动合同依然存在。失业则不存在劳动关系。根据国家劳动和社会保障部于1998年颁布的《关于加强国有企业下岗职工管理和再就业服务中心建设有关问题的通知》的规定，下岗人员的法律范围为：劳动合同期未满，因企业生产经营原因而下岗，但尚未与企业解除劳动关系、没有在社会上找到其他工作的人员。

随着现代企业制度的建立及企业用人自主权的落实，企业中隐性失业的现象逐渐地显性化。在优胜劣汰的市场竞争机制下，企业必须裁减冗员，轻装上阵，否则就无法走出困境。但我国的社会保险机制比较脆弱，无法承受企业富余职工一起进入社会再就业市场所带来的冲击力，国家必须找到既能减人增效又能保障富余职工基本生活的办法，于是下岗制度便应运而生，即职工"离岗不离厂"。

企业安排职工下岗，应坚持公开、公正的原则，同时必须是确因生产经营的需要。有生产任务的企业，一般不安排下列人员下岗：①配偶一方已经下岗的；②离异或丧偶抚养未成年子女者；③省（部）级以上劳动模范；④烈士遗属；⑤现役军人的配偶；⑥省、自治区、直辖市人民政府确定的其他职工。

企业安排职工下岗应按以下程序进行：①在企业领导集体研究的基础上，至少提前15天向工会或职代会说明企业的经营情况及职工下岗分流的意见。②制定职工下岗及再就业的方案，主要内容包括拟安排下岗的人数、实施步骤、建立再就业服务中心及促进再就业的措施，并征求工会或职代会的意见。③由企业填报职工下岗登记表，内容包括职工的基本情况、企业工会的意见。由企业将该表报送地方劳动和社会保障部门或其委托的企业主管部门，由其核实、认定并备案。④对符合下岗条件的职工，由当地劳动和社会保障部门通过所在企业再就业中心发放"下岗职工证明"，下岗职工都要进入企业的再就业服务中心。下岗职工凭"下岗职工证明"领取基本生活费，享受有关政策规定的服务和待遇。

（二）下岗职工的再就业

下岗职工再就业的问题已成为社会关注的焦点，能否妥善解决这一问题，关系到国有企业改革的成败，关系到社会的稳定和政权的巩固。目前我国采取的促进下岗职工再就业的措施主要有：

1. 建立下岗职工再就业服务机构

国家要求各地要自下而上地建立再就业服务中心组织体系，凡是有下岗职工的国有企业，都必须建立再就业服务中心或类似的机构，保证所有的下岗职工都能进入再就业服务中心。再就业服务中心的职能之一就是组织下岗职工参加转业辅导和职业培训，引导和帮助他们实现再就业。下岗职工在再就业服务中心的期限一般不超过3年，3年期满仍未再就业的，与企业解除劳动关系，按规定享受失业救济和社会救济。

2. 加大政策扶持力度，拓宽分流安置和再就业的渠道

对下岗职工自谋职业的，要求工商、税务、城建等部门给予政策性的优惠；要求国有商业银行设立小额信贷部，为劳动就业服务企业提供必要的贷款支持；有条件的地区，应设立专项资金，组织下岗职工参加市政道路建设、环境保护、植树造林等公共事业，为下岗职工提供更多的就业机会。

第四节 就业服务

一、就业服务的概念和内容

劳动就业服务是指就业服务机构为劳动者实现就业和用人单位招用劳动者提供的社会服务。

劳动就业服务管理的主要内容包括就业登记、职业介绍、职业培训、职业指导及失业保险等多个方面。

（一）就业登记

就业登记是指由职业介绍机构依法对有就业要求的劳动者和有用人需求的用人单位

的基本情况所进行的登记。根据登记内容的不同，可将就业登记分为失业登记、求职登记和用人登记。我国就业登记体制的基本要求是，就业登记工作由各职业介绍机构在规定和指定范围内具体承办，县级以上劳动保障行政部门主管，由县级以上地方就业服务管理机构负责组织实施。

1. 失业登记

失业登记是由县级以上地方就业服务管理机构指定的职业介绍机构承办，也可以由其委托的乡镇、街道就业服务站（所）或企业内就业服务机构代办。其含义是指对在法定劳动年龄内、有劳动能力和就业愿望的城镇未就业人员所进行的登记，准劳动者通过办理失业登记才能被确认为失业人员。申请登记者应当持户口簿（身份证）和能证明其身份的其他有关证件，到本人户口所在地的失业登记机构进行失业登记，填写失业人员登记表，领取失业证。失业人员凭失业证享受就业服务，办理就业手续；符合享受失业保险待遇条件的，可凭失业证领取失业救济金。失业人员参加劳动招聘成功后，其失业证应由就业服务管理机构加盖印章，交用人单位保管；如再次失业，经失业登记机构核准，原失业证可继续使用。失业人员入伍、升学或从事个体经营，失业证由原登记机构收回。

2. 求职登记

凡到职业介绍机构申请职业介绍的人员都应进行求职登记，填写求职登记表，领取求职登记卡。失业登记及在劳务输入地领取外来人员就业证，都视为求职登记。在原务工地转换就业的跨省流动就业的劳动者，应持流动就业证办理求职登记手续，农村劳动者在省内流动就业，应持本人身份证和乡村劳动者就业服务站出具的有关证明或证件办理求职登记手续。

3. 用人登记

凡要求职业介绍机构为其介绍劳动者的用人单位都应当办理用人登记。政府和劳动保障行政部门认定的生产自救企业、裁员后6个月内需要招聘人员的企业，以及由劳动保障行政部门对其富余人员进行社会调剂或出资承担安置的企业，若需招聘人员，必须到劳动保障行政部门职业介绍机构进行用人登记。职业介绍机构应了解和掌握用人单位的工作岗位空缺和招聘用人情况，并进行登记。还可以采取通信、登门服务、在企事业单位聘请信息员和举办劳务洽谈会等多种方式进行用人登记。

（二）职业介绍

职业介绍是指国家规定的有关部门和机构依法为劳动者和用人单位提供沟通和咨询，从而促成劳动者就业和用人单位招工的一种就业中介服务。职业介绍是促进劳动力供求双方进行双向选择和劳动力市场流动的重要环节，也是政府采取的一种直接有效的就业服务措施之一。

职业介绍的主要内容有：①为求职者办理求职登记，提供职业需求信息，推荐用人单位；②为用人单位办理用人登记，提供劳动力资源信息，推荐求职者；③根据需要开展推荐临时用工、家庭服务人员等服务；④经劳动保障部门批准，组织职业招聘洽谈会；⑤职业介绍机构具备相应资格的，可以从事劳动力跨省流动就业中介服务。

（三）职业培训

有关职业培训的内容，详见本书第十章的论述。

职业培训是为了适应社会发展和进步的需要，对劳动者进行的专业知识教育和职业技能训练。职业培训既是公民的权利，也是国家的责任。我国《劳动法》规定了国家应通过各种途径，采取各种措施，发展职业培训事业，各级人民政府应当把发展职业培训纳入社会经济发展的规划，鼓励和支持有条件的企业、事业组织、社会团体和个人进行各种形式的职业培训。

我国职业培训的种类主要包括：①就业前培训。就业前培训是指对新成长起来的青年劳动者在进入职业生涯之前所进行的初次培训，目的在于帮助青年劳动者掌握必需的基本劳动技能，为将来进入劳动力市场作准备。②在职培训。在职培训是针对在岗职工进行的专业技能的培训，其目的是进一步提高职工的专业知识水平和相关技能。《劳动法》第六十八条第一款规定，劳动使用者应当建立职业培训制度，按照国家规定提取和使用职业培训经费，根据本单位实际，有计划地对劳动者进行职业培训。该条所规定的培训指的就是在职培训。依照《企业职工培训规定》，企业应建立健全职工培训的规章制度，根据本单位的实际情况对职工进行在岗、转岗、晋升、专业培训，对学徒及其他新录用人员进行上岗前的培训。③再就业培训。再就业培训也称转业培训，我国目前的再就业培训主要是针对下岗或失业人员所作的知识和技能的培训。

（四）职业指导

职业指导是指职业指导机构根据劳动力供求双方的需要，依法对劳动者选择职业、用人单位选择劳动者和就业训练机构开展职业培训提供咨询、建议等指导工作的活动。职业指导是促进劳动者就业的一项重要手段，其主要任务是向劳动者和用人单位提供咨询和服务，促其实现双向选择。

职业指导工作包括以下内容：①调查分析社会职业变动趋势和劳动力市场供求状况；②开展对劳动者个人素质和特点的测试，并对其职业能力进行评价；③帮助劳动者了解职业状况，掌握求职方法，确定择业方向，增强择业能力；④向劳动者提出培训建议，并负责向就业训练机构推荐；⑤对妇女、残疾人、少数民族人员及退出现役的军人等特殊群体提供专门的职业指导服务；⑥指导用人单位选择招聘方法，确定用人条件和标准；⑦对从事个体劳动和开办私营企业的劳动者，提供开业和生产经营方面的咨询服务；⑧对就业训练机构的培训方向、训练规模和专业设置等提供指导；⑨对在校学生的职业指导工作提供咨询和服务。

（五）失业保险

有关失业保险的内容，详见本书第十七章的论述。

失业保险是指劳动者在失业期间，由国家和社会给予一定物质帮助，以保障其基本生活和促进其再就业的社会保险制度。失业保险的保障对象是在劳动年龄范围内、具有劳动能力和就业意愿的劳动者。享受社会保险待遇的前提是劳动者失业。享受失业保险待遇有一定的期限。超过法定的期限，即使劳动者的失业状态依然持续，也不能享受社会保险待遇。失业保险不仅向失业者提供基本生活保障，而且为促进失业者重新就业提供服务。

不是所有的失业人员都可以享受失业保险待遇，各国在失业保险的享受条件方面均有明确而严格的限定。一般来说，享受失业保险待遇的条件有：失业者必须处于劳动年龄阶段、必须是非自愿失业者、失业前必须工作或缴纳了一定时期的失业保险费、必须按规定进行失业登记并积极寻找工作等。失业人员在领取失业保险金期间有下列情形之一的，停止领取失业保险金，并同时停止享受其他失业保险待遇：重新就业的；应征服兵役的；移居境外的；享受基本养老保险待遇的；被判刑收监执行或劳动教养的；无正当理由，拒不接受当地人民政府指定部门或机构介绍的工作的；由法律、行政法规规定的其他情形的。

二、就业服务的管理体制

（一）国家就业服务管理机构

国家劳动和社会保障部是全国就业服务的主管部门。其设置的就业服务管理机构，负责研究就业服务工作的政策，拟定就业服务发展规划，协调与有关部门的业务关系，对全国就业服务管理机构的工作进行指导和监督，并维护其行使职责过程中的权利，组织推动就业服务系统的干部培训工作。

（二）地方就业服务管理机构

地方就业服务管理机构，是各级地方劳动行政部门设置的并在其直接领导下实现就业服务任务的工作机构，县级以上的一般称为就业服务局，它在全面开展就业服务工作的同时，负责本地区各类就业服务机构的管理。省级劳动就业服务机构，主要负责本地区就业服务工作和就业服务机构管理工作，拟定本地区就业服务工作的规划、方针和政策，对本地区就业服务机构的业务工作进行指导和监督。

（三）部门（行业）就业服务管理机构

部门（行业）就业服务管理机构是各行业主管部门设置的实现就业服务的工作机构，它在行业主管部门的领导下开展工作，业务上受地方就业服务管理机构指导。其主要职责是对本部门（行业）企事业单位劳动就业服务企业进行协调、指导、服务，推动集体经济发展，广开就业门路，促进失业青年和企业富余人员的安置。

案 例 分 析

【案情】2008年2月，王某应聘某中外合资饭店。该饭店因为女职工较多，考虑到工作安排，口头要求王某在劳动合同期间不能结婚生育。因为当时就业压力很大，王某为了获得该饭店的工作岗位，于是口头答应其在劳动合同的期限内按照公司的要求不结婚。后来，王某与该公司签订了5年期的劳动合同，但未曾书面约定其不结婚的承诺。半年后，公司制定了规章制度，规定在劳动合同的期限内，公司女职工不得结婚，如有违反，将其辞退。1年后，王某就与其男朋友办理了结婚手续，1个月后，王某怀孕。公司以王某违反规定为由，将其辞退。王某不服，提起劳动争议仲裁，要求恢复履行劳动合同。

【问题】本案应如何处理？

【解析】婚姻自由是一项基本的人权，包括结婚自由和离婚自由。作为一项宪法认可的基本人权，王某不可以被单位就业规定限制；王某享有结婚权，单位的做法是违法的。

第四章　劳动合同法

第一节　劳动合同法概述

一、劳动合同的概念和特征

劳动合同又称劳动契约，是指劳动者和用人单位之间关于确立、变更和终止劳动权利及义务的协议。劳动合同是劳动法中的一项重要制度，是产生劳动关系的基础。根据这种协议，劳动者加入到企业、事业、机关、团体等用人单位内，担任一种职务或完成一定种类的工作，并遵守所在单位的内部劳动规则和制度，而用人单位必须按照劳动者的劳动数量和质量支付其劳动报酬，提供劳动法规定和双方约定的劳动条件，并保障劳动者依法享受劳动保护、社会保险等合法权利。作为一种双方法律行为，劳动合同具有如下法律特征：

(一) 主体的特定性

劳动合同的主体一方是具有相应劳动权利能力和劳动行为能力的劳动者，包括中国人、外国人和无国籍人。另一方是具有用人权利能力和用人行为能力的用人单位，包括企业、事业组织、个体经济组织、国家机关和社会团体。这种特定性是由现行劳动法的适用范围来决定的。

(二) 主体地位的从属性

劳动者是劳动关系中的弱者，在建立劳动关系后，劳动者要进入用人单位劳动，成为用人单位组织内的一员，遵守用人单位的规章制度，并按用人单位的要求提供劳动。台湾学者黄越钦认为，这种从属性体现在以下两个方面：人格上的从属性与经济上的从属性。[1] 人格上的从属性是指劳动者需服从工作规则、单位指令；经济上的从属性是指劳动者并不是为自己之营业劳动，而是从属于他人，为他人目的而劳动，经济上不具有独立性。[2]

---

[1]　黄越钦. 劳动法新论. 北京：中国政法大学出版社，2003. 96.
[2]　郭捷. 劳动法与社会保障法. 北京：法律出版社，2008. 134.

（三）订立的附合性

双方当事人就劳动合同内容意思表示一致的过程，在实践中通常表现为由劳动者对用人单位提出的劳动合同主要条款附合表示同意的过程。"在激烈的就业竞争面前，劳动者个人鲜有选择的机会，是否签订劳动合同以及签订何种内容的劳动合同完全由用人单位拍板，劳动者对此基本无可置喙。"① 在实践中，劳动合同常常由用人单位一方起草，并以格式合同的方式呈现出来。

（四）履行的继续性

双方当事人的权利和义务在劳动合同的有效期间内一直持续存在。劳动者应当日复一日、月复一月地按照劳动合同，履行其提供劳动的义务。用人单位履行义务的行为则应与此相伴随。除非在法定解除劳动合同的情况下，否则劳动者与用人单位的权利与义务就一直处于持续履行的状态，直到劳动合同的履行期限届满。所以，它是继续性合同，而不是一次性或一时性合同。

（五）劳动合同是最大的诚信合同

劳动关系的建立有赖于双方当事人的高度信任。这种信任既是劳动关系人身性的体现，也是劳动合同得以持续履行的保障。而双方当事人一旦失去信任，合同关系便难以维系。

二、我国劳动合同法律制度的演变

劳动合同法是国家立法机关制定的用来规范劳动合同订立、履行、解除和终止等行为的法律制度，它体现了国家意志，是国家以立法形式对劳动合同当事人之间关系进行的直接干预。在历史上，劳动合同的法律调整曾经经历了一个由民法转向劳动法的过程。20 世纪之前，劳动合同被载入民法，完全适用契约自由的原则。法国于 1804 年制定的《拿破仑法典》将劳动合同的专门条款称为"劳动力租赁契约"。只是到了 20 世纪初，出于国家干预劳动合同和协调劳动关系的需要，劳动合同才由民法范围转入劳动法范围。比利时于 1900 年 3 月制定《劳动契约法》，在世界范围内开创了劳动合同独立立法的先例。新中国成立以来，我国的劳动合同立法也经过了几十年的曲折发展，逐渐演化成为一套较为完善的劳动合同法律制度，其大致可以分为如下四个阶段：

（一）初建阶段

新中国成立初期，由于国民经济各领域存在着大量的私营企业，国家明确要求企业主与劳动者通过订立劳动合同来建立劳动关系。1951 年，原劳动部颁布的《关于各地招聘职工暂行规定》要求，招聘职工时，雇佣者与被雇佣者双方应直接订立劳动契约。

---

① 张在范. 论劳动合同违约赔偿的特殊性. 河南大学学报，2007（4）：103～108.

1954 年 5 月，原劳动部又颁布《关于建筑工程单位赴外地招用建筑工人订立劳动合同办法》，其中明确规定，建筑工程单位赴外地招用临时工，不论招用期限长短，均应由招工单位与工人或工人代表按照工程所在地区劳动行政部门招工的规定签订劳动合同，并应严格遵守。1962 年 10 月、1965 年 3 月，国务院分别制定了《关于国营企业临时工的暂行规定》和《关于改进对临时工的使用和管理的暂行规定》，要求国营企业在招用临时工时必须签订劳动合同。

(二) 中断阶段

随着社会主义改造的基本完成，我国实行高度集中的计划经济体制，在理论上不承认社会主义条件下劳务的商品属性，在企业中实行国家统包统配的终身固定工制度。城镇国有企业、事业单位没有自行招聘人员的权利，城镇劳动就业问题完全由劳动部门包揽下来。固定工制度的推行，使劳动合同丧失了赖以存在的基础，劳动合同制度也随之消亡。

(三) 恢复阶段

党的十一届三中全会以后，我国确立了市场经济体制，随着计划经济向市场经济的转变，劳动用工制度的改革也势在必行，改革的基本趋向就是以劳动合同制逐步取代原来的固定工制度。1980 年国务院发布的《中外合资企业劳动管理规定》要求"合营企业职工的雇佣、解雇和辞职、生产和工作任务、工资和奖惩、工作时间和假期、劳动保险和生活福利、劳动保护、劳动纪律等事项，通过订立劳动合同加以规定"。1986 年 7 月，国务院颁发了《国营企业实行劳动合同制暂行规定》，规定国有企业在国家劳动工资计划指标内招用常年性工作岗位上的工人时，除国家另有特别规定者外，统一实行劳动合同制；国家机关、事业单位和社会团体在常年性岗位上招用的工人，比照该规定执行。在其后的几年中，我国劳动合同制实施的范围不断扩大，有些企业还实行了全员劳动合同制，取得了较为明显的成效，劳动合同这一确立劳动关系的法定形式已被企业和劳动者普遍接受。

(四) 完善阶段

1994 年 7 月，第八届全国人民代表大会常务委员会第八次会议通过了《中华人民共和国劳动法》，该法将劳动合同专列一章，规定所有企业不分性质一律实行劳动合同制，从此，固定工与临时工的身份界限被彻底打破，劳动合同真正成为法定的用工形式。《劳动法》的制定和颁布，有力地加快了实行全员劳动合同制的进程，为社会主义市场经济下新型劳动关系的确立奠定了法律基础。劳动法颁布实施后，原劳动部制定了一系列配套性的规章，主要包括《关于贯彻执行〈中华人民共和国劳动法〉若干问题的意见》、《企业经济性裁员规定》、《违反和解除劳动合同的经济补偿办法》、《违反〈劳动法〉有关劳动合同规定的赔偿办法》及《关于实行劳动合同制度若干问题的通知》等。同时，劳动部还以通知、复函的形式就劳动合同制度实施中的具体问题进行了解释与说明。2007 年 6 月 29 日，《劳动合同法》由十届全国人大常委会第二十八次会议通过，并自 2008 年 1 月 1 日起开始施行。《劳动合同法》对用人单位与劳动者订立、解除、终止劳动合同的行为作了全面系统的规定。它的实施，对于更好地保护劳动者的合法权益，更有效地发挥劳动合同对劳动关系的调整作用，具有十分重要的意义。《劳动合同法》颁布实施后，我国劳务派遣用工规模迅速扩大，许多用工单位长期大量使用被派遣劳动者，有的甚至把劳务派遣作为用工主渠道，被派遣劳动者的合法权益得不到保障。为了遏制此种现象的极度泛滥，2012 年 12 月 28 日第十一届全国人大常委会第三十次会议通过了《修改〈劳动合同法〉的决定》（以下简称《决定》），该《决定》从劳务派遣单位的设立、被派遣劳动者同工同酬权利的落实、劳务派遣用工岗位与数量的限制等方面对劳务派遣这一用工形式进行了严格规范，从而使我国的劳动合同法律制度更趋完善。

三、劳动合同的分类

以劳动合同期限为标准来划分，劳动合同可分为以下三种：

（一）有固定期限的劳动合同

有固定期限的劳动合同是指明确约定了起止时间的劳动合同，当约定的期限届满，劳动合同的效力即告终止。劳动合同的期限可以是长期的，如 5 年或 10 年，也可以是短期的，如 6 个月或 1 年等，具体由双方当事人根据工作需要和实际情况协商确定。该种劳动合同适用范围广，应变能力强，既能保持劳动关系的相对稳定，又能促进劳动力的合理流动，因而在实践中应用最为普遍和广泛。

（二）无固定期限的劳动合同

无固定期限的劳动合同是指双方当事人未约定终止日期的劳动合同，即它只写明合同生效的日期，而未载明合同终止的日期。对无固定期限的劳动合同，除法律规定的解除条件成立，当事人因而可以解除者外，任何一方都不得擅自加以解除。无固定期限的劳动合同一般适用于保密性、技术性及专业性较强的职务和工种，工作需要长期保持人员稳定的工作岗位。为了保护劳动者的利益和劳动关系的相对稳定，《劳动合同法》第十四条规定，用人单位与劳动者协商一致，可以订立无固定期限劳动合同。有下列情形之一，劳动者提出或同意续订、订立劳动合同的，除劳动者提出订立固定期限劳动合同外，应当订立无固定期限劳动合同：①劳动者在该用人单位连续工作满 10 年的；②用人单位初次实行劳动合同制度或者国有企业改制重新订立劳动合同时，劳动者在该用人单位连续工作满 10 年且距法定退休年龄不足 10 年的；③连续订立两次固定期限劳动合同，且劳动者没有《劳动合同法》第三十九条和第四十条第一项、第二项规定的情形，续订劳动合同的。这一规定旨在防止一些用人单位只使用劳动者的黄金年龄，以免出现用完即行辞退的不合理用工行为，从而更有利于实现劳动关系的实质公正与劳动者的职业安定。

（三）以完成一定工作为期限的劳动合同

以完成一定工作为期限的劳动合同是指劳动者与用人单位订立的以完成某项工作或

某项工程为合同终止日期的劳动合同。在这种合同中，没有规定合同的具体终止时间，合同约定的工作任务一旦完成，合同自然终止。从严格意义上讲，以完成一定工作为期限的劳动合同，也属于有固定期限的劳动合同，虽然没有规定合同的起止日期，但该工作终究是要被完成的。以完成一定工作为期限的劳动合同一般适用于铁路、桥梁、水利、石油勘探、建筑及房地产销售等难以预先确定工程截止日期的项目。

四、劳动合同的形式

劳动合同的形式，是劳动合同当事人双方意见表示一致的外部表现。各国立法对劳动合同可以或应当以什么形式存在都作了明确规定。劳动合同形式有口头形式和书面形式之分。纵观各国劳动立法，劳动合同形式共有3种模式：①允许一般劳动合同采取口头形式，仅要求特定劳动合同采取书面形式；②一般要求劳动合同采取书面形式，但允许在特殊情况下采用口头形式；③要求所有劳动合同都采取书面形式。① 我国《劳动法》第十九条规定："劳动合同应当以书面形式订立。"《劳动合同法》第十条第一款也规定："建立劳动关系，应当订立书面劳动合同。"据此，我国的劳动合同应当采取书面形式，而不能以其他形式代替。书面劳动合同用文字形式记载了当事人双方的权利义务，是劳动关系存续的有力凭证，有利于双方正确履行劳动合同的义务，双方当事人一旦发生争议也有据可查，便于劳动争议仲裁机关和法院查清事实，明断是非。针对实践中大量存在的用人单位招用劳动者而又拒绝或拖延与劳动者订立劳动合同的情形，我国《劳动合同法》将订立劳动合同规定为用人单位的义务，违反此种义务者应承担相应的法律责任。依《劳动合同法》第十条第二款的规定，已建立劳动关系，未同时订立书面劳动合同的，应当自用工之日起1个月内订立书面劳动合同；用人单位自用工之日起超过1个月不满1年未与劳动者订立书面劳动合同的，应当向劳动者每月支付两倍的工资。如果用人单位自用工之日起满1年不与劳动者订立书面劳动合同，即视为用人单位与劳动者已订立无固定期限的劳动合同。

五、劳动合同的内容

劳动合同的内容是指劳动合同所包含的所有条款，也指通过劳动合同条款反映出来的当事人双方的权利和义务。劳动合同的内容是劳动合同的本质所在，体现了双方当事人之间劳动法律关系的具体含义。从各国劳动法的规定来看，劳动合同的内容一般都由法定条款和约定条款两部分组成。

（一）法定条款

法定条款是指法律规定的劳动合同应当具备的内容。依照《劳动合同法》第十七条的规定，劳动合同的法定条款包括：①用人单位的名称、住所和法定代表人或主要负责

---

① 王全兴. 劳动法. 北京：法律出版社，2004. 126.

人；②劳动者的姓名、住址和居民身份证或其他有效身份证件号码；③劳动合同期限；④工作内容和工作地点；⑤工作时间和休息休假；⑥劳动报酬；⑦社会保险；⑧劳动保护、劳动条件和职业危害防护；⑨法律、法规规定应当纳入劳动合同的其他事项。

法律之所以要将上述事项规定为劳动合同的必备条款，是因为这些事项与劳动者权益的保护和劳动合同的实际履行密切相关。但应注意的是，缺少了法定条款的劳动合同并不影响劳动关系的成立。合同中缺少的必要条款，可以通过一定规则加以补充，如《劳动合同法》第十八条规定："劳动合同对劳动报酬和劳动条件等标准约定不明确，引发争议的，用人单位与劳动者可以重新协商；协商不成的，适用集体合同规定；没有集体合同或者集体合同未规定劳动报酬的，实行同工同酬；没有集体合同或者集体合同未规定劳动条件等标准的，适用国家有关规定。"合同中缺少社会保险条款的，可以将有关社会保险的法律规定直接适用于劳动关系的双方。因此，不能以缺少法定条款为由，认定劳动合同不成立或宣布劳动合同无效。

（二）约定条款

约定条款是指劳动者和用人单位之间在法定条款之外，根据双方的具体情况，经过协商认为需要约定的条款。约定条款可以分为法定的约定条款和补充的约定条款。

1. 法定的约定条款

法定的约定条款是指《劳动合同法》对该条款的具体内容作出了规定，但法律的规定并不当然构成合同的内容，而必须经双方的约定方能成为合同的组成部分，此外，当事人虽然对这些条款有自主协商的空间，但同时又不得突破法律的约束与限制。这些条款主要包括：

（1）试用期条款。试用期是劳动合同当事人在合同中约定的互相考察对方、相互熟悉的期间。在试用期内，劳动者发现用人单位提供的劳动条件不符合双方的事先约定，或用人单位发现劳动者不符合招收录用的标准，双方都可以提出解除劳动合同，即在试用期内双方的劳动关系是不稳定的。试用期必须由劳动者与用人单位在合同中明确约定，双方未约定的，视为不存在试用期。劳动者如果不愿意继续在用人单位工作，仅需提前3天告知用人单位即可，而用人单位在试用期内解除劳动合同的，应符合法律规定的条件，并向劳动者说明理由。

为了防止用人单位滥用在市场中的优势地位，《劳动合同法》对试用期的长短及待遇作了具体规定。劳动合同期限在3个月以上不满1年的，试用期不得超过1个月；劳动合同期限在1年以上不满3年的，试用期不得超过2个月；3年以上固定期限和无固定期限的劳动合同，试用期不得超过6个月。同一用人单位与同一劳动者只能约定一次试用期。以完成一定工作任务为期限的劳动合同或劳动合同期限不满3个月的，不得约定试用期。试用期包含在劳动合同期限内。劳动合同仅约定试用期的，试用期不成立，该期限为劳动合同期限。劳动者在试用期的工资不得低于本单位相同岗位最低档工资或劳动合同约定工资的80%，并不得低于用人单位所在地的最低工资标准。

（2）竞业禁止条款。竞业禁止是指用人单位禁止本单位劳动者在劳动合同期限内或劳动合同终止后的一定期限内从事与用人单位相同或类似业务的竞争性行为。竞业禁止是解决劳动者的劳动权、择业自由与公平竞争市场规则冲突的有效途径。劳动合同解除与终止后，劳动者重新择业，这是法律赋予劳动者的基本权利——劳动权，同时劳动者提供劳动换取其赖以生存的劳动报酬，又体现了劳动者的生存权。[①] 然而，劳动者行使这一基本权利，可能造成不正当竞争。劳动者离开原用人单位后，将从原用人单位获得的商业秘密应用于新用人单位的经营之中，从而削弱了原用人单位的商业优势，造成了原用人单位的损失。借助于竞业禁止能够较好地调和劳动者与用人单位之间的利益冲突。它一方面在一定程度上限制了劳动者的择业自由，防止其利用原用人单位的商业秘密与原用人单位进行不正当竞争；另一方面，通过竞业限制的经济补偿，又填补了劳动者因择业自由受限而遭受的损失，保障了劳动者的生存利益。

从国外的情况看，英国、法国的劳动法判例在竞业禁止问题上都把劳动权利、从业自由放在优先保护的位置，我国的《劳动合同法》也体现了这一原则。《劳动合同法》第二十三条规定，用人单位与劳动者可以在劳动合同中约定保守用人单位的商业秘密和与知识产权相关的保密事项。对负有保密义务的劳动者，用人单位可以在劳动合同或保密协议中与劳动者约定竞业限制条款，并约定在解除或终止劳动合同后，在竞业限制期间内按月给予劳动者经济补偿。该法第二十四条规定，竞业限制的人员限于用人单位的高级管理人员、高级技术人员和其他负有保密义务的人员。竞业限制的范围、地区、期限由用人单位与劳动者约定，且不得违反法律、法规的规定。在解除或者终止劳动合同后，前款规定的人员到与本单位生产或经营同类产品、从事同类业务的有竞争关系的其他用人单位，或者自己开业生产或经营同类产品、从事同类业务的竞业限制期限，不得超过 2 年。

（3）违约金条款。违约金条款是指双方约定的由不履行或不完全履行劳动合同的一方当事人向对方支付一定赔偿金的合同条款。由于在劳动关系中，用人单位与劳动者的实力与地位相差悬殊，用人单位常常利用高额违约金来限制劳动力的合理流动，侵害劳动者的择业自由，《劳动合同法》对违约金的适用范围作出了明确规定。用人单位只有在以下两种情形下才能要求劳动者支付违约金：一是劳动者违反服务期约定的。《劳动合同法》第二十二条规定，用人单位为劳动者提供专项培训费用，对其进行专业技术培训的，可以与该劳动者订立协议，约定服务期；劳动者违反服务期约定的，应当按照约定向用人单位支付违约金。违约金的数额不得超过用人单位提供的培训费用。二是劳动者违反竞业禁止义务的。《劳动合同法》第二十三条规定，劳动者违反竞业限制约定的，应当按照约定向用人单位支付违约金。除了上述两种情形外，用人单位不得约定由劳动者承担违约金。

2. 补充的约定条款

补充的约定条款是指并非由劳动法规定而是任由当事人协商约定的条款。对于这样的条款是否在劳动合同中体现及其具体内容如何，完全取决于双方当事人的意思。例如，劳动合同中是否具有为职工提供住房、托儿所、班车及子女入学等有关福利待遇的内容完全由当事人约定，法律不可能也没必要对此加以规定。

---

① 劳动和社会保障部. 中华人民共和国劳动合同法讲座. 北京：中国劳动社会保障出版社，2007. 47.

第二节　劳动合同的订立与效力

一、劳动合同的订立

劳动合同的订立是指劳动者和用人单位就各自的权利和义务在平等自愿的基础上进行协商，从而签订对双方均有约束力的劳动合同的法律行为。在现代法治国家，由于劳动合同的特性，其订立已经不单单是当事人自己的事情，而是要在不同程度上服从国家的强制干预。劳动者和用人单位在订立劳动合同的过程中，都必须遵循一定的原则和程序，才能确立劳动关系，保障劳动过程的顺利实现。

（一）劳动合同订立的原则

劳动合同订立的原则，是指双方当事人订立劳动合同时所必须遵循的指导思想和基本准则，是订立劳动合同的基本前提。我国《劳动合同法》第三条第一款规定："订立劳动合同，应当遵循合法、公平、平等自愿、协商一致、诚实信用的原则。"据此，当事人在签订劳动合同时必须遵循以下原则：

1. 合法原则

无论合同的主体、内容和形式，还是订立合同的程序，都必须符合有关法律法规的要求。尤其应当强调的是，凡属与劳动合同有关的强行性法律规范和强制性劳动标准，都必须严格遵守，因而在订立劳动合同的过程中只能有限地体现契约自由的精神。

2. 公平原则

公平原则是指订立劳动合同时应以社会公认的公平和正义的观念，确立双方的权利和义务，以维持当事人之间利益的相对均衡。① 附合性是劳动合同订立的本质属性之一，所以，劳动合同法意义上的公平是将双方的利益关系用社会均衡的理念加以平衡，甚至对弱势方进行倾斜保护，以矫正违背社会公平的现象。

3. 平等自愿原则

所谓平等，是指在订立合同时，双方当事人的法律地位平等。在劳动合同订立过程中，用人单位应摆正自己的位置，与劳动者相互尊重。自愿是指用人单位和劳动者在不违背法律、法规的情况下，可以根据自己的意愿签订劳动合同，确立劳动关系。具体地说，劳动合同当事人有权决定是否签订劳动合同、与谁签订劳动合同、签订何种内容的劳动合同，任何一方都不得强迫对方接受其意志。对于双方当事人而言，平等是自愿的前提，自愿是平等的体现，二者不可分割。

4. 诚实信用原则

诚实信用是在劳动合同订立的过程中，当事人不能片面地强调维护自身利益而恶意

---

① 李国光. 劳动合同法教程. 北京：人民法院出版社，2007. 92.

损害他方利益，而应当以诚实的态度对待对方，不对其进行隐瞒与欺诈。此外，诚实信用还要求当事人恪守商业道德，认真履行披露、协助、通知与保密义务。《劳动合同法》第八条规定："用人单位招用劳动者时，应当如实告知劳动者工作内容、工作条件、工作地点、职业危害、安全生产状况、劳动报酬，以及劳动者要求了解的其他情况；用人单位有权了解劳动者与劳动合同直接相关的其他情况，劳动者应当如实告知。"

（二）劳动合同订立的程序

劳动合同订立的程序可以分为两个阶段，即确定劳动合同当事人的阶段和确定劳动合同内容的阶段。

1. 确定劳动合同当事人的阶段

在此阶段，由用人单位与劳动者通过一定方式进行相互选择，以确定劳动合同的双方当事人。它一般由用人单位的招工行为和劳动者的应招行为相结合而形成。根据我国有关法规的规定，此阶段包括下述主要环节：①公布招工简章。用人单位依法决定招工以后，即应当以法定方式或有关国家机关指定的方式，向不特定劳动者公布招工简章。在简章中应载明法定必要内容，其中包括职工录用条件、录用后职工权利义务、应招人员报名办法、录用考核方式等事项。②自愿报名。劳动者按照招工简章的要求，自愿进行应招报名，并提交表明本人身份、职业技术、是否在职等基本情况的证明文件。③全面考核。用人单位或其代理人依法对应招人员的德、智、体状况进行考核，并公布考核结果。④择优录用。用人单位对经考核合格的应招者，择优确定被录用人员，并向本人发出书面通知。为便于监督，还应公示被录用者的名单。

为了实现劳动力资源合理配置和保障劳动者就业，我国对用人单位如何选择劳动者作了许多限制性规定。其要点有：①用人单位必须以符合国家规定的职工录用基本条件的劳动者作为招工对象。②用人单位招用从事复杂技术及涉及国家财产、人民生命安全和消费者利益的工种的劳动者，必须从取得相应资格证书的人员中录用。③用人单位应当以国家规定的特定人员作为招工的重点对象。例如，外商投资企业招工时，除外商代理人外，凡中方能够提供并胜任工作的，应招用中方人员；企业应按一定比例安排残疾人就业，并为其安排适当的工种和岗位，其中，社会福利企业应以招用残疾人为主等。④除文艺、体育和特种工艺单位经批准可招用未满16周岁的文艺工作者、运动员和艺徒外，禁止招用童工。⑤凡适合妇女从事劳动的岗位，不得拒绝招收女性应招者。

用人单位与劳动者的相互选择，对所确定的劳动合同双方当事人具有一定的法律约束力。即在招工简章和录用通知所规定的期限内，劳动者有义务按期向用人单位报到，不按期报到就丧失要求与用人单位签订劳动合同的权利。用人单位对按期报到的劳动者，负有依法签订劳动合同的义务。

2. 确定劳动合同内容的阶段

在此阶段，用人单位与劳动者就劳动合同的具体内容，通过平等协商，实现意思表示一致，以确立劳动关系和明确相互的权利义务。其程序一般包括下列主要环节：①提出劳动合同草案。用人单位向劳动者提出拟定的劳动合同草案，并说明各条款的具体内容和依据。②介绍内部劳动规则。在提出合同草案的同时，用人单位还必须向劳动者详细介绍本单位内部劳动规则。③商定劳动合同内容。在劳动者了解劳动合同草案和内部劳动规则的基础上，双方对合同条款逐条进行协商，达成一致后以书面形式确定其具体内容。对劳动合同草案，劳动者可提出修改和补充意见，并就此与用人单位协商确定。④签名盖章。劳动者和用人单位应当在经过协商一致所形成的劳动合同文本中签名盖章，以此表明双方合意的形成。①

二、劳动合同的效力

（一）劳动合同的有效

劳动合同依法成立即具有法律约束力，该约束力的具体表现是：①当事人必须履行合同所规定的义务；②合同的变更和解除都必须遵循法定的条件和程序，任何一方都不得擅自变更和解除合同；③当事人违反合同时，必须承担相应的法律责任。

劳动合同具有法律约束力，应以完全具备法定有效要件为前提。劳动合同的有效要件包括：①合同主体适格。双方当事人都必须具备法定的主体资格，即一方必须是具有劳动权利能力和劳动行为能力的公民，另一方必须是具有用人权利能力与用人行为能力的单位。②合同内容合法，即劳动合同所载明的条款必须符合劳动法律法规与集体合同的规定。③订立程序合法。劳动合同的订立，必须完成各项法定必要程序，并严格遵循订约的各项原则。④意思表示真实。即双方当事人的意思表示都出于本人自愿，并与本人内在意志相符。

（二）劳动合同的无效

1. 劳动合同无效的概念及其种类

无效劳动合同是指因缺乏有效要件而不具备法律约束力的劳动合同。劳动合同的无效可以分为全部无效与部分无效。所谓劳动合同的全部无效，是指劳动合同整体无效，即劳动合同的基础性条款或主要部分不符合法定有效要件，致使劳动合同的全部条款均不发生法律约束力的情形。所谓劳动合同的部分无效，是指劳动合同的非基础性条款或非主要部分违反法律、法规的规定，但并不影响其他合同条款效力的情形。

我国《劳动合同法》第二十六条规定，下列劳动合同无效或部分无效：①以欺诈、胁迫的手段或乘人之危，使对方在违背其真实意思的情况下订立或变更劳动合同的；②用人单位免除自己的法定责任、排除劳动者权利的；③违反法律、行政法规强制性规定的。对劳动合同的无效或部分无效有争议的，由劳动争议仲裁机构或人民法院确认。

我国《劳动合同法》仅规定了无效劳动合同而未规定可撤销的劳动合同，且将以欺诈、胁迫的手段或乘人之危，使对方在违背其真实意思的情况下订立或变更的劳动合同归为无效合同的范畴。其实如此规定并不完全有利于劳动者权利的保护，尤其在就业竞争十分激烈的今天，无效合同制度虽然能够解除劳动合同对劳动者的束缚，但同时也剥

---

① 王全兴. 劳动法. 北京：法律出版社，2004. 133.

夺了劳动者根据自己的意愿延续劳动合同的权利。① 法律应当增补可撤销劳动合同制度，把那些当事人意思表示不真实但又不违反法律、行政法规强制性规定，不损害社会公共利益的劳动合同定为可撤销的劳动合同，将合同效力的选择权赋予当事人，同时允许其将合同中不公平的内容加以变更，以更多地体现劳动关系主体的意愿与自由。

2. 无效劳动合同的处理

由于在劳动合同中劳动者用以交换的劳动力的特殊性，劳动合同被确认无效后，只能根据无效劳动合同的特点采取相应的处理措施。这些措施包括：①终止履行，即终止履行双方签订的劳动合同。这种处理办法适用于被确认全部无效的劳动合同。《劳动法》第十八条第二款规定："无效的劳动合同，从订立的时候起，就没有法律约束力。"但劳动合同被确认无效，劳动者已付出劳动的，用人单位应当向劳动者支付劳动报酬。劳动报酬的数额，参照本单位相同或相近岗位劳动者的劳动报酬确定。②修正劳动合同，这种处理方式适用于被确认部分无效的劳动合同或因订立程序违法而无效的劳动合同。②修正后的合法条款应具有溯及力，溯及该合同成立之时。③赔偿损失，即劳动合同被确认无效后，因无效劳动合同而给当事人造成损失的，由有过错的一方负责赔偿。劳动合同的无效所产生的赔偿责任主要是：其一，赔偿因劳动合同无效而致对方所遭受的经济损失。最高人民法院《关于审理劳动争议案件适用法律若干问题的解释》第十四条第二款规定，如果由于用人单位的原因订立了无效合同而给劳动者造成损害的，应当比照违反和解除劳动合同经济补偿金的支付标准，赔偿劳动者因合同无效所造成的经济损失；其二，赔偿劳动者因从事禁忌劳动或其他工伤事故而遭受身体伤害所产生的损失。④确认劳动合同部分无效的，如果不影响其余部分的效力，其余部分仍然有效。

第三节　劳动合同的履行和变更

一、劳动合同的履行

（一）劳动合同的履行原则

我国《劳动合同法》第二十九条规定："用人单位与劳动者应当按照劳动合同的约定，全面履行各自的义务。"根据合同法的一般原理，结合劳动合同的特点，劳动合同的履行必须遵循以下三项原则：①亲自履行原则。劳动合同当事人应当以自己的行为履行自己承担的义务。劳动者必须以自己的劳动行为履行劳动义务，而不能由他人代替。用人单位也应当直接雇佣劳动者，如果和其他用人单位达成劳务外借协议，应当征求劳动者的意见，而不得单方面强行将劳动者派往其他用人单位工作。②全面履行原则。劳动合同的内容是一个整体，合同条款之间的内在联系不能割裂。合同当事人必须按照合

① 何新容. 关于架构我国可变更、可撤销劳动合同的设想. 湖北经济学院学报，2007（12）：96~97.
② 郑尚元. 劳动法学. 北京：中国政法大学出版社，2004. 122.

同的全部条款，即按合同约定的标的、种类、质量、时间、地点与方式来履行各自承担的全部义务，劳动合同的目的才能得以实现。③协作履行原则。劳动法律关系的客体是劳动行为，而劳动行为是在运用劳动能力、实现劳动过程中发生的，只有用人单位和劳动者协作才能完成劳动合同规定的任务。因此，在劳动合同履行过程中，双方当事人应当相互理解、及时沟通，尽可能为对方的履约行为提供帮助。

（二）特殊情况下劳动合同的履行

由于社会经济形势复杂多变，在劳动合同的履行过程中，难免会因各种原因而导致企业名称、法定代表人及其组织结构发生一定的改变，进而对劳动合同的履行产生影响。较为常见的改变是：①用人单位变更名称、法定代表人、主要负责人或投资人等事项。为了保护劳动者的合法权益，《劳动合同法》第二十三条规定，用人单位变更名称、法定代表人、主要负责人或投资人等事项，不影响劳动合同的履行。②用人单位发生合并、分立等情况。用人单位合并是指两个或两个以上的单位按照法定程序合并为一个主体；用人单位分立是指一个用人单位按照法定程序分为两个或两个以上的主体。依照《劳动合同法》第三十四条的规定，在此情形下，原劳动合同继续有效，劳动合同由继承其权利义务的用人单位继续履行。

（三）劳动合同履行过程中劳动者的权益保障

在劳动合同的履行过程中，劳动者居于从属地位，受到用人单位的管理与支配，其合法权益极易受到侵害，需要予以特别保障。对此，《劳动合同法》也作了专门规定，主要表现在以下三个方面：①为劳动者追索劳动报酬提供更加便捷的途径。《劳动合同法》第三十条规定，用人单位应当按照劳动合同的约定和国家规定，向劳动者及时、足额支付劳动报酬。用人单位拖欠或未足额支付劳动报酬的，劳动者可以依法向人民法院申请支付令，人民法院应当依法发出支付令。②严格限制加班加点。《劳动合同法》第三十一条规定，用人单位应当严格执行劳动定额标准，不得强迫或变相强迫劳动者加班。用人单位安排加班的，应当向劳动者支付加班费。③明确赋予劳动者拒绝用人单位的管理人员违章指挥、强令冒险作业的权利。《劳动合同法》第三十二条规定，劳动者拒绝用人单位的管理人员违章指挥、强令冒险作业的，不视为违反劳动合同；劳动者对危害生命安全与身体健康的劳动条件，有权对用人单位提出批评、检举和控告。

二、劳动合同的变更

(一) 劳动合同变更的概念

　　劳动合同的变更是指合同当事人双方或单方依法修改或补充劳动合同内容的法律行为。它发生于劳动合同生效后尚未履行或尚未完全履行期间，是对劳动合同所约定的权利和义务的完善与发展，也是确保劳动合同全面履行和劳动过程顺利实现的重要手段。劳动合同的变更可以分为法定变更与约定变更两类。法定变更是指基于法律规定而发生的变更；约定变更是基于劳动合同一方的提议，在双方协商一致的基础上变更原劳动合同的条款。

(二) 劳动合同变更的原因

　　一般来说，引发劳动合同变更的原因主要有：①劳动者方面的原因。如由于劳动者不能胜任工作而由用人单位调整其工作岗位；女性劳动者由于怀孕不宜在原岗位上继续工作；劳动者由于工伤或职业危害而部分丧失劳动能力，用人单位依法为其安排力所能及的工作。②用人单位方面的原因。如用人单位依据市场形势变化，转产、调整生产布局或重新进行劳动组合，就可能引发劳动合同的变更。用人单位拓展经营范围，开办新的分支机构，也往往会指派有经验的工作人员去开展相关的业务，这也会涉及劳动者工作职责、地点及薪酬的改变。③客观方面的原因。如订立劳动合同时所依据的法律、法规发生变化，劳动合同的内容即应当进行相应的调整；又如，社会动荡与自然灾害的发生也会产生劳动合同变更的后果。

(三) 劳动合同变更的方式

　　劳动合同变更的方式依约定变更与法定变更而有所不同。劳动合同的约定变更应当在双方协商一致的基础上进行。《劳动合同法》第三十五条规定，用人单位与劳动者协商一致，可以变更劳动合同约定的内容。变更劳动合同应当采用书面形式。变更后的劳动合同文本由用人单位和劳动者各执一份。劳动合同的法定变更应当由当事人依照法律规定的方式进行。例如，《劳动合同法》第四十条第二款规定，在劳动者不能胜任工作时，用人单位不能立即解除劳动合同，而应当对其进行培训或为其调整工作岗位。也就是说，在此情形下，用人单位可单方变更该劳动者的工作性质与工作内容。再如，如果劳动者因为工伤或职业灾害而导致部分丧失劳动能力，即有权要求用人单位为自己安排适当的工作，对劳动者的此种要求，用人单位应当满足。此外，需注意的是，对于工会主席、副主席的岗位，用人单位不能随意变更。我国《工会法》规定，工会主席、副主席任期未满时，不得随意调动其工作。因工作需要调动时，应当征得本级工会委员会和上一级工会的同意。

第四节　劳动合同的解除和终止

一、劳动合同的解除

（一）劳动合同解除的概念

劳动合同的解除，是指在劳动合同依法订立之后而尚未全部履行之前，因一定法律事实的出现，双方当事人或一方当事人依法提前终止劳动合同的法律效力的行为。这一概念包括以下含义：①被解除的劳动合同是有效劳动合同。无效劳动合同因自订立时起就没有法律约束力，故不存在解除的问题。②解除行为必须发生在劳动合同依法订立之后而尚未全部履行之前。如果劳动合同尚未订立或者已经履行完毕，亦无解除的必要。③劳动合同的解除可以是双方法律行为，即双方当事人协商解除劳动合同；也可以是单方法律行为，即一方当事人依法单方决定解除劳动合同。这一点与劳动合同的订立不同，劳动合同的订立只能是双方法律行为，即必须经双方当事人的协商一致。④劳动合同的解除意味着提前终止合同的法律效力，即提前消灭双方当事人之间的劳动权利义务关系。

劳动合同的解除依解除方式不同可以分为两类：协商解除和法定解除。协商解除又称双方解除或约定解除，是指因主客观情况的变化，劳动合同当事人双方经协商一致而解除劳动合同。法定解除又称单方解除，是指劳动合同当事人一方依照法律规定的事由而单方解除劳动合同。单方解除劳动合同依解除时间的不同可分为即时解除与附预告期解除两种；依解除主体的区别又可分为劳动者单方解除和用人单位单方解除两种。劳动合同当事人享有的可单方解除劳动合同的权利，称作单方解除权，性质上为形成权，即不需对方当事人同意便可发生法律效力的权利。

（二）劳动合同的解除条件

1. 用人单位和劳动者协商解除劳动合同

合同基于双方的协议而产生，当然也可以基于双方的协议而解除。经双方协商解除原来的劳动合同，在实践中，这种情况主要是指合同当事人在任何一方均无单方解除权的情况下，通过一方的提议，在经过双方协议的基础上，就解除合同达成一致意见。我国《劳动合同法》第三十六条规定，用人单位与劳动者协商一致，可以解除劳动合同。对此种解除方式，立法一般不规定条件，只要求解除合同的合意在内容、形式、程序上合法即赋予其相应的法律效力。

2. 劳动者单方解除劳动合同

（1）劳动者对劳动合同的预告解除。所谓预告解除，是指劳动者依法律规定的时间与方式，经提前通知用人单位而解除劳动合同。劳动者的预告解除包括以下两种情形：一是劳动者在试用期内预告解除劳动合同。在试用期内，劳动者如果不愿意在用人单位继续工作，只要提前 3 日通知用人单位，就可以解除劳动合同。二是劳动者在正式合同期内预告解除劳动合同。依照《劳动合同法》第三十七条规定，在此种情形下，劳动者须提前 30 日，并以书面形式通知用人单位。劳动者享有的以提前通知方式解除劳动合同的权利在理论上称为辞职权。法律赋予劳动者辞职权的理由主要有两个：一是劳动者的劳动力依附于其人身，如果劳动者不愿意为某用人单位继续工作，任何人都无法强制其劳动；二是这样的规定有利于劳动者的流动，也有利于社会人力资源的优化配置，发挥人力资源的最大效应。在这里，劳动者之所以要提前 30 日通知用人单位，是要给用人单位寻求替代的劳动者留有充分的时间。需要指出的是，这种解除方式没有法定理由的限制，只要劳动者依照法定的时间与方式对用人单位履行了通知义务，用人单位就应当为劳动者办理解除劳动合同的手续。

（2）劳动者对劳动合同的即时解除。所谓即时解除，是指劳动者在法律规定的条件下，可以随时解除劳动合同而无须提前通知用人单位。劳动者行使即时解除权的前提是用人单位违反了劳动合同的约定或劳动法律法规的规定，从而损害了劳动者的合法权益。根据《劳动合同法》第三十八条规定，用人单位有下列情形之一的，劳动者可以即时解除劳动合同：①未按照劳动合同的约定提供劳动保护或劳动条件的；②未及时、足额支付劳动报酬的；③未依法为劳动者缴纳社会保险费的；④用人单位的规章制度违反法律、法规的规定，损害劳动者权益的；⑤法律、行政法规规定劳动者可以解除劳动合同的其他情形。即时解除是相对于预告解除而言的。在具备《劳动合同法》第三十八条所列的情形之一时，劳动者虽然可以不经提前通知而解除合同，但仍负有通知的义务，即明确告知用人单位其基于以上理由而解除劳动合同，否则就会给用人单位组织劳动和正常的生产经营造成困难与麻烦。只有在用人单位以暴力、威胁或非法限制人身自由的手段强迫劳动者劳动或用人单位违章指挥、强令冒险作业危及劳动者人身安全的情况下，劳动者才可以立即解除劳动合同而无须告知用人单位。

3. 用人单位单方解除劳动合同

（1）用人单位对劳动合同的即时解除。对犯有严重过错的劳动者，用人单位可以不需提前告知而立即解除与其订立的劳动合同。《劳动合同法》第三十九条规定，劳动者有下列情形之一的，用人单位可以解除劳动合同：①在试用期间被证明不符合录用条件的；②严重违反用人单位的规章制度的；③严重失职，营私舞弊，给用人单位造成重大损害的；④劳动者同时与其他用人单位建立劳动关系，对完成本单位的工作任务造成严重影响，或经用人单位提出，拒不改正的；⑤劳动者以欺诈、胁迫的手段或乘人之危使用人单位在违背其真实意思的情形下订立或变更劳动合同的；⑥被依法追究刑事责任的。

（2）用人单位对劳动合同的预告解除。用人单位的预告解除是指用人单位按照法律规定的期限提前告知劳动者，或以额外支付劳动者工资的替代方式来解除劳动合同。用人单位的预告解除主要适用于在劳动过程中，劳动者的劳动能力发生变化或合同订立时所依据的客观情况发生变化而导致劳动合同无法履行的情形，而与劳动者本身的过错无关。《劳动合同法》第四十条规定，有下列情形之一的，用人单位提前 30 日以书面形式通知劳动者本人或额外支付劳动者 1 个月工资后，可以解除劳动合同：①劳动者患病或者非因工负伤，在规定的医疗期满后不能从事原工作，也不能从事由用人单位另行安排的工作的；②劳动者不能胜任工作，经过培训或者调整工作岗位，仍不能胜任工作的；③劳动合同订立时所依据的客观情况发生重大变化，致使劳动合同无法履行，经用人单位与劳动者协商，未能就变更劳动合同内容达成协议的。

（3）经济性裁员。在市场经济条件下，企业为求生存发展与效益改善，势必会随着市场需求与经营环境的改变，不断调整自己的产品结构、经营方式与发展规划。这种调整有可能导致企业劳动力过剩，从而引发大量裁减劳动者的行为。经济性裁员是企业解除劳动合同的一种特殊形式。它将大量的劳动者从生产劳动中排除出去，会严重恶化他们的生存环境，危及他们的生存利益。此外，大量劳动者失去工作流入社会，还会显著加大社会的就业压力，影响社会的和谐安定。有鉴于此，世界各国无不设立经济性裁员法律制度，对企业的经济性裁员行为进行调控与干预。

在我国，经济性裁员是指用人单位需要一次裁减人员 20 人以上或裁减不足 20 人但占企业职工总数 10% 以上的情况。依据《劳动合同法》第四十一条规定，用人单位在进行经济性裁员时应当遵循下列要求：①裁员条件。用人单位有下列四种情形之一的，可以裁减人员：依照企业破产法规定进行重整的；生产经营发生严重困难的；企业转产、重大技术革新或者经营方式调整，经变更劳动合同后，仍需裁减人员的；其他因劳动合同订立时所依据的客观经济情况发生重大变化，致使劳动合同无法履行的。②裁员程序。用人单位进行经济性裁员，应当提前 30 日向工会或全体职工说明情况，听取工会或职工的意见，裁减人员方案经向劳动行政部门报告后，才可以进行裁员。③被裁减人员的标准。企业在裁减劳动者时，应优先解雇那些工龄较短、年龄较小、抚养义务较轻、身体健康的职员，而不得有意将那些老弱病残者作为包袱甩向社会，向社会转嫁应由其承受的困难和负担。我国《劳动合同法》第四十一条第二款规定，用人单位在裁减人员时，应优先留用下列人员：一是与本单位订立较长期限的固定期限劳动合同的；二是与本单位订立无固定期限劳动合同的；三是家庭无其他就业人员，有需要抚养的老人或未成年人的。④保障被裁劳动者的优先录用权。用人单位依法裁减人员，在 6 个月内重新招用人员时，应当通知被裁减的人员，并在同等条件下优先招用被裁减的人员。

（三）不得解除劳动合同的情形

不得解除劳动合同的情形，是指对符合《劳动合同法》规定条件的弱势职工，不能进行正常辞退和裁员辞退。根据《劳动合同法》的规定，不得解除劳动合同的情形主要有：①从事接触职业病危害作业的劳动者未进行离岗前职业病健康检查，或疑似职业病病人在诊断或医学观察期间的；②劳动者在本单位患职业病或因工负伤并被确认丧失或部分丧失劳动能力的；③患病或者非因工负伤，在规定的医疗期内的；④女职工在孕期、产期、哺乳期内的；⑤在本单位连续工作满 15 年，且距法定退休年龄不足 5 年的；⑥法律、行政法规规定的其他情形。最后一项规定主要是为了与其他法律、法规相衔接，同时也为以后的立法预留空间。需要说明的是，对上述六种人员的特殊保护仅适用于《劳动合同法》第四十条和四十一条规定的预告解除与经济性裁员两种情形，而并非适用于用人单位解除劳动合同的一切情形。符合上述条件规定的劳动者如果有严重过错，用人单位仍然可以依照《劳动合同法》第三十九条之规定解除劳动合同。

（四）违法解除劳动合同的后果

违法解除劳动合同，是指合同主体违反《劳动合同法》规定的许可性条件与禁止性条件而解除劳动合同的行为。实施违法解除行为的既可以是用人单位，也可以是劳动者，但在实践中，用人单位违法解除劳动合同的情形更为常见和普遍。

《劳动合同法》对劳动者解除劳动合同的条件为许可性规定。除《劳动合同法》第三十八条第二款规定的情形外，在具备法定解除条件时，劳动者一方面享有劳动合同的单方解除权，另一方面尚需履行提前通知或即时通知的义务。劳动者未提前通知或即时通知用人单位而终止劳动关系的，即为违法解除劳动合同。《劳动合同法》第九十条规定，劳动者违反本法规定解除劳动合同，或违反劳动合同中约定的保密义务或竞业限制，给用人单位造成损失的，应当承担赔偿责任。《劳动合同法》第九十一条规定，用人单位招用与其他用人单位尚未解除或终止劳动合同的劳动者，给其他用人单位造成损失的，应当承担连带赔偿责任。

《劳动合同法》对用人单位解除劳动合同的条件既有许可性的规定，又有禁止性的规定。用人单位无论是违反了法定的许可性条件还是禁止性条件，均可构成劳动合同的违法解除。用人单位违法解除劳动合同的情形主要有以下三种：①未与劳动者协商一致而解除合同；②违反劳动合同解除的许可性条件而解除合同，或未按照劳动合同法规定的程序而解除合同；③在具有不得解除劳动者劳动合同的条件时解除劳动合同。依照《劳动合同法》第四十八条规定，用人单位违反《劳动合同法》规定解除或终止劳动合同，劳动者要求继续履行劳动合同的，用人单位应当继续履行；劳动者不要求继续履行劳动合同或劳动合同已经不能继续履行的，用人单位应当依照《劳动合同法》第八十七条的规定支付赔偿金，即按照用人单位因解除或终止劳动合同进行经济补偿两倍的标准向劳动者支付赔偿金。也就是说，在用人单位违法解除劳动合同时，劳动者享有法定的选择权，或者要求用人单位继续履行劳动合同，或者要求用人单位依法承担赔偿责任后解除合同。

二、劳动合同的终止

劳动合同的终止是指劳动合同所确立的劳动关系由于一定法律事实的出现而终结，劳动者与用人单位之间原有的权利和义务不复存在。为了防止用人单位随意与劳动者约定劳动合同的终止条件，并据此终止劳动合同，从而危害劳动者的职业安定，《劳动合同法》取消了劳动合同的约定终止，规定劳动合同只能在具备法定条件时方可终止。《劳动合同法》第四十四条规定，有以下情形之一的，劳动合同终止：①劳动合同期限届满的；②劳动者开始依法享受基本养老保险待遇的；③劳动者死亡，或被人民法院宣告死亡或宣告失踪的；④用人单位被依法宣告破产的；⑤用人单位被吊销营业执照、责令关闭、撤销或用人单位决定提前解散的；⑥法律、行政法规规定的其他情形。

三、解除和终止劳动合同的经济补偿

（一）经济补偿的概念

经济补偿是指在劳动合同解除或终止后，用人单位依法一次性支付给劳动者的经济上的补助。经济补偿是劳动法中一项极具特色的制度，充分体现了劳动法对劳动者倾斜保护的原则和目的。经济补偿不同于赔偿：①两者适用的对象不同。前者仅适用于用人单位向劳动者单方支付，后者可同时适用于劳动者与用人单位。②两者的主观要件不同。前者要求主体主观上没有过错，后者要求主体主观上存在过错。③两者的性质不同。前者是用人单位对劳动者就业风险的公平责任分摊，后者是违约方对所造成的损害进行的事后补偿与救济。① 同时，经济补偿也不同于失业保险。劳动者享有的经济补偿金与失业保险金是两种不同性质的权利，用人单位不得以劳动者可以领取失业保险金为由，拒绝向其支付经济补偿金。

（二）经济补偿的范围

依照《劳动合同法》第四十六条规定，用人单位有下列情形之一的，用人单位应当向劳动者支付经济补偿金：①劳动者依照《劳动合同法》第三十八条规定解除劳动合同的，即由于用人单位的违约与违法行为导致劳动者解除劳动合同的。②用人单位依照《劳动合同法》第三十六条规定向劳动者提出解除劳动合同，并与劳动者协商一致解除劳动合同的。这表明，如果劳动者依照《劳动合同法》第三十六条规定向用人单位提出并与用人单位协商一致解除劳动合同，用人单位无须支付其经济补偿。③用人单位依照《劳动合同法》第四十条规定解除劳动合同的，即由于在劳动过程中劳动者劳动能力的变化及合同订立时所依据的客观环境的变化而导致用人单位解除劳动合同的。④用人单位依照经济性裁员规定解除劳动合同的。⑤除用人单位维持或提高劳动合同约定条件续订劳动合同，劳动者不同意续订的情形外，依照《劳动合同法》第四十四条第一项规定终止固定期限劳动合同的。这就是说，劳动合同的期限届满，用人单位主动终止劳动合同，应当向劳动者支付经济补偿金；劳动合同的期限届满，用人单位以劣于原合同的条件同劳动者续订劳动合同，遭到劳动者拒绝而导致劳动合同解除的，用人单位也应当向劳动者支付经济补偿。⑥基于用人单位被依法宣告破产、吊销营业执照、责令关闭、撤销或用人单位决定提前解散等原因而终止劳动合同的。⑦法律、行政法规规定的其他情形。例如，依《劳动合同法实施条例》第二十二条之规定：以完成一定工作任务为期限的劳动合同因任务完成而终止的，用人单位也应当向劳动者支付经济补偿。

（三）经济补偿的标准

我国《劳动合同法》第四十七条规定："经济补偿按劳动者在本单位工作的年限，

---

① 冯彦君. 劳动合同解除中的"三金"适用——兼论《我国劳动合同法》的立法态度. 当代法学, 2006（5）: 73~79.

每满 1 年支付 1 个月工资的标准向劳动者支付。6 个月以上不满 1 年的，按 1 年计算；不满 6 个月的，向劳动者支付半个月工资的经济补偿。劳动者月工资高于用人单位所在直辖市、设区的市级人民政府公布的本地区上年度职工月平均工资 3 倍的，向其支付经济补偿的标准按职工月平均工资 3 倍的数额支付，向其支付经济补偿的年限最高不超过 12 年。"此条规定针对社会上存在的劳动者工资差距过大、经济补偿数额过高的情况对经济补偿金的支付标准作了最高限制，并对其计算年限进行了修改，具体是：①取消了因为不同的解除理由导致经济补偿金计算年限不同的差别规定。②对于高收入人群的经济补偿金计算年限限制最高不超过 12 年。实践中，经济补偿金计算标准中的工资基数是最易产生争议的，最常见的是未将某些收入计入工资总额。经国务院批准、由国家统计局发布的《关于工资总额组成规定》第四条规定："工资总额由下列六个部分组成：计时工资；计件工资；奖金；津贴和补贴；加班加点工资；特殊情况下支付的工资。"

第五节　劳务派遣与非全日制用工

一、劳务派遣

（一）劳务派遣的概念

劳务派遣是指劳务派遣单位与被派遣劳动者签订劳动合同，与实际用工单位签订派遣协议，然后由劳务派遣单位将与其建立劳动合同关系的劳动者派往用工单位，被派遣劳动者在用工单位的指挥和管理下提供劳务服务的特殊用工方式。[①] 劳务派遣最早起源于日本、美国等国家，其特点是劳务派遣单位与劳动者建立劳动关系，但不实际使用劳动者，即不直接管理和指挥劳动者从事劳动；用工单位直接管理和指挥劳动者从事劳动，但与劳动者之间不建立劳动关系。劳务派遣用工模式涉及三方主体，即劳务派遣单位、被派遣的劳动者与用工单位。劳务派遣单位与被派遣的劳动者之间是劳动关系，劳务派遣单位与用工单位是劳务派遣关系，而用工单位与被派遣的劳动者之间是实际用工关系。劳务派遣所涉及的专业非常广泛，如保姆、建筑工人、管理人员、专业技术人员等均可采用劳务派遣方式。由于在此种用工方式下，劳动者与用工单位无直接的劳动关系，用人单位借此可以避免与被派遣的劳动者发生直接的劳动纠纷，并免于承担相应的法律责任，故而越来越多的用人单位开始采取这种用工方式，尤其是在 21 世纪初期，劳务派遣用工方式在我国的发展速度明显加快。但我国有关劳务派遣的立法却相对滞后，致使劳务派遣在快速发展的同时也产生了不少弊端，被派遣劳动者的合法权益遭受了严重侵害。基于此，我国的《劳动合同法》以及于 2013 年 7 月 1 日开始实施的《劳动合同法》修正案对劳务派遣行为进行了诸多限制，以维护被派遣劳动者的合法权益。

---

① 李国光. 劳动合同法教程. 北京：人民法院出版社，2007. 487.

（二）劳务派遣合同与劳动合同的区别

劳务派遣合同是指劳务派遣单位与被派遣劳动者订立的劳动合同。劳务派遣单位与被派遣劳动者订立劳动合同的目的并非是为了使用劳动者，而是为了根据实际需要将劳动者派往用工单位工作。从维护被派遣劳动者权益的角度考虑，《劳动合同法》对劳务派遣合同作了与一般劳动合同不同的规定，这些区别主要是：

1. 合同条款方面的区别

劳务派遣合同的内容可以分为两部分，一是一般劳动合同的内容，即《劳动合同法》第十七条规定的劳动合同的法定条款；二是劳务派遣中的特殊内容，即被派遣劳动者的用工单位、派遣期限及工作岗位等情况。① 一般劳动合同只包括第一部分内容，不涉及劳务派遣事项。

2. 合同期限方面的区别

根据《劳动合同法》第五十八条规定，劳务派遣单位应当与被派遣劳动者订立 2 年以上的固定期限劳动合同，即劳动合同的期限不能少于 2 年。具体期限由派遣单位与劳动者在法定期限以上协商确定，合同期限少于 2 年的，应当认定其无效。一般劳动合同的期限则没有至少为 2 年的限制。

3. 合同解除上的区别

劳务派遣合同的解除与一般劳动合同解除一样，包括双方协商解除、劳动者单方解除与用人单位单方解除三种类型。但需注意的是，在一般劳动合同中，用人单位可在劳动合同订立时所依据的客观情况发生重大变化，致使劳动合同无法履行，并经与劳动者协商无果时，依《劳动合同法》第四十条第三项之规定提前 30 日以书面形式通知劳动者本人或额外支付 1 个月工资后单方解除劳动合同，也可以依据《劳动合同法》第四十一条规定，在经济性裁员时单方解除劳动合同。而在劳动派遣用工模式下，用工单位不能依据《劳动合同法》的上述规定单方解除劳动合同。此外，由于用工单位与被派遣的劳动者之间不存在劳动合同关系，故在具备法定解除条件时，用工单位可以将劳动者退回派遣单位，再由派遣单位依法解除劳动者的劳动合同，而不得直接宣布解除被派遣劳动者的劳动合同。

（三）劳务派遣适用的限制

1. 劳务派遣单位设立的限制

《劳动合同法》对劳务派遣单位设立的限制表现在两方面：①设立条件的限制。劳务派遣单位的设立应具备下列条件：注册资本不得少于人民币 200 万元；有与开展业务相适应的固定的经营场所和设施；有符合法律、行政法规规定的劳务派遣管理制度；法律、行政法规规定的其他条件。②设立方式的限制。经营劳务派遣业务，应向劳动行政部门依法申请行政许可。经许可的，依法办理相应的公司登记。未经许可的，任何单位和个人不得经营劳务派遣业务。

---

① 程延园，高云. 劳动合同法理解与应用. 职业，2008（1）：30～32.

2. 劳务派遣工作岗位的限制

劳动合同用工是我国企业基本的用工形式。劳务派遣用工是补充形式，只能在临时性、辅助性或者替代性的工作岗位上实施。所谓临时性工作岗位是指存续时间不超过六个月的岗位；辅助性工作岗位是指为主营业务岗位提供服务的非主营业务岗位；替代性工作岗位是指用工单位的劳动者因脱产学习、休假等原因无法工作的一定期间内，可以由其他劳动者替代其工作的岗位。

3. 劳务派遣经营行为的限制

为了避免用人单位利用劳务派遣单位与本单位的隶属关系，强迫那些本应自己建立劳动关系的劳动者，先与派遣单位建立劳动合同，再由派遣单位将该劳动者派遣到本单位工作，即以所谓内部派遣的方式，规避法律规定的用人单位应当履行的法定义务，侵害劳动者的合法权益，《劳动合同法》对用人单位进行劳务派遣的经营行为作了限制性规定。《劳动合同法》第六十七条规定，用人单位不得设立劳务派遣单位向本单位或所属单位派遣劳动者。该条所禁止的劳务派遣经营行为包括：①劳务派遣单位向自己的设立单位派遣劳动者；②劳务派遣单位向自己设立单位的所属单位派遣劳动者。这就是说，劳务派遣单位只能向与本单位没有直接或间接隶属关系的用工单位派遣劳动者。

（四）劳务派遣单位与用工单位对被派遣劳动者的法定义务

1. 劳务派遣单位对被派遣劳动者的法定义务

劳务派遣单位是《劳动合同法》所称的用人单位，也就是与被派遣的劳动者建立劳动关系的另一方主体，因而应当承担用人单位对劳动者的全部义务，这是确立劳务派遣单位对被派遣劳动者法定义务的一般原则。不过，由于劳务派遣用工形式与一般用工形式之间存在着明显的区别，故《劳动合同法》就劳务派遣单位对被派遣劳动者的法定义务问题也作了一些特别规定。这些规定包括：①劳务派遣单位应当将劳务派遣协议的内容告知被派遣的劳动者；②劳务派遣单位不得克扣用工单位按照劳务派遣协议支付给被派遣劳动者的劳动报酬；③劳务派遣单位不得向被派遣劳动者收取费用；④跨地区派遣劳动力时，劳务派遣单位应当保障被派遣劳动者享有的劳动报酬、劳动条件符合用工单位所在地规定的标准；⑤劳务派遣单位应当保障被派遣劳动者依法参加或组织工会的权利；⑥在被派遣劳动者的合法权益遭受损害时，劳务派遣单位与用工单位对劳动者承担连带责任。

2. 用工单位对派遣劳动者的法定义务

用工单位是指在劳务派遣这种特殊的用工方式中，不与劳动者订立劳动合同，但却管理、指挥由派遣单位派遣来的劳动者从事劳动的单位。劳务派遣单位赖以生存的前提是用工单位有劳务派遣的需求，而用工单位的用工需求，既可以通过劳务派遣方式满足，也可以通过直接招用劳动者来满足，因此，在劳务派遣单位与用工单位的关系中，用工单位处于主导地位。为了使劳务派遣能真正按照既符合用工单位与劳务派遣单位的利益，又符合被派遣的劳动者利益与社会利益的方向发展，《劳动合同法》规定了用工单位对被派遣的劳动者应当承担的义务。这些义务是：①执行国家劳动标准，提供相应的劳动条件和劳动保护；②告知被派遣劳动者的工作要求和劳动报酬；③支付加班费、绩效奖金，提供与工作岗位相关的福利待遇；④对在岗被派遣劳动者进行工作岗位所必需的培训；⑤连续用工的，实行正常的工资调整机制；⑥不得将被派遣劳动者再派遣到其他用人单位；⑦保障被派遣的劳动者享有与用工单位招用的劳动者同工同酬的权利；⑧保障被派遣劳动者依法参加或组织工会的权利；⑨在被派遣劳动者的合法权益遭受损害时，用工单位与劳务派遣单位对劳动者承担连带责任。

二、非全日制用工

（一）非全日制用工的概念

非全日制用工是相对于传统的全日制用工的一种用工方式，它与通常意义上的全日制用工的最主要区别在于非全日制用工的工作时间较短，以小时计取报酬。按照《国务院关于职工工作时间的规定》，全日制劳动者应当每日工作 8 小时，每周工作 40 小时。而非全日制劳动者在同一用人单位平均每日工作时间不超过 4 小时，每周工作时间不超过 24 小时。非全日制劳动者的劳动报酬以小时计酬为主，而通常意义上的全日制劳动者的劳动报酬既可以是计时工资，也可以是计件工资。非全日制用工，是全日制用工的一种补充。随着社会经济的不断发展，产业结构的调整，劳动者中一方面出现了一定数量的下岗失业工人、农村进城务工人员、知识技能较低且主要靠体力劳动赚取报酬的人员；另一方面也出现了一些掌握特有技能或专长的专业技术人员，靠自己的知识为用人单位解决专业问题，并依此来获取收益、维持生计。非全日制用工方式有效地克服了全日制用工方式较为僵硬与呆板的缺陷，充分满足了双方当事人的实际需求。对用人单位来讲，此种方式既降低了用工成本，又解决了生产的急需；对劳动者而言，既可以增加收入，又可以根据自身特点作出灵活多样的选择，从而充分调动了劳动者的积极性。

（二）非全日制用工劳动合同的形式

我国《劳动合同法》第六十九条规定，非全日制用工的双方当事人可以订立口头合同。也就是说，非全日制用工的双方当事人既可以订立书面协议，也可以订立口头协议。该条还规定，从事非全日制用工的劳动者可以与一个或一个以上的用人单位订立劳动合同，即允许从事非全日制用工的劳动者建立双重或多重劳动关系。《劳动合同法》第七十条又规定，非全日制用工形式不得约定试用期。法律禁止非全日制用工约定试用期的理由在于：①从事非全日制用工的劳动者，一般都是靠体力或智力赚取劳动报酬，而且劳动时间较短。劳动者的技能及用人单位的需求双方一目了然，无须经过试用期的培训、考察、试用等环节再正式确立劳动关系。②非全日制用工的劳动合同关系一般没有期限，劳动关系处于一种不稳定的状态，任何一方当事人都可以随时通知对方解除合同，故而也没有必要约定试用期。

（三）非全日制用工劳动报酬的支付

非全日制用工劳动者的工资可以按照小时、日、周计酬。我国《劳动合同法》第七十二条规定："非全日制用工小时计酬标准不得低于用人单位所在地人民政府规定的最低小时工资标准。"其中，小时最低工资标准由省、自治区、直辖市规定，并报劳动保障部备案。确定和调整小时最低工资标准应当综合参考以下因素：当地政府颁布的月最低工资标准；单位应缴纳的基本养老保险费和基本医疗保险费（当地政府颁布的月最低工资标准未包含个人缴纳社会保险费因素的，还应考虑个人应缴纳的社会保险费）。为了保障非全日制劳动者能够足额、及时获取劳动报酬，《劳动合同法》第七十二条第二款规定："非全日制用工劳动报酬结算支付周期最长不得超过 15 日。"

（四）非全日制用工劳动合同的终止

我国《劳动合同法》第七十一条规定："非全日制用工双方当事人任何一方都可以随时通知对方终止用工。终止用工，用人单位不向劳动者支付经济补偿。"其中，通知可以采取书面形式，也可以采取口头形式。法律如此规定主要是考虑到非全日制用工的突出特点就是它的灵活性，要求过多会限制这一用工形式的发展。为了更好地利用非全日制用工的灵活性，促进就业与劳务资源的优化配置，法律对其作了比全日制用工更为宽松的规定。

这一规定也是对非全日制用工不得约定试用期的一种有效救济。对用人单位来说，不得约定试用期就意味着其不能以劳动者在试用期内被证明不符合录用条件为由而与之解除合同；而依据该条规定，用人单位就可以在没有试用期的情形下随时解雇不符合录用条件的劳动者。同样，该条规定也减轻了对劳动者的束缚，为劳动者解除合同提供了极大便利。在建立非全日制劳动关系后，劳动者也不再需要按照我国《劳动合同法》第三十七条的规定提前 30 日以书面形式通知用人单位，而可以随时以书面或口头的形式提出终止用工关系。

案 例 分 析

【案情】范某从某石油大学毕业后被分配到某石油开发集团公司勘探处工作。1990年，范某为解决夫妻两地分居问题，向公司领导提出申请，请求将其妻子调入公司后勤处工作。公司领导考虑到范某工作积极、认真，是技术骨干，便答应了他的要求。2000年3月27日，范某与公司原订的劳动合同期限届满，范某不愿再续签劳动合同，申请调往外地工作。但单位总经理吴某拿出一份"夫妻同进同出"文件指出：范某若不续订劳动合同，则提前终止其妻子的劳动合同。而且如不调走，范某还必须与单位续签合同10年，否则按文件执行：停止工作，退出住房。范某虽然续签了劳动合同，但感觉很不公平，遂向当地劳动争议仲裁委员会要求仲裁，仲裁认定续订的劳动合同无效。（案例来源：蒋勇. 典型劳动争议案例. 北京：法律出版社，2000. 80. ）

【问题】

1. 范某与某石油开发集团公司续订的劳动合同是否有效？

2. 某石油开发公司解除范某妻子劳动合同的行为有无法律依据？

【解析】本案是一个典型的以胁迫手段订立劳动合同而无效的例子。所谓胁迫，是指向对方当事人施加危害，使其发生恐惧，并且基于恐惧而为一定意思表示的行为。胁迫的构成，一是需要胁迫人有胁迫的故意；二是需要胁迫人有胁迫行为；三是需要受胁迫人因胁迫而发生恐惧；四是需要受胁迫人因恐惧而为意思表示。本案中，公司在范某要求调离的情况下，以提前终止其妻子的劳动合同相威胁，使范某因此而发生恐惧，并基于此种恐惧而与公司续订劳动合同，因而完全符合胁迫的构成要件。我国《劳动合同法》第二十六条第一款规定，以欺诈、胁迫的手段或者乘人之危，使对方在违背其真实意思的情况下订立的劳动合同无效。据此，应当认定范某与公司续订的劳动合同无效。同时，范某与其妻子是不同的劳动关系主体，两者之间不能相互影响。在范某请求调离的情况下，公司提前终止其妻子劳动合同的行为是没有法律根据的。

第五章　集体合同

第一节　集体合同概述

一、集体合同的概念及其与劳动合同的区别

（一）集体合同的概念

集体合同，又称团体协约、集体协议或劳资和约，是劳动者通过自己的组织或代表与相应的雇主、雇主组织或代表进行谈判，就劳动者的劳动条件与劳动待遇达成的书面协议。国际劳工组织在《关于团体协约的建议书》中将集体合同界定为："个别或多数雇主或雇主团体，与代表工人的团体或者由工人依照国家法令选举并授权的代表缔结的关于规定工作条件及雇佣条件的书面契约。"我国《劳动法》第三十三条规定，企业职工一方与企业可以就劳动报酬、工作时间、休息休假、劳动安全卫生、保险福利等事项签订集体合同。

集体合同所确立的是集体劳动关系。所谓集体劳动关系，顾名思义，其社会关系主体必然为组织或团体。集体劳动关系是与个别劳动关系相对应的概念。个别劳动关系是某一劳动者与用人单位之间形成的，其内容也由该劳动者与用人单位通过订立劳动合同加以确定；而集体劳动关系只能通过劳动者的共同代表与雇主或雇主代表通过缔结集体合同的方式形成，它体现的是包括企业、地区、行业乃至全国等不同层面的劳动者的团体意志与团体利益，故而集体合同制度实际上是调整集体劳动关系的法律制度。

（二）集体合同与劳动合同的区别

集体合同与劳动合同有如下区别：①合同的主体不同。集体合同的一方当事人是用人单位，另一方必须是职工自愿结合而成的工会或职工推举的代表，劳动者个人一般不能单独同用人单位签订集体合同；而劳动合同的一方当事人是用人单位，另一方通常是劳动者个人。②合同的内容不同。集体合同规定的是劳动者集体享有的劳动条件、工作时间、劳动报酬、福利待遇等，明确有关用人单位的整体性措施；劳动合同则仅限于规定劳动者个人和用人单位之间的权利义务。③合同的适用范围不同。集体合同适用于用人单位的全体劳动者，即一份集体合同适用于用人单位的每一名劳动者；劳动合同则只适用于劳动者个人，对用人单位的其他劳动者没有约束力。④合同的效力不同。集体合

同的法律效力高于劳动合同的法律效力，它是企业订立劳动合同的重要依据，劳动合同所确立的劳动标准不得低于集体合同的规定。劳动合同与集体合同的基准条款不一致时，应以集体合同规定的条款为准。

二、集体合同制度的产生和发展

(一) 国外集体合同制度的产生和发展

现代意义的集体合同制度出现于 18 世纪的英美等国。蓬勃兴起的工业革命加速了资本主义的发展，同时也壮大了产业工人的队伍，恶化了劳动者的工作条件。由于劳资双方的地位悬殊，劳动者不得不自发联合起来，发挥集体的力量，采取集体行动，以维护自己的权益。早在 18 世纪末，英国便出现了工人团体与雇主经过谈判签订集体合同、决定劳动条件的现象。到 19 世纪 50 年代，集体合同在许多行业中发展起来，1850 年，英国的纺织、矿山、炼铁业的工会与雇主之间经过谈判达成了一系列协议。其后，工资标准等方面的集体合同逐渐增多，适用范围逐渐扩大。据英国商务院的调查报告，当年英国签订的集体合同多达 1 696 件。

集体合同的发展经历了一个曲折的历史过程。由于集体合同制度与工会制度结伴而生、同步发展，所以集体谈判、集体合同制度如同工会制度一样，历经了禁止、放任与保护三个阶段。[①] 在资本主义发展初期，由于资本家的强势地位，加之对自由竞争理念的无限崇尚，各国政府严厉禁止工人结社，对组建工会者处以刑罚，对集体行动追究民事赔偿责任，集体谈判、集体合同自然也在禁止之列。英国议会于 1799—1800 年通过了《禁止结社法》。后来，由于工人运动持续高涨，对工人结社的禁止性规定也相继取消，工会发展进入放任阶段。这一时期，集体合同大量出现，但集体合同都是"君子协定"，并不具有法律效力，法院也不受理集体合同的案件。自 20 世纪初开始，集体合同进入法制化阶段。1904 年，新西兰颁布了最早的集体合同法律；1907 年，奥地利和荷兰也相继制定了有关集体合同的法律制度；1911 年瑞士颁布的《债务法》中也有关于集体合同的规定。

第一次世界大战以后，世界各国开始了集体合同的单行立法。德国在 1918 年底颁布了《集体合同、劳工及使用人委员会和劳动争议仲裁法》，1921 年 4 月又颁布了《集体合同法》，后又把该法纳入德国统一劳动法之中。1919 年，法国制定了集体合同特别法，以后也将其纳入劳动法典中。此后，芬兰在 1924 年制定了集体合同法；瑞士在 1928 年颁布了集体合同法；美国于 1935 年颁布的《国家劳资关系法》也对集体合同的内容作了专门规定。

第二次世界大战后，集体谈判与集体合同得到了更大的发展，许多获得民族独立的第三世界国家先后确立了本国的团体协约制度，英、美、法、德等发达国家也相继修改完善自己的团体协约法。国际劳工组织非常重视集体谈判和集体合同制度，于 1949 年通过了《组织权利和集体谈判权利公约》，1951 年制定了《集体合同建议书》，1981 年通

---

① 劳动和社会保障部. 中华人民共和国劳动合同法讲座. 北京：中国劳动社会保障出版社，2007. 128.

过《促进集体谈判公约》并制定了相应的建议书。目前，世界上实行市场经济的国家都在运用集体谈判的手段，都有关于集体合同的法律。集体合同已成为市场经济发达的国家调整劳资关系的重要手段之一。①

（二）我国集体合同制度的发展

比较来说，集体合同制度在我国的出现还是比较早的。1924年，孙中山就以大元帅令的方式公布了《工会条例》，确认工人有组织工会的权利，工会有权与雇主或雇主组织缔结团体协约。1930年，国民党政府又颁布了《团体协约法》，这是中国历史上第一部专门的集体合同法，在我国劳动法史上具有开创性意义。中国共产党在成立之初就十分重视利用集体合同制度来维护工人阶级的利益。1922年7月，中国共产党第二次全国代表大会通过的《关于"工会运动与共产党"的决议案》，将"订立团体契约"作为工会最重要的任务之一。此后，中国共产党领导的一系列工人运动对国民党政府进行工会立法和集体合同立法产生了巨大的推动作用。中国共产党建立革命根据地之后，开始在苏区全面推行集体合同制度。1931年11月，中华苏维埃共和国政府发布的《中华苏维埃共和国劳动法》对集体合同的定义、内容、效力等问题作了明确规定，该法在1933年10月修订之后又将集体合同专门设定为一章。抗日战争和解放战争期间，各抗日根据地和解放区也普遍实行集体合同制度。

新中国成立前夕，中国人民政治协商会议第一次会议通过的具有临时宪法性质的《共同纲领》规定："私人经营的企业，为实现劳资两利的原则，应由工会代表工人职员与资方订立集体合同。"1950年6月，中央人民政府委员会通过的《中华人民共和国工会法》又规定"在国营及合作社经营的企业中，工会有代表受雇工人、职员群众参加生产管理并与行政方面缔结集体合同之权"，在私营企业中，工会有代表"受雇工人、职员群众与资方进行交涉、谈判、参加劳资协商会议并与资方缔结集体合同之权"。我国在1956年完成社会主义改造以后，受计划经济体制的束缚与影响，集体合同制度在我国逐渐销声匿迹。

改革开放以后，我国的集体合同制度又得到恢复。1979年，中国工会首先倡议恢复集体合同制度。1986年，国务院发布的《全民所有制工业企业职工代表大会条例》规定，在职工代表大会上，可以由厂长代表行政、工会主席代表职工签订集体合同。1992年，第七届全国人民代表大会通过的新的《中华人民共和国工会法》进一步规定："工会可以代表职工与企业单位行政方面签订集体合同。集体合同草案应当提交职工代表大会或者全体职工讨论通过。"1995年1月1日开始实施的《中华人民共和国劳动法》又设4条对集体合同的内容、订立程序、效力及争议处理作了简明扼要的规定。1994年12月5日，劳动部发布了《集体合同规定》，其作为《劳动法》的配套性规章，更为详尽地规定了集体合同的签订、审查和争议处理等问题。为了克服实践中存在的集体合同流于形式的现象，2004年劳动部又发布了新的《集体合同规定》，在内容、适用范围、协商代表的组成及保护、集体合同的效力、争议的协调处理等诸多方面对原《集体合同规

① 杨淑霞. 论政府在集体合同中的作用. 法律科学—西北政法学院学报，1996（4）：26~30.

定》进行了修订、充实与完善。2008 年 1 月 1 日开始实施的《劳动合同法》又在种类及违约处理等方面对集体合同增加了若干新的规定。这些法律与规章共同构成了我国集体合同的法源体系，是我国现阶段调整集体劳动关系的主要依据。

三、集体合同的功能

集体合同之所以能盛行于现代各国，并且在劳动法律体系中处于与劳动合同并重甚至比劳动合同制度更为重要的地位，是因为在保护劳动者利益和协调劳动关系方面，集体合同具有不可取代的功能。

（一）集体合同有利于劳动者劳动条件的改善与劳动待遇的提高

集体合同是通过集体谈判签订的。集体谈判是指劳动者团体同雇主或雇主团体之间，为在劳动条件的改善和劳动关系的处理等方面达成一致，而依照特定程序进行的讨价还价行为。作为一种解决劳资冲突的法律机制，集体谈判的直接目的是为了达成集体合同，并通过集体合同来确定劳动者的劳动条件和劳动待遇，终极目的则是为了在保障劳动者法定权益实现的基础上，不断提高劳工福祉和扩张劳工利益。[1] 当然，劳动者劳动条件的改善与劳动待遇的提高应当与社会经济发展保持同步。法律规定集体合同的期限为 1～3 年，实际上就是为劳资双方定期更新集体合同的内容提供可能与机会，使他们能够依据变化了的客观经济形势重新确定集体的劳动条件与劳动待遇，使劳动者群体能够正常分享社会发展的成果与雇主的工业利润。

（二）集体合同可以弥补劳动立法的不足

劳动法所规定的关于劳动者利益的标准属于最低标准，按此标准对劳动者利益进行保护只是法律所要求的最低水平，而立法意图并不是希望对劳动者利益的保护只停留在最低水平上。但对劳动者能否获得高于法定最低标准的利益，却是劳动立法力所不及的。通过集体合同，可以对劳动者利益作出高于法定最低标准的约定，从而使劳动者利益保护的水平能够实际高于法定最低标准。此外，劳动法关于劳动者利益和劳动关系协调规则的规定，有许多是粗线条、原则性的规定，并且相对于丰富复杂的劳动关系而言，难免有所疏漏。通过集体合同，可以在一定范围内就劳动利益和劳动关系协调的共性问题作出约定，从而更具体地规范劳动关系，对劳动立法起到补充作用。从世界劳动立法的发展趋势来看，劳动立法与集体合同制度之间存在着此消彼长的关系。"假如集体谈判制度能够有效合理规范劳资问题，保护立法可相对减少。反之，假如集体谈判制度根本未能建立或名存实亡，则将多赖国家立法以保护劳工利益"。[2]

（三）集体合同可以弥补劳动合同的不足

劳动者之间因各自实力不同而在面对用人单位时表现出不同的缔约谈判能力，仅以

---

① 张在范. 集体谈判的生成与劳动法制的转型. 河南社会科学, 2007 (6): 77～79.
② 黄越钦. 劳动法新论. 北京: 中国政法大学出版社, 2003. 259.

劳动合同来确立劳动者的权利和义务难免会产生劳动歧视，出现劳动者之间同工不同酬的现象。首先，通过集体合同，可以确保在一定范围内劳动者所享有的权利和义务的相对公平。其次，劳动合同只涉及劳动者的个人利益，而不涉及职工的整体利益。这样一来，有关劳动者整体利益的问题，如企业工资水平的确定、劳动条件的改善、集体福利的提高等只有通过集体合同才能加以解决。再次，劳动关系的内容涉及方方面面，如果事无巨细均由劳动合同规定，那么，每份劳动合同都将成为一本具有相当篇幅的小册子，订立一份劳动合同将成为一件很不容易的事情。通过集体合同对劳动关系的内容进行全面规定之后，劳动合同只需就单个劳动者的特殊情况作出规定即可，这样就会大大简化劳动合同的内容，也会显著降低劳动合同的缔结成本。[1] 由于集体合同对劳动合同具有上述作用，集体合同被认为是劳动合同的"母合同"。

（四）集体合同有助于促进劳资平等，实现劳资和谐

集体合同的一方主体是劳动者团体，另一方主体是一个雇主或行业性、地方性与全国性的雇主团体。劳动者组成工会，以团体姿态同雇主或雇主组织进行谈判，表明过去那种资强劳弱的格局已经改变，劳动者群体已经在事实上同雇主平起平坐。劳动条件已经不再由雇主单方垄断与决定，而是由劳动者代表与雇主通过民主协商的方式共同决定。如此一来，雇主在劳动关系中的行为就受到约束，在劳资双方力量失衡的状态下出现的强者欺凌、压迫弱者等现象也得以避免与缓解，从而有效地减少了劳资之间的冲突，增进了劳资之间的和谐。从世界范围看，凡是实行集体谈判与集体合同制度的国家，劳资对抗不升反降，工会不再对资方实行对抗主义，而资方同样不再消极地对待工会。因此，集体合同的推行，有利于创建劳资合作的氛围，避免巨大的社会危机。[2]

第二节 集体合同的订立

一、集体合同订立的主体

集体合同订立的主体，即集体合同的签订人，是指参加集体合同签订的双方当事人，它包括职工方的签订人和用人单位的签订人。集体合同订立主体问题的实质是确认参加集体谈判的代表资格。一般而言，对雇主或雇主协会参与谈判的代表资格的确认较为容易，而对工会参与谈判的代表资格的确认则相对复杂。[3] 在工会组织体系采用一元化模式的国家，各级工会组织依法成立具有集体合同订约人的资格，而在工会组织体系采用多元化模式的国家，各级工会组织只有当其会员数额在一定范围内占劳动者数额的

---

① 王全兴. 劳动法. 北京：法律出版社，2004. 163.

② 郑尚元. 劳动法学. 北京：中国政法大学出版社，2004. 140.

③ 关怀，林嘉. 劳动法. 北京：中国人民大学出版社，2006. 179.

比例达到法定标准（一般不少于半数）时，才有资格作为该范围内全体劳动者的代表而成为集体合同的订约主体。有的国家还规定，工会组织的代表资格，必须经政府以法定方式确认，如发给证明书。此外，对没有建立工会组织的企业，均许可由职工推举的代表充当订约人。

我国《集体合同规定》第十九条规定，本规定所称集体协商代表，是指按照法定程序产生并有权代表本方利益进行集体协商的人员；集体协商双方的代表人数应当均等，每方至少3人，并各确定1名首席代表。第二十条规定，职工一方的协商代表由本单位工会选派；未建立工会的，由本单位职工民主选举产生，并经本单位半数以上职工的同意。职工一方的首席代表由本单位工会主席担任，工会主席也可以书面委托其他协商代表代理首席代表；工会主席空缺的，首席代表由工会主要负责人担任；未建立工会的，职工一方的首席代表从协商代表中民主推荐产生。第二十一条规定，用人单位一方的代表由用人单位法定代表人指派，首席代表由单位法定代表人担任或由其书面委托的其他管理人员担任。第二十三条规定，集体协商的首席代表可以书面委托本单位以外的专业人士作为本方协商代表；委托人数不得超过本方代表的三分之一；首席代表不得由非本单位人士代理。第二十四条规定，用人单位的代表与职工协商代表不得相互兼任。

二、集体合同订立的原则

为了保障集体合同的订立顺利进行，并使集体协商的结果有利于缔约双方，我国《集体合同规定》第五条明确提出了集体协商应当遵循的5项原则：①合法原则，即签订集体合同的主体、内容和程序都必须符合法律、法规的规定，尤其是不得违反国家劳动基准法的规定。集体合同只有遵循合法原则订立，才能为国家所承认，并得到国家法律的保护。②平等与尊重原则，即协商双方代表要相互尊重、平等协商，任何一方都不得强迫对方接受自己的要求，或无理拒绝另一方提出的协商要求。在协商过程中，各方要以平等与尊重的态度对待对方。③诚信与合作原则，即协商双方要做到诚实守信、相互合作。对于协商过程中各项工作要相互配合，向对方提供的关于协商议题的信息与资料要真实可靠，各方都以诚信的态度进行各项协商工作，不得有欺诈行为。④公平与兼顾原则，即协商双方要考虑利益公平，合理满足双方期待，不可片面追求单方利益。对于协商议题，从公平原则出发，寻求有利于双方的解决方案。⑤和平原则，即协商双方代表及其成员，在协商过程中要保持宽容与忍耐。在双方意见发生分歧导致协商难以进行时，要冷静与理智地处理，不可采取过激行为，激化双方矛盾。

三、集体合同订立的程序

集体合同订立的程序，是指集体合同从协商到成立生效的过程。一般而言，集体合同的签订都必须经过以下程序：

（一）制定集体合同草案

集体协商的代表产生后，即应按照双方约定的时间与地点就集体合同草案的内容展开磋商与谈判。集体合同的草案既可由一方代表提出，然后在双方充分讨论的基础上形成，也可由双方代表组成起草委员会共同拟订集体合同草案。在西方，集体合同草案一般由发起谈判的一方先行提出。一般而言，工会出于维护劳动者群体利益的需求和实现劳动福祉的愿望，在集体谈判过程中往往乐于充当发起人的角色，主动提出谈判的要求和集体合同的内容。而在双方共同起草集体合同时，起草委员会或起草小组应当深入进行调查研究，广泛征求各方面的意见，并在此基础上确定集体合同的草案。

（二）审议

集体合同草案文本应提交职工代表大会或职工大会审议。企业设有职工代表大会的，由职工代表大会审议集体合同草案。在审议时，首先由企业经营者和工会主席分别就协议草案的产生过程、依据及涉及的主要内容作出说明，然后由职工代表大会代表对协议草案文本进行讨论，并作出审议决定。没有设立职工代表大会的企业，集体合同草案应当交全体职工审议。《集体合同规定》第三十六条规定，经双方协商代表协商一致的集体合同草案或专项集体合同草案应当提交职工代表大会或者全体职工讨论。职工代表大会或全体职工讨论集体合同草案或专项集体合同草案，应当有三分之二以上职工代表或者职工出席，且须经全体职工代表半数以上或者全体职工半数以上同意，集体合同草案或专项集体合同草案方可通过。

（三）签字

集体合同草案经职工代表大会或职工大会审议通过后，应由双方首席代表签字。集体合同作为一种法律制度，具有以国家强制力保证其实施的性质，合同成立是实施的前提，而集体合同必须由双方代表签字方能表明当事人合意的形成。

（四）审查

集体合同是要式合同，大多数国家都规定集体合同必须是书面的，并必须经行政部门审查登记方能生效。例如，法国《劳动法典》第132—1条规定，法国的集体合同必须以书面形式订立，否则无效；签订后必须公布于众，并分别向省劳动事务厅和当地劳资委员会提供5份和1份。有的国家虽然规定集体合同必须是书面的，并向行政机关登记，但同时强调登记并不是集体合同的生效要件，韩国《工会及调整法》第三十一条第二款规定，团体协约的当事人在团体协约签订之日起以当事人双方名义向行政机关申报备案。法律如此规定的目的是通过政府的确认来监督和指导集体合同的订立，从而确保集体合同内容的公平、合法、完备。我国《集体合同规定》对集体合同的审查备案也作了具体的规定，包括：①双方首席代表签字之日起的10日内，由用人单位一方将文本1式3份报送劳动保障行政部门审查；②若劳动保障行政部门对该集体合同有异议，则于15日内将《审查意见书》送双方协商代表，由双方协商代表对集体合同重新进行修订；③若劳动保障行政部门对该集体合同无异议，则自送达之日起的15日后即行生效。

（五）公布

集体合同一经生效，企业与劳方代表应及时向全体职工公布。《集体合同规定》第四十八条规定，生效的集体合同或专项集体合同，应当自其生效之日起由协商代表及时以适当的形式向本方全体人员公布。

四、不当劳动行为的法律规制

（一）不当劳动行为的概念

不当劳动行为，又称不公正劳动行为或不公正劳工措施。作为一种劳动法律概念，不当劳动行为是将商法上为维持自由竞争的关于不正当竞争或不当商业习惯的原理适用于劳动关系而形成的，其含义"最初是指雇主凭借其经济上的优势地位，以违反劳动法律原则的手段来对抗工会的措施或行为"。① 集体协商是工会或劳动者代表与雇主或雇主团体之间的互动过程。工会发起谈判的目的在于维护或不断扩张劳动者群体的利益，这有可能直接影响与减损雇主的工业利润，遭到雇主的抵制与反对，从而引发雇主的不当劳动行为。不当劳动行为法律制度是劳动者行使集体劳动权的保障措施，也是市场经济条件下劳动法律体系不可或缺的构成部分。该法律制度在国外立法上已有 70 年的历史，但在我国目前的劳动法律中则很少提及。我国应适当借鉴国外在这方面行之有效的立法案例，适时进行不当劳动行为立法，以确保集体协商的顺利进行，逐渐缩小我国劳动法律与社会主义市场经济发展要求之间的距离。

（二）不当劳动行为的类型

雇主的不当劳动行为主要有以下三方面的表现：

1．差别待遇

差别待遇即雇主因劳动者是工会会员，或者因参加或组织工会或从事正当的工会活动，而对其采取解雇或其他不利之待遇，或相反将不得加入工会或必须放弃工会会籍作为雇佣工人的条件。《国际劳工公约》将差别待遇规定为："由于工人加入了工会或者在业余时间或经雇主许可在工作时间参加了工会活动而将其解雇，或以其他手段予以打击。"差别待遇是雇主侵害或打击工会活动的最常见的手段，对工会组织的活动危害最大。作为雇员的劳动者，往往惧于失业或其他个人的经济损失而远离工会，因而雇主对工会组织所采取的这种釜底抽薪的手段也往往能够奏效。

2．控制干涉工会

控制干涉工会主要是指雇主控制或干涉工会组织的成立或活动。雇主控制干涉工会主要有以下三个方面：①对于成立工会的控制干涉。这种干涉一般表现为以下两个步骤。首先是阻挠工会的成立；其次，若此计不成，便公开或暗中指派自己的亲信出面组织"工会"，即组织所谓的"老板工会"。②对于工会活动的控制干涉。即操纵工会选举或人事安排，让自己的亲信或对自己威胁不大的人出任工会领导或重要工会职务，或对工会的活动内容予以控制干涉，如将工会的活动限制在促进企业生产、支持企业管理或只是一般的娱乐交谊的范围内，而对于工会向企业争取劳动者权益的活动则极力压制或

---

① 常凯．论不当劳动行为立法．中国社会科学，2000（5）：71～82．

禁止，特别是控制集体谈判，使工会方面按照资方的要求提出集体合同方案或接受资方的方案。③对于工会财政的支援和介入。主要表现为雇主通过对工会的经费或其他物质方面的支持而达到控制工会的目的。但对雇主捐助的福利、卫生、救济等方面的基金，雇主提供给工会的办公场所等则是被允许的。

3. 拒绝谈判

拒绝谈判是雇主对工会进行直接的不当劳动行为，主要表现为雇主对集体谈判的不作为。由于集体谈判是市场经济下工会的基本活动内容和活动手段，雇主的这种不作为使得工会活动无法实施。对此，日本法律明确规定，雇主无正当理由拒绝同其所雇佣的劳动者代表进行集体谈判为不当劳动行为。在日本，作为工会集体谈判的对手，雇主方面负有"回应谈判义务"和"诚实谈判义务"。前者是指在工会提出集体谈判的请求时，雇主无正当理由不得拒绝；后者是指雇主不得借故刁难、妨碍或中止谈判。我国《集体合同规定》第三十二条也规定，一方提出进行集体协商要求时，另一方应当在收到集体协商要求之日起 20 日内以书面形式给予回应，无正当理由不得拒绝进行集体协商。

（三）不当劳动行为的救济

不当劳动行为的救济一般有行政救济和司法救济两种类型。

行政救济是指通过国家行政机关对不当劳动行为进行规制的措施。美国对不当劳动行为的行政救济机关为联邦仲裁与调解局。在日本，不当劳动行为行政救济的机构为劳动委员会。劳动委员会是一个准司法的行政委员会，其职能和权限主要是对劳动争议进行斡旋、调停、仲裁和对不当劳动行为进行审查、救济。日本不当劳动行为的行政救济程序分为初审和再审两个阶段。初审阶段包括救济申请、调查、建议和解、审问及合议、发布救济命令或驳回命令等程序；再审阶段的主要程序与初审阶段相同，但中央劳动委员会可根据初审记录及再审申请等文件不经审问直接发布命令。中央劳动委员会对于地方劳动委员会的命令，有取消、承认或改变的全部权限，也可对不服该命令之申请予以驳回。救济命令由劳动委员会根据事实并考虑劳动关系将来的稳定而作出。大致可以分成两类，一类是要求中止不当劳动行为的停止命令，另一类是要求恢复原状的复归命令。

司法救济是由司法机关对不当劳动行为进行规制的方式。日本不当劳动行为的司法救济，是指不当劳动行为的被侵害者直接向法院提起违法行为无效确认，或损害赔偿，或要求对方一定作为或不作为的给付之诉。一般来说，日本不当劳动行为的行政救济属于第一次权利救济，也是最主要的救济；而司法救济则属于补充第一次救济不足的第二次救济。美国是以司法救济为主的国家。美国的联邦仲裁与调解局虽然有权对当事人的纠纷进行干预，但该局的命令并不具有强制执行的效力，必须向特定的上诉法院申请强制执行命令。不服一审法院裁决的当事人，可以向上诉法院请求对该命令进行复审。①

---

① 常凯. 论不当劳动行为立法. 中国社会科学, 2000 (5)：71~82.

第三节　集体合同的种类、内容与效力

一、集体合同的种类

根据不同的划分标准，集体合同可以分为不同的种类。

1. 以签订集体合同的主体为标准，可分为企业集体合同与行业集体合同

企业集体合同，即由企业工会代表劳动者与企业之间签订的集体合同；行业集体合同，是由行业工会联合会代表劳动者与相应的雇主团体签订的集体合同。

2. 以集体合同内容涉及范围不同为标准，可分为专项集体合同与一揽子集体合同

专项集体合同是指集体合同仅约定工资或其他劳动条件中的某一项标准，或仅约定某一特殊劳动群体的劳动标准，如女职工劳动保护集体合同、学徒工保护集体合同等；一揽子集体合同则约定了工资、工时、劳动保护等主要劳动标准，其内容涉及劳动关系的各个方面。

3. 以集体合同适用地域不同，可分为总括性集体合同与局部性集体合同

总括性集体合同，又称总体合同，即由各产业工会中央机关与相应的雇主团体之间签订的集体合同，适用于全国范围。局部性集体合同，又称地方性集体合同，即由地方产业工会与相应的雇主团体签订的集体合同，适用于该地域范围。

4. 以集体合同内容的疏细为标准，可分为纲领性集体合同与特别集体合同

纲领性集体合同，即集体合同内容只是一个大纲，然后由相应的主体制定实施细则，对集体合同予以补充；而特别集体合同则是在纲领性集体合同签订后，于一定地域或产业范围内，签订的内容具体、详明、时间性强，适用于小范围的集体合同。

5. 以集体合同的期限为标准，可分为定期集体合同与不定期集体合同

当事人在集体合同中约定集体合同期限的为定期集体合同。定期合同的期限各国一般规定最短为 1 年，有的为 3 年，如德国；还有最长为 5 年的，如法国。具体期限可由双方在法定幅度内自由协商确定。期限届满时，双方还可商定延长集体合同的期限，但仍需遵守法律关于合同期限的规定。当事人在集体合同中未约定期限的是不定期集体合同。这种集体合同，双方当事人都有权在给另一方合理期限的通知后予以解除。有的国家，如瑞士规定，不定期集体合同只有在履行 1 年后，双方当事人才有解除的权利。我国目前只规定有定期集体合同，期限为 1～3 年。

二、集体合同的内容

集体合同的内容，是指集体合同中明确规定的双方当事人的权利义务及其他有关问题。在集体合同制度的发展历程中，集体合同最初仅被用来作为确定基本工资的手段。但随着时代的进步和社会价值观的转变，集体谈判的议题不断增多，集体合同的内容也

随之不断扩充。时至今日，虽然工资、工时、工休、劳动保护、社会保障等劳动条件和劳动标准方面的问题仍是集体合同的核心条款，但除此之外，当今世界各国的集体合同又进一步增添了许多新的内容，如劳动者招聘和解聘条件、劳动争议的解决程序等，从集体谈判和集体合同中孕育诞生的"劳资自治"与"劳资共决"的精神也逐步渗透到劳资关系的各个领域。从总的发展趋势来看，集体合同内容的覆盖面愈来愈广，凡在劳动关系中可能发生的问题都可以纳入集体合同，甚至以往被认为是雇主特权的某些问题，如工作场所的纪律、引进新技术、变更管理组织、工作分类、经济性裁员等也成为集体合同的内容。国际劳工组织认为，"集体谈判应该自由解决任何问题，只要各方认为这一问题适合通过谈判来解决"，[1] 这一精神同上述发展趋势十分一致。

集体合同的条款依其性质基本上可以分成三类：①标准性条款。该条款规定单个劳动关系内容的标准，即单个劳动关系当事人双方权利义务的标准，如劳动报酬、工作时间、劳动定额、休息休假、保险福利及劳动安全卫生等方面的标准，它是劳动者和用人单位据以确定劳动合同内容的规范基础，也可直接成为劳动合同内容的组成部分。②目标性条款。该条款规定在集体合同有效期内应当达到的目标和实现该目标的主要措施，通常适用于基层集体合同（企业内部集体合同）。例如，规定建成某项劳动保护工程、增设某项生活福利设施等直接涉及劳动者权益的目标。目标性条款一般不能成为个别劳动合同的内容，仅作为签约方的义务存在。③集体合同的运行条款。该条款规定单个劳动关系和集体合同运行的规则。所谓单个劳动关系的运行规则，主要是职工录用规则、劳动合同续订和变更规则、辞退规则等；集体合同的运行规则主要是集体合同的期限以及关于集体合同的履行、解释、续订、变更、解除、违约争议处理等方面的规则。这类条款在立法不完备的情况下尤为重要。

从世界各国关于集体合同内容的法律规定来看，大致有两种情形：①立法上不作规定，集体合同的内容完全由签约双方商定，如美国、日本。②仅对集体合同的内容提出原则性的要求，如法国《劳动法典》法律篇第 132—4 条提出，集体合同在内容上可以规定比现行法律、法规更加有利于劳动者的条款，但不得违反现行法律、法规中有关"公共秩序"的规定。集体合同规定优于劳动法律、法规的内容被法国宪法委员会认定为"劳动法的一项基本原则"。我国《集体合同规定》第八条列举了集体合同的 15 项内容，涉及工资、工时、休息休假、安全卫生、保险福利、培训、奖惩、裁员等。只要是在合法的前提下，双方平等协商达成的合同条款，即构成集体合同的合法内容，该内容可以是单项的，也可以是多项的。此外，《集体合同规定》还详细列举了上述事项的具体内容，为协商双方提供了详细的协商目标参考。

三、集体合同的效力

集体合同的效力是指集体合同的法律约束力，即集体合同适用于何时、何地及何人。集体合同的效力源于国家法律的确认与保护。国家通过立法确认符合一定条件的集

---

[1] 李德宏. 当前国际上关于集体谈判的有关问题. 劳动争议处理与研究，1997（9）：58~61.

体合同有效，并以国家强制力保障其实施。当事人违反集体合同约定而给对方造成损害时，即应承担相应的法律责任。从各国的有关规定来看，只要集体合同的主体合格、内容合法、程序合法，该集体合同就具有法律效力，受到法律保护。具体来说，集体合同的法律效力主要包括效力范围和效力形式两个方面。

（一）集体合同的效力范围

1. 人的效力

集体合同的人的效力是指集体合同对什么人有约束力。集体合同的当事人是劳动者群体和用人单位，而工会是代表劳动者进行签约的签约主体，因此，集体合同应当对劳动者群体、用人单位及工会都有约束力。需指出的是，由于集体合同的特殊性，这里劳动者的范围应当是：①不仅包括签订集体合同时用人单位的成员，而且还包括集体合同签订之后加入和退出用人单位的劳动者。②既包括同意该集体合同的劳动者，也包括反对它的劳动者。③当用人单位由于某些原因解散后，其成员在集体合同存续期间仍然是集体合同关系人时，将继续受到集体合同的约束。

集体合同对人的约束还体现在它对个别劳动合同的约束力上。我国《劳动合同法》第五十四条规定："依法订立的集体合同对用人单位和劳动者具有约束力。行业性、区域性集体合同对当地本行业、本区域的用人单位和劳动者具有约束力。"该法第五十五条规定："集体合同中劳动报酬和劳动条件等标准不得低于当地政府规定的最低标准；用人单位与劳动者订立的劳动合同中劳动报酬和劳动条件等标准不得低于集体合同规定的标准。"这就要求企业与工会组织及其全体职工要严格遵守合同规定的条款，全面落实集体合同中规定的各项措施和指标，特别是对其中的标准性条款，要在合同有效期限内真正贯彻到劳动合同的订立与履行过程中，确保职工劳动权利的实现不低于集体合同中所规定的标准。

2. 时间效力

集体合同的时间效力是指集体合同在多长的时间内具有约束力，即集体合同效力的存续期间。它依法由集体合同自主规定。其表现形式有以下三种类型：①当期效力，即集体合同在其存续期限内具有约束力。其生效时间，有的国家规定为集体合同经审查合格之日，有的国家则规定为双方在合同上签字盖章之日；其失效时间一般为定期合同的约定期满或依法解除之日或终止条件具备之日。②溯及效力，即集体合同可追溯适用在其生效前已经订立的劳动合同。集体合同一般不具有溯及效力，但某些国家规定，当事人如有特别理由，并经合同管理机关认可，允许其具有溯及效力。③余后效力，即集体合同终止后，对依其订立并仍然存续的劳动合同具有约束力。为了避免时间上出现脱节现象，有的国家规定，集体合同终止后，在取代它的新集体合同生效前其仍然有效。如未订立新的集体合同，允许原集体合同终止后 1 年内继续有效。上述三种形式中，当期效力是无条件的，溯及效力和余后效力则是有条件的。溯及效力和余后效力有冲突的，新旧集体合同比较，哪个对劳动者更有利，哪个就有约束力。①

---

① 王全兴. 劳动法. 北京：法律出版社，2004. 174.

3. 空间效力

集体合同的空间效力主要包括集体合同的地域和行业适用范围。从地域的角度划分，集体合同包括工厂协约、地方协约和全国协约，它们分别在企业单位内、产业范围内、全国范围内发生效力。其中，工厂协约适用于该用人单位；地方协约适用于地区性或行业性的该地区或行业范围内；全国协约适用于全国范围内。我国《劳动法》第五十四条第二款规定："依法订立的集体合同对用人单位和劳动者具有约束力。行业性、区域性集体合同对当地本行业、本区域的用人单位和劳动者具有约束力。"

（二）集体合同的效力形式

20世纪初，对集体合同的性质问题曾经发生过争论，即它是设定义务的契约还是适用于个人的一般劳动规范。目前，学者关于集体合同性质的观点已渐趋一致，即认同集体合同具有契约性与规范性双重性质。一方面，集体合同是一个双务合同，受到民法有关债事规范的调整；另一方面，它又包含了对集体合同双方成员有约束力的法律规范。因此，集体合同在实质上具有相当于法律的效力。基于这样的认识，理论上一般认为集体合同的效力形式包括规范效力与契约效力两类。

1. 规范效力

集体合同的规范效力，是指集体合同标准性条款和单个劳动关系运行规则对其关系人具有相当于法律规范的效力，即在集体合同效力所及的范围内，包括劳动者和雇主在内的所有关系人，无论是否同意集体合同的相关条款，均应将其作为法律规则加以执行。集体合同的规范效力有以下三个含义：①准法规效力，即集体合同一经生效，就在企业、地区或全国范围内对全体关系人产生法律约束力。在审理案件时，法官完全有权援引集体合同的规定来裁判案件。②不可贬低性效力，即集体合同所规定的标准在其效力范围内是劳动者利益的最低标准，劳动合同中有关劳动者利益的规定，可以高于但不能低于这些标准，若低于此标准就由集体合同的规定取而代之。③补充性效力，即集体合同所规定的标准在一定条件下可以补充劳动合同的内容。具体地说，在集体合同有规定而劳动合同未作规定或虽有规定却被确认无效，集体合同有明确规定而劳动合同的规定不明确的情况下，集体合同的规定就当然被视为劳动合同内容的补充。

2. 契约效力

集体合同的契约效力是指集体合同在目标性条款和集体合同运行规则条款上，为签约人设定了必须履行的义务与权利。这些权利与义务仅对签约人具有约束力。集体合同的契约效力表现为：签约人要践行集体合同中的目标性条款；遵守集体合同的运行规则，承诺工业和平——即在集体合同有效期内不采取罢工、闭厂等过激行为，督促成员履行和平义务，具有合作态度。[1] 受集体合同约束的无论是工会还是企业，如违反集体合同约定的上述条款，都应当承担违约责任。

---

① 关怀，林嘉. 劳动法. 北京：中国人民大学出版社，2006. 189.

第四节 集体合同的履行、变更、解除与终止

一、集体合同的履行

(一) 集体合同的履行原则

集体合同的履行是指集体合同的缔约双方按照约定完成各自的义务。合同的履行是订立合同的目的，也是实现当事人利益的基本途径。因此，许多国家的立法对集体合同的履行都极为重视。在法国《劳动法典》的集体劳动协议篇中，设置了"协议的执行"专章，它规定：受集体劳动协议所约束的受雇人与雇主团体，应当避免做任何可能有害于忠诚执行协议的事情；只要协议本身已作专门规定，他们都应负责执行该协议。

集体合同的履行，应当坚持实际履行、适当履行与协作履行的原则。实际履行的原则要求当事人切实完成合同约定的义务，不能用他种义务的履行代替约定义务的履行，如用人单位不得以发放现金补助的形式代替集体合同中约定的对在岗员工每年进行一次身体健康状况检查的义务等。适当履行是指集体合同的履行主体依照合同的约定，在适当的地点和时间，以适当的方法，全面完成各自承担的义务，这种义务既包括约定义务又包括法定义务。例如，某集体合同规定应对职工发放劳保用品，用人单位在实际执行中发放的却是劣质低价用品。从形式上看，企业是履行了集体合同，但这种做法并不能真正起到安全保护的作用，达不到合同中订立此项条款的目的，也为企业的安全生产埋下了隐患。协作履行的原则是指集体合同双方当事人要本着合作、诚实的态度来履行合同约定的义务。① 在劳动关系中，劳资双方虽有经济上的冲突，但在根本利益上仍然是一致的。企业效益的提升有赖于劳动者积极而诚实的劳动，劳动者福祉的扩张也有赖于企业的持续发展。劳资双方在根本利益上的一致性为集体合同的协作履行奠定了坚实的基础。

在集体合同履行过程中，应针对不同的合同条款采取不同的履行方法。其中，标准性条款的履行，主要是在集体合同有效期内始终按集体合同规定的各项标准签订与履行劳动合同，确保劳动者利益的实现不低于集体合同所规定的标准；目标性条款的履行，要求缔约双方各自将该类条款体现和落实在具体的企业计划和工会工作计划中，制定具体的实施措施，并付诸实践。对于内容不够明确的条款，凡国家法律、法规有明确规定的，应按这些规定执行；凡国家无明确规定的，应当由当事人双方依法重新协商，按新商定的条款履行。

(二) 集体合同履行的监督

集体合同履行的监督是指有关机构依职责对集体合同的执行情况进行检查与督促的

---

① 李国光. 劳动合同法教程. 北京：人民法院出版社，2007. 480.

行为。履行监督是集体合同履行程序中的一个重要的环节。集体合同履行的监督主体有广义和狭义之分。广义上的监督主体包括企业工会、上级工会、企业主管部门、职代会、职工代表、企业代表、劳动行政部门和企业与劳动者联合会等，各国皆不禁止这些主体对集体合同的履行进行监督。狭义上的监督主体，是指具有法定监督权力和监督义务的常规监督机构。在美国，负有常规性监督义务的机构是联邦调解与调停委员会，该机构是根据全国劳资关系法而成立的，若出现集体合同履行不当，该机构可根据申请介入，也可直接对不当履行方进行督促；若出现履行争议，该委员会可督促双方用仲裁方式解决争议。

就我国而言，集体合同履行监督可分为内部监督和外部监督两种。所谓内部监督，是指企业内部的工会、企业行政部门、职代会，或工会与企业共同抽派代表组成的协会对集体合同履行状况进行定期检查。例如，全国总工会就企业工会和职代会对集体合同履行的监督规定了下述要点：①企业工会应当定期组织有关人员对集体合同的履行情况进行监督检查，发现问题后，及时与企业协商解决；②企业工会可以与企业协商建立集体合同履行的联合监督检查制度，定期或不定期地对履行集体合同的情况进行监督检查；③职代会有权对集体合同履行实行民主监督，企业工会应当定期向职代会或全体职工通报集体合同履行情况，组织职代会代表对集体合同的履行情况进行监督。

所谓外部监督，主要是指来自企业或企业工会的上级行政部门或主管部门的监督。由劳动部、全国总工会、国家经贸委和中国企业家协会共同颁布的《关于逐步实行集体协商和集体合同制度的通知》第九条规定："集体合同的条款要兼顾双方的利益，集体合同双方当事人应自觉履行。劳动行政部门、上级工会组织、经贸部门和企业家协会应加强对集体合同履行的监督，发现问题，及时协调处理。"这里所规定的法定集体合同监督部门包括劳动行政部门、上级工会组织、经贸部门和企业家协会。应该指出的是，监督部门的多寡与监督质量并不一定成正比，重要的是权责分明，将监督落到实处。劳动行政部门目前是依申请而实施监督，即通过受理、解决集体合同争议，对集体合同的履行情况进行监督，主要手段包括对集体合同审查、执法检查、处理集体合同争议和追究违约者法律责任。上级工会组织和企业主管部门则既可依申请而监督，也可通过与基层工会和企业配合来进行监督。

二、集体合同的变更与解除

（一）集体合同变更与解除的概念

所谓集体合同的变更，是指双方当事人在集体合同没有履行或虽已开始履行但尚未完全履行之前，因订立集体合同的主客观条件发生变化，依照法律规定的条件与程序，对原合同中的部分条款进行修改、补充的法律行为。所谓集体合同的解除，是指集体合同依法签订后，未履行完毕前，由于某种法律事实的出现导致当事人一方或双方提前终止集体合同的法律效力，停止履行双方权利义务的法律行为。

（二）集体合同变更与解除的条件

依法订立的集体合同具有法律约束力，因此，变更和解除集体合同，必须符合一定的法定条件和程序。集体合同变更与解除的条件是：

1. 当事人协商一致变更或解除集体合同

集体合同的订立是双方当事人协商一致的结果，一经合法订立，集体合同就必须得到实际履行。为了使集体合同的内容更加贴近现实生活，法律允许当事人根据形势的变化在协商一致的基础上变更集体合同；如果认为合同订立的客观基础已经发生了实质性改变，集体合同的履行成为不可能或不必要时，双方也可以协商解除集体合同。我国《集体合同规定》第三十九条规定："双方协商代表协商一致，可以变更或解除集体合同或专项集体合同。"

2. 由于不可抗力而导致集体合同的变更或解除

不可抗力是指当事人难以预见、难以避免、更难以克服的客观情况。发生不可抗力时，允许当事人根据实际情况对集体合同进行变更或解除。有时，由于当事人一方虽无过失但无法防止的外因出现，导致集体合同条款不能履行时，也可比照不可抗力的规定变更与解除集体合同。我国《集体合同规定》第四十条第二款规定，因不可抗力等原因致使集体合同或专项集体合同无法履行或部分无法履行的，可以变更或解除集体合同与专项集体合同。

3. 因双方约定的条件出现而变更或解除集体合同

集体合同签订过程中，基于意思自治原则，双方当事人可以约定当一定的情况发生或条件具备时，双方可以变更和解除集体合同。《集体合同规定》第四十条第三款规定："集体合同或专项集体合同约定的变更或解除条件出现的，可以变更或解除集体合同。"

4. 因国家法律、法规的变化而变更或解除集体合同

国家法律、法规是订立集体合同的重要依据。集体合同签订之后，国家有关法律、法规的变化，特别是国家对劳动基准的调整，有可能导致该合同的内容因违法而无效，因此必须予以变更或解除。

（三）集体合同变更与解除的程序

集体合同的变更与解除除了必须符合一定的条件外，还必须履行一定的法定程序。集体合同变更或解除的程序因变更与解除的条件不同而有所差别。《集体合同规定》第四十一条规定："变更或解除集体合同或专项集体合同适用本规定的集体协商程序。"①双方协商变更或解除集体合同的应适用集体合同的订立程序。即一是由一方当事人提出建议，向对方说明需要变更的条款、变更或解除集体合同的理由等，另一方在集体合同或有关法律规定的期限内作出答复。二是双方协商。如果一方提出变更或解除集体合同的建议后，另一方也有相同的愿望，双方可以就变更或解除集体合同的具体内容和条件进行协商谈判，在此基础上达成一致性的书面协议。三是协议书应提交职工代表大会讨论通过，并报送劳动行政部门，经审查确认后，协议即告成立，原合同或原合同的有关条款即行终止。②单方变更或解除集体合同的程序。一般情况下，当事人一方变更或

解除集体合同是不允许的，但在符合法定的变更或解除集体合同的条件时，如发生不可抗力、国家法律法规的变化等情形，法律仍然允许当事人单方变更或解除集体合同。依法定条件要求变更与解除集体合同的一方当事人应及时通知对方，并向劳动行政部门提出申请，经劳动行政部门审查同意后，即发生集体合同的变更或解除。

三、集体合同的终止

集体合同的终止是指由于某种法律事实的发生导致集体合同所确立的法律关系消灭。集体合同终止的原因主要有：①因集体合同的期限届满而终止。定期集体合同在约定的期限届满时，除依法延长需要继续履行者以外，应立即终止其法律效力。②因集体合同约定的条件出现而终止。集体合同的签约人在订立合同时，约定某一情形的出现为集体合同终止条件的，如某一项目的完成或某一活动的结束等，当该条件成立时，集体合同的法律效力即行终止。③因企业破产而终止。企业发生破产，使集体合同的履行失去了主体和基础，集体合同的存在已经失去意义，只能终止其效力。为充分发挥集体合同对劳动关系的调整功能，有的国家规定：在集体合同终止的情况下，有关当事人应在一定期限内，就新集体合同的签订问题进行接触与商谈，直至签订新的集体合同。

第五节　集体合同争议的法律调控机制

集体合同争议是指劳资双方因集体合同的订立和履行而发生的纠纷，它可以分为利益争议和权利争议两种类型。不同的集体合同争议类型应当适用不同的法律调控机制。

一、劳资双方的利益争议及其法律调控机制

（一）劳资双方利益争议的概念

利益争议是集体劳动争议的表现形态之一，是工业化国家普遍存在的社会现象。劳资双方的利益争议发生在集体谈判的过程中。谈判作为一种缔约的过程，理应接受"缔约自由"原则的指引，当然是既可能成功也可能失败。谈判成功固然是双方所愿，而一旦失败就会激化劳资之间的矛盾，甚至引发以罢工为主要形式的劳动者的集体抗争行为。在集体谈判中，劳动者代表与雇主因团体协约内容而发生的争议，被学者称为利益争议。在这里，利益争议一词蕴含着以下三个基本意义：①利益争议的主体一方为雇主或雇主组织，另一方为工会或劳动者共同推举的代表，故而利益争议在类型上属于集体劳动争议。②劳资双方在见解上的歧义是利益争议发生的前提。利益争议的时间限于集体谈判过程中，但这并不意味着所有的集体谈判都会发生利益争议。如果劳资双方就团体协约一拍即合，自无争议可言。正因为劳资双方在涉及自身利益的问题上各执己见，互不相让，导致集体谈判的进程受阻，才形成所谓的利益争议。③未来团体协约的内容是利益争议的标的。集体合同内容是当事人权利义务的化身，劳资之间的合同条款之争

即是未来的权利义务之争，简而言之，也就是雇主在提高劳动待遇和改善劳动条件方面应向劳动者承担何种程度的义务与责任。当然，在利益争议的情况下，双方所主张的权利和义务事先并未约定，争议的目的即在于使一方或双方的利益得到形式上的确认，从而成为可以行使的权利。利益争议的实质属于"缔约"或"换约"问题，它不是现在权利的争议，而是团体协约订立的要求或其变更所生的纠纷。虽然从理论上说，新团体协约所确定的劳动待遇和劳动条件可以相当于甚至可以低于原集体合同，但在社会不断发展的条件下，迫于工会组织的压力，新集体合同所蕴含的劳动福祉总是要高于原集体合同，也唯有如此，方能彰显出集体谈判作为劳动者谋求利益与扩张福祉的工具的意义，也才能真正体现集体谈判机制所蕴含的与时俱进的时代精神。

（二）国外劳资双方利益争议的法律调控机制

如前所述，劳资双方的利益争议常常会导致以罢工为主要形式的劳动者的集体抗争行为。罢工是一柄"双刃剑"，一方面，它有利于劳动者权益的保护和生存环境的改善；另一方面，它又会造成社会秩序及经济秩序的混乱，给公众生活带来极大不便。鉴于此，各国均构建了完善的利益争议法律调控机制，借以限制与弱化集体抗争行为的负面效应，使其在有利于劳动者的同时又无害于社会。各国利益争议法律调控机制虽然在设计上各具特色，但不外乎两部分：利益争议的他主调控机制与自主调控机制。两者在功能上相辅相成，在时间上前后承接。利益争议发生后，他主调控机制在程序上有优先适用的效力，只有在他主调控机制难以奏效时，才能启动自主调控机制来解决劳资双方的利益争议。[①]

1. 劳资双方利益争议的他主调控机制——政府介入机制

所谓他主调控机制，是指国家介入和处理劳资双方利益争议的法律程序。他主调控机制是国家干预劳动关系的表现，在此种机制中，国家作为第三方，居中斡旋与裁决，对双方施加影响与约束，为平息劳资双方的利益之争发挥能动的作用。从内容结构上考察，各国利益争议的他主调控机制均包含两个程序，即调解程序和仲裁程序。他主调控机制就是由这两个程序有机结合而成的统一体。

（1）调解程序。调解是国家设立的专司利益争议案件处理工作的机构，在劳资之间进行斡旋与劝解，力促双方达成协议的过程。国家处理利益争议的机构，挪威称为国家调解官，日本和韩国则称为劳动委员会。劳动委员会内设调解委员会，该机构由同等数量的公益代表、劳动代表和雇主代表组建而成，以确保其能以公平与中立的心态对待双方当事人。启动调解程序的前提是利益争议的一方或双方提出调解申请，若当事人未提出调解申请，调解委员会亦可依据社会公共利益的需要主动介入劳资争议，进行斡旋与调解。在调解过程中，调解委员会首先应认真听取双方的期望与建议，弄清案件事实，把握争议焦点，然后制作调解方案，劝告双方达成和解或接受由其提出的调解协议。调解委员会调解利益争议案件应有时间限制，挪威和韩国的法律均规定：禁令下达后10天内，如果双方意见不能达成一致，一方可以提出停止调解申请。自愿是调解委员会调

---

① 张在范. 劳资双方的利益争议及其法律调控机制. 河南师范大学学报，2008（4）：135～138.

解利益争议应当遵循的基本准则，当事人对调解委员会提出的调解方案，既可接受，也有权拒绝。如果双方在调解委员会的斡旋下达成协议，那么该合同就取得与集体合同相同的法律效力，双方的利益争议即告终结。如果劳资双方在调解阶段未能达成协议，那么即可依法适用仲裁程序或由当事人行使争议权来解决双方的矛盾和纠纷。

（2）仲裁程序。仲裁是指依法设立的仲裁委员会，依照法定的原则和程序，以第三者身份对劳资双方的利益争议进行居中裁决的活动。与调解相比，仲裁程序的优点是国家可以强制双方接受其意志，以防止利益争议的不当扩大与延伸。仲裁不以调解为前提，利益争议发生后，双方可以在调解无效时申请仲裁，也可以直接要求进入仲裁程序。劳资双方的利益争议由劳动委员会的职能机构之一，即仲裁委员会统一受理。仲裁委员会受理的利益争议案件依性质可分为自愿仲裁与强制仲裁两类。前者以当事人的申请为必要，当事人可以共同向仲裁委员会递交仲裁申请，也可由一方依集体合同中的仲裁约款向劳动仲裁委员会申请仲裁，事先或事后达成的仲裁协议是仲裁委员会受理当事人仲裁请求的依据；后者主要针对公益企事业单位的利益争议而设立。所谓公益企事业单位是指那些公众生活必需的，若其中止会严重影响居民日常生活和危害国家经济秩序的营业机构。公益企事业单位包括但不限于公共交通；水、电、煤气供应及石油提炼行业；公共卫生和医疗事业；银行；广播与通信行业。这些行业由于事关国计民生，各国一般都禁止劳动者采取集体抗争行为。对公益企事业单位的利益争议，在调解委员会调解无效，双方又未主动申请仲裁时，劳动委员会可以发布罢工的禁令，依法对其实施强制裁决。无论是自愿仲裁还是强制仲裁，仲裁委员会的裁决皆是终局性的，除认为仲裁裁决的事项不属于仲裁委员会的职权范围而可依法向法院提起撤销之诉者外，当事人对于仲裁委员会作出的裁决必须执行。

2. 劳资双方利益争议的自主调控机制——当事人争议权的行使

争议权的行使是集体谈判的当事人采取法定对抗方式以迫使对方妥协与让步的行为。争议权有广、狭两义。广义上的争议权既包括劳动者的罢工权，也包括雇主的闭厂权；而狭义上的争议权则仅指劳动者的罢工权。罢工权是劳动者实现集体谈判目的的辅助性与保障性权利。在集体谈判中，雇主只负有回应谈判和真诚谈判的责任，而并不负有必须妥协、让步或与劳动者达成合意的义务。面对雇主拒绝谈判和妥协的强硬姿态，对于那些经调解无效、当事人之间不存在也无法达成仲裁协议、同时又被排除在公益企事业单位范围之外的利益争议案件，劳动者可以借助罢工、怠工之类的集体抗争行动，迫使雇主软化其立场。争议权的行使既是双方对抗和威慑的过程，又是双方寻求妥协与平衡的途径。罢工对双方而言都会产生重大的财产上的不利后果。在雇主看来，罢工是不幸的，接受罢工即意味着生产、销售和利润的损失，同时，罢工强化的是竞争者的商业胜利，在某些戏剧性的场面中，企业会在罢工中破产。同样，工人和工会也要为罢工支付巨额的成本，即工资的损失和罢工基金的消耗。此外，罢工作为劳资双方解决利益争议的最后和极端的手段，无疑还会对社会产生一定的震荡与冲击，引起社会各界的广泛关注和不同反响，他们会从各自的立场出发来理解、分析和评判罢工事件，提出解决问题的方案和建议。罢工成本的积累和来自社会各界的不同声音对双方产生了越来越大的压力，迫使他们转换思路，突破既定的谈判底线，寻求双方的利益共同点，最终结束冲突，实现和解。可见，争议权的实质在于使劳资双方在法定框架内进行角力与博弈，以对抗促对话，以斗争求和平。由于争议权的行使排除了国家这一外在力量的干预，最终，协议的签订及内容均操之于当事人之手，完全体现了当事人自己的意思，故我们可称之为劳资双方利益争议的自主调控机制。

罢工权是当事人利益争议自主调控机制的核心内容，但它的行使又具有浓烈的对抗性与破坏性色彩，故而各国法律都在明确赋予劳动者罢工权的同时，也对这一权利的行使施加多方的约束与限制。这些限制措施主要是：①罢工权只有在经调解无效的情况下方可行使，未经劳动委员会调解，劳动者不得罢工。②公益企事业单位的劳动者禁止罢工，劳资双方的利益争议以劳动委员会的仲裁决定为终结点。③罢工必须具有经济性目的而不得带有政治性色彩。罢工实质上就是劳动者团体为改良劳动条件进行经济斗争的工具，因而不具有经济目的的政治性罢工应被禁止，罢工者也不得享有民事免责与刑事免责的优待。④罢工应被置于工会的领导下，并由劳动者集体讨论决定，那种撇开工会领导的"野猫式罢工"属于非法罢工。

当事人的自主调控机制虽然在时间上被置于他主调控机制之后，但从法律意义上来说，其又是劳资双方利益争议法律调控机制中不可分割的组成部分。相对于他主调控机制而言，当事人的自主调控机制具有两方面独特的功能：其一为补救功能。自主调控机制可以有效弥补他主调控机制的不足，为劳资双方解决利益争议提供终端性的方法与武器，事实上一些经"调"未决而又无仲裁程序可供适用的利益争议案件也正是在工人的罢工中画上了圆满的句号。其二是保障功能。正因为罢工的代价是高昂的，所以劳资双方一般都会谨慎避免罢工这种不幸事件的发生，力求通过对话与协商在国家调解阶段达成有利于双方的协议，或主动求助于仲裁方式来解决问题。①

（三）我国劳资双方利益争议的法律调控机制

目前，我国尚无处理利益争议的专门性立法，有关该机制的法律规范集中体现于《集体合同规定》第七章之中。《集体合同规定》第七章共有 6 个条文涉及利益争议的处理问题，其中第四十九条规定：集体协商过程中发生争议，双方不能协商解决的，当事人一方或双方可以书面向劳动保障行政部门提出协调处理申请；未提出申请的，劳动保障行政部门认为必要时也可进行协调处理。此处的"协调"一词在理解上应与"调解"之义相当。第五十条规定了利益争议协调机构的组成，即劳动保障行政部门应组织同级工会和企业组织三方面的人员，共同协调处理集体协商争议，这说明"三方原则"也得到了我国法律的确认。第五十二条规定了利益争议协调处理的时限：利益争议的协调处理工作，应当自受理协调处理申请之日起 30 日内结束；期满未结束的，可以适当延长协调期限，但延长期限不得超过 15 日。第五十三条是利益争议协调处理的程序规则，据此规定，协调处理利益争议应按受理、调查、研拟处理方案、对争议进行协调及制作协调处理协议 5 个步骤依次进行。第五十四条规定了《协调处理协议书》的制作及其法律效力：《协调处理协议书》应载明协调处理申请、争议的事实和协调结果；双方就某

---

① 张在范. 劳资双方的利益争议及其法律调控机制. 河南师范大学学报，2008（4）：135～138.

些协商事项不能达成一致的，应将继续协商的有关事项予以载明；《协调处理协议书》由集体协商争议协调处理人员和争议双方首席代表签字盖章后生效；争议双方均应遵守生效后的《协调处理协议书》。由此可知，在我国现行法律中，只有调解机制而没有仲裁机制，更没有当事人的自主调控机制，因此，我国的利益争议法律调控机制是不完整的，需要逐步地加以补充与完善。

二、劳资双方的权利争议及其法律调控机制

权利争议是指劳资双方就集体合同内容的履行而发生的分歧与纠纷。这种争议发生的时间仅限于集体合同生效之后的履行过程中，争议涉及的事项是集体合同的约定是否得到落实的问题。例如，用人单位没有按照集体合同的规定支付劳动者工资、未能达到规定的劳动安全标准等，简言之，就是集体合同约定的债务是否为当事人履行或适当履行的问题。

在这类争议中，由于当事人的权利义务已经通过集体合同事先加以确认，因此，对劳资双方因履行集体合同条款所产生的纠纷，各国通常都是用仲裁和诉讼程序予以解决，有些国家甚至还明文规定，涉及权利事项的争议不得采用罢工方式，只能遵循司法解决的原则。我国《劳动合同法》第五十六条规定："用人单位违反集体合同，侵犯职工劳动权益的，工会可以依法要求用人单位承担责任；因履行集体合同发生争议，经协商解决不成，工会可以依法申请仲裁，提起诉讼。"我国《劳动法》第八十四条规定："因履行集体合同发生争议，当事人协商解决不成的，可以向劳动争议仲裁委员会申请仲裁；对仲裁裁决不服的，可以自收到仲裁裁决书之日起 15 日内向人民法院提起诉讼。"

依照上述规定，我国劳资双方权利争议法律调控机制的特点是：①争议处理的途径包括调解、仲裁与诉讼。调解是自愿性的，当事人不愿调解或调解不成，即可进入仲裁与诉讼的程序。仲裁为诉讼前置程序，当事人必须先行向劳动仲裁委员会申请仲裁，只有对仲裁裁决不服的，才可以向人民法院提起诉讼。②权利争议的当事人为工会或劳动者的代表与企业，即在工会与劳动者一方违约时，由企业一方提起仲裁或诉讼；而在企业一方违约的情况下，则由工会或劳动者的代表代表劳动者对企业提起仲裁或诉讼。③在承担责任的方式上，企业一方如果违反集体合同的约定，应当以道歉、重新履行约定和经济赔偿等方式承担责任。而工会违反集体合同的，仅对上级工会承担纪律责任，对劳动者承担道义责任，而不对企业承担物质赔偿责任。

案 例 分 析

【案情】工人王某与某企业签订为期 5 年的劳动合同。合同约定王某的工资每月计发 1 次。合同履行期间，企业工会与企业协商签订了一份集体合同，该集体合同规定：企业员工每年年终可获得 1 次第十三个月的工资。该企业的集体合同获得企业职代会的通过并经当地劳动行政部门审核后开始实施，但年终过后，王某没有得到企业支付的第

十三个月的工资。于是，王某向企业提出补发第十三个月工资的要求。但企业表示王某和企业签订的劳动合同中约定了劳动报酬的支付次数，双方应该严格按照劳动合同的约定履行，对王某提出的要求不予同意，双方由此产生争议。王某遂向当地劳动争议仲裁委员会提出仲裁申请。（案例来源：黎建飞. 劳动法案例分析. 北京：中国人民大学出版社，2007. 104.）

【问题】劳动合同内容与集体合同内容不一致时应如何处理？

【解析】我国《劳动合同法》第五十四条第二款规定，依法签订的集体合同对企业和企业全体职工具有约束力。第五十五条规定，用人单位与劳动者订立的劳动合同中，劳动报酬和劳动条件等标准不得低于集体合同规定的标准。由此可知，当劳动合同的内容与集体合同的内容不一致时，集体合同的规定有优先适用的效力，劳动合同中关于劳动条件和劳动报酬等标准低于集体合同规定的，适用集体合同的标准，即按集体合同的标准处理。本案中，王某与企业签订的劳动合同中虽然没有约定可以享受第十三个月的工资，但工会与企业签订的集体合同中规定了第十三个月工资的发放事宜。根据《劳动合同法》的有关规定，企业应当按照集体合同的规定补发给王某年终第十三个月的工资。

第六章　工作时间和休息休假

第一节　概述

一、工作时间的概念

工作时间，又称法定工作时间，是指劳动者为履行工作义务，在法定限度内在用人单位从事工作或者生产的时间。工作时间的表现形式主要有工作日和工作周。工作日是指一昼夜期间，劳动者履行劳动义务的时间；工作周则是指一周期间劳动者履行劳动义务的时间。工作时间不仅包括实际从事工作的时间，也包括为实现劳动目的花费的其他时间，如辅助工作时间、等待工作任务时间以及必要的工作休息时间等。

二、工作时间的立法概况

工时立法是劳动立法历史中最重要和最基本的内容之一。我国工时立法晚于西方发达国家。现行的工时立法主要是随着我国经济体制改革的深化和经济迅速发展之后制定的一系列法律、法规。1994年2月3日，国务院公布的《关于职工工作时间的规定》以及1994年2月8日由原劳动部、人事部发布的《国务院〈关于职工工作时间的规定〉的实施办法》确定了每天不超过8小时和每周不超过44小时的工时制度。这一规定在1994年7月5日通过的《劳动法》中给予了明确规定。1995年3月25日，国务院修改了1994年2月3日公布的《关于职工工作时间的规定》，将每周44小时的工作时间缩短为40小时。为配合这一规定，原劳动部公布了《企业实行不定时工作制和综合计算工时工作制的审批办法》，并与《劳动法》同时实施。2007年6月29日通过的《劳动合同法》也通过劳动合同必备款这一形式确保了劳动者的劳动时间。此外，在《未成年人保护法》、《女职工劳动保护特别规定》等条文中对特殊劳动者的工作时间也有相应规定。

三、工时立法的作用

工时立法对劳动者的工作时间及最高工时作出了具体规定，禁止任意延长工作时间。劳动者在规定的时间内从事劳动，在工余之时可以合理支配其休息时间，劳逸结合，可以缓解其疲惫的身心，松弛其紧张的神经。如果劳动者劳动过度，超过生理的承受极限，必然会损害身体健康。因此，工时立法对保护劳动者身体健康，实现劳动者的休息权具有重要意义。

（一）加强用人单位的劳动管理，提高工时利用率

工作时间制度是用人单位劳动管理的重要内容之一。用人单位依法确定的工作时间，要求劳动者必须遵守；同时，用人单位应尊重劳动者的休息权，不任意延长劳动者的工作时间，这样才能保证用人单位生产经营的连续性与稳定性，提高其工时利用率，为社会创造出更多的财富。

（二）促进充分就业与经济发展

工时立法是国家对劳动力市场进行宏观调控的手段之一，国家通过适当地缩短工时，促进企业吸纳更多的劳动力，以缓解失业带来的巨大压力；同时，工时的缩短使劳动者能够利用更多的闲暇时间去实现消费欲望，推动公共服务事业的发展，成为经济发展的动力之一。

（三）促进社会进步和社会文明

工时立法是衡量一个社会是否进步和文明的标志之一。从工时立法的发展史来看，科学技术水平的高低、经济发展的快慢、社会文明程度与工时长短密切相关，可以说，科学技术和经济的发展促使工时逐渐缩短，社会进步、社会文明使国家更加尊重劳动者的休息权。我国是社会主义国家，更应顺应世界文明发展的潮流，合理规定工时制度，以促进我国物质文明和精神文明建设，促进社会进步。

第二节　工作时间和休息休假的种类

一、工作时间的种类

（一）最高工时标准

最高工时标准，又称法定最长工时，是指法律规定的在一定自然时间（一日或一周）内工作时间的最长限度。它有法定日最长工时和周最长工时两种形式。《劳动法》第三十六条规定："国家实行劳动者每日工作时间不超过 8 小时、平均每周工作时间不超过 44 小时的工时制度。"1994 年，国务院《关于职工工作时间的规定》第三条规定，国家实行职工每日工作 8 小时，平均每周工作 44 小时的制度。1995 年 3 月 25 日，《国务院关于修改〈国务院关于职工工作时间的规定〉的决定》作出了进一步规定："职工每日工作 8 小时，每周工作 40 小时。"因此，我国日最长工时为 8 小时，即劳动者每日工作时间不得超过 8 小时；周最长工时为 40 小时，即劳动者平均每周工作时间不得超过

40小时；且每周至少休息一日。

最高工时标准是法定的强制性标准，其法律效力主要表现在：①在全国范围内普遍执行最高工时标准，除了具备法定特殊情形外，用人单位不得突破法定最长工时的限制；②对实行计件工资的劳动者，用人单位应当根据日或周最长工时，合理确定其劳动定额和劳动报酬；③企业因生产特点不能按照法定日和周最长工时的要求实行作息而采用其他工时形式的，必须符合法定条件，并且履行法定审批程序；④实行综合计算工时工作制的，其平均日（周）工时应当与法定日（周）最长工时基本相同；⑤用人单位不遵守最高工时标准、违法延长工时的，应当追究其法律责任。

（二）工时形式

1. 标准工时形式

标准工时形式，又称标准工时，是指法定的在正常情况下普遍适用的，按照正常作息办法安排的工作日和工作周。标准工时制度的主要作用在于保证劳动者的劳动消耗和支出不超过其生理上能够承受的限度，并保障劳动者休息权的实现。其主要特点是：①以正常情况作为其适用条件。②普遍适用于一般职工。③按正常作息办法安排工时，属于均衡工作制。④一般以法定最长工时作为其时间长度。依《劳动法》第三十六、三十八条和《国务院关于职工工作时间的规定》的相关规定，我国标准工作时间为每周5个工作日，每个工作日8小时。⑤被作为确定其他工作日长度的基准。标准工作时间是确定非标准工作时间的基础，非标准工作时间的确定要以标准工作时间为依据。

2. 非标准工时形式

非标准工时形式，又称非标准工时制，是指法定只适用于特殊情形，并且工时长度和作息办法都不同于标准工时制的工时形式。根据《劳动法》第三十九条的规定，企业因生产特点不能实行标准工作时间的，经劳动行政部门批准，可以实行其他工作和休息办法。我国现行立法对非标准工时形式规定了下述内容：

（1）非标准工作日的类型和适用范围。

第一种类型：缩短工作日及其适用范围。

缩短工作日，是指法定在特殊条件下实行的工作时间少于标准工作日长度的工作日。我国目前允许实行缩短工作日的情形限于下述四种：①特定的岗位。从事矿山井下作业、高山作业、严重有毒有害作业、特别繁重和过度紧张的体力劳动的职工，每个工作日的时间要少于8小时。②夜班。实行三班制的企业，从事夜班工作的时间比白班减少1小时。在这里，夜班一般是指在当日晚上10点至次日早晨6点之间当班。③哺乳期女工。哺乳未满周岁婴儿的女职工，每班工作时间内可哺乳两次（含人工喂养），每次30分钟；多胞生育的每多哺乳一名婴儿，每次哺乳时间增加30分钟；一班内两次哺乳可以合并使用。哺乳时间和哺乳往返时间算作工作时间。④未成年工和怀孕女工。未成年工应实行少于8小时的工作日制度。怀孕7个月以上的女职工，在正常工作时间内应安排一定的休息时间。

第二种类型：综合计算工作日及其适用范围。

综合计算工作日，是指分别以周、月、季、年等为周期计算工作时间，其平均日工作时间和周工作时间与法定标准工作时间基本相同的一种工作时间制度。它通常适用于从事受自然条件和技术条件影响或限制的季节性或特殊性的工种。根据1994年《企业实行不定时工作制和综合计算工时工作制审批办法的规定》，允许部分企业从生产实际出发，实行相对集中工作、集中休息、轮休调休、弹性工作时间等适当方式，以保证生产的正常进行和劳动者休息休假权的实现。对符合下列条件之一的职工，可以实行综合计算工作日：①交通、铁路、邮电、水运、航空、渔业等行业中因工作性质特殊，需要连续作业的职工；②地质及资源勘探、建筑、制盐、制糖、旅游等受季节和自然条件限制的行业的部分职工；③其他适合实行综合计算工时工作制的职工。

综合计算工时，须经审批才能实行。在综合计算周期内，总实际工作时间不应超过总法定标准工作时间，超过标准工作时间的，超过部分为延长工作时间，且延长工作时间的小时数每月一般不得超过36小时。

第三种类型：不定时工作日及其适用范围。

不定时工作日，又称不定时工作制，是指法定在特殊条件下实行的，每日无固定起止时点，亦即不固定计算工作日长度的工作日。根据1994年《企业实行不定时工作制和综合计算工时工作制审批办法的规定》，不定时工作日可适用于下述三种职工：①高级管理人员、外勤人员、推销人员、部分值班人员和工作无法按标准工作时间衡量的其他职工；②长途运输人员、出租汽车司机和铁路、港口、仓库的部分装卸人员，以及因工作性质特殊，需要机动作业的职工；③其他因生产特点、工作特殊需要或职责范围的关系，适合实行不定时工作制的职工。不定时工作制与综合计算工时制一样，应当履行审批手续。实行不定时工作制的劳动者，可以适当延长或缩短工作时间。

计件工时制从某种意义上亦可视为一种特殊的不定时工作制。它表面上规定根据劳动者的劳动数量计算劳动报酬，实际上也规定了劳动者的劳动时间，即以劳动定额计算工作时间。实行计件工作时间，劳动者的劳动定额要根据标准工时制度合理确定。

（2）非标准工时形式的管理。

为了加强对非标准工时形式的管理，我国劳动法作了下述规定：①非标准工时形式只能在符合法定条件的情况下实行。现行法律对非标准工时形式分别规定了各自必须具备的条件。②实行非标准工时形式必须履行法定审批程序。以中央直属企业为例，实行非标准工时形式需经国务院行业主管部门审核，报国务院劳动行政部门批准。③实行非标准工时形式必须确保职工休息权的实现和生产、工作任务的完成。④实行非标准工时形式可综合计算工时。综合计算工时是在保证总实际工作时间不超过总法定标准工作时间的前提下，可以在某个工作周期内适当延长工作时间，但超过部分应视为延长工作时间，应按《劳动法》的规定支付工资报酬。

二、休息休假的种类

休息时间是指劳动者在工作时间之外的所有休息时间的总和，分为休息和休假两种。休息、休假是劳动者休息权的保障。休息权作为我国宪法所赋予劳动者的基本权利，其具体内容包括：①劳动者依法享有一定期间内休息时间总量的权利；②劳动者在特定时间休息的权利；③劳动者享有相对连续性休息时间的权利；④劳动者依法享有的其他休息或休假的权利。

（一）休息的种类

休息时间是指无工资保障的休息时间，按照我国《劳动法》的规定，具体包括：①工作日内的休息时间。即劳动者应在工作 4 小时后有 1 次间歇休息时间，且每次最短不少于半小时。②工作日之间的休息时间。即工作日之间的休息不得少于 16 小时，实行轮班制的企业不得使劳动者连续工作两个工作日。③工作周之间的休息时间。不能按规定实行统一工作时间的事业单位，必须在一个工作周内保证劳动者有 1 个整日以上的休息时间。

（二）休假的种类

休假时间是指有工资保障的休息时间，即劳动者带薪休息，是法定的劳动者得免于上班劳动并且有工资保障的休息时间。它是休息时间的重要组成部分。我国《劳动法》和有关法规所规定的休假，主要有下述五种：

1. 法定节假日

法定节假日是指国家法律统一规定的用以开展纪念、庆祝活动的休假时间。法定节假日是国家考虑政治、传统习惯等因素确立的，用人单位必须按照国家法律规定安排劳动者在法定节假日期间休假。我国《劳动法》第四十条以及 2008 年国务院实行的《全国年节及纪念日放假办法》规定的法定节日有如下三种：

（1）属于全体公民的节假日。包括：①新年，1 月 1 日放假 1 天；②春节，农历正月初一、初二、初三放假 3 天；③清明节，清明当日放假 1 天；④劳动节，5 月 1 日放假 1 天；⑤端午节，农历端午当日放假 1 天；⑥中秋节，农历中秋节当日放假 1 天；⑦国庆节，10 月 1 日、2 日、3 日放假 3 天。

（2）属于部分公民放假的节假日及纪念日。包括：①妇女节，3 月 8 日当日妇女放假半天；②青年节，5 月 4 日当日 14 周岁以上的青年放假半天；③儿童节，6 月 1 日不满 14 周岁的少年儿童放假 1 天；④中国人民解放军建军纪念日，8 月 1 日现役军人放假半天。

（3）属于少数民族习惯的节假日，由各少数民族聚居地区的地方人民政府，按照该民族习惯规定放假日期。

另外，二七纪念日、五卅纪念日、七七抗战纪念日、九三抗战胜利纪念日、九一八纪念日、教师节、护士节、记者节、植树节等其他节日、纪念日，均不放假。

法定节假日放假是采取法定主义原则，在国家规定的节假日中，劳动者的休假权利应当得到保障、受到保护。

法定节假日的实施以相关劳动者得到休假为标准。全体公民放假的假日，如果适逢星期六、星期日，应当在工作日补假；部分公民放假的假日，如果适逢星期六、星期日，则不补假。

2. 年休假

年休假是指劳动者每年享有的一定期限的带薪休假，换言之，即劳动者每年享有保留原职和工资的连续休假。许多国家的劳动法都明确规定，享受年休假是劳动者一项不容剥夺、也不许放弃的重要休息权；以支付经济补偿来代替年休假，被认为是违法行为；用人单位有义务根据职工要求和照顾生产需要适当安排年休假，一般不允许推迟到下一年享受；在年休假期内，一般不得被所在单位辞退或解除劳动合同。

年休假制度一般规定年休假的适用范围、享受条件、休假期限、工资待遇、具体使用办法等，其中最主要的是年休假的享受条件和休假期限。我国自 20 世纪 50 年代就曾试行过年休假制度，之后又有一系列政策法规对其进行了完善和补充。1994 年《劳动法》第四十五条规定，国家实行年休假制度，劳动者连续工作满 1 年以上的，享受带薪年休假，具体办法由国务院规定。据此，国务院于 2007 年 12 月制定了《职工带薪年休假条例》，该条例从 2008 年 1 月 1 日起施行。随后，人力资源社会保障部和人事部于 2008 年制定《职工带薪年休假实施办法》和《机关事业单位工作人员带薪年休假实施办法》。其主要内容有：

（1）年休假的适用范围和享受条件。机关、团体、企业、事业单位、民办非企业单位、有雇工的个体工商户等单位的职工连续工作 1 年以上的，享受年休假。职工累计工作已满 1 年不满 10 年的，年休假 5 天；已满 10 年不满 20 年的，年休假 10 天；已满 20 年的，年休假 15 天。

职工有下列情形之一的，不享受当年的年休假：①职工依法享受寒暑假，其休假天数多于年休假天数的；②职工请事假累计 20 天以上且单位按照规定不扣工资的；③累计工作满 1 年不满 10 年的职工，请病假累计 2 个月以上的；④累计工作满 10 年而不满 20 年的职工，请病假累计 3 个月以上的；⑤累计工作满 20 年以上的职工，请病假累计 4 个月以上的。

（2）年休假的安排。单位根据生产、工作的具体情况，并考虑职工本人意愿，统筹安排职工年休假。年休假在 1 个年度内可以集中安排，也可以分段安排，一般不跨年度安排。单位因生产、工作特点确有必要跨年度安排职工年休假的，可以跨 1 个年度安排。

（3）年休假的工资待遇和未休补偿。职工在年休假期间享受与正常工作期间相同的工资收入。单位确因工作需要不能安排职工休年休假的，经职工本人同意，可以不安排职工年休假。对职工应休未休的年休假天数，单位应当按照该职工日工资收入的 300%支付年休假工资报酬。

3. 探亲假

探亲假是指法定给予家属分居两地的职工，在一定时期内与父母或配偶团聚的带薪假期。依照 1981 年国务院《关于职工探亲待遇的规定》以及财政部《关于职工探亲路费的规定》，我国关于探亲假的规定主要有下述内容：

（1）享受探亲假的条件。凡工作满 1 年的职工，与配偶或父母不在一起居住，又不能在公休假日团聚的，可以享受探望配偶或父母的探亲假待遇。这里的"父母"，对已婚职工来说，仅限于职工本人的父母，而不包括职工配偶的父母（公婆或岳父母）。职工如果与父母一方能在公休假日团聚的，不能享受探望父母的探亲假待遇。

（2）探亲假的假期。职工探望配偶的，每年给予一方探亲假一次，假期 30 天。未婚职工探望父母，原则上每年给假一次，假期为 20 天。如因工作需要或职工自愿两年探亲一次的，可两年休假一次，假期为 45 天。已婚职工探望父母的，每 4 年休假一次，假期为 20 天。另外，根据需要给予职工探亲路程假。凡实行年休假制度的职工，应在休假期间探亲，如休假期较短，可补足其探亲假天数。

（3）探亲假期间的待遇。职工在规定的探亲假和路程假期间，按本人的标准工资发给工资。职工探望配偶和未婚职工探望父母的往返路费，由所在单位负担。已婚职工探望父母的往返路费，在本人月标准工资 30% 以内的，由本人自理，超过部分由单位负担。

4. 婚丧假

婚丧假是指劳动者结婚及其直系亲属死亡时依法享有的假期。按照 1980 年国家劳动总局、财政部《关于国营企业职工请婚丧假和路程假问题的规定》，职工本人结婚或职工的直系亲属（父母、配偶和子女）死亡时，可以根据具体情况，由本单位行政领导批准，酌情给予 1~3 天的婚丧假。职工结婚时，双方不在一地工作的；职工在外地的直系亲属死亡时，需要职工本人去外地料理丧事的，都可以根据路程远近，另给予路程假。依据《婚姻法》的规定，按法定年龄结婚的，可享有 3 天假期；符合晚婚年龄的，可享受晚婚假 15 天（含 3 天法定假期）。在批准的婚丧假和路程假期间，职工的工资照发。途中的车船费等，全部由职工自理。

5. 产假

女职工产假是指女性劳动者因生育而享受的假期。《劳动法》第六十二条规定："女职工生育享受不少于 90 天的产假。"2012 年 4 月 18 日颁布的《女职工劳动保护特别规定》第七条规定："女职工生育享受 98 天产假，其中产前可以休假 15 天；难产的，增加产假 15 天；生育多胞胎的，每多生育 1 个婴儿，增加产假 15 天。女职工怀孕未满 4 个月流产的，享受 15 天产假；怀孕满 4 个月流产的，享受 42 天产假。"

第三节　限制延长工作时间制度

一、延长工作时间的概念

延长工作时间，即广义上的加班，是指工作时间超出法定正常界限向休息时间范围内延伸，亦即职工在应当休息的时间内进行工作。它表现为两种形式：①加班（狭义），是指职工在法定节假日或周休日进行工作；②加点，又称工作日加班，是指职工在标准工作日以外延长时间进行工作，即提前上班或推迟下班。可见，加班加点都是相对特定的工作日形式而言的，对实行标准工作日或缩短工作日者，才存在加班加点；对实行不定时工作日者，则不存在加班加点；对实行综合计算工作日者，在综合计算工时的结果是平均日（周）工时超过法定标准工时的情况下，其超出部分应视为加班或加点。工作日正好是法定节假日的也应视为加班。

劳动法对于工作时间和休息时间的规定具有强制执行的效力，一般情况下不得违反。用人单位在法定的特殊情形下可以延长工作时间，但国家对延长工作时间采取严格限制的态度，目的是为了确保工时制度的贯彻，防止用人单位任意侵害劳动者的休息权。

二、延长工作时间的限制措施

（一）延长工作时间适用人员的限制

依据我国《劳动法》、《未成年人保护法》的规定，禁止用人单位安排未成年工、怀孕 7 个月以上的女工和哺乳未满周岁婴儿的女工加班加点。2012 年 4 月 28 日颁布实施的《女职工劳动保护特别规定》作出了进一步规定，女职工在怀孕期间和哺乳期内，不得在正常劳动日以外延长劳动时间。

（二）延长工作时间条件、程序的限制

我国《劳动法》第四十一条规定："用人单位由于生产经营需要，经与工会和劳动者协商后，可以延长工作时间。"也就是说，用人单位延长工作时间不是随意的，必须符合一定的条件和程序。用人单位延长工作时间的条件是生产经营需要。但在这里，《劳动法》并未明确规定"生产经营需要"的具体情形。在实践中，有必要由集体合同约定，或由用人单位与工会共同界定"生产经营需要"的具体内涵。用人单位延长工作时间的程序有二：一是要与工会进行协商，即向工会说明延长工作时间的理由、人数及时间长短，并征求其意见；二是必须与劳动者协商，征得其同意，否则，用人单位不得安排劳动者加班加点。

（三）延长工作时间长度上的限制

《劳动法》第四十一条规定："用人单位延长工作时间，一般每日不得超过 1 小时；因特殊原因需要，在保障劳动者身体健康的条件下每日不超过 3 小时，但每周不得超过 36 小时。"

（四）延长工作时间报酬上的限制

我国法律还通过要求用人单位向劳动者支付较高的延长工作时间的劳动报酬来限制用人单位延长工作时间。依照《劳动法》第四十四条、劳动部《工资支付暂行规定》及《对〈工资支付暂行规定〉有关问题的补充规定》第十三条的规定，用人单位应按下列标准支付延长工作时间的报酬：①安排劳动者在日法定标准工作时间以外延长工作时间的，按照不低于劳动合同规定的劳动者本人小时工资标准的 150% 支付给劳动者工资。②休息日安排劳动者工作又不能安排补休的，按照不低于劳动合同规定的劳动者本人小时工资标准的 200% 支付给劳动者工资。③法定休假日安排劳动者工作的，按照不低于劳动合同规定的劳动者本人日或小时工资标准的 300% 支付给劳动者工资。④实行计件

工资的劳动者在完成计件定额任务后又加班加点的，根据上述规定的原则，用人单位分别按照不低于其本人法定工时计件单价的150%、200%及300%支付给劳动者工资。⑤实行综合计算工时工作制的，综合计算周期内的总实际工作时间不应超过法定标准工作时间，超过部分视为延长工作时间，并按规定支付给劳动者不低于工资150%的劳动报酬；其中，法定休假日安排职工工作的，要支付给劳动者不低于职工工资300%的报酬。

三、限制延长工作时间的例外

限制延长工作时间的例外，是指在法定的特殊情况下，用人单位无须与工会和劳动者进行协商就可以安排延长工作时间，且劳动者加班加点的时间不受延长工作时间长度的限制。根据《劳动法》和《国务院关于职工工作时间的规定》及其实施办法的规定，限制延长工作时间的例外情形主要有：①发生自然灾害、事故或因其他原因，使人们的安全健康和国家财产遭到严重威胁，需要紧急处理的；②生产设备、交通运输线路、公共设施发生故障，影响生产和公众利益，必须及时抢修的；③必须利用法定节日或公休日的停产期间进行设备检修及保养的；④国家机关、事业单位为完成国家紧急任务或完成上级安排的其他紧急任务，以及商业、供销企业在旺季完成收购、运输、加工农副产品紧急任务的；⑤为完成国防紧急任务，或者完成上级在国家计划外安排的其他紧急生产任务的；⑥法律、行政法规规定的其他特殊情形。

案例分析

【案情】谷某于2000年1月应聘于某服装公司，双方口头约定每月工资为人民币1 450元。进入公司工作后不久，谷某发现该服装公司非但不与其签订劳动合同，而且公司制定的《职工劳动规则》规定，公司实行每周48小时工作制，即每周工作6天，加班的一天不按国家规定支付加班工资。考虑到求职较难，谷某只能无奈接受。2000年6月3日，某服装公司口头通知谷某其已被辞退，次日起无须上班。谷某经仔细核算后发现，自2000年4月至5月，其双休日加班9天未取得报酬，谷某为此向某服装公司催讨，该公司对其不予理睬。谷某于同年7月11日向某区劳动争议仲裁委员会申请仲裁，要求某服装公司支付其9天的加班工资。

【问题】对该案应当如何处理？

【解析】根据《劳动法》的规定，用人单位依法安排劳动者加班的，须向劳动者支付加班工资。本案中的某服装公司未经协商，即在员工守则中规定将每周工作时间由法定的40小时增加到48小时，强迫劳动者加班加点，显然违反了《劳动法》等相关规定。虽然这是公司内部所定规则，并且劳动者在进入公司时也是明知的，但并不能改变这种行为的违法性。该服装公司除了应依照《劳动法》第四十四条第二款的规定，支付给谷某加班工资外，还应依照有关规定对自己的违法行为承担行政责任。

第七章　工资

第一节　工资概述

一、工资的概念

工资，又称薪金。其广义是指职工劳动报酬，即在劳动关系中劳动者因履行劳动义务而获得的由用人单位以法定方式支付的各种形式的物质补偿。其狭义仅指职工劳动报酬中的基本工资（或称标准工资）。

工资较之其他劳动报酬或劳动收入（如农民劳动报酬、个体劳动收入和劳务报酬等），具有下述特征：①工资是职工基于劳动关系所获得的劳动报酬。②工资是用人单位对职工履行劳动义务的物质补偿。换言之，支付工资是用人单位必须履行的基本义务。③工资额的确定必须以劳动法规、劳动政策、集体合同和劳动合同的规定为依据。④工资必须以法定方式支付，即一般只能用法定货币支付，并且应当是持续地、定期地支付。

工资的基本职能包括：①分配职能。工资是向职工分配个人消费品的社会形式，职工所得的工资额也就是社会分配给职工的个人消费品份额。②保障职能。工资作为职工的生活主要来源，其首要作用是保障职工及其家庭的基本生活需要。③激励职能。工资是对职工劳动的一种评价尺度和手段，对职工的劳动积极性具有鼓励作用。④杠杆职能。工资是国家用来进行宏观经济调节的经济杠杆，对劳动力总体布局、劳动力市场、国民收入分配及产业结构变化等都有直接或间接的调节作用。

工资立法一直是劳动立法的重要组成部分，不仅各国的劳动法典和劳动基准法中都设有关于工资的专篇或专章，而且许多国家还制定了专项工资法规。我国工资立法主要有《劳动法》（1994年）第五章、《工资支付暂行规定》（1994年）和《工资集体协商试行办法》（2000年）、《最低工资规定》（2003）和《劳动合同法》（2012年修订）中关于工资制度的规定等。

二、工资立法的原则

《中共中央关于实行社会主义市场经济若干问题的决定》（1993年）指出，个人收入分配要体现效率优先、兼顾公平的原则。《中共中央关于完善社会主义市场经济体制若干问题的决定》（2003 年）指出，个人收入分配要坚持效率优先、兼顾公平，各种生产要素按贡献参与分配。这表明在社会主义市场经济中，包括工资分配在内的个人收入分配，应当把效率与公平统一起来，在促进效率提高的前提下体现公平。根据此精神，我国《劳动法》第四十六条规定："工资分配应当遵循按劳分配原则，实行同工同酬。工资水平在经济发展的基础上逐步提高。国家对工资总量实行宏观调控。"这项规定确立了我国工资立法的原则。

（一）按劳分配、同工同酬原则

同工同酬的立法精神是指劳动者付出同样的劳动应取得同等的报酬，工资水平不能因性别、民族等因素而有所差别。同工同酬的核心是男女同工同酬。妇女同男子平等择业、同工同酬是女性政治地位、社会地位和家庭地位得到提高的前提和保障，也是近现代女性解放的标志之一。

（二）工资水平随经济发展逐步提高原则

这项原则要求在国民收入分配尤其是工资分配中，要正确处理好积累与消费的关系，保持工资水平与经济发展水平相协调。在社会主义市场经济条件下，逐渐形成和完善一种既符合社会主义生产目的，又能促进经济发展的工资增长机制。其中尤其应当明确：①工资水平的提高必须以经济发展为前提，不能脱离经济发展的实际情况而片面追求工资增长；②在经济有所发展的条件下，工资水平应当有所提高，使广大人民群众共享改革和发展成果；③工资水平提高与经济发展应当保持适当的比例，使提高工资水平与增强经济发展后劲并行不悖，以保持国民经济又好又快地发展。

（三）工资总量宏观调控原则

我国现阶段市场经济体制不完善、劳动力市场不健全和企业管理机制的发展现状决定了国家对工资总量进行宏观调控是必要的。依据《关于进一步做好企业工资总额同经济效益挂钩工作的通知》（劳社部发〔2003〕31 号）规定，积极完善地方工效挂钩政策，指导、督促企业建立工资与经济效益相联系的机制，使企业工资总额和工资水平增长与经济效益增长保持合理关系。在市场调节工资的基础上，国家对工资总量进行适度的宏观调控，有利于保护劳动者的经济权益，维护、制约企业的工资分配自主权，更有利于控制用人成本和消费基金的上升，保持经济总量平衡，以实现国民经济持续、稳定、协调发展。总之，工资分配的效率目标和公平目标只有通过工资总量宏观调控，才可能在全社会范围内实现。目前，国家对工资总量宏观调控的重点放在国有企业，随着市场经济体制的逐步确立，国家对工资总量的调控将对国有企业和非国有企业一视同仁。亦即要制定普遍适用的工资法，以加强对工资总量的宏观管理，实现国家对整个国民经济进行宏观调控的职能。

第二节 基本工资制度

基本工资是指劳动者所得工资额的基本组成部分，它是由用人单位按照规定的工资标准支付，较工资额中的其他组成部分具有相对稳定性，且可以成为确定工资额中其他组成部分的基础。基本工资制度是指用人单位依法确定的工资总额、工资标准、工资水平、工资形式和工资增长办法等一系列规则的总称。

一、用人单位的工资分配自主权

《劳动法》第四十七条规定："用人单位根据本单位的生产经营特点和经济效益，依法自主确定本单位的工资分配方式和工资水平。"依据《劳动部关于〈中华人民共和国劳动法〉若干条文的说明》的规定，本条中的"经济效益"包含了劳动生产率和就业状况两个重要的因素。本条中的"依法"，目前主要指《全民所有制工业企业转换经营机制条例》等法律、法规。这为用人单位享有工资分配自主权提供了法律依据。理解此项法律规定，需明确以下三点：

（一）工资分配自主权的主体

工资分配自主权的主体应限于从事生产经营活动和具有经济效益目标的用人单位。其中，主要是企业和个体经济组织及实行企业化管理的事业组织，事业单位在2006年收入分配制度改革后，实行了岗位绩效工资制度，对绩效工资有分配自主权。

（二）工资分配自主权的内容

工资分配自主权作为经营管理自主权的重要组成部分，是指用人单位依法自主确定本单位工资分配的权利。其内容包括两部分：①工资分配方式确定权。主要是自主选择基本工资制度，自主决定工资标准、工资形式，以及晋级增薪和降级减薪的办法、条件和时间。②工资水平确定权。主要是按照法定原则自主确定工资总额和职工平均工资水平。

（三）工资分配自主权的行使

用人单位行使工资分配自主权时，应当注意两点：①这里的"自主"是法定范围内的自主，凡是以强行性法律规范规定的工资分配规则，用人单位必须严格遵守；凡是法律和政策所界定的工资分配权限，用人单位不得超越。②这里的"自主"并不是指完全由用人单位单方面决定工资分配，用人单位工资分配的制度和方案应当由职代会审议通过，或者经过与工会组织或职工代表协商一致，方能生效。

二、用人单位确定工资分配的因素

搞好用人单位内部工资分配的关键是坚持实行劳动定额制度，按照劳动定额的完成情况进行分配。用人单位可以实行岗位技能工资制或其他适合本单位特点的工资制度，如计件工资、定额工资等。工资制度是根据劳动或工作的复杂性、繁重性和责任大小划分等级，按等级规定工资标准的制度。它规定着劳动者工资的主要部分，规定着地区间、产业间、企业及企业内部职工的工资关系。正确地规定工资制度，对于贯彻按劳分配原则、改善劳动者的生活和合理使用劳动力具有重要的意义。

用人单位自主决定工资水平，还要考虑劳动就业状况的变化，并执行国家的政策法规。在市场经济条件下，市场机制在工资水平的决定中起基础性作用，通过劳动力供求双方的公平竞争，形成均衡工资率。因此，劳动就业供求状况是影响工资水平的重要因素，用人单位在确定工资水平时，不能不充分考虑劳动就业供求状况的变化。

三、用人单位确定工资分配的方式

用人单位在工资分配上享有充分的自主权，可以自主地决定本单位的工资分配方式。企业有权根据职工的劳动技术、劳动强度、劳动责任、劳动条件和实际贡献，决定工资、奖金的分配档次。企业可以实行岗位技能工资制或者其他适合本企业特点的工资制度，选择适合本企业的具体分配形式。

（一）等级工资制

等级工资有两种，一种是工人技术等级制，另一种是职员职务等级工资制。技术等级工资制是企业工人的工资制度，工资等级与相应的技术等级相适应，提升工资等级必须先考核技术等级。职务等级工资制适用于企业管理人员，每一职务划分成若干工资等级，每个企业干部都在本职务规定的工资等级范围内根据实际情况确定工资。

（二）岗位工资制

岗位工资制是按照劳动者在生产工作中的不同岗位确定工资的一种制度。岗位工资标准可根据每个岗位的技术复杂程度、责任大小、劳动轻重等条件制定。一般是一个岗位一个工资标准，特殊岗位则采用两个或两个以上工资标准。

（三）结构工资制

结构工资制又称"分解工资制"，它由基础工资、岗位工资、工龄工资和奖励工资等职能工资组成，并根据劳动条件、劳动者的素质和能力、业务技术水平及实际劳动消耗量等诸方面的劳动差别，分别确定工资额。结构工资制主要适用于技术密集型企业。其他类型的企业也可以根据实际需要和可能采用结构工资制。

（四）岗位技能工资制

岗位技能工资制是以劳动技能、劳动责任、劳动强度和劳动条件等基本劳动要素评价为基础，以岗位工资、技能工资为主要内容的企业基本工资制度。

岗位技能工资制是由岗位劳动评价和岗位技能工资两部分组成。岗位劳动评价是以劳动者在不同劳动岗位的劳动为评价内容，综合运用劳动组织管理、劳动生理、劳动卫生、环境监测、数量统计和计算机技术等方面的知识和技术，通过劳动者的劳动状况诸因素的定量测定和评定，将劳动者在生产岗位上所付出的智力、体力及劳动环境的影响抽象化、定量化，从而反映出劳动者的劳动负荷量和不同岗位之间的劳动差别。

第三节　最低工资制度

一、最低工资的概念

最低工资，是由国家规定的，在职工于法定工作时间内提供了正常劳动的前提下，用人单位在最低限度内应当支付的足以维持职工及其平均供养人口的基本生活需要的工资，即工资的法定最低限额。我国《劳动法》第四十八条规定："国家实行最低工资保障制度。最低工资的具体标准由省、自治区、直辖市人民政府规定，报国务院备案。用人单位支付劳动者的工资不得低于当地最低工资标准。"因此，劳动关系双方当事人不得在劳动合同中约定在法定最低工资额以下的工资，只要职工按法定工作时间履行劳动给付义务或被合法免予劳动给付义务，用人单位向职工支付的工资就不得少于法定最低工资额。最低工资额的形式，一般有小时最低工资额、日最低工资额、周最低工资额和月最低工资额。

最低工资和起点工资是两个不同的概念。起点工资是基本工资制度中各工种中（岗位）的最低一级工资标准。确定起点工资，除了要考虑职工的基本生活需要，还要考虑很多其他因素，如各工种（岗位）的技术业务、劳动强度和职工技能等，因而，不同工种（岗位）的起点工资不尽相同。而最低工资仅与职工基本生活需要相对应，与其他因素无关，并不因工种（岗位）的不同而有所不同。

需明确的是，国家要求一定范围内的职工必须达到的最低工资水平，也不属于最低工资。例如，我国有关法规中关于外商投资企业职工的工资水平不得低于当地同行业国有企业在同等条件下职工实际工资的120%的规定，即非关于外商投资企业职工最低工资的规定。

最低工资由法律所允许的若干种劳动报酬项目所组成。按国家的明确规定，在正常劳动情况下的劳动报酬都属于最低工资的组成部分，而加班加点工资和中班、夜班、高温、低温、井下、有毒有害等特殊工作环境（条件）下的津贴，以及劳动者的保险、福利待遇，则不作为最低工资的组成部分。而作为基本工资之外的奖金，由于现实中存在着比较严重的把本应纳入基本工资范围的报酬用奖金形式发放的现象，于是也把奖金列入最低工资的组成部分。

国际上关于最低工资的立法，最早是新西兰在1884年制定的《产业仲裁法》。随后在澳大利亚、英、德、法、瑞士、意大利等国也先后进行了类似的最低工资立法。在这个过程中，最低工资法的适用范围不断扩大，逐步括大到了包括所有行业、职业或工种的工人。此后，随着最低工资立法的重要性日益增强，国际劳工组织也通过了若干关于最低工资的公约和建议书，明确要求各成员国应承担最低工资立法的任务。

在我国，早在1948年召开的第二次全国劳动大会所通过的《关于中国职工运动当前任务的决议》中就已提出，必须保障任何普通职工的最低工资标准，即职工最低工资要能维持连同本人在内两个人的生活。1989年劳动部《私营企业劳动管理暂行规定》要求，私营企业职工的最低工资不得低于当地同行业的集体企业在同等条件下工人的最低工资水平。到1993年下半年，劳动部颁布了《企业最低工资规定》，这是我国第一部全国性的最低工资法规。其后，在《劳动法》"工资"专章中，明确规定"国家实行最低工资保障制度"，并对最低工资标准的制定权限、制约因素和法律效力作了原则性规定。2003年12月，国家劳动和社会保障部（2008年更名为"中华人民共和国人力资源和社会保障部"）颁布了《最低工资规定》，对最低工资保障规定了较为具体的规则。2012年6月，国务院发布的《国家人权行动计划（2012—2015年）》明确提出，建立工资正常增长机制，稳步提高最低工资标准，最低工资标准年均增长13%以上，绝大多数地区最低工资标准达到当地城镇从业人员平均工资的40%以上。

二、最低工资标准的确定

最低工资标准，又称最低工资率，是指国家依法规定的单位劳动时间的最低工资数额。最低工资标准的确定，是最低工资立法中的核心问题。

最低工资标准的确定方式有两种：①立法上直接规定最低工资标准。如加拿大、美国等。②立法上不直接规定最低工资标准，而只规定如何确定最低工资标准的原则和具体规则，并授权有关机构确定具体的最低工资标准。多数国家都采用这种方式，即使在有联邦一级法定最低工资标准的美国，各州也采用这种方式。

有权确定最低工资标准的机构有两种：①多数国家规定由依法组成的专门机构来决定最低工资标准；②有的国家规定由劳工部行使制定最低工资标准的职权。

在我国现阶段，经济发展和生活水平的地区不平衡性还比较突出，由此决定了难以实行全国统一的最低工资标准。因此，《劳动法》第四十八条规定，最低工资的具体标准由省、自治区、直辖市人民政府规定，报国务院备案；《最低工资规定》第七条规定，省、自治区、直辖市范围内的不同行政区域可以有不同的最低工资标准。由于最低工资标准直接涉及劳动关系双方当事人的利益，因而，最低工资标准的制定应当贯彻"三方原则"，即由政府有关部门组织同级工会组织和用人单位方面代表参与最低工资标准的制定过程。

关于确定最低工资标准所应依据和考虑的因素，国际劳工组织在1970年第一百三十一号公约《特别参照发展中国家情况确定最低工资公约》中规定了两点：①工人及其家庭的必需品。需考虑该国的一般工资水平、生活费、社会保障津贴，以及其他社会阶层的相应生活标准。②经济因素。包括经济发展的要求、生产力水平、获得和维持高水平就业的需要。这两项规定为大多数国家所接受，然而各国也根据自身的国情和经济发展条件，例如，地区间经济发展的不平衡、企业支付能力、物价水平等对最低工资标准的影响作了不尽相同的规定。

最低工资标准的具体测算方法，国际上通常采用的有八种，结合我国的实际情况，比较适用的是下述两种：①比重法。根据城镇居民统计调查资料，确定一定比例的最低人均收入户为贫困户，统计出贫困户的人均生活费用支出水平，乘以每一在业者的供养系数，再加上一个调整数。②恩格尔系数法。根据德国统计学家恩格尔提出的恩格尔定律，计算出在一定时空范围内家庭食物支出占家庭总消费支出的比例。用以上方法计算出最低工资标准后，再结合职工的平均工资水平、社会救济金和失业保险金标准、就业状况、劳动生产率水平及经济发展水平等进行必要的调整。

《劳动法》第四十九条规定：确定和调整最低工资标准应当综合参考下列因素：劳动者本人及平均赡养人口的最低生活费用；社会平均工资水平；劳动生产率；就业状况；地区之间经济发展水平的差异。《最低工资规定》第六条规定：①确定和调整月最低工资标准，应参考当地就业者及其赡养人口的最低生活费用、城镇居民消费价格指数、职工个人缴纳的社会保险费和住房公积金、职工平均工资、经济发展水平、就业状况等因素；②确定和调整小时最低工资标准，应在颁布的月最低工资标准的基础上，考虑单位应缴纳的基本养老保险费和基本医疗保险费因素，同时还应适当考虑非全日制劳动者在工作稳定性、劳动条件和劳动强度、福利等方面与全日制就业人员之间的差异。

关于最低工资标准的制定程序，《最低工资规定》中规定的主要环节有：①拟订方案。最低工资标准的确定和调整方案，由省级劳动行政部门会同同级工会、企业联合会或企业家协会研究拟订，并将拟订的方案报送国务院劳动行政部门。②审查方案。国务院劳动行政部门在收到拟订的方案后，应征求全国总工会、中国企业联合会或企业家协会的意见。国务院劳动行政部门对方案可以提出修订意见，若在收到方案后 14 日内未提出修订意见的，视为同意。③审批、发布和备案。省级劳动行政部门应将方案报省级政府批准，并在批准后 7 日内在当地政府公报上和至少一种全地区性报纸上发布。在发布后 10 日内省级劳动行政部门应将最低工资标准报国务院劳动行政部门备案。

我国《最低工资规定》第十条规定："最低工资标准发布实施后，如本规定第六条所规定的相关因素发生变化，应当适时调整。最低工资标准每两年至少调整一次。"最低工资标准调整的程序与上述程序相同。

三、最低工资的支付

最低工资标准一经确定公布，在适用区域和范围内，用人单位必须以货币形式向劳动者支付不低于当地最低工资标准的工资。但下列各项费用或收入不得作为最低工资的组成部分：①加班加点工资。②中班、夜班、高温、低温、井下及有毒有害等特殊工作环境和条件下的津贴。③国家法律、法规规定的劳动保险和福利待遇。保险和福利待遇不属于工资的性质和范畴，当然也不应作为最低工资的组成部分。

为了保证用人单位支付劳动者的工资不低于当地最低工资标准，国家规定了具体的保障措施，要求企业必须将政府对最低工资的有关规定告知本单位劳动者。企业支付给劳动者的工资不得低于其适用的最低工资标准。实行计件工资或提成工资等工资形式的企业，必须进行合理的折算，其相应的折算额不得低于按时、日、周、月确定的相应的最低工资标准。在劳动合同中，如果当事人约定劳动者在未完成劳动定额或承包任务的情况下，用人单位可低于最低工资标准支付给劳动者工资，则该条款不具有法律效力。

按照规定，各级政府劳动行政主管部门负责对最低工资的执行情况进行检查和监督。此外，工会有权对最低工资执行情况进行监督，发现企业支付给劳动者的工资低于当地最低工资的，工会有权要求有关部门处理。

四、最低工资的不足和完善

最低工资保障制度是我国一项基本的劳动和社会保障制度，其在维护劳动者合法权益、促进劳动力市场健康发展等方面发挥了重要作用，但现阶段仍然存在一些缺陷和不足，主要表现在：①立法层次较低，最低工资的强制性有待加强；②尚未建立起一套科学、合理的测算机制；③与本地区经济发展状况往往不同步，缺乏相适应的最低工资调整机制；④对最低工资制度的宣传力度不够。因此，在以后的发展和完善中，最低工资保障制度应注重以下几点：①提高最低工资立法层次，尽快出台《最低工资条例》；②建立科学合理的最低工资的调整机制；③最低工资标准应适时调整，具备保障职工本人及家属最低基本生活的需要；④加大对最低工资制度的宣传力度。

第四节　工资形式

一、工资形式的概念

工资形式即计量劳动和支付工资的方式。我国立法所规定的工资由基本工资和辅助工资所构成。基本工资是指劳动者在法定工作时间内提供正常劳动所得到的报酬，它构成劳动者所得工资额的基本组成部分。在我国现行的工资分配制度中，基本工资有下述主要特征：①常规性，即劳动者正常条件下的劳动恒量。②结构性，即基本工资由不同的工资单元所构成。③等级性，即因基本工资的影响要素不同使得工资存在相应的等级差别。④固定性，即一定期限内的基本工资是相对稳定的。⑤主干性，即基本工资在全部工资额中占主要的部分。⑥基准性，即基本工资可以成为确定辅助工资单元数额的计算基准。我国企业现行的基本工资形式主要有计时工资和计件工资。辅助工资，即基本工资以外的、在工资构成中处于辅助地位的工资组成部分。它通常是用人单位对劳动者支出的、超出正常劳动之外的劳动耗费所给予的报酬。我国企业现行的辅助工资形式主要有奖金、津贴和补贴。目前我国《关于工资总额组成的规定》第四条规定：工资总额由下列六个部分组成：①计时工资；②计件工资；③奖金；④津贴和补贴；⑤加班加点工资；⑥特殊情况下支付的工资。由此可知，我国工资形式多种多样，而《〈关于工资总额组成的规定〉若干具体范围的解释》第一条规定，工资总额的计算原则应以直接支付给职工的全部劳动报酬为根据。各单位支付给职工的劳动报酬以及其他根据有关规定支付的工资，不论是计入成本的还是不计入成本的，不论是按国家规定列入计征奖金税项目的还是未列入计征奖金税项目的，不论是以货币形式支付的还是以实物形式支付的，均应列入工资总额的计算范围。

二、计时工资

计时工资，是按照单位时间工资率（即计时工资标准）和工作时间支付给职工个人的劳动报酬。计时工资标准一般分为月工资标准、日工资标准和小时工资标准。其中，月工资标准是确定日（小时）工资标准的基础。我国《关于贯彻执行〈中华人民共和国劳动法〉若干问题的意见》第六十一条规定："实行计时工资制的劳动者的日工资，按其本人月工资标准除以平均每月法定工作天数（实行每周 40 小时工作制的为 21.16 天，实行每周 44 小时工作制的为 23.33 天）进行计算。"职工若全勤，按月工资标准计发工资；职工若缺勤或加班加点，按日工资标准或小时工资标准扣发或加发工资。计时工资在任何部门、用工单位和岗位（工种）都可适用。在实行计时工资的条件下，职工完成法定工作时间和劳动定额后，按本人的工资等级和工资标准领取的工资数额，即为标准工资。它是工资的基本部分，可作为计算工资的其他组成部分、计件工资的计件单价及某些项目的社会保险待遇的基础或依据。

计时工资的优点是操作简单、易行，适用于任何企业和工种；缺点是以劳动时间作为计算工资报酬的依据，不能完全将工资报酬与劳动的数量和质量挂钩。

三、计件工资

计件工资是指在一定技术条件下，根据职工完成的合格产品数量或工作量，按计件单价支付的劳动报酬。其核心是计件单价，即生产某一单位产品或完成某一单位工作的应得工资额，也就是单位产品（工作）工资率。依据《劳动法》第三十七条的规定，对实行计件工作的劳动者，应该按照标准工时制合理确定劳动定额和计件报酬标准。在正常条件下，计件单价是根据一定技术等级的职工的工资标准和劳动定额计算出来的，即为：

计件单价＝单位时间的标准工资/单位时间的劳动定额

正是在此意义上，计件工资可以看作是计时工资的转化形式。

计件工资在我国实践中有多种具体形式，一般可作如下分类：①按照劳动成果的分配方式，可以分为个人计件工资和集体计件工资；②按照劳动成果的计价方式，可以分为无限计件工资和有限计件工资；③按照是否考虑辅助工人在工作中所起的作用，可以分为直接计件工资和间接计件工资；④按照超额任务的计价方式，可以分为超额计件工资和累进计件工资；⑤按照预计的工作任务完成量的计价方式，可以分为包工计件工资和提成计件工资。

计件工资的优点是能够使劳动成果与劳动报酬直接联系起来，更好地体现按劳分配的原则；缺点是容易因追求生产产品数量而忽视了质量，甚至影响安全生产。

四、奖金

奖金是指用人单位对劳动者的超额劳动或增收节支实绩所支付的奖励性报酬。较之基本工资，奖金的主要特征有：①非常规性，即奖金所对应的是劳动者在完成正常劳动的基础上所提供的超额劳动。这里的"超额"主要表现为劳动质量、劳动成果上的超额，如超额完成劳动任务或取得超常劳动效果等；而工作时间上的超额，则一般可用加班加点工资或补休来补偿。②浮动性，即劳动者获得奖金与否或多少，所在单位是否发放奖金或奖金水平高低，都是经常变动的。③非普遍性，即法律并不要求用人单位对每个劳动者都一定要支付奖金。换言之，奖金只适用于符合奖励条件的情况。

奖金有多种类型，可分为月度奖金、季度奖金和年度奖金；经常性奖金和一次性奖金；集体奖金和个人奖金；综合奖金和单项奖金（如超产奖、安全奖、节约奖、新产品试制奖等）。

奖金发放的条件，除国有用人单位外，一般由用人单位劳动规章制度或集体合同规定。它可分为集体条件和个人条件两个层次。集体条件必须在劳动组织整体具备条件时才能获得奖金；而个人条件是指，只要职工个人具备了条件就可以获得奖金。

五、津贴和补贴

津贴是指为了补偿职工在特殊劳动条件下所付出的额外劳动消耗和生活费用而支付给职工的劳动报酬。需说明的是，这里的津贴与事业单位基本工资制度中被称为"津贴"（如"专业技术人员津贴"等）的活动工资部分不是同一概念。补贴是指为了保障职工的工资水平不受特殊因素的影响而支付给职工的劳动报酬。职工的劳动消耗和生活费用往往因客观条件不同而存在一定差别，而基本工资不能反映这种状况，所以，需要用津贴和补贴来补充。

津贴和补贴较之奖金，其特点是：①附加性。津贴和补贴属于附加劳动报酬；奖金则是一种超额劳动报酬。②独立性。津贴和补贴除国家另有规定外不与标准工资挂钩，既不按标准工资的比例支付，也不随标准工资的提高比例而提高；奖金同标准工资往往有一种比例关系。③稳定性。津贴和补贴确定后，比较稳定；奖金则有浮动性。④有限性。发给职工的各种津贴和补贴一般不应超过本人的基本工资额；奖金在企业中则上不封顶、下不保底。

津贴根据其建立的目的和所起的作用不同，可分为：①为补偿职工额外劳动消耗而建立的津贴，如高空津贴、高温津贴、夜班津贴；②为保障职工身体健康而建立的津贴，如有毒有害岗位津贴，林区、高原、水下工作津贴等；③为补偿职工生活费额外支出而建立的津贴，如外勤工作津贴、铁路乘务津贴；④为保障职工的实际生活水平而建立的津贴，如主要副食品价格补贴；⑤为补偿职工的特殊贡献而设立的奖励性津贴，如对作出突出贡献的专家、学者和科技人员的政府特殊津贴，等等。当然，作为工资辅助形式的津贴仅指工资性津贴，那些非工资性津贴，如保健食品等不包括在内。

津贴和补贴的项目设置、发放范围、支付标准及领取条件等，国家均有统一规定。凡实行法定基本工资制度的单位，均不得就津贴和补贴自行增设项目、扩大发放范围、提高支付标准、改变领取条件。

六、年薪

年薪又称年工资收入，是指以企业财务年度为时间单位所计发的工资收入。从广义上来说，年薪也可以说是计时工资的一种，但其与通常的计时工资形式不同。在国外，它一般适用于企业的高级职员；在我国，目前仅适用于企业经营者。2000年11月，劳动和社会保障部发布的《进一步深化企业内部分配制度改革指导意见》中指出，要在具备条件的企业积极试行董事长、总经理年薪制。

年薪作为一种特殊的工资形式，其本质在于它所对应的劳动不只是一般意义的劳动力支出，而是一种经营活动。这种劳动对企业经济效益的提高具有关键性作用，其直接劳动成果只能由整个企业或经营单位的经营状况反映出来。由此决定了年薪具有以下特征：①年薪应当以企业经济效益的基本时间单位，即财务年度作为计发报酬的时间单位；②年薪只适用于对实际行使经营权并对企业经济效益负有职责的人员，即董事、经理等高级职员；③年薪的构成中，除了包括作为一般意义劳动力支出的补偿的基本劳动报酬外，还应当包括与行使经营权和承担经营责任，从而对企业经济效益的提高起关键性作用相对应的利润分享收入。

第五节　特殊情况下的工资

一、特殊情况下的工资的概念

特殊情况下的工资，是指依法或按协议在非正常情况下，由用人单位支付给劳动者的工资。《关于工资总额组成的规定》第十条规定，特殊情况下支付的工资包括：（1）根据国家法律、法规和政策规定，因病、工伤、产假、计划生育假、婚丧假、事假、探亲假、定期休假、停工学习、执行国家或社会义务等原因按计时工资标准或计时工资标准的一定比例支付的工资。（2）附加工资、保留工资。其特点在于：①以存在某种法定非正常情况作为工资支付的依据。一般认为，因职工在法定工作时间内履行劳动给付义务而支付工资，是工资支付的正常情况。此外，其他应支付工资的情况即为非正常情况。至于哪些情况属于应支付工资的非正常情况，必须以法规和政策的明确规定为依据。②以职工本人计时工资标准作为工资支付的标准。或按计时工资标准进行全额支付，即工资照发；或按计时工资标准的一定比例进行支付；或按计时工资标准的一定倍数进行支付。各种支付方式分别适用于哪些正常情况，均由有关法规和政策具体规定。

二、特殊情况下工资的种类及支付

（一）履行国家和社会义务期间的工资

劳动者在法定工作时间内依法参加社会活动期间，用人单位应视同其提供了正常劳动而支付其工资。社会活动包括：①依法行使选举权或被选举权；②当选代表出席乡（镇）、区以上政府、党派、工会、青年团和妇女联合会等组织召开的会议；③出任人民法庭证明人；④出席劳动模范、先进工作者大会；⑤不脱产工会基层委员会委员因工会活动占用的生产或工作时间；⑥其他依法参加的社会活动。

（二）加班加点工资

根据《劳动法》规定，劳动者加班加点的，用人单位应当按照下列标准支付高于劳动者正常工作时间工资的工资报酬：①安排劳动者延长工作时间的，支付不低于其工资150%的工资报酬；②休息日安排劳动者工作又不能安排补休的，支付不低于其工资200%的工资报酬；③法定休假日安排劳动者工作的，支付不低于其工资300%的工资报酬。

（三）休假期间的工资

《劳动法》第五十一条规定："劳动者在法定休假日和婚丧假期间以及依法参加社会活动期间，用人单位应当依法支付工资。"2007年12月通过的《职工带薪年休假条例》第二条规定："机关、团体、企业、事业单位、民办非企业单位、有雇工的个体工商户等单位的职工连续工作1年以上的，享受带薪年休假。单位应当保证职工享受年休假。职工在年休假期间享受与正常工作期间相同的工资收入。"

（四）停工、停产期间的工资

根据《工资支付暂行规定》及其他相关规定，对非因劳动者原因造成的单位停工、停产在一个工资支付周期的，用人单位应当按照劳动合同规定支付工资，超过一个工资支付周期的，也应按劳动者提供的正常劳动支付不低于当地最低工资标准的工资。国务院《关于企业工人、职员停工津贴的暂行规定》中规定了停工期间的工资待遇保障主要有4种情况：①职工因本身过失的停工，不发给过失者津贴；②非因职工本身造成的停工一般按本人标准工资的75%发给停工津贴；③试用新机器、新工具，试行先进经验及合理建设期间，非职工本人过失造成的停工，按照本人标准工资的 100% 发给停工津贴；④停工期间的地区津贴、野外津贴、生活补贴均按停工津贴发给。

（五）用人单位破产时的工资

依据《工资支付暂行规定》第十四条规定，用人单位依法破产时，劳动者有权获得其工资。在破产清偿中用人单位应按《中华人民共和国企业破产法》规定的清偿顺序，首先支付欠付本单位劳动者的工资。据此可知，劳动者的工资较其他一般债权具有优先受偿性。

（六）特殊人员的工资支付

①职工在调动工作期间、脱产学习期间、被错误羁押期间及错判服刑期间，用人单位应当按国家规定或劳动合同规定的标准支付工资。②职工被公派到国（境）外工作、学习期间，其国内工资按国家规定的标准支付。③学徒工、熟练工、大中专毕业生在学徒期、熟练期、见习期、试用期及转正定级后的工资待遇由用人单位自主确定。④新就业复员军人的工资待遇由用人单位自主确定；分配到企业的军队转业干部的工资待遇，按国家有关规定执行。⑤劳动者受处分后的工资支付：劳动者受行政处分后仍在原单位工作（如留用察看、降级等）或受刑事处分后重新就业的，应主要由用人单位根据具体情况自主确定其工资报酬；劳动者受刑事处分期间，如收容审查、拘留（羁押）、缓刑、监外执行或劳动教养期间，其待遇按国家有关规定执行。

第六节　工资保障

一、工资保障的概念

工资保障是指对职工获得全部应得工资及其所得工资支配权的保障。它给劳动者所提供的保护范围，较之最低工资保障则更进一步，因为它所保护的客体已不限于最低工资，而扩及全部应得工资；它所干预的对象，已由工资额的确定转到工资支付的行为。在许多国家的劳动法和国际劳工组织 1949 年第 95 号公约《工资保障公约》及第八十五号同名建议书中，都有关于工资支付保障的规定。我国除了在《劳动法》中对工资支付保障作了原则性规定外，还制定了《工资支付暂行规定》（1994 年）及其《补充规定》（1995 年）、《建设领域农民工工资支付管理暂行办法》（2004 年），在《劳动合同法》（2012 年修订）等其他有关法律、法规中也可散见工资保障规则。

二、工资保障的措施

（一）工资支付的办法

根据《劳动法》及《工资支付暂行规定》，用人单位支付工资必须按照以下方式执行：①工资应当以法定货币支付，不得以实物和有价证券替代货币支付。②用人单位应当将工资支付给职工本人，但是，职工本人因故不能领取工资时可由其亲属或委托他人代领；用人单位可委托银行代发工资，但应当将工资存入劳动者本人账户。③法定和约定应当支付给职工的工资项目和工资额，必须全部支付，不得克扣。正是基于此规则，用人单位在支付工资时应当向职工提供一份其个人的工资清单。④工资必须在用人单位与职工约定的日期支付。如遇节假日或休息日，应提前在最近的工作日支付；工资至少每月支付一次，实行周、日、小时工资制的可按周、日、小时支付工资，但非全日制用工劳动报酬结算支付周期最长不得超过 15 日；对完成一次性临时劳动或某项具体工作的职工，用人单位应按协议在完成劳动任务后即行支付；劳动关系依法终止时，用人单位应在终止劳动关系时一次性付清工资；凡拖欠工资的，应当按拖欠日期和拖欠工资额向职工赔偿损失。⑤用人单位依法破产时，应将劳动者的工资列入清偿顺序，首先支付。

（二）禁止克扣和无故拖欠劳动者工资

《劳动法》第五十条规定："工资应当以货币形式按月支付给劳动者本人。不得克扣或者无故拖欠劳动者的工资。"原劳动部 1994 年出台的《违反和解除劳动合同的经济补偿办法》第三条规定："用人单位克扣或者无故拖欠劳动者工资的，以及拒不支付劳动者延长工作时间工资报酬的，除在规定的时间内全额支付劳动者工资报酬外，还需加发相当于工资报酬百分之二十五的经济补偿金。"为了保证劳动者的工资不被克扣或拖欠，有关劳动法律、法规对扣除工资作了限制性规定，2011 年 2 月通过的《中华人民共和国刑法修正案（八）》第四十一条规定："以转移财产、逃匿等方法逃避支付劳动者的劳动报酬或者有能力支付而不支付劳动者的劳动报酬，数额较大，经政府有关部门责令支付仍不支付的，处三年以下有期徒刑或者拘役，并处或者单处罚金；造成严重后果的，处三年以上七年以下有期徒刑，并处罚金。单位犯前款罪的，对单位判处罚金，并对其直接负责的主管人员和其他直接责任人员，依照前款的规定处罚。"为统一司法适用，2011 年 4 月，最高人民法院、最高人民检察院联合发布了《关于执行〈中华人民共和国刑法〉确定罪名的补充规定（五）》，该司法解释将恶意欠薪的罪名正式确定为"拒不支付劳动报酬罪。"

1. 对代扣工资行为的限制

《工资支付暂行规定》第十五条规定，用人单位可以在特定情形下代扣劳动者工资，具体包括：①应由职工缴纳的个人所得税；②应由职工负担的各项社会保险费用和住房公积金；③法院判决、裁定中要求代扣的抚养费、扶养费、赡养费；④法定可以从工资中扣除的其他费用。

此后，《工资支付暂行规定的补充规定》对此问题进一步细化，明确了以下情形中用人单位扣减劳动者工资的合法性：①国家的法律、法规中有明确规定的；②依法签订的劳动合同中有明确规定的；③用人单位依法制定并经职代会批准的厂规、厂纪中有明确规定的；④企业工资总额与经济效益相联系，经济效益下浮时，工资必须下浮的（但支付给劳动者工资不得低于当地的最低工资标准）；⑤因劳动者请事假等相应减少的工资。

2. 扣除对工资数额的限制

如果由于劳动者本人的原因而给用人单位造成经济损失的，用人单位可按照劳动合同的约定要求其赔偿经济损失。经济损失的赔偿，可从劳动者本人的工资中扣除，但每月扣除的部分不得超过其当月工资的20%，并且扣除后的剩余工资部分不得低于当地月最低工资标准。

（三）劳动者的欠薪索赔特权

欠薪索赔特权是指劳动者依法享有的对欠薪雇主就其欠薪优先索赔的权利。法律赋予并保护劳动者享有的欠薪索赔特权，旨在保障劳动者能够优先于其他债权人，从欠薪雇主的财产（尤其是破产财产）中得到其欠薪的偿付。此项制度的基本内容有下述要点：

1. 受特权保护的劳动者范围

原则上全体劳动者都享有此项特权，但立法也规定了某些例外。例如，有的国家在适用于国家公务员和公共团体或国有企业雇员的特别劳动法中从未授予这些劳动者此项特权；有的国家在法律或判例中拒绝给予高级职员、持有本公司股份或股票的雇员、与雇主有近亲属关系的雇员此项特权。

2. 受特权保护的工资范围

法律上对通过行使此项特权获得偿付的工资有一定限制。例如，有的只限于一定金额以内的工资；有的只限于一定期限（最后或最近若干个月）的工资；有的只限于一定项目的工资（如基本工资、津贴）。

3. 特权的等级

特权的等级主要有一般特权和专门特权之分。专门特权优于一般特权，即可以针对清偿债务财产享有优先受偿的权利，各国立法中大多没有对动产和不动产作特别规定，而对可以设立专门特权的条件，各国立法都作了一定的限定。例如，海员对其船舶就其最后一次航行的工资享有专门特权。

4. 欠薪索赔特权与其他债权的关系

以欠薪雇主为债务人的欠薪索赔特权以外的债权有非特权债权和特权债权之分。各国立法都把欠薪索赔权置于比非特权债权优先的地位，但对欠薪索赔权是否优先于特权债权则有不同的主张。有些国家将其置于所有特权债权之上，有些则将其置于部分特权债权，如税收债权和社会保障费用债权之上，而对特权债权的保护范围各国亦有不同规定。

5. 欠薪索赔特权的加速偿付

由于欠薪索赔具有维持基本生活需要的性质，有些国家规定了加速偿付程序。在我国有关政策和立法中，对欠薪索赔特权也有规定。例如，根据国务院关于国有企业政策性破产的规定，曾将试点城市的破产国有企业所欠职工工资在支付破产费用之前优先清偿，即从破产企业依法取得的土地使用权转让所得中清偿，破产企业以土地使用权为抵押物的，其转让所得也应首先用以清偿所欠职工工资。2007 年《破产法》第一百一十三条将破产人所欠的职工工资列为破产财产在优先清偿破产费用和共益债务后的第一清偿顺序，即仅可从无担保的财产中优先清偿；同时在第一百三十三条规定，"在本法施行前国务院规定的期限和范围内的国有企业实施破产的特殊事宜，按照国务院有关规定办理"。

（四）劳动行政主管部门的监察权

劳动行政主管部门有权监察用人单位工资支付的情况。《关于贯彻执行〈中华人民共和国劳动法〉若干问题的意见》第六十三条规定："企业克扣或无故拖欠劳动者工资的，劳动监察部门应根据《劳动法》第九十一条、劳动部《违反和解除劳动合同的经济补偿办法》第三条、《违反〈中华人民共和国劳动法〉行政处罚办法》第六条予以处理。"我国《劳动合同法》第八十五条规定：用人单位有下列情形之一的，由劳动行政部门责令限期支付劳动报酬、加班费或者经济补偿；劳动报酬低于当地最低工资标准的，应当支付其差额部分；逾期不支付的，责令用人单位按应付金额百分之五十以上百分之一百以下的标准向劳动者加付赔偿金：①未按照劳动合同的约定或者国家规定及时足额支付劳动者劳动报酬的；②低于当地最低工资标准支付劳动者工资的；③安排加班不支付加班费的；④解除或者终止劳动合同，未依照本法规定向劳动者支付经济补偿的。

（五）人民法院的工资支付令和其他程序法保障措施

《劳动合同法》第三十条规定，"用人单位拖欠或者未足额发放劳动报酬的，劳动者可以依法向当地人民法院申请支付令，人民法院应当依法发出支付令"；根据《劳动争议调解仲裁法》第十六条的规定，因支付拖欠劳动报酬达成调解协议，用人单位在协议约定期限内不履行的，劳动者可以持调解协议书依法向人民法院申请支付令，而人民法院应当依法发出支付令。

1. 支付令申请的条件

根据《民事诉讼法》第一百九十一条及其司法解释的规定，劳动者向法院申请支付令必须符合下列条件：①必须由劳动者自己提出申请；②劳动者的请求只能是以请求给付货币性劳动报酬为标的；③请求给付的劳动报酬所依据的支付期限已到期且数额确定；④劳动者对用人单位没有给付义务；⑤支付令能够送达用人单位；⑥劳动者的申请必须向有管辖权的基层法院提出；⑦劳动者申请法院发布支付令，应当提交申请书并附相关的债权文书，申请书应当写明请求给付劳动报酬的数量和所根据的事实和证据。

2. 支付令申请的受理和发出

法院接到劳动者的申请后，应当在 5 日内通知劳动者是否受理。法院受理劳动者的申请后应当对其进行审查（限于形式审查），对债权债务关系明确、合法的，应当在受理之日起 15 日内向用人单位发出支付令。

3. 支付令的效力

法院依法发出的支付令，其效力有如下三种：①支付令发出之后，用人单位在限期内依支付令履行义务的，支付令实际上与生效裁判起到同等作用。②用人单位在限期内不提出异议，又不履行支付令的，劳动者可以根据支付令向法院申请强制执行。③用人单位在限期内提出书面异议的，支付令自行失效。

此外，《民事诉讼法》第九十七条规定，人民法院对追索劳动报酬的案件，根据当事人的申请，可以裁定先予执行。

（六）农民工工资保障的特别措施

针对拖欠农民工工资的严重现象，劳动和社会保障部、建设部《建设领域农民工工资支付管理暂行办法》规定了特别保障措施。主要有：①工程总承包企业应对劳务分包企业的工资支付情况进行监督，督促其依法支付农民工工资。②业主或工程总承包企业未按合同约定与建设工程承包企业结清工程款，致使建设工程承包企业拖欠农民工工资的，由业主或工程总承包企业先行垫付农民工被拖欠的工资，先行垫付的工资数额以未结清的工程款为限。③企业因被拖欠工程款导致拖欠农民工工资的，企业追回的被拖欠工程款，应优先用于支付拖欠的农民工工资。④工程总承包企业不得违反规定将工程发包、分包给不具备用工主体资格的组织或个人，否则应承担清偿拖欠工资连带责任。⑤企业违反国家工资支付规定拖欠或克扣农民工工资的，记入信用档案，并通报有关部门。建设行政主管部门可依法对其市场准入、招投标资格和新开工项目施工许可等进行限制，并予以相应处罚。⑥企业应按有关规定缴纳工资保障金，存入当地政府指定的专户，用于垫付拖欠的农民工工资。2008 年 3 月，国务院政府工作报告中亦指出，要确保农民工工资按时足额发放。

案例分析

【案情】王女士于 2010 年 1 月 1 日进入甲市一物业公司从事保洁工作，双方口头约定每月基本工资 600 元，此工资低于当时甲市的最低工资标准，但是直到 2010 年 12 月 1 日双方才签订了一年期的劳动合同，其中约定基本工资不变，2011 年 12 月 1 日合同期满后，双方因劳动报酬产生纠纷，王女士咨询相关律师后，遂向当地劳动争议仲裁委员会申请仲裁，要求公司补足从 2010 年 1 月到 2010 年 11 月的双倍工资、支付工作日和法定节假日的加班工资以及每月最低工资差额等费用，并有三名同事为其出庭作证，证明其确实在该公司任保洁工。仲裁委员会作出支持王女士请求的裁决，而公司辩称双方劳动合同签订之前的期间，双方不存在劳动关系，故对裁决的赔偿费用不服，向法院起诉。

【问题】对该案应当如何处理？

【解析】该案是典型的工资纠纷案件。我国《劳动合同法》第七条规定："用人单位自用工之日起即与劳动者建立劳动关系。用人单位应当建立职工名册备查。"因此，产生劳动关系的基本法律事实是"用工"，而不是订立劳动合同。据此，王女士从2010年1月开始，已经和公司存在事实上的劳动关系，双方的工资纠纷关系适用于我国《劳动合同法》和《劳动法》等法律、法规的调整。依据《劳动合同法》第八十二条，用人单位自用工之日起超过一个月不满一年未与劳动者订立书面劳动合同的，应当向劳动者每月支付双倍的工资。本案中，该公司应当双倍支付王女士在2010年1月到2010年11月期间的基本工资。《劳动法》第四十八条规定："国家实行最低工资保障制度。最低工资的具体标准由省、自治区、直辖市人民政府规定，报国务院备案。用人单位支付劳动者的工资不得低于当地最低工资标准。"同时，依据《劳动合同法》第八十五条的规定，用人单位低于当地最低工资标准支付劳动者工资的和安排加班不支付加班费的，由劳动行政部门责令限期支付劳动报酬、加班费或者经济补偿；劳动报酬低于当地最低工资标准的，应当支付其差额部分；逾期不支付的，责令用人单位按应付金额百分之五十以上百分之一百以下的标准向劳动者加付赔偿金。本案中，该公司还需要支付王女士在工作期间每月的最低工资差额和加班工资。我国《工资支付暂行规定》第九条规定："劳动关系双方依法解除或终止劳动合同时，用人单位应在解除或终止劳动合同时一次付清劳动者工资。"因此，本案中王女士的劳动合同到期后，该公司需要一次性支付王女士在工作期间的最低工资差额、各种加班费以及补足公司在未签订劳动合同期间应该支付的双倍工资。

第八章　劳动安全卫生

第一节　劳动安全卫生法概述

一、劳动安全卫生的概念、内容与特征

(一) 劳动安全卫生的概念

劳动安全卫生，即职业安全卫生，是指对劳动者在劳动过程中的安全和健康的保护。劳动安全卫生是保证劳动者正常地进行生产劳动的重要前提。

劳动安全卫生的目的在于消除各种不安全、不卫生的因素，不断改善劳动条件，为劳动者创造安全、卫生、舒适的工作条件，消除和预防劳动生产过程中可能发生的伤亡、职业病和急性职业中毒，切实有效地保护女工及未成年工的健康和安全，保证劳动者以健康的劳动力参加社会生产，促进劳动生产率的提高，保证生产劳动正常进行。[①]

(二) 劳动安全卫生的内容

1. 政府的劳动保护职责

政府有关部门对劳动者的安全和健康在宏观上负有保护职责。具体包括：①制定劳动保护法规和劳动安全卫生标准，监督用人单位执行。②政府职能部门应当把劳动安全卫生管理和服务工作，纳入各自的日常职责范围；通过日常的审批、鉴定、考核、认证和事故查处等职能活动，督促用人单位做好劳动保护工作。③通过劳动保护监察活动，监督、检查用人单位遵守劳动保护法，制止、纠正并制裁其违法行为。④组织和推动劳动保护科研工作及其成果开发、推广和应用。⑤向企业直接提供或支持提供劳动保护设施。

2. 用人单位的劳动保护义务

用人单位必须按照劳动保护法的要求，对本单位劳动者承担劳动保护义务。主要有：①向劳动者提供符合劳动安全卫生标准的劳动条件；②对劳动者进行劳动保护教育和劳动保护技术培训；③建立和实施劳动保护管理制度；④保障职工休息权的实现；⑤为女工和未成年工提供特殊劳动保护；⑥接受政府有关部门、工会组织和职工群众的监督。

---

① 李景森，贾俊玲. 劳动法. 北京：北京大学出版社，2001. 233.

3. 劳动者的劳动保护权利和义务

劳动者是劳动保护关系中的受保护者，其所享有的劳动安全卫生权利主要包括：①有权获得符合标准的劳动安全卫生条件；②有权获得法定的休息休假待遇；③有权获得本岗位安全卫生知识、技术的学习和培训；④有权拒绝单位提出的违章操作要求，在劳动条件恶劣、隐患严重的情况下，有权拒绝作业和主动撤离工作现场；⑤有权对单位执行劳动保护法的情况进行监督并提出建议。同时，职工负有学习和掌握劳动保护知识、技术，严格遵守操作技术规程的义务。

（三）劳动安全卫生的特征

1. 受保护者是劳动者，保护者是用人单位

当劳动者将其劳动力的使用权有期限地让渡给用人单位后，仍拥有对劳动力的所有权，用人单位在使用劳动者的劳动力时应当对劳动者的劳动力实施保护。因而，劳动保护是劳动者的权利和用人单位的义务。

2. 保护的对象是劳动者的安全和健康

因为劳动力以劳动者人身为载体，劳动者只有在其人身处于安全和健康的状况下，其劳动力才能正常存续和发挥，所以，保护劳动者的安全和健康就是保护劳动者的劳动力。

3. 保护的范围只限于劳动过程

劳动保护是基于劳动关系而产生的，因而，用人单位只对劳动者在劳动过程中的安全和健康负有保护义务，而对劳动者在劳动过程之外的安全和健康则无此义务。

二、劳动安全卫生的立法概况

劳动安全卫生法是指对劳动者在生产过程中的安全和健康加以保护的一系列劳动安全卫生法律规范的总称。劳动安全卫生法是劳动法的重要组成部分，在劳动法体系中一直处于非常突出的地位，其数量之多，远非劳动法体系的其他部分可比。

劳动安全和劳动卫生是既可相对区分又有紧密联系的两种劳动保护措施和制度，其立法例有合并与分立两种模式。合并模式如美国的《职业安全与卫生法》、日本的《劳动安全与卫生法》，分立模式如我国的《安全生产法》和《职业病防治法》。

劳动安全卫生立法也一直是国际劳工组织的一项主要职责。在国际劳工组织1919—2007年所制定的188项公约和199项建议书中，以劳动保护为主要内容的约占一半，其中有70多个涉及劳动安全卫生。国际劳工组织还制定了各类职业安全卫生行为准则、手册和指导方针，提供更加实际的技术指南，如2001年的《职业安全卫生管理体系指南》。

有别于劳动法的其他部分，劳动安全卫生法的基本特征体现在其技术性上。这是因为劳动过程中客观存在的各种职业危害因素是由自然规律所支配的。为了避免职业危害因素对劳动者人身造成现实伤害，通常都以技术手段（还有组织管理措施）作为最基本的劳动保护手段。因而在劳动安全卫生法的内容中，包含大量的技术性法律规范，其中

有许多直接由技术规范所构成。这种技术性法律规范直接反映出自然规律的要求。也正因如此,劳动安全卫生法具有跨越国界的共同性,国际劳工组织的劳动安全卫生公约和世界各国的劳动安全卫生法具有一定趋同性。另外,劳动安全卫生法的基本特征还包括强制性和普适性。这是因为,只有普遍而严格地遵循这些劳动安全卫生规范,才有可能确保劳动者的安全和健康。

(一) 国外劳动安全卫生立法

各国劳动保护立法都有一个显著特征,即制定了分门别类、为数众多、内容详细的劳动安全标准和卫生标准。在世界上已有的七十多部劳动法典中,都设置专门篇章规定劳动安全卫生的基本要求。许多国家还制定了劳动安全卫生基本法。[①] 下面以美国的《职业安全与卫生法》和日本的《劳动安全卫生法》为例,对国外劳动安全卫生立法的内容作一简要介绍。

美国国会于 1970 年通过《职业安全与卫生法》,该法适用于美国各州的所有雇主和雇员,通过保证每位雇员都能在安全和卫生的条件下从事工作,保护劳动者的健康和安全。在该法基础上,美国制定了详细的职业安全卫生标准,其内容涉及二十多个方面。主要包括:工作场所安全出口、动力平台和升降机等设施设置;机器和设备防护;工作环境的控制标准;工作场所消防、医疗和急救设施设置等。另外,该标准还将一些有毒有害环境分为不同等级,并对不同等级下的工作时间和轮班制度作了具体规定。这些规定为雇主改善工作场所的安全卫生条件,以有效保护雇员的身心健康提供了依据,同时也为劳动安全与卫生执法提供了标准。

日本于 1972 年制定了《劳动安全卫生法》。该法主要内容包括用人单位不仅要遵守法律所规定的各项防止劳动事故发生的基准,还必须努力提供尽可能高于此基准的保护劳动者健康和安全的条件。机械设计者、制造者、进口者,原材料的制造者、进口者,建筑物的建设者、设计者必须努力防止有关物品在使用阶段发生伤害劳动者的情况。劳动者也要遵守防止发生工伤事故的各项规定。厚生劳动大臣要制定并发表防止主要工伤事故发生的对策,确立以安全卫生管理者、责任者、安全卫生委员会为代表的安全卫生管理体制。用人单位在雇用劳动者时,必须对其进行必要的安全卫生教育,尤其对从事带有危险性工作的员工要进行特别安全教育。用人单位要制定劳动安全卫生计划,并将计划提交给劳动基准监督署署长备案、审查。国家要在财政、技术上对为了防止工伤事故发生的安全卫生教育、作业环境测定、健康诊断和有害物质调查等研究进行必要的援助。

(二) 我国劳动安全卫生的立法

新中国成立以来,我国一直非常重视劳动安全卫生立法,颁布了大量劳动安全卫生法。据 2002 年《中国的人权状况》白皮书介绍,我国已制定了 29 类共 1 682 项有关劳动安全卫生的法规和规章,有 28 个省、自治区、直辖市制定了劳动安全卫生方面的地

---

① 王全兴. 劳动法. 北京:法律出版社,1997.438.

方性法规，全国制定有关职业安全卫生的国家标准452项。在已有的劳动安全卫生立法中，除《劳动法》（1994年）、《矿山安全法》（1992年）、《职业病防治法》（2001年）和《安全生产法》（2002年）外，影响较大的有1956年制定的"三大规程"——《工厂安全卫生规程》、《建筑安装工程安全技术规程》和《工人职员伤亡事故报告规程》，1963年制定、1979年修订的《工业企业设计卫生标准》，1982年制定的《矿山安全条例》、《矿山安全监察条例》和《锅炉压力容器安全监察条例》，1985年制定的关于工会实施劳动保护监督检查的三个条例，1987年制定的《职业病范围和职业病患者处理办法的规定》和《尘肺病防治条例》，1988年制定的《关于生产性建设工程项目职业安全卫生监察的暂行规定》和《女职工劳动保护规定》，1990年制定的《女职工禁忌劳动范围的规定》和《厂长、经理职业安全卫生管理资格认证规定》，1991年制定的《企业职工伤亡事故报告和处理规定》，1994年制定的《未成年工特殊保护规定》和《矿山建设工程安全监督实施办法》，1995年制定的《劳动安全卫生监察员管理办法》，1996年制定的《矿山安全法实施条例》，等等。

在我国劳动安全卫生法律体系中，《宪法》中关于劳动保护的规定居于最高层次；《劳动法》中关于劳动保护的专章规定居于第二层次；第三层次为《安全生产法》、《职业病防治法》。第四层次包括：①劳动安全技术法：矿山安全、特种设备安全、建筑安装工程安全、危险性产品、材料安全、特定劳动场所安全；②劳动卫生技术法：粉尘危害防护、职业性毒物危害防护、噪声危害防护、电磁辐射危害防护、其他职业危害防护；③劳动保护管理法：劳动保护计划、劳动保护教育、劳动保护设施、劳动保护认证和考评、劳动保护检查、其他综合性劳动保护管理措施、安全生产责任、生产安全事故调查处理、职业病危害项目申报、职业健康监护、其他专项劳动保护管理措施；④特殊主体保护法：女职工特殊劳动保护、未成年工特殊劳动保护；⑤劳动保护监督法：矿山安全监察、特种设备安全监察、其他劳动保护监察。

三、劳动安全卫生法的意义

劳动关系以劳动力为核心要素，而劳动力以劳动者人身为载体，只有在劳动者人身处于安全和健康的状况下，劳动力的再生产和使用才可以持续和正常进行。而且，在劳动者利益的总体结构中，人身安全和健康比其他利益处于更重要的地位。所以，劳动者的安全和健康是劳动法保护的首要对象。

劳动安全卫生法在劳动法体系中具有无可争辩的首要地位，皆因其对保护劳动者的安全和健康具有重要意义，因为劳动安全卫生法直接以劳动者的安全和健康为保护对象。历史表明，劳动法对劳动者的保护是从保护劳动者的安全和健康开始的，因而在一定意义上也可以说，劳动法起源于对劳动者安全和健康的保护。例如，被视为现代劳动立法开端的1802年英国《学徒健康和道德法》，就其内容而言，实际上就是一部劳动安全卫生法。至于其他国家最早的劳动立法也是专门的劳动安全卫生法，或是以劳动安全卫生为主要内容的劳动法规。①

第二节　劳动安全规程和劳动卫生规程

劳动安全卫生规程是指关于消除、限制或预防劳动过程中产生的危害和有害因素，保护职工安全与健康，保障设备、生产正常运行的统一规定。用人单位必须严格执行国家劳动安全卫生规程，对劳动者进行劳动安全卫生教育，防止劳动过程中事故的发生，减少职业危害。劳动安全卫生规程有国家标准、行业标准和地方标准三级标准。用人单位在执行劳动安全卫生规程时，有国家标准的，必须执行国家标准；没有国家标准的，须执行行业标准；没有国家标准和行业标准的，则执行地方标准。

一、劳动安全规程

（一）劳动安全规程的概念

劳动安全规程是指以防止和消除劳动过程中伤亡事故的技术规则为基本内容，旨在保护劳动者安全的法律规范。劳动安全规程具体规定安全技术措施和相应的安全组织管理措施。由于各行各业的生产特点、工艺过程不同，需要解决的安全技术问题不同，劳动安全规程也有所不同。按产业性质分，有煤矿、冶金、化工、建筑及机器制造等安全技术规程；按机器设备性质分，有电器、起重、锅炉和压力容器、压力管道、焊接及机床等安全技术规程。

用人单位需要遵守的劳动安全技术规程主要有：①工厂安全技术规程。主要包括厂房、建筑物和通道、工作场所、生产设备及个人防护用品等方面的安全要求。②建筑安装工程安全技术规程。主要包括施工现场、脚手架、土石方工程和拆除工程、高处作业及防护用品等方面的安全要求。③矿山安全技术规程。主要包括矿山建设和矿山开采两个方面的安全要求。

（二）劳动安全规程的主要内容

①用人单位必须建立、健全劳动安全卫生制度，严格执行国家劳动安全卫生规程和标准，对劳动者进行安全卫生教育，防止劳动过程中事故的发生，减少职业危害。从事特种作业的劳动者必须经过专门培训并取得特种作业资格。②企业单位必须对新工人进行安全生产的入厂教育、车间教育和现场教育，并且经过考试合格后，才准许其进入操作岗位。③劳动者对用人单位管理人员的违章指挥和强令冒险作业，有权拒绝执行；对危害生命安全与身体健康的行为，有权提出批评、检举和控告。④企业单位的职工应该自觉地遵守安全生产规章制度，不进行违章作业，并且要随时制止他人违章作业，积极参加安全生产的各种活动，主动提出改进安全工作的意见，爱护和正确使用机器设备、

---

① 王全兴.《安全生产法》的定位. 现代职业安全，2007（7）.

工具及个人防护用品。

二、劳动卫生规程

(一) 劳动卫生规程的概念

劳动卫生规程，也称工业卫生规程，是指国家为改善生产过程中的劳动条件，保护劳动者的健康，预防和消除职业病和职业中毒而制定的各种法律规范，如对有毒气体、粉尘和噪声的消除，对通风和照明状况的改进，以及医疗预防、职工健康检查等技术措施和组织管理措施等方面的有关规定。

我国各行各业的劳动卫生规程很多，除了在《工厂安全卫生规程》中规定了一般性的基本要求外，还针对某些劳动卫生问题制定了专门规定，如《关于防止厂矿企业中矽尘危害的决定》、《关于防止沥青中毒办法》、《工业企业噪声标准》、《关于加强防毒工作的决定》、《尘肺病防治条例》及《放射性同位素与射线装置放射防护条例》等。此外，还制定了一些关于劳动卫生的国家标准和行业标准。

(二) 劳动卫生规程的主要内容

1. 工作场所劳动卫生规程

《工厂安全卫生规程》要求工作场所的光线应当充足，噪声、有毒有害气体和粉尘浓度不得超过国家规定的标准；工作场所的地面应当保持平整，因生产需要设置的坑、壕和池，应当有围栏或盖板，物品的堆放不得妨碍通行；工作车间应当根据需要设置饮水和洗手设备，在高温或粉尘、易脏和有关化学物品或毒物作业场所，应当设置淋浴室、更衣室等辅助设备、设施；建筑施工、易燃易爆和有毒有害等危险作业场所应当设置相应的防护设施、报警装置、通信装置、安全标志，以及在紧急情况下进行抢救和安全疏散的设施；有易燃易爆及放射性物质的作业场所、仓库必须符合防火防爆和防辐射等有关规定，建立严格的管理制度。对于特殊的作业场所，如密闭设备内和狭小空间作业的，应当提供特殊的劳动条件。在船舱、贮罐、反应塔等密闭设备内作业及在地下管道、地下室、地下仓库等狭小空间内作业，应当先进行检测，确认有害气体低于国家标准，并采取措施后方可进行作业；在密闭设备和狭小空间内作业，不能采用通风换气措施的，必须给工作人员配备空气呼吸器或氧气呼吸器。

2. 防尘劳动卫生规程

国务院《关于加强防尘防毒工作的决定》、劳动部《粉尘危害分级监察规定》及国务院《尘肺病防治条例》规定：①凡有粉尘作业的企业、事业单位应采取综合防尘措施和无尘或低尘的新技术、新工艺、新设备，使作业场所的粉尘浓度不超过国家卫生标准；②职工使用的防止粉尘危害的防护用品，必须符合国家的有关标准；③作业场所的粉尘浓度超过国家卫生标准，又未积极治理，严重影响职工安全健康时，职工有权拒绝操作；④各企业、事业单位对新从事粉尘作业的职工，必须进行健康检查。对在职和离职的从事粉尘作业的职工，必须定期进行健康检查。

3. 防止有毒物质的危害

劳动部《关于防止沥青中毒的办法》要求,在沥青的装卸、搬运和使用过程中,采取各种有效防护措施,防止沥青中毒。

4. 防止噪声和强光刺激

国务院《工厂安全卫生规程》中,对发出强烈噪声的生产,要求其尽可能在设有消声设备的单独工作房中进行;在有噪音、强光、辐射热和飞溅火花、碎片、刨屑的场所操作的工人,应分别供给护耳器、防护眼镜、面具和帽盔等。

5. 防止电磁辐射危害

凡是存在电磁辐射的工作场所,应当设置电子屏蔽体或磁场屏蔽体,将电磁能量限制在规定的空间内;实行远距离控制作业和自动化作业;用能吸收能量的材料与屏蔽材料叠加一起,吸收辐射能量和防止透射;对作业人员采取必要的个人防护措施。

6. 防暑降温、防冻取暖和防潮湿

工作场所应当保持一定温度和湿度,不宜过热、过冷和过湿。室内工作地点的温度经常高于35℃的,应当采用降温措施;低于5℃的,应当采取取暖设备;对高潮湿场所,应当采取防潮措施。

第三节 劳动安全卫生管理制度

劳动安全卫生管理制度,是法律所规定或确认的国家和生产经营单位为保护劳动者在劳动过程中的安全和健康而采取的各项管理措施的统称。其中,既包括宏观劳动安全卫生管理,也包括微观劳动安全卫生管理;既包括劳动安全卫生综合管理,也包括劳动安全卫生专项管理。我国目前比较成熟的劳动安全卫生管理制度有:劳动安全卫生责任制度、劳动安全技术措施计划制度、劳动安全生产教育制度、劳动安全卫生检查制度、劳动安全卫生监察制度、伤亡事故报告和处理制度、劳动安全卫生预评价制度及职业病防治制度等。现对上述各项管理制度分述如下。

一、劳动安全卫生责任制度

劳动安全卫生责任制是用人单位各项安全生产规章制度的核心,是用人单位行政岗位责任制度和经济责任制度的重要组成部分,也是最基本的劳动安全卫生管理制度。劳动安全卫生责任制是按照劳动安全卫生方针和"管生产的同时必须管安全"的原则,将各级负责人员、各职能部门及其工作人员和各岗位生产工人在劳动安全卫生方面应负的责任加以明确规定的一种制度。

劳动安全卫生责任制的核心是实现安全生产的"五同时",就是在计划、布置、检查、总结、评比生产的同时,计划、布置、检查、总结、评比安全卫生工作。大体分为两个方面:一是纵向方面各级人员的劳动安全卫生责任制,即各类人员的安全生产责任制;二是横向方面各分部门的劳动安全卫生责任制,即各职能部门(如安技、设备、技术、生产、财务等部门）的劳动安全卫生责任制。

二、劳动安全技术措施计划制度

劳动安全技术措施计划制度是职业安全健康管理制度的一个重要组成部分，是企业有计划地改善劳动条件和安全卫生设施，防止工伤事故和职业病的重要措施之一。劳动安全技术措施计划制度对企业加强劳动保护，改善劳动条件，保障职工的安全和健康，促进企业生产经营的发展有着积极作用。

劳动安全技术措施计划的范围包括改善劳动条件、防止伤亡事故、预防职业病和职业中毒等内容。具体包括：①安全技术措施，即预防劳动者在劳动过程中发生工伤事故的各项措施，包括防护装置、保险装置、信号装置及防爆炸设施等措施；②职业健康措施，即预防职业病和改善职业健康环境的必要措施，包括防尘、防毒、防噪音、通风、照明、取暖及降温等措施；③辅助用室及设施，即为保证生产过程安全卫生所必需的用室及一切措施，包括更衣室、淋浴室、消毒室、妇女卫生室及厕所等；④职业安全健康宣传教育措施，即为宣传、普及职业安全健康法律、法规、基本知识所需要的措施，其主要内容包括发给职工有关职业安全健康的教材、图书、资料，组织职业安全健康展览和训练班等。

编制劳动安全技术措施计划的主要依据有：国家发布的有关职业安全健康政策、法规和标准；在职业安全健康检查中发现而尚未解决的问题；造成伤亡事故和职业病的主要原因和所应采取的措施；生产发展需要所应采取的安全技术和工业卫生技术措施；安全技术革新项目和职工提出的合理化建议。

编制劳动安全技术措施计划时，用人单位领导应根据本企业的情况，向车间提出具体要求，进行布置。车间领导要会同有关单位和人员制定出本车间的具体措施计划，经群众讨论，送安技部门审查汇总，技术部门编制，计划部门综合后，由用人单位领导召开各管理、生产部门等负责人参加的会议，确定措施项目，明确设计、施工负责人，规定完成日期，经领导批准后，报请上级部门核定。根据上级核定的结果，与生产计划同时下达各车间贯彻执行。

三、劳动安全生产教育制度

我国《劳动法》明确规定，用人单位要对劳动者进行劳动安全卫生教育。用人单位的安全教育工作是贯彻用人单位方针，实现安全生产、文明生产，提高员工安全意识和安全素质、防止产生不安全行为、减少人为失误的重要途径。这对提高用人单位的管理者和员工做好职业安全的责任感、自觉性，帮助其正确认识和学习职业安全健康法律、法规、基本知识有着积极意义，同时也可以普及和提高员工的安全技术知识，增强安全操作技能，从而保护自己和他人的安全与健康，促进生产力的发展。

《企业职工劳动安全卫生教育管理规定》对生产岗位员工安全教育、管理人员安全教育和组织管理作了具体规定。劳动安全生产教育的形式一般包括管理人员的劳动安全生产教育、特种作业人员的劳动安全生产教育、职工的劳动安全生产教育。

（一）管理人员的劳动安全生产教育

对企业法定代表人、厂长和经理的教育内容应包括：国家有关劳动安全生产的方针、政策、法律、法规及有关规章制度；工伤保险法律、法规；安全生产管理职责、企业职业安全健康管理知识及安全文化；有关事故案例及事故应急处理措施等项内容。安全教育时间应不少于40学时。

企业劳动安全生产管理人员的教育内容应包括：国家有关劳动安全生产的方针、政策、法律、法规和劳动安全生产标准；企业安全生产管理、安全技术、职业健康知识、安全文件；工伤保险法律、法规；职工伤亡事故和职业病统计报告及调查处理程序；有关事故案例及事故应急处理措施等项内容。安全教育时间应不少于120学时。

企业其他管理负责人（包括职能部门负责人、车间负责人）、专业技术干部的劳动安全生产教育内容主要包括：劳动安全生产方针、政策和法律、法规；本职安全生产责任制；典型事故案例剖析；系统安全工程知识；基本的安全技术知识。安全教育时间应不少于24学时。

班组长和安全员的劳动安全生产教育内容包括：劳动安全生产法律、法规、安全技术、职业健康和安全文化的知识、技能及本企业、本班组和一些岗位的危险因素、安全注意事项；本岗位安全生产职责；典型事故案例及事故抢救与应急处理措施等。安全教育时间不少于24学时。

（二）特种作业人员的劳动安全生产教育

特种作业人员上岗作业前，必须进行专门的安全技术和操作技能的培训教育，增强其安全生产意识，防止由于缺乏安全教育和必要的技能培训而引起伤亡事故。因此，国家经贸委对特种作业人员的培训推行全国统一培训大纲、统一考核教材、统一证件的制度。特种作业人员在独立上岗作业前，必须进行专门的安全技术培训，获得证书后方可上岗。特种作业人员安全技术考核包括安全技术理论考试与实际操作技能考核两部分，以实际操作技能考核为主。《特种作业人员操作证》由国家统一印制，地、市级以上行政主管部门负责签发，全国通用。取得《特种作业人员操作证》者每两年进行一次复审。未按期复审或复审不合格者，其操作证自行失效。

（三）用人单位员工的劳动安全生产教育

根据《企业职工劳动安全卫生教育管理规定》的规定，用人单位员工的劳动安全生产教育主要有新员工上岗前的三级教育、"四新"教育和变换岗位教育、经常性教育等。三级教育时间不得少于40学时。厂级安全教育由企业主管厂长负责，企业职业安全健康管理部门会同有关部门组织实施，内容应包括职业安全健康法律、法规，通用安全技术、职业健康和安全文化的基本知识，本企业职业安全健康规章制度及状况、劳动纪律和有关事故案例等内容。车间级职业安全健康教育由车间负责人组织实施，车间专职或兼职安全员协助，内容包括本车间的概况，职业安全健康状况和规章制度，主要危险因素及安全事项，预防工伤事故和职业病的主要措施，典型事故案例及事故应急处理措施等。班组级职业安全健康教育由班组长组织实施，内容包括遵章守纪、岗位安全操作规程、岗位间工作衔接配合的职业安全健康事项、典型事故及发生事故后应采取的紧急措施、劳动防护用品的性能及正确使用方法等内容。企业新职工须按规定通过三级安全教育和实际操作训练，并经考核合格后方可上岗。在新工艺、新技术、新装备、新产品投产前，也要按新的安全操作规程教育和培训参加操作的岗位工人和有关人员，使其了解新工艺、新设备、新产品的安全性能及安全技术，以适应新的岗位作业的安全要求。当用人单位内部职工从一个岗位调到另一个岗位，或从某工种改变为另一工种，或因放长假离岗一年以上重新上岗时，用人单位必须对其进行相应的安全技术培训和教育，以使其掌握现岗位安全生产特点和要求。

四、劳动安全卫生检查制度

劳动安全卫生检查制度，是清除隐患、防止事故、改善劳动条件的重要手段，是企业劳动安全卫生管理工作的一项重要内容。通过劳动安全卫生检查可以发现企业及生产过程中的危险因素，以便有计划地采取措施，保证安全生产。安全卫生检查既包括用人单位自身对安全卫生工作进行的经常性检查，也包括由地方劳动行政部门、产业主管部门组织的定期检查。安全检查必须贯彻领导、专门机构和群众相结合，自查和互查相结合，检查和整改相结合的原则。《安全生产法》第五十六至六十条对劳动安全卫生检查制度规定了下述要点：

（一）安全生产监督管理部门在检查中的职权

在检查中，安全生产监督管理部门应履行的职权主要包括：①进入生产经营单位进行检查，调阅有关资料，向有关单位和人员了解情况。②对检查中发现的安全生产违法行为，当场予以纠正或要求其限期改正；对依法应当给予行政处罚的行为，依照本法和其他有关法律、行政法规的规定作出行政处罚决定。③对检查中发现的事故隐患，应当责令立即排除；重大事故隐患排除前或排除过程中无法保证安全的，应当责令从危险区域内撤出作业人员，责令暂时停产停业或停止使用；重大事故隐患排除后，经审查同意，方可恢复生产经营和使用。④对有根据认为不符合保障安全生产的国家标准或者行业标准的设施、设备、器材予以查封或者扣押，并在15日内依法作出处理决定。

（二）生产经营单位在检查中的义务

生产经营单位对安全生产监督检查人员依法履行职责的行为应当予以配合，不得拒绝、阻挠。

（三）安全生产检查职责的履行

安全生产监督检查不得影响被检查单位的正常生产经营活动；在监督检查中，应当互相配合，实行联合检查；确需分别进行检查的，应当互通情况，发现存在的安全问题应当由其他有关部门进行处理的，要及时移送其他有关部门并形成记录备查，接受移送的部门应当及时进行处理。

安全生产监督检查人员应当忠于职守，坚持原则，秉公执法；执行监督检查任务时，必须出示有效的监督执法证件；对涉及被检查单位的技术秘密和业务秘密，应当为其保密；应当将检查的时间、地点、内容、发现的问题及其处理情况，作出书面记录，并由检查人员和被检查单位的负责人签字；被检查单位的负责人拒绝签字的，检查人员应当将情况记录在案，并向负有安全生产监督管理职责的部门报告。

五、劳动安全卫生监察制度

劳动安全卫生监察制度，是指国家法律、法规授权的行政部门，代表政府对企业的生产过程实施劳动安全卫生监察，以政府的名义，运用国家权力对生产单位履行劳动安全卫生义务和执行劳动安全卫生政策、法律、法规和标准的情况，依法进行监督、检举和惩戒的制度。我国的劳动安全卫生监察起始于20世纪80年代初，1983年，国务院批准《关于加强安全生产和劳动安全监察工作的报告》的通知中，明确提出实行国家劳动安全监察制度。

劳动安全卫生监察具有特殊的法律地位。执行机构设在行政部门，设置原则、管理体制、职责、权限、监察人员任免均由国家法律、法规所确定。劳动安全卫生监察机构与被监察对象没有上下级关系，只有行政执法机构和法人之间的法律关系。劳动安全卫生监察机构在法律授权范围内可以采取包括强制手段在内的多种监督检查形式和方法来执行监察任务。

劳动安全卫生监察机构的监察活动是从国家整体利益出发，依据法律、法规对国家负责，既不受行业部门或其他部门的限制，也不受用人单位的约束。

劳动安全卫生监察具有专属性。执法主体是县级和县级以上法律、法规授权的行政部门，而不是其他国家机关和群众团体。劳动安全卫生监察具有强制性。劳动安全卫生监察机构对违反劳动安全卫生法规、标准的行为，有权采取行政措施，并具有一定的强制性。这是因为它是以国家的法律、法规为后盾的，任何单位或个人都必须服从。

六、伤亡事故报告和处理制度

伤亡事故报告和处理制度是我国劳动安全卫生的一项重要制度。这项制度的内容包括：依照国家法律、法规的规定进行事故的报告；依照国家法律、法规的规定进行事故的统计；依照国家法律、法规的规定进行事故的调查和处理。

(一) 伤亡事故分类

伤亡事故的分类，分别从不同方面描述了事故的不同特点。根据我国有关法规和标准，目前应用比较广泛的伤亡事故主要有以下三种分类：

1. 按伤害程度分类

按伤害程度可将伤亡事故分为：轻伤，指损失工作日为一个工作日以上（含1个工作日），105 个工作日以下的失能伤害；重伤，指损失工作日为 105 个工作日以上（含 105 个工作日）的失能伤害，重伤的损失工作日最多不超过 6 000 日；死亡，有职工死亡或重伤损失工作日超过 6 000 日，这是根据我国职工的平均退休年龄之和计算出来的。

2. 按事故严重程度分类

按事故严重程度可将伤亡事故分为：轻伤事故，指只有轻伤的事故；重伤事故，指有重伤没有死亡的事故；死亡事故，指一次死亡 1～2 人的事故；重大伤亡事故，指一次死亡 3～9 人的事故；特大伤亡事故，指一次死亡 10 人以上（含 10 人）的事故。

3. 按事故类别分类

按事故类别可将伤亡事故分为物体打击、车辆伤害、机械伤害、起重伤害、触电、淹溺、灼烫、火灾、高处坠落、坍塌、冒顶片帮、透水、放炮、瓦斯爆炸、火药爆炸、锅炉爆炸、容器爆炸、其他爆炸、中毒和窒息、其他伤害共 20 类。

（二）伤亡事故报告和处理

有关单位或部门在进行伤亡事故报告处理时，必须严格执行国务院发布的有关伤亡事故报告规程及其他有关规定。这些规定主要有 1989 年国务院第三十四号令《特别重大事故调查程序暂行规定》、1991 年国务院第七十五号令《企业职工伤亡事故报告和处理规定》和 2001 年国务院第三百零二号令《特大安全事故行政责任追究的规定》。

七、劳动安全卫生预评价制度

劳动安全卫生预评价制度，是指根据建设项目可行性研究报告的内容，运用科学的评价方法，依据国家法律、法规及行业标准，分析、预测该建设项目存在的危险、有害因素的种类和危险、危害程度，提出科学、合理和可行的职业安全卫生技术措施和管理对策，作为该建设项目初步设计中劳动安全卫生设计和建设项目劳动安全卫生管理的主要依据，供国家安全生产综合管理部门进行监察时作为参考。预评价实际上就是在建设项目前期，应用安全评价的原理和方法，对工程、项目的危险性、危害性进行预测性评价。

劳动安全卫生预评价的法律法规主要有：1996 年劳动部第 3 号令《建设项目（工程）劳动安全卫生监察规定》、1998 年劳动部第 10 号令《建设项目（工程）劳动安全卫生预评价管理办法》、第 11 号令《建设项目劳动安全卫生预评价单位资格认可与管理规则》、1999 年国经贸安全〔1999〕500 号《关于建设项目（工程）劳动安全卫生预评价单位进行资格认可的通知》等。

依据《建设项目（工程）劳动安全卫生预评价管理办法》的规定，下列建设项目必须进行劳动安全卫生预评价：①属于《国家计划委员会、国家基本建设委员会、财政部关于基本建设项目和大中型划分标准的规定》中规定的大中型建设项目；②属于《建筑设计防火规范》中规定的火灾危险性生产类别为甲类的建设项目；③属于劳动部颁布的《爆炸危险场所安全规定》中规定的爆炸危险场所等级为特别危险场所和高度危险场所的建设项目；④大量生产或使用《职业性接触毒物危害程度分级》规定的Ⅰ级、Ⅱ级危害程度的职业性接触毒物的建设项目；⑤大量生产或使用石棉粉料或含有 10% 以上的游离二氧化硅粉料的建设项目；⑥其他由安全生产监督管理行政部门确认的危险、危害因素大的建设项目。

八、职业病防治制度

(一) 职业病危害项目申报制度

根据《职业病防治法》第十四条规定，用人单位设有依法公布的职业病目录所列职业病的危害项目的，应当及时、如实地向卫生行政部门申报，接受监督。

(二) 建设项目职业病危害预评价制度

在建设项目前期，应运用职业病评价的原理和方法对建设项目可能产生的职业病危害进行预测性评价。其工作内容是根据建设项目可行性研究报告或初步设计报告的内容，运用科学的评价方法，依据国家法律、法规及标准，分析、预测该建设项目存在的有害因素和危害程度，提出科学、合理和可行的职业病防治技术措施和管理对策。

(三) 工作场所职业病危害因素监测、检测和评价制度

根据《职业病防治法》第二十四条规定：①用人单位应当实施由专人负责的职业病危害因素日常监测，并确保监测系统处于正常运行状态；应当按照国务院卫生行政部门的规定，定期对工作场所进行职业病危害因素检测、评价，检测和评价结果存入用人单位职业卫生档案，定期向所在地卫生行政部门报告并向劳动者公布。②职业病危害因素检测及评价由依法设立的取得省级以上人民政府卫生行政部门资质认证的职业卫生技术服务机构进行，其所作的检测、评价应当客观、真实。③发现工作场所职业病危害因素不符合国家职业卫生标准和卫生要求时，用人单位应当立即采取相应治理措施，治理后仍然达不到国家职业卫生标准和卫生要求的，必须停止存在职业病危害因素的作业；职业病危害因素经治理后，符合国家职业卫生标准和卫生要求的，方可重新作业。

(四) 职业病危害告知制度

职业病危害告知是指用人单位或其他单位，对可能产生职业病危害的作业场所或设备、材料，应履行如实告知的义务，以保障劳动者的知情权。根据《职业病防治法》第二十二、二十五、二十六、三十条规定，职业病危害告知包括作业场所危害告知、设备及材料危害告知、劳动合同告知。

(五) 职业健康监护制度

职业健康监护是指为及时发现劳动者的职业性健康损害，根据劳动者的职业接触史，对劳动者进行有针对性的定期或不定期的健康检查和连续、动态的医学观察，记录其职业接触史及健康变化，评价劳动者健康变化与职业病危害因素的关系。根据《职业病防治法》第三十二、三十三条规定，职业健康监护制度包括职业健康检查和职业健康

监护档案。

（六）急性职业病危害事故救援和控制制度

在劳动过程中，如果发生急性职业病危害事故，用人单位应当立即采取应急救援和控制措施控制住危害事故的发生，不使危害扩散；对于尚未发生但有可能发生的事故，要积极地采取措施避免危害事故的发生。

第四节　法律责任

劳动安全卫生法在劳动法体系中是一个法规最多、内容最复杂的子系统，与此相应，违反劳动安全卫生法的法律责任非常庞杂，几乎在每一项劳动安全卫生法律法规中都有关于法律责任的专门章节或若干条款。《劳动法》对用人单位违反劳动安全卫生法的法律责任作了原则性规定，此外，《安全生产法》、《职业病防治法》、《矿山安全法》、《企业职工伤亡事故报告和处理规定》和《特别重大事故调查程序暂行规定》等法律法规对用人单位及其责任人员的法律责任也作了具体的规定。

用人单位违反劳动安全卫生法律法规，应承担的法律责任主要包括：①用人单位的劳动安全设施和劳动卫生条件不符合国家规定，或未向劳动者提供必要的劳动防护用品和劳动保护设施的，由劳动行政部门或有关部门责令改正，可以处以罚款；情节严重的，提请县级以上人民政府决定责令停产整顿；对事故隐患不采取措施，致使发生重大事故，造成劳动者生命和财产损失的，对责任人员比照《刑法》第一百八十七条的规定追究刑事责任。②用人单位强令劳动者违章冒险作业，发生重大伤亡事故，造成严重后果的，对责任人员依法追究刑事责任。③用人单位违反法律对女职工和未成年工的保护规定，侵害其合法权益的，由劳动行政部门责令改正，处以罚款；对女职工或未成年工造成损害的，应当承担赔偿责任。④用人单位无理阻挠劳动行政部门、有关部门及其工作人员行使监督检查权，打击报复举报人员的，由劳动行政部门或有关部门处以罚款；构成犯罪的，对责任人员依法追究刑事责任。

案 例 分 析

【案情】某建筑公司的起重机坏了，为了尽快完成建筑工程任务，公司从其他单位租来了一台起重机。李某是该建筑公司工人班组的班长，他发现公司租来的起重机是一台常年停用的老设备，许多地方已出现锈蚀，钢丝绳也有轻微损伤。于是，李某请求公司经理安排专业人士对这台起重机进行检查。公司经理认为李某等人是有意拖延工程进度，非常生气，要求李某等人立刻使用起重机。李某坚持不检查起重机就坚决不用的态度，拒绝启用那台租来的起重机。面对不服从管理并且影响工期的李某，公司经理以李某违反劳动合同约定的义务为理由，依据公司的规章制度，给予李某扣奖金的处罚。

【问题】对于用人单位管理人员违章指挥、强令冒险作业，劳动者是否有权拒绝执行？用人单位能否对拒绝执行的劳动者进行处罚？

【解析】国家严格保护劳动者在履行劳动合同、进行生产劳动过程中的劳动安全卫生权利。《起重机械安全监察规定》规定，对停用 1 年以上的起重机械，使用前应作全面检查。而本案中，公司租用的起重机是一台常年停用的老设备，许多地方出现锈蚀，钢丝绳也有轻微损伤，其安全性能无法保证。李某发现后及时向公司经理反映，其行为符合国家《安全生产法》中关于"从业人员发现事故隐患或者其他不安全因素，应当立即向现场安全生产管理人员或者本单位负责人报告"的规定。公司经理接到报告后，应及时处理。但他只考虑工程进度，不考虑安全因素，强令李某等人进行不符合安全条件的起重操作。这属于《劳动法》规定的"用人单位管理人员违章指挥、强令冒险作业"，劳动者有权拒绝执行，且有权提出批评、检举和控告。另外，《劳动合同法》也规定，"劳动者拒绝用人单位管理人员违章指挥、强令冒险作业的，不视为违反劳动合同"。据此，李某在公司检查起重机前拒绝操作的做法是正确的，公司经理给予李某处罚的做法是错误的。

第九章 女职工和未成年工的特殊保护

第一节 女职工和未成年工特殊保护概述

一、女职工和未成年工特殊保护的概念

女职工是指以工资收入为主要生活来源的女性劳动者，包括从事体力劳动和脑力劳动的妇女。未成年工是指处于法定劳动年龄阶段的未成年劳动者。在我国，未成年工是指年满16周岁而未满18周岁的劳动者。

对女职工的特殊保护，是由女职工的生理特点决定的。女性的生理机能和身体结构与男性有很大的区别。女性有月经、怀孕、生育和哺乳等生理现象，还肩负着抚育婴幼儿的社会责任。过重和过度紧张的劳动及不良的工作环境，都有可能影响她们的健康，甚至会影响下一代的健康成长。因此，必须对女职工给予特殊保护。对未成年工的特殊保护，是基于未成年工的身体特点决定的。未成年工未满18周岁，尚处于发育阶段，无论在体力上还是在智力上都难以承受过度紧张或繁重的劳动。而且，未成年工的注意力、抑制力和判断力都较成年人差，在工作中如果不给予特殊保护，则容易出现差错，甚至会出现不必要的伤亡事故，对未成年工的身体造成伤害。因此，必须对未成年工给予特殊保护。

二、女职工和未成年工特殊保护的意义

（一）体现了社会的进步

社会进步以社会公平、人的权利得以充分实现为重要标志。女职工与未成年工特殊保护制度，正是基于这一社会目标而建立并为实现这一目标发挥作用的。

（二）有利于促进我国社会生产力的发展

在我国人口中，妇女占了将近一半，妇女劳动力已成为我国重要的劳动力资源。妇女就业范围十分广泛，涉及各行各业。基于女职工的生理特点给予她们特殊保护，能够保障女职工的安全和健康，更有利于调动女职工的生产积极性和创造性，从而使她们能为国家和社会作出更大贡献。同时，对女职工给予特殊保护，能够增加妇女就业的机会和比例，进一步解放妇女劳动力，充分发挥妇女的能力，促进社会生产力的发展。未成

年工也是我国劳动力的组成部分。由于未成年工参加社会劳动较一般人为早，他们除身体仍处在发育阶段外，其所受的教育通常也较少。因此，还需要对他们进行文化课培训和职业培训，以提高他们的文化水平。对未成年工加以特殊保护，既能够保护未成年工的身体健康，又能够提高他们的文化水平和职业技能，从而培育出高素质的劳动力，以适应时代发展对劳动力素质的要求。

（三）有利于民族的繁荣兴盛和优秀体质的延续

女职工在劳动过程中从事有毒有害的工作或特别繁重的体力劳动，必然对女职工的身体造成影响，如果其正值怀孕或哺乳期，还会对其胎儿或婴儿的生长发育造成影响，有可能造成难产、早产、胎儿中毒死亡或身体发育不良等。因此，对女职工的特殊保护，不仅关系到女职工自身的安康，而且关系到中华民族下一代的健康成长和民族优良体质的延续。未成年工正处于成长阶段，如果让他们过早地从事繁重的体力劳动或接触有毒有害物质，也会直接影响他们身体机能的正常发育。因此，有必要对未成年工的工种、工作时间、劳动强度等进行限制，使未成年工能够健康成长，拥有强健的体魄，增强全民族体质。

三、女职工和未成年工特殊保护的立法概况

在资本主义工业革命后，随着工业的兴起，妇女和未成年工大量涌入工业劳动，随之产生了对女职工与未成年工劳动保护的问题。进步的思想家也积极呼吁改善劳动条件，要求国家通过立法对劳资关系进行干预，以实现对女性与未成年劳动者的人文关怀。世界上最早的劳工立法实际上就是针对童工和女工的劳动保护问题而规定的。

新中国成立后，我国于1949年制定的《共同纲领》及历次《宪法》都对女职工的特殊保护作了原则性的规定。依据《宪法》的原则规定，我国政府还制定和颁布了一系列有关女职工特殊保护的法律、法规和规章。早在1951年政务院公布的《劳动保险条例》及1953年颁布的《劳动保险条例实施细则修正草案》中，就对女职工的生育待遇作了明确规定。1952年政务院发布的《关于劳动就业问题的决定》和1963年劳动部发布的《关于城市需要就业的劳动力的安置意见》，都要求尽量录用妇女。改革开放以后，有关女职工劳动保护立法的工作取得了进一步的发展。国务院于1988年7月颁布了《女职工劳动保护规定》，这是我国第一部综合性女职工劳动保护法规。为配合该规定的实施，劳动部于1990年颁发了《女职工禁忌劳动范围》。1992年第七届全国人大第五次会议通过了《妇女权益保障法》，其中第四章对妇女的劳动权益作了明确规定。《劳动法》第七章"女职工和未成年工特殊保护"对女职工特殊保护作了明确具体的规定，此外，在第二章"促进就业"中规定了妇女的劳动权，在第五章"工资"中规定了同工同酬原则。

我国也十分重视对未成年工的特殊保护问题，制定了一系列针对未成年工特殊保护的法律、法规。1988年国务院发布的《私营企业暂行条例》，规定企业招用的工人须年满16周岁。1991年国务院发布的《禁止使用童工规定》，对我国最低就业年龄作出明确

规定，严禁用人单位非法使用童工。1991 年颁布的《中华人民共和国未成年人保护法》和 1995 年生效的《劳动法》第七章都专门规定了对未成年工的特殊保护措施。1994 年劳动部还颁布了《未成年工特殊保护规定》，对未成年工禁忌从事劳动的范围，以及对未成年工定期进行健康检查等内容作了具体规定。

此外，对于女职工、未成年工特殊劳动保护方面的国际公约，我国先后批准了 8 个，具体包括：1984 年 5 月 30 日批准的《确定批准儿童在海上工作的最低年龄公约》和《确定批准使用未成年人为扒炭工或司炉工的最低年龄公约》、《受雇于海上工作的及未成年人的强制体格检查公约》、《妇女受雇用于各种矿场井下工作公约》、《确定批准使用儿童于工业工作的最低年龄公约》；1990 年 11 月 2 日批准的《1951 年同酬公约》；1999 年 4 月 28 日批准的《准许就业最低年龄公约》；2002 年 6 月 29 日批准的《禁止和立即消除最恶劣形式的童工劳动公约》等。

第二节　女职工的特殊劳动保护

根据《宪法》、《妇女权益保障法》、《女职工禁忌劳动范围的规定》等法律、法规和其他规范性文件，对女职工实行特殊劳动保护的规定主要包括以下四个方面：

一、男女同工同酬

男女同工同酬是我国劳动法规定的一项基本原则。根据《劳动法》第四十八条规定，国家保护妇女的权利和利益，实行男女同工同酬。《妇女权益保障法》第二十四条规定，在分配住房和享受福利待遇等方面男女平等。根据《女职工劳动保护规定》第三条规定，不得在女职工怀孕期、产期、哺乳期降低其基本工资，或解除劳动合同。

二、妇女享有与男子平等的就业权利

男女平等是我国宪法确定的基本原则，也是劳动法的基本原则。《劳动法》第十三条规定，国家保障妇女享有与男子平等的就业权利。在录用职工时，除国家规定不适合妇女的工种和岗位外，不得以性别为由拒绝录用妇女或提高对妇女的录用标准，凡适合妇女从事劳动的单位，不得拒绝招收女职工。

三、女职工特殊生理时期的保护

女职工特殊生理时期的保护是指针对女职工生理机能的变化，在女性月经期、孕期、产期和哺乳期给予的特殊保护。女职工在月经期间，不得安排高处、低温、冷水作业和国家规定的第三级体力劳动强度的劳动。在怀孕期间，不得安排女职工从事以下劳动：作业场所空气中铅及化合物、汞及化合物、苯、镉、一氧化碳、三硫化碳、苯胺、

甲醛等有毒物质浓度超过国家卫生标准的作业；制药行业中从事抗癌药物及乙烯雌酚生产的作业，作业场所放射性物质超过《放射防护规定》中规定剂量的作业；人力进行的土方和石方作业；《体力劳动强度分级》国家标准中第三级体力劳动的作业；伴有全身强烈震动的作业，如风钻、捣固机、锻造等作业及拖拉机驾驶等；工作需要频繁弯腰、攀高、下蹲的作业，如焊接作业等；国家标准《高处作业分级》中规定的一级高处坠落作业，即凡在坠落高度基准面 2 米（含 2 米）以上，有可能坠落的高处进行的作业。对怀孕 7 个月以上的女职工，不得安排其延长劳动时间和夜班劳动，在劳动时间内应当安排一定的休息时间。对不能胜任原工作的，应当根据医务部门的证明，予以减轻劳动量或安排其他劳动。女职工在产期和生育期应该享受不少于 90 天的产假；哺乳期是指女职工生产后，对未满 1 周岁的婴儿进行哺乳的时期。对在哺乳期内的女职工，不得安排其从事国家规定第三级体力劳动强度的劳动和哺乳期禁忌从事的有毒有害劳动，不得延长其劳动时间，一般不得安排其从事夜班劳动。

四、女职工劳动保护设施和其他保护措施

为了更好地落实女职工特殊保护措施，《女职工劳动保护规定》要求女职工比较多的单位，应当按照国家有关规定，以自办或联办的形式，逐步建立女职工卫生室、孕妇休息室、哺乳室、托儿所、幼儿园等设施，并妥善解决女职工在生理卫生、哺乳、照料婴儿等方面的困难。在女职工保健方面，要求贯彻预防为主的方针，注意女性生理和职业特点，认真执行国家有关保护女职工的各项政策和法规。女职工保健的内容主要包括月经期保健、婚前保健、孕前保健、孕期保健、产后保健、哺乳期保健和更年期保健等。

近年来，性骚扰也成为一个不能忽视的问题。所谓性骚扰，是指一方违反另一方意愿，对其进行具有色情意义的言语挑逗或身体接触等行为。性骚扰会对被骚扰者的心理造成巨大的紧张和不安，严重影响被骚扰者的正常工作和生活，因而是一种严重的侵权行为。从劳动法的角度来看，工作场所的性骚扰侵犯了劳动者的工作环境权，而且会造成其工作效率的降低和工作积极性的低落。用人单位负有禁止工作场所发生性骚扰的义务。如果某个女性劳动者受到其上司或同事的性骚扰，用人单位应采取必要措施防范类似事件的发生，以维护妇女劳动者的人格尊严，为其营造良好的工作氛围。

第三节　未成年工的特殊劳动保护

一、最低就业年龄规定

最低就业年龄是指国家法律规定的公民就业的最低年龄。对未成年工特殊法律保护，是各国劳动法的共同任务，而确定最低就业年龄则是未成年工特殊保护法律制度的基础。

由于各国的人口发育状况和社会对其保护水平等因素的差别，决定了各国对未成年工最低年龄的规定有所不同。我国根据实际情况，在《义务教育法》中确定公民的最低就业年龄为 16 周岁。我国《劳动法》第十五条规定，禁止用人单位招用未满 16 周岁的未成年人。文艺、体育和特种文艺单位招用未满 16 周岁的未成年人的，必须依照国家有关规定，履行审批手续，并保证其接受义务教育的权利。《劳动法》第五十八条明确规定，未成年工是指年满 16 周岁而未满 18 周岁的劳动者。《未成年人保护法》第二十八条也规定，任何组织和个人不得招用未满 16 周岁的未成年人，国家另有规定的除外。国务院《禁止使用童工规定》中明确要求，国家机关、企业、事业单位、民办非企业单位或个体工商户均不得招用未满 l6 周岁的未成年人（童工）；禁止任何单位或个人为不满 16 周岁的未成年人介绍就业；各级工商部门不得为未满 16 周岁的少年儿童核发营业执照；父母或其他监护人不得允许未满 16 周岁的子女或被监护人做童工。违反上述规定的单位和个人，要依法承担法律责任。

二、未成年工禁忌劳动范围

在我国，为了培养青年工人和其他方面的特殊需要，允许招收 16～18 岁的未成年工，但在安排未成年工的劳动时应注意他们的生理特点。用人单位招收未成年工，在工种、劳动时间、劳动强度和保护措施等方面应严格执行国家有关规定，不得安排其从事过重、有毒、有害的劳动或危险作业。依照《劳动法》第六十四条规定，不得安排未成年工从事矿山井下、有毒有害、国家规定的第四级体力劳动强度的劳动和其他禁忌从事的劳动。《未成年工特殊保护规定》第三条规定，用人单位不得安排未成年工从事以下 17 种类型的劳动：《生产性粉尘作业危害程度分级》国家标准中第一级以上的接尘作业；《有毒作业分级》国家标准中第一级以上的有毒作业；《高处作业分级》国家标准中第二级以上的高处作业；《冷水作业分级》国家标准中第二级以上的冷水作业；《高温作业分级》国家标准中第三级以上的高温作业；《低温作业分级》国家标准中第三级以上的低温作业；《体力劳动强度分级》国家标准中第四级体力劳动强度的作业；矿山井下及矿山地面采石作业；森林业中的伐木、流放及守林作业；工作场所接触放射性物质的作业；有易燃易爆、化学性烧伤和热烧伤等危险性大的作业；地质勘探和资源勘探的野外作业；潜水、凿洞、凿道作业和海拔 3 000 米以上的高原作业；连续负重每小时 6 次以上并且每次超过 20 千克，间断负重每次超过 25 千克的作业；使用凿岩机、捣固机、气镐、气铲、铆钉机、电锤的作业；工作中需要长时间低头、弯腰、上举、下蹲等强迫体位和动作频率每分钟大于 50 次的流水作业；锅炉司炉。

三、定期健康检查

由于未成年工尚处于生长发育期，过重的劳动量和过大的劳动消耗都可能对其身体造成影响，必须对未成年工定期进行健康检查，如果发现其身体状况不适合该工作，应及时进行调整。《劳动法》第六十五条规定，用人单位应当对未成年工定期进行健康检查。根据《未成年工特殊保护规定》第六条规定，用人单位应当按下列要求对未成年工进行健康检查：①安排工作岗位之前；②工作满 1 年；③年满 18 周岁，距前次的体检已超过半年。

四、登记制度

国家对未成年工的使用和特殊保护实行登记制度。用人单位招收使用未成年工，除符合一般用工要求外，还须向所在地的县以上劳动保障行政部门办理登记。劳动保障行政部门根据未成年工健康检查表、未成年工登记表，核发未成年工登记证，未成年工须持未成年工登记证上岗。

第四节　法律责任

一、违反女职工保护的法律责任

依照《劳动保障监察条例》的规定，用人单位从事下列行为的，由劳动保障行政部门给予行政处罚：①安排女职工从事矿山井下劳动、国家规定的第四级体力劳动强度的劳动或其他禁忌从事的劳动；②安排女职工在经期从事高处、低温、冷水作业或国家规定的第三级体力劳动强度的劳动；③安排女职工在怀孕期间从事国家规定的第三级体力劳动强度的劳动或孕期禁忌从事的劳动；④安排怀孕 7 个月以上的女职工夜班劳动或延长其工作时间；⑤女职工生育享受产假少于 90 天；⑥安排女职工在哺乳期间从事国家规定的第三级体力劳动强度的劳动或哺乳期禁忌从事的其他劳动，以及延长其工作时间或安排其夜班劳动。用人单位违反有关女职工劳动保护规定，对女职工造成损害的，应当承担损害赔偿责任。

二、违反未成年工保护的法律责任

根据《劳动保障监察条例》的规定，用人单位有下列行为之一的，由劳动保障行政部门予以处罚：①安排未成年工从事矿山井下、有毒有害、国家规定的第四级体力劳动强度的劳动或其他禁忌从事的劳动；②未对未成年工定期进行健康检查。用人单位违反未成年工保护规定，对未成年工造成损害的，依法承担赔偿责任。

依照《禁止使用童工的规定》，具有下列行为之一的，由县级以上劳动行政部门处以罚款：①单位或个人使用童工；②父母或其他监护人允许未满 16 周岁的少年、儿童做童工，经批评教育仍不改正；③单位或个人为未满 16 周岁的少年、儿童介绍职业；④单位或个人为未满 16 周岁的少年、儿童做童工出具假证明的。

对违反规定从事下列行为的人员，由县级以上劳动保障行政部门提请有关主管部门给予行政处分：①违法使用童工单位的法定代表人和直接责任者；②为未满 16 周岁的少年、儿童核发个体营业执照的工商行政管理部门的行政负责人和直接责任者；③为未满 16 周岁的少年、儿童介绍职业的职业介绍机构及有关单位的负责人和直接责任者；④为未满 16 周岁的少年、儿童出具假年龄证明的有关单位的直接责任者。

用人单位有下列行为的，由公安机关给予治安处罚，构成犯罪的由司法机关依法追究刑事责任：①拐骗童工的；②虐待童工的；③强令童工冒险作业造成伤亡事故的；④对童工人身健康造成其他伤害的。

违反劳动管理法规，雇用未满 16 周岁的未成年人从事超强度体力劳动的，或者从事高空、井下作业的，或者在爆炸性、易燃性、放射性、毒害性等危险环境下从事劳动，情节严重的，对直接责任人员，处 3 年以下有期徒刑或者拘役，并处罚金；情节特别严重的，处 3 年以上 7 年以下有期徒刑，并处罚金。

案例分析

【案情】2000 年 12 月，陆女士到某国有企业工作，最后签订的一份劳动合同将于 2007 年 12 月到期。但 2007 年底陆女士休了产假，当 2008 年 3 月产假结束回单位时，人事部门告诉她，因公司转制，已经没有可安排她的岗位了。劳动合同本应在 2007 年 12 月到期，公司已经予以了顺延，现在双方应当终止合同了。陆女士提出自己还在哺乳期内，不能终止合同，但公司认为合同已经顺延到产假结束就是合法的，并给她开了退工单。陆女士不服，向劳动仲裁庭提出仲裁请求，认为自己 2000 年 12 月份就进公司了，公司违法终止合同应当按《劳动合同法》规定，按经济补偿金的两倍支付赔偿金，即八个半月工资的两倍支付赔偿金。而公司认为，陆女士是因合同到期终止，而不是公司单方面解除劳动合同，其合同于 2007 年 12 月终止，根据《劳动合同法》，有固定期限的劳动合同到期终止有经济补偿金的，也应当自 2008 年 1 月 1 日才起算，她就算顺延到 2008 年 3 月也至多按半个月工资的标准支付补偿金，以经济补偿金标准的两倍支付赔偿金，其两倍也就是一个月，所以最多再给其一个月的工资作为赔偿。

【问题】

1. 陆女士所获赔偿金应从何时算起？

2. 陆女士应获得相当于多少个月工资的赔偿金？

【解析】根据《劳动合同法》规定，劳动合同期满，女职工在孕期、产期、哺乳期的，劳动合同应当续延至相应的情形消失时终止。用人单位违反规定解除或终止劳动合同，而劳动者不要求继续履行劳动合同或劳动合同已经不能继续履行的，用人单位应当依照《劳动合同法》第四十七条规定的经济补偿标准的两倍向劳动者支付赔偿金。《劳动合同法实施条例》明确规定，用人单位违反劳动合同法的规定解除或终止劳动合同，赔偿金的计算年限自用工之日起计算。

据此，计算陆女士所获赔偿金时，其工作年限应当自 2000 年 12 月入职之日起算，而不能从 2008 年 1 月 1 日起算，赔偿金即按此方法得出的经济补偿金数额的两倍。超过 8 年的工龄就是 8.5 个月工资的两倍，即陆女士应获得相当于 17 个月工资的赔偿金。

第十章　职业培训

第一节　职业培训概述

一、职业培训的概念

职业培训，即职业教育，又称职业训练、职业技术培训或职业技能开发，是指根据现代社会职业需求及劳动者的从业意愿和条件，按照一定的标准，对要求就业和在职的劳动者进行的以提高和培养其专业技术知识和职业技能为目的的教育和训练活动。职业培训是我国职业教育的一个组成部分，其具有以下特征：①在教育的目的上，职业培训以直接培养和提高劳动者的职业技能为目的，意图是使受训者成为一定劳动领域的专门人才，以满足现代社会职业和劳动力供求双方的需要，具有很强的针对性和专业性；②在教育的标准上，职业培训要严格遵循国家依据职业标准所规定的各种职业类别（工种）和等级对职业技能的要求而编制的教学大纲和考核标准；③在教育的对象上，职业培训是一种以劳动者为特定对象的人力资源开发活动，教育和培训对象是社会劳动者，其中包括失业的劳动者、在职的劳动者、企业富余人员和其他求职者；④在教育的内容上，职业培训突出专业技术知识和实际操作技能的培养和提高，更侧重实践性和应用性。

二、职业培训的意义

发展职业教育、加强职业培训是社会化大生产的内在要求，无论何种社会制度，都要求从事某种职业的人员具有一定的专业技术，而劳动者素质的提高和职业技能的获得都有赖于职业培训的建立和发展。职业培训对于我国这样一个发展中的大国来说显得尤为重要，它对于我国社会主义市场经济和现代化建设具有战略性意义。

（一）职业培训对劳动者劳动权的实现有强大的保障作用

职业技能是劳动者实现劳动权的基础。职业培训的主要任务就是帮助劳动者获得必要的职业技能，为其进入劳动力市场准备条件。同时，职业培训还可以帮助失业劳动者尽快掌握新知识、新技术，实现再就业，以保障劳动者劳动权的持续实现。

（二）职业培训是我国实施"科教兴国"和"人才强国"战略的重要环节

当今世界，人类社会已经进入信息时代，以信息技术为主要标志的科学技术日新月异，国家之间的竞争归根到底就是人才的竞争。要想提高我国在国际竞争中的综合国力，国家必须实施"科教兴国"和"人才强国"战略，而职业培训正是实施这两大战略、提高劳动者整体科技素质不可或缺的环节。

（三）职业培训对我国生产力水平的提高有巨大的推动作用

生产力由劳动者、生产工具和劳动对象三部分组成，科学技术同这三者相结合成为第一生产力，它们共同推动着整个社会的发展进步。由于历史原因，我国生产力水平较低，通过加强职业培训，不仅可以提高劳动者的整体素质，而且可以让劳动者掌握较新的科学文化知识，促进企业的技术普及和技术革新，这些都可以大大提升我国的生产力水平。

（四）职业培训对我国社会主义和谐社会的构建有积极的影响

随着我国经济体制改革的不断深入，大量的企业富余职工成为下岗工人，而一些新兴的生产岗位却缺少能胜任的人才，出现了"有人无事干、有事无人干"的矛盾现象。职业培训可以使他们掌握从事工作的专业技术，帮助其实现再就业，能大大减少经济体制改革带来的震荡，保证社会安定有序，促进社会和谐发展。

三、职业培训的立法概况

第二次世界大战以后，特别是 20 世纪 60 年代以来，世界各国十分重视职业培训的立法。德国于 1969 年先后颁布了《职业训练法》、《训练奖励法》和《雇佣促进法》，1976 年颁布了《改进训练场所法》等；英国于 1948 年制定了《就业训练法》，1964 年制定了《工业培训法》，1973 年修改为《雇佣培训法》，1975 年制定了《职业训练金计划条例》，等等。

我国的职业培训立法经历了以下三个发展阶段：①职业培训的开始阶段。这主要是在我国国民经济恢复时期。当时的职业培训立法散见于就业法规中，培训形式主要是开办转业培训班和师傅带徒弟。②职业培训初步奠定基础的阶段。这主要是在我国计划经济时期。这一时期，国家颁布了关于职业培训的一系列法规和文件，主要有 1952 年 2 月政务院颁布的《关于国营、公私合营、合作社营、个体经营的企业和事业单位的学徒的学习期限和生活补贴的暂行规定》，1961 年 5 月劳动部颁布的《技工学校通则》。③职业培训的发展阶段。党的十一届三中全会以来，为了适应经济和社会发展的客观需要，国家先后制定了大量的职业培训法规；其中主要有《技工学校工作条例》（1986 年）、《关于深化技工学校教育改革的决定》（1993 年）、《职业资格证书规定》（1994 年）、《职业训练规定》（1994 年）、《职业培训实体管理规定》（1994 年）、《关于从事技术工种劳动者上岗前必须培训的规定》（1995 年）、《企业职工培训规定》（1996 年）。1991

年国务院制定了《国务院关于大力发展职业技术教育的规定》，1996 年全国人大常委会颁布了《职业教育法》，该法于 1996 年 9 月 1 日起实施。此外，《劳动法》与《劳动合同法》也对职业培训及其相关问题作出了相应的规定。

第二节　职业培训的分类和形式

一、职业培训的分类

以接受培训的劳动者是否就业为标准，将职业培训划分为就业前职业培训和就业后职业培训两大类。

（一）就业前职业培训

就业前职业培训，是指对处于非就业状态且有就业愿望的劳动者进行的职业能力开发和职业技能教育。受培训的对象主要包括两大类：一是从未就业的劳动者；二是曾经就业而现在失业的劳动者。其具体包括城乡初次求职的劳动者、曾经就业而现在失业的职工、需要转换职业的企业富余职工、向非农产业转移及在城镇就业的农村劳动者等。就业前职业培训，由培训机构根据劳动力市场的需求和用人单位的要求设置专业和确定培训标准，按照被培训人员的素质状况确定培训期限。培训的方式主要是在校学习，培训的实体大部分是国家和社会各界开办的各种职业学校和职业培训中心。根据公开报名、自选专业、考核发证、择优推荐就业等原则对参加培训的各类人员进行就业前职业培训。

（二）就业后职业培训

就业后职业培训也称在职培训，是指对已经就业的劳动者进行专业知识和职业技能的培训，其目的是提高在职劳动者的技术业务知识和实际操作能力，从而提高劳动生产率以适应社会生产力不断发展的需要。科学技术的进步要求企业和劳动者及时更新自己的知识与技能，过去那种仅仅依靠自身经验的积累和一般性生产培训就可以应付终生的时代已经不复存在，企业要发展，就必须对劳动者进行周期性的职业培训。在培训方式上，企业可以根据实际情况，在自己独办或联合设置的职工培训机构对职工进行培训，也可以委托社会公共培训机构对其进行培训。在培训的方式上，可以是不脱产培训、半脱产培训或全脱产培训。

由于就业后劳动力的使用权在用人单位，因而人力资源的开发训练即属于用人单位的义务。为促使用人单位履行该项义务，各国通常采取两个方面的措施：①直接规定用人单位的法律义务和法律责任，明确要求用人单位提取职业训练经费或缴纳训练费用，制定与实施培训计划，违者给予法律上的处罚；②在职业培训设备及经费上给予补助或税收上的优惠，并通过认证方式，由合格的培训机构代为培训用人单位所需要的劳动者。[1] 我国《劳动法》第六十八条明确规定："用人单位应当建立职业培训制度，按照国家规定提取和使用职业培训经费，根据本单位实际，有计划地对劳动者进行职业培训。"

此外，还可以依据不同的标准，将职业培训分为：初级职业培训、中级职业培训和高级职业培训；自费培训与公费培训；社会劳动力培训和职工培训；农业行业培训、工业行业培训和服务业行业培训；国内培训和国外培训等。

二、职业培训的形式

（一）学徒培训

学徒培训是指用人单位招收的学徒工在师傅的直接指导下，通过实际的生产劳动而掌握一定的生产技能和业务知识的培训形式，是企业培养新技术工人所使用的传统的培训方式。

学徒培训有以下三个特征：①在学徒培训中，企业是委托培训者，师傅是直接培训者，学徒工是受培训者，三方通过订立学徒培训合同确定相互之间的权利义务关系。合同的内容包括学习期限、学习的工种或专业、学徒工在学徒期间的生活待遇、考核方法、学习纪律和违约责任等。学徒培训是在师傅的指导下、在工作过程中边干边学的培训方式，能不能在规定的时间内完成培训任务，不仅仅取决于学徒工单方面的努力，还与师傅的传授有着直接的关系。所以，有的用人单位为确保培训能顺利进行，不仅签订学徒培训合同，还要求师徒之间签订师徒合同，在合同中明确师傅和徒弟的具体任务，力争做到师徒之间包教、包学和包会。这样看来，师徒合同是学徒培训合同的从合同。②建立学徒培训关系的目的就是将来建立正式的劳动关系。对企业来说，之所以委托师傅对学徒工进行培训，目的是培训结束后能获得一个属于本单位的熟练工人；对学徒来说，与企业建立培训关系是为了在培训结束后能成为该企业的正式工人，能享受其他职工的正常待遇。③在学徒培训中，学徒工与用人单位的关系是一种非正式的劳动关系，他们之间是一种招工与学艺合二为一的法律关系。这期间，用人单位和劳动者确立的仅是以传授、学习技艺为内容的学徒关系。虽然学徒合同中蕴涵着在将来建立正式劳动关系的目的，但学徒工能不能最终成为企业的一员，还取决于在培训结束时学徒工能否达到企业预期的培训要求和目标。如果达到了这些要求和目标，符合用人单位的录用条件，双方再在平等自愿、协商一致的基础上，签订劳动合同，形成劳动关系。

（二）学校的正规培训

学校的正规培训是指学校招收学生并对其进行系统的职业技能和文化教育，以培养合格的技术工人。学校培训是职业培训的一个很重要的组成部分，其中包括职业（技术）学校、技工学校、成人高等学校和高等职业技术教育等形式。

---

[1] 黎建飞. 劳动法案例分析. 北京：中国人民大学出版社，2007.176.

1. 职业（技术）学校培训

职业（技术）学校，亦称职业中学，是主要培养社会急需的初级技术人员的学校。其招收的对象为初中毕业生或初中文化水平以下的人员，学制为 2~3 年。课程的设置有普通文化课和职业技术课两大类，但偏重技术技能的训练。学生经考试合格后，发给毕业证书。毕业后的学生一般有两种就业方式：委托或定向培养的职业学校毕业生，由委托或定向单位负责吸收录用；其余的毕业生到街道职业介绍机构登记后，由职业介绍所机构推荐就业，也可以自谋职业。①

2. 技工学校培训

技工学校是培养中等技术水平和中等文化程度的技术工人的职业学校，它是我国职业教育事业的重要组成部分。为了适应改革开放对中级技术人才的大量需求，1986 年 11 月 11 日，劳动人事部、国家教育委员会联合发布了《技工学校工作条例》，对技工学校的开办、教学条件、招生、培养目标、课程设置、教学制度及管理制度都作了具体规定。

各级劳动行政部门、各级行业主管部门、各企事业单位均可单独或联合开办技工学校。技工学校是培养技术、技能型人才的主要基地，招收的对象主要是初中毕业生，个别工种或专业确实需要的，也可以招收高中毕业生，但需经省级劳动行政部门批准。符合条件的青年通过自愿报名，并经统一考试，由学校择优录取。技工学校的学制是根据受培训者原有的文化程度和专业知识确定的，一般而言，入学前是初中毕业生的，学制为 3 年；入学前是高中毕业的，学制为 1~2 年。培训后经考试合格者发给毕业证书，同时给技术、技能考核合格者发放相应的技术等级证书。

技工学校经过几十年的改革、发展，目前已形成初、中、高级并存，学历教育和职业资格证书教育相结合，多层次、多功能、多元化的职业培训体系，遍及机械、电子、航空、电力、石油、冶金、铁路等近 30 个部门或系统。

3. 成人高等学校培训

成人高等学校主要是在教育学院、干部管理学院、职工大学和各类业余大学（如夜大、电大、函大等）对在职人员进行的专职教育和继续教育，是职业教育的较高级形式，是劳动者获得某一专业的文化理论教育的理想途径。成人高等学校的教育是我国普通教育系统的一个组成部分，但又与职业教育紧密联系在一起，是以培训中、高级专业技术人才为目标的。与其他职业培训相比，它更注重文化基础课和高难度专业技术课的教育。其招收的对象可以是已经接受过不同层次的教育和职业培训的在职人员，也可以是高中毕业生，毕业时依据规定获得专科或本科毕业证书的学生享有与普通高校同类毕业生同等的待遇。

4. 高等职业技术教育培训

高等职业技术教育培训主要是根据需要和条件，由高等职业学校或普通高等学校实施的，它是以培养高等技术应用型专门人才为根本任务，以适应社会需要为目标，以培养技术应用能力为主线的职业培训方式，是我国高等教育的重要组成部分。

---

① 关怀. 劳动法. 北京：中国人民大学出版社，1999. 225.

高等职业技术教育的人才培养工作的基本思路是以教育思想、观念改革为先导，以教学改革为核心，以教学基本建设为重点，注重提高质量，努力办出特色，力争经过几年的努力，形成能主动适应经济社会发展需要、特色鲜明、高水平的高职高专教育人才培养模式。通过既是教师又是工程师、会计师的"双师型"教师队伍，培养出基础理论知识适度、技术应用能力强、知识面较宽、素质较高的优秀毕业生。

（三）社会力量办学

社会力量办学是指企业组织、社会团体及其他社会组织和公民个人利用非国家财政性教育经费，面向社会开办的培训机构。社会力量办学主要实施以职业技能培训为主的职业资格培训、技术等级培训和劳动就业职业技能培训。2003年9月1日，《民办教育促进法》开始施行，取代了自1997年10月1日起施行的《社会力量办学条例》，成为社会力量办学的直接法律依据。其第五条第一款规定："民办学校与公办学校具有同等的法律地位，国家保障民办学校的办学自主权。"这对社会力量办学进行了充分的肯定。

（四）就业训练中心的培训

就业训练中心的培训，是指在各级劳动行政部门领导下，由劳动就业服务机构管理指导的就业培训实体对求职人员在就业或上岗前所进行的、以培训出具有初级职业技能水平的劳动者为主的培训形式。它包括就业前训练和转业训练，多以实用技术和适应性训练为主，学制灵活，少则1个月，多则12个月。

就业训练中心招收的对象一般有以下几类：初次求职人员、失业人员、在职人员、转岗转业人员、出国劳务人员、境外就业人员、个体劳动者及农村中向非农产业转移的人员，农村向城镇流动就业的劳动者，需要提供专门的职业技能培训的妇女、残疾人、少数民族人员及复员转业军人等特殊群体或其他需要学习和提高职业技能的劳动者。就业训练中心招收学员实行面向社会、公开招收、自愿报名、自选专业、自费就学等原则。就业训练中心在对这些人员进行培训时，要贯彻执行有关劳动就业和职业培训的法律、法规和政策，组织就业训练、转业训练的教学与实习，适当开展教学研究、编写教材和教学资料等活动。就业训练中心应按照劳动力市场的需求和用人单位的要求设置专业和培训标准，根据专业的内容和受培训人员的素质确定培训的期限，并编制教学计划和大纲，采用合适的教材，配备符合条件的师资进行教学。学员结业后，不包分配，而是择优推荐就业。

（五）用人单位举办的职工培训

用人单位举办的职工培训又称职工教育或在职培训，是指为了使职工在原有的文化知识、劳动技能的基础上得到提高或更新，按照工作需要由企业独办或联合设置的职工培训机构对职工进行的思想政治、职业道德、管理知识、技术业务、操作技能等方面的教育和训练活动。职工培训的目标应当是培养有理想、有道德、有文化、有纪律、掌握职业技能的职工队伍，以促进职工队伍整体素质的提高。

用人单位举办的职工培训的特点表现为：①培训的对象一般为本单位的在职职工，

因而培训费用一般应由用人单位承担，企业可以与职工订立培训合同，明确双方的权利义务及违约责任；②培训的内容可以是以提高本岗位技术业务和操作技能为目标的在岗培训和晋升培训，也可以是以适应新岗位为目标的转岗培训、转业培训和对新录用人员或学徒工的上岗培训；③培训的方式灵活多样，由企业根据实际情况而定，既可以采用职工基本不脱离生产岗位，在坚持正常工作的情况下参加的在岗业余培训，也可以采用职工在一定期限内脱离工作岗位，进入学校或其他单位，带薪或不带薪参加的离岗专门培训；④这种培训的起点较高，针对性强，主要是根据本企业工种（专业）的需要进行的培训。

（六）创业和再就业培训

在深化国有企业改革和实施再就业工程中，为帮助下岗职工转变就业观念、提高职业技能，尽快实现再就业，中共中央、国务院下发了《关于进一步做好下岗失业人员再就业工作的通知》，要求加大再就业培训和创业培训工作的力度。劳动部制定了《"二年千万"再就业培训计划》，要求充分调动社会各方面力量，实行在政府指导和扶持下，个人自学、企业组织和社会帮助相结合，大力开展多种形式的再就业培训，重点是抓好纺织、铁道、军工等重点行业下岗职工的再就业培训工作。2003 年 6 月 13 日，劳动和社会保障部颁布了《关于进一步推动再就业培训和创业培训工作的通知》，在以下四个方面进行了部署：①建立再就业培训机构资质认定制度，形成动员全社会力量参与再就业培训的工作格局；②建立和完善培训经费补贴与再就业效果直接挂钩的工作机制，提高再就业培训的有效性和经费的使用效果；③全面推广创业培训与小额贷款等优惠政策整体推动的工作模式，提高下岗失业人员的创业成功率；④强化监督检查，加大宣传力度。[①] 这一切都有力地促进了我国下岗失业人员劳动技能的提升，显著地增强了其再就业的能力。

第三节　职业技能考核鉴定

一、职业技能考核鉴定的概念和特征

职业技能考核鉴定，是指职业技能鉴定机构依法对劳动者的职业技能所达到的等级水平进行考核、认定与证明的活动。《劳动法》第六十九条规定："国家确定职业分类，对规定的职业制定职业技能标准，实行职业资格证书制度，由经过政府批准的考核鉴定机构负责对劳动者实施职业技能考核鉴定。"

职业技能考核鉴定有以下法律特征：①职业技能考核鉴定的主体是政府批准的专门职业技能考核鉴定机构；②职业技能考核鉴定的客体是劳动者所具有的并被列入国家规

---

① 关怀，林嘉. 劳动法. 北京：中国人民大学出版社，2005.278.

定职业范围的业务水平和操作能力；③职业技能考核鉴定的依据是国家制定的职业技能标准，其考核鉴定手段是通过职业技能考核鉴定机构的考核、考评，对劳动者的职业技能等级进行鉴定；④职业技能考核鉴定的法定形式是通过颁发职业资格证书来确认劳动者职业技能所达到的等级。

二、职业技能考核

我国在 1990 年颁布了《工人考核条例》，对劳动者职业技能考核的种类、内容、方法及组织管理等都作了明确的规定。

（一）考核的种类

劳动者职业技能考核分为：录用考核；转正定级考核；上岗、转岗考核；本等级考核；升级考核及技师任职资格的考核六大类。录用考核是指用人单位对准备录用的劳动者进行的旨在确定其是否符合录用条件的考核；转正定级考核是指对学徒期、见习期、学习期和试用期满的劳动者进行的旨在确定其是否符合转正定级条件的考核；上岗、转岗考核是指对上岗或转岗的劳动者进行的旨在确定其是否具备该岗位所要求的各种条件的考核；本等级考核是指用人单位对在岗的劳动者定期进行的旨在确定其是否保持本等级技术水平的考核；升级考核是指对符合本等级要求且申请提高技术等级的劳动者进行的旨在确定其是否具备较高等级技术水平的考核；技师任职资格考核是指对优秀的高级技术工人进行的旨在确定其是否具备技师任职资格的考核。对考核合格者，发给相应的证书，作为应聘职务的凭证。

（二）考核的内容

考核的内容包括思想政治表现、生产工作成绩和技术业务水平三方面。其中，技术业务水平的考核主要是按照现行的《工人技术等级标准》和《岗位规范》进行技术业务理论和实际操作技能的考核。

（三）考核的方法

对劳动者思想政治表现的考核，在加强班组的日常管理的基础上，定期进行；对劳动者生产工作成绩的考核，可以采用以定量为主、定性为辅的方法，明确评分标准，定期进行；对劳动者技术业务理论的考核，以笔试为主；对劳动者的操作技能考核可以结合生产或作业项目分期、分批进行，也可以选择典型工作或作业项目专门组织进行。此四项考核成绩均合格的，即为考核合格。

（四）考核的组织管理

全国劳动者职业技能考核工作由人力资源和社会保障部综合管理，并负责制定有关规定，指导协调工人考核工作；省、自治区、直辖市及计划单列市劳动行政部门和国务院有关部门的职业培训主管机构制定实施办法，并成立工人考核委员会，负责组织本地区、本部门的工人考核工作；企事业单位应根据实际情况组成不同专业（工种）的考核组织，负责具体的考核工作。各专业工种的考核组织成员中，应当有 2/3 以上的专业技术人员、技师和高级技术工人。

三、职业技能鉴定

原劳动部在 1993 年制定并颁布了《职业技能鉴定规定》，对职业技能鉴定的机构、对象及鉴定工作的实施都作了具体规定。

（一）职业技能鉴定的机构

依据有关规定，职业技能鉴定机构分为三个层次：隶属于人力资源和社会保障部的国家级职业技能鉴定中心、隶属于各省人力资源和社会保障厅的省级职业技能鉴定中心和必须通过自行申请并经人力资源和社会保障部审批的行业性职业技能鉴定中心。这三个层次的职业技能鉴定机构各有各的职责。

（二）职业技能鉴定的对象

职业技能鉴定的对象，即国家法律规定可以列为职业技能鉴定的劳动者。依据现行法律规定，对下列劳动者可以进行职业技能鉴定：①各类职业技术学校和培训机构的毕（结）业生，凡属技术等级考核的工种，逐步实行职业技能鉴定；②企事业单位学徒期满的学徒工，必须进行职业技能鉴定；③自愿申请职业技能鉴定的企事业单位的职工以及社会各类人员。

（三）职业技能鉴定工作的实施

申请职业技能鉴定的单位和个人，可向当地鉴定站提出申请。凡符合申报条件和规定手续者，鉴定站应予以受理登记，并签发准考证。鉴定站应按规定的时间、方式进行考核（或考评）。考评小组应依法定原则组成，考评员参与考评实行回避制度，并应遵守考场规则。考试题目必须从题库中抽取，不得自行编制。劳动者经考核合格，由人力资源和社会保障部门核发相应的职业资格证书。

第四节　职业资格证书制度

职业资格是对劳动者从事某一职业所必需的学识、技术和能力的基本要求，即从事该职业的资格，包括从业资格和执业资格。从业资格是指从事某一专业（工种）学识、技术和能力的起点标准；执业资格是指政府对某些责任较大、社会通用性强、关乎公共利益的专业（工种）实行准入制度，是依法独立开业或从事某一特定专业（工种）知识、技术和能力的必备标准。

职业资格证书是通过政府认定的考核鉴定机构，按照国家规定的职业技能标准或任职资格条件，对劳动者的技能水平或职业资格进行客观公正、科学规范的评价和鉴定的结果，是劳动者具备从事某种职业所需要的专门知识和技能的证明。① 职业资格证书是国家对申请专业（工种）知识、技术、能力的认可，是求职、任职、独立开业和单位录用的主要依据。它包括《技术等级证书》、《技术资格证书》和《高级技师资格证书》等多种证书类型。

职业资格证书制度是国际上通行的一种对技术技能型人才的资格认证制度，有利于建立更完善的劳动者职业技能开发新体系，有利于政府对劳动力市场进行有效的监控管理。其主要作用在于：①可以促进劳动者自觉提高自身素质，增强就业能力和工作能力；②为劳动者就业创造了平等竞争的就业环境，维护正常的就业秩序；③提供了客观公正的评价专业（工种）技术人才的依据，有利于劳动力资源的合理开发和配置；④有效地促进了职业培训与就业的有机结合。正因为如此，早在1993年党的十四届三中全会上就明确提出要实行学历文凭和职业资格证书并重的制度。2000年6月，中共中央、国务院发布的《关于深化教育改革全面推进素质教育的决定》又再次重申"要在全社会实行学业证书、职业资格证书并重的制度"。2001年1月5日，原劳动和社会保障部印发了《关于大力推进职业资格证书制度建设的若干意见》，对今后5年职业资格证书制度的建设工作进行了全面规划。近年来，人力资源和社会保障部门进一步加大了职业资格证书制度的推行力度，逐步建立了从初级、中级、高级到技师、高级技师的职业资格证书制度。

在科技发展日新月异的今天，企业与企业之间，乃至国家与国家之间的经济竞争逐渐演变成人才与人才之间的竞争，"科教兴国"和"人才强国"成为我国经济发展的重要战略。以提高劳动者素质和培养高技能人才为出发点的职业技能考核鉴定和职业资格证书制度等人才评价体系的建设，是国家实现"人才强国"战略的重要步骤。

案例分析

【案情】2007年9月13日，某道路施工工地铲车司机因病不能出工，使工地几十名职工无法工作，影响了正常施工。公司领导听说职工章某曾开过拖拉机，为了不延误工期，便指派章某顶岗。章某提出自己虽然开过拖拉机，但从没开过铲车，也没经过专门培训，没有实际操作经验，不能顶岗。公司领导认为章某不顾大局，不服从工作分配，让其停工检查，并扣发当月奖金350元。章某不服，向当地劳动争议仲裁委员会提出申诉。

【问题】该公司的行为是否合法？

【解析】该公司的行为是严重的违法行为。《劳动法》第六十八条第二款明确规定，从事技术工种的劳动者，上岗前必须经过培训。由于技术工种是技术复杂、涉及财产、生命安全和消费者利益的工种（职业），所以，从事技术工种的劳动者被要求既有从事该技术工种劳动的理论知识，又有实际操作的技术能力。未经过专门培训的劳动者难以达到这一基本要求，在生产劳动过程中容易发生事故，造成人员伤亡或不应有的经济损失。该公司领导强行让一名未经过专门培训、没有取得相应资格证书的职工从事上述劳动，是违反劳动法规定的。

---

① 王全兴. 劳动法. 北京：法律出版社，2004. 315.

第十一章　劳动监督检查

　　劳动监督检查是指依法有监督检查权的机构，对企业、事业、机关、团体及个体组织等用人单位执行劳动法律、法规情况进行的行政监察、行政监督、群众监督等监督检查制度的统称。劳动监督检查对正确贯彻实施劳动法律、法规，切实保障劳动者的合法权益，建立和谐劳动关系具有重要意义。

第一节　劳动监督检查概述

　　劳动监督检查是与劳动法共同产生的，只要有劳动法，就必然有劳动监督检查，因为劳动监督检查是保障劳动法具体规定落实的必要手段，可以说，没有劳动监督检查，就没有劳动法的真正贯彻实施，也难以保障劳动者的身心健康和切身利益。

一、劳动监督检查的概念

（一）劳动监督检查的内涵

　　在我国，劳动监督检查主要是指由劳动行政部门、工会组织以及其他组织和个人依法对用人单位遵守劳动法律、法规的情况进行监督和检查的制度。执行监督检查任务的主要是劳动行政部门、其他有关部门，以及工会组织。监督检查的对象只是用人单位。监督检查的内容是指用人单位对劳动法律、法规的遵守情况。

　　劳动法的监督检查就其含义而言，在内容上和主体上都有狭义和广义两种含义。

　　1. 狭义的劳动监督检查

　　从内容上讲，狭义的劳动监督检查是指依据《劳动法》和《劳动合同法》的各项规定进行的监督检查。如，我国《劳动法》明确规定，县级以上各级人民政府劳动行政部门依法对用人单位遵守劳动法律、法规的情况进行监督检查，对违反劳动法律、法规的行为有权制止，并责令改正。县级以上各级人民政府劳动行政部门监督检查人员执行公务，有权进入用人单位了解执行劳动法律、法规的情况，查阅必要的资料，并对劳动场所进行检查。具体而言，根据《劳动法》的具体规定，劳动监督检查的内容非常广泛。如对最低工资规定、劳动合同的执行、女职工权益的保护、职业卫生安全管理规定等方面都是劳动监督检查的内容。

　　2. 广义的劳动监督检查

　　在广义上，劳动监督检查制度应包括对整个法律体系中的各项劳动法律规范的实施进行监督检查，其中既包括《宪法》中的有关规定，也包括《劳动法》、《劳动合同法》

在内的各项法律，还包括相关行政法规、部门规章，以及地方性法规和地方性政府规章，即只要是与劳动者权益保护有关的法律规范，无论其是以何种法律形式表现出来的，均属监督检查的范围。如《中华人民共和国职业病防治法》、《中华人民共和国妇女权益保障法》、《中华人民共和国安全生产法》等关于劳动者权益的保障内容都可纳入劳动监督检查的范围。

（二）劳动监督检查的类型

从主体上讲，狭义的劳动监督检查即劳动监察，是指劳动行政主管机关对劳动法律、法规实施专门的行政监督检查。而广义上的劳动监督检查可大致划分为三个方面的内容：一是劳动行政主管部门及其专门设立的劳动监督检查机构所进行的监督检查；二是其他有关主管部门对用人单位执行劳动法的监督检查；三是工会组织和人民群众对劳动法律、法规情况进行的监督检查。这三方面的监督检查彼此配合，相互协调与补充，共同保障我国劳动法律、法规准确、有效地实施。

1. 劳动监督检查机构的监督检查

在我国，劳动监督检查机构主要是指劳动保障行政部门及专门设立的劳动保障监察机构。它们的监督检查主要是对用人单位（即所谓的"企业和个体工商户"）遵守劳动保障法律、法规的情况进行监察；对职业介绍机构、职业技能培训机构和职业技能考核鉴定机构进行劳动保障监察；根据劳动保障行政部门的职责，对国家机关、事业单位、社会团体执行劳动保障法律、法规的情况所进行的劳动保障监察。

2. 其他有关主管部门对执行劳动法的监督检查

在我国，除了劳动保障行政部门及其所属劳动保障监察机构之外，其他有关主管部门按照法定的职责范围，对执行劳动法关于劳动者权益保障的规定也负有权利和义务。如，根据《对外劳务合作管理条例》，国务院商务主管部门负责全国的对外劳务合作监督管理工作。国务院外交、公安、人力资源和社会保障、交通运输、住房和城乡建设、渔业、工商行政管理等有关部门在各自职责范围内，负责对外劳务合作监督管理的相关工作。又如，根据《女职工劳动保护特别规定》，县级以上各级人民政府人力资源和社会保障行政部门、安全生产监督管理部门按照各自职责负责对用人单位遵守《女职工劳动保护特别规定》的情况进行监督检查。

3. 工会组织的监督检查

工会是我国法定的维护劳动者合法权益的组织。根据《劳动法》的规定，各级工会依法维护劳动者的合法权益，对用人单位遵守劳动法律、法规的情况进行监督。中华全国总工会为履行工会劳动保护监督检查的职责，维护职工在劳动过程中的安全与健康，根据《中华人民共和国工会法》、《中华人民共和国劳动法》和国家有关劳动安全卫生法律、法规的规定，制定、修改、颁布了《工会劳动保护监督检查员工作条例》、《工会劳动保护监督检查委员会工作条例》、《工会小组劳动保护监督检查员工作条例》等规范性法律文件，明确规定工会组织依法履行劳动保护监督检查职责，建立劳动保护监督检查制度，对安全生产工作实行群众监督，切实维护职工的合法权益。在县（含）级以上总工会、产业工会中设立工会劳动保护监督检查员。可聘请有关方面熟悉劳动保护业务的人员担任兼职工会劳动保护监督检查员。中华全国总工会，省、自治区、直辖市总工会，全国产业工会，省辖市总工会对工会劳动保护监督检查员有审批任命权。省、自治区、直辖市总工会，全国产业工会和中华全国总工会有关部门的工会劳动保护监督检查员由省、自治区、直辖市总工会，全国产业工会审批任命，报中华全国总工会备案。

4. 其他社会组织的监督检查

除了前述的政府部门和工会组织以外，其他有关组织也在法定的权利义务范围内，负责执行劳动监督检查制度。如，根据《劳动法》的规定，任何组织和个人对于违反劳动法律、法规的行为有权检举和控告。又如，根据《女职工劳动保护特别规定》，妇女组织依法对用人单位遵守本规定的情况进行监督。

（三）劳动监督检查制度的主要法律渊源

近年来，随着我国不断修改和完善劳动法律、法规，劳动法的监督检查内容不断增加、范围不断扩大。《中华人民共和国宪法》确立了公民拥有劳动的权利和义务，劳动者有休息的权利和义务，国家有责任和义务加强劳动保护、改善劳动条件等规定，为劳动法律、法规具体规定劳动监督检查制度奠定了根本基础。从劳动法律体系而言，我国目前与劳动监督检查有关的主要劳动法律有《中华人民共和国劳动法》、《中华人民共和国劳动合同法》，国务院制定的劳动法行政法规有《中华人民共和国劳动合同法实施条例》、《中华人民共和国劳动保障监察条例》等，原劳动行政主管部门制定的部门规章如《关于实施〈劳动保障监察条例〉若干规定》，还有许多相关的地方性法规和地方性规章，如《广东省劳动保障监察条例》、《黑龙江省劳动保障监察条例》、《浙江省劳动保障监察条例》等。上述法律、法规中都有关于劳动监督检查制度的详细规定，它们共同构成了我国的劳动监督检查法律制度。

1. 宪法

《中华人民共和国宪法》规定："中华人民共和国公民有劳动的权利和义务。国家通过各种途径，创造劳动就业条件，加强劳动保护，改善劳动条件，并在发展生产的基础上，提高劳动报酬和福利待遇。国家对就业前的公民进行必要的劳动就业训练。中华人民共和国劳动者有休息的权利。国家发展劳动者休息和休养的设施，规定职工的工作时间和休假制度。"宪法中关于劳动者权利保障的规定是劳动监督检查制度的根本依据。

2. 劳动法

《中华人民共和国劳动法》和《中华人民共和国劳动合同法》是劳动监督检查制度的主要依据。如，我国《劳动合同法》专章规定了对实施劳动合同法的监督检查制度，规定国务院劳动行政部门负责全国劳动合同制度实施的监督管理。县级以上各级人民政府劳动行政部门负责本行政区域内劳动合同制度实施的监督管理。县级以上各级人民政府劳动行政部门在劳动合同制度实施的监督管理工作中，应当听取工会、企业方面代表以及有关行业主管部门的意见。县级以上各级人民政府劳动行政部门实施监督检查时，有权查阅与劳动合同、集体合同有关的材料，有权对劳动场所进行实地检查，用人单位和劳动者都应当如实提供有关情况和材料。

3. 其他部门法

其他部门法中也有保护劳动者权利的规定。如，《中华人民共和国职业病防治法》

是为预防、控制和消除职业病危害，保护劳动者健康和其他相关权益而制定的，该法明确规定劳动者依法享有职业卫生保护的权利，用人单位应当为劳动者创造符合国家职业卫生标准和卫生要求的工作环境和条件，并采取措施保障劳动者获得职业卫生保护，工会组织依法对职业病防治工作进行监督，维护劳动者的合法权益。该法设立专章规定了在劳动过程中对职业病的防护与管理等内容。还有诸如《中华人民共和国安全生产法》、《中华人民共和国妇女权益保障法》等也都是劳动安全监督检查制度的法律渊源。

4. 行政法规

《中华人民共和国劳动保障监察条例》是国务院发布的主要的劳动监督检查制度的法律渊源之一。该条例是为贯彻实施劳动和社会保障法律、法规与规章，规范劳动保障监察工作，维护劳动者的合法权益而制定的，全国的劳动保障监察工作由国务院劳动保障行政部门主管。县级以上各级人民政府劳动保障行政部门主管本行政区域内的劳动保障监察工作。县级以上各级人民政府有关部门根据各自职责，支持、协助劳动保障行政部门的劳动保障监察工作。此外，还有《中华人民共和国劳动合同法实施条例》、《女职工劳动保护特别规定》、《对外劳务合作管理规定》等行政法规也是劳动监督检查制度的法律渊源。如，《对外劳务合作管理规定》是为规范对外劳务合作，保障劳务人员的合法权益，促进对外劳务合作健康发展而制定的。《女职工劳动保护特别规定》是为了减少和解决女职工在劳动中因生理特点而造成的特殊困难，保护女职工健康而制定的，对这些行政法规中劳动者权益保护制度的监督检查也是劳动监督检查的主要法律渊源之一。

5. 部门规章

中华人民共和国原劳动和社会保障部于2004年发布的《关于实施〈劳动保障监察条例〉若干规定》是劳动监督检查制度的主要法律渊源之一。该部门规章中明确规定："县级以上劳动保障行政部门设立的劳动保障监察行政机构和劳动保障行政部门依法委托实施劳动保障监察的组织具体负责劳动保障监察管理工作。任何组织或个人对违反劳动保障法律的行为，有权向劳动保障行政部门举报。劳动保障行政部门对举报人反映的违反劳动保障法律的行为应当依法予以查处，并为举报人保密；对举报属实，为查处重大违反劳动保障法律的行为提供主要线索和证据的举报人给予奖励。劳动者对用人单位违反劳动保障法律、侵犯其合法权益的行为，有权向劳动保障行政部门投诉。对因同一事由引起的集体投诉，投诉人可推荐代表投诉。"还有《最低工资规定》、《防暑降温措施管理办法》、《工作场所职业卫生监督管理规定》等部门规章也是劳动监督检查制度的主要法律渊源。

6. 地方性法规和地方性规章

根据劳动法律、行政法规颁布的地方性法规也是构成劳动安全监督检查制度的主要法律渊源。如，《广东省劳动保障监察条例》（2012年颁布）明确该条例是为了保障劳动保障法律、法规和规章的实施，规范劳动保障监察工作，预防和查处违反劳动保障法律、法规和规章的行为，维护劳动者的合法权益，根据《中华人民共和国劳动法》等劳动保障法律、法规，结合广东省实际情况而制定颁布的。该条例适用于广东省行政区域内的企业、有雇工的个体经济组织、民办非企业单位、基金会、会计师事务所、律师事务所等组织进行劳动保障监察。对职业中介机构、职业技能培训机构、职业技能考核鉴定机构、外国企业常驻代表机构和社会保险服务机构进行劳动保障监察。对国家机关、事业单位、社会团体执行劳动保障法律、法规和规章的情况进行劳动保障监察。另外，在地方性的劳动监督检查法律、法规中，地方政府规章是除了地方性法规之外另一个比较重要的渊源。为执行地方性法规中的劳动监督检查法律规范，地方政府有必要出台执行性的地方政府规章，如《广东省高温天气劳动保护办法》、《河北省安全生产应急管理规定》等。

此外，还有许多不具备制定地方性法规或地方性政府规章权力的市、县等政府制定的关于劳动监督检查的规范性法律文件，其中也都有关于劳动监督检查的规定，这些规定也构成了劳动监督检查制度的法律渊源。

二、劳动监督检查制度的历史沿革

劳动监督检查制度是社会化大生产的产物，从劳动法的历史来看，是最早出现的劳动法律制度之一。早在1833年英国颁布的《工厂法》中，就创立了工厂监察制度，设置了工厂检查人员，从而奠定了英国劳动检查制度的法律基础。1867年，美国马萨诸塞州首先颁布《劳工检查法》，以后各州仿效实行，劳动检查制度逐步走向完善。法国于1874年，瑞士于1877年，德国于1878年，奥地利于1883年，比利时、荷兰、芬兰、瑞典于1889年都先后通过劳动立法，设立劳动监督检查制度。

(一) 国际劳动组织关于劳动监督检查的法律制度

1919年，国际劳工组织的成立大大加速了各国通过劳动立法保护工人权益的进程，国际工人运动的发展加速了对劳动者权益的保护。1919年，国际劳工组织制定了《关于健康服务的劳动监察》，这是该组织第一个专门关于劳动监督检查的法律文件。1923年，国际劳工组织提出了《劳动监察建议书》，明确了劳动监察的基本原则、监察范围和监察员的权利地位、监察组织规则等内容。其后，第二次世界大战的爆发给人类带来了惨痛的经历，使得人们更加珍惜人权，珍惜人的生命健康，这也导致了国际工人运动的高涨，要求进一步提高对劳动者权益的保护水平。1947年，国际劳工组织制定颁布了《适用于工商业的劳动监察公约》，该公约是国际劳动标准中关于劳动监察问题的基本法律文件。后根据实际情况需要，该公约又增加了两个建议书，一个是对劳动监察的职责，对雇主和雇员在劳动卫生和安全上的合作的建议书，另一个是关于矿业和运输业的劳动监察建议书。

1969年，国际劳工组织考虑到规定农业劳动监察的国际标准是普遍需要的，制定和颁布了《农业劳动监察公约》。1995年，国际劳工组织根据需要，又制定颁布了《劳动监察公约第81号议定书》，将保护范围扩展到工业、商业、农业、教科文卫等多个领域。至此，《工商业的劳动监察公约》、《农业劳动监察公约》和《劳动监察公约第81号议定书》共同构成了国际劳动监察标准，对劳动监察的范围、劳动监察的内容、劳动监察的职能、劳动监察员的条件和权利义务等方面作了比较详细的规定，为各国制定和完善本国的劳动监督检查法律制度提供了可供参考的依据和范本。

（二）国外劳动监督检查法律制度的发展

各国工人运动的发展和国际劳工组织的指导，促使发达国家的劳动监督检查法律制度迅速发展起来，各国对劳动监督检查的职能高度重视，纷纷在劳工部中设立专门的劳动监察机构，对劳动法的执法情况进行监督检查。劳动监督检查的范围也不断扩大，从早期的劳动安全卫生、劳动时间检查、保护妇女、童工权益，逐步扩大到劳动合同、最低工资保障、带薪休假等方面，强化对劳动者人权的全面保护。

1. 美国的劳动监督检查制度

美国经历了 20 世纪 60 年代的民权运动，政府高度重视对人权的保障，特别是对工人权益的保护。国会于 1970 年通过了《职业安全与健康法》，强化了对劳工权益的检查制度。1971 年，美国劳工部成立了职业安全卫生管理局，以强化国家的劳动监察工作，该局为了对工伤和职业病进行有效监督，设立了工伤事故和职业病的报告和档案制度，制定了强制性的安全卫生标准，并有效予以执行，督促各州政府努力建立并执行各自制定的职业安全卫生计划。为提高劳动者权益的保护水平，美国不断制定新的劳动监督检查法律、法规，如《公平劳动标准法》、《劳动管理报告与披露法》、《码头与港口工人赔偿条例》、《家庭与生病休假法》、《季节性迁徙农工保护法》等。为保证这些法律、法规的有效执行，美国设立了多个劳动监督检查执法机构。如《公平劳动标准法》由就业标准管理司所属的工资工时处负责执行；《职业安全与健康法》由职业安全健康管理局负责执行；《码头与港口工人赔偿条例》由就业标准司下设的工人赔偿办公室负责执行；《劳动管理报告与披露法》由劳动管理标准办公室负责执行。其中，美国在工资工时标准方面实施的劳动监察制度已有近 70 年的发展历史，积累了一些较好的经验和做法，被很多国家借鉴。为提高劳动监察员的素质和能力，美国为劳动监察员制定了比较完备的培训考核制度，要求监察员向职业化方向发展，制定有监察员的专门职级，每年考核，并根据考核成绩决定其职级的晋升。

2. 日本的劳动监督检查制度

"二战"后，日本的工人为改善劳动条件和争取权益发起了大规模的工人运动，工人组织由此而迅速发展。到 1946 年 12 月，日本已经建立了 17 266 个工会，会员达 492 万人，到 1974 年，日本工会会员已达 1 246 万人。大规模的工人运动极大地促进了日本政府对劳动者权益的保障，特别是劳动监督检查法律制度的建立。日本于 1972 年制定了《劳动安全卫生法》，其中第十章对该法实施的监督作出了专门规定。除此之外，日本还制定了《劳动基准法》、《尘肺法》、《工资支付保障法》、《劳动者灾害补偿保险法》等。为有效执行劳动法律、法规，日本建立了专门负责劳动监督检查的行政机关——劳动基准监察局和劳动基准监察署，该机构实行垂直管理体制，主要负责调整劳动关系和监督检查劳动法律、法规的执行情况。将劳动者实现身心健康和富裕的生活作为自身的基本使命，致力于以法定最低限度为起点的一定程度的劳动条件的维持和改善，致力于劳动者生命安全和健康的确保；致力于妥当贴切的工伤补偿的实施等。各级劳动监察机关主要负责审查工作地点和设备的安全情况；检查工作记录和文件；向雇主和劳动者询问和了解劳动法的执行情况；对违反劳动法的犯罪行为追究法律责任等。日本劳动监察机构的设立，是根据劳动立法的要求而设立的配套机关。如，对劳动标准法执行情况的监督检查，是由省劳动标准局、地方劳动标准局和劳动标准监察署负责的；对职业安定法执行情况的监督检查，是由省职业安定局和地方职业安定主务课及其所属的公共职业安定所负责。

3. 俄罗斯的劳动监督检查制度

俄罗斯于2002年废止了其在1971年制定的《俄罗斯联邦劳动法典》，制定了一部新的《俄罗斯联邦劳动法典》，该法专章规定了劳动者的权益保护，主要从工会、国家监督、劳动者权利的自我保护等方面进行规制。该法明确要求雇主有义务向劳动保护管理机关、国家监察机关、监督劳动立法和劳保立法执行情况的工会机关报告有关情况，以便它们完成自己的职责，允许上述机关负责人到单位调查事故情况。为有效执行劳动法，俄罗斯专门设立了对劳动法和劳动保护规则进行监督检查的机关，其活动独立于企业、机关团体行政管理部门及其上级机关的国家机关，有工会及根据有关条例在其内部设立的技术和劳动权益监督机关。地方议会、国家权力执行机关和管理机关按照法律规定的程序对劳动执法情况实施部门内监督，俄罗斯联邦总检察长及其下属检察官对俄罗斯境内统一、正确地执行劳动法的情况进行最高监察，俄罗斯联邦国家工业矿山安全生产监督委员会及其地方机关负责对工业领域和某些工程项目中遵守安全生产和施工规则的情况实施国家监督。

4. 澳大利亚的劳动监督检查制度

澳大利亚的劳动法非常丰富，且不断修改完善，如《澳大利亚劳动法》、《劳动关系法》、《公平劳动法》、《劳动关系法规》等。为有效执行这些法律、法规，澳大利亚设立了比较健全的劳动监察机构。澳大利亚劳资关系部具体负责劳工监察工作，主要分为两部分：一是对劳资关系方面的监察，简称"劳工监察"；二是对工厂安全生产方面的监察，简称"职业安全方面的监察"。关于劳工监察工作问题，在联邦和州的劳资关系部内都设有专门的工作机构进行管理。联邦劳资关系部下设劳工监察司，主要负责政策研究、培训工作、监察员管理、监察案件处理和计算机中心管理等，并设有专职监察员。劳工监察工作的目的是要确保劳动法律的执行。劳工监察机构的主要职责有：一是宣传劳动法律，使雇主和工人都知道法律的内容，促使他们自觉地去履行；二是负责劳工法规的法律咨询；三是负责受理工人关于雇主违反劳工法规的投诉，并组织查处工作；四是随时到企业进行监察，巡视劳动条件和工作环境，询问劳工情况，发现问题及时进行处理。劳动监察员的职责是保护企业职工享有的基本的法定劳动权利。劳动监察员经常对雇主和工人进行劳资关系法律方面的教育，还经常对企业改善劳动条件提出改进工作的建议。通常情况下，劳动监察员接到举报后就立即组织讨论如何着手处理。劳动监察员一般享有以下权利：检查工资账册；实地调查取证；找雇主谈话；搞清问题的实质；确保纠正了错误。劳动监察员一般让雇主自己去解决问题，如果雇主自己不愿解决的话，劳动监察员就会依法行事，可以发出传讯的通知，对其进行传讯。劳动监察员还可以通过下述手段事前帮助雇主：定期不定期检查工资账册；宣传劳动法律、法规政策；检查企业劳动用工制度等。

5. 法国的劳动监督检查制度

法国的劳动监督检查制度主要规定在《法国劳动法典》中。《法国劳动法典》是由劳动方面的法律、条例和规定三编组成，每一编内部按照内容可分为九卷，其中第六卷为"劳动监督与检查"，详细规定了劳动监督与检查法律制度。比如，为了防止雇主滥用制定内部劳动规则的权力，保证内部劳动规则的合法性，法国劳动法规定了行政性监督，即通过劳动监察官对内部劳动规则进行程序上和内容上的检查来保证其合法，这是一种直接的监督措施。劳动监察官主要检查雇主提交的内部规则制定的程序是否合法，内容是否超过法定范围，是否违反法律、法规、企业的集体合同或集体协议。如发现程序不合法，劳动监察官要督促雇主重新履行法定程序；如发现规则中有些内容不属于法律要求规定的，则其有权随时要求雇主撤销这些内容；如发现有违反法律、法规或集体合同、集体协议的条款，则其可随时要求雇主修改这些内容。劳动监察官作出的要求修改或撤销的决定，必须以书面形式说明理由，并要传达到企业委员会成员或员工代表，以及企业安全卫生委员会成员。此外，如果劳动监察官发现雇主没有制定内部劳动规则或规则没有完全包括法定内容，则其有权督促雇主尽快制定内部劳动规则，或补足缺少的内容。如果雇主仍然拒绝按照法律要求履行其义务，根据《法国劳动法典》的规定，雇主的行为就构成刑法上的第四等违警罪。

6. 德国的劳动监督检查制度

德国没有一部统一的劳动法典，但也规定了比较健全的劳动监督检查制度。包含劳动监督检查制度的法律、法规主要有《解雇保护法》、《劳动保护法》、《劳动安全法》、《未成年人保护法》、《母亲保护法》、《劳动场所条例》等。德国各州专门设立了劳动部门和事故保险合作社对企业执行劳动保护和事故预防法律、法规的情况进行监督。劳动部门进行监督的依据是国家的法律、法规，监督对象是本州范围内的所有企业，事故保险合作社监督的根据是事故保险合作社制定的事故预防规定，事故保险合作社是按行业设立的，负责对全国范围内同一行业的所有企业进行技术监督服务。技术监督服务的内容首先是在劳动保护和事故预防涉及的所有问题上向雇主提出建议，其次是对企业执行劳动保护法规的情况进行监督。各州劳动部门和事故保险合作社主要有下列权利：①检查工作场所；②要求雇主提供必要的资料，包括雇主的业务和经营资料并进行审查；③检查个人防护用品及其他工具、设备的使用情况；④了解劳动方法和劳动过程，特别是危险物品的储存和加工情况；⑤从企业中选取试样或样品进行试验和其他分析研究；⑥调查事故和职业致病的原因。企业或雇员违反国家劳动保护法律、法规或事故保险合作社的事故预防规定时，各州劳动部门或事故保险合作社可以予以警告、责令整改或罚款。在紧急情况下，可以责令企业立即停产整顿。

此外，加拿大、新加坡等国家也都制定了丰富的劳动法律、法规，其中包含了各种劳动监督检查法律制度，为实施这些法律制度也设立有专门的劳动监督检查机构。如，加拿大的劳动法律主要有《加拿大劳动法典》、《就业平等法》、《就业保险法》、《工资责任法》等。为对这些劳动法律、法规的实施情况进行监督检查，加拿大专门在人力资源开发部设有劳动关系协调局，该局的一个重要职责是通过实行劳动监察制度，受理劳动者的投诉，主动巡视检查企业，及时处理违法行为，维护劳动关系的和谐稳定。新加坡有劳动监督检查制度规定的法律、法规主要有《新加坡劳动法》、《劳资关系法》、《雇佣法》、《工业关系法》等，其中规定的劳动监督检查制度也很多，如根据《工厂法》的规定，劳工部长可以任命一位主任检查员和他认为需要的其他检查员和官员，每个检查员都有法定权利和义务，实施劳动监督检查。

(三) 我国劳动监督检查法律制度的产生和发展

我国的劳动监督检查法律制度源远流长。早在 1930 年 6 月，当时的全国苏维埃区域代表大会就通过了《劳动保护法》，其中明确规定，工会应选派劳动监察员，随时监督劳动保护事宜。1931 年 2 月，苏维埃第一次全国代表大会通过的《劳动法草案》专章规定了安全与卫生，其中第四十一条规定，工作条件与工作过程特别危害工人身体健康的企业（温度、湿度异常和毒气等），企业管理人员须供给工人特别保护衣服与其他保护物——在有毒企业内，供给消毒药品或器具。这些设置不得由工人负担，并须按期检查。抗日战争时期，各个边区政府也制定和颁布了许多关于劳动监督检查的法律规范。如，1941 年晋冀鲁豫边区颁布了《晋冀鲁豫边区劳工保护暂行条例》。

新中国成立后，中央政府很重视劳动监督检查立法，早在 20 世纪 50 年代中央人民政府制定的法规中就有关于劳动行政监督检查的规定。如 1950 年 7 月 24 日，政务院财经委员会颁布的《关于各省、市人民政府劳动局与当地国营企业工作关系的决定》中规定，劳动局有权监督、检查国营企业贯彻执行劳动法规的情况，这可以看作是我国关于劳动监督检查制度的开端。

党的十一届三中全会以后，随着经济体制和劳动体制的改革，我国的劳动卫生监察工作全面展开。1982 年，国务院发布了《锅炉压力容器安全监察暂行条例》、《矿山安全监察条例》，建立了劳动卫生监察制度，界定了劳动卫生监察机构的职责。1986 年国务院颁布了《国营企业实行劳动合同制暂行规定》。1987 年 7 月，国务院颁布了《国营企业劳动争议处理暂行规定》，同年劳动部发布了《关于禁止招用童工的通知》。1988 年 7 月，国务院颁布了《女职工劳动保护规定》。上述一系列劳动法规，都规定了劳动部门监督检查的条款。特别是 20 世纪 80 年代末，在深圳、珠海等经济特区，劳动部门开始对企业和劳动者遵守劳动管理、工资分配、社会保险和劳动技能开发等法律、法规的情况进行监督监察，为我国逐渐建立比较完善的劳动监督检查法律制度奠定基础。

1992 年，党的十四大提出建立社会主义市场经济体制，随着国有企业改革的不断推进和非公有制经济的迅速发展，完善对劳动者权益的保护成为当务之急，而这方面尤其需要建立适应社会主义市场经济体制发展的劳动监督检查制度。1993 年，原劳动部制定了《劳动监察规定》，对劳动安全卫生以外的劳动法律、法规内容的监察作出了比较详细的规定。1994 年我国制定颁布了《中华人民共和国劳动法》，其中设立专章对劳动监督检查进行规定，明确了劳动监督检查的法律地位，确定了劳动监督检查的机构和职责。为具体实施该法，原劳动部相继制定了劳动监察员的管理办法、准则和监察程序规定等一系列执行性规章。1994 年，原劳动部设立劳动关系与监察司，各级劳动行政部门相继建立了劳动监察机构，全面开展执法工作。1995 年和 1996 年，原劳动部又接连颁布了两个部门规章，即《劳动监察程序规定》和《处理举报劳动违法行为规定》。随后，各省、自治区、直辖市也根据本区域的特点，因地制宜地制定了适合本地的地方性法规或规章。这些规定的实施，推进了劳动保障监察的依法进行，劳动保障监察机构也依据这些规定，查处了大量侵犯劳动者合法权益的案件，为维护广大劳动者的合法权益作出了重要贡献。1999 年，国务院颁布了《社会保险费征缴暂行条例》，劳动监察的范围从劳动领域扩大到社会保险领域。

2004 年，国务院颁布了《劳动保障监察条例》，明确了监察的职责和内容，强化了监察的执法手段，这是我国劳动监察立法发展进程中的一个里程碑。2007 年通过的《劳动合同法》也设立专章，规定县级以上各级人民政府劳动行政部门负责对劳动合同的实施情况进行监督检查，县级以上人民政府建设、卫生、安全生产监督管理等有关主管部门在各自职责范围内，对用人单位执行劳动合同制度的情况进行监督管理。2008 年国务院机构改革，新组建的人力资源和社会保障部设立了劳动监察局，专门负责劳动监察管理事宜。

与历史上曾经存在的工厂检查制度相比，我国《劳动法》所确立的劳动监督检查制度，不仅在检查对象上拓宽了范围，从工厂发展到用人单位，而且也丰富了监督检查的内容和形式，将其他机构与社会监督都纳入到劳动监督检查中来。正是从这个意义上说，2004 年 11 月 1 日国务院颁布的《劳动保障监察条例》进一步完善了我国劳动保障法律制度，成为劳动监督检查法律制度发展史上的一个标志性事件。为实施《劳动保障监察条例》，规范劳动保障监察行为，原劳动和社会保障部专门制定颁布了《关于实施〈劳动保障监察条例〉若干规定》，规定了劳动保障行政部门对用人单位实施劳动法的情况进行具体监督的范围、程序等，尤其是建立了劳动者对用人单位违反劳动法的规定进行举报，劳动保障行政部门受理、立案、调查、处理等方面的规定。

除了专门性的劳动保障监察法律、法规之外，我国还制定颁布了多部包含劳动保障监督检查规定的法律、法规，影响比较大的有《中华人民共和国职业病防治法》、《中华人民共和国安全生产法》和《中华人民共和国工会法》等，并在单行法的基础上制定和颁布了大量有关劳动保障监察的行政法规、部门规章，具备地方立法权的各级地方人大及其常委会，以及地方各级政府也根据国家法律、行政法规，结合本地的实际情况，出台了多部关于劳动保障的地方性法规、地方性政府规章和规范性法律文件，如《广东省劳动保障监察条例》等。

三、劳动监督检查的意义

劳动监督检查制度是劳动法律制度的重要内容。该制度的创建集中体现了劳动法的私法公法化特征，即在传统的私法调整雇佣关系的基础上，加大公权力干预，使公法调整手段在劳动法中被广泛运用。劳动监督检查法律制度的意义主要体现在以下四个方面。

（一）强化各种劳动法主体的法律意识

劳动监督检查是公权力机构运用公法手段强制当事人，尤其强制用人单位遵守劳动法律、法规，保障劳动法律、法规实施的重要手段。通过劳动监督检查，强制用人单位纠正不当行为，维护劳动者的合法权益，能够直接使当事人感受到劳动法律、法规的权威和约束力，认识违法所应承担的法律后果，对于培养用人单位的法律意识，具有重要意义。

（二）快捷地实现当事人的权利维护

在劳动监督检查过程中，检查机构一旦发现用人单位有违法行为即可及时予以矫正，发现劳动者权益受侵害的现象即可要求用人单位及时补救，而无须像诉讼那样需经长时间的审理与认定。此外，进行劳动监督检查时，检查机构可同时兼顾不同案件的处理，即在监督 A 事项的同时，可兼顾 B 事项，在督促用人单位补偿 C 职工的权益时，亦可同时督促用人单位赔偿 D 职工的损失。此种调整方法使劳动监督检查制度成为推动劳动法律实施的最快捷手段。

（三）维护劳动力市场的良性运行

劳动力市场如同其他生产要素市场一样，需要一定的市场规则。劳动者、用人单位及相关中介机构在劳动力市场中并非处于完全平等的地位，在市场交易中，受害的往往是劳动者。目前，劳动监督检查已不再拘泥于工业安全领域的劳动保护，而是将监控的视角扩展至劳动合同的洽谈与缔结阶段，并逐渐扩大到对劳动者的社会保险领域。因此，维护劳动力市场的有序运行，也是劳动监督检查制度建立的目的之一。

（四）预防和减少侵害劳动者权利行为的发生

任何法律制度的建立都无法完全防止违法行为的发生，预防和减少违法事件是法律的功能。我国社会主义市场经济体制确立的时间不长，法制仍不完善，违反劳动法的事件在现实生活中并不鲜见，侵害劳动者权益的事件也时有发生。劳动监督检查法律制度的确立与运行，能够尽可能地预防与减少劳动违法行为的发生，显著降低用人单位对侵害劳动者权利事件发生的频率。

第二节　劳动监察法律制度

劳动保障行政部门及所属劳动保障监察机构必须对企业和个体工商户遵守劳动保障法律、法规和规章的情况进行监察，对职业介绍机构、职业技能培训机构和职业技能考核鉴定机构进行劳动保障监察，对国家机关、事业单位、社会团体执行劳动保障法律情况进行劳动保障监察。

一、劳动监察概述

(一) 概念、性质和特征

1. 概念

劳动监察，又称劳动保障监察，是指法定主体对有关劳动和社会保障的法律、法规的执行情况进行检查、处理、处罚等一系列监督活动的总称。劳动监察，是国家维护劳动者权益的重要强制性手段，目前已被世界上许多国家所采用。劳动保障监察制度是保证劳动和社会保障方面的法律、法规和规章得以顺利实施的制度，是维护劳动者合法权益的重要途径。劳动保障监察的适用领域是宽广的，既可以对企业和个体工商户进行劳动保障监察，也可以对职业介绍机构、职业技能培训机构和职业技能考核鉴定机构进行劳动保障监察。对于国家机关、事业单位、社会团体执行劳动保障法律、法规和规章的情况，也可以由劳动保障行政部门根据其职责依照规定实施劳动保障监察。劳动安全卫生的监督检查，由卫生部门、安全生产监督管理部门、特种设备安全监督管理部门等有关部门依照有关法律、行政法规的规定执行。

2. 性质

劳动监察具有以下四个属性：①法定性。从国际劳动组织的相关立法，以及各国制定的本国劳动监察的法律、法规来看，劳动保障监察依法实施是国际社会和各国的通行做法。劳动监察已经成为现代法治政府必须履行的一项基本公共职能，其监察活动必须依法实施，这是法治国家的必然要求，为保证监察执法的公正、公平、公开，监察主体、监察范围、监察措施、监察程序等均应依法实施。②行政性。劳动监察是现代法治国家政府为维护劳动者合法权益，保证有效贯彻实施劳动法律、法规而采取的一项专门监督制度，劳动法把这项权利和义务赋予了行政机关，因而劳动监察成为现代国家的一项重要行政职能。③专门性。劳动保障监察具有很强的专业性，劳动保障监察不用于一般的监督检查，是由专门的机关依据专门的劳动保护法律、法规和规章的规定进行的专门监督。④强制性。劳动监察权由国家行政机关依法行使，具有国家强制力，被监察主体必须依法配合实施，不得拒绝。我国《劳动法》第一百〇一条规定："用人单位无理阻挠劳动行政部门、有关部门及其工作人员行使监督检查权，打击报复举报人员的，由劳动行政部门或者有关部门处以罚款；构成犯罪的，对责任人员依法追究刑事责任。"

3. 特征

劳动监察具有以下主要特征：①劳动监察的执法主体是专门主体，即县级以上劳动行政部门，而不是其他国家机关或组织。②劳动监察的内容具体特定，即劳动关系当事人应当遵守的劳动法律必须是与劳动者权益保护有关的专门法律规范。③劳动监察必须依照劳动法律、法规具体规定的行政执法程序进行。④劳动行政部门作出的劳动监察决定是具有法律效力的具体行政行为，当事人必须遵照执行。劳动监察对象对行政决定不服时，可以提起行政复议或行政诉讼；但在复议和诉讼过程中，劳动监察决定一般不中止执行。

（二）主要法律依据

我国劳动监察的主要法律依据是《劳动法》、《劳动合同法》、《职业病防治法》和《安全生产法》等法律，但具体和直接的依据是国务院于 2004 年制定颁布的《劳动保障监察条例》，以及原劳动和社会保障部制定颁布的《关于实施〈劳动保障监察条例〉的若干规定》等。各地在具体劳动监察实践中，一般均制定有适用于本地区的地方性法规、部门规章或规范性法律文件，如《上海市劳动保障监察条例》、《湖北省劳动保障监察条例》等。

除了上述法律、法规中规定有直接具体的劳动监察法律规范之外，还有许多其他法律、行政法规、部门规章、地方性法规和地方性规章等都含有劳动监察的法律规范。如，包含有劳动监察规定的法律有《中华人民共和国妇女权益保障法》、《中华人民共和国残疾人保障法》、《中华人民共和国劳动争议调解仲裁法》等；包含有劳动监察规定的行政法规有《女职工劳动保护特别规定》等；包含有劳动监察规定的部门规章有《最低工资规定》（原劳动和社会保障部于 2003 年颁布）、《工作场所职业卫生监督管理规定》（国家安全生产监督管理总局于 2012 年颁布）等；包含有劳动监察规定的地方性法规有《江苏省劳动保护条例》等；包含有劳动监察规定的地方性规章有《北京市违反劳动保护法规处罚实施办法》、《湖北省女职工劳动保护规定》等。

（三）《劳动保障监察条例》的主要内容

为更好地贯彻实施劳动保障法律、法规和规章，国家以立法的形式强化劳动保障监察执法手段，加大执法力度，严厉打击和制止违反劳动和社会保障法律、法规或者规章的行为，保证劳动保障法律、法规和规章更好地贯彻实施。为进一步规范劳动保障监察执法行为，国家通过法规形式，加强对劳动保障监察执法行为的规范，以便有效解决实际工作中存在的监察对象和事项不够明确，监察机构及人员的职责范围和权限不够具体，监察程序不够规范，行政处罚缺乏具体标准等问题，推进劳动保障主管部门依法行政，树立公正执法、文明执法的良好社会形象，并通过对劳动保障方面违法行为的制裁，切实维护广大劳动者的工资、劳动合同、休息休假、社会保险等劳动保障权益，维护社会稳定。国务院于 2004 年制定颁布了《劳动保障监察条例》（以下简称《条例》）。该条例的出台，是劳动保障法制建设迈出的重要一步，标志着劳动保障监察工作进入一个新的发展时期。该法对推动劳动保障事业健康发展，促进经济社会和谐与可持续发展，都具有重要的意义。该《条例》共分 5 章 36 条，对劳动保障监察的适用范围、职责义务、监察事项、案件管辖、方式程序与法律责任等方面均作了明确规定。

1. 明确了《条例》适用范围

根据目前劳动保障法律、行政法规对劳动保障监察范围的规定，《条例》明确规定了对企业和个体工商户进行劳动保障监察可适用本条例。对职业中介机构、职业技能培训机构和职业技能考核鉴定机构进行劳动保障监察，依照本条例执行。同时，根据目前医疗保险等一些社会保险工作的实际情况，《条例》规定，国家机关、事业单位、社会团体执行劳动保障法律、法规的情况，由劳动保障行政部门根据其职责，依照本条例进行监督检查。另外，针对当前突出的不具备用工主体资格的单位和个人侵犯劳动者合法权益的问题，《条例》规定，对无营业执照或者已被依法吊销营业执照，有劳动用工行为的，由劳动保障行政部门依据本条例实施劳动保障监察，并及时通报工商行政管理部门予以查处取缔。

2. 明确了劳动保障监察执法主体和监察员资格制度

《条例》规定，国务院劳动保障行政部门主管全国的劳动保障监察工作。县级以上各级人民政府劳动保障行政部门主管本行政区域内的劳动保障监察工作。县级、设区的市级人民政府劳动保障行政部门可以委托符合监察执法条件的组织具体实施劳动保障监察工作。《条例》同时规定，劳动保障行政部门和受委托实施劳动保障监察的组织中的劳动保障监察员应当经过相应的考核或者考试录用。

3. 明确了相关部门的单位在劳动保障监察中应履行的义务

《条例》明确规定了劳动保障部门实施劳动保障监察应当履行四项职责和监察员的义务，以及对用人单位制定内部劳动保障规章制度情况、与劳动者签订劳动合同、遵守劳动标准情况、参加社会保险和缴纳社会保险费情况，职业介绍机构、职业技能培训机构和职业技能考核鉴定机构遵守国家规定情况等事项实施劳动保障监察。

4. 规范了劳动保障监察执法行为

《条例》对劳动保障监察执法行为作出了具体规范：一是确定了劳动保障监察的管辖范围；二是具体规定了劳动保障监察机构在调查、检查时可以采取的措施；三是规定了劳动保障监察机构的办案时限，劳动保障行政部门对违反劳动保障法律、法规或者规章的行为的调查，应当自立案之日起 60 个工作日完成；四是规定了劳动保障监察程序与劳动争议处理程序的衔接方式，即劳动者要求用人单位就劳动保障违法行为予以赔偿，双方发生争议的，依照国家有关劳动争议处理的规定处理。对应当通过劳动争议处理程序解决的事项或者已经按照劳动争议处理程序申请调解、仲裁或者提起诉讼的事项，劳动保障行政部门应当告知投诉人依照劳动争议处理和诉讼的规定办理。

二、劳动监察的类型

劳动监察的类型主要包括专门机构监察和专任人员监察、自行监察和委托监察、综合监察和专项监察、普通监察和特殊监察等。

（一）专门机构监察和专任人员监察

1. 专门机构监察

所谓专门机构监察，是指由法定机构进行的劳动监察。一般而言，每个国家都有专职的劳动监察机构，专职负责劳动法律、法规的实施和监督。在我国，是由劳动行政部门专职负责劳动监察活动的。

2. 专任人员监察

所谓专任人员监察，是指由依法任命的专职的劳动保障监察员负责劳动监察。在我国，县级以上的劳动行政部门根据需要配备有专职的劳动保障监察员从事劳动监察。

2008 年 7 月，根据中华人民共和国第十一届全国人民代表大会第一次会议批准的国务院机构改革方案和《国务院关于机构设置的通知》（国发〔2008〕11 号），将原人事部、原劳动和社会保障部的职责整合，设立人力资源和社会保障部，为国务院的组成部门之一。该部专门设立劳动监察局，具体负责拟订劳动监察工作制度；组织实施劳动监察，依法查处和督办重大案件；指导地方开展劳动监察工作；协调劳动者维权工作，组织处理有关突发事件以及承担其他人力资源和社会保障监督检查工作。各省、自治区、直辖市和市、县都设立了劳动监察总队或劳动监察大队等专职劳动监察机构，具体负责劳动监察事宜，如上海市劳动监察总队、广州市劳动监察大队等。

（二）自行监察和委托监察

1. 自行监察

所谓自行监察，是指劳动监察机构和劳动保障监察员在法定的权限范围内对劳动监察对象进行的监察活动。具体的监察活动的行为是由这些主体负责实施的，此种方式也是劳动监察的主流方式。如果怠于履行自己的法定职责，就属于行政不作为。如劳动保障行政部门的自行监察主要包括：对用人单位及其劳动场所的日常巡视检查；对用人单位按照要求报送的有关遵守劳动保障法律情况的书面材料进行审查；对劳动保障法律实施中存在的重点问题集中组织专项检查活动等。

2. 委托监察

所谓委托监察，是指劳动监察机构和劳动保障监察员将其职权范围内的监察事务委托给特定的机构和人员负责实施。委托监察属于行政委托的一种，是基于在某种情形下，当自行监察没有实施的基础与可能时，对自行监察的补充。如，根据《劳动保障监察条例》的规定，县级、设区的市级人民政府劳动保障行政部门可以委托符合监察执法条件的组织实施劳动保障监察。劳动保障行政部门和受委托实施劳动保障监察的组织中的劳动保障监察员应当经过相应的考核或者考试录用。

（三）综合监察和专项监察

1. 综合监察

所谓综合监察，是指在劳动监察机构和劳动保障监察员的法定职权范围内包括有多项检查内容。一般而言，劳动行政部门的劳动监察属于综合监察，其内容非常全面。如，根据《劳动保障监察条例》的规定，劳动保障行政部门对下列事项实施劳动保障监察：

（1）用人单位制定内部劳动保障规章制度的情况；

（2）用人单位与劳动者订立劳动合同的情况；

（3）用人单位遵守禁止使用童工规定的情况；

（4）用人单位遵守女职工和未成年工特殊劳动保护规定的情况；

（5）用人单位遵守工作时间和休息休假规定的情况；

（6）用人单位支付劳动者工资和执行最低工资标准的情况；

（7）用人单位参加各项社会保险和缴纳社会保险费的情况；

（8）职业介绍机构、职业技能培训机构和职业技能考核鉴定机构遵守国家有关职业介绍、职业技能培训和职业技能考核鉴定的规定的情况；

（9）法律、法规规定的其他劳动保障监察事项。

2. 专项监察

所谓专项监察，是指对特定的监察事项由专门设立的机构负责实施，这些特定的事项一般都是专业性、技术性很强的事项。例如，我国对锅炉压力容器的安全监察制定了专项法规，由专门的机构负责实施。再如，我国为保障妇女劳动安全，减少和解决女职工在劳动中因生理特点造成的特殊困难，保护女职工健康，专门制定了《女职工劳动保护特别规定》（2012 年颁布）。又如，国务院商务主管部门负责全国的对外劳务合作监督管理工作，县级以上各级人民政府商务主管部门负责本行政区域的对外劳务合作监督管理工作。

（四）普通监察和特殊监察

1. 普通监察

所谓普通监察，是指以一般国民经济部门为劳动监察的范围。在劳动监察体系中，大多属于普通监察。如，根据《劳动法》规定，县级以上各级人民政府劳动行政部门依法对用人单位遵守劳动法律、法规的情况进行监督检查，对违反劳动法律、法规的行为有权制止，并责令改正。

2. 特殊监察

所谓特殊监察，是指对特殊经济领域的劳动监察。如对国防军工企业的监察，因为国防军工企业涉及国家机密，所以，对军工企业的监察由特殊的部门负责。再如，劳动安全卫生的监督检查，由卫生部门、安全生产监督管理部门、特种设备安全监督管理部门等相关部门依照相关法律、行政法规的规定执行。

三、劳动监察的主体与客体

（一）劳动监察的主体

劳动监察的主体一般是指劳动监察的机构及其人员。劳动监察机构是指经法律授权代表国家对劳动法的遵守情况实行监察的专门机构。在我国，县级以上劳动行政主管部门都设有综合性劳动监察机构，具体负责处理劳动安全卫生监察以外的各项劳动监察工作。劳动监察员是指国家设立的执行劳动监察的专职或兼职人员，通常与劳动监察有关的法律、法规对劳动监察员的任职条件作了规定。

1. 劳动保障监察机构

劳动保障行政主管部门负责实施劳动保障监察，应履行下列职责：①宣传劳动保障法律、法规和规章，督促用人单位贯彻执行；②检查用人单位遵守劳动保障法律、法规和规章的情况；③受理对违反劳动保障法律、法规或规章行为的举报、投诉；④依法纠正和查处违反劳动保障法律、法规或规章的行为。

2. 劳动监察员

原劳动部专门颁布了《劳动监察员管理办法》（1994年颁布），具体规定了劳动监察员的任职条件、任命程序、分类、培训和考核等内容。

（1）性质。劳动监察员是县级以上各级人民政府劳动行政部门执行劳动监督检查公务的人员，县级以上各级人民政府劳动行政部门对劳动监察员进行管理和监督。

（2）类型。县级以上各级人民政府劳动行政部门根据工作需要配备专职劳动监察员和兼职劳动监察员。专职劳动监察员是劳动行政部门专门从事劳动监察工作的人员，兼职劳动监察员是劳动行政部门非专门从事劳动监察工作的人员。兼职监察员主要负责与其业务有关的单项监察，须对用人单位处罚时，应会同专职监察员进行。

（3）任职条件。劳动监察员应当具备以下任职条件：一是认真贯彻执行国家法律、法规和政策；二是熟悉劳动业务，熟练掌握和运用劳动法律、法规知识；三是坚持原则，作风正派，勤政廉洁；四是在劳动行政部门从事劳动行政业务工作三年以上，并经国务院劳动行政部门或省级劳动行政部门劳动监察专业培训合格。

（4）职权。劳动监察人员执行公务，有权进入用人单位了解遵守劳动法律、法规的情况，查阅必要的资料，并对劳动场所进行检查。劳动监察人员执行公务，必须出示中华人民共和国劳动监察证件，秉公执法，并遵守有关规定。

（5）劳动监察员的任命程序。劳动行政部门专职劳动监察员的任命，由劳动监察机构负责提出任命建议并填写《中华人民共和国劳动监察员审批表》，经同级人事管理机构审核，报劳动行政部门领导批准；兼职劳动监察员的任命，由有关业务工作机构按规定推荐人选，并填写《中华人民共和国劳动监察员审批表》，经同级劳动监察机构和人事管理机构进行审核，报劳动行政部门领导批准。经批准任命的劳动监察员由劳动监察机构办理并颁发中华人民共和国劳动监察证件手续。劳动监察员任命后，地方各级劳动行政部门按照规定填写《中华人民共和国劳动监察证件统计表》，逐级上报省级劳动行政部门，由省级劳动行政部门汇总并报国务院劳动行政部门备案。

（6）考核培训。劳动监察员实行每三年进行一次考核验证的管理制度，对经考核合格的换发新证，并按规定填写报送《中华人民共和国劳动监察证件统计表》。持证人未按规定考核验证或经考核不能胜任劳动监察工作的，注销其中华人民共和国劳动监察证件。各级劳动行政部门应建立劳动监察员培训制度，制定培训计划，按岗位技能要求，组织进行职业技能、专业理论知识等方面的培训，不断提高监察人员的政治素质和业务水平。

（二）劳动监察的客体

劳动监察客体是指劳动监察对象所实施的为劳动法律所规范的行为。劳动监察的对象也称为监察相对人，劳动监察相对人是特定的，仅指劳动关系中的用人单位。其原因主要在于：在劳资关系中，用人单位是强势的一方，劳动关系中的违法行为一般也是由其做出的。除了用人单位以外，劳动服务单位也是劳动监察的相对人，因为劳动服务单位在其业务中同劳动者进行交往，有可能损害劳动者的合法权益，所以也是劳动监察的相对人。

劳动监察客体的范围，即劳动监察对象的行为，主要包括：

（1）用人单位录用和招聘员工，订立、变更和解除劳动合同的情况；

（2）用人单位订立、变更和解除集体合同的行为；

（3）用人单位制定内部劳动规则的活动；

（4）用人单位实施工时、工资制度、社会保险制度的情况；

（5）职业培训机构的情况；

（6）职业介绍机构的情况；

（7）劳动保护用品的设计、生产、经营和发放的情况；

（8）劳动安全卫生技术措施计划的实施和劳动安全卫生技术措施经费的使用情况；

（9）劳动安全卫生技术的培训考试发证情况；

（10）女职工、未成年工的特殊劳动保护情况等。

四、劳动监察的形式和管辖

（一）劳动监察的形式

1. 日常巡视检查

劳动保障行政部门对用人单位及其劳动场所的日常巡视检查，应当制定年度计划和中长期规划，确定重点检查范围，并按照现场检查的规定进行。劳动行政部门劳动监察机构及监察人员依职权主动到用人单位及其劳动场所进行监察检查活动，及时发现问题，依法进行处理，预防劳动争议，减少突发事件。各级劳动监察机构对巡视监察实行目标管理，明确检查用人单位的数量和检查的重点内容。通过日常巡视检查，劳动监察人员可以深入到工厂、车间，向劳动者宣传劳动法律、法规和有关政策，指导企业制定内部规章制度，指导订立劳动合同和集体合同，帮助落实各项劳动标准，发现用人单位有违法行为的应及时予以纠正，把问题解决在基层和萌芽状态。

2. 专项检查

劳动保障行政部门可以针对劳动保障法律实施过程中存在的重点问题和突出问题集中组织专项检查活动，必要时可以联合有关部门或组织共同进行，实行经常性检查和突击检查相结合。在劳动监察机构面临检查内容多、任务重、覆盖面广的情况下，在一定的时间内集中人力物力对一定范围内的用人单位进行全面检查，可以消除部分企业逃避监察的侥幸心理，较快地解决用人单位劳动管理方面的突出问题，创造良好的劳动法制环境。为了搞好大检查工作，要做好方案制定、组织发动、督促自查、组织检查、处罚整改等每一个环节的工作，发挥劳动监察队伍的主体作用，切实督促用人单位整改，帮助提高用人单位的劳动管理水平。

3. 审查用人单位报送的书面材料

劳动保障行政部门对用人单位按照要求报送的有关遵守劳动保障法律情况的书面材料进行审查，并对审查中发现的问题及时予以纠正和查处。按照《劳动法》规定，用人单位制定的劳动规章制度违反法律、法规规定的，由劳动行政部门给予警告，责令改正。用人单位应将制定的劳动规章制度送劳动行政部门劳动监察机构进行备案审查。经审查符合劳动法律、法规规定的，出具审查同意回执；经审查发现有违反劳动法律、法规的，要求企业改正。通过建立用人单位制定劳动规章制度备案审查制度，可以解决"大法"与"小法"的矛盾，及时纠正用人单位的违法行为。

4. 劳动监察年检

劳动监察年检是劳动行政部门的监察机构对所辖区域内的用人单位遵守劳动法律、法规情况每年进行一次全面监督检查。在进行年检时，劳动监察运用行政执法检查手段，认真做好劳动法律、法规的宣传教育工作，具体指导、帮助用人单位规范用人行为，把宣传教育、指导服务、督促整改和依法查处有机结合起来，促进用人单位全面落实各项劳动法律、法规，维护职工合法权益。劳动监察年检是适应我国国情的一种行之有效的监察方式。通过这种方式，可以缓解由于劳动监察力量不足，致使监察存有盲点，一些违法行为不能及时发现等问题；同时，也可以督促用人单位自查、自究，建立自律机制。

5. 依法查处举报和投诉案件

依法查处举报和投诉案件是劳动监察的主要方式之一。劳动监察工作坚持劳动监察与群众监督相结合的原则，紧紧依靠群众，发挥职工群众监督举报的积极性，通过群众举报掌握企业劳动关系的动态和劳动违法案件的线索，并对可能发生的突发事件进行预警，从而达到维护和谐、稳定的劳动关系的目的。各级劳动行政部门相应地建立了劳动监察举报制度，公布举报电话，设立举报信箱，指定专人负责，认真做好群众举报接待工作。认真研究分析群众举报的案件，凡属于违反劳动法律、法规行为的案件，都予以受理，并立即组织查处。同时，上级劳动部门受理的群众举报案件，可转请下级劳动部门查处，必要时派员参加；下级劳动行政部门应及时将查处结果报告上级劳动行政部门。劳动监察机构和劳动监察员要保护举报人，为举报人保密。要采取切实可行的措施，防止举报人在工作、工资和福利待遇及人身安全等方面受到侵害。对伤害、打击举报人的主要责任者，必须予以严肃处理。

（二）劳动监察管辖

劳动监察管辖是指劳动保障行政部门之间进行劳动监察活动的分工和权限划分。依照我国《劳动保障监察条例》的规定，劳动监察管辖有下述几个要点：

1. 地域管辖

地域管辖是指同级劳动保障行政部门在行使劳动监察权上的横向权限划分。《劳动保障监察条例》第十三条第一款规定，用人单位的劳动监察，由用人单位用工所在地的县级或设区的市级劳动保障行政部门管辖。这里包含两层含义：①劳动监察主要由县级、设区的市级劳动保障行政部门管辖；②由用人单位用工所在地的劳动保障行政部门管辖。

2. 级别管辖

级别管辖是不同级别劳动保障行政部门在行使劳动监察权上纵向的分工与权限划分。由于各地用人单位的分布、性质、数量不平衡，各级劳动保障行政部门承担的工作任务和执法力量差别较大，不宜也不可能在法律中统一规定，所以《劳动保障监察条例》第十三条第三款对此作了授权性规定，即省、自治区、直辖市人民政府可以对劳动监察的管辖制定具体办法。

3. 指定管辖

在劳动执法监察中，有时会发生两个劳动保障行政部门均认为其对同一区域内用人单位的劳动监察具有管辖权的情况。为了妥善处理这种争议，《劳动保障监察条例》第十三条第二款规定，劳动保障行政部门对劳动监察管辖发生争议的，报请共同的上一级劳动保障行政部门指定管辖。

4. 移送管辖

有的部门因管辖权不清楚，没有及时受理劳动违法案件，而有的部门则越权受理了不属于本部门管辖的案件。为了增强劳动行政部门依法行政的意识，《劳动保障监察条例》规定，劳动保障行政部门对违反劳动法律、法规或者规章的行为，应作出处理，如果发现违法案件不属于劳动监察范围的，应及时移送有关部门处理；涉嫌犯罪的，应及时移送司法机关处理。

五、劳动监察的程序

（一）受理与立案

任何组织或个人对违反劳动保障法律的行为，有权向劳动保障行政部门举报。劳动保障行政部门对举报人反映的违反劳动保障法律的行为应当依法予以查处，并为举报人保密；对举报属实、为查处重大违反劳动保障法律的行为提供主要线索和证据的举报人给予奖励。劳动者对用人单位违反劳动保障法律、侵犯其合法权益的行为，有权向劳动保障行政部门投诉。对因同一事由引起的集体投诉，投诉人可推荐代表投诉。

投诉应当由投诉人向劳动保障行政部门递交投诉文书。书写投诉文书确有困难的，可以口头投诉，由劳动保障监察机构进行笔录，并由投诉人签字。投诉文书应当载明下列事项：一是投诉人的姓名、性别、年龄、职业、工作单位、住所和联系方式，被投诉用人单位的名称、住所、法定代表人或者主要负责人的姓名、职务；二是劳动保障合法权益受到侵害的事实和投诉请求事项。

有下列情形之一的投诉，劳动保障行政部门应当告知投诉人依照劳动争议处理或者诉讼程序办理：①应当通过劳动争议处理程序解决的；②已经按照劳动争议处理程序申请调解、仲裁的；③已经提起劳动争议诉讼的。

下列因用人单位违反劳动保障法律行为对劳动者造成损害，劳动者与用人单位就赔偿发生争议的，依照国家有关劳动争议处理的规定处理：①因用人单位制定的劳动规章制度违反法律、法规规定，对劳动者造成损害的；②因用人单位违反对女职工和未成年工的保护规定，对女职工和未成年工造成损害的；③因用人单位的原因订立无效合同，对劳动者造成损害的；④因用人单位违法解除劳动合同或者故意拖延不订立劳动合同，对劳动者造成损害的；⑤法律、法规和规章规定的其他因用人单位违反劳动保障法律的行为，对劳动者造成损害的。劳动者或者用人单位与社会保险经办机构发生的社会保险行政争议，按照《社会保险行政争议处理办法》处理。

对符合下列条件的投诉，劳动保障行政部门应当在接到投诉之日起5个工作日内依法受理，并于受理之日立案查处：①违反劳动保障法律的行为发生在两年内的；②有明确的被投诉用人单位，且投诉人的合法权益受到侵害是被投诉用人单位违反劳动保障法律的行为所造成的；③属于劳动保障监察职权范围并由受理投诉的劳动保障行政部门管辖的。

对不符合投诉时效规定的投诉，劳动保障行政部门应当在接到投诉之日起5个工作日内决定不予受理，并书面通知投诉人；对不符合投诉材料规定的投诉，劳动保障监察机构应当告知投诉人补正投诉材料；对不符合投诉管辖权规定的投诉，即对不属于劳动保障监察职权范围内的投诉，劳动保障监察机构应当告诉投诉人；对属于劳动保障监察职权范围内但不属于受理投诉的劳动保障行政部门管辖的投诉，应当告知投诉人向有关劳动保障行政部门提出。

劳动保障行政部门通过日常巡视检查、书面审查、举报等发现用人单位有违反劳动保障法律的行为，需要进行调查处理的，应当及时立案查处。立案应当填写立案审批表，报劳动保障监察机构负责人审查批准，劳动保障监察机构负责人批准之日即为立案之日。

（二）调查与检查

劳动保障监察员进行调查和检查时不得少于2人，劳动保障监察机构应指定其中一人为主办劳动保障监察员。劳动保障监察员对用人单位是否遵守劳动保障法律情况进行监察时，应当遵循以下规定：①进入用人单位时，应佩戴劳动保障监察执法标志，出示劳动保障监察证件，并说明身份；②就调查事项作笔录时，应由劳动保障监察员和被调查人（或其委托代理人）签名或盖章。被调查人拒不签名、盖章的，应注明拒签情况。

劳动保障监察员进行调查、检查时，应承担下列义务：①依法履行职责，秉公执法；②保守在履行职责过程中获知的商业秘密；③为举报人保密。

劳动保障监察员在进行劳动保障监察时，有下列情形之一的，应当回避：①本人是用人单位法定代表人或主要负责人的近亲属的；②本人或其近亲属与承办查处的案件事项有直接利害关系的；③因其他原因可能影响案件公正处理的。当事人认为劳动保障监察员符合法律、法规规定的应当回避的情形，有权向劳动保障行政部门申请要求其回避。当事人申请劳动保障监察员回避时，应当采用书面形式。回避决定应在收到申请之日起3个工作日内作出。作出回避决定前，承办人员不得停止对案件的调查处理。对回避申请的决定，应当告知申请人。承办人员的回避，由劳动保障监察机构负责人决定；劳动保障监察机构负责人的回避，由劳动保障行政部门负责人决定。

劳动保障行政部门实施劳动保障监察，有权采取下列措施：①进入用人单位的劳动场所进行检查；②就调查、检查事项询问有关人员；③要求用人单位提供与调查、检查事项相关的文件资料，必要时可以发出调查询问书；④采取记录、录音、录像、照相和复制等方式收集有关的情况和资料；⑤对事实确凿、可以当场处理的违反劳动保障法律、法规或规章的行为，应当场予以纠正；⑥可以委托注册会计师事务所对用人单位的工资支付、缴纳社会保险费的情况进行审计；⑦法律、法规规定的可以由劳动保障行政部门采取的其他调查、检查措施。

劳动保障行政部门调查和检查时，有下列情形之一的，可以采取证据登记保存措施：①当事人可能对证据采取伪造、变造、毁灭行为的；②当事人采取措施不当可能导致证据灭失的；③不采取证据登记保存措施以后难以取得的；④其他可能导致证据灭失的情形的。

采取证据登记保存措施应当按照下列程序进行：①劳动保障监察机构根据规定提出证据登记保存申请，报劳动保障行政部门负责人批准。②劳动保障监察员将证据登记保存通知书及证据登记清单交付当事人，由当事人签收；当事人拒不签名或盖章的，由劳动保障监察员注明情况。③采取证据登记保存措施后，劳动保障行政部门应当在7个工作日内及时作出处理决定，期限届满后应当解除证据登记保存措施。在证据登记保存期内，当事人或有关人员不得销毁或转移证据。劳动保障监察机构及劳动保障监察员可以随时调取证据。劳动保障行政部门在实施劳动保障监察中涉及异地调查取证的，可以委托当地劳动保障行政部门协助调查。受委托方的协助调查应在双方商定的时间内完成。

劳动保障行政部门对违反劳动保障法律的行为的调查，应当自立案之日起60个工作日内完成；情况复杂的，经劳动保障行政部门负责人批准，可以延长30个工作日。

（三）案件处理

对用人单位存在的违反劳动保障法律的行为证据确凿并有法定处罚（处理）依据的，可以当场作出限期整改指令或依法当场作出行政处罚决定。当场作出限期整改指令或行政处罚决定的，劳动保障监察员应当填写预定格式、编有号码的限期整改指令书或行政处罚决定书，当场交付当事人。当场处以警告或罚款处罚的，应当按照下列程序进行：①口头告知当事人违法行为的基本事实，以及拟作出的行政处罚、依据及其依法享有的权利；②听取当事人的陈述和申辩；③填写预定格式的处罚决定书；④当场处罚决定书应当由劳动保障监察员签名或盖章；⑤将处罚决定书当场交付当事人，由当事人签收。劳动保障监察员应当在2个工作日内将当场限期整改指令和行政处罚决定书存档联交所属劳动保障行政部门存档。

对不能当场作出处理的违法案件，劳动保障监察员经调查取证，应当提出初步处理建议，并填写案件处理报批表。案件处理报批表应写明被处理单位的名称、案由、违反劳动保障法律行为事实、被处理单位的陈述、处理依据和建议处理意见。对违反劳动保障法律的行为作出行政处罚或行政处理决定前，应当告知用人单位，听取其陈述和申辩；法律、法规规定应当依法听证的，应当告知用人单位有权依法要求举行听证；用人单位要求听证的，劳动保障行政部门应当组织听证。

劳动保障行政部门对违反劳动保障法律的行为，根据调查、检查的结果，作出以下处理：①对依法应当受到行政处罚的，依法作出行政处罚决定。②对应当改正而未改正的，依法责令改正或作出相应的行政处分或行政处罚决定。③对情节轻微，且已改正的，撤销立案；经调查、检查，劳动保障行政部门认定违法事实不能成立的，也应当撤销立案。④发现违法案件不属于劳动保障监察事项的，应当及时移送有关部门处理；涉嫌犯罪的，应当依法移送司法机关处理。

在劳动行政执法过程中发现用人单位有违法行为，但违法行为轻微并能及时改正的，应口头责令其改正；对立即改正确有困难的，应下达劳动监察限期改正指令书，责令其限期整改；对拒不整改的，劳动和社会保障行政部门应依法给予行政处罚。对有违法行为的或依法应给予行政处理或行政处罚的单位，劳动和社会保障行政部门可在责令其改正的同时，给予行政处理或行政处罚。劳动保障监察行政处罚（处理）决定书应载明下列事项：①被处罚（处理）单位的名称、法定代表人、单位地址；②劳动保障行政部门认定的违法事实和主要证据；③劳动保障行政处罚（处理）的种类和依据；④处罚（处理）决定的履行方式和期限；⑤不服行政处罚（处理）决定，申请行政复议或提起行政诉讼的途径和期限；⑥作出处罚（处理）决定的行政机关名称和作出处罚（处理）决定的日期。劳动保障行政处罚（处理）决定书应当加盖劳动保障行政部门印章。

劳动保障行政部门应自案件调查完成之日起 15 个工作日内作出行政处罚（行政处理或责令改正）或撤销立案决定；若情况特殊，经劳动保障行政部门负责人批准可以延长。劳动监察限期整改指令书、劳动保障行政处理决定书和劳动保障行政处罚决定书应当在宣告后当场交付当事人；当事人不在场的，劳动保障行政部门应当在 7 个工作日内依照《中华人民共和国民事诉讼法》的有关规定，将劳动保障监察限期整改指令书、劳动保障行政处理决定书、劳动保障行政处罚决定书送达当事人。作出行政处罚、行政处理决定的劳动保障行政部门发现决定不适当的，应当予以纠正并及时告知当事人。劳动保障监察案件结案后应建立档案，档案资料应当至少保存 3 年。

（四）执行

劳动保障行政处理或处罚决定依法作出后，当事人应当在决定规定的期限内予以履行。当事人对劳动保障行政处理或行政处罚决定不服申请行政复议或提起行政诉讼的，行政处理或行政处罚决定不停止执行，法律另有规定的除外。当事人确有经济困难，需要延期或分期缴纳罚款的，经当事人申请和劳动保障行政部门批准，可以暂缓或分期缴纳。

当事人对劳动保障行政部门作出的行政处罚决定、责令支付劳动者工资报酬、赔偿金或征缴社会保险费等行政处理决定逾期不履行的，劳动保障行政部门可以申请人民法院强制执行，或依法强制执行。

除依法当场收缴的罚款外，作出罚款决定的劳动保障行政部门及劳动保障监察员不得自行收缴罚款。当事人应当自收到行政处罚决定书之日起 15 个工作日内，到指定银行缴纳罚款。

第三节　工会的劳动监督检查

工会是职工自愿结合的工人阶级的群众组织。中华全国总工会及其各工会组织代表职工的利益，其职责是依法维护职工的合法权益。工会组织的产生源于西方的工业革命，当时越来越多的农民被迫离开赖以生存的农村涌入城市，为城市的工厂雇主打工，但工资低廉且工作环境极为恶劣，在这种环境下，单个的被雇佣者无力对付强有力的雇主，从而诱发工潮的产生，导致工会组织的诞生。因此，从工会诞生之日起，工会的主要职能之一就是保护劳动者的利益。

一、工会的劳动监督检查制度概述

作为职工自愿结合的群众组织，工会监督是一种最重要的社会监督，工会劳动法律监督是各级工会依法对劳动法律、法规的执行情况进行的有组织的群众监督，是我国劳动法律监督体系的重要组成部分。工会拥有一套全国统一并且几乎遍及各个用人单位的组织体系，且以全体职工为后盾，这是其他任何分散性的社会监督无法与之相比的，因此，工会的劳动监督检查制度得到了许多法律的肯定。

（一）《劳动法》规定的工会劳动监督检查制度

《劳动法》第七条规定："劳动者有权依法参加和组织工会。工会代表和维护劳动者的合法权益，依法独立自主地开展活动。"这是 1994 年颁布的《劳动法》对工会具有维护劳动者合法权益职责的明确规定，也以法律的形式明确赋予工会有权独立自主开展活动，意味着工会有权针对侵害劳动者合法权益的行为进行监督检查，但这只是一项原则性规定，为以后的《劳动合同法》和《工会法》具体详细地规定工会的劳动监督检查制度奠定了基础。

（二）《劳动合同法》规定的工会劳动监督检查制度

《劳动合同法》第七十八条规定："工会依法维护劳动者的合法权益，对用人单位履行劳动合同、集体合同的情况进行监督。用人单位违反劳动法律、法规和劳动合同、集体合同的，工会有权提出意见或者要求纠正；劳动者申请仲裁、提起诉讼的，工会依法给予支持和帮助。"《中华全国总工会关于进一步推进劳动合同制度实施的通知》（总工发〔2005〕23 号）中指出，要加强对劳动合同执行情况的监督检查。工会要将劳动合同执行情况作为工会劳动监督的重点，建立和完善监督检查机构和组织，积极开展监督检查工作，监督劳动合同双方认真履行劳动合同。要加强劳动关系协调机制各项制度间的有机衔接，劳动合同的标准不得低于集体合同的规定。注意发挥劳动合同在劳动争议调解、仲裁和诉讼中的作用，做到有法可依、依法办事。企业工会要加强与行政主管机构的沟通和协调，督促认真履行劳动合同。对于企业未兑现劳动合同的行为，工会要依法要求行政主管机构整改，或者支持职工通过仲裁或诉讼方式解决。地方工会要加强与劳动保障行政部门的协调，推动开展劳动合同专项监察，在《劳动法》和《工会法》的执法检查和企业劳动年检中，要将劳动合同作为重要内容，监督企业认真签订和履行劳动合同。对于不签订和不履行劳动合同的企业，工会要督促劳动保障行政部门责令其改正，依法予以行政处分或处罚。工会还要积极推动各级人大开展劳动法的执法检查，促进劳动合同工作取得实效。

(三)《工会法》规定的工会劳动监督检查制度

中国的工会是中国共产党领导的职工自愿结合的工人阶级群众组织，是党联系职工群众的桥梁和纽带，是国家政权的重要社会支柱，是工会会员和职工权益的代表。中国工会的主要职责是对有关职工合法权益的重大问题进行调查研究，向党中央和国务院反映职工群众的思想、愿望和要求，提出意见和建议；参与涉及职工切身利益的政策、措施、制度和法律、法规草案的拟定；参与职工重大伤亡事故的调查处理等。其中，监督用人单位遵守《劳动法》，是《劳动法》和《工会法》赋予工会的一项基本职责。

为了突出和强调工会维护职工合法权益的职能，我国《工会法》规定："中华全国总工会及其各工会组织代表职工的利益，依法维护职工的合法权益。""维护职工合法权益是工会的基本职责。工会在维护全国人民总体利益的同时，代表和维护职工的合法权益。工会通过平等协商和集体合同制度，协调劳动关系，维护企业职工劳动权益。工会依照法律规定通过职工代表大会或者其他形式，组织职工参与本单位的民主决策、民主管理和民主监督。工会必须密切联系职工，听取和反映职工的意见和要求，关心职工的生活，帮助职工解决困难，全心全意为职工服务。"

针对当前一些企业无视职工的劳动条件与安全，随意延长劳动时间、克扣职工工资、不提供劳动安全保护，甚至限制职工人身自由，严重侵犯了职工的合法权益，以致引发恶性安全事故和职工群体性事件，影响社会稳定，工会有责任及时反映情况，并代表职工与企业方面就维护职工劳动权益的问题进行交涉，让企业予以纠正，避免矛盾进一步激化，维护改革、发展、稳定的大局。

工会帮助、指导职工与企业以及实行企业化管理的事业单位签订劳动合同。工会代表职工与企业以及实行企业化管理的事业单位进行平等协商，签订集体合同。集体合同草案应当提交职工代表大会或者全体职工讨论通过。工会签订集体合同，上级工会应当给予支持和帮助。企业违反集体合同，侵犯职工劳动权益的，工会可以依法要求企业承担责任；因履行集体合同发生争议，经协商解决不成的，工会可以向劳动争议仲裁机构提请仲裁，仲裁机构不予受理或者对仲裁裁决不服的，可以向人民法院提起诉讼。企业、事业单位处分职工，工会认为不适当的，有权提出意见。

企业单方面解除职工劳动合同时，应当事先将理由通知工会，工会认为企业违反法律、法规和有关合同，要求重新研究处理时，企业应当研究工会的意见，并将处理结果书面通知工会。职工认为企业侵犯其劳动权益而申请劳动争议仲裁或者向人民法院提起诉讼的，工会应当给予支持和帮助。

企业、事业单位违反劳动法律、法规，有下列侵犯职工劳动权益情形的，工会代表职工与企业、事业单位交涉，要求企业、事业单位采取措施予以纠正；企业、事业单位应当予以研究处理，并向工会作出答复；企业、事业单位拒不改正的，工会可以请求当地人民政府依法作出处理：一是克扣职工工资的；二是不提供劳动安全卫生条件的；三是随意延长劳动时间的；四是侵犯女职工和未成年工特殊权益的；五是其他严重侵犯职工劳动权益的。

工会依照国家规定对新建、扩建企业和技术改造工程中的劳动条件和安全卫生设施与主体工程同时设计、同时施工、同时投产使用进行监督。对工会提出的意见，企业或者主管部门应当认真处理，并将处理结果书面通知工会。工会发现企业违章指挥、强令工人冒险作业，或者生产过程中发现明显重大事故隐患和职业危害，有权提出解决的建议，企业应当及时研究并给予答复；发现危及职工生命安全的情况时，工会有权向企业建议组织职工撤离危险现场，企业必须及时作出处理决定。

工会有权对企业、事业单位侵犯职工合法权益的问题进行调查，有关单位应当予以协助。职工因工伤亡事故和其他严重危害职工健康问题的调查处理，必须有工会参加。工会应当向有关部门提出处理意见，并有权要求追究直接负责的主管人员和有关责任人员的责任。对工会提出的意见，应当及时研究，并给予答复。企业、事业单位发生停工、怠工事件，工会应当代表职工同企业、事业单位或者有关方面协商，反映职工的意见和要求并提出解决意见。对于职工的合理要求，企业、事业单位应当予以解决。工会协助企业、事业单位做好工作，尽快恢复生产和工作秩序。

工会参加企业的劳动争议调解工作。地方劳动争议仲裁组织应当有同级工会代表参加。县级以上各级总工会可以为所属工会和职工提供法律服务。工会协助企业、事业单位、机关办好职工集体福利事业，做好工资报酬、劳动安全卫生和社会保险等工作。工会会同企业、事业单位教育职工以国家主人翁的态度对待劳动，爱护国家和企业的财产，组织职工开展群众性的合理化建议、技术革新活动，进行业余文化技术学习和职工培训，组织职工开展文娱、体育活动。根据政府委托，工会与有关部门共同做好劳动模范和先进生产（工作）者的评选、表彰、培养和管理等工作。国家机关在组织起草或者修改直接涉及职工切身利益的法律、法规、规章时，应当听取工会意见。

县级以上各级人民政府制定国民经济和社会发展计划时，对涉及职工利益的重大问题，应当听取同级工会的意见。县级以上各级人民政府及其有关部门研究制定劳动就业、工资报酬、劳动安全卫生、社会保险等涉及职工切身利益的政策、措施时，应当吸收同级工会参加研究，听取工会意见。县级以上各级人民政府可以召开会议或者采取适当方式，向同级工会通报政府的重要工作部署和与工会工作有关的行政措施，研究解决工会反映的职工群众的意见和要求。各级人民政府劳动行政部门应当会同同级工会和企业方面代表，建立劳动关系三方协商机制，共同研究解决劳动关系方面的重大问题。

根据《中华人民共和国工会法》、《中华人民共和国劳动法》等有关法律、法规的规定，中华全国总工会于1995年颁布了《工会劳动法律监督试行办法》，2001年又根据我国实际情况的变化和修订后的《中华人民共和国工会法》，修订颁布了新的《工会劳动保护监督检查员工作条例》、《工会劳动保护监督检查委员会工作条例》和《工会小组劳动保护检查员工作条例》三个条例，它们构成了我国工会的劳动保护监督检查制度。

二、工会普通劳动监督检查

工会普通劳动监督检查，是指各级工会对用人单位遵守除劳动保护法以外的劳动法律规范的情况所进行的监督检查。其监督客体包括用人单位遵守国家有关就业、劳动合同、工作时间和休息休假、工资报酬、职业培训和职业技能考核、职工保险福利等规定的情况，以及履行集体合同的情况等。

（一）工会普通劳动监督检查的机构

县级以上工会领导机关、基层工会和职代会都可设立工会劳动法律监督委员会（以下简称监督委员会）或监督小组，其中县级以上监督委员会可由工会内部相关业务部门的人员组成，也可以吸收社会相关人士参加，其日常工作由工会有关部门负责。各级监督委员会受同级工会委员会领导，并接受上级委员会的业务指导。职代会设立的劳动法律监督委员会对职工代表大会负责。

各级工会还设立工会劳动法律监督员（以下简称监督员），具体实施劳动法律监督工作。监督员的必备条件为：①熟悉劳动法律法规；②热心为职工群众说话办事；③奉公守法，清正廉洁。

县级以上监督委员会成员为本级工会的监督员。县级以上工会可以聘请社会有关人士担任兼职监督员，且县级以上工会劳动法律监督员由上一级工会培训、考核，并颁发由全国总工会统一印制的《工会劳动法律监督员证书》。监督员在履行监督职责受到打击报复时，有权向上级工会反映，向劳动行政部门检举或向法院起诉，上级工会应予以支持和帮助。监督员工作成绩显著的，由工会或有关部门给予表彰奖励；不称职者由工会取消监督员资格。

（二）工会普通劳动监督检查的职权

工会普通劳动监督检查的职权主要包括：

1. 调查权

监督委员会有权根据职工的申诉、举报对用人单位是否遵守劳动法规的情况进行调查。

2. 参与监督权

工会有权派出代表参与有关国家机关对用人单位遵守《劳动法》的情况进行的监督活动，尤其是参与对劳动法实施的检查，以及对用人单位违反《劳动法》情况的调查和查处。

3. 要求改正权

工会发现用人单位有违反《劳动法》的行为时，有权向用人单位提出意见，要求其改正。

4. 要求查处权

工会对用人单位违反《劳动法》的行为，有权要求有查处权的国家机关依法进行查处。

5. 支持举报控告权

工会有权支持职工对用人单位违反《劳动法》的行为向有关国家机关进行举报或控告。

6. 舆论监督权

工会有权运用合法的舆论手段，监督用人单位遵守劳动法规。

（三）工会普通劳动监督检查的规则

工会普通劳动监督检查规则有以下七个要点：

（1）县级以上工会参加同级人大、政协组织的对《劳动法》实施的检查，须经组织者同意，也可以与劳动行政部门及其他有关行政部门联合组织对《劳动法》实施的检查。

（2）监督员对用人单位进行调查时应不少于2人，用人单位应当提供方便，协助其了解情况、查阅资料。

（3）监督员执行任务时，应将调查结果在现场如实记录，经用人单位核阅后，由调查人员和用人单位有关人员共同签名或盖章，用人单位拒绝签名或盖章的，应在记录上注明。

（4）工会对调查中发现的违反《劳动法》的行为，应当向用人单位指出并提出整改意见；问题严重者应向劳动监察部门报告，并要求查处。

（5）基层工会的监督委员会对劳动过程中发生的违反《劳动法》行为，应及时向生产管理人员提出改进意见；对严重损害劳动者合法权益的，可同时向上级工会和当地劳动监察机构报告，要求迅速查处。

（6）职代会设立的监督委员会应当定期向职代会报告工作，针对存在的问题提出意见和议案，经职代会作出决议，督促企业执行。

（7）各级监督委员会应将工作情况、违法案件处理结果及统计资料，每年向上级监督委员会报告，重大案件应当及时向上级监督委员会及劳动监察部门报告。

三、工会劳动保护监督检查

工会劳动保护监督检查，是指工会对用人单位是否遵守劳动保护法的情况所进行的专项监督检查。工会组织依法履行劳动保护监督检查职责，建立劳动保护监督检查制度，对安全生产工作实行群众监督，维护职工的合法权益。根据《劳动法》、《工会法》等法律、法规的规定，中华全国总工会发布了修订后的《工会劳动保护监督检查员工作条例》、《基层工会劳动保护监督检查委员会工作条例》和《工会小组劳动保护检查员工作条例》，以下分而述之。

（一）劳动保护监督检查员

工会劳动保护监督检查员是代表工会组织依法实施劳动保护监督检查的人员，在其所隶属的工会组织领导下工作，也可受任命机关委托，代表任命机关执行监督检查任务。

1. 产生

在县（含）级以上总工会、产业工会中设立工会劳动保护监督检查员，可聘请有关方面熟悉劳动保护业务的人员担任兼职工会劳动保护监督检查员。中华全国总工会，省、自治区、直辖市总工会，全国产业工会、省辖市总工会对工会劳动保护监督检查员有审批任命权。省、自治区、直辖市总工会，全国产业工会和中华全国总工会有关部门的工会劳动保护监督检查员由省、自治区、直辖市总工会，全国产业工会审批任命，报中华全国总工会备案。县级总工会的劳动保护监督检查员由省辖市总工会审批任命，报省、自治区、直辖市总工会备案。工会劳动保护监督检查员由其所隶属的工会组织考核、申报。

2. 资格要求

工会劳动保护监督检查员应具有大专以上文化程度、具有一定的生产实践经验，并从事工会劳动保护工作一年以上，应有较高的政治、业务水平，熟悉和掌握有关劳动安全卫生法律、法规和劳动保护业务；科级以上、从事五年以上劳动保护工作的工会干部也可以担任工会劳动保护监督检查员。工会劳动保护监督检查员任命前必须经过劳动保护岗位培训和考核。

3. 职权

工会劳动保护监督检查员代表工会组织行使下列职权：

（1）参与劳动安全卫生法律、法规、标准和重大决策、措施的制定，监督劳动安全卫生法律、法规和政策的贯彻执行。

（2）监督检查本地区、行业和企事业单位的劳动安全卫生工作，对劳动安全卫生状况进行分析，对危害职工劳动安全与健康的问题进行调查，向政府及有关部门、企事业单位反映需要解决的问题，提出整改治理的建议。

（3）制止违章指挥、违章作业。在监督检查时，发现存在事故隐患、职业危害和违反国家劳动安全卫生法律、法规的问题，有权要求企事业单位进行整改，监督企事业单位采取防范事故和职业危害的措施；发现存在严重事故隐患或职业危害的，提请所隶属的工会组织向企事业单位发出书面整改建议，并督促企事业单位解决；对拒不整改的，提请政府有关部门采取强制性措施。

（4）在生产过程中发现明显重大事故隐患和严重职业危害，并危及职工生命安全的紧急情况时，有权向企事业行政或现场指挥人员要求采取紧急措施，包括立即从危险区内撤出作业人员，同时支持或组织职工采取必要的避险措施并立即报告。

（5）依法参加职工伤亡事故的调查和处理，监督企事业单位采取防范措施，对造成伤亡事故和经济损失的责任者，提出处理意见；对触犯刑法的责任者，建议追究其法律责任。

（6）参加新建、扩建和技术改造工程项目劳动安全卫生设施的设计审查和竣工验收，对劳动条件和安全卫生设施存在的问题提出意见和建议。

（7）监督和协助企事业单位严格执行国家劳动安全卫生规程和标准，建立、健全劳动安全卫生制度；监督检查劳动安全卫生设施；监督检查技术措施计划的执行及经费投入、使用的情况；监督检查企事业单位的安全生产状况。

（8）支持基层工会劳动保护监督检查委员开展工作，在劳动保护业务上给予指导。

4. 义务

工会劳动保护监督检查员履行下列义务：

（1）严格执行国家法律、法规和政策，实事求是，坚持原则，联系群众，依法监督。

（2）宣传国家劳动安全卫生法律、法规和政策，教育职工遵守国家有关劳动安全卫生的各项法律、法规和企事业单位的规章制度，推广先进的安全管理方法、预防事故和职业危害技术。

（3）与政府有关部门密切合作。

（4）学习相关知识，提高自身素质，适应工会劳动保护监督检查工作的要求。

5. 其他规定

工会劳动保护监督检查员执行任务时，应出示工会劳动保护监督检查员证。实施监督检查时，企事业单位应予以配合，提供方便。对拒绝或阻挠监督检查员工作的单位和个人，提请有关部门严肃处理。工会劳动保护监督检查员应定期向其所隶属的工会汇报工作。受任命机关委托执行监督检查任务时应向任命机关提交专题报告。工会组织对工会劳动保护监督检查员进行管理、业务指导和定期培训。任命机关定期考核工会劳动保护监督检查员的工作，对成绩显著者给予表彰奖励，对失职者取消其监督检查员的资格。工会劳动保护监督检查员所隶属的工会组织为其开展工作提供交通、通讯等工作条件和必要的工作经费。工会劳动保护监督检查员按规定享受个人防护用品、保健津贴等待遇。

（二）基层工会劳动保护监督检查委员会

1. 基层工会劳动保护监督检查委员会的设立和产生

企事业工会及所属分厂、车间工会可设立工会劳动保护监督检查委员会（或工会劳动保护监督检查小组）。乡镇工会、城市街道工会及基层工会联合会也可设立工会劳动保护监督检查委员会。工会劳动保护监督检查委员会在同级工会领导下开展工作。工会劳动保护监督检查委员会委员由同级工会提名，报上级工会备案。

工会劳动保护监督检查委员会设主任委员1人，副主任委员1~2人，委员若干人，女职工相对集中的单位，应设女职工委员会。主任委员应由工会委员会主席或副主席担任。工会劳动保护监督检查委员会委员由熟悉劳动保护业务、热心劳动保护工作的工会干部和生产一线的职工担任。工会劳动保护监督检查委员会委员也可聘请行政管理人员担任，但不得超过委员会总人数的1/3。

2. 基层工会劳动保护监督检查委员会的职权

根据需要，工会劳动保护监督检查委员会的工作可与职工（代表）大会的专门委员会的工作相结合。工会劳动保护监督检查委员会主要有以下职权：

（1）监督和协助本单位贯彻执行国家劳动安全卫生法律、法规，监督落实安全生产责任制和规章制度，参加涉及职工劳动安全与健康规章制度的制定，参与本单位劳动安全卫生措施、计划和经费投入等方案的制定和实施，对劳动安全卫生的决策、措施提出意见和建议。

（2）定期分析研究劳动安全卫生状况，向企事业单位和有关方面反映职工对劳动安全卫生工作的意见、建议和要求；督促和协助企事业单位解决劳动安全卫生方面存在的问题，改善劳动条件和作业环境。

（3）参与本单位集体合同中关于劳动安全卫生、工作时间、休息休假和工伤保险等条款的协商与制定，维护职工劳动安全卫生的权利、休息休假的权利和享受工伤保险的权利；对集体合同、劳动合同中劳动安全卫生条款的执行情况进行监督检查。

（4）制止违章指挥、违章作业；组织或协同行政进行安全生产检查，组织职工代表对劳动安全卫生工作进行督查；对事故隐患和职业危害作业点建立档案，监督整改和治理，并督促企事业单位防范事故和职业危害。

（5）对违反国家法律、法规，不符合劳动安全卫生标准规定的问题，提出整改意见；问题严重的，向企事业单位行政人员提出书面整改意见；对拒不整改的，要求政府有关部门采取强制性措施。

（6）监督检查新建、扩建和技术改造工程项目的劳动安全卫生设施与主体工程同时设计、同时施工、同时投产使用。

（7）参加职工伤亡事故调查和处理，查清事故原因和责任，提出对事故责任者的处理意见，监督和协助企事业单位采取防范措施；对发生的职工伤亡事故和职业病进行研究、分析，总结教训，提出建议。

（8）在生产过程中发现明显重大事故隐患和严重职业危害，并危及职工生命安全的紧急情况时，要求企事业单位行政人员或现场指挥人员采取紧急措施，包括立即从危险区内撤出作业人员，同时支持或组织职工采取必要的避险措施并立即报告。

（9）宣传国家劳动安全卫生法律法规、政策及企事业的规章制度，结合实际情况，组织和发动职工开展安全生产活动，教育职工遵章守纪，提高职工的安全意识和技能。

（10）督促企事业单位按国家有关规定发放劳动安全卫生防护用品、用具，监督企事业单位定期对职工进行健康检查；监督企事业单位履行对职业病人的诊断、治疗和康复的责任，督促落实工伤待遇及职业病损害赔偿；监督和协助企事业单位落实女职工和未成年工特殊保护的有关规定。

3. 其他规定

企事业单位对基层工会劳动保护监督检查委员会的工作应给予支持，并提供相应的工作条件。对阻挠监督检查工作的单位和个人，有权要求有关部门严肃处理。上级工会组织支持基层工会劳动保护监督检查委员会的工作，对工作成绩显著的劳动保护监督检查委员会给予表彰和奖励。

（三）工会小组的劳动保护监督

1. 产生

为保障国家劳动安全卫生法律、法规及企事业单位规章制度落实到班组，发挥职工劳动保护监督检查作用，在工业、交通、财贸、基本建设等行业的企事业生产班组中，设立工会小组劳动保护检查员。

工会小组劳动保护检查员经民主推选产生，在基层工会劳动保护监督检查委员会领导下工作。工会小组劳动保护检查员应具有一定的劳动安全卫生知识，敢于坚持原则，责任心强。

2. 职权

工会小组劳动保护检查员的职权主要有：

（1）协助班组长落实国家劳动安全卫生法律、法规及企事业单位规章制度，创建安全生产合格班组。

（2）查询工作场所存在的职业危害和企事业单位相应的防范措施。

（3）督促和协助班组长对本班组人员进行安全教育，提高安全生产意识和技术技能。

（4）制止违章指挥、违章作业。

（5）对生产设备、防护设施、工作环境进行监督检查，发现隐患应及时报告，督促解决。

（6）发现明显危及职工生命安全的紧急情况时，应立即报告，并组织职工采取必要的避险措施。

（7）发生伤亡事故，迅速参加危险、急救工作，协助保护事故现场，并立即上报。

（8）监督企事业单位提供符合国家规定的劳动条件、按规定发放个人防护用品；向企事业单位提出不断改善劳动条件和作业环境的建议。

（9）因进行正常监督检查活动而受到打击报复时，有权上告，要求严肃处理。

3. 其他规定

工会组织对工会小组劳动保护检查员的工作应予以支持，对作出贡献的工会小组劳动保护检查员，上级工会组织应给予表彰和奖励。

四、工会劳动保护监督检查员的行政管理

工会劳动保护监督检查员是指具有较高的政策、业务水平，熟练掌握劳动安全卫生法律、法规，经过劳动保护业务培训和考核，经由上级工会任命的从事工会劳动保护工作的人员。为进一步加强和规范工会劳动保护监督检查员管理，充分发挥工会劳动保护监督检查员作用，切实维护广大职工生命安全和身体健康权益，2011 年 5 月 24 日，中华全国总工会修订颁布了《工会劳动保护监督检查员管理办法》。现将主要内容分述如下。

（一）一般规定

为加强工会劳动保护监督检查员的管理，切实发挥工会劳动保护监督检查员在安全生产、职业病防治工作中的监督作用，根据国家劳动安全卫生法律、法规有关规定和中华全国总工会颁布的《工会劳动保护监督检查员工作条例》，新制定了《工会劳动保护监督检查员管理办法》。

工会劳动保护监督检查员依照国家劳动安全卫生法律、法规和中华全国总工会的有关规定行使监督检查权利，通过各种途径和形式，组织开展群众性劳动安全卫生工作，反映职工群众在劳动安全卫生方面的意愿，履行维护职工生命安全和身体健康权益的基本职责。

（二）工会劳动保护监督检查员的职责

工会劳动保护监督检查员的职责主要有：

（1）学习党和国家的劳动安全卫生方针、政策，掌握劳动安全卫生法律、法规和技术标准、规范，钻研业务知识，研究、分析和掌握本地区、行业、企业的劳动安全卫生情况。

（2）了解和掌握本地区或本行业内的企业劳动安全卫生技术措施制定、实施以及经费提取、使用情况；掌握重大安全隐患和严重职业危害情况，跟踪监督检查，督促其整改；特别重大隐患问题，应及时写出专题报告，报送本级政府及有关部门，并督促落实。

（3）为企业开展劳动安全卫生工作提供指导和服务，指导企业工会签订劳动安全卫生专项集体合同，并监督落实。

（4）参加生产性建设工程项目职业安全卫生设施"三同时"的监督审查工作，对发现的问题，依照法律、法规和标准规范提出改进意见；对参加审查验收的工程项目，应整理专项材料归档，并对审查验收项目负责。

（5）参加职工伤亡事故和其他严重危害职工健康事件的抢险救援和调查处理工作，对抢险救援、善后处理、调查处理等工作全过程进行监督，向有关部门提出处理意见和建议，并要求追究有关人员的责任；监督企事业单位落实防范和整改措施，整理事故调查材料并归档；遵守伤亡事故调查处理工作纪律，严格执行廉洁自律的规定。

（6）宣传职工在劳动安全卫生方面享有的权利与义务，教育职工遵章守纪，提高劳动者的职业安全卫生意识和自我保护能力。

（7）加强对劳动保护工作相关信息、资料的收集和整理，及时向所在工会组织和任命机关报送。

（8）执行监督检查任务，应主动出示工会劳动保护监督检查员证件，对阻挠监督检查工作的单位和个人，有权要求有关部门严肃处理。

（三）工会劳动保护监督检查员的组织管理

1. 工会劳动保护监督检查员的任职条件和任命程序

工会劳动保护监督检查员的任职条件和任命程序，按中华全国总工会颁布的《工会劳动保护监督检查员工作条例》执行。省（区、市）总工会、全国产业工会劳动保护监督检查员由中华全国总工会审批任命；地（市）总工会、省属产业工会的工会劳动保护监督检查员由省（区、市）总工会审批任命，报中华全国总工会备案；县（区）总工会、地（市）产业工会的工会劳动保护监督检查员由地（市）总工会审批任命，报省（区、市）总工会备案；乡镇（街道）工会、县（区）所属产业（系统）工会的工会劳动保护监督检查员，由县（区）总工会审批任命，报地（市）总工会备案。

2. 工会劳动保护监督检查员对所在工会组织和任命机关负责

根据工作需要，任命机关可选调工会劳动保护监督检查员代表上级工会参加安全检查、"三同时"审查验收和职工伤亡事故、职业病危害事件的调查处理等工作，其所在工会组织应给予支持。工会劳动保护监督检查员参加职工伤亡事故、职业病危害事件的抢险救援时，所代表的工会组织应为其配备必要的通讯、音像设备，提供及时赶赴现场的交通工具和工作经费。工会劳动保护监督检查员参加有毒有害、矿山井下等危险场所检查，以及企业伤亡事故、职业危害事件抢险救援和调查处理时应享受特殊津贴。津贴标准参照同级政府有关监管部门或纪检监察办案人员补贴标准执行，津贴由同级工会列支。工会劳动保护监督检查员队伍应保持相对稳定，确因工作需要调离岗位、退休、退职及新增的人员，需在每年12月前上报任命机关予以备案。

3. 工会劳动保护监督检查员的任命、考核

工会劳动保护监督检查员的任命、考核等工作由任命机关负责，日常工作由所在工会组织负责。任命机关每年对工会劳动保护监督检查员的工作实绩进行年度考核。年度考核表在每年12月中旬上报任命机关。任命机关将考核结果于次年1月上旬反馈所在工会组织，供所在工会组织干部考核参考，记入任命机关管理档案。对于做出优异成绩的工会劳动保护监督检查员，由任命机关予以通报表扬。工会劳动保护监督检查员证件由中华全国总工会统一印制。对于不履行监督检查职责或不称职的工会劳动保护监督检查员，由任命机关免去其资格并收回证件。

4. 工会劳动保护监督检查员业务培训和专业资格

工会劳动保护监督检查员的业务培训由任命机关负责。工会劳动保护监督检查员必须取得相应专业资格。专业资格的培训由任命机关或委托有关院校承办。工会劳动保护监督检查员依照有关法律、法规规定行使监督检查职权受到不公正待遇的，任命机关应维护其合法权益。

五、工会劳动监督检查与劳动监察的协调配合

工会的劳动监督检查是工会依法组织职工对劳动保障法律、法规的贯彻实施情况进行的监督活动。劳动监察是国家赋予劳动保障行政部门依法对用人单位遵守劳动保障法律、法规情况进行监督检查，并对违法行为进行行政处理或处罚的行政执法活动。两者都是我国劳动保障法律监督体系的重要组成部分。在贯彻实施劳动保障法律、法规的工作中，劳动保障行政部门和工会组织要认真履行各自的职责，互相支持，协调配合，建立相关的工作制度，共同推进劳动保障法律监督制度建设和工作的开展。

（一）建立情况通报和工作例会制度

县级以上劳动保障监察机构和工会劳动保障法律监督组织，应定期召开联席会议或工作例会，通报工作情况，分析研究劳动保障法律、法规贯彻实施中存在的问题，提出加强劳动保障法律监督工作的意见和措施，做好信息的收集、分析和统计工作，加强信息交流，特别要做好重大事件和重要信息的通报工作。

（二）开展职工合法权益重大问题的监督和研究

工会依法维护职工合法权益，对用人单位遵守劳动保障法律、法规的情况进行监督。劳动保障行政部门与工会组织可就贯彻实施劳动保障法律、法规，维护职工合法权益问题共同开展调查研究，针对侵犯职工合法权益和影响社会安定的问题，提出解决措施和建议。

（三）建立案件处理反馈制度

县级以上工会劳动保障法律监督组织，在开展劳动保障法律、法规监督活动中，对用人单位违法、违规行为，可提请有管辖权的劳动保障行政部门处理。劳动保障监察机构，应及时对工会反映的情况进行调查，并将处理结果反馈给工会劳动保障法律监督组织。

（四）建立工会劳动保障法律监督员制度

地方各级劳动保障行政部门，可以在同级工会组织中聘请劳动保障法律监督员。工会组织中被聘请的劳动保障法律监督员，由县级以上劳动保障行政部门和工会组织培训，经考核合格后，由县级以上劳动保障行政部门、工会组织统一颁发证件。劳动保障法律监督员发现用人单位违法违规的行为，应及时向其提出整改意见或建议。如用人单位拒不整改，劳动保障法律监督员应向劳动保障监察机构和工会劳动保障法律监督组织报告。劳动保障行政部门应对反映的违法违规行为及时进行调查处理。

（五）发挥企业工会劳动保障法律监督员的作用

县级以上各级工会劳动保障法律监督委员会，要加强对企业工会劳动保障法律监督委员会的工作指导，督促其开展经常性的监督活动。企业工会在工作中发现的问题，应及时向用人单位提出整改意见；对重大问题，应通过平等协商提出议案，经职工代表大会做出决议，并监督用人单位执行。

企业分厂、车间和班组的工会劳动保障法律监督员，应搞好日常监督工作，对在生产过程中发现的违反劳动保障法律、法规的现象和行为，应及时向企业工会劳动保障法律监督委员会报告。对重大问题，企业工会劳动保障法律监督委员会应向上级工会和当地劳动保障行政部门报告，劳动保障行政部门应当认真查处。

（六）加大劳动保障监察力度

继续加强劳动保障监察机构建设，充实人员，保证执法力量。劳动保障行政部门要严格执法，对侵犯劳动者合法权益的行为和责任者，必须严肃查处。

劳动保障行政部门在作出重大行政处罚前，应认真执行听证制度，充分听取当事人的意见，并征求工会组织等有关方面的意见，确保行政处罚决定的公正性。

（七）推动劳动保障法律、法规的全面贯彻实施

各级劳动保障行政部门和工会组织，应结合实际情况制定具体措施和办法，建立和完善监督体系，不断探索开展协调配合工作的形式和途径，共同推进劳动保障法律、法规的全面贯彻执行。

第四节　其他行政机关的劳动监督检查

其他行政机关的劳动监督检查，是指县级以上各级人民政府有关部门，在各自职责范围内，对用人单位是否遵守劳动法律、法规情况进行的监督检查。这是劳动法监督体系中的重要组成部分。《中华人民共和国劳动法》第八十七条规定："县级以上各级人民政府有关部门在各自职责范围内，对用人单位遵守劳动法律、法规的情况进行监督。"《中华人民共和国劳动合同法》第七十六条规定："县级以上人民政府建设、卫生、安全生产监督管理等有关主管部门在各自职责范围内，对用人单位执行劳动合同制度的情况进行监督管理。"县级以上政府的相关行政部门的监督，主要包括企业所在地的行政主管部门、财政部门、税务部门、审计部门、工商行政管理部门、技术监督部门、公安机关、卫生行政管理部门和教育行政管理部门等机关进行的监督检查工作。

在劳动监督检查体系中，劳动行政部门的监督是最基本、最重要的监督形式，但也需要其他相关行政部门监督的配合。因为《劳动法》同其他法律部门在内容上有相互交叉的现象，如一些违反劳动法律、法规的行为同时也违反了工商、公安、卫生等方面的法律、法规的规定，此时即需要其他部门相互配合来处理。同时，各类行政机关都承担着行政执法的职责，但各自的职责权限和执法手段有所不同，一些特定的处罚措施专属于特定的行政机关，如吊销营业执照的权利专属于工商行政管理，对企业有关责任人员的行政处分只能由其上级主管部门决定。所以，只有运用各类行政机关的执法手段，才能有效地制裁违反劳动法律、法规的行为，更好地保证劳动法律、法规的贯彻实施。

一、其他行政机关劳动监督检查的种类与特点

其他行政机关的劳动监督检查可以具体分为两类，即行业主管部门的监督和工商、公安等专业执法机关的监督。

（一）行业主管部门的监督检查

行业主管部门是对该行业所属企业进行综合管理的行政机关。根据《全民所有制工业企业转换经营机制条例》的有关规定，企业转换经营机制后，行业主管部门的职责主要是依法对企业进行协调、监督和管理，为企业提供服务。这里的监督职能即监督所属企业遵守国家的法律、法规和规章。

行业主管部门对所属企业进行综合性管理，在管理过程中比较容易发现所属企业违反劳动法律、法规的行为，同时对所属企业违法行为所采取的惩罚措施也比较容易得到落实。所以，我国历来重视企业主管部门的监督职能。例如，《矿山安全法》第四条规定："县级以上人民政府管理矿山企业的主管部门对矿山安全工作进行管理。"第八条又规定："矿山建设工程的设计文件，必须符合矿山安全规程和行业技术规范，并按照国家规定经管理矿山企业的主管部门批准；不符合矿山安全规程和行业技术规范的，不得

批准。矿山建设工程安全设施的设计必须有劳动行政主管部门参加审查。矿山安全规程和行业技术规范,由国务院管理矿山企业的主管部门制定。"第三十四条则明确赋予县级以上政府管理矿山企业的主管部门对矿山安全的具体管理职责:"一是检查矿山企业贯彻执行矿山安全法律、法规的情况;二是审查批准矿山建设工程安全设施的设计;三是负责矿山建设工程安全设施的竣工验收;四是组织矿长和矿山企业安全工作人员的培训工作;五是调查和处理重大矿山事故;六是法律、行政法规规定的其他管理职责。"《矿山安全法实施条例》第九条也规定:"管理矿山企业的主管部门、劳动行政主管部门应当自收到建设单位报送的矿山建设工程安全设施施工、竣工情况的综合报告之日起30日内,对矿山建设工程的安全设施进行检查;不符合矿山安全规程、行业技术规范的,不得验收,不得投入生产或者使用。"

为了开展好这项工作,各级主管部门应制定出对所属单位贯彻执行《劳动法》的监督检查制度、总结评比制度,使监督检查工作经常化、制度化。企业主管部门还要经常深入企业,检查《劳动法》实施情况,发现有违法行为要坚决制止和纠正,对违反劳动法律、法规,侵犯职工劳动权益并造成生产损失或人员伤亡的有关责任人员给予行政处分。企业主管部门还应认真听取劳动行政部门、工会组织对企业在执行和遵守《劳动法》方面存在的问题、提出的意见或改进方案,以及对有关责任人员的处理意见等,及时做出正确的处理。

(二) 专业执法机关的监督检查

劳动保障监察工作是各级人民政府的一项重要工作,需要各有关部门在各自职责范围内,积极予以支持和协助。工商、公安及执法部门在各自的权限范围内管理特定的事项,享有专属于自己的职权。劳动法律、法规内容涉及这些机关权限的,需要这些机关运用自己的职权来保证实施。提供工作支持、协助的各有关部门的包括以下几个:

1. 公安机关

首先,公安机关对在《劳动保障监察条例》(以下简称《条例》)中涉及的违反治安管理的行为依法进行查处。例如,在对因违反劳动保障法律、法规或者规章的行为引起的群体性突发事件的查处过程中,公安机关应当根据劳动保障行政部门的应急预案,支持、协助劳动保障行政部门的处理工作。又如,《条例》第三十条规定的对有关人员无理抗拒、阻挠劳动保障行政部门依照该条例的规定实施劳动保障监察的行为,不按照劳动保障行政部门的要求报送书面材料、隐瞒事实真相、出具伪证,或者隐匿、毁灭证据的行为;经劳动保障行政部门责令改正,拒不改正或者拒不履行劳动保障行政部门的行政处理决定的行为;打击报复劳动保障违法行为举报人或投诉人的行为,构成违反治安管理法律、法规的,公安机关应当依法查处,给予治安管理处罚。其次,公安机关与其他司法机关配合,依法对实施劳动保障监察过程中构成犯罪的行为予以查处。

2. 工商行政管理部门

对《条例》规定的未经劳动保障行政部门许可,从事职业中介、职业技能鉴定、职业技能培训的组织和个人,工商行政管理部门应当支持、协助劳动保障行政部门依照国家有关无照经营查处取缔的规定进行查处。

3. 卫生行政部门

卫生行政部门依法对用人单位遵守职业卫生方面，尤其是有毒有害作业方面的法律、法规和规章情况进行查处，保证与劳动保障行政部门实施的劳动保障监察工作相衔接。例如，用人单位招用劳动者时，应当如实告知劳动者工作条件、职业危害等情况，且签订的劳动合同应当具备职业危害防护条款。县级以上人民政府卫生主管部门对用人单位是否履行了告知义务、是否按照劳动合同法的规定订立劳动合同，以及全面履行职业危害防护义务等事项进行监督管理。

4. 安全生产监督管理部门

安全生产监督管理部门依法对用人单位遵守安全生产方面的法律、法规和规章情况进行查处，保证与劳动保障行政部门实施劳动保障监察工作相衔接。例如，用人单位招用劳动者时，应当如实告知劳动者工作条件、安全生产状况等情况，且签订的劳动合同应当具备劳动保护、劳动条件条款。县级以上人民政府安全生产监督管理主管部门对用人单位是否履行了告知义务、是否按照劳动合同法的规定订立劳动合同，以及全面履行安全生产义务等事项进行监督管理。

县级以上地方人民政府劳动行政部门负责本行政区域内劳动合同制度实施的监督管理。为了促进劳动合同制度的有效实施，县级以上人民政府各部门，包括建设、卫生、安全生产监督管理等有关主管部门都要在各自的职责范围内，对用人单位执行劳动合同制度的情况进行监督管理。如，安全生产监督管理部门监督某些高危产业贯彻执行劳动合同，保障集体合同或者劳动合同中规定的劳动条件、职业病防护、劳动安全等标准的落实，能够更有针对性地维护从事高危险性工作劳动者的合法权益。县级以上人民政府劳动行政部门和县级以上人民政府建设、卫生、安全生产监督管理等有关主管部门应当互相配合，共同做好劳动合同制度的监督管理工作。

（三）两种劳动监督检查的比较

其他行政机关的劳动监督检查同劳动行政机关的劳动监督检查相比，除主体不同外，还有两点区别：一是监督范围不同。劳动行政机关的监督主要是对企业遵守和执行劳动法律、法规、规章的情况进行全面监督检查；其他行政机关只是在自己特定的权限范围内对劳动法律、法规、规章某一方面的实施情况进行监督检查。如，企业主管部门只履行对所属企业的监督检查权；而工商行政管理部门只是当企业违反劳动法律、法规后，根据有关规定应予吊销其营业执照时才能作出处罚决定。二是监督过程中的职权不同。劳动行政机关的一些监督职权是其他机关不能享有的；同样，一些特定机关的特定权限也只有该行政机关在履行职责时使用，劳动行政机关不得使用。比如，根据《矿山安全法》的规定，矿山建设工程安全设施的设计未经批准擅自施工的，只能由管理矿山企业的主管部门责令停止施工；拒不执行的，只能由管理矿山企业的主管部门提请县级以上人民政府决定由有关主管部门吊销其采矿许可证和营业执照。而矿山建设工程的安全设施未经验收或者验收不合格擅自投入生产的，则由劳动行政主管部门会同管理矿山企业的主管部门责令停止生产，并由劳动行政主管部门处以罚款；拒不停止生产的，由劳动行政主管部门提请县级以上人民政府决定由有关主管部门吊销其采矿许可证和营业执照。

二、其他行政机关监督检查的方式

其他行政机关监督检查的方式主要有三种：

（一）独立监督检查

其他行政主管部门都是具体负责某一类行政管理事务，可独立实施劳动监督检查活动。一般是在依法行使职权、进行其他执法活动的同时，对有关单位遵守劳动法律、法规的情况进行监督检查。如，卫生行政主管部门可独立组织对企业职工的健康监护、职业病的诊断与治疗，以及职业病患者的劳动能力技术鉴定；针对发现的职业病，可以进行劳动卫生以及职业病的统计报告工作；强化劳动卫生的宣传工作和培训劳动卫生医务工作人员；依法处理违反劳动卫生法律、法规、规章的行为等。再如，根据《职业病防治法》的规定，发生职业病危害事故或者有证据证明危害状态可能导致职业病危害事故发生时，安全生产监督管理部门可以采取下列临时控制措施：①责令暂停导致职业病危害事故的作业；②封存造成职业病危害事故或者可能导致职业病危害事故发生的材料和设备；③组织控制职业病危害事故现场。

（二）调查处理有关建议

各个行政主管部门在自己的职责范围内，有义务对劳动行政部门提出的处理建议进行调查处理。如，建设单位根据劳动行政主管部门的建议，应当在初步设计审查前按规定报送建设项目初步设计劳动安全卫生专篇和有关资料，劳动行政主管部门在接到《建设项目职业安全卫生初步设计审批表》和有关资料后，必须根据国家法律、法规或规章进行审查，提出审查意见，通知建设单位，建设单位必须对劳动行政主管部门提出的审查意见进行研究处理。再如，根据《职业病防治法》的规定，建设单位的职业病危害预评价报告未经安全生产监督管理部门审核同意开工建设的，或者未按照规定对职业病防护设施进行职业病危害控制效果评价、未经安全生产监督管理部门验收或者验收不合格擅自投入使用的，由安全生产监督管理部门给予警告，责令限期改正，建设单位则必须依法改正。

（三）会同劳动行政主管部门、工会组织等集中开展监督检查活动

这一方式已经被我国许多地区采用，效果显著。如，劳动保障行政部门在对用人单位使用童工情况进行监督检查中，发现用人单位使用童工，同时存在违反治安管理的行为，经向有关公安机关通报后，有关公安机关应当及时配合查处。使用童工致其伤残或死亡的，用人单位由工商管理部门吊销营业执照或由民政部门撤销民办非企业单位登记；用人单位是国家机关、事业单位的，由有关单位依法对直接负责的主管人员和其他直接责任人员给予降级或者撤职的行政处分或纪律处分。再如，根据《职业病防治法》的规定，国务院安全生产监督管理部门、卫生行政部门、劳动保障行政部门依照该法和国务院确定的职责，负责全国职业病防治的监督管理工作。国务院有关部门在各自的职

责范围内负责职业病防治的有关监督管理工作。县级以上各级人民政府安全生产监督管理部门、卫生行政部门、劳动保障行政部门依据各自职责，负责本行政区域内职业病防治的监督管理工作。县级以上各级人民政府有关部门在各自的职责范围内负责职业病防治的有关监督管理工作。县级以上各级人民政府安全生产监督管理部门、卫生行政部门、劳动保障行政部门应当加强沟通、密切配合，按照各自职责分工，依法行使职权，承担责任。

案 例 分 析

【案情】某市矿业公司发生了一起井下生产安全事故，造成 8 人死亡，直接经济损失达 100 万元。事故发生后，矿业公司所属省的煤矿安全监察局、市安全生产委员会与市工会组成了事故调查组。在调查时，矿业公司对事故调查组的调查和处理不予以积极配合，特别是对工会部门参与人员提出的问题不予理睬，声称："这事和工会有什么关系，你们瞎掺和什么？"在召开事故调查有关会议时，公司领导坚持不让本公司工会方面的领导参加。事故调查处理因此受到阻挠。

【问题】1. 工会是否有权参加事故的调查与处理？

2. 矿业公司阻挠工会人员参与事故调查应承担哪些法律责任？

【解析】《中华人民共和国工会法》明确规定，职工因工伤亡事故和其他严重危害职工健康问题的调查处理，必须要有工会参加。工会应当向有关部门提出处理意见，并有权要求追究直接负责的主管人员和有关责任人员的责任。对工会提出的意见，用人单位应当及时研究，并给予答复。国务院颁布的《生产安全事故报告和调查处理条例》（2007 年颁布）第六条规定："工会依法参加事故调查处理，有权向有关部门提出处理意见。"《中华人民共和国工会法》第五十三条规定，用人单位妨碍工会参与职工因工伤亡事故及其他侵犯职工合法权益问题的调查处理的，由县级以上人民政府责令改正，并依法处理。《中华人民共和国劳动法》第一百○一条规定，用人单位无理阻挠劳动行政部门、有关部门及其工作人员行使监督检查权，打击报复举报人员的，由劳动行政部门或有关部门处以罚款；构成犯罪的，对责任人员依法追究刑事责任。依照上述规定，劳动行政部门应对矿业公司领导阻挠工会参与事故调查处理的行为给予行政处罚。

第十二章 劳动争议处理

第一节 劳动争议处理概述

一、劳动争议的概念

劳动争议，又称劳动纠纷，许多国家和地区也称劳资争议和劳资纠纷。其广义是指劳动者或工会与用人单位或其团体之间关于劳动权利和劳动义务的争议；其狭义仅指劳动者与用人单位之间因劳动权利实现和劳动义务履行而发生的争议。在劳动立法和劳动法学中，一般取其狭义。

目前，我国关于劳动争议处理的现行立法，主要包括 2007 年颁布的《劳动争议调解仲裁法》和《劳动合同法》，1994 年颁布的《劳动法》中关于劳动争议处理的专章规定，2011 年颁布的《企业劳动争议协商调解规定》，1993 年颁布的《劳动争议仲裁委员会组织规则》和《企业劳动争议调解委员会组织及工作规则》，2008 年颁布的《劳动人事争议仲裁办案规则》，以及 2001 年颁布的《最高人民法院关于审理劳动争议案件适用法律若干问题的解释》（以下简称《解释》）、2006 年颁布的《最高人民法院关于审理劳动争议案件适用法律若干问题的解释（二）》（以下简称《解释（二）》）、2010 年颁布的《最高人民法院关于审理劳动争议案件适用法律若干问题的解释（三）》（以下简称《解释（三）》）、2013 年颁布的《最高人民法院关于审理劳动争议案件适用法律若干问题的解释（四）》（以下简称《解释（四）》）。

在劳动争议的概念中，应明确下述要点：①劳动争议的当事人。一方为劳动者或其团体，另一方为用人单位或其团体。若争议不是发生在此双方当事人之间，即使争议内容涉及劳动问题，也不构成劳动争议。②劳动争议的内容涉及劳动权利和劳动义务。也就是说，劳动争议以劳动权利和劳动义务为标的。劳动权利和劳动义务是依据劳动法、集体合同和劳动合同（包括作为其附件的劳动规章制度）而具体确定的，因而劳动争议在一定意义上是因依据《劳动法》订立、履行、变更和终止集体合同或劳动合同所发生的争议。劳动权利和劳动义务的内容，包括就业、工时、工资报酬、劳动保护、保险福利、职业培训、民主管理、奖励惩罚等各个方面，因而，劳动争议的内容相当广泛。凡是以劳动权利和劳动义务之外的权利与义务为标的的争议，不属于劳动争议。③劳动争议的形式。其表现为双方当事人提出不同主张或要求的意思表示，即双方当事人对劳动权利和劳动义务的确定或实现各持己见，既包括当事人一方反驳另一方的主张或拒绝另一方的要求，也包括当事人向国家机关、劳动争议处理机构和有关团体提出权益保护和争议处理的请求。

劳动争议在一定意义上是劳动者与用人单位之间的利益矛盾，就其矛盾性质而言，具有下述特征：①劳动争议既可以是非对抗性矛盾，也可以是对抗性矛盾。在劳动关系双方当事人之间，一方面具有共同的利益和合作的基础，另一方面又具有利益的差别性和冲突的必然性。劳动争议表现为非对抗性矛盾还是对抗性矛盾，取决于这两个方面各自在劳动争议中所占的分量。②劳动争议的矛盾性在一定条件下可以发生转化。在现代社会中，劳动争议一般表现为非对抗性矛盾，但是它非常容易被激化，若处理不当或不及时，就会转化为对抗性矛盾，给经济和社会造成破坏性后果。对于已成为对抗性矛盾的劳动争议，实践表明，只要采取有效的措施，也可以促使其向非对抗性矛盾转化，并最终得到解决。

二、劳动争议的分类

（一）个别争议、集体争议和团体争议

在许多国家中，劳动争议仅有个别争议与集体争议之区分。前者即单个雇工或多个雇工限于个人行为与雇主的争议；后者即雇工集体（通常由工会代表）与雇主或其团体的争议。在我国，就现行立法和实践来看，集体争议是指多个劳动者基于共同请求与用人单位的争议，因而有必要将劳动争议区分为个别争议、集体争议和团体争议。

个别争议，又称个人争议，是指单个劳动者与用人单位之间的劳动争议。其特点有：①它是关于单个劳动关系的争议，而不是关于一类劳动关系或团体劳动关系的争议。②其劳动者当事人未达到集体争议的法定人数。在我国，个人争议的劳动者当事人应不超过 10 人。③争议处理活动须由劳动者当事人本人参加，而不得由他人代表参加；劳动者当事人不足 10 人的，其中任何一人不得作为另一人的代表。④争议的调解、仲裁和诉讼都适用普通程序，不适用特别程序。

关于集体争议和团体争议，有的将二者视为同一概念，即集体争议又称团体争议，有的认为二者是两个不同的概念。就我国现行立法和实践来看，后一种看法更有道理。集体争议，又称多人争议，是指多个（或称部分）劳动者当事人基于共同理由与用人单位发生的劳动争议。团体争议，亦称集体合同争议，是工会与用人单位或其团体之间因集体合同而发生的争议。二者的区别主要表现在：①集体争议是关于同一类劳动关系的争议；团体争议是关于集体合同的争议。②集体争议的当事人，一方为达到法定数额以上的特定劳动者（我国法定为 10 人以上），另一方为用人单位；团体争议的当事人，一方为工会，另一方为用人单位或其团体。③集体争议中各劳动者当事人应当具有与用人单位发生劳动争议的共同理由，即有同样的事实和要求，但这只是限于特定部分职工各自的具体利益；团体争议则以全体职工的整体利益为争议标的。④集体争议的劳动者当事人应当推举代表参加争议处理程序，职工代表在争议处理过程中的行为只代表卷入争议的部分职工的利益和意志，对未卷入争议的职工不具有法律意义；团体争议中工会的法定代表人是工会主席，在争议处理过程中，其行为涉及工会所代表的全体职工利益，

对全体职工具有法律意义。

（二）权利争议和利益争议

权利争议，又称实现既定权利的争议或履约争议，是指因实现劳动法、集体合同和劳动合同所规定的权利和义务所发生的争议。在当事人权利和义务既定的情况下，只要双方当事人都按照法律法规和合同的规定行使权利和履行义务，一般不会发生争议；如果一方当事人不按规定行使权利和履行义务，从而侵犯另一方既定合法权益，或者双方当事人在如何行使权利和履行义务的理解上存在分歧，争议就会发生。因而，权利争议也就是有关遵守劳动法、履行集体合同或劳动合同所发生的争议。其中，作为争议标的的劳动权利和义务，如果适用《劳动法》中强制性规范所规定的内容，该权利争议就只属于遵守劳动法的争议；如果是由集体合同或劳动合同依据《劳动法》中任意性规范具体规定的，该权利争议就属于履行集体合同或劳动合同的争议。

利益争议，又称确定权利的争议，还可称缔约争议，是指因主张有待确定的权利和义务所发生的争议。在当事人的权利和义务尚未确定的情况下，如果双方对权利和义务有不同的主张，就会发生争议。争议的目的是，要求在合同中依法确定当事人的某种利益，使之上升为权利。利益争议常常发生在集体合同订立或变更环节，较多表现为订立、变更集体合同的集体谈判陷入僵局或失败。利益争议一般不是通过调解、仲裁、诉讼程序解决，而是在政府干预下由双方协商解决。

（三）国内劳动争议和涉外劳动争议

国内劳动争议，是指具有中国国籍的劳动者与国内用人单位之间的劳动争议。它包括我国在国外设立的机构与我国派往该机构工作的人员之间、外商投资企业与中国职工之间所发生的劳动争议。

涉外劳动争议，是指当事人一方或双方具有外国国籍或无国籍的劳动争议。它包括中国用人单位与外籍职工之间、外籍雇主与中国职工之间、在华外籍雇主与外籍职工之间的劳动争议。涉外劳动争议的处理，应当按照国际惯例，适用雇主所在地法。凡用人单位（雇主）在我国境内的涉外劳动争议，都应当适用我国法律进行处理。

三、劳动争议处理的范围

劳动争议处理的范围由法律界定。《劳动争议调解仲裁法》第二条规定，中华人民共和国境内的用人单位与劳动者发生的下列劳动争议，适用该法：①因确认劳动关系发生的争议；②因订立、履行、变更、解除和终止劳动合同发生的争议；③因除名、辞退和辞职、离职发生的争议；④因工作时间、休息休假、社会保险、福利、培训以及劳动保护发生的争议；⑤因劳动报酬、工伤医疗费、经济补偿或者赔偿金等发生的争议；⑥法律、法规规定的其他劳动争议。该法第五十二条规定，事业单位实行聘用制的工作人员与本单位发生劳动争议，依照《劳动争议调解仲裁法》执行；法律、行政法规或国务院另有规定的，依照其规定。

此外，《解释（二）》用排除式规定对劳动争议作出界定。其第七条规定下列纠纷不属于劳动争议：①劳动者请求社会保险经办机构发放社会保险金的纠纷；②劳动者与用人单位因住房制度改革产生的公有住房转让纠纷；③劳动者对劳动能力鉴定委员会的伤残等级鉴定结论或对职业病诊断鉴定委员会的职业病诊断鉴定结论的异议纠纷；④家庭或个人与家政服务人员之间的纠纷；⑤个体工匠与帮工、学徒之间的纠纷；⑥农村承包经营户与受雇人之间的纠纷。

实践中，针对用人单位解除或终止与职工的关系后扣留职工档案引起的劳动争议，《解释（二）》将劳动案件的审理范围延伸至劳动合同解除和解除后产生的附随义务。《劳动合同法》第五十条规定，用人单位应当在解除或终止劳动合同的同时应出具解除或者终止劳动合同的证明，并在 15 日内为劳动者办理档案和社会保险关系转移手续。该法第八十四条规定，劳动者依法解除或者终止劳动合同，用人单位扣押劳动者档案或其他物品的，由劳动行政主管部门责令限期退还劳动者本人，并以每人 500 元以上、2 000元以下的标准加以处罚；给劳动者造成损害的，应当承担赔偿责任。

至于家政服务员与家庭服务公司、用户之间发生的争议，依据原劳动部《关于贯彻执行〈中华人民共和国劳动法〉若干问题的意见》第四条关于家庭保姆不适用《劳动法》的规定，家政服务员与用户之间不存在劳动关系，因为用户不属于劳动法规定的"用人单位"，他们之间发生争议后直接通过民事诉讼程序解决。

《解释（三）》还规定了几种特殊的劳动争议：①劳动者以用人单位未为其办理社会保险手续，且社会保险经办机构不能补办导致其无法享受社会保险待遇为由，要求用人单位赔偿损失而发生的争议；②因企业自主进行改制引发的争议；③劳动者根据《劳动合同法》第八十五条规定，要求用人单位支付、加付赔偿金的争议；④企业停薪留职人员、未达到法定退休年龄的内退人员、下岗待岗人员以及企业经营性停产放长假人员，因与新的用人单位发生用工争议的，人民法院应当按照劳动合同处理。同时，《劳动合同法》第七条规定，用人单位与其招用的已经依法享受养老保险待遇或领取退休金的人员发生的用工争议不属于劳动争议，人民法院应当按劳务关系处理。

第二节　劳动争议的处理机构和原则

一、劳动争议的处理机构

（一）劳动争议调解组织

根据《劳动争议调解仲裁法》第十条的规定，可供当事人选择的劳动争议调解组织有以下三种：

1. 企业劳动争议调解委员会

企业劳动争议调解委员会，是在企业内部依法设立，负责调解本单位劳动争议的组织。它的设立和组成，在已成立工会的企业，严格遵循法律规定；在未成立工会的企业，则由职工代表与企业代表协商决定。《企业劳动争议协商调解规定》第十三条规定，大中型企业应当依法设立调解委员会，设有分支机构的企业还可以在其总部和分支机构分别设立调解委员会，调解委员会可以根据需要在车间、工段、班组设立调解小组；该法第十四条规定，小微型企业可以设立调解委员会，也可以由劳动者和企业共同推举人员，开展调解工作。

企业劳动争议调解委员会由职工代表和企业代表组成，人数由双方协商确定，双方人数应当对等。职工代表由工会成员担任或由全体职工推举产生，企业代表由企业负责人指定，各方推举或指定的代表都只能代表一方参加调解委员会。其主任由工会成员或双方推举的人员担任。成员名单应报送地方总工会和地方劳动争议仲裁委员会备案。

企业劳动争议调解委员会在用人单位中具有相对独立的地位。它不隶属于任何一个机构和组织，尤其是独立于用人单位行政机构和劳动者之外。其办事机构设在基层工会，其调解工作接受用人单位所在地地方工会（或行业工会）和地方劳动争议仲裁委员会的指导。用人单位应当支持调解委员会的工作，并提供办公场所、保障工作经费和给予其他物质帮助。

企业劳动争议调解委员会的职责包括：①宣传劳动保障法律、法规和政策；②对本企业发生的劳动争议进行调解；③监督和解协议、调解协议的履行；④聘任、解聘和管理调解员；⑤参与协调履行劳动合同、集体合同、执行企业劳动规章制度等方面出现的问题；⑥参与研究涉及劳动者切身利益的重大方案；⑦协助企业建立劳动争议预防预警机制。

2. 基层人民调解组织

基层人民调解组织，是指根据《人民调解委员会组织条例》（1989年）的规定，由村民委员会和居民委员会设立的调解民间纠纷的群众性组织。企业、事业单位根据需要可参照《人民调解委员会组织条例》的规定设立人民调解委员会。

人民调解委员会由3～9名委员组成，设主任1人，必要时可以设副主任；除由村民委员会成员或居民委员会成员兼任以外的委员由群众选举产生，每3年改选1次，可以连选连任；多民族居住地区的人民调解委员会中，应当有人数较少的民族的成员；委员不能任职时，由原选举单位补选；委员严重失职或违法乱纪的，由原选举单位撤换。

人民调解委员会在基层人民政府和基层人民法院指导下进行工作；基层人民政府及其派出机关所指导的人民调解委员会的日常工作由司法助理员负责。

人民调解委员会被赋予劳动争议调解职能后，应当根据劳动争议调解的特点制定相应的特殊规则。例如，劳动行政部门和劳动仲裁机构也应当成为人民调解委员会调解劳动争议的指导机构。

3. 乡镇、街道劳动争议调解组织

乡镇、街道劳动争议调解组织是指在企业比较集中的乡镇、街道依法设立的，由地方工会、政府和企业代表组织等组成的调解劳动争议的区域性或行业性组织。有的地方性法规对此作出了规定。如，《宁波市劳动争议处理办法》（2001年）第五条规定，行业组织、乡镇人民政府、街道办事处可以设立劳动关系协调组织或劳动争议调解组织，调解本行业、乡镇、街道范围内发生的劳动争议，该组织的设立，应当报当地劳动争议仲裁委员会和总工会备案。再如，《青岛市劳动争议处理条例》（2002 年）第九条规定，乡镇（街道）、行业可以设立劳动争议调解委员会，劳动争议调解委员会依照各自职责，负责劳动争议调解工作。劳动争议调解委员会由职工代表、用人单位方面的代表和工会代表组成，主任由同级工会代表担任，办事机构设在同级工会。

（二）劳动争议仲裁委员会

依照《劳动争议调解仲裁法》、《劳动争议仲裁委员会组织规则》和《劳动人事争议仲裁办案规则》等相关规定，劳动争议仲裁委员会是依法设立的，经国家授权依法独立仲裁处理劳动争议案件的专门机构。

设立劳动争议仲裁委员会的规则是：①按照统筹规划、合理布局和适应实际需要的原则设立。②省、自治区政府可以决定在市、县设立；直辖市政府可以决定在区、县设立。③直辖市、设区的市也可以设立一个或者若干个劳动争议仲裁委员会。④劳动争议仲裁委员会不按行政区划层层设立。各级仲裁委员会相互间不存在行政隶属关系，各自独立仲裁本行政区域内发生的劳动争议案件，各自向同级政府负责并报告工作。省级劳动行政部门对本行政区域的劳动争议仲裁工作进行指导。

劳动争议仲裁委员会由劳动行政部门代表、工会代表和企业方面代表组成。其组成人员应当是单数，且三方代表人数相等。主任由劳动行政部门负责人担任；副主任由仲裁委员会委员协商产生。至于每方代表的具体人数，则由三方协商确定；其组成不符合规定的，由同级政府予以调整；其委员的确认或更换，需报同级政府批准。

劳动争议仲裁委员会依法履行下列职责：①聘任、解聘专职或兼职仲裁员；②受理劳动争议案件；③讨论重大或疑难的劳动争议案件；④对仲裁活动进行监督。劳动争议仲裁委员会实行集体领导，在召开会议决定有关事项时应有 2/3 以上的委员参加，并且应当按照少数服从多数的原则作出决定。

（三）劳动争议处理体制

劳动争议处理体制，又称劳动争议处理体系，是指由劳动争议处理的各种机构和方式在劳动争议处理过程中的各自地位和相互关系所构成的有机整体，它表明劳动争议发生后应当通过哪些途径、由哪些机构、用哪些方式处理。各国的劳动争议处理体制有一个共同特征，即权利争议和利益争议分别由不同的机构处理，亦即分别建立处理权利争议和利益争议的两套体制。本节仅阐述权利争议处理体制。

《劳动争议调解仲裁法》实行以前的劳动争议处理体制，即"一调一裁两审"体制，如图 12 - 1 所示：

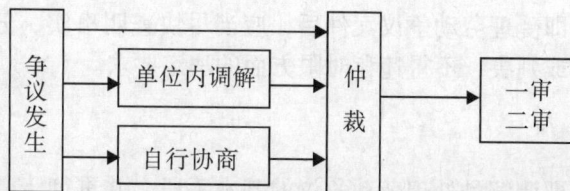

图 12 - 1　"一调一裁两审"体制

此即《劳动法》第七十九条所规定的："劳动争议发生后，当事人可以向本单位劳动争议调解委员会申请调解；调解不成，当事人一方要求仲裁的，可以向劳动争议仲裁委员会申请仲裁。当事人一方也可以直接向劳动争议仲裁委员会申请仲裁；对仲裁裁决不服的，可以向人民法院提起诉讼。"

《劳动争议调解仲裁法》所规定的劳动争议处理体制，即"一调一裁两审与一调一裁分流"体制，如图 12 - 2 所示：

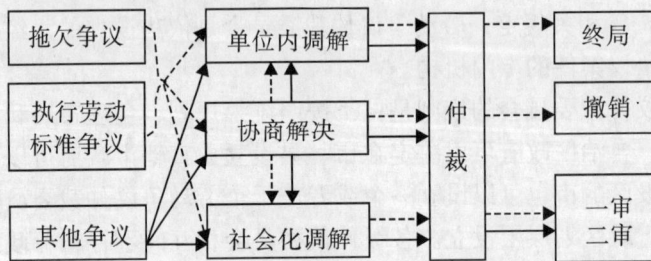

图 12 - 2 "一调一裁两审与一调一裁分流"体制

也就是说，若发生劳动争议，劳动者可以与用人单位协商，也可以请工会或者第三方共同与用人单位协商，达成和解协议；当事人不愿协商、协商不成或者达成和解协议后不履行的，可以向调解组织申请调解；不愿调解、调解不成或者达成调解协议后不履行的，可以向劳动争议仲裁委员会申请仲裁；对仲裁裁决不服的，若是追索劳动报酬、工伤医疗费、经济补偿或赔偿金且不超过当地月最低工资标准 12 个月金额的争议，或执行劳动标准的争议，为终局裁决；若是其他争议，可以向法院提起诉讼。对于终局裁决，劳动者不服的可依法向法院提起诉讼，用人单位在法定条件下可依法向法院申请撤销裁决。

二、劳动争议的处理原则

依据《劳动法》、《劳动争议调解仲裁法》等相关法律，劳动争议处理机构处理劳动争议案件应遵循的原则主要有：

（一）合法、公正、及时处理原则

所谓合法，即处理劳动争议应当以法律为准绳，并遵循法定程序。所谓公正，即在处理劳动争议过程中，应当公正地对待双方当事人，在程序和结果上都不得偏袒其中任何一方。所谓及时，即受理劳动争议案件后，应当尽快查明事实，分清是非，并在此基础上尽快调解、裁决或判决，不得违背时限方面的法定要求。

（二）着重调解原则

着重调解原则，即调解是处理劳动争议的基本手段，并贯彻于劳动争议处理的全过程。企业调解委员会处理劳动争议的工作程序全部是进行调解。仲裁委员会和人民法院处理劳动争议，应当先行调解；即使进入裁决或判决程序，在裁决或判决之前还要为当事人提供一次调解解决争议的机会。

（三）适用法律一律平等原则

适用法律一律平等原则，即在劳动争议处理过程的各个阶段，不论适用实体法还是适用程序法，对双方当事人都应当一视同仁，尤其是要确保双方当事人享有平等的法律地位，使双方当事人的实体法权利和请求解决争议、举证、辩解、陈述、要求回避等程序法权利都能获得平等的保护。

第三节　劳动争议的调解

一、劳动争议调解的概念

劳动争议调解，是指劳动争议调解组织对当事人双方自愿申请调解的劳动争议，在查明事实、明辨是非、分清责任的前提下，依据法律、法规、政策的规定和集体合同、劳动合同的约定，通过说服、劝导和教育，促使当事人双方在平等协商、互谅互让的基础上，自愿达成解决劳动争议的协议。在我国劳动争议处理体系中，它是一种普遍适用的重要形式。

劳动争议调解与一般调解相比较，有下述特点：①调解对象特定。劳动争议调解的对象仅限于用人单位和劳动者之间因劳动权利和义务而引起的争议。②调解组织特定。调解组织包括企业劳动争议调解委员会、基层人民调解组织和乡镇、街道劳动争议调解组织。③调解依据特定。劳动争议调解组织在查清事实、分清责任的基础上，依据我国劳动法律、法规、政策的规定和集体合同、劳动合同的约定对劳动争议进行调解。

二、劳动争议调解的原则

（一）自愿原则

劳动争议调解组织应依照法律，遵循双方当事人自愿原则进行调解。经调解达成协议的，应当制作调解协议书，双方当事人应当自觉履行；调解不成的，当事人在规定的期限内，可以向劳动争议仲裁委员会申请仲裁。

双方当事人自愿原则体现在下述三个方面：①是否向劳动争议调解组织申请调解，由双方当事人自行决定，对任何一方不得加以强迫。劳动争议调解组织的调解，在我国劳动争议处理程序中不是必经的程序，所以，当事人是否向劳动争议调解组织申请调解，可由争议双方自愿选择。但是，如果一方当事人向劳动争议调解组织申请调解，另一方向劳动争议仲裁委员会申请仲裁，则劳动争议仲裁委员会应予受理。②在调解的过程中，始终贯彻自愿协商的原则。劳动争议调解组织作为调解组织，其本身并无决定权，劳动争议的解决主要依靠双方自愿。经调解是否达成协议，依当事人自愿，劳动争议调解组织在调解过程中不能强行调解或勉强调解达成协议，更不允许包办代替。调解过程是一个自愿协商过程，双方当事人法律地位平等，任何一方不得强迫另一方。③调解协议的履行是自愿的。经劳动争议调解组织调解所达成的协议，仅具合同效力，没有强制执行的法律效力，依靠当事人的自愿履行。

（二）民主说服原则

这是由劳动争议调解组织的性质决定的。劳动争议调解组织既不是国家审判机关，也不是国家行政机关，因此，它没有司法审判权，也没有行政命令权和仲裁权。在调解劳动争议时，主要运用国家的法律，以及民主讨论、说服教育的方法，在双方认识一致的前提下，动员其自愿协商后达成协议。坚持这一原则，要反对强迫命令、用权势压服的做法。

三、劳动争议调解的程序

（一）申请调解

劳动争议当事人向调解组织申请调解，有三个要点：①自愿申请。劳动争议发生后，如果当事人通过协商不能解决，或不愿意协商解决的，可以自愿选择申请调解或仲裁。根据《企业劳动争议协商调解规定》第二十三条规定，发生劳动争议，当事人没有提出调解申请的，调解委员会可以在征得双方当事人同意后主动调解。②申请形式既可以是口头申请，也可以是书面申请。申请内容应当包括申请人基本情况、调解请求、事实与理由。口头申请的，调解组织应当当场记录。③申请调解的时间限制。《劳动争议调解仲裁法》没有规定申请调解的时限，而《企业劳动争议调解委员会组织及工作规则》第十四条规定，当事人申请调解，应当自知道或应当知道其权利被侵害之日起30日内提出申请，并填写《劳动争议调解申请书》。

（二）争议受理

调解组织接到调解申请后，应征询对方当事人的意见，对方当事人不愿意调解的，应做好记录，在3日内以书面形式通知申请人；对方当事人表示愿意调解的，应在4日内进行审查并作出受理或不受理的决定。

调解组织在受理审查中，要审查申请事由是否属于劳动争议，申请人是否合格，申请对方是否明确，调解请求和事实根据是否明确。经审查认为符合受理条件的，予以受理，并通知双方当事人；如不受理的，应向申请人说明理由，并告知应向何处申诉。对于调解组织无法决定应否受理的案件，可由调解组织主任决定是否受理。发生劳动争议的职工一方在3人以上，并有共同申诉理由的，应当推举代表参加调解活动。

（三）调解前准备

受理劳动争议后，为保证顺利和及时调解，应事先进行下述准备工作：①进一步审查申请书内容，如发现内容欠缺，应及时通知申请人补充；②要求对方当事人就申请实体请求、事实、理由提出意见及证据；③指派调解员对争议事项进行全面调查核实，收集有关证据；④拟订调解方案和调解建议；⑤告知双方当事人调解时间和地点。

调解员中如果存在争议当事人或其近亲属与劳动争议有利害关系者，或与争议当事人有其他关系而可能影响公正调解者，当事人有权通过口头或书面方式申请其回避。调解组织对回避申请应及时作出决定，并口头或书面通知当事人。调解员的回避由调解组织主任决定，调解组织主任的回避由调解组织集体研究决定。

（四）实施调解

《劳动争议调解仲裁法》第十三条规定，调解劳动争议，应当充分听取双方当事人对事实和理由的陈述，耐心疏导，帮助其达成协议。该法第十四条规定，经调解达成协议的，应当制作调解协议书。

实施调解的一般形式，是由调解组织主任主持召开有争议双方当事人参加的调解会议，调解组织调解劳动争议一般不公开进行，但双方当事人要求公开调解的除外。在征得当事人同意后，有关单位和个人可以参加调解会议协助调解。争议的职工方在3人以上并有共同申诉理由的，应当推举代表参加调解活动；简单的争议，可由调解委员会决定1~2名调解员进行调解。

举行调解会议的程序包括：①会议主持人宣布会议开始，书记员向主持人报告与会人员情况；②主持人宣布调解目的和调解纪律，告知当事人应有的权利和义务，并宣布申请人请求调解的争议事项；③申请人宣读申请书或口头陈述申请事由和理由，最后由对方当事人宣读答辩书或口头陈述答辩理由；④主持人宣讲与争议有关的法规政策，然后出示有关证据；⑤当事人双方对宣布的事实、证据发表意见；⑥调解委员会依据查明的事实，提出调解建议，征求双方当事人的意见；⑦若双方当事人均表示接受调解建议，可在此建议的基础上达成调解协议，并依法制作调解协议书；⑧若经调解达不成协议，应如实记录，并在调解意见书上说明情况。

四、劳动争议调解的期限

劳动争议调解中的期限，是指当事人、调解委员会申请或完成劳动争议的调解所必须遵循的时间。期限一般可分为两类，一类是对当事人行使调解申请权所规定的期限，只要在规定期限之内不行使申请权，一旦期限届满，当事人即丧失请求保护自己权利的申请权。另一类是对调解委员会受理劳动争议所规定的期限，要求调解委员会在规定的时间内对受理劳动争议案件进行结案。期限的规定，一方面要贯彻及时处理的原则，迅速解决劳动争议，稳定劳动关系；另一方面要求调解委员会提高工作效率，积极主动地调解劳动争议。

《企业劳动争议调解委员会组织及工作规则》第十四条规定，当事人申请调解，应当自知道或应当知道其权利被侵害之日起30日内，以口头或书面形式向调解委员会提出申请。依《劳动争议调解仲裁法》第十四条规定，调解委员会调解劳动争议案件的期限为15日。自劳动争议调解组织收到调解申请之日起15日内未达成调解协议的，当事人可以依法申请仲裁。《企业劳动争议协商调解规定》第二十九条规定，双方当事人同意延期的可以延长。

此外，由于不同的劳动争议双方对履行期限的要求可能不一样，法律不宜简单规定一个固定的时间界限。所以，《劳动争议调解仲裁法》第十五条没有明确规定调解协议应当在什么时间内履行，当事人双方可以在调解协议中约定履行期限，以此判断对方是否履行调解协议，从而确定申请仲裁的时间。

五、劳动争议调解的效力

劳动争议调解的效力，是指劳动争议调解成功时，其结果即劳动争议调解协议对当事人的约束力。《劳动争议调解仲裁法》第十四条规定，调解协议书由双方当事人签名或盖章，经调解员签名并加盖调解组织印章后生效，对双方当事人具有约束力，当事人应当履行。这里的"约束力"实质上是指调解协议的效力限于合同效力，不具有强制执行力。如果达成调解协议后，一方当事人在协议约定期限内不履行调解协议，劳动争议得不到解决，另一方当事人可以依法申请仲裁或支付令。

实践中，大量劳动争议是用人单位拖欠劳动报酬、工伤医疗费、经济补偿或赔偿金等事项。这些都关系到劳动者的切身利益，有的对维持劳动者的基本生活非常急迫，需要迅速解决。这类争议一般比较简单，标的明确，也达成了调解协议，用人单位与劳动者之间也不存在别的债务纠纷，符合《民事诉讼法》第一百九十一条关于申请支付令的条件要求，适于通过支付令的方式解决。《劳动争议调解仲裁法》第十六条规定，因支付拖欠劳动报酬、工伤医疗费、经济补偿或赔偿金事项达成调解协议，用人单位在协议约定期限内不履行的，劳动者可以持调解协议书依法向人民法院申请支付令。人民法院应当依法发出支付令。另外，根据《劳动合同法》第三十条规定，用人单位拖欠或未足额支付劳动报酬的，劳动者可以依法向当地人民法院申请支付令，无须事先达成调解协议。劳动者申请支付令适用《民事诉讼法》的有关规定。

第四节　劳动争议的仲裁

一、劳动争议仲裁的概念

劳动争议仲裁，是指劳动争议仲裁机构对当事人请求解决的劳动争议，依法居中公断的执法行为，包括对劳动争议依法审理并进行调解、裁决的一系列活动。《劳动争议调解仲裁法》维持了现行劳动争议处理体制中的仲裁前置制度，换言之，在我国的劳动争议处理体制中，劳动争议仲裁是劳动争议诉讼前的必经程序。

较之劳动争议基层调解，劳动争议仲裁具有下述特点：①仲裁机构是一种依法定原则所组成的半官方机构，而非民间组织。《劳动争议调解仲裁法》第五十三条规定，劳动争议仲裁不收费。劳动争议仲裁委员会的经费由财政予以保障。②仲裁申请可以由任何一方当事人提起，无须双方当事人合意。③仲裁机构在调解不成的情况下可作出裁决，仲裁调解和裁决依法生效后具有强制执行的效力。

较之劳动争议诉讼，劳动争议仲裁的特点表现在：①仲裁机构不属于司法机关，其在处理劳动争议的过程中无权采取强制措施；②仲裁程序较简便，不及诉讼程序严密和复杂；③仲裁调解和裁决除法定终局裁决外，均不具有最终解决争议的效力，也不能由仲裁机构自己强制执行。

劳动争议仲裁就其法律属性而言，是一种兼有行政性和准司法性的执法行为。其行政性主要表现在劳动行政部门的代表在仲裁机构组成中居首席地位，仲裁机构的办事机构设在劳动行政部门，仲裁行为中含有行政仲裁的某些因素；其准司法性主要表现在仲裁机构的设立、职责、权限、组织活动原则和方式具有与司法机关特别是审判机关共同或类似的特点。例如，仲裁机构是国家依法设立的处理劳动争议的专门机构；仲裁机构具有依法独立行使仲裁权，不受行政机关、团体和个人干涉的法律地位；审理案件须实行仲裁庭、时效、回避等制度，采取调查取证、辩论、调解、裁决等方式。

二、劳动争议仲裁管辖

劳动争议仲裁管辖，是指各级仲裁委员会之间及同级仲裁委员会之间关于受理劳动争议案件的分工和权限。对当事人而言，劳动争议仲裁管辖，就是在劳动争议发生后，应当向哪一级和哪一个仲裁委员会申请仲裁。劳动争议仲裁管辖为各级和各个仲裁委员会行使仲裁权界定了空间范围。确定仲裁管辖，应当坚持既便于当事人行使申诉权和应诉权，又便于仲裁委员会行使仲裁权，并且具有原则性与灵活性相结合的特点。我国劳动争议仲裁管辖的内容，主要包括下述四个方面。

(一) 不再采取级别管辖

《劳动争议调解仲裁法》第十七条规定，劳动争议仲裁的管辖区域与各级行政区划不完全一致。有时一个劳动争议仲裁委员会可能管辖好几个市辖区，有时一个劳动争议仲裁委员会可能只管辖一个县或市辖区内的劳动争议案件。这就需要省级人民政府在依法设立劳动争议仲裁委员会的时候，必须同时划定该劳动争议仲裁委员会的管辖区域。《企业劳动争议处理条例》废止前所坚持的级别管辖原则已不再采用。这样能够为当事人申请仲裁提供便利，同时也能节约仲裁资源和成本，减轻当事人的维权负担。

(二) 地域管辖

地域管辖，即同级仲裁委员会之间依行政区域确定的仲裁管辖。它包括：①一般地域管辖，是指劳动争议案件由其发生地的仲裁委员会管辖。《劳动争议调解仲裁法》第二十一条第一款规定，仲裁委员会负责管辖本区域内发生的劳动争议。②特殊地域管辖，是指某种劳动争议案件依其特定标准由某地仲裁委员会管辖。《劳动争议调解仲裁法》第二十一条第二款规定，劳动争议由劳动合同履行地或者用人单位所在地的仲裁委员会管辖；双方当事人分别向劳动合同履行地和用人单位所在地的仲裁委员会申请仲裁的，由劳动合同履行地的仲裁委员会管辖。这里的用人单位所在地一般是指用人单位的注册地，用人单位的注册地与经常营业地不一致的，用人单位所在地才是指用人单位经常营业地。在实践中，大多数情况下，劳动合同的履行地即为用人单位所在地，两者是重合的。③专属管辖，是指法定的某国家机关经立法授权，依法确定某种劳动争议案件专属某地仲裁委员会管辖。原劳动部规定，我国公民与国（境）外企业签订的劳动（工作）合同履行地在我国领域内，因履行该合同发生争议的，由合同履行地仲裁委员会受理。

（三）移送管辖

移送管辖，即仲裁委员会将已受理的自己无权管辖或不便于管辖的劳动争议案件，依法移送有管辖权和便于审理此案的仲裁委员会受理。《劳动人事争议仲裁办案规则》第十三条规定，仲裁委员会发现受理的案件不属于本委员会管辖时，应移送有管辖权的仲裁委员会，并书面通知当事人。对上述移送案件，受移送的仲裁委员会应依法受理。受移送的仲裁委员会认为受移送的案件依照规定不属于本仲裁委员会管辖，或仲裁委员会之间因管辖争议协商不成的，应当报请共同的上一级仲裁委员会主管部门指定管辖。实践中，也可将疑难案件移送有管辖权的仲裁委员会处理。

（四）不采取协定管辖

协定管辖是民商事仲裁的一项基本原则，即允许当事人协议选择仲裁委员会进行仲裁，而劳动争议仲裁中不允许双方当事人协议选择劳动合同履行地或用人单位所在地之外的其他劳动争议仲裁委员会进行管辖。

三、劳动争议仲裁的参加人

劳动争议仲裁的参加人是指与仲裁案件有着法律上的直接或间接的利害关系，从而参加到仲裁中，依法行使仲裁权利，履行仲裁义务的自然人、法人或其他组织。具体包括：

（一）当事人

《劳动争议调解仲裁法》第二十二条规定，发生劳动争议的劳动者和用人单位为劳动争议仲裁案件的双方当事人。劳务派遣单位或用工单位与劳动者发生劳动争议的，劳务派遣单位和用工单位为共同当事人。《劳动人事争议仲裁办案规则》第八条规定，发生争议的用人单位被吊销营业执照、责令关闭、撤销以及用人单位决定提前解散、歇业，不能承担相关责任的，依法将其出资人、开办单位或主管部门作为共同当事人。该法第九条规定，劳动者与个人承包经营者发生争议，依法向仲裁委员会申请仲裁的，应当将发包的组织和个人承包经营者作为当事人。

(二) 代表人

用人单位由其法定代表人或主要负责人参加仲裁活动；发生争议的劳动者一方在 10 人以上并有共同请求的，劳动者可以推举 3～5 名代表人参加仲裁活动。

(三) 第三人

《劳动争议调解仲裁法》第二十三条规定，与劳动争议案件的处理结果有利害关系的第三人，可以申请参加仲裁活动或由仲裁委员会通知其参加仲裁活动。

(四) 代理人

《劳动争议调解仲裁法》第二十四条规定，当事人可以委托代理人参加仲裁活动。委托他人参加仲裁活动，应当向仲裁委员会提交有委托人签名或盖章的委托书，委托书应当载明委托事项和权限。《劳动争议调解仲裁法》第二十五条规定，丧失或部分丧失民事行为能力的劳动者，由其法定代理人代为参加仲裁活动；无法定代理人的，由仲裁委员会为其指定代理人。劳动者死亡的，由其近亲属或代理人参加仲裁活动。

需要注意的是，劳动争议仲裁的参加人不同于参与人。劳动争议仲裁的参与人是一个比参加人更大的范畴。仲裁参加人及鉴定人、证人、翻译人和勘验人等共同构成了劳动仲裁参与人的范围。

四、劳动争议仲裁时效

劳动争议仲裁时效（简称仲裁时效），是指劳动者和用人单位在法定期限内不向劳动争议仲裁机构申请仲裁，从而丧失请求劳动争议仲裁机构保护其权利实现之权利的制度。依《劳动争议调解仲裁法》第二十七条、《解释（二）》第十二、十三条和《劳动人事争议仲裁办案规则》第十、十一条规定，有下述要点。

(一) 仲裁时效期间

仲裁时效期间从当事人知道或应当知道其权利被侵害之日起计算，为期一年。劳动关系存续期间因拖欠劳动报酬发生争议的，劳动者申请仲裁不受此时效期间的限制；但是，劳动关系终止的，应当自劳动关系终止之日起一年内提出。

(二) 仲裁时效的中断、中止

仲裁时效，是指因一方当事人向对方当事人主张权利，或向有关部门请求权利救济，或对方当事人同意履行义务而中断。从中断时起，仲裁时效期间重新计算。因不可抗力，或有无民事行为能力或者限制民事行为能力劳动者的法定代理人未确定等其他正当理由，当事人不能在仲裁时效期间申请仲裁的，仲裁时效中止。从中止时效的原因消除之日起，仲裁时效期间继续计算。

（三）仲裁时效完成

仲裁时效完成，是指仲裁时效期间已经届满而当事人仍未向仲裁委员会提出要求仲裁的书面请求。具体表现为两种情形：①自当事人知道或应当知道其权利被侵害之日起经过一年又不存在引起仲裁时效中止、中断和延长的法定事由，当事人仍不申请仲裁；②仲裁时效期间在依法中止、中断和延长后届满，当事人仍不申请仲裁。

对于超过仲裁时效的仲裁申请，仲裁委员会可以作出不予受理的书面裁决、决定或通知，当事人不服而依法向法院起诉的，法院应当受理；对确已超过仲裁时效期间的，依法驳回其诉讼请求。

五、劳动争议仲裁的程序

（一）申请

劳动争议发生后，双方当事人不愿自行协商解决或协商不成的，又或者不愿申请调解或调解不成的，均可在仲裁时效期间内，向有管辖权的仲裁委员会提出解决劳动争议的书面申请。《劳动争议调解仲裁法》第二十八条规定，申请人申请仲裁应当提交书面仲裁申请，并按照被申请人人数提交副本。委托他人代理参加仲裁的，还需要提交授权委托书。仲裁申请书应当载明下列事项：①劳动者的姓名、性别、年龄、职业、工作单位和住所，用人单位的名称、住所和法定代表人或者主要负责人的姓名、职务；②仲裁请求和所根据的事实、理由；③证据和证据来源、证人姓名和住所。书写仲裁申请确有困难的，可以口头申请，由劳动争议仲裁委员会记入笔录，并告知对方当事人。

（二）受理

仲裁委员会办事机构接到仲裁申请后应依法对其进行审查。审查内容包括：申请人是否与本案有直接利害关系，申请仲裁的争议是否属于劳动争议，是否属于仲裁委员会受理内容，是否属于本仲裁委员会管辖，申请书及有关材料是否齐备并符合要求，申请时间是否符合仲裁时效规定。对于仲裁申请书不规范或者材料不齐备的，仲裁委员会应当场或者在 5 日内一并告知申请人需要补正的全部材料。申请人按要求补正全部材料的，仲裁委员会应当出具收件回执。

《劳动争议调解仲裁法》第二十九条规定，仲裁委员会收到仲裁申请之日起 5 日内，认为符合受理条件的，应当受理，并通知申请人；认为不符合受理条件的，应当书面通知申请人不予受理，并说明理由。对仲裁委员会不予受理或逾期未作出决定的，申请人可以就该劳动争议事项向法院提起诉讼。

《劳动人事争议仲裁办案规则》第三十二条规定，仲裁委员会受理案件后，发现不应当受理的，除因无权管辖或不便管辖而需要移送管辖的情形外，应当撤销案件，并自决定撤销案件后 5 日内书面通知当事人。第三十三条规定，仲裁委员会在申请人申请仲裁时，可以引导当事人通过协商、调解等方式解决争议，给予必要的法律释明及风险提示。

《劳动争议调解仲裁法》第三十条规定，仲裁委员会受理仲裁申请后，应当在5日内将仲裁申请书副本送达被申请人。被申请人收到仲裁申请书副本后，应当在10日内向仲裁委员会提交答辩书。仲裁委员会收到答辩书后，应当在5日内将答辩书副本送达申请人。被申请人未提交答辩书的，不影响仲裁程序的进行。《劳动人事争议仲裁办案规则》第三十五条规定，被申请人可以在答辩期间提出反申请，仲裁委员会应当自收到被申请人反申请之日起5日内决定是否受理并通知被申请人。决定受理的，仲裁委员会可以将反申请和申请合并处理。该反申请如果是应当另行申请仲裁的争议，仲裁委员会应当书面告知被申请人另行申请仲裁；该反申请如果是不属于本规则规定应当受理争议，仲裁委员会应当向被申请人出具不予受理通知书。被申请人在答辩期满后对申请人提出反申请的，应当另行提出，另案处理。

（三）仲裁准备

《劳动争议调解仲裁法》第三十二条规定，仲裁委员会对决定受理的案件，应当在受理仲裁申请之日起5日内依法组成仲裁庭，并将仲裁庭的组成情况书面通知当事人。

《劳动争议调解仲裁法》第三十三条规定，仲裁员有下列情形之一的，应当回避，当事人有权以口头或书面方式提出回避申请：①是本案当事人或当事人、代理人的近亲属的；②与本案有利害关系的；③与本案当事人、代理人有其他关系，可能影响公正裁决的；④私自会见当事人、代理人，或接受当事人、代理人的请客送礼的。仲裁委员会对回避申请应当及时作出决定，并以口头或书面方式通知当事人。仲裁委员会主任的回避由仲裁委员会决定，其他各级人员的回避由仲裁委员会主任决定。

仲裁庭成员应认真审阅申诉、答辩材料，调查、收集证据，查明争议事实，拟订处理方案。《劳动争议调解仲裁法》第三十五条规定，仲裁庭应当在开庭5日前，将开庭日期、地点书面通知双方当事人。当事人有正当理由的，可以在开庭3日前请求延期开庭。是否延期，由仲裁委员会决定。

（四）开庭

1. 开庭的形式

《劳动争议调解仲裁法》第三十一条规定，劳动争议仲裁委员会裁决劳动争议案件实行仲裁庭制。仲裁庭由3名仲裁员组成，设首席仲裁员。简单劳动争议案件可以由1名仲裁员独任仲裁。《劳动争议调解仲裁法》第二十六条规定，劳动争议仲裁公开进行，但当事人协议不公开进行或涉及国家秘密、商业秘密和个人隐私的除外。

2. 专门性问题鉴定

《劳动争议调解仲裁法》第三十七条规定，仲裁庭对专门性问题认为需要鉴定的，可以交由当事人约定的鉴定机构鉴定；当事人没有约定或无法达成约定的，由仲裁庭指定的鉴定机构鉴定。根据当事人的请求或仲裁庭的要求，鉴定机构应当派鉴定人参加开庭。当事人经仲裁庭许可，可以向鉴定人提问。

3. 质证和辩论

《劳动争议调解仲裁法》第三十八条规定，当事人在仲裁过程中有权进行质证和辩论，终结时首席仲裁员或独任仲裁员应当征询当事人的最后意见。

4. 证据的意义

《劳动争议调解仲裁法》第三十九条第一款规定，当事人提供的证据经查证属实的，仲裁庭应当将其作为认定事实的根据。

5. 用人单位的举证责任

《劳动争议调解仲裁法》第三十九条第二款规定，劳动者无法提供由用人单位掌握管理的与仲裁请求有关的证据，仲裁庭可以要求用人单位在指定期限内提供。用人单位在指定期限内不提供的，应当承担不利后果。

6. 增加或变更仲裁请求

《劳动人事争议仲裁办案规则》第四十一条规定，申请人在举证期限届满前可以提出增加或者变更仲裁请求；仲裁庭对申请人增加或者变更的仲裁请求审查后认为应当受理的，应当通知被申请人并给予答辩期，被申请人明确表示放弃答辩期的除外。申请人在举证期限届满后提出增加或变更仲裁请求的，应当另行提出，另案处理。

7. 中止或终止仲裁审理

《劳动人事争议仲裁办案规则》第四十六条规定，因出现案件处理依据不明确而请示有关机构，或者案件处理需要等待工伤认定、伤残等级鉴定、司法鉴定结论，公告送达以及其他需要中止仲裁审理的客观情形，经仲裁委员会主任批准，可以中止案件审理，并书面通知当事人。中止审理的客观情形消除后，仲裁庭应当恢复审理。

《劳动人事争议仲裁办案规则》第四十七条规定，当事人因仲裁庭逾期未作出仲裁裁决而向人民法院提起诉讼的，仲裁委员会应当裁定该案件终止审理；当事人未就该争议事项向人民法院提起诉讼，并且双方当事人同意继续仲裁的，仲裁委员会可以继续处理并裁决。

8. 开庭笔录

《劳动争议调解仲裁法》第四十条规定，仲裁庭应当将开庭情况记入笔录。当事人和其他仲裁参加人认为对自己陈述的记录有遗漏或差错的，有权申请补正；如果不予补正，应当记录该申请。笔录由仲裁员、记录人员、当事人和其他仲裁参加人签名或者盖章。当事人或者其他仲裁参加人拒绝在庭审笔录上签名或者盖章的，仲裁庭应记明情况附卷。

（五）和解和调解

《劳动争议调解仲裁法》第四十一条和《劳动人事争议仲裁办案规则》第四十二条规定，当事人申请劳动争议仲裁后，可以自行和解；达成和解协议的，可以撤回仲裁申请，也可以请求仲裁庭根据和解协议制作调解书。

《劳动争议调解仲裁法》第四十二条规定，仲裁庭在作出裁决前，应当先行调解，即在查明事实的基础上促使双方当事人自愿达成协议。经调解达成协议的，仲裁庭应当根据协议内容制作仲裁调解书。调解书应当写明仲裁请求和当事人协议的结果，由仲裁员签名，加盖仲裁委员会印章，送达双方当事人。调解书经双方当事人签收后，发生法律效力。

（六）裁决规则

1. 裁决前提

《劳动争议调解仲裁法》第四十二条规定，双方当事人经调解达不成协议，调解书送达前当事人反悔，或当事人拒绝接收调解书，均为调解不成，应及时裁决。

2. 开庭裁决

仲裁庭开庭裁决，应履行查明仲裁参加人是否到庭，宣布仲裁纪律、开庭和案由及仲裁庭成员名单，告知当事人权利义务并询问其是否申请回避，庭审调查，听取辩论和当事人最后陈述，当庭再行调解，休庭合议，复庭宣布裁决或延期裁决等项程序。《劳动争议调解仲裁法》第三十六条规定，当事人接到开庭的通知书无正当理由拒不到庭或未经仲裁庭同意中途退庭的，对申请人按撤诉处理，对被申请人可按缺席裁决。《劳动争议调解仲裁法》第四十五条规定，仲裁庭就裁决进行合议时，裁决应当按照多数仲裁员的意见作出，少数仲裁员的不同意见应当记入笔录。仲裁庭不能形成多数意见时，裁决应当按照首席仲裁员的意见作出。

3. 裁决内容

仲裁庭作出裁决时，对涉及经济赔偿和补偿的争议标的可作变更裁决，对其他争议标的可在作出肯定或否定裁决的同时，另向当事人提出书面仲裁建议。《劳动争议调解仲裁法》第四十三条第二款规定，仲裁庭对案件中一部分事实已经清楚，可以就该部分先行裁决。仲裁庭对追索劳动报酬、工伤医疗费、经济补偿或赔偿金的案件，当事人之间权利义务关系明确且不先予执行将严重影响申请人生活的，根据当事人的申请，可以裁决先予执行，移送人民法院执行。劳动者申请先予执行的，可以不提供担保。《劳动人事争议仲裁办案规则》第四十九条规定，仲裁庭裁决案件时，裁决内容同时涉及终局裁决和非终局裁决的，应分别作出裁决并告知当事人相应的救济权利。

4. 裁决书的制作

仲裁庭作出裁决后，应制作裁决书。《劳动争议调解仲裁法》第四十六条规定，裁决书应当载明仲裁请求、争议事实、裁决理由、裁决结果和裁决日期。裁决书由仲裁员签名，加盖劳动争议仲裁委员会印章。对裁决持不同意见的仲裁员，可以签名，也可以不签名。

（七）结案

《劳动争议调解仲裁法》第四十三条第一款规定，仲裁庭裁决劳动争议案件，应当自仲裁委员会受理仲裁申请之日起 45 日内结束。案情复杂需要延期的，经仲裁委员会主任批准，可以延期并书面通知当事人，但是延长期限不得超过 15 日。逾期未作出仲裁裁决的，当事人可以就该劳动争议事项向法院提起诉讼。《劳动人事争议仲裁办案规则》第四十五条规定了几种特殊情形下仲裁期限的计算规则：①申请人需要补正材料的，仲裁委员会收到仲裁申请的时间从材料补正之日起计算；②增加、变更仲裁申请的，仲裁期限从受理增加、变更仲裁申请之日起重新计算；③仲裁申请和反申请合并处理的，仲裁期限从受理反申请之日起重新计算；④案件移送管辖的，仲裁期限从接受移送之日起计算；⑤中止审理期间不计入仲裁期限内。

结案时，仲裁庭应填写《仲裁结案审批表》，报仲裁委员会主任审批；仲裁委员会主任认为有必要的，也可提交仲裁委员会审批。

六、劳动争议仲裁的效力

（一）终局裁决

1. 终局裁决的适用范围

依《劳动争议调解仲裁法》第四十七条的规定，终局裁决的适用范围仅限于：①追索劳动报酬、工伤医疗费、经济补偿或赔偿金，不超过当地月最低工资标准 12 个月金额的争议；②因执行国家的劳动标准在工作时间、休息休假、社会保险等方面发生的争议。

2. 终局裁决生效的条件

劳动者未因不服裁决而依法起诉，且用人单位未依法申请撤销裁决的，裁决书自作出之日起发生法律效力。

3. 终局裁决的司法监督

终局裁决司法监督的形式有两种：①《劳动法》第八十三条和《劳动争议调解仲裁法》第四十八条规定，劳动者对仲裁裁决不服的，可以自收到仲裁裁决书之日起 15 日内向法院提起诉讼。②《劳动争议调解仲裁法》第四十九条规定，用人单位有证据证明仲裁裁决适用法律、法规确有错误的；或者仲裁委员会无管辖权的；或者违反法定程序的；或者据以裁决的证据是伪造的；或者对方当事人隐瞒了足以影响公正裁决的证据的；或者仲裁员在仲裁该案时有索贿受贿、徇私舞弊、枉法裁决行为的，可以自收到仲裁裁决书之日起 30 日内向仲裁委员会所在地的中级人民法院申请撤销裁决。法院经组成合议庭审查核实后应当裁定撤销。仲裁裁决被法院裁定撤销的，当事人可以自收到裁定书之日起 15 日内就该劳动争议事项向法院提起诉讼。

《解释（三）》对终局裁决的司法监督作了更为具体的规定。该法第十四条规定，当劳动人事争议仲裁委员会作出的同一仲裁裁决同时包含终局裁决事项和非终局裁决事项，当事人不服该仲裁裁决向人民法院提起诉讼的，应当按照非终局裁决处理。该法第十五条规定，劳动者依据《调解仲裁法》第四十八条规定向基层人民法院提起诉讼，用人单位依据《调解仲裁法》第四十九条规定向劳动人事争议仲裁委员会所在地的中级人民法院申请撤销仲裁裁决的，中级人民法院应不予受理；已经受理的，应当裁定驳回申请。被人民法院驳回起诉或者劳动者撤诉的，用人单位可以自收到裁定书之日起 30 日内，向劳动人事争议仲裁委员会所在地的中级人民法院申请撤销仲裁裁决。该法第十八条规定，劳动人事争议仲裁委员会作出终局裁决，劳动者向人民法院申请执行，用人单位向劳动人事争议仲裁委员会所在地的中级人民法院申请撤销的，人民法院应当裁定中止执行。用人单位撤回撤销终局裁决申请或者其申请被驳回的，人民法院应当裁定恢复执行。仲裁裁决被撤销的，人民法院应当裁定终结执行。用人单位向人民法院申请撤销仲裁裁决被驳回后，又在执行程序中以相同理由提出不予执行抗辩的，人民法院不予支持。

（二）其他裁决

《劳动争议调解仲裁法》第五十条规定，当事人对拖欠劳动报酬、工伤医疗费、经济补偿或赔偿金、执行劳动标准争议以外的其他劳动争议案件的仲裁裁决不服的，可以自收到仲裁裁决书之日起 15 日内向法院提起诉讼；期满不起诉的，裁决书发生法律效力。

仲裁调解书自送达当事人之日起生效；仲裁裁决书在法定起诉期届满后生效，即自当事人收到裁决书之日起 15 日内，当事人若不向法院起诉，裁决书即生效。《劳动争议调解仲裁法》第五十一条规定，生效的调解书和裁决书，当事人必须执行；一方当事人不执行的，另一方当事人可以申请人民法院强制其执行。

第五节　劳动争议的诉讼

一、劳动争议诉讼的概念

劳动争议诉讼，是指法院在劳动争议双方当事人和其他诉讼参与人的参加下，依法审理和解决劳动争议案件的活动。在劳动争议处理过程中，作为解决劳动争议的最后阶段，它与仲裁的关系可概括为仲裁是诉讼前的必经处理方式，诉讼是仲裁后的重新处理方式，二者既相互联系又彼此独立。

实行劳动争议诉讼制度，既形成了对劳动争议仲裁委员会的司法监督机制，有利于提高仲裁质量，也保护了当事人的诉讼权，给予不服仲裁裁决的当事人以求助于司法解决的权利，从根本上将劳动争议处理纳入了法制轨道，以法的强制性保证了劳动争议的彻底解决。

在我国，劳动争议诉讼是法院以民事诉讼的方式来审理和解决劳动争议案件，实体上适用《劳动法》，程序上适用《民事诉讼法》。《民事诉讼法》是与《民法》对应的，《民法》是私法，民事诉讼实质上是私法诉讼；而《劳动法》是公法与私法兼容的法律部门，按照《民事诉讼法》规定的程序来适用劳动法，就难免产生程序法与实体法的冲突。为消除《民事诉讼法》对劳动诉讼的不适应，需要就劳动诉讼制定特别规则，前述的《解释》、《解释（二）》、《解释（三）》和《解释（四）》的程序法意义就在于此。

二、劳动争议诉讼的原则

法院在审理劳动争议案件的过程中，同样遵循司法审判中的一般诉讼原则，如以事实为依据、以法律为准绳的原则，独立行使审判权的原则，回避原则等。

此外，根据劳动争议案件的特殊性，还应体现与有关单位密切配合的原则。因为处理劳动争议案件要以法律为准绳，主要就是以《劳动争议调解仲裁法》、《劳动合同法》、《劳动法》等法律为依据。劳动行政机关是国家管理劳动工作的专门部门，了解和熟悉劳动法律政策；工会等有关部门从事企业生产、安全、工资福利、劳动保护等管理、监督、检查工作；劳动争议仲裁机构是代表国家处理劳动争议的专职机构，负责直接受理和处理各种劳动争议案件。因此，法院审查劳动争议案件时，应多向这些单位调查，认真听取其意见，密切配合，使案件的审理更加符合处理劳动争议的实际需要。

三、劳动争议诉讼案件的管辖

仲裁管辖和诉讼管辖各有其规则，当事人不服仲裁裁决而起诉时，一般应当由当地基层法院管辖，除非该案件符合法定的高级人民法院、中级人民法院管辖的标准。《解释（一）》第八条规定，劳动争议案件由用人单位所在地或者劳动合同履行地的基层人民法院管辖。劳动合同履行地不明确的，由用人单位所在地的基层人民法院管辖。该法第九条第二款规定，当事人双方就同一仲裁裁决分别向有管辖权的人民法院起诉的，后受理的人民法院应当将案件移送给先受理的人民法院。

以前述劳动者申请支付令为例，可以探讨劳动争议诉讼案件的管辖如何适用《民事诉讼法》的有关规定。依据《民事诉讼法》第一百九十一条规定，劳动者申请支付令只需提供调解协议书即可。依据《民事诉讼法》第二十四条规定，劳动者可选择用人单位所在地或合同履行地基层法院管辖。如果两个以上法院都有管辖权，劳动者可以依据《民事诉讼法》第三十五条规定向其中一个法院申请支付令；劳动者向两个以上有管辖权的法院申请支付令的，由最先受理的法院管辖，后受理的法院应当将案件移送给先受理的法院。

四、劳动争议诉讼案件审理的特殊性

（一）受案范围

1. 法院受理劳动争议案件的一般范围

劳动者与用人单位之间发生《劳动争议调解仲裁法》第二条规定的劳动争议，当事人不服仲裁委员会作出的裁决，依法向法院起诉的，法院应当受理。

2. 法院受理劳动争议案件的特殊情形

①仲裁委员会以当事人申请仲裁的事项不属于劳动争议为由，作出不予受理的书面裁决、决定或者通知，当事人不服，依法向法院起诉的，属于劳动争议案件的，应当受理；虽不属于劳动争议案件，但属于法院主管的其他案件，应当依法受理。②仲裁委员会根据《劳动争议调解仲裁法》第二十七条规定，以当事人的仲裁申请超过仲裁时效期间为由，作出不予受理的书面裁定，当事人不服，依法向法院起诉的，法院应当受理。③仲裁委员会以申请仲裁的主体不适格为由，作出不予受理的书面裁决、决定或者通知，当事人不服，依法向法院起诉的，法院应当受理。经审查，确属主体不适格的，裁定不予受理或驳回起诉。④仲裁委员会为纠正原仲裁裁决的错误重新作出裁决，当事人

不服，依法向法院起诉的，法院应当受理。⑤仲裁委员会仲裁的事项不属于法院受理的案件范围，当事人不服，依法向法院起诉的，裁定不予受理或驳回起诉。⑥劳动人事争议仲裁委员会作出的调解书已经发生法律效力，一方当事人反悔提起诉讼的，人民法院不予受理；已经受理的，裁定驳回起诉。⑦劳动人事争议仲裁委员会逾期未作出受理决定或仲裁裁决，当事人直接提起诉讼的，人民法院应予受理，但申请仲裁的案件存在下列事由的除外：移送管辖的；正在送达或送达延误的；等待另案诉讼结果、评残结论的；正在等待劳动人事争议仲裁委员会开庭的；启动鉴定程序或者委托其他部门调查取证的；其他正当事由。当事人以劳动人事争议仲裁委员会逾期未作出仲裁裁决为由提起诉讼的，应当提交劳动人事争议仲裁委员会出具的受理通知书或者其他已接受仲裁申请的凭证或证明。⑧劳动者依据《调解仲裁法》第四十八条规定向基层人民法院提起诉讼，用人单位依据《调解仲裁法》第四十九条规定向劳动人事争议仲裁委员会所在地的中级人民法院申请撤销仲裁裁决的，中级人民法院应不予受理；已经受理的，应当裁定驳回申请。被人民法院驳回起诉或者劳动者撤诉的，用人单位可以自收到裁定书之日起30内，向劳动人事争议仲裁委员会所在地的中级人民法院申请撤销仲裁裁决。⑨劳动者依据《劳动合同法》第三十三条第二款和《调解仲裁法》第十六条规定向人民法院申请支付令，符合《民事诉讼法》第十七章督促程序规定的，人民法院应予受理。依据《劳动合同法》第三十条第二款规定申请支付令被人民法院裁定终结督促程序后，劳动者就劳动争议事项直接向人民法院起诉的，人民法院应当告知其先向劳动人事争议仲裁委员会申请仲裁。依据《调解仲裁法》第十六条规定申请支付令被人民法院裁定终结督促程序后，劳动者依据调解协议直接向人民法院提起诉讼的，人民法院应予受理。⑩劳动人事争议仲裁委员会以无管辖权为由对劳动争议案件不予受理，当事人提起诉讼的，人民法院按照以下情形分别处理：经审查认为该劳动人事争议仲裁委员会对案件确无管辖权的，应当告知当事人向有管辖权的劳动人事争议仲裁委员会申请仲裁；经审查认为该劳动人事争议仲裁委员会有管辖权的，应当告知当事人申请仲裁，并将审查意见书面通知该劳动人事争议仲裁委员会；劳动人事争议仲裁委员会仍不受理，当事人就该劳动争议事项提起诉讼的，应予受理。仲裁裁决书未载明该裁决为终局裁决或非终局裁决，用人单位不服该仲裁裁决向基层人民法院提起诉讼的，应当按照以下情形分别处理：经审查认为该仲裁裁决为非终局裁决的，基层人民法院应予受理；经审查认为该仲裁裁决为终局裁决的，基层人民法院不予受理，但应告知用人单位可以自收到不予受理裁定书之日起30日内向劳动人事争议仲裁委员会所在地的中级人民法院申请撤销该仲裁裁决；已经受理的，裁定驳回起诉。

（二）审理范围

仲裁审理范围既取决于仲裁请求，也取决于劳动争议的性质，只限于仲裁当事人请求的属于劳动权利义务的事项。虽然与争议的劳动权利义务事项相联系，但不具有劳动权利义务性质的事项，仲裁机构无权处理。当事人的诉讼请求中如果包括有与劳动权利义务事项相联系的民事权利义务事项，法院应当将其与劳动权利义务事项一并审理，只不过适用的实体法有所不同而已。

当事人在诉讼请求中如果提出了超出仲裁请求事项并且与仲裁请求事项不可分的劳动权利义务事项，从方便当事人和节约争议处理成本的原则考虑，法院也应当将其列入审理范围。当事人的诉讼请求事项如果少于仲裁裁决的事项，法院只需将诉讼请求事项列入审理范围即可。

法院受理劳动争议案件后，当事人增加诉讼请求的，如该诉讼请求与讼争的劳动争议具有不可分性，应当合并审理；如属独立的劳动争议，应当告知当事人向仲裁委员会申请仲裁。

（三）诉讼主体

仲裁当事人（申诉人与被诉人）和诉讼当事人（原告人与被告人）都只限于劳动者和用人单位，不服仲裁裁决的劳动者或用人单位只能以仲裁阶段的对方当事人为被告人向法院起诉，而不能以仲裁机构为被告人。当事人双方不服仲裁委员会作出的同一仲裁裁决，均向同一法院起诉的，先起诉的一方当事人为原告，但对双方的诉讼请求，法院应当一并作出裁决。

用人单位与其他单位合并的，合并前发生的劳动争议，由合并后的单位为当事人；用人单位分立为若干单位的，其分立前发生的劳动争议，由分立后的实际用人单位为当事人；用人单位分立为若干单位后，对承受劳动权利义务的单位不明确的，分立后的单位均为当事人；用人单位招用尚未解除劳动合同的劳动者，原用人单位与劳动者发生的劳动争议，可以列新的用人单位为第三人；原用人单位以新的用人单位侵权为由向法院起诉的，可以列劳动者为第三人；原用人单位以新的用人单位和劳动者共同侵权为由向法院起诉的，新的用人单位和劳动者列为共同被告。劳动者在用人单位与其他平等主体之间的承包经营期间，与发包方和承包方双方或一方发生劳动争议，依法向法院起诉的，应当将承包方和发包方作为当事人。劳动者与未办理营业执照、营业执照被吊销或者营业期限届满仍继续经营的用人单位发生争议的，应当将用人单位或者其出资人列为当事人。未办理营业执照、营业执照被吊销或者营业期限届满仍继续经营的用人单位，以挂靠等方式借用他人营业执照经营的，应当将用人单位和营业执照出借方列为当事人。当事人不服劳动人事争议仲裁委员会作出的仲裁裁决，依法向人民法院提起诉讼，人民法院审查认为仲裁裁决遗漏了必须共同参加仲裁的当事人的，应当依法追加遗漏的人为诉讼当事人。被追加的当事人应当承担责任的，人民法院应当一并处理。

（四）举证责任

关于劳动争议案件的举证责任，有三种观点：一是全面适用"谁主张，谁举证"的原则；二是全面实行用人单位负举证责任而劳动者不负举证责任；三是在部分场合由用人单位负举证责任。《解释》采纳的是第三种观点，其第三条规定："因用人单位作出的开除、除名、辞退、解除劳动合同、减少劳动报酬、计算劳动者工作年限等决定而发生的劳动争议，用人单位负举证责任。"这是对民事诉讼"谁主张，谁举证"原则的突破，符合劳动争议当事人双方强弱不同的特点，有利于保护劳动者权益。2002年最高人民法院《关于民事诉讼证据的若干规定》对此给予了肯定，其第六条规定："在劳动争议纠纷案件中，因用人单位作出开除、除名、辞退、解除劳动合同、减少劳动报酬、计算劳动者工作年限等决定而发生劳动争议的，由用人单位负举证责任。"但是，《解释》对用人单位负举证责任的特殊情形的规定仍有遗漏。

例如，在工伤赔偿案件中，对于工伤事故和职业病认定的举证责任，也不应当完全适用"谁主张，谁举证"的原则。①工伤认定的举证责任。《工伤保险条例》（2003 年）就应当认定为工伤的各种情形和不应当认定为工伤的各种情形作了规定。在就劳动者人身伤害的致害原因发生争议而影响到是否为工伤的认定时，如果适用"谁主张，谁举证"的原则，劳动者应当就其提出的属于工伤的主张，举出用人单位未尽到安全义务并且与本人人身伤害有因果关系的证据。然而，在劳动条件是由用人单位提供的情况下，由劳动者提供这种证据是极为困难的。在劳动关系中，用人单位负有提供符合安全要求的劳动条件的法定义务，并且是劳动过程的管理者，应当了解其所提供的劳动条件是否符合安全要求及其与劳动者人身伤害是否有因果关系。因而，劳动者或其亲属认为是工伤而用人单位认为不是工伤的，应当由用人单位承担举证责任。如果用人单位不能举证证明劳动者所受人身伤害是由劳动安全条件以外的原因所致，就应当认定为工伤。②职业病认定的举证责任。《职业病防治法》（2001 年）第四十二条第二款规定，没有证据否定职业病危害因素与病人临床表现之间的必然联系的，在排除其他致病因素后，应当诊断为职业病。该法第五十三条规定，劳动者被诊断患有职业病，但用人单位没有依法参加工伤社会保险的，其医疗和生活保障由最后的用人单位承担；最后的用人单位有证据证明该职业病是先前用人单位的职业病危害因素造成的，由先前的用人单位承担。这都表明，在劳动者与用人单位就用人单位有无职业病危害因素和劳动者患病是否由用人单位职业病危害因素所致发生争议时，用人单位对其无职业病危害因素和劳动者患病不是其职业病危害因素所致的主张负有举证责任，而劳动者对其提出的用人单位具有职业病危害因素和该职业病危害因素致使劳动者患病的主张，不应当负举证责任。

又如，在工资拖欠案件中，劳动者只需要举证证明其已履行劳动义务即可，而对用人单位未付工资的事实不应当负举证责任。这是因为，《工资支付暂行规定》（1994 年）第六条第三款规定，用人单位必须书面记录支付劳动者工资的数额、时间、领取者的姓名及其签字，并保存 2 年以上备查。这表明，用人单位有义务保存已支付工资的证据，而劳动者一般不可能掌握未支付工资的证据。在劳动者提出已履行劳动义务的证据并提出追索拖欠工资的主张时，如果用人单位不能举证证明已支付工资，就应当认定未支付工资的事实并支持劳动者的主张。

因此，法院审理劳动争议案件，在举证责任分配上，应当参照《劳动争议调解仲裁法》第三十九条第二款的规定，即劳动者无法提供由用人单位掌握管理的与仲裁请求有关的证据，法院可以要求用人单位在指定期限内提供。用人单位在指定期限内不提供的，应当承担不利后果。例如，《解释（四）》对劳动者主张加班费的举证责任作了相应的规定，即劳动者应就加班事实的存在承担举证责任，但劳动者有证据证明用人单位掌握加班事实存在的证据，用人单位不提供的，由用人单位承担不利后果。

（五）诉讼时效

依据《劳动法》、《劳动争议调解仲裁法》等相关法律规定，劳动者对仲裁裁决不服的，可以自收到仲裁裁决书之日起 15 日内向法院提起诉讼。对于当事人实体权利的保护期，则应参照《民法通则》的规定，从其知道或应当知道其权利被侵害之日起 2 年，最长不能超过 20 年。

值得注意的是，《解释（二）》对"劳动争议发生之日起"的计算等问题作出了一整套具体规定，其实质在于具体明确劳动争议诉权保护的起算时间。如其第一条规定，对于在劳动关系存续期间产生的支付工资争议，用人单位不能证明的，劳动者主张权利之日为劳动争议发生之日；因解除或终止劳动关系产生的争议，用人单位不能证明劳动者收到解除或终止劳动关系书面通知时间的，劳动者主张权利之日为劳动争议发生之日；劳动关系解除或者终止后产生的支付工资、经济补偿金、福利待遇等争议，劳动者能够证明用人单位承诺支付的时间为解除或终止劳动关系后的具体日期的，用人单位承诺支付之日为劳动争议发生之日。其第二条规定，拖欠工资争议，劳动者申请仲裁时劳动关系仍然存续，用人单位以劳动者申请仲裁超过 60 日为由主张不再支付的，人民法院不予支持。

（六）诉讼费用

根据《诉讼费用缴纳办法》规定，劳动争议案件的诉讼费用为每件 10 元。诉讼费用由败诉方负担，胜诉方自愿承担的除外。部分胜诉、部分败诉的，法院根据案件的具体情况决定当事人各自负担的诉讼费用数额。共同诉讼当事人败诉的，法院根据其对诉讼标的的利害关系，决定当事人各自负担的诉讼费用数额。

当事人缴纳诉讼费用确有困难的，可以依据《诉讼费用缴纳办法》向法院申请缓交、减交或免交诉讼费用的司法救助。诉讼费用的免交只适用于自然人。

（七）诉讼结局

当事人不服仲裁裁决而在法定期限内向法院起诉，仲裁裁决就处于尚未生效状态。这种效力不确定的仲裁裁决因诉讼结局不同而产生不同的法律后果。如果以当事人撤诉结案，仲裁裁决在法定期限届满后生效；如果以调解或判决结案，仲裁裁决就不生效。诉讼调解或判决与仲裁裁决之间应当是一种概括性取代关系，即诉讼调解或判决的事项与仲裁裁决的事项无论是否对应，仲裁裁决的各事项都不具有效力。例如，仲裁裁决的内容包括 A、B、C 项，而诉讼调解或判决的内容只有 A、B 项，那么，仲裁裁决中的 C 项仍不具有效力。

用人单位对劳动者作出的开除、除名、辞退等处理，或因其他原因解除劳动合同确有错误的，法院可以依法判决予以撤销。对于追索劳动报酬、养老金、医疗费，以及工伤保险待遇、经济补偿金、培训费及其他相关费用等案件，给付数额不当的，法院可以予以变更。

劳动者非因本人原因从原用人单位被安排到新用人单位工作，原用人单位未支付经济补偿，劳动者依照《劳动合同法》第三十八条规定与新用人单位解除劳动合同，或者新用人单位向劳动者提出解除、终止劳动合同，在计算支付经济补偿或赔偿金的工作年限时，劳动者请求把在原用人单位的工作年限合并计算为新用人单位工作年限的，人民法院应予支持。用人单位符合下列情形之一的，应当认定属于"劳动者非因本人原因从原用人单位被安排到新用人单位工作"：①劳动者仍在原工作场所、工作岗位工作，劳动合同主体由原用人单位变更为新用人单位；②用人单位以组织委派或任命形式对劳动者进行工作调动；③因用人单位合并、分立等原因导致劳动者工作调动；④用人单位及其关联企业与劳动者轮流订立劳动合同；⑤其他合理情形。

当事人在劳动合同或者保密协议中约定了竞业限制，但未约定解除或者终止劳动合同后给予劳动者经济补偿，劳动者履行了竞业限制义务，要求用人单位按照劳动者在劳动合同解除或者终止前十二个月平均工资的30%按月支付经济补偿的，人民法院应予支持。月平均工资的30%低于劳动合同履行地最低工资标准的，按照劳动合同履行地最低工资标准支付。当事人在劳动合同或者保密协议中约定了竞业限制和经济补偿，当事人解除劳动合同时，除另有约定外，用人单位要求劳动者履行竞业限制义务，或者劳动者履行了竞业限制义务后要求用人单位支付经济补偿的，人民法院应予支持。当事人在劳动合同或者保密协议中约定了竞业限制和经济补偿，劳动合同解除或者终止后，因用人单位的原因导致三个月未支付经济补偿，劳动者请求解除竞业限制约定的，人民法院应予支持。在竞业限制期限内，用人单位请求解除竞业限制协议时，人民法院应予支持。在解除竞业限制协议时，劳动者请求用人单位额外支付劳动者三个月的竞业限制经济补偿的，人民法院应予支持。劳动者违反竞业限制约定，向用人单位支付违约金后，用人单位要求劳动者按照约定继续履行竞业限制义务的，人民法院应予支持。

变更劳动合同未采用书面形式，但已经实际履行了口头变更的劳动合同超过一个月，且变更后的劳动合同内容不违反法律、行政法规、国家政策以及公序良俗，当事人以未采用书面形式为由主张劳动合同变更无效的，人民法院不予支持。

建立了工会组织的用人单位解除劳动合同符合《劳动合同法》第三十九条、第四十条规定，但未按照《劳动合同法》第四十三条规定事先通知工会，劳动者以用人单位违法解除劳动合同为由请求用人单位支付赔偿金的，人民法院应予支持，但起诉前用人单位已经补正有关程序的除外。

《劳动合同法》施行后，因用人单位经营期限届满不再继续经营导致劳动合同不能继续履行，劳动者请求用人单位支付经济补偿的，人民法院应予支持。

外国人、无国籍人未依法取得就业证件即与中国境内的用人单位签订劳动合同，以及香港特别行政区、澳门特别行政区和台湾地区居民未依法取得就业证件即与内地用人单位签订劳动合同，当事人请求确认与用人单位存在劳动关系的，人民法院不予支持；持有《外国专家证》并取得《外国专家来华工作许可证》的外国人，与中国境内的用人单位建立用工关系的，可以认定为劳动关系。

（八）不予执行仲裁裁决和调解书

当事人申请法院执行劳动争议仲裁机构作出的已经发生法律效力的裁决书、调解书，被申请人提出证据证明该劳动争议仲裁裁决书、调解书有下列情形之一，并经审查核实的，法院可以根据《民事诉讼法》第二百一十七条之规定，裁定不予执行：①裁决的事项不属于劳动争议仲裁范围，或劳动争议仲裁机构无权仲裁的；②适用法律确有错误的；③仲裁员仲裁该案时，有徇私舞弊、枉法裁决行为的；④人民法院认定执行该劳动争议仲裁裁决违背社会公共利益的。法院在不予执行的裁定书中，应当告知当事人在收到裁定书次日起 30 日内，可以就该劳动争议事项向人民法院起诉。

五、《民事诉讼法》对劳动诉讼的不适应

《解释》部分解决了《民事诉讼法》不适应劳动诉讼的问题，但《民事诉讼法》还存在着下述与劳动诉讼不适应的问题。

（一）审判组织方式不符合"三方原则"

劳动争议处理适用"三方原则"已是国际通例，许多国家的劳动法院、劳动法庭都适用"三方原则"，其审判组织由中立的法官和工会、雇主团体所分别选派的法官组成。我国的劳动争议仲裁机构也是按"三方原则"组建的，而《民事诉讼法》所规定的民事审判组织形式未能体现"三方原则"。

（二）调解原则不完全适应劳动争议案件

民事诉讼中的调解原则，是以私法的意思自治和契约自由原则为基础的，而劳动法中的公法规范（如劳动基准法规范）不是任意性规范，它所规定的劳动者利益标准不得以协议方式降低。所以，劳动争议案件只能实行有限调解原则，即有的案件或事项不宜调解，否则就违反了合法调解原则。

（三）工会支持劳动者起诉缺乏强有力的法律依据

《民事诉讼法》第十五条规定："机关、社会团体、企业事业单位对损害国家、集体或个人民事权益的行为，可以支持受损害的单位或个人向人民法院起诉。"这虽然可以作为工会支持劳动者起诉的原则性法律依据，但缺乏可操作性和约束力。例如，当劳动者要求工会支持起诉时，工会是否应当支持起诉？工会如何支持劳动者起诉？工会支持起诉有何效力？等等。对此法律均无明确规定。

（四）财产保全和先予执行的规定不完全适应劳动者

《民事诉讼法》第九十二条规定，法院根据当事人的申请采取财产保全措施，可以责令申请人提供担保；申请人不提供担保的，驳回其申请。其中，"责令担保"的规定实际上剥夺了劳动者申请财产保全的权利，因为作为弱者的劳动者往往没有足够的财产提供担保。这显然不利于保护劳动者权益。《劳动争议调解仲裁法》仅对先予执行作出特别规定，但对财产保全未作特别规定。

案 例 分 析

【案情】2009 年 8 月，杜某应聘到南阳市西峡县 A 公司，成为该公司的一名技术人

员。杜某与公司签订了劳动合同，合同期限自 2009 年 8 月至 2014 年 8 月。劳动合同约定，因杜某的工作岗位属于技术岗位，负有保密义务，杜某在劳动合同终止或解除后 2 年内，不得到与 A 公司生产或经营同类产品、从事同类业务的公司就职。A 公司会在竞业限制期限内按月给予杜某竞业限制补偿费，如果杜某违反此约定，须向公司支付违约金 10 万元。2013 年 4 月，杜某因个人原因辞职，并与 A 公司签订了一份《解除劳动合同协议》，协议约定双方劳动关系解除后，杜某应履行与公司约定的竞业限制义务。但是 A 公司很快发现，杜某辞职后立刻跳槽到了西峡县 B 公司，而 B 公司的经营范围与 A 公司一样。A 公司以杜某违约为由向劳动人事争议仲裁委员会申请仲裁，要求杜某支付违约金并履行竞业限制义务。仲裁委员会经调查后，裁决杜某应支付 A 公司 4.8 万元违约金并继续履行限制义务。杜某不服仲裁裁决，以 A 公司没有支付竞业限制补偿费为由，向法院提起诉讼。

【问题】法院应如何进行判决？

【解析】该案是典型的竞业限制纠纷案。《劳动合同法》第二十三条规定，用人单位与劳动者可以在劳动合同中约定保守用人单位的商业秘密和与知识产权相关的保密事项。对负有保密义务的劳动者，用人单位可以在劳动合同或者保密协议中与劳动者约定竞业限制条款，并约定在解除或者终止劳动合同后，在竞业限制期限内按月给予劳动者经济补偿。劳动者违反竞业限制约定的，应当按照约定向用人单位支付违约金。第二十四条规定，竞业限制的人员限于用人单位的高级管理人员、高级技术人员和其他负有保密义务的人员。竞业限制的范围、地域、期限由用人单位与劳动者约定，竞业限制的约定不得违反法律、法规的规定。在解除或者终止劳动合同后，前款规定的人员到与本单位生产或者经营同类产品、从事同类业务的有竞争关系的其他用人单位，或者自己开业生产或者经营同类产品、从事同类业务的竞业限制期限，不得超过两年。本案中，杜某作为 A 公司的技术人员，负有保密义务并且在劳动合同中约定了竞业限制条款，但杜某在与 A 公司解除劳动关系后，转而进入与 A 公司经营范围同样的 B 公司工作，违反了其竞业限制义务。根据《解释（四）》第七条的规定，当事人在劳动合同或者保密协议中约定了竞业限制和经济补偿，当事人解除劳动合同时，除另有约定外，用人单位要求劳动者履行竞业限制义务，或者劳动者履行了竞业限制义务后要求用人单位支付经济补偿的，人民法院应予支持。虽然杜某主张 A 公司没有支付竞业限制补偿费，但《解释（四）》第八条规定，当事人在劳动合同或者保密协议中约定了竞业限制和经济补偿，劳动合同解除或者终止后，因用人单位的原因导致三个月未支付经济补偿，劳动者请求解除竞业限制约定的，人民法院应予支持，而在本案中杜某与 A 公司解除劳动关系后便跳槽至 B 公司，故不存在 A 公司三个月未支付经济补偿情形。另外，《解释（四）》第十条还规定，劳动者违反竞业限制约定，向用人单位支付违约金后，用人单位要求劳动者按照约定继续履行竞业限制义务的，人民法院应予支持。因此，本案中杜某不仅应当支付违约金，还应继续履行竞业限制义务。当然，A 公司也应按照约定支付相应的竞业限制补偿费。

第二编　社会保障法

第十三章 社会保障法的产生和发展

第一节 国外社会保障法的产生和发展

现代意义上的社会保障法是伴随着各国工业革命而逐步发展起来的。工业化之前的立法带有传统的慈善事业特征；而工业化之后的立法则将社会保障逐渐演变成一种固定的、经常性的国家责任和社会责任。

一、社会保障法的萌芽

在欧洲，早期的救助基本上是由慈善团体和教会本着人道主义精神来完成的，并把其看作是自身的赎罪方式，救济穷人并不是政府的职责。工业化之后，家庭的保障能力难以适应经济社会发展的要求，互助保障和市场保障也无法成为抵御风险的主要形式，在这种情况下，社会保障应运而生。

在最早进行工业革命的英国，1601 年，伊丽莎白女王下令将 1531 年以来颁布的各项救贫法令编纂补充成为《济贫法》（poorlaw，史称"旧《济贫法》"），其救济措施包括：①建立地方行政和征税机构；②为有能力劳动的人提供劳动场所；③资助老人、盲人等丧失劳动能力的人，为他们建立收容场所；④组织穷人和儿童学艺，建立贫民习艺所；⑤提倡父母子女的社会责任；⑥从比较富裕的地区征税补贴贫困地区。旧《济贫法》是人类历史上首次以立法形式规定政府在解决贫困问题上的职责的法律，是第一次通过立法强制征收济贫税来救济贫民的社会行动，它意味着处于绝境的贫民有权向国家和其他更富有的人请求帮助，是社会保障法的萌芽。从 1795 年开始，为了减轻政府济贫的沉重负担，英国在修改旧《济贫法》的基础上实行以家庭人口多少为津贴标准的斯宾汉姆兰德制。1834 年，英国议会通过了《济贫法》修正案，成立"济贫协会"，将地方贫民习艺所列为地方单位的行政管理中心，并实行中央督导制，将济贫的执行权力集中于中央。

德国于 1788 年和 1852 年曾分别在一个市区内实行过社会救济制度"汉堡制"和"爱尔伯福制"。中国历史上许多王朝的统治者也曾实行过仓储备荒、赈济灾民、救济贫民等政策。但是，无论中国还是其他国家，它们所曾实行和采取过的政策、措施或行为，由于实施范围小，或属临时性应急措施，或属任意性行为，而且一般被认为是对受救济者的恩赐，与当今社会保障制度的普遍性、强制性、互济性、权利保障性等特点相比较，有着本质的不同。

二、社会保障法的产生

社会保障法是社会发展到一定历史阶段的产物，其产生有着深刻的经济和社会原因。产业革命的完成是其产生的前提，无产阶级的斗争是催促其产生的动力，各种进步的社会理论学说则成为社会保障法由孕育、萌芽以至实现的思想基础。正是在以上多种因素的影响下，国家遂采用立法的形式，规定建立社会保障制度，使其逐渐成为当今文明社会的一项不可或缺的重要制度。

真正意义上的社会保障法产生于19世纪下半叶的德国。为防止控制工业化所引发的社会矛盾，在"铁血宰相"俾斯麦当政的1883年，德国政府颁布了《劳工疾病保险法》，这是世界上第一个劳动保险（即社会保险）法律。此后德国又于1884年颁布《劳工伤害保险法》，1889年颁布《老年及残疾保险法》。德国颁布的这三部法律，客观上起到了调整劳资关系、缓和社会矛盾的效果，被称为"三部大法安天下"，标志着现代社会保障法律制度的诞生，渗透着通过国家直接干预和调节社会再分配来缓解社会矛盾、解决社会问题的思想。从此，社会保障全面进入国家立法阶段。

三、社会保障法的发展

一般来说，社会保障立法发展过程可分为以下四个阶段：

（1）从19世纪80年代至20世纪初（1883—1909年），是社会保障立法的起步阶段。

继德国首倡劳工保险立法之后，新西兰于1898年、澳大利亚于1902年、美国和加拿大于1908年分别制定了《工伤保险法》，此外，20个欧洲国家也开始了社会保障立法。

社会保障立法始于经济发达国家，密切服务于生产力发展和市场经济发展的客观需要；同时进步立法在相邻国家间的倡导和示范作用也是不可忽视的。在这个阶段中，除德国首先制定《劳工疾病保险法》在世界上产生了重大影响之外，另一件值得重视的事是工伤事故赔偿中无过错责任原则的确立。德国于1884年颁布的《劳工伤害保险法》规定，由雇主缴纳工伤保险费用，以备发生工伤灾害时向受害劳工支付赔偿费用的需要。1897年英国颁布《劳工赔偿法令》，规定凡发生工伤事故，除非劳工自身出于故意或有重大过失，否则均由雇主向受害者承担赔偿责任。无过错责任原则引入工伤灾害赔偿，不仅将举证责任转移给雇主，还导致了赔偿责任构成要件的变化，这些理论变化反映了社会发展中维护公平原则的客观需要，对于保护劳工权益是十分有利的。

（2）从第一次世界大战前夕到第二次世界大战爆发前后（1910—1939年），是社会保障制度在各大洲普遍建立并获得较大发展的时期。

这个阶段共有75个国家加入了社会保障立法国家的行列。其中，欧洲国家14个，美洲国家23个，非洲国家22个，亚洲国家16个。

这个阶段中最重要的是失业保险制度的建立。早期是比利时式的以工会力量为主的失业保险制度，法国于 1903 年、挪威于 1906 年、丹麦于 1907 年开始仿效实行这种制度。后来由于经济危机中失业人数猛增，遂有始于英国的强制性失业保险立法出现。英国于 1911 年颁布了《失业保险法》，并于 1920 年对其进行修改，规定除农民、家庭佣工和机关职员外，受雇人都包括在失业保险适用范围之内。这是世界上第一部强制性失业保险法，对许多国家的立法产生了重要影响。继英国之后，意大利于 1921 年实施《失业保险法》，德国于 1927 年通过强制性《失业保险法》。比利时、法国等国也改变了原来的失业保险办法，转而采取强制立法手段。欧洲施行强制性失业保险法的国家，在 20 世纪 20 年代即达到 19 个。

在这个阶段，美国总统罗斯福为了使美国摆脱经济困境，尤其是 1929—1933 年的大萧条时期，于 1933 年实行"新政"，实行国家全面干预经济的制度。美国于 1935 年正式颁布了《社会保障法》，其内容主要包括：①联邦政府设立社会保障署，负责全联邦社会保障计划的实施；②实行全联邦统一的养老保险制度，由雇主和雇员缴纳养老保险税，建立养老保险基金；③由联邦政府和州政府共同实施失业保险计划，对雇佣 8 人以上的雇主征收失业保险税；④在联邦政府资助下，由州政府实施老人和儿童福利、社会救济和公共卫生措施。美国《社会保障法》在社会保障立法史上具有划时代的意义，它是世界上第一部对社会保障进行全面系统规范的法律，社会保障的普遍性、社会性原则得以确立。自此，西方国家纷纷对原有社会保障立法进行补充和修订。

（3）从第二次世界大战爆发前后到 20 世纪 70 年代（1940—1970 年），为普及阶段。

社会保障制度继续在非洲、亚洲、美洲、大洋洲、欧洲等大洲普及和发展，其中，非洲、亚洲国家或地区各 23 个，美洲 11 个，大洋洲 9 个，欧洲 2 个。在这个阶段，英国的福利国家立法影响深远。

第二次世界大战激烈进行中的 1941 年，英国政府委托曾任劳工介绍所所长和伦敦经济学院院长的贝弗里奇教授负责制订战后实行的社会保障计划。这个计划于 1942 年底发表题为"社会保险及有关的服务"，这就是著名的"贝弗里奇报告"。该报告以消除贫困、疾病、肮脏、愚昧和怠惰懒散五大社会病害为目标，制订了以社会保险制为核心的全面的社会保障计划。该报告确立了战后英国社会保障体系的基本框架，是一份较为完整的现代福利国家的蓝图。

福利国家立法对社会保障法的影响极为深刻。英国政府按照贝弗里奇的设计，于 1946—1948 年通过并实施了一整套社会保障法规。1948 年，英国宣布自己已成为世界上第一个"福利国家"。继英国之后，北欧国家瑞典、丹麦、挪威及西欧国家法国、联邦德国、奥地利、比利时、荷兰、瑞士、意大利等纷纷按英国模式实施社会福利政策，建设"福利国家"；美国、澳大利亚、新西兰及日本也按"福利国家"的路径建设各自的社会保障制度。这一时期的社会保障立法不仅在数量上大大增加，而且注重内容的完整性和体系的科学性。

（4）20 世纪 70 年代以来至今，为改革阶段。

20 世纪 50 年代到 70 年代，世界经济高速发展，各发达国家的社会保障法普遍扩大了覆盖范围，放宽了享受社会保障的条件，提高了社会保障的标准。"高增长、高福利"的政策使社会保障开支的增长率普遍高于经济增长率，高福利影响经济效率的负面作用开始显现。1973 年，中东石油危机爆发以后，世界经济形势急转直下，许多发达国家经济停滞不前，通货膨胀居高不下，失业人口增加，加之老龄人口增加，社会保障开支的增长使财政不堪重负。在这种背景下，国际社会开始反省高福利政策，社会保障的观念出现了一些变化。

世界银行和国际劳工组织对社会保障危机都给予了极大关注。它们认为，社会保障制度确实遇到了不少困难，但不存在彻底崩溃的危机。但在如何进行改革的问题上，两者存在较大分歧。1994 年，世界银行政策研究报告《防止老龄危机》指出，20 世纪后半叶，全球社会保障改革的直接动因是应对老龄化危机带来的公共支付危机。国际劳工组织则认为，社会保障危机最主要的原因是经济发展速度缓慢，失业问题严重。基于此，国际劳工局对社会保障制度提出的一系列措施，重在对现有社会保障制度作进一步完善而不是推翻，进一步扩大国家对个人的保护而不是相反。根据《2000 年世界劳动报告》，国际劳工局对社会保障体系结构调整的建议为：①扩大社会保障的覆盖面；②改善管理；③加强社会保障与性别的联系；④加强社会保障的可持续性；⑤促进民众的参与及对缴费的支持。[①]

与此同时，各国在保持社会保障基本制度不变的前提下，进行了程度不一的调整或改革，主要集中在养老和医疗两个方面，特别是养老保障方面，基本取向是推行社会保障的私有化策略，即政府的社会保障责任逐步向私人转移。这些调整或改革包括改进社会保障的受益规则或直接减少社会保障基金支付以控制社会保障支出的增长速度、政府的社会保障义务向私营部门转移、提高保险费率、提高退休年龄等。这些调整或改革措施，都是对社会保障现行制度框架的完善，是人们的认识水平提高和经验教训总结的直接体现。

第二节　我国社会保障法的产生和发展

我国《宪法》第四十四、四十五条明确规定了有关社会保障的内容。《宪法》第四十四条规定："国家依照法律规定实行企业事业组织的职工和国家机关工作人员的退休制度。退休人员的生活受到国家和社会的保障。"第四十五条规定："中华人民共和国公民在年老、疾病或者丧失劳动能力的情况下，有从国家和社会获得物质帮助的权利。国家发展为公民享受这些权利所需要的社会保险、社会救济和医疗卫生事业。国家和社会保障残疾军人的生活，抚恤烈士家属，优待军人家属。国家和社会帮助安排盲、聋、哑和其他有残疾的公民的劳动、生活和教育。"我国的社会保障立法经历了以下阶段。

一、新中国成立前的萌芽阶段

早在 1931 年 12 月，中国共产党在苏区颁布的《中华苏维埃共和国劳动法》就有关

---

① 国际劳工局. 2000 年世界劳动报告. 北京：中国劳动社会保障出版社，2001.

于社会保险的规定，指出"社会保险对一切雇佣劳动者"都得实施，并对基金的来源、管理机构及保障项目与待遇等作出了相应的规定。这是人民政权最早以立法形式规定社会保障问题。抗日战争期间，各抗日革命根据地制定的《劳动保护条例》均对劳动保险作了规定。解放战争时期的1948年颁布的《东北公营企业战时暂行劳动保险条例》，是人民政权第一部单行的劳动保险法律文件，在劳动保险立法史上具有重要意义。

二、新中国成立后至十一届三中全会前的发展阶段

中华人民共和国成立后，在20世纪50年代集中制定了一些与就业相关的社会保障法律。1951年通过的《中华人民共和国劳动保险条例》，经过1953年的修订，初步建立起企业职工社会保险体系。国家机关、事业单位的社会保险制度，则是以单行法规的形式逐步形成的。1950年12月，内务部颁发了《革命工作人员伤亡褒恤暂行规定》。1952年6月，政务院颁布了《关于各级人民政府、党派、团体及所属事业单位的国家工作人员实行公费医疗预防的指示》，同年又颁布了《各级人民政府工作人员在患病期间待遇暂行办法》。1954年4月颁发《关于女工作人员生育假期的规定》。1955年12月发布了《国家机关工作人员退休处理暂行规定》和《国家机关工作人员退职暂行规定》。与此同时，着手建立社会救济、社会福利和优抚安置工作基本制度。这方面的规定主要有：1950年颁布的《救济失业工人暂行办法》；同年颁布的五个优抚军人的规定，即《革命烈士家属优待暂行规定》、《革命伤残军人优待抚恤暂行条例》、《革命军人牺牲、病故褒恤暂行条例》、《革命工作人员伤亡褒恤暂行条例》、《民兵民工伤亡抚恤暂行条例》。1957年发布了《关于职工生活方面若干问题的指示》。至此，我国社会保障制度基本建立起来。

20世纪60年代，我国曾对社会保障制度作过一些调整和补充，颁布了大量的单行法规。其主要内容有：①统一企业与国家机关的退休制度；②对公费医疗和劳保医疗作了适当的改革；③新增被精简职工的社会保险待遇；④制定了职业病范围及患者的待遇；⑤制定了职工病伤生育假期办法；⑥调整了学徒的社会保险待遇。我国社会保障的实施范围有所扩大，保障水平有所提高。

20世纪70年代，由于文化大革命，社会保险机构被撤销，社会保障基金的征集、管理和调剂使用制度受到破坏，社会保障制度的建设出现了停滞和倒退。

三、十一届三中全会以来的全面恢复发展阶段

十一届三中全会以来，尤其是20世纪80年代中期开始，我国社会保障在逐步恢复的基础上进行大阔步改革与重整。1985年9月，《中共中央关于制定国民经济和社会发展第七个五年计划的建议》第一次在官方文件中明确使用"社会保障"概念，将我国的社会保险、社会福利、社会救济、社会优抚等制度统一归并于社会保障制度中，为社会保障法律体系的形成奠定了基础。从此，社会保障制度及其立法活动从自身的运行机制、模式、种类构成等方面进行较深层的改革和调整。党的第十五次全国代表大会进一

步要求建立社会保障体系、完善失业保险和社会救济制度、提供最基本的社会保障，为我国社会保障法制建设指明了方向。

在社会保险方面，1986年颁布的《国营企业职工待业保险暂行规定》，初步建立起失业保险制度。1989年颁布的《关于公费医疗保险的通知》，对公费医疗制度进行了改革。1991年发布的《关于企业职工养老保险制度改革的决定》，实行养老保险社会统筹。1992年发布全国统一的《工伤与职业病致残程度鉴定标准》。1994年发布《企业职工生育保险试行办法》。1994年7月5日，第八届全国人民代表大会常务委员会通过的《中华人民共和国劳动法》，设第九章为"社会保险和社会福利"专章，对养老保险、疾病保险、工伤保险、失业保险、生育保险、遗属津贴和社会福利作出了原则性规定。此后，1999年发布《失业保险条例》，1999年发布《社会保险费征缴暂行条例》，2000年发布《失业保险金申领发放办法》，2001年发布《社会保险基金行政监督办法》和《社会保险基金监督举报工作管理办法》，2003年发布《工伤保险条例》。2010年10月28日，全国人大常委会通过的《中华人民共和国社会保险法》是一部事关亿万劳动者切身利益和调节国民收入分配格局极为重要的法律，是我国社会保障法制建设过程中的一个里程碑。

在社会福利方面，于1990年通过的《中华人民共和国残疾人保障法》、1991年9月颁行的《中华人民共和国未成年人保护法》、1992年4月颁行的《中华人民共和国妇女权益保障法》、1996年10月施行的《中华人民共和国老年人权益保障法》中的有关规定，都包含了社会福利的相关内容。

在社会优抚方面，有1988年颁布的《军人抚恤优待条例》、1999年发布的《中国人民解放军士官退出现役安置暂行办法》、2001年发布的《军队转业干部安置暂行办法》等。

在社会救助方面，有《中华人民共和国律师法》中有关法律援助的规定，1994年发布的《农村五保户供养工作条例》，1997年颁布的《中华人民共和国防震减灾法》、《国家扶贫资金管理办法》，1999年颁布的《城市居民最低生活保障条例》，2010年颁布的《自然灾害救助条例》，等等。

第三节　国际社会保障立法

国家之间社会保障法律制度的差别是劳动力合理流动的障碍，不利于经济全球化的发展和劳动力市场一体化的形成，因而不同国家的社会保障法律制度需要协调。协调方法包括通过国际组织的国际立法实现统一的社会保障法律制度和通过国与国之间的双边或多边协议建立国际合作与协调。因此，在各国国内社会保障立法以外，还存在着一类特殊的社会保障立法，即由若干国家或国际组织共同制定和实施的国际社会保障立法。它不是由一个国家自行制定和实施的，其适用范围超出一国国界，因而在性质、作用、内容和形式等方面具有自己的特点，需要专门加以研究。

一、国际劳工组织的社会保障立法

（一）概述

国际劳工组织（International Labor Organization，简称ILO）成立于1919年6月，1946年起成为联合国的专门机构之一。其宗旨是：推动各国改善劳动条件和生活标准，促进经济发展和社会稳定，实现社会正义，谋求世界持久和平。促进各国扩大社会保障措施是实现其宗旨的主要活动内容之一。国际劳工大会每年至少举行一次，主要活动是通过国际劳工公约和国际劳工组织建议书。国际劳工公约是由国际劳工组织全体会员国代表会议通过的文件，是国际劳动标准的主要渊源。国际劳动标准的提出，无论是经会员国批准的公约或仅作参考的建议书，均对推进各国劳动立法起了很大作用。

（二）国际劳工公约中社会保障规范的主要内容

国际劳工公约中关于社会保障的公约，包括综合性公约和各类专项公约，加上类似性质的建议书，共已超过50项，约占公约和建议书总项数的1/7左右。

1. 社会保障内容综合性公约

1952年，第三十五届国际劳工大会通过的《社会保障（最低标准）公约》（第102号）是国际劳工大会制定的最有影响的社会保障国际公约，它确立了应当把社会保障作为一种普遍性制度加以实行的原则，对社会保障在各国的建立和推广起了重要的作用，被誉为"社会保障的国际宪章"。它确定社会保障包括9个项目：医疗照顾、疾病津贴、失业津贴、老龄津贴、工伤津贴、家庭津贴、生育津贴、残废津贴及遗属津贴。公约要求每一个批准该公约的国家必须实行上述9项中的至少3项社会保障，并在以后把实施范围逐渐扩及其他事项。该公约对各社会保障事项的实施步骤和适用范围、取得各种补助的条件和补助标准的计算、补助期限、发生争议的处理办法及基金的保证等均作了具体、细致的规定，其内容既有强制性，又有灵活性。

1962年，第四十六届国际劳工大会通过的《（社会保障）同等待遇公约》（第118号）在第19号公约的基础上扩大了适用范围，规定凡批准该公约的国家均应承担义务，对在其领土上的已批准该公约的任何其他会员国的国民给予与本国国民依法应有的各种社会保障的同等待遇。我国承认的旧中国政府批准的14个国际劳工公约中，即包括第19号公约。

1982年，第六十八届国际劳工大会通过的《维护社会保障权利公约》（第157号）对原有的第48号公约进行了修正，把维护社会保障权利的范围从原有的3项扩大到第102号公约所规定的全部9项。1983年又通过第167号建议书，即《维护社会保障权利建议书》，对第157号公约确定的基本原则作了示范性的具体规定，同时提供了国际间协调的示范性协议。

2. 社会保障专项性公约

按照公约内容分类，并以各类中第一个公约通过的年代为序，分述如下：

（1）生育保险方面。1919年，第一届国际劳工大会上共通过6项公约，其中第3号公约即《保护生育公约》。这个公约经 1952 年第三十五届国际劳工大会修订后产生了第 103 号公约，即《保护生育公约（修订）》。后者不是取代前者，而是两个公约并存，任凭会员国选择批准或全部批准。这两个公约规定了适用范围、产假时间、产假期间经济补助等内容。1952 年，大会还通过了第 95 号建议书，对生育保护提出了更高的标准和更具体的措施。

（2）工伤保险方面。1921 年，第三届国际劳工大会鉴于许多国家对工业工人负伤获得赔偿已有立法，要求此一立法应扩大适用至农业工人，因而通过《农业工人赔偿公约》（第 12 号）。1925 年，第七届国际劳工大会通过《工人事故赔偿公约》（第 17 号）、《工人职业病赔偿公约》（第 18 号）以及前述本国工人与外国工人《事故赔偿同等待遇公约》（第 19 号）。1934 年，第十八届国际劳工大会通过《工人职业病赔偿公约（修订）》（第 42 号）。1964 年，第四十八届国际劳工大会对以上几个公约修订后，通过了《工伤事故津贴公约》（第 121 号）和《工伤事故津贴建议书》（第 121 号）。第 121 号公约是当前有关工伤津贴的主要公约。

（3）医疗保险方面。1927 年，第十届国际劳工大会通过了《工商业工人及家庭佣工疾病保险公约》（第 24 号）和《农业工人疾病保险公约》（第 25 号），规定实行强制性疾病保险，在劳动者患病时，应给其免费提供治疗和供给药品及用具，对中断收入者给予现金补助。1969 年，第五十三届国际劳工大会对第 24 号公约和第 25 号公约进行修订，通过了《医疗护理与疾病津贴公约》（第 130 号），它是当前关于这两项保障的主要公约。

（4）养老、伤残及遗属保险方面。1933 年，第十七届国际劳工大会就养老、伤残、遗属保险各通过了两个公约，即《（工业等）老年保险公约》（第 35 号）、《（农业）老年保险公约》（第 36 号），《（工业等）伤残保险公约》（第 37 号）、《（农业）伤残保险公约》（第 38 号），《（工业等）遗属保险公约》（第 39 号）、《（农业）遗属保险公约》（第 40 号）。1967 年，第五十一届国际劳工大会对以上公约修订后合并成《残疾、老年、遗属津贴公约》（第 128 号）。它是对以上三种事项实行社会保障的主要公约。该公约对享受老年津贴的起始年龄和津贴率计算方法，伤残保障范围、津贴率计算方法及伤残者康复和就业，遗属津贴等作了规定。第五十一届国际劳工大会还通过了相应内容的第 131 号建议书。

（5）失业保险方面。1934 年，第十八届国际劳工大会通过了《失业津贴公约》（第 44 号），要求建立对非自愿失业者给予补贴的保险制度，这种制度可以是强制性的，也可以是自愿性的，或者是强制与自愿相结合的。1988 年，第七十五届国际劳工大会通过了《关于促进就业和失业保护的公约》（第 168 号），将失业津贴与促进就业联系起来。这届大会同时通过了相应内容的第 176 号建议书。

二、联合国的社会保障立法

除国际劳工组织外，联合国制定的许多国际公约中也涉及社会保障的内容，主要有：1948 年通过的《世界人权宣言》，1965 年通过的《关于消除一切形式的种族歧视公约》，1966 年通过的《经济、社会和文化权利国际公约》、《公民权利和政治权利国际公约》，1979 年通过的《关于消除一切形式的对妇女的歧视公约》，1989 年通过的《儿童权利公约》等。

《联合国宪章》中明确规定联合国的宗旨之一是"不分种族、性别、语言或宗教，增进并激励对于全体人类之人权及基本自由之尊重"。1948 年，联合国大会通过并颁布了《世界人权宣言》，该宣言涉及相当部分的经济、社会和文化权利的内容。如，该宣言第二十二条规定："人作为社会一员，有权享受社会保障并有权享受个人尊严及人格自由发展所必需的经济、社会及文化等各种权利的实现；此种实现的促成有赖国家措施与国家合作，并当依各国的机构与资源量力而行。"第二十三条规定："①人人有权工作，自由选择职业，享受公平优裕的工作条件及失业的保障；②人人有同工同酬的权利；③人人工作时，有权享受公平优裕的报酬，务使其本人及其家属的生活足以维持人的尊严，必要时且应有其他社会保护的办法，以资补益；④人人有为维护其权益而组织和参加工会的权利。"第二十五条规定："①人人有权享受其本人及其家属健康所需的生活，举凡衣、食、住、医药及必需的社会服务均应包括在内；且于失业、患病、寡居、年老，或因不可抗力的事由致有其他丧失生活能力的情形时，有权享受保障。②母亲及儿童应受特别照顾及协助。所有儿童，无论婚生与非婚生，均应享受同等社会保护。"

1966 年，第二十一届联合国大会通过了《经济、社会和文化权利国际公约》与《公民权利和政治权利国际公约》，并开放签署。1976 年《经济、社会和文化权利国际公约》生效。到 1995 年 6 月 30 日，世界上已有 135 个国家对该公约批准或签署，我国人大常委会于 2001 年批准该公约。该公约共 31 条，包括序言和四部分内容。公约保护的经济、社会和文化权利主要包括：①工作权，即人人应有机会凭其自由选择和接受的工作谋生的权利；②人人有权享受公正和良好的工作条件；③人人有权组织工会和参加所选择的工会；④人人有权享受社会保障，包括社会保险；⑤对家庭应给予尽可能广泛的保护和协助；⑥人人有获得相当的生活水准的权利和免于饥饿的基本权利；⑦人人有权享有能达到的最高体质和心理健康权的标准；⑧人人有受教育权；⑨人人有参加文化生活、享受科学进步及其应用所产生的利益的权利。

1968 年，第二十四届联合国大会通过《社会进步及发展宣言》。该宣言分为三章五十五条，规定了各国社会发展应采取的原则、目标和方法，被视为世界性的社会政策。该宣言明确指出："社会发展必须保证人人均有工作及自由选择职业的权利"；"达成最高健康标准，提供全体人民保健设施，可能时予以免费"；"向全体人民，尤其是低收入人民及多人口家庭，提供充足住宅及社区服务"；"提供综合社会保障计划及社会福利服务，为凡因疾病、残疾、年老而暂时或永久丧失劳动能力者，制订并改进社会保障及保险计划，以期确保这些人群及其家庭与受抚养人获得适当的生活"。

三、欧盟的社会保障立法

欧盟的前身为欧洲经济共同体，于 1957 年创建，是目前一体化程度最高的区域性国际组织。欧盟主要有两大社会性任务：一是提高欧盟的就业水平，通过劳动力的自由流动，使用工作岗位的供给和需求在欧盟的地域范围内得到更好的调节；二是通过成员国国内立法的逐渐接近，使欧盟范围内雇员的生活和工作条件趋向平等。《马斯特里赫特条约》指出，欧共体应促进社会保障水平的完善。该条约第一百一十七条规定，欧共体及其成员国的目标在于，在社会进步中，平衡地促进就业水平的提高，生活和工作条件的改善，适当的社会保障水平，社会对话，以及有利于持续提高就业水平和减轻社会遗弃现象的人力资源发展。

为了促使欧盟内劳动力的自由流动，建立统一的劳动力市场，欧盟通过了一系列的立法和采取各种措施来打破国家之间的限制，使欧盟成为一个完全开放的市场。在社会保障方面，欧盟采取了积极的措施来建立这种人员自由流动的体系，使劳动者在不同国家就业时，其社会保障权利和各种社会保障待遇不受影响。欧共体《罗马条约》第五十一条规定，欧共体部长理事会对委员会提出的建议以一致同意的方式，采取社会保障方面的必要措施，以建立促进人员自由流动的适用于流动的劳动者及其家属的规范，使他们在不同成员国的工作期限能够在保障权利的享有、维持和计算方面得以连续考虑，并且实行超过成员国国界的待遇发放。根据这些规定，欧盟理事会通过了若干协调各成员国社会保障制度以解决各成员国社会保障法律冲突的条例，包括 1971 年第 1408/71 号《关于适用于薪金雇员和自由执业者及其家属在共同体内流动的社会保障制度的条例》、1972 年第 574/72 号《关于上述条例的适用方法的条例》、1983 年第 2001/83 号对上述条例进行修订的条例等。这些条例对成员国具有直接的约束力（不需要任何事先批准），并适用于整个欧盟。

这些条例并不是要建立欧盟成员国统一的法律体系，而是为流动的劳动者确定在社会保障问题上所适用的法律，使成员国的法律具有域外效力。第 1408/71 号条例规定的基本原则是以工作地点来作为确定对当事人可适用的国家体系的标准；原则上，所有对成员国的居民的差别待遇不复存在；如有必要，移民劳动者的权利根据他曾在不同国家的保障体系中所完成的期间确定。①

案例分析

【案情】国外社会保障立法模式主要有三种：一是"一法为主"型，如美国以综合性法律《社会保障法》为主，其法律数量不多；二是"多法并行"型，如日本采用由多部平行的社会保障法律共同构成社会保障法系统；三是"混合立法"型，即既由国家颁布部分社会保障方面的专门法律，又同时将另一些社会保障关系纳入其他部门立法体系中规范，从而形成一种混合性的社会保障立法模式。在这三种模式中，我国应作何种选择，学术界有不同见解。有学者认为，首先制定《社会保障法》作为母法，再在此基础上制定若干社会保障子法，即采用"一法为主"型的母子法结构来完成我国的社会保障立法；也有学者认为，依法学理论和立法技术的要求，一个部门法的立法工作，最好首先制定一部统一的综合性的法典式法律，再在此基础上陆续颁布单行法、实施细则、条

---

① ［法］让·雅克·迪贝卢，爱克扎维尔·普列多. 社会保障法. 北京：法律出版社，2002. 201.

例及司法解释等。

【问题】请评论"一法为主"型的母子法结构立法模式。

【解析】从我国社会保障的远期规划上看，采用"一法为主"型的母子法结构立法模式是有其道理的。但根据目前我国的情况来看，这种模式在现阶段难以采用，目前我国要制定一部法典式的包括社会保险、社会救济、社会福利、社会安置、社会互助、个人储蓄保险、社区服务等内容广泛、体系庞大的法律，无论是立法基础还是立法准备工作和条件都不具备，这种模式的运用对于现阶段我国的国情来讲是十分困难的。

第十四章　社会保障法基础理论

第一节　社会保障的概念

一、社会保障的概念及其特征

（一）社会保障的概念

"社会保障"是由英语中"social security"一词翻译而来的，亦可译为"社会安全"。最早出现社会保障这个词的文件是1935年美国罗斯福总统签署的《社会保障法》。到目前为止，尽管世界上大多数国家都建立了社会保障制度，但由于各国之间在政治制度、经济条件、文化背景、历史传统等方面存在着差异，社会保障并没有形成一个统一的、被普遍使用的概念，不同的国家和地区有着不同的理解。

1. 国外对社会保障的含义的理解

美国作为最早使用社会保障一词的国家，其对社会保障的界定是："指根据政府法规而建立的项目，给个人谋生能力中断或者丧失保险，还为结婚、生育或者死亡而需要某些特殊开支时提供保障。为抚养子女而发给的家属津贴也包括在这个定义之中"。①

英国被认为是最早颁布社会保障法的国家，也是西方福利国家的代表，其对社会保障的理解主要在英国著名经济学家贝弗里奇的《社会保险及其相关服务》报告中得到体现。贝弗里奇认为，社会保障是一种国民收入再分配的手段，应具有普遍性原则。他的这些理论对福利国家产生了巨大的影响。《英国大不列颠百科全书》在贝弗里奇理论的基础上，对社会保障作了归纳和总结，解释为国家对国民从生到死的生活与危险，如疾病、伤害、失业、老年、生育、死亡及鳏寡孤独疾废者都给予安全的保障。

德国作为最早建立起现代社会保险制度的国家，其对社会保障的理解主要是基于社会市场经济理论，将社会保障理解为社会公平和社会安全，是为竞争中不幸失败的那些失去竞争能力的人提供基本的生活保障。

苏联以马克思有关"必要劳动"与"剩余劳动"的理论以及列宁关于最好的工人保险形式是国家保险的理论为基础来解释社会保障，认为社会保障是一种分配关系体系，是依靠社会为因年老、疾病、残疾等原因而丧失劳动能力，或因某种原因而需要物质帮助的公民给予生活保障的分配关系体系。

---

① 陈良瑾. 社会保障教程. 北京：知识出版社，1990.1～2.

2. 我国学界关于社会保障的界定

目前，我国学者对社会保障含义的界定也因角度的不同而有许多提法：

社会保障是在社会成员暂时或永久丧失工作能力、失去工作机会，或收入不能维持必要的生活水平时，由政府负责提供的生活保障。[1]

社会保障是指社会成员因年老、疾病、伤残、失业、生育、死亡、灾害等原因丧失劳动能力或生活遇到障碍时，有从国家、社会获得满足基本生活需求的保障。它包括社会保险、福利、救助、优待和抚恤制度。[2]

社会保障是政府和社会为了保障经济的发展和社会的稳定，对劳动者或社会成员因年老、伤残、疾病、失业而丧失劳动能力或就业机会，或因自然灾害和意外事故等原因面临生活困难时，通过收入分配和再分配为其提供物质帮助和社会服务，以确保其基本的生活需要。[3]

社会保障是国家通过法律对社会成员在生、老、病、死、伤、残、丧失劳动力或因自然灾害面临生活困难时给予物质帮助，以此来保障每个公民的基本生活需要的制度。[4]

社会保障是各种具有经济福利性的、社会化的国民生活保障系统的统称。社会保障概念客观上包括三个层次：一是经济保障；二是服务保障；三是精神保障。[5]

社会保障是国家通过立法，采取强制手段，对国民收入进行分配和再分配形成社会消费基金，对基本生活发生困难的社会成员给予物质上的帮助，以保证社会安定的一种有组织的措施、制度和事业的总称。[6] 香港学者莫泰基认为"社会保障可以理解为一个政府设立的制度，运用大众的财富，给予需要的人最基本或赢得的援助，借以维持生活需要，以及配合社会发展，增加国民福利"。[7]

台湾地区学界倾向于将社会保障理解为社会福利，并把它与社会保险、社会救助分开来界定。他们认为"社会保障是国家以社会救助、社会保险以及公共服务等各种不同的方式，对于国民之遭遇危险事故，以至失能、失依，因而生活受损的人，提供各项生活需求，给其以健康保障、职业保障及收入保障，并从而促进民族健康、全民就业及民生均足"。[8]

3. 国际劳工组织对社会保障的定义

1984年，国际劳工组织发布的《社会保障导言》将社会保障界定为"社会通过一系列的公共措施对其成员提供的保护，以防止他们由于疾病、妊娠、工伤、失业、残疾、老年及死亡而导致的收入中断或收入锐减引起的经济和社会困窘，对社会成员提供的医疗照顾，及对有儿童的家庭提供的补贴"。国际劳工组织在《21世纪社会保障展望》中进一步指出："社会保障的目标不应限于防止或减轻贫困，应该更为广泛。它反

① 徐放鸣等. 社会保障初论. 北京：中国财经出版社，1990.1.
② 郭崇德. 社会保障学概论. 北京：北京大学出版社，1992.12.
③ 覃有土等. 社会保障法. 北京：法律出版社，1997.7.
④ 王益英. 社会保障法. 北京：中国人民大学出版社，2000.2.
⑤ 郑功成. 社会保障学. 北京：商务印书馆，2000.11.
⑥ 葛寿昌. 社会保障经济学. 上海：复旦大学出版社，1990.2.
⑦ 莫泰基. 香港贫穷与社会保障. 北京：中华书局，1993.54.
⑧ 莫泰基. 香港贫穷与社会保障. 北京：中华书局，1993.56.

映着一种最广义的社会保障意愿。它的根本宗旨是使个人和家庭相信他们的生活水平和生活质量会尽可能不因任何社会和经济上的不测事件受很大影响。这就不仅是在不测事件中或已出现不测事件时去解决困难，而且也要防患于未然，帮助个人和家庭在面临未能避免或不可避免的伤残和损失时，尽可能做到妥善安排，因此，社会保障需要的不仅是现金，而且还有广泛的医疗和社会服务。"

由此可见，对社会保障的界定是多样化的，尽管这样，这些界定还是有一些共同的地方：①社会保障的总体目标是保证社会稳定、促进经济发展，其最终目标是满足社会成员的生活需求；②社会保障的实现方式是通过立法，建立一种稳定的制度，协调各种社会关系，从而使社会保障规范化、制度化和法治化。因此，社会保障制度是以国家或政府为主体，根据法律规定，通过国民收入再分配，对公民在暂时或永久失去劳动能力，以及由于各种原因生活发生困难时给予物质帮助，保障其基本生活的一种制度。①这个定义包括以下四个要点：第一，社会保障制度的责任主体是国家（政府）；第二，社会保障的目标是满足公民的基本生活需要；第三，社会保障的资金来自于国民收入的再分配；第四，实施社会保障制度要以相应的立法为保证和依据。②

（二）社会保障的特征

（1）普遍性。普遍性是指社会保障对于社会成员来说，不分部门和行业，不分就业单位的所有制性质或有无职业，不分城市和农村，只要其生存发生了困难，都应该无例外地给予基本生存的物质保证。社会成员之间只存在保障基金筹集方式、保障项目、给付标准和支付方式的差异，而不存在有无社会保障的问题。

（2）公平性。实行公平保障是社会保障追求的目标。社会保障基金的分配虽然不可能绝对平均，但社会成员在享受社会保障的机会和权利方面具有机会均等和利益均享的特征，也就是说，凡是生存发生困难的社会成员，都有均等地获得社会保障的权利和机会。

（3）强制性。社会保障制度中规定的居民的权利和义务是由法律规定的，对具体的社会保障项目、内容、形式、享受标准及运作程序等都有明确的法律规定。政府以一般税收或社会保障税形式强制征集社会保障基金，以保证社会保障项目的支出，即使在个人账户情况下，社会保险费的缴纳也是强制的。

（4）福利性。社会保障是非营利的，它的功能是通过财富转移缩小收入差距，保护居民的经济安全。它属于高度社会化的收入再分配，遵循公平的原则，使每个社会成员都能有机会均等地享受社会福利。它是在国家直接干预下进行集中决策的，其作用是平衡市场竞争出现的收入不平等，保障居民基本的生活需要。

二、社会保障的内容

从广泛的意义上说，社会保障是国家以再分配的手段，保障公民基本生活需要，维

---

① 王元月等. 社会保障. 北京：企业管理出版社，2004. 2.
② 王元月等. 社会保障. 北京：企业管理出版社，2004. 2.

护社会安定的一种正式的制度安排，它的主要内容包括社会保险、社会福利、社会救济和社会优抚。

（一）社会保险

社会保险是指国家通过立法形式，为依靠劳动收入生活的公民及其家庭成员保持基本生活需要、维护社会安定而设立的保险。

社会保险在整个社会保障体系中居于核心地位，不仅由于它的保障对象是劳动者，即人口群体中最重要的部分，而且因为社会保险承担着每个劳动者整个生命过程中所能遇到的造成其工资收入损失的所有风险。显然，这是社会保障体系中其他组成部分都做不到的、最周全的保障。现代社会保险制度是在工业社会后传统的家庭保险不能适应现代市场经济要求的情况下，应劳动力扩大再生产的需要而产生的，在保障社会生活安定和促进社会进步等方面发挥着不可替代的作用。

社会保险是国家在特殊情况下，对个人进行消费品分配的一种形式。国家通过建立社会保险基金，并使用这笔基金来满足符合条件的个人的基本消费需要，其实质就是国家通过强制手段和措施，把国民收入的一部分进行有目的的分配和再分配。从本质上讲，社会保险是国家推行的一种社会事业，国家是社会保险制度的制定者、执行者和强有力的后盾。社会保险主要包括养老保险、医疗保险、失业保险、工伤保险、生育保险等内容。

（二）社会救助

社会救助，也称社会救济，是国家通过国民收入再分配，对因自然灾害或经济、社会原因而无法维持最低生活水平的社会成员给予救助，以保障其最低生活需要的一种社会保障制度。

社会救助的内容有两大类：一是贫困救助。其救助对象主要是城乡由于遭受疾病、死亡、企业破产倒闭等而影响基本生活的困难群众。对他们的救助主要是解救贫困，保障他们维持最低生活水平。孤老救济、困难户救济、失业救济等都属于这一范畴。二是灾害救助。其主要是对因遭受自然灾害的侵袭而失去生活保障的人们的救济，也包括对遭受战争之苦的地区和人们的救助。自然灾害的破坏力往往超出人类的抵抗能力，通常都会造成人口的大批死亡和迁移，导致经济的迅速衰退，因此是造成贫困的重要原因之一。为防止自然灾害造成社会动荡和骚乱，各国都把灾害救助放在了重要位置。

社会救助一般是短期性的，除了一些长期的救助对象外，大部分是应急性的，如救灾、扶贫、临时救济等，一旦解除了贫困，最基本的生活有了保障，社会救助也就中止。

社会救助的标准是最低层次的，在整个社会保障体系中处于基础的地位，保证社会成员能维持最基本的物质生活，是保证社会成员生存权利的最后一道屏障。尽管社会保险为社会安全设置了一道防线，但仍然有一部分人因保障不足而生活十分困难，这就需要通过社会救助向他们提供物质帮助，特别是在社会保险的覆盖面不广时，社会救助更是不可缺少的。

（三）社会福利

社会福利是一个被广泛应用的概念，有很多种理解。美国社会工作协会于 1999 年出版的《社会工作百科全书》认为，社会福利是一个宽泛的和不准确的词，它最经常地被定义为旨在对被认识到的社会问题作出反应，或旨在改善弱势群体的状况的"有组织的活动"、"政府干预"政策或项目。社会福利可能最好被理解为一种关于一个公正社会的理念，这个社会为工作和人类价值的实现提供机会，为其成员提供合理程度的安全，使他们免受匮乏和暴力，促进公正和基于个人价值的评价系统，这一社会在经济上是最富于生产性的和稳定的。这种社会福利的理念基于这样的假设，即通过组织和治理，人类社会可以生产和提供这些东西，而因为这一理念是可行的，社会有道德责任实现这样的理念。由此可以看出，这种理解认为社会福利包括了理念、道德责任和制度实体等不同层次的含义。

还有一种理解，认为"社会福利"有两个层次的含义，它可以指社会福利状态，也可以指社会福利制度。作为状态，社会福利是指人类生活中的幸福和正常状态。贫困、疾病和社会犯罪等社会病态是"社会福利"的反义词。作为制度，社会福利是指为达到社会福利状态而作出的集体努力（包括政府努力）。一般来说，社会福利制度是指为促进人类幸福，挽救社会病态的慈善活动或政府行为。

我们认为，社会福利是指国家和社会根据需要与可能，通过一定形式向公民提供的物质利益。从广义上说，它包括所有维持、改善、提高公民物质和文化生活水平的保障措施，如消费品分配、社会保险、社会救济及一切公共消费等都可以称为社会福利；从狭义上说，它是指除社会保险和社会救济以外的其他所有能改善和提高人民生活水平的保障措施与公益性事业。本书主要讨论狭义上的社会福利。

现代社会福利事业不再是支离破碎的缺乏社会吸引力的局部慈善行为，而是通过政府立法并组织实施的现代社会福利制度。福利提供的内容不单是物质生活方面的需要，还包括精神生活和个人全面发展方面的需要。由于社会福利的积极作用和客观效果，使它同其他社会保障措施一样，成为现代文明与进步的一面镜子，受到各国政府的重视，各国都建立了一套社会福利制度。

一般是通过各种社会福利机构、福利设施为社会成员提供全面、周详的社会福利服务。在涉及生、老、病、残、医、食、住、行的方方面面，国家和社会、企业单位都为改善社会成员的生活质量而提供各种福利性服务，并且机会均等，待遇平均，凡是国家法定范围内的公民都有权享受福利待遇。由于社会福利提供的服务与人们的日常生活密不可分，满足了人们的实际需要，并且在提供各种服务的同时，也体现了国家、社会、企业单位对社会成员的关心和照顾，体现了物质保障、服务保障和精神保障的结合和社会稳定作用，较之于货币支付行为更具有特色。

因此，社会福利是一种公共产品，它所需要的经费来源于国家拨款、社区自筹、企业提留和福利工厂本身的积累，作为受益者的个人不直接承担任何义务。社会福利关系所体现的并不是权利与义务对等的关系，同其他社会保障措施相比，其更强调国家和社会对个人的义务和责任。在保障方式上，社会福利也提供一定数量的货币，但更多的是提供服务和设施，可见，社会福利侧重于满足人们享受和发展的需要，为保障个人的全面发展提供条件。因此它是最高层次的保障，主要包括公共福利、职工福利和特殊福利等内容。

（四）社会优抚

社会优抚是国家根据自己的需要专门为某一类人群设立的标准和给付条件不同的社会保障制度，如针对军人和退伍军人、残疾军人等的社会保障制度。优抚是"优待"和"抚恤"的简称。社会优抚是国家和社会依法对为人民利益作出牺牲和特殊贡献者通过优待、抚恤和安置，确保他们的生活水平不低于当地群众平均水平，并带有褒扬性质的特殊保障制度，是我国现行社会保障制度中不可缺少的重要组成部分。

社会优抚的范围是根据国家有关法令、条例和政策来确定的，因此具有明确的法定范围。抚恤的对象是牺牲、病故军人家庭和革命伤残军人，包括革命烈士家属、因公牺牲军人家属、病故军人家属和革命残疾军人。优待的对象是现役军人（包括武装警察）家属和在乡老红军、老复员退伍军人等，他们有功于国家和社会。社会优抚的目的是为了促使国家机关、社会团体、企事业单位和公民依照优抚条例规定，履行各自的职责和义务，提高群众觉悟，密切军民关系，保证烈士家属和伤残人员的生活安定，激励军人保卫祖国、建设社会的献身精神，加强军队建设，增强国防力量。

第二节　社会保障法的概念和调整对象

一、社会保障法的概念和特征

（一）社会保障法的概念

社会保障是一种以保障社会成员基本生活安全作为基本目标的社会安全保护和防范对策系统，是现代国家的基本制度之一。社会保障法则是为了建立社会保障体系，维持社会保障体系的正常运行而制定的各种法律、规范。社会保障法是指调整一个国家或地区的社会保障关系的法律规范的总和，它包括国家立法机关制定的社会保障法律和国家行政机关颁布的社会保障法规、命令和条例等。它作为社会保障制度运行的客观依据和行为准则，同时也是实现社会保障制度良性运行的保证。[①]

（二）社会保障法的特征

现代社会保障立法实质上既是社会成员的生存权利保护法和社会安全法，同时也是社会稳定法和社会和谐法。作为现代法律体系的一个重要组成部分，社会保障法具有法的一般特征。同时，作为一个独立的法律部门，它还具有自己独有的特征。

---

① 郑功成. 社会保障学. 北京：商务印书馆，2000. 372～373.

1. 社会性

社会保障法的社会性表现在三个方面：第一，目的的社会性。制定和实施社会保障法是为了社会利益，通过保障社会成员的基本需要来实现社会的稳定和发展。第二，权利主体的普遍性。社会保障权利由全体社会成员共同、平等地享有。在国际上，有些国家之间还订有社会保障待遇互惠协议，保护旅居国外的本国公民平等地享受旅居国社会保障的权利和待遇。第三，义务主体的社会化。社会保障立法规定，社会保障基金的缴纳义务主体是国家、用人单位和社会成员三方，以此将义务分散到社会，共同筹措社会保障基金。

2. 强制性

社会保障法是国家为保障社会成员的基本生活而制定的，以国家的行政权力作为强制性实施法律的保证。社会保障管理机构的行为具有强制的法律效力，对任何违反社会保障法的行为，管理机构都有权依法处置；任何社会保障法律关系中的主体，都必须履行自己的义务，否则将承担相应的法律责任。除补充项目中的一些任意性规定外，社会保障法中的大部分法律规范均为强制性规范，有关各方当事人必须遵照执行，不能任意选择。

3. 技术性

社会保障的运营需以数理计算为基础，这使得社会保障法在立法上有较高的技术性。"大数法则"和"平均数法则"在社会保障立法中经常用到。另外，还有一些保障项目在费率、范围等的确定上常用到统计技术。以养老保险为例，我国养老保险立法涉及退休后平均存活年数、养老保险基金的社会统筹范围、养老保险费率的确定等技术问题，都需要运用数理技术。

4. 复杂性

由于社会保障法律关系具有广泛性的特点，决定了它同时具有复杂性的一面。其具体表现为：第一，由于社会保障法调整各种主体之间的社会关系，这种社会关系并非完全各自独立存在，有时两种以上关系交错在一起，呈现出多样性、复杂性的特点。例如社会保险，它既涉及国家行政机关与公民之间的关系，又涉及公民与企事业单位之间的关系。第二，社会保障法律关系既包括行政性法律关系，又包括平等性法律关系，另外还包括涉及社会保障争议处理时的仲裁、诉讼法律关系。行政性法律关系与平等性法律关系或各自独立存在，或纵横交错一起。而平等性法律关系又不完全等同于当事人地位平等、充分体现当事人意思自治的民法部门的平等性法律关系，它主要表现为一种社会权利与社会义务关系，其内容一般由法律加以确定，而不能由社会保障法律关系的参与者自由商定。第三，社会保障基金来源不一，筹集方式多样，各项待遇享受的条件和标准各异，纷繁复杂之程度，同样为一般法律所不及。

二、社会保障法的调整对象

社会保障法的调整对象，是国家、各类单位和社会成员在社会保障活动中所发生的各种社会经济关系。或者说，社会保障法是以社会保障关系为其调整对象的。

我国社会保障的范围与西方国家是不一样的。西方国家的社会保障是社会福利的一部分，因此，许多国家学者认为社会保障只限于对公民最低生活的保障，是社会福利中的最低层次。我们看到的西方"福利国家"早已超越了这个层次。我国社会保障制度本身包含了社会福利，因而我国的社会保障关系的内容不应只限于对公民最低生活的保障。社会福利是国家为改善和提高全体社会成员的物质、精神生活而采取的措施及提供的设施和服务，社会福利是社会保障的最高境界。因此，在我国，社会保障关系的内容应是指后者。但同时要注意的是，由于社会福利的普遍性和高水平，它必须是在经济发展水平达到较高的程度时才能充分实施，否则会导致"福利危机"，阻碍经济的发展，今日西方一些高福利国家的"福利病"就证实了这一点。所以，目前我国社会保障制度还只能将其作为一个未来的发展目标，就目前我国的经济发展水平来说还不具备现实的可行性。这也正是我国社会保障"低水平、广覆盖"原则的现实基础。

社会保障关系，从不同角度可以作多种分类。就直接关系而言，在内容上，社会保障关系可以分为社会保险关系、社会救济关系、社会福利关系和社会优抚关系；在主体上，社会保障关系涉及国家与社会成员之间的关系、社会保障机构与政府之间的关系、社会保障机构与社会成员之间的关系、社会保障机构之间的关系、社会保障机构与用人单位之间的关系、用人单位与劳动者之间的关系。就间接关系而言，在社会保障基金的管理与运营中，涉及社会保障机构与投资市场不同主体之间的关系。这些关系都需要社会保障法从不同方面予以规范和调整。

第三节　社会保障法的基本原则

社会保障法的基本原则是集中体现社会保障法的本质和精神，贯穿社会保障法律规范始终，并对整个社会保障法律体系起主导作用的根本准则。它体现了社会保障法的基本理念和价值取向，具有高度的概括性和抽象性特点。社会保障法的基本原则具体如下所述。

一、生存权原则

生存权是为维护人的自下而上权所必不可少的权利，包括生命权、健康权、物质享受权等内容。自下而上权是公民在社会中健康生活并进而享受经济、政治、文化各项权利的基础。生存权的保障也是人权保障的重要内容。最早在宪法中明文规定生存权的是德国的"魏玛宪法"。该宪法规定，经济生活的秩序必须符合社会正义的原则，而所谓社会正义，则在于保障所有社会成员能够过上体现人的价值、尊严的生活。"魏玛宪法"确立了现代意义的生存权，并赋予生存权以具体的内涵，即生存权不仅仅是活下去的权利，而且是能够体现人的价值及人的尊严的生活下去的权利。作为宪法中的一项纲领性的权利，生存权保障成为现代社会保障立法的起点和归宿。现代社会中，一定的、必需的物质基础是人们生存的基础，也是个人享有人格的基础，否则，无以生活并展开各项社会活动，也无以成为社会的人。但是，一个社会中总会有一些人面临物质的匮乏和生存的危机，或由于缺乏劳动能力，或由于缺乏工作机会，或由于意外情况造成的困难。社会保障法的宗旨即在于当社会成员出现这些生活困难时，国家和社会有义务对其进行物质帮助。因此，生存权原则是社会保障法的最基本原则。

二、普遍性原则

普遍性原则，是指社会保障的实施范围应包括所有社会成员，强调一切社会成员享有社会保障的权利。对公民实行普遍的社会保障，是各国社会保障立法共同奉行的一条基本原则。公民在年老、疾病、失业等生活发生困难的情况下，享有从国家和社会获得物质帮助的权利，这首先是国家宪法赋予公民的一项权利。公民在法律面前一律平等，这意味着每一个公民都平等地享有在其生活困难时从国家和社会获得物质帮助的权利，而不应只给予一部分人，却将另一部分人排除在外。正因为保障范围的普遍性，社会保障法才有其稳定社会、保障社会成员生活安全的意义。所以，普遍性原则成为社会保障法的基本原则。

三、适度性原则

社会保障是国家用经济手段来解决特定社会问题和实施特定社会政策的一项宏观调控措施，它必须与一定的经济发展水平相适应。高于经济发展水平的社会保障，势必给经济的发展背上沉重的包袱，阻碍经济的发展；而低于经济发展的社会保障，则并不能真正起到预期的作用，还会引发一些社会矛盾。经济发展的水平决定着社会保障的发展水平。社会保障是以经济发展创造的可供进行再分配的社会财富作为基础的，没有这个基础，就没有相应水平的社会保障待遇。国外社会保障的实践也证明了这一点，越是经济发达、国民生活水平高的国家，其基本保障的标准也越高，反之亦然。可见，社会保障发展水平是受经济发展水平制约的，而且必须适应经济发展的水平。因此，适度性原则也是社会保障法的基本原则。

第四节　社会保障法的地位和功能

一、社会保障法的地位

社会保障法的地位问题实际上包括三个层次的含义：第一，社会保障法的独立性问题，即在整个法律体系中，社会保障法是否具有自己的独立地位；第二，社会保障法的层次性问题，即社会保障法作为一个法律部门，其在法律体系中处于哪一层次；第三，社会保障法与其他法律部门的关系问题。

（一）社会保障法是一个独立的法律部门

社会保障法是一个独立的法律部门，这是由其独立的调整对象和以保障社会成员基本生活安全和社会稳定的价值取向所决定的。社会保障关系作为社会保障法的调整对象，具有与民商事关系、劳动关系、经济管理关系等不同的特征，其社会连带责任关系（social solidarity）成为社会保障法调整和保护的核心。[1] 同时，社会保障法的功能是保障社会成员基本生活安全和社会稳定，以社会利益为本位，这与民商法的个人权利本位和行政法的国家权力本位均不同。因此，社会保障法是一个独立的法律部门。

（二）社会保障法是一个基本的法律部门

社会保障法是直接隶属于宪法的，是与民法、行政法、经济法平行的一个基本的法律部门。这是由现代市场经济结构所决定的。市场经济体制下，工业的高度现代化和无处不在的激烈竞争，使追求利润最大化和社会公平之间的矛盾日益突出。国家必须建立一套基本社会安全体系，为社会成员的生活安全和生活质量及社会秩序的稳定提供一道牢固的安全网。社会保障法适应现代社会发展的需要，作为现代社会生活安全的基本防护系统，发挥着不可替代的作用，理应在整个法律体系中获得基本法律部门的地位。

（三）社会保障法与其他部门法的关系

1. 社会保障法与劳动法

我国目前关于劳动法与社会保障法相互关系的各种看法，大致可以概括为以下三种：一是认为劳动法包括社会保障的内容；二是认为劳动法与社会保障法相互交叉；三是认为劳动法从属于社会保障法。

劳动法在我国可以说是源远流长，劳动法的调整对象存在着某些扩张，正是这种扩张涵盖了社会保障的内容。这种扩张可以概括为内在式的和外存式的。所谓"内在式"的扩张，可以称为"劳动关系广义说"，是扩大了对劳动关系的认识，将一些社会保障内容加入劳动关系的范围，形成上述第一种观点。这种观点在我国20世纪80年代较为流行。所谓"外在式"的扩张，可以称为"劳动法调整对象广义说"，是将劳动关系以外的一些社会保障关系纳入劳动法的调整对象，形成上述第二种观点。其最直接的依据是《中华人民共和国劳动法》中将"社会保险和福利"作为独立一章规定。这种观点在我国20世纪90年代较为流行。当前，随着"社会保障法"这一概念被我国逐步接受，又出现了扩大社会保障法调整对象的倾向，可称之为"社会保障法调整对象广义说"，即上述第三种观点。

我们认为，社会保障法与劳动法应是相互独立、相互并列又密切联系的两个法律部门。

（1）社会保障法与劳动法的联系。

第一，社会保障法是在劳动法的基础上发展起来的。最初的社会保障形式——社会

---

[1] 林嘉. 社会保障法的理念、实践与创新. 北京：中国人民大学出版社，2002.

保险是为保护雇员的利益而建立的。二十世纪二三十年代，在社会保险立法的基础上扩张，突破了以雇员为保障对象的限制，将社会保障对象扩大为全体社会成员。社会保障法从劳动法中独立出来，成为涵盖社会保险、社会救助、社会福利、社会优抚等内容的新兴法律部门。

第二，劳动法的调整对象与社会保障法的调整对象在社会保险领域存在交叉。

（2）社会保障法与劳动法的区别。

第一，主要的调整对象不同。劳动法的调整对象与社会保障法的调整对象在社会保险领域存在交叉，但劳动法的调整对象不能涵盖社会保障法的全部调整对象；反过来，社会保障法的调整对象也不能涵盖劳动法的全部调整对象。

第二，法律关系主体不同。社会保障法的主体包括政府、全体社会成员、社会保障经办机构、用人单位等；劳动法的主体是劳动者和用人单位。

第三，基本原则不同。社会保障法的基本原则包括生存权原则、普遍性原则、适度性原则等；劳动法的基本原则主要是维护劳动者合法权益原则。

第四，立法目的不同。社会保障法的立法目的是保障全体社会成员在面临生活困难时的基本生活需要，促进社会安全和发展；劳动法的立法目的是建立和谐的劳动关系，保护劳动者的合法权益。

2. 社会保障法与经济法的关系

有学者主张社会保障法是经济法的组成部分，属于经济法的分支。这种观点从国家角度出发，认为经济法是国家干预或协调经济之法，社会保障法体现了社会分配领域的国家干预或协调，因此从属于经济法。这种观点有较大影响，许多高等院校把社会保障法作为经济法系列课程开设。[①]

同时，有学者反对经济法包括社会保障法的观点，认为这两者所调整的关系、出发点和立足点不同，且经济法本身仍是一个有争议的问题。尽管社会保障法和经济法都是作为国家干预社会生活的法律形式出现，但是，国家干预在社会保障法和经济法中的体现不同。社会保障法旨在解决社会分配矛盾，满足社会成员的生存需要；经济法则为排除经济发展之障碍，促进国民经济协调发展。因此两者的基本价值取向不同，社会保障法更侧重于社会稳定与社会公平，经济法的基本价值为经济效率。[②]

我们认为，社会保障法与经济法应是相互独立、相互并列又密切联系的两个法律部门。

（1）社会保障法与经济法的联系。

第一，社会保障法与经济法都是市场经济的产物。社会保障法与经济法都根植于市场经济的土壤，都是为了弥补市场的缺陷，因国家干预经济而产生。

第二，社会保障法与经济法都是公法与私法融合的产物。二者都不能简单地归入公法或私法，即都属于第三法域。

---

① 李昌麒. 经济法学. 北京：中国政法大学出版社，1999；杨紫烜. 经济法. 北京：北京大学出版社，高等教育出版社，1999；朱崇实. 经济法. 厦门：厦门大学出版社，2002.

② 徐士英. 社会保障法与经济法的关系. 论社会保障法. 北京：中国劳动社会保障出版社，2003.33.

（2）社会保障法与经济法的区别。

第一，调整对象不同。社会保障法的调整对象是社会保障关系，即以国家、社会保障职能机构和全体社会成员为主体，为保障社会成员的基本生活需要而发生的社会关系；经济法的调整对象是国家对经济运行进行干预、管理或协调过程中发生的经济关系，也就是市场规制关系和宏观调控关系。社会保障法与经济法有各自的调整对象，二者互不从属。

第二，法律关系主体不同。社会保障法的主体包括政府、全体社会成员、社会保障经办机构及用人单位等；经济法的主体包括国家机关、经济组织、社会团体、经济组织的内部机构及个人。

第三，基本原则不同。社会保障法的基本原则包括生存权原则、普遍性原则、适度性原则等；经济法的基本原则主要是协调经济原则、维护公平竞争原则、责权利相统一原则等。

第四，立法目的不同。社会保障法的立法目的是保障全体社会成员在面临生活困难时的基本生活需要，促进社会安全和发展；经济法的立法目的是维护公平和公正的市场竞争环境，保障市场经济的顺利进行。

3. 社会保障法与行政法的关系

（1）社会保障法与行政法的联系。

第一，社会保障法包含大量的社会保障行政管理法律规范，这一部分法律规范具有行政法性质。

第二，社会保障法与行政法之间调整的社会关系及调整方法都有交叉，两者之间的关系并不清晰。

（2）社会保障法与行政法的区别。

第一，法律关系主体不同。社会保障法的主体包括政府、全体社会成员、社会保障经办机构及用人单位等；行政法的主体包括国家机关、企事业组织、社会团体和其他组织，个人则包括国家公务员及作为行政相对人的公民、外国人和无国籍人。

第二，基本原则不同。社会保障法的基本原则包括生存权原则、普遍性原则、适度性原则等；行政法的原则主要是依法行政原则、行政公开原则、行政合理原则。

第三，立法目的不同。社会保障法的立法目的是保障全体社会成员在面临生活困难时的基本生活需要，促进社会安全和发展；行政法的立法目的是保障公民的行政权益。

二、社会保障法的功能

社会保障法的功能，体现在其满足以下四个方面的需要。

（一）保障人权的需要

人权问题是当今社会发展的重要问题。在马克思主义者看来，人权是人的各种权利（包括经济、政治、社会、文化、人身的权利）的有机统一，其中，生存权与发展权是人权之本。生存权的确立要求政府和社会要尽可能保障社会成员的生存，这是人权的第一层，是基础；发展权的确立要求政府和社会要满足一切社会成员的发展要求，这是人权的第二层，也是最高层，是社会发展的最终目的。因此，保障人权是政府和社会的应尽职责，而社会保障则是保障人权的基本手段。首先，社会保障通过社会保险、社会救济保障人们最基本的生活要求，因此它能够使贫困阶层免于生存危机，保障了人们的生存权。其次，社会保障体系通过各种社会福利与设施来满足社会成员生活服务、教育、保健等方面的需要，使社会成员的生活质量、自身素质等各方面都有所提高，保障了人们的发展权。如，我国《宪法》第四十五条明文规定："中华人民共和国公民在年老、疾病或者丧失劳动能力的情况下，有从国家和社会获得物质帮助的权利。国家发展为公民享受这些权利需要的社会保障、社会救济和医疗卫生事业、国家和社会保障事业。国家和社会保障残疾军人的生活，抚恤烈士家属，优待军人家属。国家和社会帮助安排盲、聋、哑和其他有残疾的公民的劳动、生活和教育。"再如，《世界人权宣言》第二十五条规定："人既为社会之一员，自有权享受社会保障，并有权享受个人尊严及人格自由的发展所必需之经济、社会及文化各种权利之实现。人人有权享受其本人及家属康乐所需之生活程度，举凡衣、食、住、医药及必需之社会服务均包括在内；且与失业、患病、残疾、寡居、衰老，或因不可抗力之事故致有他种丧失生活能力之情形时有权享受保障。"

（二）维护社会公平的需要

社会公平是人类社会发展中客观产生的一种需要。社会公平体现在经济利益方面主要是社会成员之间没有过分悬殊的贫富差别，所谓"不患贫而患不均"。在市场经济条件下，收入分配机制与竞争机制相联系，这必然形成社会成员之间在收入分配方面的不均等，甚至收入相差悬殊，强者成为富翁，弱者陷于困境。为了解决这一社会问题，就需要运用社会保障法律制度对社会经济生活进行干预，通过提供社会保障措施，以及对社会成员的收入进行必要的再分配调节方式，将高收入者的一部分收入适当转移给另一部分缺少收入的社会成员，从而在一定程度上缩小社会成员之间的贫富差距，弥补市场经济的缺陷，缓和社会矛盾，以促进社会公平目标的实现。

（三）保障社会稳定的需要

在现代社会，社会的稳定在很大程度上是靠法律制度来维持的。没有社会的稳定，就没有经济的发展和社会的进步，而社会保障则是社会稳定的重要防线。社会保障法律制度本身是一种社会安全体系，它通过对没有生活来源者、贫困者、遭遇不幸者和一切工薪劳动者在失去劳动能力或工作岗位后提供救助，以满足其基本生活需要，弥补市场经济的缺陷和不足，消除社会成员的不安全感和社会的不安定因素，从而维护社会的稳定。因此，社会保障又被誉为"社会安全网"和"社会减震器"。

（四）发展市场经济的需要

社会保障制度是建立和发展市场经济的必要条件之一。第一，保护劳动力的再生产是市场经济的客观要求。社会保障法通过提供各种帮助使部分社会成员获得基本的物质资料，维持基本生活水平，从而使劳动力的再生产成为可能。第二，市场经济要求建立劳动力合理流动机制。社会保障法通过建立全社会统一的保障网络，打破了劳动者自我保障或企业保障的局限，使劳动者在更换劳动岗位和迁徙时没有后顾之忧，促进了劳动力的合理流动与合理配置。第三，随着市场经济的发展，日益增多的社会保障项目必然为社会成员提供更多的社会保障服务，而社会保障的服务性工作的增多，也会增加劳动者的就业机会。第四，市场经济要求平衡社会供求关系，保持投资结构的合理化和保证投资收益。对此，社会保障法可以通过调整社会保障待遇的支出发挥积极作用，能够在一定程度上平抑经济过热或过冷的现象，促进国民经济良性循环。第五，社会保障基金经过长期的积累，形成庞大的资产，成为投资融资的一大来源。同时，国家通过立法，规定社会保障基金的投资项目和投资比例，指导投资的方向，促使社会保障基金向国家基础设施和重点项目投资，从而成为国家对国民经济进行宏观调控的有效手段。

第五节　社会保障法的渊源和内容

一、社会保障法的渊源

社会保障法的法律渊源也就是社会保障法借以表现的形式，即由国家法定机关制定的具有不同法律地位或效力的社会保障法的具体表现形式。

社会保障法的渊源，根据其是否成文，可以分为成文法和不成文法两类。我国只有成文法，而英美法系国家除成文法外，还有不成文法，如判例法。

我国社会保障法的法律渊源包括宪法中有关社会保障的规定、法律、行政法规和部门规章、地方性法规和地方政府规章以及我国缔结或参加的国际条约。

（一）宪法

宪法是社会保障法的最根本渊源。社会保障法律、法规，必须符合宪法的有关规定，违反宪法规定的法律、法规无效。世界各国的现行宪法中，大多数都有关于社会保障的规定，其中有的规定了保障公民最低生活的权利，有的规定了保障公民最低收入的权利。比较典型的如《日本国宪法》第二十五条第一款规定，所有公民，都享有健康和文化的最低生活的权利。这个规定赋予日本国民社会保障权以健康、文化的最低生活的内涵。其第二款规定，国家必须从生活的各个方面，努力增进社会福利、社会保障以及公共卫生的发展。这一款从根本上规定了国家实施社会保障的责任。该法第十三条规定，从个人的尊严出发，有必要通过立法和施政，对公民的生命和追求幸福的权利予以最高的尊重。这一条明确规定了公民的生命权，将社会保障权和生命权联系在一起。从内容看，《日本国宪法》的规定比较原则性，仅规定了实施社会保障的基本原则，而没有规定社会保障的具体内容。

《中华人民共和国宪法》中第四十四、四十五条对社会保障进行了规定。该法第四十四条规定："国家依照法律规定实行企业事业组织的职工和国家机关工作人员的退休制度。退休人员的生活受到国家和社会的保障。"第四十五条规定："中华人民共和国公民在年老、疾病或者丧失劳动能力的情况下，有从国家和社会获得物质帮助的权利。国家发展为公民享受这些权利所需要的社会保险、社会救济和医疗卫生事业。国家和社会保障残疾军人的生活，抚恤烈士家属，优待军人家属。国家和社会帮助安排盲、聋、哑和其他有残疾的公民的劳动、生活和教育。"

（二）法律

法律是拥有立法权的国家机关制定的规范性文件，是社会保障法的主要渊源。

许多国家的立法机关是国会，只有国会制定的规范性文件才能被称作法律。如日本《国民年金法》第一条规定，根据《宪法》第二十五条第二款规定的原则，为维持和提高公民的健全生活而建立国民年金制度。又如美国国会通过的《社会保障法》、瑞典国会通过的《国家保险法》。

我国现有若干部法律涉及社会保障领域，其中包含社会保障方面的许多规范。如《中华人民共和国劳动法》第九章关于劳动者社会保险和福利的规定。2010 年 10 月 28 日通过的《中华人民共和国社会保险法》是一部事关亿万劳动者切身利益和调节国民收入分配格局的极为重要的法律，是我国社会保障法制建设中的一个里程碑。《中华人民共和国工会法》规定了工会有参加政府及有关部门、企业社会保障（如劳动保险、福利）问题讨论的权利。《中华人民共和国兵役法》第十章规定了军人的优待和退出现役的安置。《中华人民共和国妇女权益保障法》第二条第二款规定："国家保护妇女依法享有的特殊权益，逐步完善对妇女的社会保障制度。"《中华人民共和国母婴保健法》第二条规定："国家发展母婴保健事业，提供必要条件和物质帮助，使母亲和婴儿获得医疗保健服务。"《中华人民共和国未成年人保护法》规定了未成年人的受教育权、享受医疗保健权等内容。《中华人民共和国义务教育法》规定了九年义务教育制这一重大教育福利制度。《中华人民共和国残疾人保障法》对残疾人的社会保障作了全面规定（包括康复、教育、文化生活、福利、环境等方面）。

此外，与社会保障法密切相关的其他法律，如《中华人民共和国民法通则》、《中华人民共和国继承法》、《中华人民共和国民事诉讼法》、《中华人民共和国行政诉讼法》、《中华人民共和国国家赔偿法》等，在解释社会保障法和有关社会保障争议的调解、仲裁、诉讼上具有重要作用。

（三）行政法规

由最高国家行政机关制定的规范性法律文件，称为行政法规。

在我国，国务院颁布的规范性法律文件都是行政法规。现有社会保障立法中已有若干行政法规，如《社会保险费缴纳暂行条例》、《减持国有股筹集社保资金管理暂行办法》、《关于建立城镇职工基本医疗保险制度的决定》、《失业条例》、《工伤保险条例》、《城市居民最低生活保障条例》、《军人抚恤优待条例》、《退伍义务兵安置条例》、《禁止使用童工规定》、《自然灾害救助条例》等。

（四）地方性法规

由省级地方权力机关制定的规范性法律文件，称为地方法规。各省、自治区、直辖市及省会市的人民代表大会及其常委会根据本行政区域具体情况依法制定了大量有关社会保障的地方性法规，对建立社会保障制度做了有益的探索，如《广东省社会养老保险条例》、《浙江省职工基本养老保险条例》、《辽宁省城镇企业职工待业保险条例》、《天津市失业保险条例》、《广东省失业保险条例》、《海南经济特区城镇从业人员养老保险条例》等。

（五）部门规章

由国务院各部、委制定的法律规范文件，称为国务院部门规章；由省、自治区、直辖市人民政府，省、自治区人民政府所在地的市，国务院批准的较大的市人民政府所制定的法律规范文件，称为地方政府规章。规章从属于相关的法律、法规。就我国目前社会保障立法的现状看，政府发布的规章性法律、法规文件最多，是社会保障法的渊源之一。

国务院有关部、委制定了大量社会保障方面的部门规章，如劳动和社会保障部等部门颁发的《城镇职工基本医疗保险定点零售药店管理办法》、《城镇职工基本医疗保险定点医疗机构管理暂行办法》、《城镇职工基本医疗保险用药范围管理暂行办法》等部门规章；民政部颁发的《社会福利机构管理暂行办法》、《救灾捐赠管理暂行办法》、《县级农村社会养老保险基本方案（试行）》等部门规章；劳动部、卫生部、中华全国总工会颁发的《职工工伤与职业病致残程度鉴定标准（试行）》。

省、自治区、直辖市及省会市和较大市的人民政府制定了大量社会保障方面的规章，如《浙江省最低生活保障办法》、《北京市失业保险规定》、《江苏省企业职工基本养老保险规定》、《山东省企业劳动保险试行办法》、《深圳市社会保险暂行规定》、《九江市职工社会保险暂行规定》等。

（六）国际公约

我国政府先后加入了《制定最低工资确定办法公约》、《本国工人与外国工人关于事故赔偿的同等待遇公约》、《各种矿场井下劳动使用公约》等国际公约。这些国际公约对我国具有约束力，属于我国社会保障法律渊源之一。

二、社会保障法的内容

社会保障法的内容包括社会保险法、社会救助法、社会福利法和社会优抚法四个部分。

（一）社会保险法

社会保险法是社会保障法的基本部分，以参加社会保险的成员缴费为主要特征。社会保险法包括养老保险、医疗保险、工伤保险、失业保险及生育保险等，其中，养老、医疗和失业保险在社会保险法中占有举足轻重的地位。

（二）社会救助法

社会救助法是国家和社会向因各种原因不能维持最低生活水平的人提供物质救济的法律制度，以受保障的社会成员不缴费为主要特征，是社会保障中历史最悠久、施行最为普遍的制度，也是社会保障体系中最后一层保障，主要有自然灾害救助、低收入家庭救助、贫困地区救助、法律服务救助等。

（三）社会福利法

社会福利法是国家和社会向全体社会成员提供基本生活保障，并使其生活质量不断改善的法律制度，以保障目标的高层次性和保障对象的广泛性为主要特征。社会福利包括公共福利、职工福利和专门福利。

（四）社会优抚法

社会优抚法是针对为国家和社会作出重大贡献的特殊社会成员及其家属提供物质帮助和精神鼓励的法律制度，以保障对象的专门性和褒扬性为主要特征。社会优抚主要包括军人及烈属的优待、抚恤制度和军人安置制度。

在上述四个部分中都有各自的覆盖范围、享受社会保障的资格与标准、社会保障资金财物的来源与管理、争议解决等内容。可以看出，社会保障法的内容十分广泛。因而，在立法体例上，最适宜的形式是在宪法框架下分散立法，几乎所有国家都是如此，即使声称将社会保障法典化的国家（如法国和德国），在社会保障法典之外仍有许多单行法律、法规。

案 例 分 析

【案情】王某是山东省某市电业局 1995 年录用的临时工，从事汽车驾驶工作。工作期间，王某尽职尽责，任劳任怨，从未给单位造成任何经济损失。2005 年 3 月 31 日，王某被电业局辞退。由于该市电业局自 1995 年起就未给王某缴纳社会养老保险费，因此，王某向该市劳动争议仲裁委员会申请仲裁，要求电业局为其补缴 1995 年至 2005 年的养老保险费。

劳动争议仲裁委员会裁定：

（1）电业局为王某补缴自 1995 年至 2005 年 3 月 31 日的社会养老保险费 26 653.84 元，王某本人补缴 6 344.48 元。

（2）劳动争议仲裁费 200 元由电业局承担。

【问题】1. 临时工是否应该享受社会养老保险待遇？

2. 用人单位是否应该为其缴纳社会养老保险费？

【解析】本案争议的焦点在于临时工是否应该享受社会养老保险待遇，用人单位是否应该为其缴纳社会养老保险费。按照《中华人民共和国劳动法》的规定，自 1995 年 1 月 1 日起，所有用人单位都应实行劳动合同制度，没有固定工与临时工之分。用人单位中的所有职工均享有一样的权利。此外，依据《中华人民共和国劳动法》第七十二条"用人单位和劳动者必须依法参加社会保险，缴纳社会保险费"、第七十三条"劳动者享受的社会保险金必须按时足额支付"的规定，以及国务院《社会保险费征缴暂行条例》第四条"缴费单位、缴费个人应当按时足额缴纳社会保险费"的规定，该电业局应该从 1995 年就开始为王某缴纳社会保险费，同时也应为王某代扣代缴个人应缴纳的社会保险费。

第十五章 社会保险法概论

第一节 社会保险

一、社会保险的发展历史

社会保险是商品经济发展的产物。它最初以劳动者为保障对象，通过国家立法的方式强制建立保障基金，使劳动者在年老、疾病、工伤、失业、生育时可获得物质帮助。近现代社会保险的保障对象已不限于劳动者，而是以全体社会成员为保障目标。社会保险是社会保障制度体系的重要组成部分和核心内容。

无论是东方国家，还是西方世界，都有属于社会保险性质的思想萌芽。我国的"老有所终"、"鳏、寡、孤、独、废、疾者皆有所养"和柏拉图《理想国》中提出的公有制的理想社会，都可以看作是人类关于社会保险的最初思想萌芽。但这些理念仅限于空想，或最多表现为统治者为消除自然灾害的不良影响而采取的赈济灾民等临时性救助措施，并没有形成一种稳定的社会制度。

真正的社会保险制度产生于第一次工业革命之后。其产生的根本原因在于社会化大生产代替了自给自足的生产模式，传统的家庭生活和保障模式被打破，劳动者依靠出卖劳动力为生，找不到工作或丧失劳动能力都意味着失去生活来源。为了规避这些社会风险，解决劳资冲突，产生了许多理论学说，理论观点的盛行最终使社会保险政策和制度得以实施和建立。

产生于19世纪70年代的德国新历史学派认为，劳资冲突并不是经济利益上的矛盾，而是伦理道德的差异产生的矛盾。国家应该通过立法，实行包括社会保险、孤寡救济、劳资合作等社会措施，解决劳资矛盾。新历史学派的理论为当时的德国政府接受，俾斯麦时期实施了社会保险制度，缓解了社会矛盾。

产生于20世纪20年代的福利经济学，代表人物是庇古。福利经济学主张国民收入最大化和收入均等化是增加社会福利的重要途径，即经济福利将随国民总收入的增加而增加，也将因收入分配均等化而增大，应当通过国家干预，实现经济最优配置。福利经济学为西方的"福利国家"理论提供了依据。

产生于20世纪30年代的凯恩斯有效需求理论认为经济危机和非自愿失业的主要原因是有效需求不足，国家应当通过经济政策对经济生活进行干预，增加政府支出，加大投资，增加养老救济金。凯恩斯有效需求理论对美国罗斯福新政产生重大影响，成为罗斯福政府建立社会保险制度的理论基础。

1929—1933 年的世界经济危机改变了欧洲国家一贯采用的经济自由主义策略，开始干预经济，促进了社会保险制度的建立。1941 年，英国政府委托时任英国社会保障服务委员会主席的牛津大学教授贝弗里奇为战后实施福利计划提供改革方案。1942 年，贝弗里奇提交了《社会保险与相关服务报告》，将社会保险作为社会保障体系中的一种手段进行设计，提出了一套全体英国公民均适用的"从摇篮到坟墓"的社会福利计划。1945 年，英国执政的工党采纳了贝弗里奇报告的绝大部分建议，并通过了一系列立法。1948 年，英国宣布成为福利国家，福利国家的思想由理论变成了制度现实。

20 世纪 70 年代，以哈耶克、弗里德曼为代表的新自由主义经济学理论开始流行。该学说主张自由市场制度是最好的制度，国家过多地干预经济将妨碍企业的独立和市场的自由，反对福利国家是新自由主义观点的显著特征。新自由主义经济学强调社会保险只能提供基本生活保障，雇主、雇员应承担更多责任。新自由经济学的主张成为 20 世纪 70 年代后西方发达国家社会保险制度改革的基础。

二、社会保险的特征

作为社会保障制度的主要类型，社会保险不同于社会福利、社会救助、社会优抚制度。同时，作为一种通过保险方式分担、分散社会风险的国家制度，它又不同于一般的商业保险。因此，与其他社会保障制度以及商业保险的区别正是社会保险制度的特征所在。

1. 社会性

社会保险的社会性体现在这些方面：一是实施对象具有社会性。社会保险针对的对象是社会成员，我国社会保险改革的目标是"广覆盖、保基本"，不断扩大社会保险覆盖面，增强社会保险的社会性。社会救助和社会优抚针对的都是部分社会成员，商业保险投保以自愿为原则，覆盖面远不能和社会保险相比。二是实施的目的体现社会性。社会保险的目的是防范和分担社会成员在社会生活过程中遭遇身体风险而陷于经济困境，社会成员陷于困境也必然使社会安全受到威胁，建立健全的社会保障制度不仅是维护社会成员的个人利益，也是为了维护整个社会安全稳定。三是运营性质体现社会性。非营利性是社会保险和商业保险在运营性质上最大的不同。社会保险是社会的一道安全网，世界各国几乎都将社会保险作为国家安全问题考虑，社会保险制度作为一种具有重新分配功能的社会安全制度，它自然不以营利为目的。我国的社会保险基金的利息及投资所得都纳入社会保险基金，原因正在于此。

2. 强制性

为了社会保险的社会性，各国都通过立法手段，强制实施社会保障制度。它的强制性体现在两个方面：一是社会保险关系的建立具有强制性。根据我国法律规定，新设企业都要进行社会保险登记，为员工购买社会保险。二是社会保险费的缴纳具有强制性。用人单位和劳动者都具有缴付社会保险费的义务，缴纳的数额和年限都有法律规定的标准。违反法律规定未及时、足额缴纳社会保险的用人单位，应依法承担法律责任。

3. 基本保障性

社会保险是为了使社会成员在遭遇年老、疾病、工伤、失业、生育等情况时获得基本的生活保障，它只能满足社会成员的基本生存需要。这和建立在商业契约关系上的商业保险不同，商业保险最终偿付的情况取决于投保人投保的多少，多投多保、少投少保、不投不保。社会保险实施待遇水平的目标也和社会福利与社会救助不同。社会福利的目的在于使社会成员在物质和精神方面得到更大的享受，其待遇水平具有超前于现实供给水平的性质。社会救助针对的是因先天、社会或自然原因而陷于生活困境的部分社会成员，其实施的待遇具有滞后于现实需求水平的性质。社会保险的待遇水平居于社会福利和社会救助之间。

三、社会保险的功能

社会保险制度从产生到现在，不仅被人类社会广泛接受和认可，而且还显示出旺盛的生命力，这本身就说明它具有强大的社会功能。简而言之，它具有如下功能。

1. 生存保障功能

这是社会保险最基础的功能。社会成员在遭遇年老、疾病、失业等情况时，也就意味着丧失了生存能力。这不是个别社会成员会遭遇到的特殊问题，而是全体社会成员都会面临的普遍性的社会风险。保护社会成员的生存权是现代国家必须履行的责任，社会保险在保障社会成员基本生存权方面发挥了重要作用。

2. 保障社会持续发展功能

从个人角度来说，社会保险保障了个体成员的生存权；从社会角度来说，社会保险保障了整个社会持续稳定的发展。社会保险制度使每个社会成员在遭遇社会风险时都能获得稳定的物质帮助，使社会成员和下一代的生活得以保障，社会成员对遭遇社会风险后的生活可以合理预期，消除了不良情绪，社会也获得了持续发展的可能。

3. 秩序维护功能

劳资矛盾是社会保险制度产生的重要原因，相反，社会保险在缓和劳资矛盾中也起了重要作用。工伤因工作而起，疾病、年老、生育、失业作为生命阶段或工作状态都不可避免，劳动者作为社会生产最主要的生产要素应当获得保障，否则社会将处于劳资矛盾所引起的巨大冲突或不稳定当中。社会保险制度的建立保障了劳动者遭遇社会风险时的生存权，对社会秩序起到了巨大的稳定作用。

第二节 社会保险法

一、社会保险立法

（一）西方国家与国际组织的社会保险立法

1601 年，英国女王颁布了《济贫法》，通过强制征收济贫税来救济贫民，以期解决英国社会从自然经济向商品经济转变的过程中，大量农民涌入城市成为贫民的问题。《济贫法》是西方国家社会保险立法的萌芽，它体现了国家对贫困问题的制度化干预，但与现代意义上的保险立法有较大差别，未能产生世界性的影响。

现代意义上的社会保险立法最初产生于德国。在俾斯麦当政时期，工人运动高涨。俾斯麦为了缓和劳资冲突，颁布了一系列保障工人生命、生活的法规。1883 年的《疾病保险法》、1884 年的《工伤事故保险法》、1889 年的《老年及残疾保险法》，成为现代意义上社会保险法形成的标志。1911 年，德国将这三部法律合并，另增加《孤儿寡妇保险法》，汇编成为统一的《社会保险法典》。1927 年，德国颁布《失业保险法》，德国社会保险法体系初步形成。德国强制实施社会保险的立法活动带来了良好的社会效果，西方国家纷纷仿效。1908 年和 1911 年，英国先后颁布《养老金法》和《国民保险法》，这标志着英国现代社会保险法的建立。

20 世纪 30 年代，世界经济危机爆发，西方国家加大了干预经济的力度，国家干预开始由生产领域进入国民收入分配领域。美国在凯恩斯学说的影响下，颁布了世界上第一部《社会保障法》，其以社会保险为核心，对社会福利和社会救济都进行了规定，确立了社会保险普遍性、保障性和社会性的原则，成为各国社会保险立法的普遍原则。第二次世界大战后，社会保险制度在世界上获得迅速发展。英国在贝弗里奇《社会保险和相关服务》的影响下，通过了一系列社会保障立法。1945 年的《家庭补贴法》、1946 年的《国民保险法》和《国民工伤保险法》、1948 年的《国民卫生服务法》和《国民救助法》相继出台。英国于 1948 年宣布建成世界上第一个"福利国家"，对国民实行"从摇篮到坟墓"的普遍福利待遇。随后，建立福利制度风行欧洲各国。瑞典、法国、丹麦等国家纷纷宣布实行普遍福利。

1973 年和 1979 年的两次石油危机，沉重打击了严重依赖石油的世界经济。庞大的社会保险开支使各国财政背上了沉重的负担，各国的社会保险制度不得不实行改革。1987 年，英国通过了社会保障制度改革方案。同年，日本实行新的养老保险制度。美国里根政府废除了一些社会福利津贴。法国、德国等国立法提高了社会保险费率，各国的改革措施层出不穷，但都集中表现在重建社会保险的责任分担机制上，即减少政府参与，强化个人责任，充分发挥社团、家庭和市场的作用，这在学理上被称为从"福利国家"到"契约国家"或"后现代福利国家"的转变。

国际社会保险立法主要源于国际劳工组织。国际劳工组织主要通过公约和建议书的方式影响会员国。国际劳工组织的公约经会员国正式批准后，对会员国产生效力，会员国应当遵守和实施。建议书则无须经会员国批准，对会员国没有强制执行力，只是作为会员国立法的指南。1952 年，第三十五届国际劳工大会通过了《社会保障最低标准公约》，对社会保障在各国的建立和推广起了重要作用，是社会保险的国际宪章。

（二）我国社会保险立法

新中国成立后不久，政务院就于 1951 年颁布了《中华人民共和国劳动保险条例》，该条例规定了工人养老、工伤、医疗、生育等方面的社会保险制度，工人的保险费用由企业承担，职工无须缴纳。1958 年，国务院为统一原本分立的工人与国家干部养老保险，颁布了《关于工人、职员退休处理暂行规定》。1966 年至 1976 年的文化大革命，使已经建立的社会保险制度遭到严重破坏。

文化大革命后，社会保险制度开始重建。1978 年，以国务院颁布的《关于安置老弱病残干部的暂行办法》和《关于工人退休、退职的暂行办法》为起点，我国开始社会保险制度的重建工作。1986 年，我国第七个五年计划第一次提出包括社会保险在内的"社会保障"概念。为配合国营企业由固定用工制度向合同用工制度转变，1986 年，我国制定《国营企业职工待业保险暂行规定》，失业保险制度初见雏形。1988 年的《女职工劳动保护规定》统一了机关、企事业单位的生育保险制度。

20 世纪 90 年代以后，为配合建立市场经济制度，社会保险制度向社会化和法制化的方向纵深发展。1991 年，国务院出台《关于企业职工养老保险制度改革的决定》，决定改变过去养老保险由国家、企业包下来的办法，实行国家、企业、个人共同负担的制度，我国养老保险制度拉开了改革序幕。1992 年，《县级农村社会养老保险基本方案（试行）》将养老保险制度向农村拓展。1995 年，《关于深化企业职工养老保险制度改革的通知》提出了企业职工养老保险制度改革的目标，改革进一步深化。1997 年，《关于建立统一的企业职工基本养老保险制度的决定》结合各地改革经验，提出建立全国统一的养老保险制度。改革也开始在其他社会保险项目中进行。如医疗保险方面，在 1989 年《关于公费医疗保险的通知》对公费医疗进行改革的基础上，1998 年，国家出台《关于建立城镇职工基本医疗保险制度的决定》，决定建立城镇职工基本医疗保险制度。1999 年，《失业保险条例》颁布，明确提出"失业"概念，对失业劳动者提供制度保障。2003 年，《工伤保险条例》出台，系统解决工伤认定及工伤待遇问题。

2010 年 10 月 28 日，经过三次审议，历时三年，全国人大常委会终于审议通过了《中华人民共和国社会保险法》（以下简称《社会保险法》），并于 2011 年 7 月 1 日开始实施。该法的出台，弥补了我国综合性社会保险基本立法的缺失，对于规范社会保险关系，保障全体公民共享发展成果，维护社会和谐稳定，具有十分重要的意义。《社会保险法》颁布后，我国的相关法律进行了配套修改。随着我国社会保险制度的发展和完善，社会保险法律制度会进一步完善。

二、社会保险法的基本原则

我国学者从不同角度对社会保险法的基本原则进行归纳，得到的社会保险法的基本原则各有不同。法律的基本原则必须贯穿法律规范的始终并能体现该法的核心价值。据此，并根据各国社会保险立法经验和我国《社会保险法》的相关规定，我们将我国社会保险法的基本原则归纳为普遍性原则、保障生存权原则、社会化原则和合理性原则。

1. 普遍性原则

《社会保险法》第三条中"广覆盖"的规定体现了社会保险法普遍性的原则。社会保险是社会安全的稳定器。社会保险应对公民普遍实行，这已成为世界各国社会保险制度奉行的基本原则。普遍性原则在我国《社会保险法》中也得到了体现。《社会保险法》除具体规定城镇职工基本养老保险外，还将建立、完善新型农村社会养老保险和城镇居民社会养老保险作为建立养老保险制度体系的内容，这表明我国养老保险的保障范围已逐渐从劳动者向农民、城镇居民扩展，这充分体现了社会保险的普遍性原则。

2. 保障生存权原则

《社会保险法》第三条中"保基本"的规定体现了社会保险法保障公民生存权的原则。社会保险并不保障公民过上富裕的生活，只是保障公民因身体原因无法劳动，没有生活来源无法生活时可以获得满足基本生活需要的物质帮助，因而，它只保障公民基本的生存需要。生存权是最基本的人权，但在现代社会，就业权是实现生存权的前提，无法就业就等于剥夺了公民的生存权。社会保险法就是通过保险的方式保障公民在无法就业的情形下的基本生活。

3. 社会化原则

《社会保险法》第三条中"多层次"的规定体现了社会保险法社会化的原则。所谓多层次是指个人、企业、国家等多层次共同建立社会保险基金，分担社会保险义务，共建社会保险安全网。欧洲高福利国家由国家承担社会保险责任已经使政府不堪重负，将社会保险责任分担到个人、社会已成为西方各国的改革目标。

4. 合理性原则

《社会保险法》第三条中的"社会保险水平应当与经济社会发展水平相适应"体现了合理性原则。合理性原则要求社会保险费率提取标准要合理，费率过高或过低都会产生不好的社会效果。提取标准过高，不仅会影响到当下公民的生活水平，也会导致企业的用人成本过高，影响社会经济的发展；提取标准过低，社会成员领取的社会保险待遇就会过低，基本生活难以维持。因而，社会保险水平应当和经济社会发展水平相适应，保持在合理水平。

三、社会保险法的作用

社会保险法以法律的形式将社会保险制度这一人类伟大的社会发明作为国家基本制度固定下来，使其可以长期、稳定地执行下去，并使社会保险的作用得以持续发挥。

1. 维护社会秩序的稳定

社会保险法作为社会保障法律体系的主要部分，和其他社会保障项目一同维护着社会秩序的稳定。社会保险以国家为后盾，聚集全社会力量建立社会保险基金，使参加社会保险的社会成员都享有同等的物质帮助权，这有利于消除和缓解社会矛盾，增强社会成员应付意外伤害和不测事变的能力。社会保险不以营利为目的，当社会保险经费入不敷出时，由政府财政予以补贴，从而不存在倒闭的风险，社会保险制度本身就具有稳定性。因此，社会保险法对消除社会不安定因素起到的重要作用是其他任何制度所无法取代的。

2. 促进社会发展和进步

社会保险法促进社会发展和进步的作用体现在三个方面：就劳动者而言，由于社会保险法为劳动者解除了后顾之忧，使其能够专心致力于工作和生产劳动，极大地激发了劳动者的积极性和创造性，提高了劳动者的劳动热情和劳动素质，从而促进生产技术的进步和劳动生产率的提高。对于用人单位而言，通过国家参与社会保险，减轻了用人单位的压力和负担，为其解除了后顾之忧，用人单位能集中精力从事生产经营，提高经济效益，增强市场竞争力。用人单位经济效益提高，不仅能为其员工提供补充养老保险，而且还能增强单位内部的凝聚力，为生产效率、经济效益的进一步提高提供了强大动力。从劳动力再生产的角度看，社会保险法是保证劳动力再生产的必要条件。

3. 调节国民收入的再分配

社会保险法在筹集社会保险资金时，要求高收入者多缴纳费用，低收入者少缴纳费用，这在一定程度上起到了调节国民收入再分配的作用，缩小了贫富差距。在市场经济条件下，社会成员个体间的先天差别，再加上勤奋程度差异、劳动技能高低、资本多寡等后天因素的影响，其收入往往存在较大差距，甚至部分社会成员陷入贫困境地。对此，社会保险法通过差别化的筹集方式起到了调节国民收入再分配的作用。

4. 促进社会精神文明建设

社会保险法通过建立互助共济的社会制度，使社会成员更加深刻认识到人类社会需要互相帮扶、共同发展才能共同进步的道理。社会保险制度分担风险的理念使富裕者对贫困者、健全者对病残者、年轻人对老年人、强者对弱者实现了帮扶互助。社会保险法在以法律手段帮助受困公民的时候，也在全社会倡导了社会成员互相帮助的道德理念，对提高社会成员的精神文明程度起到了良好的示范作用。

第三节　　社会保险法律关系

一、社会保险法律关系概述

法律关系是法律在调整人们行为的过程中形成的权利和义务关系。社会保险法律关系是社会保险法在调整人们行为的过程中形成的权利义务关系。社会保险法律关系有广义、狭义之分。广义的社会保险法律关系是指所有社会保险关系主体在社会保险活动中按照社会保险法形成的权利义务关系，包括社会保险费用征缴关系、社会保险待遇支付关系、社会保险监督关系等。狭义的社会保险关系仅指社会保险保险人和被保险人之间的权利义务关系，包括双方因保险费的征缴与缴纳、社会保险待遇的给付与享有产生的权利义务关系等。本文仅就狭义社会保险法律关系进行说明。与一般法律关系相同，社会保险法律关系也由三部分要素构成：社会保险法律关系主体、社会保险法律关系客体、社会保险法律关系内容。

（一）社会保险法律关系的主体

（1）社会保险经办机构。社会保险经办机构是社会保障行政管理部门属下的主管社会保险业务的事业单位。它担当了保险关系中保险人的角色。我国最高社会保险经办机构是社会保险事业管理中心，隶属于人力资源和社会保障部，其在各地的系统分支机构一般称为"社会保险基金中心"。根据《社会保险法》的规定，社会保险经办机构提供社会保险服务，负责社会保险登记、个人权益记录、社会保险待遇支付等工作，社会保险经办机构经费由财政预算拨付。至于社会保险费的征收是否由社会保险经办机构承担，法律没有统一规定。1999年的《社会保险费征缴暂行条例》就规定，社会保险费的征收机构由省、自治区、直辖市人民政府规定，可以由税务机关征收，也可以由劳动保障行政部门按照国务院规定设立的社会保险经办机构征收。截至2007年，5项社会保险费全部由经办机构征收的省份和单列市占全国的51.3%，全部由税务机关征收的省份和单列市占8.1%，5项社会保险费按险种或市县不同，既有经办机构征收也有税务机关征收的占全国的40.6%。

（2）投保人。投保人是指负有社会保险缴付义务的主体，主要是指用人单位和职工个人，也包括个体劳动者和其他自愿参加社会保险的公民。投保资格由法律、法规具体规定。另外，国家也会通过财政补贴的方式承担一定比例的保险费用。《社会保险法》第六十五条规定："社会保险基金通过预算实现收支平衡。县级以上人民政府在社会保险基金出现支付不足时，给予补贴。"

（3）被保险人。被保险人是指投保人指定的享有保险金请求权的人，一般为劳动者。被保险人请求赔付保险金需要达到法律规定的条件，根据社会保险项目的不同，被保险人请求支付保险金的条件也不同。在被保险人死亡的情形下，被保险人的近亲属也可以享有保险待遇支付请求权，他们本身和保险人之间并不存在社会保险关系，只是被保险人权利的转移和延伸，我们不再单独列出。

（4）社会保险辅助机构。社会保险辅助机构是指在社会保险活动中起协助作用的机构，它主要是指在医疗保险和工伤保险中提供医疗服务的定点医疗机构。由于保险人不可能承担复杂、专业的医疗服务，必须委托医院承担，以满足被保险人对于医疗保险待遇的需要。城镇职工基本医疗保险中的定点医疗机构由符合资质的医疗机构申请，经统筹地区劳动保障行政部门审查核准，由社会保险经办机构与定点医疗机构签订服务协议。

（二）社会保险法律关系的客体

法律关系的客体包括四类：物、行为、智力成果、人身利益。社会保险法律关系的客体是行为。社会保险征缴关系的客体是征收行为与缴纳行为，社会保险待遇支付关系的客体是给付行为与享用行为。

（三）社会保险法律关系的内容

社会保险法律关系的内容是社会保险法律关系主体在社会保险活动中按照社会保险法律、法规享有的权利和承担的义务。下面我们具体论述。

二、社会保险费用征缴法律关系

根据社会保险费用征缴关系中主体的不同，可将社会保险费用征缴法律关系分为以下几种。

（一）征缴权利人与缴费义务人的关系

征缴权利人是指征缴机关，缴费义务人包括用人单位和劳动者。征缴权利人与缴费义务人之间的关系是依照法律征收与缴纳的公法关系，征缴义务人与征缴权利发生社会保险争议要通过行政复议或行政诉讼方式解决。征缴权利人与征缴义务人法律关系的内容如下。

1. 征缴权利人的权利与义务

（1）征收社会保险费的职责。根据国务院 1999 年颁布的《社会保险费征缴暂行条例》规定，社会保险费中的养老保险、医疗保险、失业保险三项社会保险费实行集中、统一征收。社会保险费的征收机构由省、自治区、直辖市人民政府规定，可以由税务机关征收，也可以由劳动保障行政部门按照国务院规定设立的社会保险经办机构征收。《社会保险法》规定社会保险费实行统一征收，实施步骤和具体办法由国务院规定。社会保险费征收机构应当依法按时足额征收社会保险费，并将缴费情况定期告知用人单位和个人。对于国家来说，征收社会保险费是社会保险经办机构或税务机关的义务。对于社会保险费用缴费主体而言，社会保险费征缴人具有社会保险费缴纳请求权，此时，这种职责又是一种权利。征收社会保险费是征缴权利人在社会保险费征收关系中最主要的权利，是社会保险体系能够运作的基础。

（2）建立社会保险信息档案的义务。社会保险经办机构提供社会保险服务，负责社会保险登记、个人权益记录等工作，这些工作是进行社会保险待遇发放的基础。社会保险经办机构应当及时为用人单位建立档案，完整、准确地记录参加社会保险的人员、缴费等社会保险数据，妥善保管登记、申报的原始凭证和支付结算的会计凭证。社会保险经办机构应当及时、完整、准确地记录参加社会保险的个人缴费和用人单位为其缴费，以及享受社会保险待遇等个人权益记录，定期将个人权益记录单免费寄送本人。

（3）调查和检查的权利。《社会保险费征缴监督检查办法》第三条第三款规定：

"社会保险经办机构受劳动保障行政部门的委托，可以对缴费单位履行社会保险登记、缴费申报、缴费义务的情况进行调查和检查，发现缴费单位有瞒报、漏报和拖欠社会保险费等行为时，应当责令其改正。"社会保险经办机构调查、检查缴费情况的权利来自劳动保障行政部门的委托，并且没有行政处罚权。

（4）使用强制性方式保障社会保险费用征收的权利。强制性方式包括查询、划拨、要求提供担保、请求法院扣押、查封、拍卖缴纳义务人财产等。用人单位未按时足额缴纳社会保险费的，由社会保险费征收机构责令其限期缴纳或补足；用人单位逾期仍未缴纳或补足社会保险费的，社会保险费征收机构可以向银行或其他金融机构查询其存款账户，并可以申请县级以上有关行政部门作出划拨社会保险费的决定，书面通知其开户银行或者其他金融机构划拨社会保险费；用人单位账户余额少于应当缴纳的社会保险费的，社会保险费征收机构可以要求该用人单位提供担保，签订延期缴费协议；用人单位未足额缴纳社会保险费且未提供担保的，社会保险费征收机构可以申请人民法院扣押、查封、拍卖其价值相当于应当缴纳社会保险费的财产，以拍卖所得抵缴社会保险费。这是《社会保险法》为加强社会保险费用的征收而进行的新规定。

（5）提供社会保险服务的义务。该义务包括提供信息查询服务、咨询、说明服务等。《社会保险费征缴暂行条例》规定，社会保险经办机构应当至少每年向缴费个人发送一次基本养老保险、基本医疗保险个人账户通知单。缴费单位、缴费个人有权按照规定查询缴费记录。

2. 缴费义务人的权利与义务

缴费义务人主要包括劳动者和用人单位，他们作为缴费义务人的权利、义务分别如下。

（1）劳动者作为缴费义务人的权利义务有：①缴费义务。《社会保险费征缴暂行条例》第十二条第二款规定，缴费个人应当缴纳的社会保险费，由所在单位从其本人工资中代扣代缴。②查询、知情的权利。《社会保险法》第四条规定，个人有权查询缴费记录、个人权益记录，要求社会保险经办机构提供社会保险咨询等相关服务。请求征缴主体履行职责的权利。社会保险经办机构及其工作人员未履行社会保险法规定的职责，给缴费个人造成损失的，个人可以行政不作为提起诉讼，依法承担赔偿责任。

（2）用人单位作为缴费义务人的权利义务包括：①社会保险登记义务。用人单位应当自成立之日起 30 日内凭营业执照、登记证书或者单位印章，向当地社会保险经办机构申请办理社会保险登记。登记事项包括：单位名称、住所、经营地点、单位类型、法定代表人或者负责人、开户银行账号以及国务院劳动保障行政部门规定的其他事项。用人单位的社会保险登记事项发生变更或者用人单位依法终止的，应当自变更或者终止之日起三十日内，到社会保险经办机构办理变更或者注销社会保险登记。②申报、缴费义务。此义务的法律依据是《社会保险法》第六十条："用人单位应当自行申报、按时足额缴纳社会保险费，非因不可抗力等法定事由不得缓缴、减免。"③协助义务。《社会保险费征缴暂行条例》第十八条规定，按照省、自治区、直辖市人民政府关于社会保险费征缴机构的规定，劳动保障行政部门或者税务机关依法对单位缴费情况进行检查时，被检查的单位应当提供与缴纳社会保险费有关的用人情况、工资表、财务报表等资料，如实反映情况，不得拒绝检查，不得谎报、瞒报。这是法律规定的用人单位需履行的协助义务。

    3. 用人单位与劳动者之间的关系

在社会保险费用征缴过程中，除用人单位和劳动者作为被征缴人与社会保险经办机构产生法律关系之外，用人单位与劳动者也会产生法律关系。用人单位在招用劳动者后，应为劳动者办理社会保险登记，缴纳社会保险费用，这种关系属于私法性质。若劳动者就此与用人单位发生争议的应通过民事诉讼解决。

具体而言，用人单位负有为职工办理社会保险登记的义务。用人单位应当自用工之日起 30 日内为其职工向社会保险经办机构申请办理社会保险登记。用人单位还有代扣代缴及告知义务，即职工应当缴纳的社会保险费由用人单位代扣代缴，用人单位应当按月将缴纳社会保险费的明细情况告知本人。

三、社会保险待遇给付法律关系

社会保险待遇给付的内容除包括金钱给付外，还包括实物给付和行为给付。养老金、生育津贴、伤残补助金都是以金钱为给付内容；医疗保险待遇通常以医生提供医疗服务的行为方式和开具药品的实物方式给付。给付的方式可以是一次性的，如一次性伤残补助金；也可以是持续性的，如养老金，它的给付持续到公民死亡，是为持续地满足公民退休后的基本生活需要的。

社会保险待遇给付关系涉及三方主体：给付主体、辅助机构、被保险人。给付主体主要指社会保险经办机构。根据《社会保险法》的规定，社会保险经办机构提供社会保险待遇支付服务。社会保险待遇中的金钱给付，一般由社会保险经办机构支付给被保险人，即劳动者和其他参保公民。但对于医疗保险和工伤保险中的医疗行为给付和药品给付，由于自身功能的限制，社会经办机构一般不能直接给付，而通过委托医院、药店等辅助机构代为履行，因此，在给付主体、辅助机构、被保险人之间就形成了三方关系。被保险人与给付主体之间的关系是三者关系的基础，他们之间的关系以法律强制规定为依托，保险待遇的享有以先履行缴费义务为前提，法律关系性质为公法上的法定之债。给付主体与辅助机构之间的关系属于行政合同性质。根据《城镇职工基本医疗保险定点医疗机构管理暂行办法》、《城镇职工基本医疗保险定点零售药店管理暂行规定》的规定，社会保险经办机构即给付机构要按照基本医疗保险的有关政策规定和与定点医疗机构、定点零售药店签订协议，按时足额与定点医疗机构、定点零售药店结算医疗费用。被保险人与辅助机构之间基于给付主体和它们分别建立的公法关系和行政合同关系连接起来，从这个角度看，它们之间具有公法关系。从被保险人从辅助机构接受服务，例如医疗服务来看，又与一般人接受医疗机构提供的服务无异，因此，它们之间又具有私法的关系。

给付主体的权利义务有：①给付被保险人保险待遇的义务；②支付辅助服务机构相关费用的义务。社会保险经办机构要按照基本医疗保险的有关政策规定和与定点医疗机构签订的协议，按时足额与定点医疗机构结算医疗费用。对不符合规定的医疗费用，社会保险经办机构不予支付。

辅助机构的权利义务有：①为被保险人提供辅助服务。②按照给付主体的要求对其提供相关服务。例如，定点医疗机构应及时、准确地向社会保险经办机构提供参保人员医疗费用的发生情况等有关信息，提供审核医疗费用所需的全部诊治资料及账目清单等。定点零售药店要定期向统筹地区社会保险经办机构报告处方外配服务及费用发生情况等义务。③请求给付主体支付服务费用的权利。④要求被保险人出示相关社会保险待遇享受证明的权利。

被保险人的权利义务有：①请求给付保险待遇的权利。被保险人在符合给付条件时，可以要求社会保险经办机构给付社会保险待遇。②出示具备保险待遇享受资格的证明等协助义务。被保险人在享受社会保险待遇之前，需要出示身份证、社会保险卡等证明其具备享有待遇资格的证明。

第四节　社会保险基金

一、社会保险基金的概念

基金是指具有特定目的和用途的资金。社会保险基金是社会保障基金的一种基金类型。社会保障基金是根据国家有关法律、法规和政策的规定，为实施社会保障制度而建立起来的专款专用的资金。社会保险基金是指按照国家法律、法规和政策规定方式筹集的，为了支付保险对象社会保险待遇的专项资金。在我国，社会保险基金包括基本养老保险基金、基本医疗保险基金、工伤保险基金、失业保险基金和生育保险基金。

二、社会保险基金的资金来源

综观世界各国的情况，社会保险基金的来源主要有：

1. 政府财政补贴

在现代社会保障制度中，政府负有不可推卸的责任。作为责任主体身份的政府，不但要承担对社会救助、社会优抚、社会福利等事业的直接拨款责任，还要对社会保险基金给予适当的资助或补贴，并扮演最终责任主体的角色。政府给予的财政资助或补贴如下：

（1）税收政策上的资助。按税前收入提取保险费，对劳动者收入的一部分便不再课征个人所得税，这意味着国家失去一部分财政收入，也就等于国家对社会保险事业的资助。

（2）利率政策上的资助。国家给予社会保险基金偏高的利率，一般高于居民储蓄利率，高出部分是国家的财政支出，当然就是国家对社会保险事业的资助。

（3）财政政策上的资助。当社会保险基金入不敷出时，政府用财政拨款的办法弥补赤字。社会保险经办机构工作人员的工资和管理费也由国家财政支付。

2. 雇主和雇员缴费

高福利国家的实践证明，完全由政府负担社会保险责任是不现实的，由社会分担社会保险费用成为越来越多国家选择的方式。由雇主和雇员分担社会保险责任是社会分担社会保险责任的主要形式，并且由它们分担社会保险责任也具有合理性。雇主作为雇佣者，在雇员受到工作伤害、生病、年老、失业时，应当为了保护雇员的生命安全、维护劳动力的持续发展承担雇主责任。个人缴纳社会保险费用，有利于减轻政府负担，并有利于引起社会成员对社会保险基金管理和监督的重视。

3. 投资收益

对社会保险基金进行投资运营已越来越引起各国政府的重视，其投资运营收入也成为社会保险基金的来源之一。我国《社会保险法》第六十九条规定："社会保险基金在保证安全的前提下，按照国务院规定投资运营实现保值增值。"2011年，我国包括基本养老、失业、基本医疗、工伤和生育保险基金在内的五项社会保险基金总收入达到2.37万亿元，比上年增长25.9%。然而，与同期CPI（居民消费价格指数）的增速相比却相形见绌，社会保险基金面临"缩水"，社会保险基金保值增值问题突出。如何实现社会保险基金的保值增值是我国理论界和实务界需要努力解决的问题。

4. 滞纳金收入也是社会保险基金的来源之一

按照《社会保险法》的规定，滞纳金主要向未按时足额缴纳社会保险费的用人单位收取。用人单位未按时足额缴纳社会保险费的，由社会保险费征收机构责令限期缴纳或者补足，并自欠缴之日起，按日加收万分之五的滞纳金。滞纳金并入社会保险基金。

三、社会保险基金的筹集模式

社会保险基金的筹集模式是指社会保险机构通过特定方式筹集社会资金，以实现社会保险基金的收支平衡和制度稳定运行的技术机制。世界各国形成了现收现付、完全积累、部分积累三种模式。

（1）现收现付模式。现收现付模式的基本原理是：根据横向平衡的原则，在长期稳定的人口机构下，该体制内的生产性劳动人口负担老年劳动人口的退休养老费用，而现有生产性劳动人口的退休费用，将由下一代生产性劳动人口负担。因而，现收现付正常运行的一个基本条件是长期相对稳定的人口结构，主要是较稳定的退休者与生产劳动者的比例。劳动者代际间收入转移与收入再分配是其经济内涵，短期收支平衡是现收现付模式的基本特征。具体做法是先做出一年内的某项社会保障措施所需支付的费用预算，然后按照一定比例分摊到参加该保障措施的所有单位和个人，当年提取当年支付。采取这种模式的有英国、德国等。

（2）完全积累模式。完全积累模式是一种以远期纵向收支平衡为原则的筹资模式。完全积累模式是在人口老龄化的情况下，横向代际转移的现收现付制出现了困难，不得不把注意力转向了积累模式。积累模式目前世界上主要是个人账户储蓄制度。该模式依据纵向平衡的原则，在对人口、工资、物价、利息等社会经济指标进行宏观测算后，将被保险人在享受保险期间的总保险费用按一定的提取比例分摊到整个投保期间。由于该方式采用平摊保险费方式，要求所有的投保人均须提存老年退休准备金，权利与义务对等，较好地体现了社会保险的储备职能和自保原则。采取这种模式的有新加坡、智利等。

（3）部分积累模式。部分积累制是指现收现付制和完全积累制两种模式结合。这种模式是把近期横向收支平衡原则和远期纵向收支平衡原则结合起来，即在满足现实一定支出需要的前提下，留出一定的储备，以适应未来的支出需求。正如有学者提出："这种部分积累制有三种形式。第一种是在原有现收现付制度的基础上，适当提高费率几个百分点，除支付当年保险金外，还可以进行适度规模的积累，用于以后的保险金支付。第二种是在多层次社会保险模式中，第一层次基本保险采用现收现付制，第二、第三层次采用完全积累制，在多层次保险模式框架内实施部分积累制。第三种是在引入个人账户的积累制的基础上，保留部分社会保险统筹共济的功能和机制。"我国养老保险制度采用这种模式，养老保险包括社会统筹和个人账户两部分，其中社会统筹部分实行现收现付制，个人账户实行完全积累制。这种模式也需要人口结构相对稳定，一旦出现退休年龄提前、出生率不断下降、人口老龄化等不确定性，均会给现收现付部分带来风险。

目前我国很多地方每年的养老保险金支出远远大于收入的额度，而地方的主要解决方法除了增加财政补贴外，就是挤用个人账户资金应对当期发放，从而造成个人账户"空账"。社科院世界社保研究中心此前发布的《中国养老金发展报告2012》显示，截至2011年12月底，中国城镇职工基本养老保险个人账户记账金额约为2.5万亿元，但实际上账户里做实的仅有2 703亿元，个人账户"空账"已超2万亿。当期支付的部分已经支付，应当积累的部分却未能实现积累，这样的结果就是，个人账户资金如不能弥补，现在正在交付个人账户养老金的职工，在未来退休领取退休金时将会形成很大的支付缺口。我国正在积极考虑采取相应措施彻底解决这一问题。

四、社会保险基金的筹集方式

从世界各国社会保险基金的筹集方式来看，有征收社会保险税和缴纳社会保险费两种方式。绝大多数发展中国家和德国、日本、法国、比利时等部分发达国家采用缴纳社会保险费的筹集方式。但美国、加拿大、意大利和荷兰等国家采用征收社会保险税的方式。

（1）社会保险税。社会保险税是向特定收入的纳税人征收并用于社会保险支出的一项税种。社会保险税由雇主与雇员按一定比例缴纳，雇主与雇员缴纳的社会保险费虽是社会保险基金的主要来源。在已经建立社会保险制度的160多个国家中，有80多个国家开征社会保险税。2000年，西方发达国家社会保险税占国内生产总值的比重平均达到13%，占税收收入的比重平均达到32%。社会保险税在西方国家税制中占有非常重要的地位。

（2）社会保险费。与税收规范筹集财政收入的形式不同，费是政府有关部门为单位和居民个人提供特定的服务，或赋予某种权利而向直接受益者收取的代价。税和费的区别主要有：税收的主体是国家，税收管理的主体是代表国家的税务机关、海关或财政部门；而费的收取主体多是行政事业单位、行业主管部门等。税收具有无偿性，纳税人缴纳的税收与国家提供的公共产品和服务之间不具有对称性；费则通常具有补偿性，主要用于满足成本补偿的需要，特定的费与特定的服务之间往往具有对称性。税收具有稳定性，而费则具有灵活性。税法一经制定对全国具有统一效力，并相对稳定；费的收取一般由不同部门、不同地区根据实际情况灵活确定。税收收入由国家预算统一安排使用，用于社会公共需要支出，而费一般具有专款专用的性质。因此，从税和费的区别来看，社会保险基金更适合以费的形式筹集。我国社会保险基金就是采用用人单位和劳动者缴费的方式筹集。

但我国还是就社会保险基金的筹集方式产生了征税与缴费之争。原因在于，我国自20世纪80年代开始实行社会保险强制缴费制度以来，社会保险费用征缴效果并不理想，用人单位拖欠社会保险费用严重，社会保险费用征收难度大、成本高。所以，有些学者建议社会保险基金的筹集应当由缴费改为征税。其实，无论是费还是税，都具有强制性，社会保险费和社会保险税的目的是相同的。目前，我国社会保险费用征缴中出现的问题并非是征收方式导致的，而是由我国立法及执法的力度、人口结构、历史欠账等原因造成的。而且，改变实施多年的缴费制度在操作过程中具有一定难度。因此，将社会保险费改为社会保险税的方式来筹集社会保险基金的设想，需要进一步论证或应当缓行。

五、社会保险基金的管理

社会保险基金管理是指为保障公民的基本生活，根据国家和个人的经济承受能力而开展的社会保险基金筹集、待遇支付、基金保值增值等行为和过程。社会保险基金管理主要包括社会保险基金收支管理、社会保险基金的预算和决算管理、社会保险基金投资运营管理、社会保险基金稽核监督等。劳动保障行政部门对社会保险基金行使管理职责。社会保险经办机构受委托具体负责基金的管理业务。

关于社会保险基金收支的管理，我国在1999年《社会保险基金财务制度》中就确立了社会保险基金收支两条线的管理思路，对保险基金专项管理，专款专用，避免社会保险基金被挤占、挪用或平衡财政预算。1998年的《企业职工基本养老保险基金实行收支两条线管理暂行规定》具体规定，基本养老保险基金应在社会保险经办机构和财政部门协商确定的国有商业银行分别开设"基金收入户"、"基金财政专户"和"基金支出户"三个专用账户实现收支分离。其他社会险种也应当分别建账，分账核算，专款专用，自求平衡，不得相互挤占和调剂。至于具体征缴机关，根据《社会保险费征缴暂行条例》，社会保险费的征收机构由省、自治区、直辖市人民政府规定，可以由税务机关征收，也可以由社会保险经办机构征收。为了保证用人单位按时足额地缴纳社会保险费用，劳动和社会保障部1999年颁布的《社会保险费征缴监督检查办法》立法赋予劳动保障行政部门负责社会保险费征缴的监督检查工作，劳动保障行政部门的劳动保障监察机构具体负责社会保险费征缴监督检查和行政处罚，违反征缴义务的行为具有行政处罚的权利。社会保险经办机构受劳动保障行政部门的委托，可以对缴费单位履行社会保险登记、缴费申报、缴费义务的情况进行调查和检查，发现缴费单位有瞒报、漏报和拖欠社会保险费等行为时，应当责令其改正，无行政处罚权。社会保险经办机构应当每年至少一次将参保人员个人权益记录单通过邮寄方式寄送本人。同时，社会保险经办机构可以通过手机短信或者电子邮件等方式向参保人员发送个人权益记录。

关于社会保险基金的预算和决算管理，2010 年国务院颁布了《关于试行社会保险基金预算的意见》。社会保险基金预算是根据国家社会保险和预算管理法律、法规建立反映各项社会保险基金收支的年度计划。社会保险基金预算按统筹地区编制执行。在预算体系中，社会保险基金预算单独编报，与公共财政预算和国有资本经营预算相对独立、有机衔接。社会保险基金不能用于平衡公共财政预算，公共财政预算可补助社会保险基金。社会保险基金预算坚持收支平衡，适当留有结余。社会保险基金预算按险种分别编制，包括企业职工基本养老保险基金、失业保险基金、城镇职工基本医疗保险基金、工伤保险基金、生育保险基金等内容。社会保险基金预算分为基金收入预算和基金支出预算。统筹地区社会保险基金预算草案由社会保险经办机构编制，社会保险费由税务机关征收的，社会保险基金收入预算草案由社会保险经办机构会同税务机关编制，经本级人力资源和社会保障部门审核汇总，财政部门审核后，由财政与人力资源和社会保障部门联合报本级人民政府审批，审批后，层级上报至财政部与人力资源和社会保障部。社会保险基金预算草案经统筹地区人民政府批准后，由财政与人力资源和社会保障部门批复，社会保险经办机构具体执行。社会保险基金预算不得随意调整。年度终了，统筹地区社会保险经办机构应按有关规定编制年度社会保险基金决算草案，经人力资源和社会保障部门审核汇总，财政部门审核后，由财政与人力资源和社会保障部门联合报本级人民政府审批。

我国社会保险基金的投资运营目前限于用社会保险基金购买国家债券或存入银行所取得的利息收入。例如，根据《企业职工养老保险基金财务制度》的规定，基金结余除留足 2 个月的支付费用外，大部分用于购买国家发行的特种定向债券。基金结余是指企业职工基本养老保险基金收支相抵后的余额，包括当期结余和前期结余。购买特种定向债券后的结余额，可根据国家年度国债发行计划，认购其他种类的国家债券。各地区、各部门、各单位和个人不得利用基本养老保险基金结余在境内外进行其他形式的直接或间接投资。但购买国债和存入银行的利息远远低于物价上涨指数，社会保险基金不断缩水，社会保险基金增值保值的任务严峻。

社会保险基金的监督对于保障社会保险基金的安全具有重要意义。2001 年 5 月 8 日劳动和社会保障部通过的《社会保险基金行政监督办法》对社会保险基金的行政监督主体、监督内容、监督方式、监督程序角度进行了规定。此法律文件将社会保险基金的行政监督主体规定为：劳动保障部主管全国社会保险基金监督工作。县级以上各级人民政府劳动保障行政部门主管本行政区域内的社会保险基金监督工作。劳动保障行政部门负责社会保险基金监督的机构具体实施社会保险基金监督工作。由于行政机构改革，行政监督主体变为人力资源和社会保障部门。监督的内容主要是监督社会保险基金收入户、社会保险基金支出户、社会保障基金财政专户以及其他与社会保险基金有关的账户收支和结余情况。监督具体包括：①贯彻执行社会保险基金管理法律、法规和国家政策的情况；②社会保险基金预算执行情况及决算；③社会保险基金征收、支出及结余情况；④社会保险基金管理的其他事项。行政监督的方式分为现场监督和非现场监督。现场监督分为定期监督、不定期监督和按《社会保险基金监督举报工作管理办法》的规定受理的举报案件查处。非现场监督分为常规监督和专项监督。常规监督通过被监督单位按监督机构的要求定期报送有关数据进行；专项监督通过被监督单位按监督机构的要求报送专项数据进行。在非现场监督过程中发现被监督单位存在严重违法违纪问题的，应实施现场监督。

《社会保险法》规定的监督主体更为广泛。财政部门、审计机关可以按照各自职责，对社会保险基金的收支、管理和投资运营情况实施监督。统筹地区人民政府成立由用人单位代表、参保人员代表，以及工会代表、专家等组成的社会保险监督委员会，掌握、分析社会保险基金的收支、管理和投资运营情况，对社会保险工作提出咨询意见和建议，实施社会监督。各级人民代表大会常务委员会听取和审议本级人民政府对社会保险基金的收支、管理、投资运营以及监督检查情况的专项工作报告，组织对本法实施情况的执法检查等，依法行使监督职权。任何组织或者个人有权对违反社会保险法律、法规的行为进行举报、投诉。

六、全国社会保障基金

全国社会保障基金，是指全国社会保障基金理事会负责管理的、由国有股减持划入资金及股权资产、中央财政拨入资金、经国务院批准以其他方式筹集的资金，以及由投资收益形成的、由中央政府集中的社会保障基金。我国《社会保险法》第七十一条明确了设立全国社会保障基金的目的是用于社会保障支出的补充、调剂。

2000 年 8 月，我国成立了全国社会保障基金，全国社会保障基金理事会也随之成立。全国社会保障基金理事会受国务院委托，管理中央集中的社会保障基金。它的主要职责是管理通过减持国有股所获资金、中央财政拨入的资金及其他方式筹集到的资金并根据财政部、人力资源和社会保障部共同下达的指令和确定的方式拨出资金，选择并委托专业性资产管理公司对基金资产进行运作，并实现增值保值。

社保基金投资运作的基本原则是，在保证基金资产安全性、流动性的前提下，实现基金资产的增值。社保基金投资的范围限于银行存款、买卖国债和其他具有良好流动性的金融工具，包括上市流通的证券投资基金、股票、信用等级在投资级以上的企业债、金融债等有价证券。

社会保障基金与社会保险基金不同。首先，它们的资金来源不同。社会保障基金来源于国有股减持划入资金及股权资产、中央财政拨入资金、经国务院批准以其他方式筹集的资金。社会保险基金来源于个人、用人单位的缴费和政府财政补贴。其次，它们的目的不同。社会保险基金是用来支付社会保险待遇，帮助公民防范社会风险。社会保障基金是为了社会保障支出的补充、调剂。再次，它们的投资方式不同。社会保险基金的投资侧重于安全性，投资渠道目前限于银行存款或国债。但社会保障基金的投资方式多样，在保证安全性的前提下更要实现资产的增值。

第五节 社会保险争议处理法律制度

一、社会保险争议的概念和类型

社会保险争议是指社会保险关系主体在建立社会保险关系和实现社会保险待遇的过程中发生的权利义务方面的纠纷。人类社会只要发生联系，就会存在纠纷。社会保险在建立和实现的过程中，各种主体纷纷参与进来，社会保险机构征缴社保费用，投保人和被保险人缴纳社会保险费用，社会保险机构和其他辅助性机构给付社保待遇，它们的权利义务各自不同，难免发生争议。

目前，我国社会保险制度仍以劳动者为主要保障对象，如养老保险、医疗保险、生育保险、失业保险、工伤保险都和劳动者紧密相关，我们所研究的社会保险争议也是以劳动者为主要保障对象的社会保险争议，它涉及的争议主体主要包括社会保险机构、用人单位、劳动者、社会保险辅助机构。社会保险争议的类型主要包括以下几种类型：

（1）劳动者与用人单位就缴纳社会保险费用发生的争议。劳动者与用人单位存在劳动关系，在存在劳动关系的基础上，用人单位为劳动者缴纳相关社会保险费用。在强制建立社会保险制度的国家，用人单位承担缴纳社会保险费的法定义务，但为减少运营成本，用人单位逃避社会保险费缴纳义务的情形屡有发生，从而使劳动者社会保险利益受损，劳动者因此可能与用人单位产生争议。

（2）社会保险机构和用人单位就缴纳社会保险费用发生的争议。用人单位负有缴纳社会保险费的义务，这个义务不仅是对劳动者负有的义务，也是对国家、对社会保险机构负有的义务。用人单位若不履行社会保险登记义务，逃避缴纳社会保险费用，社会保险经办机构或社会保险行政机关可以对用人单位采取一定的行政处罚措施，用人单位对此不服会导致社会保险争议的产生。

（3）劳动者与社会保险经办机构因社会保险待遇给付产生的争议。劳动者承担缴纳社会保险费的义务是为了最终获得社会保险待遇的享受，当社会保险给付待遇与劳动者的期待不一致时，劳动者就可能同社会保险待遇给付部门社会保险经办机构产生争议。

（4）用人单位和劳动者与社会保险关系中涉及的其他机构的争议。社会保险关系除涉及用人单位、劳动者、社会保险机构外，还会涉及一些重要机构，例如，工伤保险中的工伤认定机构，其对工伤的认定结果直接影响到受伤职工能够享受到的工伤待遇，因此，劳动者和用人单位都可能因此与这些机构发生争议。

（5）社会保险机构与社会保险辅助机构发生的争议。在社会保险关系中，除社会保险机构提供社会保险待遇外，医疗机构、定点药店、辅助器具配置机构都会参与到社会保险待遇的给付中来，它们与社会保险经办机构签订服务协议，服务协议具有行政合同性质，双方在履行合同的过程中可能发生争议。

社会保险关系与劳动关系在诸多方面存在不同，例如，社会保险关系涉及的主体众多，社会保险机构、投保人、被保险人、受益人、社会保险辅助机构等主体都参与其中，而劳动关系主体则相对较少，仅涉及劳动者和用人单位；社会保险关系内容复杂，如社会保险费用征缴关系、保险待遇给付关系、保险待遇服务提供关系中涉及的主体和各自间的权利义务都不相同，劳动关系主体间的权利义务内容较为简单。因此，由于社会保险关系与劳动关系这两者基础关系不同，因而处理这两类争议的方式也会有所不同，但另一方面，社会保险关系建立在劳动关系之上，社会保险争议在一定范围内和劳动争议存在重合，这部分争议的处理模式又应适用于劳动争议处理模式。

二、西方国家的社会保险争议处理模式

西方国家处理社会保险争议包括司法处理模式和非司法处理模式两种类型。

司法模式主要通过专门法院处理或普通法院通过特殊程序处理。例如，德国的社会保险争议由社会法院审理。德国的社会法院从行政法院体系分离而来，又和审理劳动争议的劳动法院在审理内容、审理原则上不同。劳动法院实行先行调解原则，社会法院不实行先行调解；社会法院的兼职法官比劳动法院的法官来源更为广泛，不仅来源于雇主和雇员，还来源于社会保险部门和社会团体；劳动法院的审理结果是调解、判决、撤诉；社会法院的审理结果为判决、认定、撤诉。法国的任何法院都可以审理社会保险争议，但只有劳动法院是处理社会保险争议的专业法院。劳动法院建在区级的民事法院体系中，依照民事诉讼程序法办案。在司法程序上，西方国家处理劳动争议和社会保险争议会适用更为便捷、经济的程序。比利时皇家最高劳动法院在处理劳动争议和社会保险争议时，可以同时审理 10～20 件同类案件。

非司法模式主要包括斡旋、调解、仲裁等。在欧盟国家，非司法模式广泛应用于处理劳动争议与社会保障争议，因为这些方式更有助于接近当事人的心理，便于争议的解决。斡旋是指争议双方协商失败的情况下，由第三方介入帮助双方达成和解协议。调解也是由第三方帮助达成和解协议，只是第三方的角色比斡旋人更独立，在达成和解协议时作用更大。仲裁人更接近于法官，具有作出公断的权利，仲裁常发生在失败的斡旋或调解之后。

三、我国社会保险争议处理制度

（一）我国社会保险争议处理制度立法概况

由于劳动关系和社会保险关系间的紧密联系，我国社会保险理论长期未脱离劳动关系理论，这导致我国社会保险争议处理机制归属于劳动争议处理机制之内，处理社会保险争议的立法也主要集中在劳动争议立法。

文化大革命后，我国劳动关系相关立法处于恢复、重建阶段。1987 年 7 月，国务院颁布了《国营企业劳动争议处理暂行条例》，劳动争议处理机制得以恢复。但这部暂行条例中定义的劳动争议类型并未涉及社会保险争议，只将企业与职工间因履行劳动合同发生的争议和因开除、除名、辞退违纪职工发生的争议作为劳动争议的类型。1993 年 8

月 1 日,《中华人民共和国企业劳动争议处理条例》开始实施,《国营企业劳动争议处理暂行条例》同时废止。新条例明确将企业与职工间因执行国家有关保险规定而发生的争议纳入到劳动争议的范畴。

1995 年,我国《劳动法》开始实施。2001 年,最高人民法院颁布的《关于审理劳动争议案件适用法律若干问题的解释》明确规定:"劳动者退休后,与尚未参加社会保险统筹的原用人单位因追索养老金、医疗费、工伤保险待遇和其他社会保险费而发生的纠纷属于劳动争议。"2006 年,最高人民法院发布的《关于审理劳动争议案件适用法律若干问题的解释(二)》规定,劳动者请求社会保险经办机构发放社会保险金的纠纷和劳动者对劳动能力鉴定委员会的伤残等级鉴定结论或者对职业病诊断鉴定委员会的职业病诊断鉴定结论的异议纠纷不属于劳动争议。从上文归纳的社会保险争议的类型来看,《解释》和《解释(二)》中所谈到的争议类型都属于社会保险争议的范畴,只是立法将劳动者与用人单位间因社会保险发生的争议归入劳动争议的范畴,将涉及其他主体的社会保险争议排除在劳动争议之外。因此,对于劳动者与用人单位因社会保险产生的争议,我们依照劳动争议处理模式处理,适用"一裁两审"争议解决方式。而涉及其他主体参与的社会保险争议案件,如用人单位因社会保险费用的缴纳或劳动者因社会保险待遇的给付与社会保险机构产生争议等,因属于行政管理过程中产生的纠纷,适用行政复议或行政诉讼方式处理,而不会适用劳动争议处理模式。2007 年 12 月 29 日颁布的《中华人民共和国劳动争议调解仲裁法》再次确认劳动者与用人单位因社会保险产生的争议属劳动争议的观点。

2010 年,最高人民法院出台的《关于审理劳动争议案件适用法律若干问题的解释(三)》规定:"劳动者以用人单位未为其办理社会保险手续,且社会保险经办机构不能补办导致其无法享受社会保险待遇为由,要求用人单位赔偿损失而发生争议的,人民法院应予受理。"此解释将法院受理劳动者与用人单位社会保险争议案件的范围由过去的退休职工扩大至在职职工。

(二) 我国不同类型社会保险争议的处理制度

基于上文社会保险争议的不同类型,我们将社会保险争议处理制度分为如下类型:

1. 劳动者与用人单位间社会保险争议处理制度

根据我国法律,劳动者与用人单位间因社会保险发生的争议,有以下几种情形:一是对于社会保险制度没有普遍建立之时,没有参加社会保险统筹的用人单位与劳动者因追索养老金、医疗费、工伤保险待遇和其他社会保险费而发生的纠纷按劳动争议处理;二是对于用人单位未为劳动者办理社会保险手续,欠缴社会保险费用的情形,也属于劳动争议,可通过劳动仲裁或司法诉讼的方式,裁决或判决用人单位补缴;三是对于用人单位未为劳动者办理社会保险手续,欠缴社会保险费用,致使劳动者无法享受社会保险待遇的情形,也属于劳动争议,按劳动争议处理。

劳动者与用人单位因社会保险发生的争议处理制度与劳动争议处理制度相同,采用的是"一裁两审"的争议解决模式。劳动仲裁是处理劳动争议案件的必经程序。只有当事人对仲裁裁决不服或劳动争议仲裁委员会逾期未作出受理决定或仲裁裁决时,劳动争议案件才可以进入司法审判程序。针对劳动者与用人单位因社会保险争议而起的劳动争议的处理程序为：

（1）仲裁申请与受理。

劳动者和用人单位因社会保险发生争议，应在劳动者知道或者应当知道其权利被侵害之日起一年内向劳动争议仲裁委员会书面申请仲裁。劳动争议仲裁委员会应在收到仲裁申请之日起五日内决定是否受理，并通知申请人。劳动争议仲裁委员会受理仲裁申请后，应当在五日内将仲裁申请书副本送达被申请人。

（2）仲裁庭与仲裁裁决。

劳动争议仲裁委员会应组成仲裁庭，并在受理仲裁申请之日起五日内将仲裁庭的组成情况书面通知当事人。仲裁庭应当在开庭五日前，将开庭日期、地点书面通知双方当事人。仲裁庭在作出裁决前，应当先行调解。裁决应当按照多数仲裁员的意见作出，少数仲裁员的不同意见应当记入笔录。仲裁庭不能形成多数意见时，裁决应当按照首席仲裁员的意见作出。

劳动争议仲裁委员会对追索工伤医疗费数额较少（不超过当地月最低工资标准十二个月金额）的争议和对因执行国家劳动标准在社会保险方面发生的争议这两类争议作出的裁决为终局裁决，裁决书自作出之日起发生法律效力。对于这类仲裁裁决，劳动者不服的，可以自收到仲裁裁决书之日起十五日内向人民法院提起诉讼。用人单位只有在有证据证明上述两种情形存在仲裁裁决实体或程序违法的情形下，才能自收到仲裁裁决书之日起三十日内向劳动争议仲裁委员会所在地的中级人民法院申请撤销裁决，仲裁裁决被人民法院裁定撤销的，当事人可以自收到裁定书之日起十五日内就该劳动争议事项向人民法院提起诉讼。

仲裁庭裁决劳动争议案件，应当自劳动争议仲裁委员会受理仲裁申请之日起四十五日内结束。案情复杂需要延期的，经劳动争议仲裁委员会主任批准，可以延期并书面通知当事人，但是延长期限不得超过十五日。逾期未作出仲裁裁决的，当事人可以就该劳动争议事项向人民法院提起诉讼。

（3）民事诉讼程序。

我国并没有设立专门的劳动法院或劳动法庭，我国的劳动争议案件由人民法院民事审判庭按民事程序审理。根据我国 2011 年最高人民法院审判委员会修订的《民事案件案由规定》，民事案由中的劳动争议分为劳动合同纠纷和社会保险纠纷，这里的社会保险纠纷仅指劳动者和用人单位间产生的纠纷，不涉及其他社会保险主体。根据保险内容，这些社会保险纠纷又分为养老保险待遇纠纷、工伤保险待遇纠纷、医疗保险待遇纠纷、生育保险待遇纠纷、失业保险待遇纠纷。这些社会保险纠纷一律按民事诉讼程序审理。

2. 社会保险行政争议处理制度

2001 年 5 月，劳动和社会保障部通过并颁布《社会保险行政争议处理办法》。所谓社会保险行政争议是指经办机构在依照法律、法规及有关规定经办社会保险事务过程中，与公民、法人或者其他组织之间发生的争议。公民、法人或者其他组织认为经办机构的具体行政行为侵犯其合法权益，向经办机构或者劳动保障行政部门申请社会保险行政争议处理，经办机构或者劳动保障行政部门处理社会保险行政争议适用此办法。经办机构和劳动保障行政部门分别采用复查和行政复议的方式处理社会保险行政争议。

（1）社会保险行政争议的范围。该办法规定了公民、法人或者其他组织可以申请行政复议的事项包括："①认为经办机构未依法为其办理社会保险登记、变更或者注销手续的；②认为经办机构未按规定审核社会保险缴费基数的；③认为经办机构未按规定记录社会保险费缴费情况或者拒绝其查询缴费记录的；④认为经办机构违法收取费用或者违法要求履行义务的；⑤对经办机构核定其社会保险待遇标准有异议的；⑥认为经办机构不依法支付其社会保险待遇或者对经办机构停止其享受社会保险待遇有异议的；⑦认为经办机构未依法为其调整社会保险待遇的；⑧认为经办机构未依法为其办理社会保险关系转移或者接续手续的；⑨认为经办机构的其他具体行政行为侵犯其合法权益的。对于其中的②、⑤、⑥、⑦项情形，公民、法人或者其他组织除可直接向劳动保障行政部门申请行政复议，也可以先向作出该具体行政行为的经办机构申请复查，对复查决定不服，再向劳动保障行政部门申请行政复议。"

（2）申请复查或行政复议。申请人认为经办机构的具体行政行为侵犯其合法权益的，可以自知道该具体行政行为之日起六十日内向经办机构申请复查或者向劳动保障行政部门申请行政复议。公民、法人或者其他组织对经办机构作出的具体行政行为不服，可以向直接管理该经办机构的劳动保障行政部门申请行政复议。

（3）保险经办机构作出复查决定。申请人向作出该具体行政行为的经办机构申请复查的，该经办机构应指定其内部专门机构负责处理，并应当自接到复查申请之日起二十日内作出维持或者改变该具体行政行为的复查决定。决定改变的，应当重新作出新的具体行政行为。经办机构作出的复查决定应当采用书面形式。申请人对经办机构的复查决定不服，或者经办机构逾期未作出复查决定的，申请人可以向直接管理该经办机构的劳动保障行政部门申请行政复议。

（4）复议申请的受理和复议决定的作出。除符合法定受理条件，但不属于本行政机关受理范围，应告知申请人向有关机关提出申请或不符合法定受理条件不予受理的申请外，行政复议申请自劳动保障行政部门的保险争议处理机构收到之日起即为受理。劳动保障行政部门的保险争议处理机构应当对其组织审理的社会保险行政争议案件提出处理建议，经本行政机关负责人审查同意或者重大案件经本行政机关集体讨论决定后，由本行政机关依法作出行政复议决定。劳动保障行政部门作出行政复议决定，应当制作行政复议决定书，送达申请人和被申请人。

（5）行政诉讼。申请人与经办机构之间发生的属于人民法院受案范围的行政案件，申请人可以依法直接向人民法院提起行政诉讼，也可以提起行政复议。申请人先对劳动保障行政部门提出行政复议，对作出的行政复议决定不服的，可以依法向人民法院提起行政诉讼。

3. 用人单位、劳动者与社会保险经办机构外的其他机构间社会保险争议处理制度

在社会保险关系中，除用人单位、劳动者因社会保险费用的征缴、社会保险待遇的实现与社会保险经办机构发生联系、产生争议外，用人单位、劳动者在实现社会保险待遇的过程中还会与其他机构发生联系、产生争议。例如，需要通过社会保险行政部门进

行工伤认定；需要劳动能力鉴定委员会进行劳动能力鉴定；需要职业病诊断鉴定委员对职业病进行鉴定，这些认定或鉴定对劳动者能否享受社会保险待遇至关重要，因而也会发生争议。

（1）用人单位、劳动者与社会保险行政部门因工伤认定结果产生争议的处理。

根据2010年人力资源和社会保障部颁布的《工伤认定办法》规定，职工或者其近亲属、用人单位对不予受理决定不服或者对工伤认定决定不服的，可以依法申请行政复议或者提起行政诉讼。行政复议和行政诉讼程序按照《行政复议法》和《行政诉讼法》规定执行即可。

（2）用人单位、劳动者等与劳动能力鉴定委员会因劳动能力鉴定结果产生争议的处理。

处理程序。用人单位、工伤职工或者其近亲属向设区的市级劳动能力鉴定委员会提出劳动能力鉴定申请。申请鉴定的单位或者个人对设区的市级劳动能力鉴定委员会作出的鉴定结论不服的，可以在收到该鉴定结论之日起15日内向省、自治区、直辖市劳动能力鉴定委员会提出再次鉴定申请。省、自治区、直辖市劳动能力鉴定委员会作出的劳动能力鉴定结论为最终结论。

初次鉴定、再次鉴定性质。需要指出的是，根据《劳动鉴定委员会组织及工作规则》的规定，劳动鉴定委员会是县级以上人民政府设立，由劳动保障、卫生等行政部门和工会组织的主管人员组成。劳动鉴定是依据国家鉴定标准判定伤、病职工劳动能力、伤残程度的技术性工作，不属于具体行政行为。因而，对劳动能力鉴定结论存在异议，不能对其提起行政复议或行政诉讼，上一级劳动能力鉴定委员会再次鉴定的行为也不是行政复议行为。从法律实务来看，劳动能力鉴定在我国也没有被纳入行政诉讼的范围，但有学者提出劳动能力鉴定结论应当纳入行政诉讼范围。

（3）用人单位、劳动者等与职业病诊断鉴定委员会因职业病鉴定结果产生争议的处理。

处理程序。经省、自治区、直辖市人民政府卫生行政部门批准的医疗卫生机构可以承担职业病的诊断工作。当事人对职业病诊断有异议的，可以向作出诊断的医疗卫生机构所在地地方人民政府卫生行政部门申请鉴定。职业病诊断争议由设区的市级以上地方人民政府卫生行政部门根据当事人的申请，组织职业病诊断鉴定委员会进行鉴定。当事人对设区的市级职业病诊断鉴定委员会的鉴定结论不服的，可以向省、自治区、直辖市人民政府卫生行政部门申请再鉴定。职业病诊断鉴定委员会由相关专业的专家组成。省、自治区、直辖市人民政府卫生行政部门应当设立相关的专家库，需要对职业病争议作出诊断鉴定时，由当事人或者当事人委托有关卫生行政部门从专家库中以随机抽取的方式确定参加诊断鉴定委员会的专家。

初次鉴定、再次鉴定性质。职业病诊断鉴定委员会的初次鉴定和再次鉴定都不属于具体行政行为，也不能进行行政复议或行政诉讼。

4. 社会保险经办机构与保险辅助机构间社会保险争议处理制度

社会保险经办机构与社会保险辅助机构签订服务协议，由辅助机构对劳动者提供一定社会保险服务，社会保险机构支付辅助机构相关费用。由于社会保险经办机构属于行政机关，所以两者之间的协议属于行政合同，两者关系的性质属于行政合同关系。社会保险辅助机构包括基本医疗保险中的定点医疗机构、定点零售药店、工伤保险中的签订服务协议负责医治工伤职工的医疗机构、辅助器具配置机构。我国1999年颁布的《城镇职工基本医疗保险定点医疗机构管理暂行办法》和《城镇职工基本医疗保险定点零售药店管理暂行办法》对社会保险经办机构和定点保险医疗机构、定点零售药店之间的关系进行了规定。职业病诊断医疗机构与此不同，根据2013年卫生部审议通过的《职业病诊断与鉴定管理办法》，从事职业病诊断的医疗卫生机构是经省级卫生行政部门批准的，职业病诊断权利来自行政许可行为，而不是来源于行政合同。

对于社会保险经办机构和保险辅助机构间基于行政合同产生争议的处理，《工伤保险条例》第五十五条已经给出了答案："有下列情形之一的，有关单位或者个人可以依法申请行政复议，也可以依法向人民法院提起行政诉讼：……签订服务协议的医疗机构、辅助器具配置机构认为经办机构未履行有关协议或者规定的……"即社会保险辅助机构可以对社会保险经办机构提起行政复议或行政诉讼。至于社会保险经办机构能否依据行政合同起诉社会保险辅助机构，我国法律并没有给出明确规定。由于我国行政诉讼法体系建立在单向追究行政机关具体行政行为违法责任的基础之上，行政机关基于行政合同追究行政相对人责任的争议处理并没有包括在行政诉讼范围之内。

案 例 分 析

【案情】某外商独资公司高薪聘用博士毕业生赵某担任副总经理。在谈到工资待遇时，该公司说："董事会给你定的工资为1.2万元。不过，我们是一家外资公司，工资之所以定得这么高，是因为除了工资以外再没有其他福利待遇了。像什么医药费报销、养老等问题都得自己解决，公司概不负责。"听了这话，赵博士心里盘算开了："这个公司给我的工资的确够多，可是将来万一得了什么大病，或者老了怎么办呢？"但他转念又一想："我刚30多岁，一般也不会有什么大病，至于养老问题，现在考虑还为时过早，倒不如趁年轻多挣些钱实惠。"

应聘以后，赵博士为了解除自己的后顾之忧，每月从工资中拿出1 000元，向商业保险公司投了一份养老保险。这样一来，他在这家公司工作，也觉得踏实多了。

几个月后，赵博士由于与董事长在公司的经营管理等重大问题上产生了分歧，被董事长炒了"鱿鱼"。赵博士不服，申请劳动仲裁。

在劳动仲裁庭，赵博士提出公司未给他办理社会保险参保手续，他认为，这是侵犯他合法权益的行为。但公司认为不为他办社保，是事先讲好的，"你既然干了，就说明咱们的协议已经达成，你现在无权反悔。再说，你自己不是已经向商业保险公司投了养老保险吗"？

【问题】高薪能不能替代社会保险？

【解析】社会保险不同于商业保险公司的保险，两者的主要区别在于：①前者是劳动者在与用人单位发生劳动关系时应享有的权利，后者却不是；②前者是强制性的，即企业和劳动者必须依法参加，而后者是自愿性的，即是否参加完全凭企业或劳动者自愿。所以，赵博士自己向商业保险公司投保的养老保险，不能代替社会保险。

《中华人民共和国劳动法》第七十二条规定，用人单位和劳动者必须依法参加社会保险，缴纳社会保险费。这说明，参加社会保险，缴纳社会保险费是用人单位和劳动者共同的义务。因此，该外资公司以高薪来替代职工的社会保险，是违反法律规定的。

第十六章　养老保险

第一节　养老保险概述

一、养老保险的概念和特点

养老保险是一种国家强制建立保障劳动者退休后基本生活的社会保险制度。养老保险通过社会共济的方式实现对老年人口的赡养，是人类社会的一大进步，也是市场经济发展的结果。正如马克思所说："劳动愈不发达，劳动产品的数量愈少，从而社会的财富愈受限制，社会制度就愈在较大程度上受血缘关系支配。"市场经济使劳动力自由流动，也使传统的"养儿防老"的家庭养老模式变得越来越难以实现，建立国家主导社会共济的养老模式受到越来越多国家的认可和国际社会的普遍支持。1995 年，建立养老保险制度的国家和地区已达到 155 个。由于养老保险覆盖面广，保障水平高，收支规模大，其成为社会保险制度中最重要的项目。

与其他社会保险项目相比，养老保险具有以下特点：

（1）以保障老年人生活安全为目的。社会保险项目各有侧重，养老保险则是国家通过制度安排，向达到一定年龄、丧失劳动能力的老年社会成员提供物质帮助，以保障社会成员老年基本生活为目标的社会保险制度。在保险目的上，与保障社会成员生病时获得救助为目的的医疗保险、以保障劳动者受到工作伤害获得救助为目的的工伤保险、以保障劳动者在失业时获得救助为目的的失业保险、以保障劳动者在生育子女时获得救助为目的的生育保险有着明显的区别。与其他社会保险规避风险的偶发性不同，衰老是人类无法回避的现实，因此，养老保险基于其保障目的成为社会保险中最重要的项目。

（2）风险确定及收益率低决定养老保险责任应由国家主导。商业保险所规避的风险发生的偶然性较大，因此，在精算的基础上商业保险机构仍可以维持较高的盈利水平。但与商业保险相比，养老保险所分散的风险具有确定性，因为生命衰老是谁也无法回避的事实，因年老而丧失劳动能力无法维持生活的风险是每个社会成员都无法避免的现实，风险的确定性决定承担养老保险责任的机构只能维持较低的盈利水平，以营利为目的的商业机构一般不愿经营养老保险项目，自愿参加的商业保险模式也将使社会养老保险难以为继，风险确定及收益率低决定养老保险只能由国家主导强制建立。

（3）养老保险是适用范围最广、给付时间持续最长的社会保险项目。养老保险不应是针对某部分社会成员的制度安排，而应是惠及全体社会成员的制度保障。我国一直致力于建立覆盖全体社会成员的养老保险制度。我国针对城市职工的基本养老保险制度已基本成型,以农民和城镇居民为保障目标的农村社会养老保险制度和城镇居民社会养老保险制度正在建立和完善之中。养老保险待遇给付时间从被保险人退休直至其死亡,给付方式具有持续性,而医疗保险、生育保险待遇的给付都是一次性的。

二、养老保险的作用

养老保险作为社会保险制度的重要内容,具有以下重要作用:

(1)为社会成员的老年生活提供了保障,调动了社会成员的工作积极性。养老保险制度使社会成员老有所养,晚年生活得到保障,消除了社会成员的后顾之忧,社会成员不必为退休后没有收入来源而担心,从而可以安心工作,调动了社会成员的工作积极性。

(2)变家庭养老为社会互济养老,减轻了家庭养老的负担。传统的家庭养老模式越来越无法适应市场经济发展的需要。市场经济的发展带来了劳动人口的大量流动,劳动者离开生养他的家庭到外地就业,传统的家庭养老模式已经难以为继。养老保险制度将养老责任由家庭转移到社会,减轻了家庭养老的负担,为市场经济的发展提供了充足的劳动力支持。

(3)促进劳动关系的和谐、稳定,为国家安定和社会的可持续发展提供了保障。养老保险制度将社会成员的养老责任分配出一部分让用人单位承担,在一定程度上缓和了劳动关系的矛盾,促进了劳动关系的和谐与稳定。从社会保障发展史来看,我们不难发现这样的现象:凡是追求社会经济持续、健康发展的国家,必定高度重视社会保障制度的建设;凡是社会保障制度健全、完备的国家,都是能够获得持续健康发展的国家。养老保险制度作为社会保险制度、社会保障制度中的重要内容,无疑也起到了良好的社会稳定器的作用,为国家的安定和社会的可持续发展提供了保证。

三、养老保险制度的发展历史

(一)世界养老保险制度发展概况

现代意义的养老保险制度与其立法相伴而生。与自给自足的自然经济相适应的家庭保险,在资本主义社会建立以前曾发挥其应有的作用。但随着社会化大生产和市场经济的迅速发展,家庭保险已变得无能为力。现代意义上的养老保险立法发端于德国。德国于1889年颁布了《残废和老年保险法》,该法标志着现代意义的养老保险法的诞生,确立了养老保险的基本原则。20世纪下半叶,新兴的发展中国家和社会主义国家也相继创立了养老保险法。20世纪50年代以来,养老保险立法得到了国际社会的重视和支持。1952年国际劳工组织通过的《社会保障(最低标准)公约》强调,要"使受保护者获得养老补助金而无虞"。1982年在维也纳召开的老龄问题世界大会提出:"必须解决保障、保护及维护老年人收入的问题。"该会议通过的《行动计划》建议各国政府采取行动保证所有老龄者能有适当的最低收入,根据对所有老年人都提供保险的原则建立或制定社会保险制度。通过国际社会和各国政府与有关组织的努力，养老保险立法得到了迅速发展。世界上建立养老保险制度的国家，在 1944 年仅有 44 个；发展至今，全世界已有 155 个国家和地区实行了养老保险制度。

（二）我国的养老保险制度发展

新中国成立以来，我国的养老保险立法经历了以下几个阶段：

1. 养老保险制度初创时期（1949—1956 年）

1951 年，政务院颁布了《中华人民共和国劳动保险条例》，规定各类型的工厂、企业等单位筹集劳动保险的费用，用于工人、职员的养老、工伤、疾病、生育待遇。劳动保险的各项费用全部由企业行政方面或资方负担，其中一部分由劳动者直接支付，另一部分由其按月缴纳相当于该企业全部工人与职员工资总额的百分之三作为劳动保险金。劳动保险金不得在工人与职员的工资内扣或另行征收。

鉴于国家机关工作人员的工龄计算方法和工资标准的差别，《劳动保险条例》并不适用于国家机关工作人员。1955 年，国务院颁布《国家机关工作人员退休处理暂行办法》，对国家机关工作人员退休问题单独进行规定，国家机关工作人员男 60 岁、女 55 岁，工作年限满 5 年以上的可以退休，退休工资为本人工资的 50% ~ 80%。

在农村农业合作化的基础上，农民的生、老、病、死基本上依靠村级集体经济力量给予保障。根据 1956 年的《高级农业生产合作社示范章程》规定，农业生产合作社对于缺乏劳动力或者完全丧失劳动力，生活没有依靠的老、弱、孤、寡、残疾的社员，在生产和生活上给予适当的安排和照顾，保证他们的吃、穿和柴火的供应，保证年幼的家庭成员受到教育和年老的家庭成员死后安葬，使他们生养死葬都有依靠。

此阶段养老保险立法的特点是：以国家为责任主体的养老保险制度初步建立；在城市中，企业职工和国家机关工作人员分别立法，养老保险费用由单位支付，养老保险金可在省市范围内调剂使用；在农村，农民养老问题依靠村级集体经济力量给予解决。这套制度对于医治战争创伤、巩固新生政权和稳定社会秩序起到了重要作用。

2. 养老保险制度调整时期（1957—1968 年）

1958 年，国务院公布实施了《关于工人、职员退休处理的暂行规定的决议》，该决议将企业职工与国家机关工作人员的退休条件和退休待遇进行统一规定，建立了统一的养老保险制度。农村各地设立敬老院对五保老人实行集中供养。这一阶段的成效是退休制度趋向正常化、养老保险覆盖面扩大，但受当时政治上日益趋"左"和经济波折的影响，社会保障的调整任务并未完成。

3. 养老保险制度挫折时期（1969—1977 年）

文化大革命时期，我国的养老保险制度遭到严重破坏。1968 年底，主管救灾救济、社会福利等事务的内务部被撤销。1969 年 2 月，财政部颁布《关于国营企业财务工作中几项制度改革意见》，规定不再向国营企业提取"劳动保险费"，企业支付的退休金改在"企业营业外列支"。作为企业职工劳动保险统筹管理部门的工会组织亦被停止活动。至此，省市可以调度使用的养老保险金不复存在，养老保险从此失去统筹机能并蜕变为企业或单位保障制，其直接后果是企业办社会和社会保障单位化，并最终使我国的社会保障制度成了相互分割的板块结构状态，即国家保障制、企业保障制和乡村集体保障制三个相互封闭、脱节，养老保险出现制度倒退和系统瘫痪。

4. 养老保险制度修补时期（1978—1990 年）

1978 年，我国重设民政部，主管社会福利保障等事宜。1978 年，国务院先后颁布《关于安置老弱病残干部的暂行办法》和《关于工人退休、退职的暂行办法》，将企业职工与国家机关工作人员的养老保险制度再次分离。1984 年，国有企业职工退休费用社会统筹进行试点。1986 年，国务院发布《国营企业实行劳动合同制暂行规定》，决定在国营企业实行劳动合同用工制度，改变计划经济下的固定用工制度，并规定劳动合同制工人退休养老制度：国家对劳动合同制工人退休养老实行社会保险制度，退休养老基金的来源由企业和劳动合同制工人缴纳。退休养老金不敷使用时，国家给予适当补助。同一时期，部分地区还开始了国有企业职工待业保险、集体企业职工养老保险及救灾保险等的改革试点。但就社会保障制度整体而言，这一时期所做的工作主要是为了解决历史遗留问题和恢复正常的退休制度，是对挫折时期造成的某些不良后果进行挽救性的修补。

5. 养老保险制度创新发展时期（20 世纪 90 年代以来）

20 世纪 80 年代以来的企业职工养老保险制度改革，对保障企业离退休人员的基本生活，维护社会稳定和促进经济发展发挥了重要作用。在总结各地改革经验的基础上，国务院于 1991 年 6 月 26 日颁布了《关于企业职工养老保险制度改革的决定》，制定了职工养老保险的基本原则：一是改变养老保险完全由国家、企业包下来的办法，实行国家、企业、个人三方共同负担，职工个人也要缴纳一定的费用；二是决定要逐步建立起基本养老保险与企业补充养老保险和职工个人储蓄性养老保险相结合的多层次养老保险体系；三是改变现收现付的做法，按照以支定收、略有结余、留有部分积累的原则统一筹集养老保险费。

同时，农村养老保险制度的建立也被提上日程。1991 年，国务院授权民政部在全国农村 20 个县进行社会养老保险试点工作，并于 1992 年发布了《县级农村社会养老保险基本方案（试行）》；1992 年 12 月，农业部也颁布了《乡镇企业职工养老保险办法》。

1993 年，中共中央十四届三中全会作出《关于建立社会主义市场经济体制若干问题的决定》，明确指出："城镇职工养老和医疗保险金由单位和个人共同负担，实行社会统筹和个人账户相结合。"为落实该决定，国务院于 1995 年 3 月 1 日发布了《关于深化企业职工养老保险制度改革的通知》，进一步明确了企业职工养老保险改革的目标、原则，并针对企业职工基本养老保险社会统筹与个人账户相结合的具体实施发布了两个实施办法。但因中央政府同时公布两个具有巨大差异的方案，并允许各地自由选择及修正，导致这一制度迅速陷于地方分割状态，并留下了严重的后遗症。

1997 年，针对企业基本养老保险制度不统一、企业负担重、统筹层次低、管理制度不健全等问题，国务院颁布了《关于建立统一的企业职工基本养老保险制度的决定》，自此，各异的地方模式逐渐走向统一，个人账户和社会统筹部分缴付比例逐渐固定。企业缴纳基本养老保险费的比例，一般不得超过企业工资总额的 20%。个人缴纳基本养老保险费的比例，1997 年不得低于本人缴费工资的 4%，1998 年起每两年提高 1 个百分点，最终达到本人缴费工资的 8%。职工个人基本养老保险账户按本人缴费工资 11% 的数额建立，个人缴费全部记入个人账户，其余部分从企业缴费中划入。

2005年，国务院颁布了《关于完善企业职工基本养老制度的决定》，为解决企业职工基本养老保险制度存在的个人账户没有做实、计发办法不合理、覆盖范围不够广泛等问题，采取下列措施：一是改革基本养老金计发办法。从2006年1月1日起，个人账户的规模统一由本人缴费工资的11%调整为8%，全部由个人缴费形成，单位缴费不再划入个人账户，并相应调整基本养老金计发办法。二是扩大基本养老保险覆盖范围。城镇各类企业职工、个体工商户和灵活就业人员都要参加企业职工基本养老保险。三是加快提高统筹层次。在完善市级统筹的基础上，尽快提高统筹层次，实现省级统筹，为构建全国统一的劳动力市场和促进人员合理流动创造条件。

2010年10月28日，《中华人民共和国社会保险法》颁布，并于2011年7月1日正式开始施行。该法将社会保险制度统一立法，重构了养老保险体系，明确提出建立和完善农村社会养老保险和城镇居民基本养老保险，并提出基本养老保险基金逐步实现全国统筹，基本养老保险关系随本人转移，缴费年限累计计算等改革方向。

职工养老保险制度是我国养老保险制度中最重要的内容，它从过去劳动保险制度转化而来，经过改革，我国已经实现了职工养老保险"国家包办、单位负责、封闭运行"的国家—单位保障制向"国家主导、责任分担、社会化运行"的国家—社会保障制的转变，这符合国际养老保险制度发展的趋势，是我国养老保险制度改革的重大成就。但是我国现行的养老保险体系整体上仍处于体系过度分割、制度边界不清、覆盖人群较少的状态。我国目前存在城镇职工基本养老保险制度、机关事业单位退休养老保险制度，各地还有农民工养老保险、农村养老保险、计划生育夫妇养老保险、失地农民养老保险、老年津贴制度、农村五保户制度和城市孤寡老人福利制度，过度分割的现实格局造成了养老保险制度的碎片化现象。不仅如此，各种制度之间的边界不清，无论城市还是乡村，都存在着漏洞，养老保险体系覆盖的人群很少，70%以上的公民没有被养老保险制度所覆盖。我国的养老保险制度还处在不断的发展完善时期。下面将我国重要的几种养老保险制度予以介绍。

第二节　城镇职工养老保险

一、城镇职工养老保险体系

早在1991年国务院颁布的《关于企业职工养老保险制度改革的决定》中，国家就提出建立企业职工基本养老保险、企业补充养老保险、职工个人储蓄性养老保险相结合的多层次养老保险体系。企业职工基本养老保险是以国家为主导的强制性养老保险，覆盖面广，保障水平较低，用以满足职工退休后的基本生活需要，是企业职工养老保险体系的基石。企业补充养老保险，也叫企业年金，是在职工基本养老保险之外，由企业根据自身经济实力和经济状况而建立的为本企业职工退休后提供一定收入保障的补充性养老保险制度。补充养老保险以单位自愿为原则，受惠面仅限于本单位职工，保障水平较高，目的是尽量使职工退休后能维持原有的生活水平，是城镇企业职工养老保险体系的第二大支柱。企业职工个人储蓄性养老保险是由职工自愿参加、自愿选择经办机构的一种养老保险补充形式。职工个人根据自己的工资收入情况，按规定缴纳个人储蓄性养老保险费，记入当地社会保险机构在有关银行开设的养老保险个人账户，并应按不低于或高于同期城乡居民储蓄存款利率计息。由社会保险机构经办的职工个人储蓄性养老保险，由社会保险主管部门制定具体办法。职工个人储蓄性养老保险各地实践开展较少。

随着我国事业单位的改革，事业单位职工纳入社会基本养老保险体系已无可回避。2010年颁布的《社会保险法》规定，事业单位职工参加基本养老保险前，视同缴费年限期间应当缴纳的基本养老保险费由政府承担。事业单位职工养老问题最终会改变过去由国家负责的模式，实行个人、社会、国家互济的基本养老保险制度，建立和企业职工养老保险制度一样的多层次养老保险体系，即事业单位职工基本养老保险、事业单位补充养老保险、事业单位职工个人储蓄性养老保险相结合的养老保险体系。

二、城镇企业职工养老保险制度

（一）城镇企业职工基本养老保险制度

企业职工基本养老保险的适用范围一直在不断扩大。1991年，《国务院关于企业职工养老保险制度改革的决定》建立的基本养老保险制度仅适用于全民所有制企业，城镇集体所有制企业可以参照执行。此时，职工养老保险制度安排与企业的所有制类型密切相关。1997年，国务院《关于建立统一的企业职工基本养老保险制度的决定》不再区分城镇企业类型，将基本养老保险制度统一适用于城镇各类企业职工及个体劳动者。乡镇企业职工未被包含在其中，其养老保险仍是按照农业部1992年颁布的《乡镇企业职工养老保险办法》执行，乡镇企业遵循自愿原则实行职工养老保险。2010年颁布的《社会保险法》将我国基本养老保险的适用范围界定为职工，城镇各类企业与职工、事业单位及其职工、无雇工的个体工商户、未在用人单位参加基本养老保险的非全日制从业人员以及其他灵活就业人员都予以参加基本养老保险，但前两种类型的职工是必须参加，最后一种类型是依自愿原则参加基本养老保险。

1. 企业职工基本养老保险费的缴纳

由个人、企业、国家三方共担职工老年生活的资金问题依赖于企业、职工个人的缴费和国家的财政补贴。在养老保险基金中，企业和职工个人的缴费所占比例较大。企业和职工个人的缴费比例应控制在合理范围内，缴费比例过高，会造成企业负担过重，缴费比例过低，无法满足退休职工的基本生活。

（1）企业缴费。

基本养老保险实行社会统筹与个人账户相结合。用人单位应当按照国家规定缴纳基本养老保险费，记入基本养老保险统筹基金。企业缴费在养老保险基金中占有的比例较高。

1991年颁布的《国务院关于企业职工养老保险制度改革的决定》第四条第二款明确

规定，企业缴纳的基本养老保险费，按本企业职工工资总额和当地政府规定的比例在税前提取，由企业开户银行按月代为扣缴。提取比例由当地政府自己规定，当时全国的提取比例并不统一。但用人单位缴纳的养老保险费可在税前提取，实际上是国家以让利的形式给予养老保险的资助。据估算，此举相当于国家负担了30%的养老保险费，这体现了养老保险由国家、用人单位和劳动者个人三方负担的原则。

1997年7月，国务院发布《关于建立统一的企业职工基本养老保险制度的决定》第三条规定："企业缴纳基本养老保险费的比例，一般不得超过企业工资总额的20%（包括划入个人账户的部分），具体比例由省、自治区、直辖市人民政府确定。"按此决定，用人单位的缴费一部分划入统筹账户，一部分划入个人账户。基本养老保险个人账户按职工个人缴费工资11%的数额建立，个人缴费全部记入个人账户，其余部分从企业缴费中划入。随着个人缴费比例的提高，企业划入的部分逐步降至3%。

2006年1月1日开始实行的《国务院关于完善企业职工基本养老保险制度的决定》将个人账户的规模统一由本人缴费工资的11%调整为8%，全部由个人缴费形成，单位缴费不再划入个人账户。

（2）职工个人缴费。

职工个人缴纳的养老保险费是养老保险基金的重要来源和组成部分。职工应当按照国家规定的本人工资的比例缴纳基本养老保险费，并记入个人账户。1991年颁布的《国务院关于企业职工养老保险制度改革的决定》改变了过去企业职工对养老问题不承担责任的做法，变个人不缴费为缴费，这是养老保险制度改革的重要内容。这一改革符合国际趋势和我国国情。

对于劳动者个人缴纳养老保险费的比例和方式，1991年颁布的《国务院关于企业职工养老保险制度改革的决定》规定职工缴费标准开始时可不超过本人标准工资的3%，以后随着经济的发展和职工工资的调整再逐步提高。

1997年7月国务院发布的《关于建立统一的企业职工基本养老保险制度的决定》，对个人缴费作了具体规定：职工个人以上一年度月平均工资作为个人缴纳养老保险费的工资基数。月平均工资应按国家统计局规定列入工资总额统计的项目计算，其中包括工资、奖金、津贴、补贴等收入。个人缴纳基本养老保险费的比例，1997年不得低于本人缴费工资的4%，1998年起每两年提高1个百分点，最终达到本人缴费工资的8%。有条件的地区和工资增长较快的年份，个人缴费比例提高的速度应适当加快。已离退休人员不缴纳养老保险费。按本人缴费工资11%的数额为职工建立基本养老保险个人账户，个人缴费全部记入个人账户，其余部分从企业缴费中划入。随着个人缴费比例的提高，企业划入的部分要逐步降至3%。个体工商户本人、私营企业主等非工薪收入者，可以按当地上一年度职工月平均工资作为缴费基数，并由个人按20%左右的费率缴费，其中4%左右进入社会统筹基金，16%左右进入个人账户。

根据2005年《国务院关于完善企业职工基本养老保险制度的决定》，从2006年1月1日起，个人账户的规模统一由本人缴费工资的11%调整为8%，全部由个人缴费形成，单位缴费不再划入个人账户。城镇个体工商户和灵活就业人员参加基本养老保险的缴费基数为当地上年度在岗职工的平均工资，缴费比例为20%，其中8%记入个人账户，退休后按企业职工基本养老金计发办法计发基本养老金。

2. 基本养老保险待遇的给付

（1）给付条件。

达到法定退休年龄。达到法定退休年龄，退出劳动领域，是职工享受养老保险待遇的前提。退休年龄是一个国家根据社会经济发展需要、人口的平均寿命及劳动力供求状况对老年年龄所作的规定。退休年龄的高低直接影响到养老保险基金的筹集和发放。降低退休年龄，支付的养老保险金相对增多；延长退休年龄，支付养老保险金相对减少，调整退休年龄会对养老保险收支产生重大影响。我国现行法律规定：男年满 60 周岁，女工人年满 50 周岁，女干部（管理、技术岗位）年满 55 周岁，达到法定退休年龄，有权享受养老保险待遇。法律、法规对劳动者的老年年龄有特殊规定者，从其规定。

达到缴费年限。缴费年限是指职工个人缴纳养老保险费的年限。规定缴费年限的目的在于避免一些人为获得退休金在临近退休年龄时才开始缴纳养老保险费，避免新移民纯粹为了获取退休保障而迁入，体现了对参加养老保险人员的公平。各国一般都规定一个最低缴费年限，即最低保龄。最低保龄是参照人的正常寿命和可能的工作年限，并结合保险金支出的财务状况估算而确定的。关于最低保龄的长短，国际劳工组织建议为 15 年。最低保龄的计算有连续计算和累计计算两种办法。我国职工基本养老保险的缴费年限为 15 年。1997 年，国务院《关于建立统一的企业职工基本养老保险制度的决定》按照职工是否累计缴费满 15 年为依据，将职工养老保险待遇区分为两种：个人缴费年限累计满 15 年的，退休后按月发给基本养老金。基本养老金由基础养老金和个人账户养老金组成；个人缴费年限累计不满 15 年的，退休后不享受基础养老金待遇，其个人账户储存额一次性支付给本人。《社会保险法》改变了上述做法，规定参加基本养老保险的个人，达到法定退休年龄时累计缴费不足 15 年的，可以缴费至满 15 年，再按月领取基本养老金；也可以转入新型农村社会养老保险或者城镇居民社会养老保险，按照国务院规定享受相应的养老保险待遇，职工养老有了更多的选择方式。

（2）给付待遇。

1997 年，国务院《关于建立统一的企业职工基本养老保险制度的决定》按照职工缴费年限规定了相应的养老保险待遇："本决定实施后参加工作的职工，个人缴费年限累计满 15 年的，退休后按月发给基本养老金。基本养老金由基础养老金和个人账户养老金组成。退休时的基础养老金月标准为省、自治区、直辖市或地（市）上年度职工月平均工资的 20%，个人账户养老金月标准为本人账户储存额除以 120。个人缴费年限累计不满 15 年的，退休后不享受基础养老金待遇，其个人账户储存额一次性支付给本人。"

2005 年，国务院《关于完善企业职工基本养老保险制度的决定》规定："《国务院关于建立统一的企业职工基本养老保险制度的决定》（国发〔1997〕26 号）实施后参加工作、缴费年限累计满 15 年的人员，退休后按月发给基本养老金。基本养老金由基础养老金和个人账户养老金组成。退休时的基础养老金月标准以当地上年度在岗职工月平均工资和本人指数化月平均缴费工资的平均值为基数，缴费每满 1 年发给 1%。个人账户养老金月标准为个人账户储存额除以计发月数，计发月数根据职工退休时城镇人口平均预期寿命、本人退休年龄、利息等因素确定。"个人账户养老金的计发月数根据退休年龄的不同而不同，退休越早，计发月数越多，不再将计发月数统一为120，设计更为科学。

另外，2005年国务院《关于完善企业职工基本养老保险制度的决定》将企业职工分为"老人、中人、新人"三种类型实施不同的养老保险待遇。2006年1月1日前已经离退休的人员为老人，其仍按国家原来的规定发给基本养老金，同时执行基本养老金调整办法。《国务院关于建立统一的企业职工基本养老保险制度的决定》实施前参加工作，2006年1月1日后退休的职工为中人，缴费年限累计满15年的人员，在发给基础养老金和个人账户养老金的基础上，再发给过渡性养老金。2006年1月1日后达到退休年龄，但缴费年限累计不满15年的人员，不发给基础养老金，个人账户储存额一次性支付给本人，终止基本养老保险关系。新人即是上文中提到的《国务院关于建立统一的企业职工基本养老保险制度的决定》（国发〔1997〕26号）实施后参加工作的人员，其缴费年限（含视同缴费年限）累计满15年的人员，退休后按月发给基本养老金。

3. 企业职工基本养老保险关系的转移、接续

我国城镇企业职工基本养老保险制度历经20多年的改革、完善，如今已形成"多工作、多缴费、多得养老金"的机制，这一机制在同一地区稳定就业的劳动者中得到实现和认同。但对跨地区流动就业的劳动者来说，基本养老保险关系不能顺畅转移、接续，缴费年限不能累计计算，多缴多得的机制在他们身上没能实现，这无疑降低了这些劳动者，特别是农民工参保缴费的积极性，成为农民工转移就业时选择"退保"的主要原因。所谓"退保"，是指农民工在离开本地到异地打工时，终结在本地的养老保险关系，一次性地将其养老保险个人账户中个人缴费部分（大约相当于雇员和雇主全部缴费的1/3）退给本人，而雇主缴纳的部分（大约2/3）就完全留给了本地。据统计，2002—2006年广东省共办理农民工退保785万人次，其中，"毛退保率"（农民工退保人数/全省参加基本养老保险总人数）逐年攀升，从2002年的7.17%上升到2006年的11.18%，而"净退保率"（农民工退保人数/全省农民工参加基本养老保险总人数）2006年高达31.25%。

随着全国基本养老保险制度的统一，特别是2009年省级统筹的全面实现，劳动者在省内流动就业转移、接续养老保险关系，有了制度和体制的基础。2009年，人力资源和社会保障部、财政部制定的《城镇企业职工基本养老保险关系转移接续暂行办法》（以下简称《暂行办法》）颁布，并从2010年1月1日起开始施行。《暂行办法》明确了跨省流动就业的养老保险关系转移、接续政策，进一步打破了地区分割、城乡分割的壁垒，维护了参保人员特别是广大农民工的养老保险权益，是深化制度改革的标志性事件。其具体制度为：

（1）适用对象：参加城镇企业职工基本养老保险的所有人员，包括农民工。已经按国家规定领取基本养老保险待遇的人员，不再转移基本养老保险关系。

（2）转移对象：转移养老保险关系。《暂行办法》规定："参保人员跨省流动就业的，由原参保所在地社会保险经办机构开具参保缴费凭证，其基本养老保险关系应随同转移到新参保地。参保人员达到基本养老保险待遇领取条件的，其在各地的参保缴费年限合并计算，个人账户储存额累计计算；未达到待遇领取年龄前，不得终止基本养老保

险关系并办理退保手续；其中出国定居和到香港、澳门、台湾地区定居的，按国家有关规定执行。"

转移养老资金。参保人员跨省流动就业转移基本养老保险关系时，按下列方法计算转移资金。个人账户储存额：1998 年 1 月 1 日之前按个人缴费累计本息计算转移；1998 年 1 月 1 日后按计入个人账户的全部储存额计算转移。统筹基金（单位缴费）：以本人 1998 年 1 月 1 日后各年度实际缴费工资为基数，按 12% 的总和转移，参保缴费不足 1 年的，按实际缴费月数计算转移。

（3）领取地点。跨省流动就业的参保人员达到待遇领取条件时，按下列规定确定其待遇领取地：①基本养老保险关系在户籍所在地的，由户籍所在地负责办理待遇领取手续，享受基本养老保险待遇；②基本养老保险关系不在户籍所在地，而在其基本养老保险关系所在地累计缴费年限满 10 年的，在该地办理待遇领取手续，享受当地基本养老保险待遇；③基本养老保险关系不在户籍所在地，且在其基本养老保险关系所在地累计缴费年限不满 10 年的，将其基本养老保险关系转回上一个缴费年限满 10 年的原参保地办理待遇领取手续，享受基本养老保险待遇；④基本养老保险关系不在户籍所在地，且在每个参保地的累计缴费年限均不满 10 年的，将其基本养老保险关系及相应资金归集到户籍所在地，由户籍所在地按规定办理待遇领取手续，享受基本养老保险待遇。

（4）农民工基本养老保险关系的转移、接续。农民工中断就业或返乡没有继续缴费的，由原参保地社保经办机构保留其基本养老保险关系，保存其全部参保缴费记录及个人账户，个人账户储存额继续按规定计息。农民工返回城镇就业并继续参保缴费的，无论其回到原参保地就业还是到其他城镇就业，均按前述规定累计计算其缴费年限，合并计算其个人账户储存额，符合待遇领取条件的，与城镇职工同样享受基本养老保险待遇；农民工不再返回城镇就业的，其在城镇参保缴费记录及个人账户全部有效，并根据农民工的实际情况，或在其达到规定领取条件时享受城镇职工基本养老保险待遇，或转入新型农村社会养老保险。

（二）企业补充养老保险

根据 1991 年《国务院关于企业职工养老保险制度改革的决定》中逐步建立基本养老保险、企业补充养老保险、职工个人储蓄性养老保险相结合制度的规定，我国企业补充养老保险制度由此产生并实施。1995 年 1 月 1 日开始实施的《中华人民共和国劳动法》第七十五条规定："国家鼓励用人单位根据本单位实际情况为劳动者建立补充保险。"这从最高法律位阶确立了建立补充养老保险制度。1995 年 3 月，国务院发布的《关于深化企业职工养老保险制度改革的通知》第五条规定："国家在建立基本养老保险、保障离退休人员基本生活的同时，鼓励建立企业补充养老保险和个人储蓄性养老保险。企业按规定缴纳基本养老保险费后，可以在国家政策指导下，根据本单位经济效益情况，为职工建立补充养老保险。"进一步指出企业可以在本单位经济条件允许的情况下建立补充养老保险，但规定并不具体。1995 年 12 月，劳动部颁布《关于建立企业补充养老保险制度的意见》，终于对企业补充养老保险制度的实施主体、实施条件、资金来源、计发方式、投资运营等方面作了详细规定。2004 年 5 月开始施行的《企业年金试行办法》正式与国际接轨，用"企业年金"代替"企业补充养老保险"（下文中企业补充养老保险和企业年金具有同样含义），并对企业年金的适用对象、年金基金管理、待遇支付进行了规定。2004年2月23日颁布的《企业年金基金管理试行办法》对企业年金基金的管理监督进行了规定。2011年5月1日，劳动和社会保障部、中国银行业监督管理委员会、中国证券监督管理委员会、中国保险监督管理委员会发布的《企业年金基金管理办法》正式实施，同时《企业年金基金管理试行办法》废止。

1. 补充养老保险适用范围和条件

补充养老保险的适用范围为城镇各类企业和其劳动者。具体条件为用人单位必须同时具备下列条件：①依法参加基本养老保险并履行缴费义务；②具有相应的经济负担能力；③已建立集体协商机制。建立企业年金，应当由企业与工会或职工代表通过集体协商确定，并制定企业年金方案。国有及国有控股企业的企业年金方案草案应当提交职工大会或职工代表大会讨论通过。企业年金方案适用于企业试用期满的职工。

2. 补充养老保险资金来源

企业年金所需费用由企业和职工个人共同缴纳。企业缴费的列支渠道按国家有关规定执行；职工个人缴费可以由企业从职工个人工资中代扣。企业缴费每年不超过本企业上年度职工工资总额的十二分之一。企业和职工个人缴费合计一般不超过本企业上年度职工工资总额的六分之一。

建立企业年金，应当由企业与工会或职工代表通过集体协商确定，并制定企业年金方案。国有及国有控股企业的企业年金方案草案应当提交职工大会或职工代表大会讨论通过。企业年金方案应当包括以下内容：①参加人员范围；②资金筹集方式；③职工企业年金个人账户管理方式；④基金管理方式；⑤计发办法和支付方式；⑥支付企业年金待遇的条件；⑦组织管理和监督方式；⑧中止缴费的条件；⑨双方约定的其他事项。企业年金方案应当报送所在地区县级以上各级人民政府劳动保障行政部门。中央所属大型企业企业年金方案，应当报送劳动保障部。劳动保障行政部门自收到企业年金方案文本之日起15日内未提出异议的，企业年金方案即行生效。

3. 补充养老保险资金管理

补充养老保险资金又称企业年金基金，由下列各项组成：①企业缴费；②职工个人缴费；③企业年金基金投资运营收益。企业年金基金可以按照国家规定投资运营。建立企业年金的企业，应当确定企业年金受托人，受托管理企业年金。受托人可以是企业成立的企业年金理事会，也可以是符合国家规定的法人受托机构。企业年金理事会由企业和职工代表组成，也可以聘请企业以外的专业人员参加，其中职工代表应不少于三分之一。企业年金理事会除管理本企业的企业年金事务之外，不得从事其他任何形式的营业性活动。受托人可以委托具有资格的企业年金账户管理机构作为账户管理人，负责管理企业年金账户；可以委托具有资格的投资运营机构作为投资管理人，负责企业年金基金的投资运营。受托人应当选择具有资格的商业银行或专业托管机构作为托管人，负责托管企业年金基金。受托人与账户管理人、投资管理人和托管人确定委托关系，应当签订书面合同。企业年金基金必须与受托人、账户管理人、投资管理人和托管人的自有资产或其他资产分开管理，不得挪作其他用途。

4. 补充养老保险待遇支付

企业年金基金实行完全积累，采用个人账户方式进行管理。企业年金基金可以按照国家规定投资运营。企业年金基金投资运营收益并入企业年金基金。企业缴费应当按照企业年金方案规定比例计算的数额计入职工企业年金个人账户；职工个人缴费额计入本人企业年金个人账户。企业年金基金投资运营收益，按净收益率计入企业年金个人账户。

职工在达到国家规定的退休年龄时，可以从本人的企业年金个人账户中一次性或定期领取企业年金；职工未达到国家规定的退休年龄的，不得从个人账户中提前提取资金。出境定居人员的企业年金个人账户资金，可根据本人要求一次性支付给本人。职工变动工作单位时，企业年金个人账户资金可以随同转移。职工升学、参军、失业期间或新就业单位没有实行企业年金制度的，其企业年金个人账户可由原管理机构继续管理。职工或退休人员死亡后，其企业年金个人账户余额由其指定的受益人或法定继承人一次性领取。

三、事业单位职工养老保险制度

（一）事业单位职工基本养老保险制度

2008年，国务院印发了《事业单位工作人员养老保险制度改革试点方案》，决定在山西省、上海市、浙江省、广东省、重庆市先期开展事业单位工作人员养老保险改革试点，与事业单位分类改革试点配套推进。未进行试点的地区仍执行现行事业单位退休制度。

改革的主要内容为：事业单位实行社会统筹与个人账户相结合的基本养老保险制度。基本养老保险费由单位和个人共同负担。单位缴纳基本养老保险费的比例，一般不超过单位工资总额的20%，具体比例由试点省（市）人民政府确定。因退休人员较多、养老保险负担过重，确需超过工资总额20%的，应报劳动保障部、财政部审批。个人缴纳基本养老保险费的比例为本人缴费工资的8%，由单位代扣。个人工资超过当地在岗职工平均工资300%以上的部分，不计入个人缴费工资基数；低于当地在岗职工平均工资60%的，按当地在岗职工平均工资的60%计算个人缴费工资基数。按本人缴费工资8%的数额建立基本养老保险个人账户，全部由个人缴费形成。做实个人账户的起步比例为3%，以后每年提高一定比例，逐步达到8%。有条件的试点省（市）可以适当提高起步比例。个人账户储存额只能用于本人养老，不得提前支取。参保人员死亡的，其个人账户中的储存余额可以继承。

基本养老金的计发办法分老人、中人、新人三种情形。

新人计发办法：在本方案实施后参加工作、个人缴费年限累计满15年的人员，退休后按月发给基本养老金。基本养老金由基础养老金和个人账户养老金组成，退休时的基础养老金月标准以当地上年度在岗职工月平均工资和本人指数化月平均缴费工资的平均值为基数，缴费每满1年发给1%。个人账户养老金月标准为个人账户储存额除以计发月数，计发月数根据本人退休时城镇人口平均预期寿命、本人退休年龄、利息等因素确定。

中人计发办法：本方案实施前参加工作、实施后退休且个人缴费年限累计满15年的人员，按照合理衔接、平稳过渡的原则，在发给基础养老金和个人账户养老金的基础上，再发给过渡性养老金。具体标准由各试点省（市）人民政府确定，并报劳动保障部、财政部备案。本方案实施后达到退休年龄但个人缴费年限累计不满15年的人员，不发给基础养老金，个人账户储存额一次性支付给本人，终止基本养老保险关系。

老人计发办法：本方案实施前已经退休的人员，继续按照国家规定的原待遇标准发放基本养老金，参加国家统一的基本养老金调整。

2011年，根据《中共中央国务院关于分类推进事业单位改革的指导意见》（中发〔2011〕5号）精神，国务院出台了《关于事业单位分类的意见》，提出将现有事业单位中承担行政职能的事业单位中的行政职能划归行政机构，或将其转为行政机构；将从事生产经营活动的事业单位逐步转为企业或撤销；只将面向社会提供公益服务和为机关行使职能提供支持保障的事业单位，即从事公益服务的事业单位继续保留在事业单位序列。并将从事公益服务的事业单位细分为两类：

公益一类事业单位，即承担义务教育、基础性科研、公共文化、公共卫生及基层的基本医疗服务等基本公益服务，不能或不宜由市场配置资源的事业单位。这类单位不得从事经营活动，其宗旨、业务范围和服务规范由国家确定。

公益二类事业单位，即承担高等教育、非营利医疗等公益服务，可部分由市场配置资源的事业单位。这类单位按照国家确定的公益目标和相关标准开展活动，在确保公益目标的前提下，可依据相关法律、法规提供与主业相关的服务，收益的使用按国家有关规定执行。

2008年的《事业单位工作人员养老保险制度改革试点方案》适用于分类改革后从事公益服务的事业单位及其工作人员。

（二）事业单位补充养老保险

随着我国事业单位人员养老保险制度改革的展开，2011年国务院颁布了《事业单位职业年金试行办法》，并在山西省、上海市、浙江省、广东省、重庆市进行试点。

所谓职业年金，是指事业单位及其工作人员在依法参加事业单位工作人员基本养老保险的基础上，建立的补充养老保险制度。《事业单位职业年金试行办法》适用于分类推进事业单位改革后从事公益服务的事业单位及其编制内工作人员。

职业年金所需费用由单位和工作人员个人共同负担。单位缴纳职业年金费用的比例最高不超过本单位上年度缴费工资基数的8%。职业年金单位缴费的列支渠道按照国家有关规定执行；个人缴费比例不超过上年度本人缴费工资基数的4%。职业年金单位缴费工资基数为单位工作人员岗位工资和薪级工资之和；个人缴费工资基数为工作人员本人岗位工资和薪级工资之和。职业年金基金实行完全积累，采用个人账户方式管理。单位缴费应当按照职业年金方案规定比例计算的数额计入职业年金个人账户，当期计入的最高额一般不得超过本单位工作人员平均分配额的3倍；工作人员个人缴费额计入本人职业年金个人账户。职业年金基金投资运营收益，按净收益额计入职业年金个人账户。

工作人员变动工作单位时，职业年金个人账户资金可以随同转移。工作人员升学、参军、失业期间或新就业单位没有实行职业年金或企业年金制度的，其职业年金个人账户可由原管理机构继续管理运营；新就业单位已建立企业年金制度的，原职业年金个人账户余额转入企业年金个人账户。

领取职业年金应符合下列条件之一：①工作人员在达到国家规定的退休条件并依法办理退休手续后，可以从本人职业年金个人账户中一次或分期领取职业年金；②出境定居人员的职业年金个人账户资金，可根据本人要求一次性支付给本人；③工作人员或退休人员死亡后，其职业年金个人账户余额由其指定的受益人或法定继承人一次性领取。不符合上述条件之一的，不得从个人账户中提前提取资金。

第三节　公职人员养老保险

公职人员养老保险制度发展历程

1950 年 3 月，政务院颁布《中央人民政府政务院财政经济委员会关于退休人员处理办法的通知》，是新中国成立后首部规定退休问题的法律文件。该办法适用于当时的党政机关，以及海关、铁路、邮电等单位中实行工资制的工作人员，适用范围较窄，并且退休金一次性给付，金额较低。

1951 年，《中华人民共和国劳动保险条例》提出建立企业职工社会保险体系，国家机关、事业单位的工作人员并不适用此条例。1955 年 12 月，国务院颁布了《国家机关工作人员退休处理暂行办法》和《国家机关工作人员退职处理暂行办法》，被认为是我国公务员退休制度正式立法的开始。《国家机关工作人员退休处理暂行办法》适用于国家机关及事业单位工作人员，其将机关工作人员的退休金由原来的一次性发放改为按月发放，将退休条件规定为男 60 岁，女 55 岁，工作年限男 25 年，女 20 年。并根据工作年限的长短确定退休待遇标准，工龄不满 10 年的，发给本人工资的 50%；工龄在 10~15 年之间的，发给本人工资的 60%；工作年限 15 年以上或工作年限满 10 年因工致疾丧失工作能力的，发给本人工资的 70%。

1958 年 2 月，全国人大常委会通过并颁布《关于工人、职员退休处理的暂时规定》，又将国营、公私合营企业的工人、事业单位和国家机关的职员的退休办法统一进行规定，放宽了退休条件，适当提高了退休待遇。

1978 年 6 月，全国人大常委会通过并颁发了《国务院关于安置老弱病残干部的暂行办法》和《国务院关于工人退休、退职的暂行办法》，将 1958 年干部、工人统一的退休办法又重新分开规定。《国务院关于安置老弱病残干部的暂行办法》将 1958 年规定的干部退休条件和待遇进行了调整，增加了退休待遇较高的离休制度。

1991 年 6 月，国务院颁布《关于企业职工养老保险改革的决定》，决定改革企业职工养老保险制度，实行养老保险社会统筹。而国家机关、事业单位的养老保险制度改革的具体办法则授权人事部另行制定。目前，国家机关、事业单位的养老保险制度仍停留在政策探索和试点层面，国家机关工作人员的养老保险制度仍是 20 世纪 50 年代建立起的退休制度，事业单位近几年在实行养老保险试点改革，未试点的地区仍执行原来的事业单位退休制度。

下面我们对国家机关工作人员的离退休制度予以介绍。

（一）公职人员享受养老待遇的条件

1. 离休

1980 年颁布的《国务院关于老干部离职休养的暂行规定》和 1982 年颁布的《关于老干部离职休养制度的几项规定》都对离休制度进行了规定。离休是指离职休养的制度，是对新中国成立前参加中国共产党所领导的革命战争、脱产享受供给制待遇的和从事地下革命工作的老干部，达到离职休养年龄的，实行较为优越的社会保障措施。干部离休后，原标准工资照发，福利待遇不变，与在职地区同级在职干部一样对待。

老干部离休的年龄为：中央、国家机关的部长、副部长，省、市、自治区党委第一书记、书记、副书记和省、市、自治区人民政府省长、市长、主席、副主席及相当职务的干部，正职年满 65 周岁，副职年满 60 周岁；中央、国家机关的司局长、副司局长，省、市、自治区党委部长、副部长和省、市、自治区人民政府厅局长、副厅局长、地委书记、副书记和行政公署专员、副专员及相当职务的干部，年满 60 周岁；其他干部，男年满 60 周岁，女年满 55 周岁。身体不能坚持正常工作的，可提前离休；确因工作需要、身体又能坚持正常工作的，经任免机关批准，可适当推迟。

2. 退休

（1）强制退休。

新中国成立初期就规定了国家机关工作人员的退休制度。1956 年 1 月 1 日起开始实施的《国家机关工作人员退休处理暂行办法》规定，国家机关工作人员男年满 60 岁，女年满 55 岁，工作年限已满 15 年的，或因劳致疾、因公残废，丧失工作能力可以退休。

1978 年颁布的《国务院关于安置老弱病残干部的暂行办法》规定了干部身份的工作人员的退休条件："党政机关、群众团体、企业、事业单位的干部，符合下列条件之一的，都可以退休：①男年满 60 周岁，女年满 55 周岁，参加革命工作年限满 10 年的；②男年满 50 周岁，女年满 45 周岁，参加革命工作年限满 10 年，经过医院证明完全丧失工作能力的；③因工致残，经过医院证明完全丧失工作能力的。"

1978 年，《国务院关于工人退休退职的暂行办法》规定了工人身份的工作人员的退休条件："对于全民所有制企业、事业单位和国家机关、人民团体的工人，符合下列条件之一的，应该退休：①男年满 60 周岁，女年满 50 周岁，连续工龄满 10 年的。②从事井下、高空、高温、特别繁重体力劳动或者其他有害身体健康的工作，男年满 55 周岁、女年满 45 周岁，连续工龄满 10 年的。本项规定也适用于工作条件与工人相同的基层干部。③男年满 50 周岁，女年满 45 周岁，连续工龄满 10 年，由医院证明，并经劳动鉴定委员会确认，完全丧失劳动能力的。④因工致残，由医院证明，并经劳动鉴定委员会确认，完全丧失劳动能力的。"

我国《公务员法》第八十七条规定："公务员达到国家规定的退休年龄或者完全丧失工作能力的，应当退休。"其将达到退休年龄或完全丧失工作能力作为应当退休的条件。

（2）提前退休。

提前退休是指公务员达到一般退休年龄以前，符合规定的提前退休条件时，可以自愿申请退出工作岗位，享受退休待遇。按照我国《公务员法》第八十七条的规定："公务员符合下列条件之一的，本人自愿提出申请，经任免机关批准，可以提前退休：①工作年限满30年的；②距国家规定的退休年龄不足5年，且工作年限满20年的；③符合国家规定的可以提前退休的其他情形的。"符合国家规定的可以提前退休情形一般是指处于特殊岗位的公务员。例如，从事核试验、野外作业以及工作过程中会涉及有毒有害物质的公务员，由于其岗位特殊的工作条件，为保护其健康，国家特许其提前退休。

（二）公职人员养老待遇

国家机关工作人员的养老待遇在不同时期有所调整，最新的有关机关工作人员的养老待遇是根据2006年人事部、财政部发布的《关于机关事业单位离退休人员计发离退休费等问题的实施办法》（国人部发〔2006〕60号）进行调整的，这个实施办法是在《公务员法》颁布后，为配合国务院发布的《公务员工资制度改革方案》和《事业单位工作人员收入分配制度改革方案》而颁发的配套文件。该办法及《关于公务员工资制度改革和事业单位工作人员收入分配制度改革实施中有关问题的意见》（国人部发〔2006〕88号）规定：2006年7月1日后离退休的机关事业单位离退休人员，暂按下列办法计发离退休费：

离休人员。离休费按本人离休前职务工资和级别工资之和或岗位工资和薪级工资之和全额计发。

退休人员。①公务员退休后的退休费按本人退休前职务工资和级别工资之和的一定比例计发。其中，工作年限满35年的按90%计发；工作年限满30年不满35年的，按85%计发；工作年限满20年不满30年的，按80%计发。满10年不满20年的，按70%计发；不满10年的，按50%计发。②事业单位工作人员退休后的退休费按本人退休前岗位工资和薪级工资之和的一定比例计发。其中，工作年限满35年的，按90%计发；工作年限满30年不满35年的，按85%计发；工作年限满20年不满30年的，按80%计发；工作年限满10年不满20年的，按70%计发。③机关技术工人、普通工人退休后的退休费分别按本人退休前岗位工资和技术等级工资之和、岗位工资的一定比例计发。其中，工作年限满35年的，按90%计发；工作年限满30年不满35年的，按85%计发；工作年限满20年不满30年的，按80%计发；工作年限满10年不满20年的，按70%计发。

2006年6月30日前已办理离退休手续的人员，从2006年7月1日起增加离退休费。

第四节　农村社会养老保险

一、农村社会养老保险制度发展历程

(一) 农村社会养老保险制度初创阶段 (1992—1999 年)

新中国成立后，我国农村实行的是以家庭养老为主、集体保障为辅的养老保险模式。自 1986 年以来，我国就一直在进行农村养老新模式的探索。1992 年，民政部制定下发了《县级农村社会养老保险基本方案》（以下简称《基本方案》），这是我国第一次出台全国性的农民养老社会政策，采取制度性的手段谋求解决农村居民的老年生活问题，具有开创意义。《基本方案》被称为老农保制度。

《基本方案》规定，农村社会养老保险基金筹集以个人缴费为主、集体补贴为辅；实行个人账户储备积累制，农民个人缴纳的保险费和集体对其补助全部记在个人名下；基金以县级机构为基本核算平衡单位，按国家政策规定运营；保险对象达到规定领取年龄时，根据其个人账户基金积累总额计发养老金。截至 1999 年底，参保人数约 8 000 万人。

但老农保问题重重：一是没有配套的法律、法规支持，农村社会保险工作的推动完全依靠地方政府领导对农保问题的认识和制度建设上存在着先天不足；二是我国地方集体经济薄弱，老农保坚持的集体补助原则无法实现；三是政府扶持不够，《基本方案》中提出的"国家给予政策扶持"仅限于乡镇企业职工参保，集体补助部分可税前列支，一般农民参保并没有得到直接财政支持，农村社会养老保险制度已退化为农民的自愿储蓄制度，不具有社会性和保障性；四是缴费标准过低，保障农民基本生活的目标难以实现。《基本方案》确定的缴费标准为 2～20 元，2 元一个档次，共十档，缴费标准低，农民又投保低档次，保障农民基本生活的目标难以实现；五是缺乏基金监督机制，强行拆借、挪用农村社会养老保险基金的现象普遍，有些基金已被挪用多年，至今难以收回。

(二) 农村居民养老调整、规范阶段 (1999—2009 年)

1999 年 7 月 2 日，国务院下发的《国务院批转整顿保险业工作小组保险业整顿与改革方案的通知》（国发〔1999〕14 号）指出：目前我国农村尚不具备普遍实行社会保险的条件。对民政系统原来开展的"农村社会养老保险"，要进行清理整顿，停止接受新业务，区别情况，妥善处理。有条件的可以逐步将其过渡为商业保险，整顿和规范农村养老保险的具体办法，由劳动和社会保障部、民政部会同保监会等有关部门另行规定。在这种情况下，我国的农村社会养老保险工作转入"整顿规范"阶段。许多投保农民产生误会，对农村社会养老保险失去信心，地方出现了农民大规模退保现象，中国农村社会养老保险事业基本处于停滞状态。截至 2006 年底，全国有 31 个省、直辖市、自治区的 1 905 个县（市、区、旗）不同程度地开展了农村社会养老保险工作，积累保险基金

354 亿元，5 374 万农民参保。

（三）新型农村社会养老保险制度建立阶段（2009 至今）

2009 年 9 月 1 日，国务院颁布《关于开展新型农村社会养老保险试点的指导意见》，探索建立个人缴费、集体补助、政府补贴相结合的新农保制度，实行社会统筹与个人账户相结合，与家庭养老、土地保障、社会救助等其他社会保障政策措施相配套，保障农村居民老年基本生活的养老制度。《指导意见》决定，2009 年试点覆盖面为全国 10% 的县（市、区、旗），以后逐步扩大试点，在全国普遍实施，2020 年之前基本实现对农村适龄居民的全覆盖。

二、新型农村社会养老保险制度基本内容

（一）基本原则

新农保是按照加快建立覆盖城乡居民的社会保障体系的要求，逐步解决农村居民老有所养问题。新农保试点的基本原则是"保基本、广覆盖、有弹性、可持续"。一是从农村实际出发，低水平起步，筹资标准和待遇标准要与经济发展水平及各方面承受能力相适应；二是个人（家庭）、集体、政府合理分担责任，权利与义务相对应；三是政府主导和农民自愿相结合，引导农村居民普遍参保；四是中央确定基本原则和主要政策，地方制订具体办法，对参保居民实行属地管理。

（二）参保对象

年满 16 周岁（不含在校学生）、未参加城镇职工基本养老保险的农村居民，可以在户籍地自愿参加新农保。

（三）基金筹集

新农保基金由个人缴费、集体补助、政府补贴构成。

个人缴费。参加新农保的农村居民应当按规定缴纳养老保险费。缴费标准目前设为每年 100 元、200 元、300 元、400 元、500 元 5 个档次，地方可以根据实际情况增设缴费档次。参保人自主选择档次缴费，多缴多得。国家依据农村居民人均纯收入增长等情况适时调整缴费档次。

集体补助。有条件的村集体应当对参保人缴费给予补助，补助标准由村民委员会召开村民会议民主确定。鼓励其他经济组织、社会公益组织、个人为参保人缴费提供资助。

政府补贴。政府对符合领取条件的参保人全额支付新农保基础养老金，其中中央财政对中西部地区按中央确定的基础养老金标准给予全额补助，对东部地区给予 50% 的补助。

地方政府应当对参保人缴费给予补贴，补贴标准不低于每人每年 30 元；对选择较高档次标准缴费的，可给予适当鼓励，具体标准和办法由省（区、市）人民政府确定。

对于农村重度残疾人等缴费困难群体，地方政府为其代缴部分或全部最低标准的养老保险费。

（四）个人账户

国家为每个新农保参保人建立终身记录的养老保险个人账户。个人缴费，集体补助及其他经济组织、社会公益组织、个人对参保人缴费的资助，地方政府对参保人的缴费补贴，全部记入个人账户。个人账户储存额目前每年参考中国人民银行公布的金融机构人民币一年期存款利率计息。

（五）养老金待遇

养老金待遇由基础养老金和个人账户养老金组成，支付终身。

中央确定的基础养老金标准为每人每月 55 元。地方政府可以根据实际情况提高基础养老金标准，对于长期缴费的农村居民，可适当加发基础养老金，提高和加发部分的资金由地方政府支出。

个人账户养老金的月计发标准为个人账户全部储存额除以 139（与现行城镇职工基本养老保险个人账户养老金计发系数相同）。参保人死亡，个人账户中的资金余额，除政府补贴外，可以依法继承。政府补贴余额用于继续支付其他参保人的养老金。

（六）养老金待遇领取条件

年满 60 周岁、未享受城镇职工基本养老保险待遇的农村有户籍的老年人，可以按月领取养老金。

新农保制度实施时，已年满 60 周岁、未享受城镇职工基本养老保险待遇的，不用缴费，可以按月领取基础养老金，但其符合参保条件的子女应当参保缴费；距领取年龄不足 15 年的，应按年缴费，也允许补缴，累计缴费不超过 15 年；距领取年龄超过 15 年的，应按年缴费，累计缴费不少于 15 年。

（七）基金管理

建立健全新农保基金财务会计制度。新农保基金纳入社会保障基金财政专户，实行收支两条线管理，单独记账、核算，按有关规定实现保值增值。试点阶段，新农保基金暂实行县级管理，随着试点扩大和推开，逐步提高管理层次；有条件的地方也可直接实行省级管理。

（八）基金监督

各级人力资源社会保障部门要切实履行新农保基金的监管职责，制定和完善新农保各项业务管理规章制度，规范业务程序，建立健全内控制度和基金稽核制度，对基金的筹集、上解、划拨、发放进行监控和定期检查，并定期披露新农保基金筹集和支付信息，做到公开透明，加强社会监督。财政、监察、审计部门按各自职责实施监督，严禁挤占挪用，确保基金安全。试点地区新农保经办机构和村民委员会每年在行政村范围内对村内参保人缴费和待遇领取资格进行公示，接受群众监督。

（九）经办管理服务

开展新农保试点的地区，要认真记录农村居民参保缴费和领取待遇情况，建立参保档案，长期妥善保存；建立全国统一的新农保信息管理系统，纳入社会保障信息管理系统（"金保工程"）建设，并与其他公民信息管理系统实现信息资源共享；要大力推行社会保障卡，方便参保人持卡缴费、领取待遇和查询本人参保信息。试点地区要按照精简效能原则，整合现有农村社会服务资源，加强新农保经办能力建设，运用现代管理方式和政府购买服务方式，降低行政成本，提高工作效率。新农保工作经费纳入同级财政预算，不得从新农保基金中开支。

（十）相关制度衔接

原来已开展以个人缴费为主、完全个人账户农村社会养老保险（以下简称老农保）的地区，要在妥善处理老农保基金债权问题的基础上，做好与新农保制度衔接。在新农保试点地区，凡已参加了老农保、年满60周岁且已领取老农保养老金的参保人，可直接享受新农保基础养老金；对已参加老农保、未满60周岁且没有领取养老金的参保人，应将老农保个人账户资金并入新农保个人账户，按新农保的缴费标准继续缴费，待符合规定条件时享受相应待遇。

新农保与城镇职工基本养老保险等其他养老保险制度的衔接办法，由人力资源和社会保障部会同财政部制定。要妥善做好新农保制度与被征地农民社会保障、水库移民后期扶持政策、农村计划生育家庭奖励扶助政策、农村五保供养、社会优抚、农村最低生活保障制度等政策制度的配套衔接工作，具体办法由人力资源和社会保障部、财政部会同有关部门研究制定。

第五节　城镇居民养老保险

2011年国务院颁布的《关于开展城镇居民社会养老保险试点的指导意见》是建立城镇居民养老保险制度重要的法律依据。该法律文件根据党的十七大精神和《中华人民共和国国民经济和社会发展第十二个五年规划纲要》以及《中华人民共和国社会保险法》的规定，提出从2011年起开展城镇居民社会养老保险试点，建立个人缴费、政府补贴相结合的城镇居民养老保险制度，实行社会统筹和个人账户相结合，与家庭养老、社会救助、社会福利等其他社会保障政策相配套，保障城镇居民老年基本生活。2011年7月1日启动试点工作，实施范围与新型农村社会养老保险的试点范围基本一致，2012年基本实现城镇居民养老保险制度全覆盖。

依据该文件，城镇居民社会养老保险制度的基本内容为：

（一）参保范围

年满16周岁（不含在校学生）、不符合职工基本养老保险参保条件的城镇非从业居民，可以在户籍地自愿参加城镇居民养老保险。

（二）基金筹集

城镇居民养老保险基金主要由个人缴费和政府补贴构成。

个人缴费。参加城镇居民养老保险的城镇居民应当按规定缴纳养老保险费。缴费标准目前设为每年 100 元、200 元、300 元、400 元、500 元、600 元、700 元、800 元、900 元、1 000 元 10 个档次，地方人民政府可以根据实际情况增设缴费档次。参保人自主选择档次缴费，多缴多得。国家依据经济发展水平和城镇居民人均可支配收入增长等情况适时调整缴费档次。

政府补贴。政府对符合待遇领取条件的参保人全额支付城镇居民养老保险基础养老金。其中，中央财政对中西部地区按中央确定的基础养老金标准给予全额补助，对东部地区给予 50% 的补助。

地方人民政府应对参保人员缴费给予补贴，补贴标准不低于每人每年 30 元；对选择较高档次标准缴费的，可给予适当鼓励，具体标准和办法由省（区、市）人民政府确定。对于城镇重度残疾人等缴费困难群体，地方人民政府为其代缴部分或全部最低标准的养老保险费。鼓励其他经济组织、社会组织和个人为参保人缴费提供资助。

（三）建立个人账户

国家为每个参保人员建立终身记录的养老保险个人账户。个人缴费、地方人民政府对参保人的缴费补贴及其他来源的缴费资助，全部记入个人账户。个人账户储存额目前每年参考中国人民银行公布的金融机构人民币一年期存款利率计息。

（四）养老金待遇

养老金待遇由基础养老金和个人账户养老金构成，支付终身。

中央确定的基础养老金标准为每人每月 55 元。地方人民政府可以根据实际情况提高基础养老金标准，对于长期缴费的城镇居民，可适当加发基础养老金，提高和加发部分的资金由地方人民政府支出。

个人账户养老金的月计发标准为个人账户储存额除以 139（与现行职工基本养老保险及新农保个人账户养老金计发系数相同）。参保人员死亡，个人账户中的资金余额，除政府补贴外，可以依法继承；政府补贴余额用于继续支付其他参保人的养老金。

（五）养老金待遇领取条件

参加城镇居民养老保险的城镇居民，年满 60 周岁，可按月领取养老金。

城镇居民养老保险制度实施时，已年满 60 周岁，未享受职工基本养老保险待遇以及国家规定的其他养老待遇的，不用缴费，可按月领取基础养老金；距领取年龄不足 15 年的，应按年缴费，也允许补缴，累计缴费不超过 15 年；距领取年龄超过 15 年的，应按年缴费，累计缴费不少于 15 年。

要引导城镇居民积极参保、长期缴费、长缴多得，引导城镇居民养老保险待遇领取人员的子女按规定参保缴费。具体办法由省（区、市）人民政府规定。

（六）基金管理

建立健全城镇居民养老保险基金财务会计制度。城镇居民养老保险基金纳入社会保障基金财政专户，实行收支两条线管理，单独记账、核算，按有关规定实现保值增值。试点阶段，城镇居民养老保险基金暂以试点县（区、市、旗，以下简称试点县）为单位管理，随着试点扩大和推开，逐步提高管理层次，有条件的地方也可直接实行省级管理。

（七）基金监督

各级人力资源和社会保障部门要切实履行城镇居民养老保险基金的监管职责，制定完善城镇居民养老保险各项业务管理规章制度，规范业务程序，建立健全内控制度和基金稽核制度，对基金的筹集、上解、划拨、发放进行监控和定期检查，并定期披露城镇居民养老保险基金筹集和支付信息，做到公开透明，加强社会监督。财政、监察、审计部门按各自职责实施监督，严禁挤占挪用，确保基金安全。试点地区社会保险经办机构和居委会每年在社区范围内对城镇居民的待遇领取资格进行公示，接受群众监督。

（八）经办管理服务

开展城镇居民养老保险试点的地区，要认真记录城镇居民参保缴费和领取待遇情况，建立参保档案，长期妥善保存；建立全国统一的城镇居民养老保险信息管理系统，与职工基本养老保险、新农保信息管理系统整合，纳入社会保障信息管理系统（"金保工程"）建设，并与其他公民信息管理系统实现信息资源共享；要大力推行社会保障卡，方便参保人持卡缴费、领取待遇和查询本人参保信息。试点地区要按照精简效能原则，整合现有社会保险经办管理资源，建立健全统一的新农保与城镇居民养老保险经办机构，加强经办能力建设。城镇居民养老保险工作经费纳入同级财政预算，不得从城镇居民养老保险基金中开支。

（九）相关制度衔接

有条件的地方，城镇居民养老保险应与新农保合并实施。其他地方应积极创造条件将两项制度合并实施。《城镇居民养老保险与职工基本养老保险等其他养老保险制度的衔接办法》，由人力资源和社会保障部会同财政部制定。要妥善做好城镇居民养老保险制度与城镇居民最低生活保障、社会优抚等政策制度的配套衔接工作，具体办法由人力资源和社会保障部、财政部会同有关部门研究制定。

案 例 分 析

【案情】孙某是某金融机构的一名职工，2004 年 7 月正式退休并开始领取养老金。

一个月后，该金融机构下发文件规定："已办退休手续的正式职工在职期间经本人签名发放的贷款，不良贷款超过全部贷款额30%的，每月发生活费180元，停发养老金和其他一切福利……"孙某认为该文件规定不合理，向该金融机构申诉。

【问题】单位能扣除养老金用于偿还其发放的不良贷款吗？

【解析】养老金和工资不是一个概念。养老金是国家给予退休人员的一种福利。根据劳动部《工资支付暂行规定》第十六条规定："因劳动者本人原因给用人单位造成经济损失的，用人单位可按照劳动合同的约定要求其赔偿经济损失。经济损失的赔偿，可从劳动者本人的工资中扣除。但每月扣除的部分不得超过劳动者当月工资的20%。若扣除后的剩余工资部分低于当地月最低工资标准，则按最低工资标准支付。"劳动者给用人单位造成经济损失的，应从劳动者的工资中扣，而非退休人员的养老金。

第十七章　失业保险

现代市场经济的发展是建立在激烈的竞争基础上，没有竞争就没有现代市场经济的活力，就不会有创新。然而，竞争又是残酷的，在竞争中总会有失败者，法律必须为竞争中的失败者，特别是失业者提供最基本的生活保障。失业保险制度由是产生并随着市场经济的深入发展而迅速完善，我国在建立社会主义市场经济体制以来，在市场经济获得巨大成功的同时，失业者的数量也迅速增加，因此失业保险制度就成为我国劳动和社会保障法中的一个重要组成部分。

第一节　失业保险的概念和作用

失业保险作为整个社会保险制度的重要组成部分，和其他保险项目一样，起着保障劳动者基本生活需要，维护社会政治、经济秩序稳定的重要作用。据美国社会保障局20世纪90年代中期的统计，世界上一共有包括中国在内的40多个国家，如美国、德国、日本、保加利亚等建立了失业保险制度。

一、失业保险的概念和特点

（一）失业保险的概念

1. 失业和失业者

失业是指具有劳动能力并有劳动意愿的劳动者没有就业的状态。对失业的规定，在不同的国家往往有所不同。在美国，年满16周岁而没有正式工作或正在寻找工作的人都被称为失业者。以下三种情况也算作失业者：①被暂时解雇而等待重返原工作岗位的人；②在30天之内等待到新的工作单位报到的人；③由于暂时患病或认为本行业一时没有工作可找而又不寻找工作的无业者。国际劳工组织对于失业的界定是，失业是指在调查期内达到一定年龄并满足以下条件者：①没有工作，即未被雇佣同时也未自谋职业者；②目前可以工作，即可以被雇佣或者自谋职业者；③正在寻找工作，即在最近特定时期已经采取明确步骤寻找工作或者自谋职业者。

没有劳动能力的人和虽有劳动能力、但是没有劳动就业意愿的自然人不属于失业者。失业是一种法定状态，虽然从结果看，没有劳动就业意愿的人和失业的人都是属于没有工作的状态。每一个人都有生活的价值，也都应该通过自己对社会的服务来生活，但是，基于社会财富的占有状况以及每个人的生活理念的不同，我们可以看到这个社会有些人不是通过自己的劳动获得生活资料，而是通过遗产、乞讨等其他方式生活。劳动是一种光荣的活动，劳动能够创造财富和快乐，劳动也能够实现梦想。劳动既是一种权利，也是一种义务。

2. 失业的类型

在市场经济国家，失业是一种社会现象。换言之，没有失业现象的市场经济是不正常的，一个正常的劳动力市场，应该存在一定比例的失业。但是，如果一个国家的失业比例太高，已经超出失业的内在合理比例时，那么这个国家的经济就出现问题了。从经济学的角度来看，失业一般分为自愿性失业和非自愿性失业，失业保险制度主要研究的是非自愿性失业，而非自愿性失业又分为以下几种类型：①摩擦性失业；②周期性失业；③隐蔽性失业；④结构性失业等。

（1）自愿性失业。摩擦性失业、周期性失业、结构性失业是从失业的背景和原因来说的，除此之外，失业还可以分为自愿性失业和非自愿性失业。自愿性失业是指基于自己的意愿而选择失业的行为，譬如因为工作单位与自己的期望不合而主动辞职的劳动者。一般而言，能够选择自愿性失业的劳动者都不会存在生存问题，也不会对社会构成威胁，所以，自愿性失业不是失业保险所要解决的问题。失业保险主要解决的是非自愿性失业问题。

（2）非自愿性失业。1936 年，经济学家凯恩斯在其著作《就业、利息和货币通论》中提出了"非自愿性失业"的概念，又称"需求不足的失业"，指工人愿意接受现行工资水平与工作条件，但仍找不到工作而形成的失业，非自愿性失业的根本原因是有效需求不足。只要存在有效需求不足，工人即使愿意接受降低了的工资，仍然不会有雇主雇佣他们。换言之，假定产品没有销路，哪怕工资率再低，并且工人愿意按低工资被雇佣，厂商也不会增雇工人。因此，要消除非自愿性失业，关键在于提高有效需求。

（3）结构性失业。是指由于经济结构发生了变化而导致的失业状态。结构性失业的原因是伴随着经济发展或本地区经济的主流而变化的，譬如近年来珠三角地区大量劳动密集型企业内迁，新的高技术企业和资本密集型企业建立，原有的劳动密集型企业的劳动者不能简单地应用到新的高技术企业中，这种劳动力和用人单位需要之间的不匹配所导致的失业就是结构性失业。解决结构性失业的方法是人随企业走或加强自身的学习，以适应变化的社会需要。

（4）隐蔽性失业，也叫隐形失业。是指劳动者表面上就业而实际上从事与其教育水平或能力不相符的工作的一种社会现象。在市场经济社会中，由于经济衰退等原因，熟练工人被迫去做半熟练的工作，或半熟练的工人被迫去做无须任何技能的工作，受过高等教育的人员找不到相应的工作的情况更为常见。不发达国家的隐蔽性失业现象要比发达国家严重得多。当经济中减少就业人员后而产量并没有下降时，就可以认为是存在着隐蔽性失业。

（5）摩擦性失业。是指在经济运行中，因为各种劳动力市场的缺陷或各种信息等因素的影响所导致的失业。譬如一个人从原单位辞职，在没有找到新工作单位之前，这一段时期被称为摩擦期；对于辞职的这个人而言，并不意味着找不到工作，而是现在没有找到而已。这种失业状态就被称为摩擦性失业。摩擦性失业的原因有很多，像职业介绍机构的不健全、就业信息的不透明等都会导致摩擦性失业。摩擦性失业在市场经济的任何阶段都是存在的，无论是经济扩张时期还是经济收缩时期。解决摩擦性失业的出路在于加强制度建设和职业培训建设，即建设好就业桥梁。

（6）周期性失业。有一些劳动者属于在经济扩张时期就业，在经济收缩时期失业，这种状态的失业被称为周期性失业。具体而言，周期性失业是指由于总需求不足而引起的失业状态。之所以被称为周期性失业，是因为这种失业同经济中的周期性波动是联系在一起的。在经济复苏和繁荣阶段，各个用人单位扩充生产，就业人数普遍增加；在经济衰退的阶段，由于社会总需求不足，各个用人单位减少员工数目，从而导致周期性失业。周期性失业一般涉及面非常广，而且社会影响比较大，为了避免周期性失业的社会影响，各个国家都希望尽量使用货币政策和财政政策来熨平经济发展之间的周期。

一般在统计失业率的时候，是将没有劳动就业意愿的自然人排除在外的，而将具有劳动能力、有劳动就业意愿的自然人计入劳动力总人口，在此基础上计算就业率和失业率。我国的文化传统比较含蓄，以前用"待业"来代指失业，后来为了避免社会的冲击，又用"下岗"来代指失业。随着社会的透明化和人们意识的发展，现在可以正面表述失业率和失业问题了。失业是市场经济国家正常的经济现象，一个实施市场经济制度的国家没有失业现象是不正常的。因而，我国自建立社会主义市场经济体制以来，出现失业和失业者是一种正常现象。

3. 失业保险的含义

失业保险是指劳动者在失业期间，由国家和社会给予其一定的物资帮助，保障其基本生活和促进其再就业的社会保险制度。具体地说，所谓失业保险，是指根据国际惯例和我国的国情，由国家法律规定的，通过建立失业保险基金，使失业人员在失业期间获得必要的经济帮助，保证其基本生活，并通过转业训练、职业介绍、职业技能培训等手段为其重新就业创造条件的一种社会保险制度。

（二）失业保险的特点

与其他社会保险的内容相比，失业保险具有以下特点：

1. 失业保险的对象特定化

失业保险的对象为失业者，不是所有不工作的人都是失业保险的保护对象。失业者是一个法律术语，有严格的内涵和外延。只有那些具有劳动能力又有求职意愿的人没有工作时，才属于失业保险保护的范围。1999 年国务院发布的《失业保险条例》规定："城镇企业事业单位失业人员依照该条例的规定，享受失业保险待遇。所谓城镇企业，是指国有企业、城镇集体企业、外商投资企业、城镇私营企业以及其他城镇企业。"

2. 失业保险费实行共同负担

失业保险的保险费由用人单位和劳动者共同负担，和养老保险、医疗保险一样，失业保险费的缴纳由用人单位和劳动者共同缴纳，而工伤保险、生育保险的费用就只由用人单位缴纳。1999 年国务院发布的《失业保险条例》规定："城镇企业事业单位按照本单位工资总额的百分之二缴纳失业保险费。城镇企业事业单位职工按照本人工资的百分之一缴纳失业保险费。"2010 年颁布的《社会保险法》第四十四条规定："职工应当参加失业保险，由用人单位和职工按照国家规定共同缴纳失业保险费。"

3. 失业保险的待遇具有一定期限

失业后有权享受保险待遇的人对失业保险待遇的享受并不是无限的，而是有一定期限。当失业者使用完确定的失业保险待遇期限后，那么劳动者就不能再享受失业保险待遇。这个期限由劳动者和用人单位的缴费年限决定。1999 年国务院发布的《失业保险条例》规定："失业人员失业前所在单位和本人按照规定累计缴费时间满 1 年不足 5 年的，领取失业保险金的期限最长为 12 个月；累计缴费时间满 5 年不满 10 年的，领取失业保险金的期限最长为 18 个月；累计缴费时间 10 年以上的，领取失业保险金的期限最长为 24 个月。重新就业后再次失业的，缴费时间重新计算，领取失业保险金的期限可以与前次失业应领取而尚未领取的失业保险金的期限合并计算，但是最长不得超过 24 个月。"2010 年颁布的《社会保险法》第四十四条以法律的形式作出了同样的规定。

二、失业保险的作用

失业保险起到了社会稳定器的作用。一个具有正常劳动能力又有就业意愿的人，在社会上找不到工作，这对他来说是一个很大的打击，而且他不能因为没有找到工作就可以不吃饭不生存。失业是一个巨大的个人问题，当一个人失业的时候，会形成对自己或对社会的错误认知，甚至可能会选择自残或伤害社会的行为。每一个人的天赋不同，因而其后天资源也不同，即使从同一条起跑线出发，也会有先到后达的差别。况且，目前的社会所提供的起跑线只是法律意义上的起跑线，而不是实力意义上的起跑线。因此，在社会的赛跑过程中，有些人可能会掉队落伍，当这些劳动者掉队落伍的时候，给他们一些经济支持，帮助他们渡过生活中的难关，是最大的社会正义。有没有失业保险，失业保险保护到什么样的程度，可以反映出一个社会的良心。失业保险制度不是一项社会慈善制度，而是基于市场经济的本质而内生于市场制度之中的，是一项重要的市场经济法律制度。其所起到的作用，一方面在于帮助劳动者渡过生活中的难关，另一方面在于实现社会正义。在市场经济中，失业保险既是社会保障体系的重要组成部分，又是形成市场就业机制的必要条件。

在我国，失业保险制度具有以下三个重要作用：

（一）维护社会稳定，保障社会秩序

随着我国社会主义市场经济的深入发展，建立完善的社会保险制度成为社会保障体制必不可少的一部分。社会保险的一个基本职能是保持社会稳定，维护正常的生产、经营秩序，而作为其中一个重要组成部分的失业保险在这方面的作用尤其突出。失业造成失业者没有生活来源，如果不给其基本的生存保障，就很容易造成社会不稳定，失业保险制度可以解决这个问题，给失业者一定的物质生活资料，满足其基本生活需要。

（二）深化市场经济体制改革的前提条件和配套措施

当前我国的改革开放已经进入攻坚阶段。尤其是深化国有企业改革，成为影响改革进程中的关键因素之一，国企改革中的一个重要体现就是下岗职工大量出现，下岗职工

能否及时和企业解除劳动关系，关键在于其下岗后能否得到基本生活保障，而失业保险制度的作用，就是保障下岗职工在下岗期间的基本生活，推进企业减员增效，加快改革的进程，这体现了失业保险制度在我国社会主义市场经济体制改革过程中不可或缺的重要地位和作用。

（三）提高劳动力素质的必要手段

市场经济的健康发展，要求有建立在法治经济基础上的良性竞争，通过竞争，实现劳动者的优胜劣汰，选拔出素质最高、能力最强、最能胜任工作的劳动者，但是只要有竞争，就会有失败者。从这个角度讲，失业者的存在是市场经济发展的必然，是市场经济不可或缺的组成部分之一。在当前我国劳动力供大于求的现实状况下，劳动者就业的困难非常大，失业者比比皆是，因而竞争尤其激烈，虽然竞争选拔出了高素质的劳动者，但也造成了大量失业者，只有给予这些失业者最基本的生活保障，才能保证优化劳动者素质。

第二节　失业保险立法

失业保险是国家通过立法强制实行的，由社会集中建立基金，对因失业而暂时中断生活来源的劳动者提供物质帮助的制度，这种制度必须得到立法的保障才能真正实现。

一、失业保险立法的历史沿革

（一）国外失业保险立法

法国早在 1905 年就建立了失业保险制度。随后，挪威、丹麦两国也分别在 1906 年和 1907 年建立了类似于法国的失业保险制度。当时这几个国家实行的是非完全强制性失业保险制度，即法律确定范围内的人员是否参加失业保险取决于个人意愿，一旦其决定参加保险，就必须根据失业保险法律规定接受管理，包括承担一定的义务和享受相应的权利。1911 年，英国颁布了《国民保险法》，开创了强制性失业保险制度的先河，后被一些国家效法，构成了建立世界失业保险制度的主流。

德国是世界上最早建立起社会保障制度的国家，也是世界上社会保险制度最完善的国家之一，德国社会保障制度建立并运行的成功经验之一就是立法先行，每一项制度，乃至每一次调整和改革都先制定法律，再组织实施。德国最早于 1883 年通过了《医疗保险法》，1884 年通过了《事故保险法》，1889 年通过了《残疾和养老保险法》，1927年通过了《失业社会保险法》。两德统一后，德国对失业保险制度进行了改革，1996 年颁布了《就业促进法》，对失业保险和失业救助进行了详细规定，严格失业保险的申请和给付条件，以强化失业者的工作、求职意愿。如果一个失业者想得到失业保险金或失业救济金，那么他必须接受职业介绍员介绍的"合适的职业"。

美国吸取了德、英等国家的经验，并有所发展，在 1935 年通过了第一个社会保障法典——《社会保障法》，它包括五个项目，失业社会保险是其中之一。实际上，美国失业保险法律制度由联邦和州两部分组成，各州在1932年至1937年间，在联邦政府的框架要求下，颁布各州的《失业保险法》。根据各州的经济发展水平、人口比例、就业状况确定各州失业保险税的税基、税率，领取失业救济金的资格、期限及金额等具体事宜。联邦有关失业保险的法律主要有《社会保障法》、《联邦保险税法》。这两部法律主要规定各州政府必须建立失业保险制度，失业保险税由雇主缴纳，每个企业开业，雇主必须办理失业保险登记，并在企业内公开张贴参加失业保险书，失业保险津贴的领取人必须符合一定的条件，失业保险由联邦政府劳工部和各州政府劳工局主管，失业保险办法全国不统一，由各州政府自行制定，联邦劳工部负责监督州政府执行失业保险的情况，并决定和拨付各州管理失业保险机构的行政费用等。

一般来说，西方国家的失业保险制度有以下几种类型：强制型的失业保险制度，即失业保险制度是由国家立法强制参与的，美国、英国、日本等国家采用了该种类型的失业保险制度；非强制型的失业保险制度，即劳动者可自愿参与的失业保险制度，譬如丹麦等国家；此外还有双重失业保险制度、附条件的失业保险制度等。

纵观国外失业保险立法过程，可以明显地看出这样一条经济发展和社会转型的主线。在经济从农业经济向工业经济进行转型的过程中，社会人口也在进行着分化，大量农民成为纯粹的劳动者，只能靠劳动为生。此时，随着社会阶层的分化，会出现一些社会矛盾，这些社会矛盾会随着经济周期的变化时而尖锐、时而缓和。失业保险制度于是应运而生，用于解决或缓和社会矛盾。随着西方世界经济的发展和社会的进步，很多国家建立起了高福利制度，失业保险待遇也得到了巨大的提升。由此可见，失业保险制度是随着市场经济的发展而逐渐出现的，并不是人类一开始就有的制度；失业保险制度是内生于市场经济制度的，是市场经济制度发展的要件，换言之，发展市场经济必须建立起失业保险制度。当然，每个国家的失业保险制度各有不同，每个国家的失业保险制度也体现了各自的文化和经济发展程度。

（二）国际劳工组织的失业保险立法

国际劳工组织也对失业保险进行了规定。国际劳工组织制定的有关失业保险的公约和建议书主要有：1934年通过的《失业补贴公约》和《建议书》，1952年通过的《社会保障（最低标准）公约》，1988年通过的《促进就业和失业保护公约》和《建议书》。1934年通过的《失业补贴公约》和《建议书》，针对当时工业化国家普遍存在的严重失业问题，要求各国建立一种对非自愿性失业者提供失业补贴的制度，这种制度可以采用强制保险的形式，也可以采取自愿保险的形式，或是采取强制与自愿两种方式混合的形式。该公约还对失业保险制度实施的范围、享受失业津贴的资格条件及津贴标准的给付办法作了规定。1952年的《社会保障（最低标准）公约》，主要是在失业津贴的标准和计算方法上充实了1934年的《失业补贴公约》的内容。

20世纪70年代末和80年代初，工业化国家普遍进入了一个经济滞胀时期，高通货膨胀和高失业率并存，因此，高福利政策受到批评。高标准失业津贴一方面打击了企业家的投资积极性，另一方面造成一些失业者依赖津贴生活而不愿积极就业的弊端。为了解决已有制度的弊端，1988 年，国际劳工大会通过《促进就业和失业保护公约》与《建议书》，这可以被视为失业保险方面国际劳动立法的一个分水岭。以前的标准侧重强调为失业者提供生活保障，而新的标准则倡导把失业保护措施同促进就业结合起来。该公约要求采取适当的步骤使失业保护制度与就业政策相协调，确保失业保护制度，尤其要将失业津贴的提供有利于促进充分的、生产性的、自由的就业。

为实现这一目标，该公约对失业保护或失业保险制度的组织和管理作了规定：

（1）保护的范围。失业保险制度应为有能力工作、可以工作并且确实在寻找工作的完全失业者提供保护，还应努力将保护范围扩大到工作时间不充分而导致收入减少的半失业者。有条件的国家应使参加失业保险的人数达到工资劳动者的 85%，其他国家应不低于 50%。

（2）资金来源。可以采取缴费基金制，也可以采取非缴费制，或是两种方式的结合。

（3）失业津贴的形式和标准。失业津贴一般不低于投保人以前收入的 50% 或最低工资的 50%。

（4）等待期和津贴支付期限。等待期一般为 7 天，最多不超过 10 天。关于津贴支付的期限，如果国家立法规定津贴的支付期应随资格时间的长短而变化，则该期限至少不低于 26 周，但在特定的国家也可缩短到 13 周。

（5）取消或削减失业津贴。在下列情况下，可以拒付、取消、停发或削减本应支付的失业津贴：当事人不在国内期间；主管机关断定失业是当事人自愿离职造成的；在发生劳资纠纷期间，当事人停工参与纠纷处理或由于劳资纠纷导致停工，当事人无法参加工作；当事人通过欺骗手段试图获得或已经获得失业津贴时；当事人无正当理由不利用职业安置、职业指导、职业培训、重新培训或重新安置合适工作的机会；当事人除家庭补助外得到了国家立法规定的别的收入补助，而且这种收入补助数额超过了失业津贴的数额时。

（6）争议的处理。在失业津贴被拒付、取消、停发或削减，或双方对津贴数额有争议时，当事人应向管理津贴的机构或其他有关的机构提出上诉。

二、我国的失业保险立法

（一）我国失业保险制度的形成

我国的失业保险制度是在 1986 年正式建立的。1986 年，国务院颁布了《国营企业职工待业保险暂行规定》，明确规定对国营企业职工实行职工待业保险制度。但该规定仅限于国营企业，其适用范围主要包括宣告破产企业的职工、濒临破产企业法定整顿期间被精简的职工、企业终止解除劳动合同的工人和企业辞退的职工等四类人员。建立失业保险制度的主要目的之一是配合国有企业改革和劳动制度改革。1986 年至 1993 年是我国失业保险制度形成和初步运行时期。1993 年 4 月，国务院发布了《国有企业职工待业保险规定》，这一规定的发布和实施，标志着我国失业保险制度进入了正常的运行时期。其适用范围从原来的四类人员扩大到七类九种人员，包括撤销和解散企业的职工，停产整顿企业被精简的职工，企业辞退、除名或开除的职工，宣告破产企业的职工，濒临破产企业法定整顿期间被精简的职工，依照法律、法规规定或按照省、自治区、直辖市人民政府规定享受失业保险的其他职工。实行企业化管理的事业单位职工也纳入失业保险范围。当时，一些地方根据本地情况，也扩大了失业保险的覆盖范围，将城镇集体企业、外商投资企业、私营企业及其职工，部分机关、社会团体和事业单位及其职工也纳入了失业保险的范围。为了增强失业保险基金承受能力，部分省市实行了个人缴费。到 1998 年底，参加失业保险的人数为 7 928 万人，全年享受失业保险待遇的人数为 158 万人，另有 149 万企业内职工享受了一次性救济。

（二）我国失业保险制度的发展

1. 失业保险条例

为充分发挥失业保险的作用，进一步改革和完善失业保险制度，在原有法律规定的基础上，国务院于 1999 年 1 月 22 日颁布了《失业保险条例》（以下简称《条例》）。该《条例》吸取了我国失业保险制度建立和发展的实践经验，借鉴了国外的有益做法，在许多方面作了重大调整，体现了社会主义市场经济对失业保险制度的要求，为形成具有中国特色的基本完善的失业保险制度打下了坚实基础。该《条例》的实施标志着失业保险制度已形成了完整的体系，按照《条例》规定，国有企业、城镇集体企业、外商投资企业、城镇私营企业以及其他城镇企业和各类事业单位（如学校、医院、科研院所等）都在参加失业保险的范围之内，对保障失业者的基本生活和抵御失业风险方面起到了重要作用。

1999 年，各级劳动保障行政部门围绕贯彻落实《条例》做了大量艰苦细致的工作。在制度建设上，为配合《失业保险条例》和《社会保险费征缴暂行条例》的贯彻实施，原劳动和社会保障部于 3 月 20 日下发了《关于贯彻两个条例扩大社会保险覆盖范围加强基金征缴工作的通知》（劳社部发〔1999〕10 号）。为推动事业单位参加失业保险工作，原劳动和社会保障部、财政部和原人事部于 8 月 31 日联合下发了《关于事业单位参加失业保险有关问题的通知》（劳社部发〔1999〕29 号），就缴费所需资金的列支渠道和管理体制等问题作出了规定。为落实《条例》有关基金支出项目的规定，原劳动和社会保障部会同财政部于 8 月 31 日联合下发了《关于调整失业保险基金支出项目有关问题的通知》（劳社部发〔1999〕28 号）。2000 年，原劳动和社会保障部制定颁布了《失业保险金申领发放办法》，各省、自治区、直辖市在制定地方性法规、规章和规范性法律文件方面也取得了明显进展。黑龙江省制定发布了《黑龙江省失业保险条例》，北京、上海、重庆市政府颁布了"失业保险的规定（办法）"，四川、山东、安徽、云南、新疆维吾尔自治区和内蒙古自治区人民政府下发了贯彻《条例》的通知，河南、天津、河北、辽宁、吉林、江西、湖北、湖南、广西、贵州、陕西、甘肃、青海等省（自治区）的劳动保障行政部门也都完成了地方性法规、规章的起草工作。在扩大失业保险覆盖面、加强失业保险基金征缴上，都获得了明显成效。

2.《社会保险法》规定的失业保险

《失业保险条例》对实施我国的失业保险制度，保障失业劳动者的权益发挥了很大的作用，但随着我国社会主义市场经济的迅速发展，劳动者的社会保险权利迫切需要得到法律的确认和保护，同时，我国的经济发展，国力大大增强，取得了举世瞩目的成就，党中央明确提出了构建和谐社会的目标。在这个大背景下，为了规范社会保险关系，使公民共享发展成果，促进社会和谐稳定，2010 年 10 月 28 日，十一届全国人大常委会第十七次会议表决通过了《中华人民共和国社会保险法》，以此为标志，我国社会保险制度历经多年探索发展，以立法保障进入了规范发展的新阶段。《社会保险法》包括了劳动者所享有的养老、医疗、失业、工伤、生育等五个险种的社会保险权利，其中第五章专门规定了失业保险，从而为失业保险制定了基本法律依据和规范。根据《社会保险法》，2011 年中华人民共和国人力资源和社会保障部颁布第 13 号令《实施〈中华人民共和国社会保险法〉若干规定》，该规定对《社会保险法》中关于失业保险规定的一些容易混淆的地方提出明确的解释和进一步的说明。近年来，在社会保险法实施过程中，暴露出的一些关于失业保险的问题也逐渐通过立法加以完善，如失业人员如何享受医疗保险问题等。针对这些问题，国务院人力资源和社会保障部为贯彻落实《社会保险法》，做好领取失业保险金期间的失业人员（以下简称领取失业保险金人员）参加职工基本医疗保险（以下简称职工医保）工作，接续基本医疗保险关系，保障合理的医疗待遇水平，于 2011 年颁布了第 77 号令——《关于领取失业保险金人员参加职工基本医疗保险有关问题的通知》。该通知具体规定了领取失业保险金人员应按规定参加其失业前失业保险参保地的职工医保，由参保地失业保险经办机构统一办理职工医保参保缴费手续。领取失业保险金人员参加职工医保应缴纳的基本医疗保险费从失业保险基金中支付，个人不缴费。领取失业保险金人员参加职工医保的缴费率原则上按照统筹地区的缴费率确定。缴费基数可参照统筹地区上年度职工平均工资的一定比例确定，最低比例不低于 60%。失业保险经办机构为领取失业保险金人员缴纳基本医疗保险费的期限与领取失业保险金期限相一致等内容。

第三节　失业保险的对象和范围

　　失业保险主要是以保障依法参加社会保险的劳动者在失业时的基本生活需求为目标的，《失业保险条例》规定城镇企事业单位失业人员依照该条例的规定，享受失业保险待遇。《社会保险法》规定失业人员符合特定条件的，才能从失业保险基金中领取失业保险金。这就是说，失业保险是针对特定的对象的。

一、失业保险的对象

（一）国外失业保险的对象

　　从国外失业保险的发展历史和现状来看，每个国家都是根据本国的国情和发展阶段的不同来设计调整失业保险适用范围的。目前，建立了失业保险制度的 70 个国家和地区，在适用范围上，因失业保险项目不同而有所不同。有的国家覆盖范围较宽，规定失业保险的对象包括所有被解雇的劳动者，如加拿大，失业保险覆盖了所有工资收入者，包括联邦政府的雇员。而私营企业的经营者、个体业主及收入、工作时间达不到规定标准的人员和临时工不能参加失业保险。有些国家把临时工、季节性工人、家庭劳动者排除在外，还有些国家把农业劳动者排除在外。如英国规定，失业保险适用于所有受雇者，但70岁以上（女性60岁以上）者及家属从业人员不在适用范围内；德国规定，适用失业保险的雇员范围与疾病保险范围一样，而且还包括农业受雇者、试用人员、家庭受雇者，特定约聘公务人员，但家庭劳动者和季节劳工不在适用范围内；瑞典规定适用于基金会成员所属劳工，但未满15岁或超过基金会所在地规定最高年龄的劳动者及家庭劳动者不在适用范围内。在美国，联邦立法规定的覆盖范围是工商企业雇员、一年有20周雇佣4人或4人以上的非营利机构的雇员。对铁路雇员、联邦雇员和退役军人实行特别的联邦保险项目。

随着世界各国经济的进一步发展，适用失业保险的对象越来越广。1988年，国际劳工组织在第七十五届国际劳工大会上对失业作了新的界定，认为凡是有能力参加经济活动，可以工作，并且确实在寻找职业而未能找到适当工作，以致没有任何工资收入、生活无着落的劳动者，均属于失业者，应被覆盖于失业保险中。因此，按国际劳工组织规定，失业保险的对象除一般雇佣劳动者之外，还包括临时工、季节性工人、家庭保姆、学徒、公务员等，从而使得失业保险的适用对象大大拓宽。

总结各国失业保险的适用对象，一般需要具备以下几个条件：

（1）仅限于非自愿性失业者。自愿性失业者不得享受失业保险，非自愿性失业包括周期性失业、季节性失业、结构性失业和摩擦性失业等。

（2）年龄达到法定要求。失业保险的对象必须限于符合法定劳动年龄的劳动者，未进入劳动年龄以及已达到法定年龄的人都不在失业保险之列。

（3）满足一定的期限要求。关于期限的要求主要有以下几类：一是缴纳保险费要求符合一定期限。即享受失业保险的人员，其缴纳失业保险费须达到一定的期限，才享有领取失业保险金的资格。二是劳动者就业须满一定期限后才可享受失业保险待遇。如法国规定，失业者须在离职前1年内在若干企业受雇91日以上才可申请领取失业救济金。三是投保年限与缴费期限须符合一定条件。如意大利规定，被保险人须投保2年，并在最近2年中缴纳保险费达52周，才可享受失业保险待遇。

（4）失业者必须具有劳动能力和就业愿望。失业保险对象是具有劳动能力和就业意愿的失业者。如果劳动者已丧失劳动能力，则应享受工伤保险待遇或养老保险待遇，而不应享受失业保险待遇。此外，劳动者还须有就业意愿，通常要求失业者在规定的期限内到职业介绍所或失业保险管理机构进行登记，要求重新就业；或者要求失业期间定期与失业保险机构联系，报告个人情况；还有的规定如拒绝失业保险机构安排就业的，须停发失业救济金。此外，有些国家还规定了更为宽松的条件，如美国规定，除了到公私职业介绍机构登记就业外，凡是与雇主接洽、托亲友介绍、登广告寻找工作，或者向工会、职业协会提交工作申请的，均视为失业者。

(二) 我国失业保险的对象和条件

1. 失业保险的具体对象

我国失业保险制度自建立以来，覆盖范围逐步扩大。1986 年，为配合劳动合同制度和《破产法》的试行，国务院发布了《国营企业职工待业保险暂行规定》，其适用范围是国营企业中的四类人员：宣告破产企业的职工，濒临破产企业法定整顿期间被精简的职工，企业终止、解除劳动合同的工人和企业辞退的职工。1993 年，为适应经济体制改革，特别是《全民所有制工业企业转换经营机制条例》的实施，国务院发布了《国有企业职工待业保险规定》，其适用范围从原来的四类人员扩大到七类九种人员，即撤销和解散企业的职工，停产整顿企业被精简的职工，企业辞退、除名或者开除的职工，宣告破产企业的职工，濒临破产企业法定整顿期间被精简的职工，依照法律、法规规定或按照省、自治区、直辖市人民政府规定享受失业保险的其他职工。在此基础上，《失业保险条例》进一步扩大了失业保险的适用对象，根据建立适应社会主义市场经济体制的社会保障体系和就业机制的要求，将城镇所有企事业单位及其职工都纳入了失业保险的范围，这是我国失业保险制度更加完善的重要标志。2010 年颁布的《社会保险法》也规定，职工应当参加失业保险，由用人单位和职工按照国家规定共同缴纳失业保险费。

2. 享受失业保险待遇的条件

《失业保险条例》规定："失业人员符合下列条件的，从失业保险基金中领取失业保险金：①失业前用人单位和本人已经缴纳失业保险费满一年的；②非因本人意愿中断就业的；③已经进行失业登记，并有求职要求的。"失业人员符合上述规定条件的，可以申请领取失业保险金并享受其他失业保险待遇。其中，非因本人意愿中断就业的包括下列情形：①依照《劳动合同法》第四十四条第一项、第四项、第五项规定终止劳动合同的；②由用人单位依照《劳动合同法》第三十九条、第四十条、第四十一条规定解除劳动合同的；③用人单位依照《劳动合同法》第三十六条规定向劳动者提出解除劳动合同并与劳动者协商一致解除劳动合同的；④由用人单位提出解除聘用合同或者被用人单位辞退、除名、开除的；⑤劳动者本人依照《劳动合同法》第三十八条规定解除劳动合同的；⑥法律、法规和规章规定的其他情形。

《社会保险法》也对享受失业保险待遇的条件作出了规定。《社会保险法》第四十五条规定："失业人员符合下列条件的，从失业保险基金中领取失业保险金：①失业前用人单位和本人已经缴纳失业保险费满一年的；②非因本人意愿中断就业的；③已经进行失业登记，并有求职要求的。"

3. 停止享受失业保险待遇的条件

《失业保险条例》规定了享受失业保险待遇的失业人员，在特定情形下可停止享受该待遇。该条例第十五条规定：失业人员在领取失业保险金期间有下列情形之一的，停止领取失业保险金，并同时停止享受其他失业保险待遇：①重新就业的；②应征服兵役的；③移居境外的；④享受基本养老保险待遇的；⑤被判刑收监执行或者被劳动教养的；⑥无正当理由，拒不接受当地人民政府指定的部门或者机构介绍的工作的；⑦有法律、行政法规规定的其他情形的。《社会保险法》也规定了失业人员停止享受失业保待遇的条件，《社会保险法》第五十一条规定："失业人员在领取失业保险金期间有下列情形之一的，停止领取失业保险金，并同时停止享受其他失业保险待遇：①重新就业的；②应征服兵役的；③移居境外的；④享受基本养老保险待遇的；⑤无正当理由，拒不接受当地人民政府指定部门或者机构介绍的适当工作或者提供的培训的。"

二、失业保险的范围

（一）逐步扩大覆盖范围是失业保险制度的发展方向

劳动力在不同所有制、产业和行业之间的有序流动，是劳动力资源和其他经济资源实现合理配置的重要手段，是建立市场就业机制和社会主义市场经济体制的需要。劳动力能否按照市场原则实现流动，取决于多种因素，社会保障制度的覆盖范围是其中一个关键因素。能否进入社会保障的范围，对大多数劳动者都具有重要意义。

从我国社会保障制度的发展过程来看，国有企业最先建立了社会保障制度，其他所有制企业相对滞后，多数事业单位仍延续传统的保障模式。这种状况造成国有企业富余人员大量积淀，而其他类型企业在引进所需人才上缺乏更有效的手段，严重阻碍了市场经济体制的建立，影响了国有企业的改革和非国有经济的发展。针对这一现实，国家把扩大养老、医疗、失业等社会保险项目的覆盖范围作为改革方向，做了大量的基础工作。就失业保险而言，经过多年的发展，建立了较为完善的管理体制，积累了较为丰富的实践经验，加上深化改革的驱动和经济社会发展的需要，扩大覆盖范围的条件已经成熟。扩大覆盖范围既是必要的，也是可行的。

从目前情况来看，扩大覆盖范围的重点是非国有企业和非企业化管理事业单位。改革开放30年的实践证明，非国有企业在推动经济发展、扩大就业空间方面具有重要作用，为非国有企业的从业人员提供失业保险，有利于劳动力向这些企业流动，既可以减轻国有企业的就业压力，也可以促进非国有企业更快地发展，同时也是体现社会保障制度普遍性、平等性的需要。非企业化管理事业单位是事业单位的主要构成，人数在2 000万左右。根据中央关于事业单位改革的精神，其人事制度要进行改革，按照市场原则优化人员结构、减员增效将成为事业单位的必然选择。将事业单位及其职工纳入失业保险，对事业单位特别是国有事业单位市场用人机制的形成和自身发展具有重要意义。

将城镇企业和事业单位招用的农民合同制工人纳入失业保险范围是形势发展的需要。改革开放后，农村劳动力进城务工规模加大，速度加快。客观上，一部分农村劳动者已成为城镇劳动力的组成部分，成为经济建设的一支重要力量。将城镇企业和事业单位中与之建立稳定劳动关系的农村劳动者纳入失业保险，有利于保护这部分人的合法权益，也有利于均衡企业的用工成本。根据《失业保险条例》的规定，社会团体及其专职人员、民办非企业单位及其职工、城镇有雇工的个体工商户及其雇工是否纳入失业保险范围，由各省级人民政府确定。这就为失业保险全覆盖提供了法律依据。

"城镇各类企业及其职工、城镇事业单位及其职工应当参加失业保险。城镇个体工商户业主及其雇工、社会团体及其专职人员、民办非企业单位及其职工由省级政府决定是否纳入失业保险的范围，是否参加失业保险。"从趋势上看，失业保险的覆盖范围越来越大。每年政府在召开"两会"时，都会部署关于完善社会保障制度的事项。如2008年政府工作目标之一是："完善社会保障体系。做好社会保险扩面和基金征缴工作，重点扩大农民工、非公有制经济组织就业人员、城镇灵活就业人员参加社会保险。解决关闭破产企业退休人员和困难企业职工参加基本医疗保险问题。完善社会统筹与个人账户相结合的企业职工基本养老保险制度，扩大、做实养老保险个人账户试点，加快省级统筹步伐，制定全国统一的社会保险关系转续办法。规范发展企业年金制度。探索事业单位养老保险制度改革。制定适合农民工特点的养老保险办法。鼓励各地开展农村养老保险试点，健全对被征地农民的社会保障制度。加快完善失业、工伤、生育保险制度。采取多种方式充实社会保障基金，强化基金监管，确保基金安全，实现保值增值。"

失业保险纳入社会保障范畴之后，作为社会保险的一个组成部分。《社会保险法》第六十四条规定："社会保险基金包括基本养老保险基金、基本医疗保险基金、工伤保险基金、失业保险基金和生育保险基金。各项社会保险基金按照社会保险险种分别建账，分账核算，执行国家统一的会计制度。"2013年的政府工作报告则提出："完善社会保障制度。坚持全覆盖、保基本、多层次、可持续方针，不断扩大社会保障覆盖面，提高统筹层次和保障水平，加强各项制度的完善和衔接，增强公平性，适应流动性，保证可持续性。"

2010年颁布的《社会保险法》把失业保险作为社会保险的一部分，实际上已经扩大了失业保险的覆盖范围，如该法在附则中明确规定："进城务工的农村居民依照本法规定参加社会保险。征收农村集体所有的土地，应当足额安排被征地农民的社会保险费，按照国务院规定将被征地农民纳入相应的社会保险制度。外国人在中国境内就业的，参照本法规定参加社会保险。"

(二) 失业保险待遇

失业保险待遇主要包括：失业保险金，领取失业保险金期间的医疗补助金，领取失业保险金期间死亡的失业人员的丧葬补助金及其供养的配偶、直系亲属的抚恤金。另外，失业人员在领取失业保险金期间接受职业培训、职业介绍的，可以给予补贴。失业保险金的标准由省级人民政府按照低于当地最低工资标准、高于城市居民最低生活保障标准的原则确定。医疗补助金的标准由省级人民政府规定。丧葬补助金和抚恤金的标准应参照当地职工的规定办理，一次性发放。失业保险金的领取期限是由失业人员失业前所在单位和本人按照规定累计缴费时间决定的，满1年不足5年的，最长不超过12月；满5年不足10年的，最长不超过18个月；10年以上的，最长不超过24个月。确定累计缴费时间的原则：一是实行个人缴费前，按国家规定计算的工龄视同缴费年限，与《失业保险条例》发布后的缴费年限合并计算；二是失业人员在领取失业保险金期间重新就业后再次失业的，其领取期限可与前次失业尚未领取的期限合并计算，其中如果重新就业不满1年再次失业的，可以领取前次失业尚未领取的失业保险金。

第四节　失业保险基金

失业保险基金是社会保险基金中的一种专项基金，建立失业保险基金是失业保险制度的重要内容。我国建立失业保险制度以来，一直实行基金制，在基金来源上采取用人单位缴费和财政补贴的方式。实践证明，基金制与我国经济发展水平是相适应的，可以为失业保险提供稳定的资金来源。

一、失业保险基金的概念和特点

（一）概念

失业保险基金是国家为保障职工在暂时失业期间的基本生活而设置的一项专项基金，是实施失业保险制度的物质基础和保证，是失业人员领取保险金等待遇以及参加职业介绍、职业培训等就业服务的资金来源。失业保险基金是建立失业保险制度的核心内容，没有失业保险基金，失业保险制度就无法真正落实。

（二）特点

失业保险基金具有以下四个特点：一是强制性。国家以法律规定的形式，向规定范围内的用人单位、个人征缴社会保险费；缴费义务人必须履行缴费义务，否则构成违法行为，承担相应的法律责任。也就是说，哪些单位、哪些人员要缴费，如何缴费都是由国家规定的，单位或个人没有选择的自由。二是无偿性。国家征收社会保险费后，不需要偿还，也不需要向缴费义务人支付任何代价。三是固定性。国家根据社会保险事业的需要，事先规定社会保险费的缴费对象、缴费基数和缴费比例。在征收时，不因缴费义务人的具体情况而随意调整。固定性还体现在社会保险基金的使用上，实行专款专用。四是互济性。失业保险基金主要来源于社会筹集，由单位、个人和国家三方共同负担，缴费比例、缴费方式相对稳定，筹集的失业保险费，不分来源渠道，不分缴费单位的性质，全部并入失业保险基金，在统筹地区内统一调度使用以发挥互济功能。

二、失业保险基金的来源

一般采取以下五种方式筹集失业保险所需资金：一是由雇主和雇员双方负担；二是由雇主和国家双方负担；三是由雇员和国家双方负担；四是由国家、雇员和雇主三方负担；五是全部由雇主负担。全部由雇主负担失业保险所需资金的国家，主要采取征收保险税的办法，目前只有个别国家采用。各国主要采取的是征缴费用、建立基金的方式。我国失业保险制度自建立以来，一直实行基金制，在基金来源上采取用人单位缴费和财政补贴的方式。实践证明，基金制与我国经济发展水平相适应，可以为失业保险提供稳定的资金来源。但由于只限于用人单位缴费，职工个人不缴费，造成收缴数额有限，基金承受能力弱。若大幅度提高征缴比例，势必增加用人单位负担。在目前国家财力尚不充裕和一些企业经营状况较为困难的情况下，适当提高用人单位缴费比例，并实行个人缴费较为可行，也有利于增强职工个人的保险意识。

根据《失业保险条例》的规定，失业保险基金主要由下列各项构成：

（1）城镇企事业单位、城镇企事业单位职工缴纳的失业保险费。企事业单位缴纳的失业保险费是指按本单位工资总额的2%缴纳的用于失业保险的款项，职工个人缴纳的失业保险费是指按本人工资的1%缴纳的用于失业保险的款项。这是失业保险基金的主要来源。

（2）失业保险基金的利息。失业保险基金的利息收入是指用基金购买国家债券或存入银行所得的利息收入。将征缴上来的失业保险费按规定存入银行或购买国债，取得的利息收入并入基金，这是保证基金不贬值的重要措施。

（3）财政补贴。财政补贴是指同级财政给予失业保险基金的补贴。发展失业保险事业是国家的一项重要职责，在失业保险费不能满足需要时，也有责任通过财政补贴的形式保证基金支出的需要。

（4）依法纳入失业保险基金的其他资金。依法纳入失业保险基金的其他资金主要是指滞纳金。滞纳金收入是指因企事业单位、个人拖欠失业保险费而按规定收取的费用。滞纳金不包括罚款收入。

失业保险费是失业保险基金的主要来源。因此，城镇企事业单位及其职工应当按照规定，及时、足额缴纳失业保险费，以保证基金的支付能力，切实保障失业人员基本生活和促进其再就业所需资金支出。发展失业保险事业是国家的一项重要职责：一方面政府要组织好失业保险费的征缴和管理工作；另一方面，在失业保险费不能满足需要时，有责任通过财政补贴的形式保证基金支出的需要。征缴的失业保险费按规定存入银行或购买国债，取得的利息收入并入基金，这是保证基金不贬值的重要措施。其他资金是指按规定加收的滞纳金及应当纳入失业保险基金的其他资金，罚款不在此列。

三、失业保险基金的缴纳和统筹

《失业保险条例》规定："城镇企事业单位按照本单位工资总额的2%缴纳失业保险费。城镇企事业单位职工按照本人工资的1%缴纳失业保险费。城镇企事业单位招用的农民合同制工人本人不缴纳失业保险费。"计算应缴纳的失业保险费数额，要考虑两个因素：一是缴费基数，即明确缴费的范围。从国外有关规定看，失业保险费的缴费基数一般为工资，单位为工资总额，职工个人为本人工资。二是费率，即缴费义务人按照规定的缴费基数缴纳失业保险费的比例。定率征收失业保险费是我国自失业保险制度建立以来一直采用的做法，也是国际通行做法。

《失业保险条例》规定：城镇企事业单位的缴费基数为本单位工资总额，个人缴费基数为本人工资额。单位工资总额按照国家有关工资政策予以认定其构成和计算方式，它是指单位在一定时期内直接支付给本单位全部职工的劳动报酬总额，包括计时工资、计件工资、奖金、津贴和补贴、加班加点工资及特殊情况下支付的工资。本人工资是指由单位支付的劳动报酬，包括计时工资或计件工资、奖金、津贴和补贴、加班加点工资等，除此以外不包括其他来源的收入。在确定缴费基数时，各地可以根据情况统一规定各单位以哪一个时期的工资总额和工资额为缴费基数。如可以上一年度单位工资总额为基数，平摊到本年度各个月份，每月按相同数额征收；可以上月单位工资总额为基数，按实际发生数确定征收数额；对工资总额不易认定的，可由负责征缴的机构参照当地工资水平和该单位生产经营状况核定缴费基数。个人缴费基数的确定方法应与单位相一致。上述工资总额，包括单位招用的农民合同制工人的工资部分，但农民合同制工人个人不缴费，合同期满不再续订或提前解除劳动合同的，支付给一次性生活补助。这样规定主要是考虑农民合同制工人的流动性较强，且离开原单位后可以回乡务农，为了保证其有一定生活保障，应与城镇失业人员有所区别，采取支付一次性生活补助的办法较为可行。对农民合同制工人采取不同办法，既维护了他们的合法权益，也与目前尚不具备城乡一体、待遇统一的现实相适应，这也是失业保险制度的一项重要规定。

1993年发布的《国有企业职工待业保险规定》指出失业保险基金实行市、县统筹。《失业保险条例》在此基础上，对统筹层次作了相应调整。《失业保险条例》规定："失业保险基金在直辖市和设区的市实行全市统筹；其他地区的统筹层次由省、自治区人民政府规定。"统筹层次是指失业保险基金在一定的行政区域内实行统一筹集、管理和使用的管理形式。提高统筹层次，有利于发挥失业保险的互济作用，增强基金承受能力。

《失业保险条例》根据不同地区经济发展水平和失业保险工作现状，规定了相应的统筹形式。规定直辖市和设区的市实行全市统筹，这将原来大部分实行县级统筹的地区提高为市级（地级市）统筹。这样规定主要是考虑直辖市和设区的市经济发展水平相对较高，市场就业机制正在逐步形成，有条件实行全市统筹。在具体实施过程中，各地可以结合实际情况，确定不同的全市统筹的实现方式，可以统一管理和调度使用全部基金，也可以统筹调剂使用部分基金，以充分发挥基金保障失业人员基本生活水平和促进其再就业的功能。而其他地区的统筹层次，则根据实际情况确定。考虑到各地的经济发展水平不一致，由各省、自治区根据情况确定。

第五节　失业保险金的给付、申领和发放

《失业保险条例》规定了失业保险金制度，明确了失业保险金的支出、给付、享受条件等内容，为保证失业人员及时获得失业保险金及其他失业保险待遇，根据《失业保险条例》，原劳动和社会保障部制定了《失业保险金申领发放办法》，适用于参加失业保险的城镇企业事业单位职工以及按照省级人民政府规定参加失业保险的其他单位人员失业后申请领取失业保险金和享受其他失业保险待遇。

一、失业保险基金的支出项目

《失业保险条例》明确规定："失业保险基金用于下列支出：①失业保险金；②领取

失业保险金期间的医疗补助金；③领取失业保险金期间死亡的失业人员的丧葬补助金和其供养的配偶、直系亲属的抚恤金；④领取失业保险金期间接受职业培训、职业介绍的补贴，补贴的办法和标准由省、自治区、直辖市人民政府规定；⑤国务院规定或者批准的与失业保险有关的其他费用。"

失业保险金是指失业保险经办机构按照规定支付给符合领取条件的失业者的一定数额的金钱，用以保障失业者在失业期间的生活。失业保险金是失业保险基金的最基本的支出，除了失业保险金以外，失业保险基金还可以用来支付失业者在失业期间的职业培训、职业介绍的补贴；如果失业者在失业期间患有疾病，那么失业保险基金还可以为其支付医疗补助金；如果失业者在失业期间死亡，失业保险基金可以支付该失业者的丧葬补助金和其供养的配偶、直系亲属的抚恤金。

失业期间的医疗补助金和基本医疗保险所起的作用一样，但两者不同。基本医疗保险是在就业的情况下，当职工患有疾病以后，对职工的一种医疗费用的救助制度；而当其在失业的情况下，就不能享受基本医疗待遇，在此期间的医疗费用支出就由失业保险基金负担。因为每个地方的经济发展水平和医疗保障水平不一样，所以不适合在全国范围内作统一规定，而是把这个内容交由各省、自治区、直辖市人民政府规定。如《福建省失业保险条例》规定："失业人员领取失业保险金期间，其门诊医疗补助金按不低于本人领取失业保险金6%的标准，随失业保险金按月发放；因患病确需到县级以上医院住院治疗的，可由本人或者其亲属提出书面申请，经当地失业保险经办机构审核批准，发给住院医疗补助金。门诊医疗补助金和住院医疗补助金的具体补助标准由省人民政府规定。女性失业人员在享受失业保险待遇期间分娩，符合法律、法规、规章等有关计划生育规定的，还可领取一次性生育补助金，生育补助金按其本人3个月的失业保险金计发。但按照《福建省企业女职工劳动保护条例》规定，已享受生育补助金的除外。《广东省失业保险条例》规定："失业人员领取失业保险金期间的医疗补助金，按不超过当地最低工资标准的10%的比例，随失业保险金按月发放。领取期间患严重疾病，到社会保险经办机构指定的医疗机构住院治疗，负担医疗费确有困难的，社会保险经办机构可以给予不超过本次医疗费50%的一次性补贴。"

无论是周期性失业还是结构性失业，对于失业者而言，能够获得职业培训是至关重要的，培训能够使该失业者重新树立就业的信心和具备就业的能力，从而能够顺利进行再就业。我国的经济发展已经经过了粗放经营阶段，现在的国民经济是高度组织化的经济，只有资金密集型、技术密集型、管理高效型的企业才可以生存下去。在此背景下，如果一个劳动者仅仅依靠一些简单的体力是不能顺利生存下来的；但是，当其具有加强职业培训的意愿却又没有进行职业培训的金钱时，那么对于社会而言，是一种劳动力的浪费和悲哀。所以，由失业保险基金承担起失业者的培训费用是一种很合理的制度选择，无论对国家、社会还是个人来说都是多方的共赢。除此之外，失业保险基金还可以承担职业介绍的费用，也是一种多赢的制度。

失业人员在失业期间死亡的，其家属可以领取丧葬补助金和其供养的配偶、直系亲属的抚恤金，这是一种人道主义的规定，体现了社会的正义。当然，每个地方有每个地方的具体情形，因此每个地方的费用支付标准也不一样。如《四川省失业保险条例》规定："失业人员在享受失业保险待遇期间死亡的，由失业保险经办机构向其家属一次性发给其 10 个月失业保险金标准的丧葬补助金和 10 个月失业保险金标准的抚恤金，以及死亡当月尚未领取的失业保险金。失业人员在享受失业保险待遇期间因参与刑事犯罪活动而导致伤、残、亡的，不享受第二十五条和本条前款规定的待遇。"《河南省失业保险条例》规定："失业人员领取失业保险金期间死亡的，其家属凭失业人员死亡证明等有关材料，可以向失业保险经办机构申领一次性的丧葬补助金和抚恤金。失业人员死亡当月尚未领取的失业保险金，可由其家属一并领取。丧葬补助金按照失业人员本人生前 7 个月的失业保险金标准发放。有供养配偶、直系亲属的，按每供养一人发给 5 个月，最多发给不超过失业人员本人生前 15 个月失业保险金标准的抚恤金。因社会公益事业死亡的，其丧葬补助金和抚恤金可按此款标准提高 80% 执行。"

二、失业保险金的给付标准

《失业保险条例》规定："失业保险金的标准，按照低于当地最低工资标准、高于城市居民最低生活保障标准的水平，由省、自治区、直辖市人民政府确定。"依据规定，最低工资是指劳动者在法定工作时间内提供了正常劳动的前提下，其所在企业应支付的最低劳动报酬。具体标准由省、自治区、直辖市人民政府规定。目前，全国已有 30 个省、自治区和直辖市制定了最低工资标准，并建立了相应的调整机制。直辖市一般统一为一个标准。省、自治区根据各地区的经济发展水平确定几个标准，各地区采用不同的标准。根据《国务院关于在全国建立城市居民最低生活保障制度的通知》的要求，各地区已逐步建立了城市居民最低生活保障制度。这一制度是对城镇居民社会救济制度的重大发展。城市居民最低生活保障标准由各地人民政府根据当地基本生活必需品费用和财政承受能力自行确定，并且随着生活必需品价格的变化和人们生活水平的提高而适时调整。

失业保险金的发放标准与最低工资标准和城市居民最低生活保障标准挂钩。一般而言，失业保险金的金额不能高过当地最低工资标准，如果一个人在正常工作时的工资低于失业保险金，就不会有人愿意工作了。但是，失业保险金也不能低于当地最低生活保障标准，若失业保险金连基本生活都保障不了，就失去了其应有的意义。再者，我国是一个发展中国家，经济发展虽然取得了很大的成就，但是全国各地经济发展极不平衡，并且将长期处于社会主义初级阶段，失业保险金承受能力有限，失业人员生活保障程度不宜过高，只能维持其基本生活需要。

将失业保险金的发放标准与最低工资和城市居民最低生活保障标准挂钩，使失业保险金标准随着最低工资标准和城市居民最低生活保障标准的调整而调整，这也是保证失业人员享受社会进步和经济发展成果的重要措施。同时，考虑到各地社会经济发展水平存在较大差异，全国不宜规定一个统一的标准。为此，《失业保险条例》将具体发放标准授权省、自治区、直辖市人民政府根据当地的实际情况自行确定。《社会保险法》第四十七条规定："失业保险金的标准，由省、自治区、直辖市人民政府确定，不得低于城市居民最低生活保障标准。"

三、失业保险待遇的享受条件

《失业保险条例》规定："具备下列条件的人员，可以领取失业保险金：①按照规定参加失业保险，所在单位和本人已按照规定履行缴费义务已满 1 年的；②非因本人意愿中断就业的；③已办理失业登记，并有求职要求的。失业人员在领取失业保险金期间，按照规定同时享受其他失业保险待遇。"

参加失业保险的城镇企事业单位职工失业后要领取失业保险金，必须符合一定的条件：一为按照规定参加失业保险，所在单位和本人已按规定履行缴费义务满 1 年。这是最主要的条件。按照规定参加失业保险，是指失业人员原来在城镇企事业单位工作，并非新生劳动力。参加失业保险，必须按规定履行缴费义务，即按规定的缴费基数、费率和缴费时间缴纳失业保险费。二为非因本人意愿中断就业。一般来说，中断就业的原因分为两种：一是非自愿中断就业，即失业人员不愿意中断就业，但因本人无法控制的原因而被迫中断就业；二是自愿中断就业，即失业人员因自愿离职而导致失业。国际通行做法是将自愿中断就业的人员排除在享受失业保险待遇的范围之外。《失业保险条例》借鉴国际经验，将自愿离职而失业的人员排除在享受失业保险待遇的范围之外。《失业保险金申领办法》具体规定"非因本人意愿中断就业的人员"，是指下列人员：①终止劳动合同的；②被用人单位解除劳动合同的；③被用人单位开除、除名和辞退的；④根据《中华人民共和国劳动法》第三十二条第二、第三项与用人单位解除劳动合同的；⑤法律、行政法规另有规定的。三是已办理失业登记，并有求职要求。办理失业登记是失业人员领取失业保险金的必经程序，目的是为了掌握失业人员的基本情况，确认其资格，失业登记是失业人员进入申领失业保险待遇程序的重要标志。失业人员享受失业保险待遇，还须有求职要求。这是考虑到失业保险的一个重要功能是促进失业人员再就业。要实现这一目的，一方面要加快经济发展，创造更多的就业岗位，同时发展和完善就业服务事业，为失业人员实现再就业提供服务；另一方面要求失业人员积极主动地利用各种就业机会和就业服务设施，不断提高自身素质，增强竞争就业的能力。在认定失业人员是否有求职要求时，应以其是否在职业介绍机构登记求职，并参加再就业活动为衡量标准。

失业人员必须同时满足上述条件，才能申请领取失业保险金及享受其他待遇。对不符合条件的，失业保险经办机构应当拒绝其申请，并告知其拒绝的理由。同时，《失业保险条例》也明确规定了在何种情况下，失业人员应当停止领取失业保险金："失业人员在领取失业保险金期间有下列情形之一的，停止领取失业保险金，并同时停止享受其他失业保险待遇：①重新就业的；②应征服兵役的；③移居境外的；④享受基本养老保险待遇的；⑤被判刑收监执行或者被劳动教养的；⑥无正当理由，拒不接受当地人民政府指定的部门或者机构介绍的工作的；⑦有法律、行政法规规定的其他情形的。"

四、失业保险待遇的给付期限

《失业保险条例》规定："失业人员失业前所在单位和本人按照规定累计缴费时间满

1 年不足 5 年的，领取失业保险金的期限最长为 12 个月；累计缴费时间满 5 年不足 10 年的，领取失业保险金的期限最长为 18 个月；累计缴费时间 10 年以上的，领取失业保险金的期限最长为 24 个月。重新就业后再次失业的，缴费时间重新计算，领取失业保险金的期限可以与前次失业应领取而尚未领取的失业保险金的期限合并计算，但是最长不得超过 24 个月。"

《失业保险条例》中关于缴费时间满 1 年不足 5 年的，领取失业保险金的最长期限为 12 个月的规定，不能理解为缴费时间达到上述要求的失业人员都能领取 12 个月的失业保险金。在具体操作中，各地可以在同一档次内，根据失业人员缴费时间的长短，相应拉开其领取失业保险金期限的差距。例如，失业人员在失业前，累计缴费时间满 1 年不足 2 年的，可以领取 6 个月的失业保险金；累计缴费时间每增加 1 年，领取失业保险金的期限增加 2 个月，但最长不得超过 12 个月。至于具体档次如何划分，由各地根据实际情况确定。对享受期限 18 个月和 24 个月的规定，也可以照此划分具体档次。

由于我国地域辽阔，各地的情况不尽相同，社会经济发展水平存在一定差异，在这种情况下，如果在《失业保险条例》中把享受失业保险金的期限和缴费年限划分得太细，在具体执行中将很难操作。正是基于这一考虑，《失业保险条例》没有将享受待遇的期限与缴费年限划分得很细，而只是确定一个大的原则，将具体的细化规则交由各个地方负责。

如果在失业保险金的享受领取期限内重新就业的，其失业保险期限需要重新计算，领取失业保险金的期限可以与前次失业应领取而尚未领取的失业保险金的期限合并计算，但是最长不得超过 24 个月。这样可以体现出对参加失业保险的劳动者的公平性。

当劳动者用完了其有权享受到的失业保险金的领取期限之后，仍然没有就业的，只能享受城镇居民最低生活保障待遇，而不能享受失业保险待遇。当然，在领取失业保险待遇期间，只要符合城镇居民最低生活保障标准的，也有权同时享受城镇居民最低生活保障待遇。具体而言，《国务院关于在全国建立城市居民最低生活保障制度的通知》中规定，城市居民最低生活保障制度的保障对象是家庭人均收入低于当地最低生活保障标准的持有非农业户口的城市居民，主要包括三类人员：一是无生活来源、无劳动能力、无法定赡养人或抚养人的居民；二是领取失业救济金期间或失业救济期满仍未能重新就业，家庭人均收入低于最低生活保障标准的居民；三是在职人员和下岗人员在领取工资或最低工资、基本生活费后及退休人员领取退休金后，其家庭人均收入仍低于最低生活保障标准的居民。根据这一规定，失业人员在享受失业保险待遇期间，只要家庭人均收入低于最低生活保障标准的，可以同时申请城市居民最低生活保障待遇；失业人员享受失业保险待遇的期限届满后，不管其是否重新就业，只要家庭人均收入低于最低生活保障标准的，均可申请享受城市居民最低生活保障待遇。

五、申领失业保险待遇的程序

《失业保险条例》规定："城镇企事业单位应当及时为失业人员出具终止或者解除劳动关系的证明，告知其按照规定享受失业保险待遇的权利，并将失业人员的名单自终止或者解除劳动关系之日起 7 日内报社会保险经办机构备案。城镇企事业单位职工失业后，应当持本单位为其出具的终止或者解除劳动关系的证明，及时到指定的社会保险经办机构办理失业登记。失业保险金自办理失业登记之日起计算。失业保险金由社会保险经办机构按月发放。社会保险经办机构为失业人员开具领取失业保险金的单证，失业人员凭单证到指定银行领取失业保险金。"

失业人员申领失业保险待遇，应当按照一定的程序进行。首先，由其失业前所在的单位为其出具终止或解除劳动关系的证明，此证明应当注明失业人员的姓名、年龄等基本情况及解除或终止劳动关系的时间、原因等内容，并告知失业人员是否可以享受失业保险待遇、应当在多长时间内向哪个经办机构提出申领申请等。同时，用人单位应将失业人员的名单在7日内报所在地社会保险经办机构备案。其次，职工应当持本人身份证明、单位出具的终止或解除劳动关系的证明、失业登记及求职证明等材料，及时到失业保险关系所在地的失业保险经办机构办理申领登记手续。再次，失业保险经办机构对申领申请进行审核，内容包括：申请人提供的证明材料是否真实可靠、申请人参加失业保险和缴纳失业保险费的情况、是否进行过失业登记和求职登记等。对不符合领取条件的申请人，应当书面告知其理由，并告知申请人有异议时可在多长时间内向哪一个劳动保障行政部门提出复议申请。经审核符合申领条件的，应当为失业人员办理领取失业保险金的有关手续。最后，按规定领取失业保险金。经失业保险经办机构办理领取失业保险金手续后，失业人员按月到同一个失业保险经办机构领取失业保险金，或由失业保险经办机构开具单证，到指定的银行领取失业保险金。

六、失业保险金的发放

《失业保险金申领发放办法》具体规定了失业保险金的发放程序和要求。失业保险金经办机构自受理失业人员领取失业保险金申请之日起10日内，对申领者的资格进行审核认定，并将结果及有关事项告知本人。经审核合格者，从其办理失业登记之日起计发失业保险金。

经办机构根据失业人员累计缴费时间核定其领取失业保险金的期限。失业人员累计缴费时间按照下列原则确定：①实行个人缴纳失业保险费前，按国家规定计算的工龄视同缴费时间，与《失业保险条例》发布后缴纳失业保险费的时间合并计算；②失业人员在领取失业保险金期间重新就业后再次失业的，缴费时间重新计算，其领取失业保险金的期限可以与前次失业应领取而尚未领取的失业保险金的期限合并计算，但是最长不得超过24个月。失业人员在领取失业保险金期间重新就业后不满一年再次失业的，可以继续申领其前次失业应领取而尚未领取的失业保险金。

失业保险金以及医疗补助金、丧葬补助金、抚恤金、职业培训和职业介绍补贴等失业保险待遇的标准按照各省、自治区、直辖市人民政府的有关规定执行。

失业保险金应按月发放，由经办机构开具单证，失业人员凭单证到指定银行领取。对领取失业保险金期限即将届满的失业人员，经办机构应提前一个月告知本人。失业人员在领取失业保险金期间，发生《失业保险条例》第十五条规定情形之一的，经办机构有权即行停止其失业保险金发放，并同时停止其享受其他失业保险待遇。

第六节　失业保险相关制度

失业保险金是失业保险制度的核心内容，但是失业保险金制度需要其他相关制度的配合才能有效实施，比如失业保险的接续制度、失业保险基金的监督管理制度、因失业保险而产生的争议解决制度等。另外，随着我国人权保障水平的不断提高，我国对失业保险人员也实行了基本医疗保险制度。

一、失业保险的接续制度

《失业保险条例》规定："城镇企事业单位成建制跨统筹地区转移，失业人员跨统筹地区流动的，失业保险关系随之转迁。"城镇企事业单位成建制跨统筹地区转移前已按规定参加了失业保险，并缴纳了失业保险费；失业人员在跨统筹地区流动前已在享受失业保险待遇，如果因为单位和失业人员转移和流动而中止失业保险关系，那么就会对已经参加失业保险的劳动者不公平。所以，为了防止损害其合法权益，单位转移和失业人员流动后，原失业保险关系所在统筹地区的失业保险经办机构应当将其失业保险关系转至迁入的统筹地区，迁入地的失业保险经办机构应当接续其失业保险关系。

对失业人员失业前所在单位与本人户籍不在同一统筹地区的，其失业保险金的发放和其他失业保险待遇的提供由两地劳动保障行政部门进行协商，明确具体办法。协商未能取得一致的，由上一级劳动保障行政部门确定。失业人员失业保险关系跨省、自治区、直辖市转迁的，失业保险费用应随失业保险关系相应划转。需划转的失业保险费用包括失业保险金，医疗补助金和职业培训、职业介绍补贴。其中，医疗补助金和职业培训、职业介绍补贴按失业人员应享受的失业保险金总额的一半计算。失业人员失业保险关系在省、自治区、直辖市范围内跨统筹地区转迁，失业保险费用的处理由省级劳动保障行政部门规定。失业人员跨统筹地区转移的，凭失业保险关系迁出地经办机构出具的证明材料到迁入地经办机构领取失业保险金。

失业人员在领取失业保险金期间，应当积极求职，接受职业介绍和职业培训。失业人员接受职业介绍、职业培训的补贴由失业保险基金按照规定支付。失业人员领取失业保险金后重新就业后再次失业时，缴费时间重新计算。失业人员因当期不符合失业保险金领取条件的，原有缴费时间予以保留，重新就业并参保的，缴费时间累计计算。

二、失业保险基金的监督管理制度

《失业保险条例》规定："财政部门和审计部门依法对失业保险基金的收支、管理情况进行监督。社会保险经办机构所需经费列入预算，由财政拨付。"失业保险基金是失业人员的活命钱，为保证其安全和合理、有效地使用，《失业保险条例》和国家有关规定着眼于失业保险基金征缴、管理、使用的全过程，构建了内部、外部、事前、事中、事后的监督机制，譬如失业保险基金实行收支两条线管理。在具体运作过程中，劳动保障行政部门、负责征缴失业保险费的机构、失业保险经办机构和财政部门、审计部门等，按照各自的职责分工，加强对失业保险基金的监督和管理。失业保险经办机构负责编制失业保险基金预算、决算；负责失业保险基金的管理和使用工作；负责失业保险基金会计核算工作；负责失业保险基金结余额存储和购买国债的安排等。劳动保障行政部门负责审核失业保险经办机构编报的失业保险基金预算、决算草案及实施情况，实施对失业保险基金收支、管理情况的监督检查。财政部门负责有关财务会计制度的制定、贯彻实施及监督检查；负责社会保障基金财政专户核算工作；负责审核失业保险经办机构编制的失业保险基金预决算和具体用款计划；负责向失业保险经办机构拨付社会保险经办机构经费。审计部门依法对失业保险基金的收支和管理情况进行审计，行使审计监督的职责。除此之外，各级人大作为法律监督机构，也对失业保险基金的管理和使用情况的合法性进行有效的监督。当然，其他任何组织或个人若发现在失业保险基金收支、管理过程中存在违法行为，都可以向有关部门举报，要求查处。

三、失业保险争议解决制度

依据《劳动法》和《劳动争议调解仲裁法》，劳动者与用人单位之间发生的失业保险争议，属于劳动争议的范畴，应当根据劳动争议的规定处理。《劳动争议调解仲裁法》第二条规定："中华人民共和国境内的用人单位与劳动者发生的下列劳动争议，适用本法：……因工作时间、休息休假、社会保险、福利、培训以及劳动保护发生的争议。"由于失业保险属于社会保险的一项，因此失业保险争议也可适用《劳动争议调解仲裁法》。例如，依据有关社会保险费征缴规定，劳动者个人应当缴纳的失业保险费由其所在单位从其本人工资中代扣、代缴，而本人认为单位的代扣、代缴行为不符合法律规定，故与单位发生争议等。缴费单位或个人因失业保险费的征缴、失业保险金的发放等问题与社会保险经办机构发生的争议属于行政争议，按照行政争议的方式处理，可以申请行政复议，也可以提起行政诉讼。

四、领取失业保险金人员参加职工基本医疗保险制度

近年来，领取失业保险金人员的职工基本医疗保险制度逐渐成为失业保险中出现的一个突出问题。国务院人力资源和社会保障部专门颁布了《关于领取失业保险金人员参加职工基本医疗保险有关问题的通知》，该通知较详细地规定了领取失业保险金人员如何参加和享受职工基本医疗保险，主要内容如下：

（1）领取失业保险金人员应按规定参加其失业前失业保险参保地的职工医保，由参保地失业保险经办机构统一办理职工医保参保缴费手续。

（2）领取失业保险金人员参加职工医保应缴纳的基本医疗保险费从失业保险基金中支付，个人不缴费。

（3）领取失业保险金人员参加职工医保的缴费率原则上按照统筹地区的缴费率确

定。缴费基数可参照统筹地区上年度职工平均工资的一定比例确定，最低比例不低于60%。失业保险经办机构为领取失业保险金人员缴纳基本医疗保险费的期限与领取失业保险金的期限相一致。

（4）领取失业保险金人员出现法律规定的情形或领取期满而停止领取失业保险金的，失业保险经办机构为其办理停止缴纳基本医疗保险费的相关手续。失业保险经办机构应将缴费金额、缴费时间等有关信息及时告知医疗保险经办机构和领取失业保险金人员本人。停止领取失业保险金人员按规定相应参加职工医保、城镇居民基本医疗保险或新型农村合作医疗。

（5）领取失业保险金人员参加职工医保的缴费年限与其失业前参加职工医保的缴费年限累计计算。

（6）领取失业保险金人员参加职工医保当月起按规定享受相应的住院和门诊医疗保险待遇，享受待遇期限与领取失业保险金期限相一致，不再享受原由失业保险基金支付的医疗补助金待遇。

（7）领取失业保险金人员失业保险关系跨省、自治区、直辖市转入户籍所在地的，其职工医保关系随同转移，执行转入地职工医保政策。应缴纳的基本医疗保险费按转出地标准一次性划入转入地失业保险基金。转入地失业保险经办机构按照当地有关规定为领取失业保险金人员办理职工医保参保缴费手续。转出地失业保险基金划转的资金缴纳转入地职工医保费的不足部分，由转入地失业保险基金予以补足，超出部分并入转入地失业保险基金。

根据国务院的要求，各地高度重视领取失业保险金人员参加职工医保工作，加强组织领导，统筹规划，认真测算，抓紧研究制定适合本地区的实施办法，自2011年7月1日起开始实施，并通过多种形式加强政策宣传，大力开展业务培训，进一步规范管理，加强信息系统建设。如《福建省领取失业保险金人员参加职工基本医疗保险实施意见》、《关于江苏省领取失业保险金人员参加城镇职工基本医疗保险的实施办法》等。

案例分析

【案情】小王2005年大学毕业，应聘到一家汽车零部件制造厂从事车间管理工作。2007年6月，工厂召开职工代表大会时表示：厂里效益开始滑坡，需要裁减一部分人员。厂里将负责为这批被裁减的人员办理失业登记，被裁减人员可享受失业保险待遇。被裁减人员名单下发时，小王发现自己也成了其中一员。在职代会上，厂方只表示将办理失业登记，并没有提到其他补偿。据小王了解，用人单位解除劳动关系是有经济补偿的。于是，小王来到工厂劳资部门询问，劳资部门工作人员的答复是："工厂已经为你缴纳了失业保险费，既然以后可以领取失业金，就相当于已经给你补偿了，没有其他经济补偿金。"小王认为，单位的经济补偿和失业保险金是完全不同的两回事，两者怎么能相互抵消呢？但是单位最终还是拒绝支付其经济补偿金，于是，小王申请劳动争议仲裁。

【问题】经济补偿金和失业保险金两者可以相互抵消吗？

【解析】本案涉及的问题是劳动者领取失业保险金后能否获得经济补偿金的问题。依据《劳动法》和《劳动合同法》可知，经济补偿金和失业保险金性质完全不同，不能混同。又依据原劳动部《关于贯彻执行〈中华人民共和国劳动法〉若干问题的意见》第四十三条规定："劳动合同解除后，用人单位对符合规定的劳动者应支付经济补偿金。不能因劳动者领取了失业保险金而拒付或克扣经济补偿金，失业保险机构也不得以劳动者领取了经济补偿金为由，停发或减发失业保险金。"所以，本案中小王的观点是正确的，该汽车零部件制造厂应该支付小王经济补偿金。

第十八章　医疗保险

第一节　医疗保险的概念和作用

一、医疗保险的概念和特点

（一）医疗保险的概念

关于医疗保险的概念和内容，应从不同角度进行解读和区分。

首先，从字面上看，医疗保险是保险的一种，即为补偿因疾病带来的医疗费用的保险。医疗保险包括两大类，即社会（医疗）保险和商业性医疗保险。由于疾病及医疗卫生服务的特殊性，医疗保险主要纳入社会保险的范围。仅有一小部分医疗保险作为补充医疗保险，由商业保险经营。因此，一般情况下所说的医疗保险就是指社会医疗保险。

从医疗卫生和社会保障的角度来看，保证公民获得必要的医疗服务费用的保障制度，称作医疗保障制度。医疗保障制度的形式有多种，医疗保险仅为其中的一种。因此，不能把医疗保障制度同医疗保险制度混为一谈。

从医疗保险所保险的范围来看，可分为广义的医疗保险和狭义的医疗保险。国际上一般把"医疗保险"用"health insurance"表达，直译为"健康保险"。"健康保险就是针对被保险人由于伤残或疾病而产生的额外支出或收入损失而提供保障的保险。由于法律和习惯的差异，健康保险也称人身意外伤害保险、意外疾病保险或伤残保险。虽然名称不同，但它们共同的特征是为人们因疾病或伤残而蒙受的经济损失提供保险保障，我们将这类保险统称为健康保险。"[1] 显然，健康保险所包含的内容比医疗保险广。发达国家的健康保险既包括补偿由于疾病给人们带来的直接经济损失（医疗费用），也包括补偿因疾病带来的间接经济损失（如误工工资），对分娩、残疾、死亡也给予一定的经济补偿，乃至支持疾病预防、健康维护，等等。因此，这是一种广义的医疗保险，将它称为健康保险较为妥当。狭义的医疗保险按其字面的含义，就是医疗费用保险，英文用"medical insurance"表达。需要说明的是，广义的概念和狭义的概念之间并无严格界限，只有保险范围和程度的差异。这也正是有些人认为医疗保险就是健康保险的原因所在。

我国以往和现行的职工医疗保障制度虽然在形式上都只支付医疗费用，但通过其他

---

① 肯尼思·布莱克，哈罗德·斯基博. 人寿与健康保险. 北京：经济科学出版社，2003，138.

制度也补偿了由疾病引起的误工等费用，实际上是一种广义的医疗保险。正在建立的社会医疗保险制度，在保险范围上不断完善和扩大，将成为一种广义的医疗保险，即健康保险。由于用词习惯，以及我国的医疗保险在很长一段时间内都将局限在狭义的医疗保险范围内的原因，所以本章所讨论的医疗保险指的是狭义的医疗保险。

医疗保险是指根据法律规定，遵循强制性社会保险原则，由国家、单位和个人共同缴纳保险费，把具有不同医疗需求群体的资金集中起来进行再分配，即集资建立起来的医疗保险基金，当个人因疾病接受医疗服务时，由社会医疗保险机构提供医疗费用补偿的一种社会保险制度。

医疗保险是保险的一种，是补偿因疾病造成经济损失的一种保险。医疗保险是对国民收入进行分配和再分配，形成专门的消费基金，对劳动者因病医治造成的经济损失给予一定补偿的保障制度。具体来说，医疗保险是将医疗保险费集中起来建立医疗保险基金，用于支付医疗保险合同规定赔付范围内医疗费用的保障制度。医疗保险的理论基础是互助共济、风险分担，医疗保险的目的是在人们患病时减轻治疗疾病的经济负担，降低或消除因疾病风险带来的经济损失，从而促进社会经济持续、稳定和快速发展，维护社会的安定。

医疗保险发源于19世纪的西欧，是起源最早的社会保险项目。在历史上被视为社会保险制度开端的立法，是1883年德国的《劳工疾病保险法》。后来，不少国家都相继进行了类似立法。国际劳工组织1927年第24号公约《工商业工人及家庭佣工疾病保险公约》和第25号公约《农业工人疾病保险公约》，分别要求在工商业和农业实行强制疾病保险制度。1969年第130号公约《医疗护理和疾病津贴公约》又扩大了其适用范围。现在，所有发达国家和许多发展中国家都建立了医疗保险制度。

（二）医疗保险的特点

医疗保险作为社会保险的一个重要项目，除了具有社会保险的强制性、互助共济性、福利性、社会性等基本特征外。鉴于疾病风险自身的特殊性，为抗御疾病风险而实施的医疗保险也具有自己的特点。

（1）普遍性。医疗保险是社会保险各项目中保障对象最广泛的项目之一。疾病风险具有较大的不可避免性、随机性和不可预知性。疾病的风险是每个人都可能遇到而且难以回避的，不像生育、失业、工伤、残疾风险，保险的对象主要是劳动者，而且有些人甚至可以避开这些风险。人人都可能生病，还可能生大病，因此，原则上医疗保险的覆盖对象应是全体公民。依照法律规定，凡是应该投保的人，不分男女老幼，必须一律参加医疗保险，以便有效地分担疾病风险，提高全社会的医疗保障能力。

（2）复杂性。首先，医疗保险涉及医、患、保各方及用人单位等多方主体之间复杂的权利义务关系。其次，为了确保医疗保险资源的合理利用，医疗保险还存在着对医疗服务的享受者和提供者的行为进行合理引导和控制的问题。再次，医疗保险不仅与国家的经济发展有关，还涉及医疗保健服务的需求和供给。

（3）经常性。由于疾病发生是随时的、突发性的，医疗保险提供的补偿也只能是短期的、经常性的，不像其他社会保险项目是长期的、可预测的或一次性的。如养老保险需要劳动者退休之后才能享受工资待遇；失业保险待遇需要劳动者在发生失业情形下才能享受；生育保险待遇需要在怀孕、分娩时才能享受，且对于大多数女性来说只能享受一次。因此，医疗保险在财务处理方式上也与其他社会保险项目有所不同。

（三）社会医疗保险与商业医疗保险的关系

社会医疗保险与商业医疗保险两者性质不同，在整个医疗保险系统中的地位和作用也不相同。具体而言，社会医疗保险与商业医疗保险存在以下区别：

（1）保险性质不同。社会医疗保险是由政府组织开展的政策性保险，以贯彻实施国家的医疗卫生政策及其他社会政策，具有明显的福利色彩；商业医疗保险由商业保险公司运营，遵循市场规律，一方缴纳保险费，另一方则提供与保费相适应的医疗卫生保障，具有明显的营利色彩。

（2）实施方式不同。社会医疗保险主要采取强制方式实施，按国家规定的费率缴纳保险费，属强制保险；商业医疗保险一般采取自愿投保的原则，属自愿保险。贯彻买卖自由原则，是否投保、投保多少完全由投保人自主决定。保险契约只有在保险双方都同意的条件下才可能签订成立，投保人按合同规定缴纳健康保险费；一旦发生保险事故，保险人则须按照合同规定提供相应数额的补偿。

（3）保险关系建立的依据不同。社会医疗保险关系的建立以国家有关的法律法规为依据；商业医疗保险关系的建立完全依据保险合同的签订，书面形式的保险合同是保险双方权利义务关系的直接法律依据。

（4）给付标准的依据不同。社会医疗保险的给付标准主要取决于国家的医疗卫生政策和全社会所能提供的医疗卫生资源的多少。社会医疗保险的给付强调社会适当性，标准统一；商业性医疗保险的给付则更加侧重于个体的公平性，投保金额高、缴纳保险费多的人，将来得到的给付自然就高。

（5）保险费的承担者不同。社会医疗保险的资金来源于国家、企业和个人三方，个人缴费与将来个人享受的医疗给付并不绝对对等，因此带有明显的收入再分配性质。商业医疗保险的保险费完全由投保人负担，保险费的多少取决于被保险人风险程度的高低及保险金额的大小，强调权利与义务对等的原则。

总之，社会医疗保险与商业医疗保险都以人的身体和生命为保险标的，二者之间既是相互补充的关系，但又呈现出此消彼长之势态。社会医疗保险愈发达，商业医疗保险市场就愈有限；而在医疗保险薄弱的场合，商业医疗保险发挥作用的余地就越大。在我国目前社会医疗保险覆盖面窄、水平低的情况下，商业医疗保险必然能发挥它所具有的功效。即使今后我国的社会医疗保险制度得到了完善，商业医疗保险仍然具有存在的价值。

二、医疗保险的作用

（一）有助于提高劳动生产率

医疗保险是社会进步、生产力提高的必然结果。医疗保险制度的建立和完善又会进一步促进社会的进步和生产力的发展。一方面，医疗保险解除了劳动者的后顾之忧，使其安心工作，从而可以提高劳动生产率；另一方面，医疗保险保证了劳动者的身心健康，保证了劳动力的正常再生产，而劳动力再生产是社会再生产的基础。因此，在发达国家，医疗保险成为其经济发展的重要保障。

（二）有助于维护社会稳定

医疗保险对患病的劳动者给予经济上的帮助，维持这些人的正常生活，有助于消除因疾病带来的社会不安定因素。一些发达国家虽然也经常面临经济危机，存在着较高的失业率，但社会仍处于较稳定状态，这其中医疗保险发挥了重要作用。目前，在我国经济和社会改革与发展进程中，社会竞争不断增强，一些企业经济效益滑坡，导致企业关、停、并、转甚至破产。实行医疗保险制度，可以使职工得到基本医疗保障，这对于社会稳定是大有裨益的。

（三）有助于体现社会公平性

医疗保险制度的实施体现了效率与公平兼顾的原则，同时也是一种社会再分配的方式，在一定程度上解决了社会分配差别过大的问题。医疗保险对于劳动者来说，虽然考虑其劳动状况，如工龄的长短、劳动条件的差异和贡献的大小等时有所差别，但总的说来，它并不与劳动者的劳动数量、劳动质量直接挂钩，而是保障所有劳动者患病后有均等的就医机会，依据其病情提供基本医疗服务，给予必要的物质帮助，从而有助于合理调节社会分配关系，实现效率与公平的结合和统一。

第二节　医疗保险的立法

一、医疗保险立法的概念

（一）医疗保险法的概念

医疗保险法是调整在医疗保险中形成的各种社会关系的法律规范的总称。国家通过强制手段对国民收入进行再分配，建立专门的保险基金，当公民患病或生育时，在物质上给予必要的帮助，医疗保险法就是对这一社会保障制度的法制化。它集中体现了国家对公民基本医疗水平的关注和重视。

医疗保险既是国家对公民履行的义务，又是公民实现物质帮助权这一宪法规定的基本权利的重要途径。它既然涉及权利和义务的关系，理所当然就要制定相关的法律来调整，因此，医疗保险法应运而生。

许多国家和地区都采用立法的强制手段来推进医疗保险。早在1883年德国就颁布了世界上第一部《疾病保险法》，开创了强制性医疗保险的先例，使得社会保险法律制度在欧洲得到重视和发展。1922年日本颁布了《健康保险法》，开亚洲国家实行社会医疗保险制度的先河。1935年美国制定了《社会保险法》，1948年英国制定了《国家卫生服务法》，1966年加拿大制定了《全民疾病保险法案》，等等。

目前，我国正在全国范围内进行城镇职工基本医疗保险制度改革，全国性的医疗保险法尚未出台。因此，加快制定一部符合我国国情的具有中国特色的医疗保险法规十分必要，意义深远。它将有助于我国现阶段医疗保障制度改革的顺利实施；有助于保证医疗保险基金长期的稳定的来源；有助于规范和平衡医疗保险中的各种利益关系，保证医疗保险系统的有效运转。

（二）医疗保险法律规范的特征

1. 以实现公民的物质帮助权为宗旨

我国《宪法》第四十五条规定："中华人民共和国公民在年老、疾病或丧失劳动能力的情况下，有从国家和社会获得物质帮助的权利。国家发展为公民享受这些权利所需要的社会保险、社会救济和医疗卫生事业。"《社会保险法》第二条规定："国家建立基本养老保险、基本医疗保险、工伤保险、失业保险、生育保险等社会保险制度，保障公民在年老、疾病、工伤、失业、生育等情况下依法从国家和社会获得物质帮助的权利。"这些规定赋予了公民一系列获得物质帮助的权利。医疗保险法律规范是实现公民在患病时获得物质帮助权利的法律保证。因为医疗保险是由政府开办的社会福利性事业，而不是商业性的营利性事业，这种医疗保险能保证参保人在生病时得到基本医疗服务，避免出现因病致贫。政府为此投入一定量的资金，以减少个人负担，提高参保人的保险待遇。代表政府经营医疗保险的组织机构不得以营利为目的，当发生资金亏损短缺时，能从国家财政得到补贴，国家不对医疗保险事业征税。

2. 权利与义务的不对称性

医疗保险法律规范对保险金的筹集与支付的规定，体现了参保人所享受的权利与其所承担的义务的不一致性。个人缴纳保险金以其收入百分比而定，高收入者多交，低收入者少交；在保险金的支付上，却不是根据缴费多少而定，而是根据实际需要支付，这就形成了权利与义务的不对称性。从单位所缴纳的保险金部分来看也是如此，比如老企业的老人、病人多，实际消耗的医疗费多，新企业的年轻人多，实际消耗的医疗费用少，但两者缴费的标准却是一样的，这也形成了权利与义务的不对称性。应说明的是，这种权利与义务的不对称性不能与不公平性画上等号，它是实现医疗保险的保障性所必需的。

3. 从形式到内容的强制性

任何法律都是由国家强制力保证实施的，医疗保险法律规范也不例外。但医疗保险法律规范的强制性还表现在其具体内容上：在参保人方面，凡属于保险范围的个人都必须投保，医疗保险的承办机构必须接受投保，双方都没有选择余地；在保险金的征收方面，凡参加保险的个人和单位都必须依法缴纳一定的保险费，保险费率由政府主管部门与有关各方协商制定，参与保险的各方无权更改保险费率；在医疗保险的经济利益方面，不是实行多投多保的原则，医疗保险的实质就在于对国民收入强制进行分配与再分配。以上强制性内容是其他商业保险法所没有的，商业保险法的强制性只是对作为市场主体的参保各方的行为规范的强制。

（三）医疗保险法的地位

医疗保险法的地位是指医疗保险法在整个法律体系中所处的位置。一个国家的全部法律是作为一个整体而存在的，是各个部门法围绕宪法的有机结合。

社会保障法是为保证社会成员的基本生活权利而提供救助和补贴的有关法律规范，调整因社会保障（在公民丧失劳动能力或出现其他生活困难时提供）而产生的社会关系的法律规范。

医疗保险法律规范是社会保障法律体系的重要组成部分，因为疾病是所有人都无法避免的一种风险。医疗保险法律规范就是保障公民避免因患病可能出现的生活困难的法律保证。在社会保障法律体系中，与医疗保险法律规范并列的还有失业保险法律规范、养老保险法律规范、工伤保险法律规范等，它们一起保障公民在出现经济变动、企业破产和本人患病、工伤、退休、致残等特殊情况时的基本生活水平。

（四）医疗保险立法的主要内容

医疗保险立法的主要内容包括：

（1）医疗保险制度的基本原则和目的。例如，加拿大《健康保险法》阐述了其全民性、公开性、综合性、费用合理性及通用性的原则。

（2）医疗保险法律制度的调整对象。包括医疗津贴、医疗待遇和生育津贴等。

（3）医疗保险法律的适用范围。医疗保险的适用范围为全体公民乃至合法居民，有些国家还为特殊行业建立了专门的医疗保险制度，如矿工、海员等。医疗保险的适用范围比其他社会保险制度更广泛。

（4）医疗保险资金的筹集来源、筹集比例和筹集方法。通常是政府为公务员提供资金；雇主为雇员缴费，或者雇员自己缴费；个体劳动者的缴费通常是雇主和雇员的缴费之和。在公共医疗保险法律制度中，缴费比例由政府规定和调整，一般采取现收现付的筹集办法。很多国家的医疗保险同其他社会保险制度统一筹集资金。

（5）医疗津贴支付条件、标准和期限，医疗待遇的支付项目、方法和比例。关于基本医疗保险的诊疗项目、基本医疗保险用药范围和药品价格、基本医疗保险医疗服务设施范围和支付标准、定点医院和药店资格、医生和医院服务价格等规定，是医疗保险立法的重要内容。从1989年开始，德国便通过立法对部分药品实行法定价格，超过这个价格的医疗费用，保险公司可以不予报销。

（6）医疗保险基金的管理规范和监督原则。在公共医疗保险制度中，医疗保险基金的管理和监督均为政府行为，同时赋予缴费人监督权和诉讼权。

二、我国的医疗保险立法

2010 年的《社会保险法》明确设定了我国医疗保险的制度架构，我国的医疗保险制度主要包括两大部分：一是城镇医疗保险制度，包括城镇居民基本医疗保险制度和城镇职工基本医疗保险制度两类；二是农村合作医疗制度。该划分旨在从制度上涵盖城镇就业人口、城镇非就业人口和农村居民。我国基本医疗保险制度通过对政府、企业、家庭和个人责任的划分，形成多元的筹资渠道，实现长效的社会互助共济，进而满足城乡居民的基本医疗保障需求。

（一）城镇医疗保险制度

我国的城镇医疗保险制度建立于 20 世纪 50 年代，主要包括两种：一种是适用于企业职工的劳保医疗制度；另外一种是适用于机关事业单位工作人员的公费医疗制度。劳保医疗制度是为保护企业职工的健康，对其因病或非因工负伤，按规定享受医药费用补助的一项社会保障制度。它是按照 1951 年政务院公布的《中华人民共和国劳动保险条例》实施的。劳保医疗主要是在国有企业中实行，县以上大集体企业参照执行。其享受对象主要是国有和集体企业城镇职工及其供养的直系亲属，费用从企业福利费中列支。由于国家和企业包得过多，享受公费医疗和劳保医疗的人员及医疗提供者不承担任何经济责任，医疗费用缺乏控制机制，造成医疗费用增长迅速，浪费严重。劳保医疗自 1953 年后作了一些调整，适当加大城镇职工个人的医疗负担：劳保经费和医疗费用 1953 年以前全部在企业福利费中开支，1953 年改为根据行业性质分别按工资总额的 5% ~ 7% 提取，1969 年按工资的 11% 提取城镇职工福利基金，主要用于医疗卫生费和福利费开支。公费医疗制度是国家为保障国家工作人员而实行的，通过医疗卫生部门向享受人员提供制度规定范围内免费医疗和疾病预防服务的一项社会保障制度。政务院 1952 年颁布的《关于全国各级人民政府、党派、团体及所属事业单位的国家工作人员实行公费医疗预防措施的指示》中，确立了公费医疗制度。公费医疗经费全部由国家预算拨款，由各级政府卫生行政部门设立公费医疗管理机构统管，或享受单位自管，个人实报实销。1952 年 8 月，政务院批准发布《国家工作人员公费医疗预防实施办法》，进一步明确了享受公费医疗待遇人员的范围，其后逐步扩大到革命伤残军人和大学生。因此，公费医疗的覆盖范围是各级政府机关和事业单位、其他党派、人民团体的工作人员和退休人员，还包括高等学校的大学生和退伍在乡的二等乙级以上残废军人。由于保障范围的扩大和医疗费用的提高，尤其是医疗费的实际支出大于规定的数额，国家在医疗保险方面的负担越来越重。1984 年，卫生部和财政部联合发出《关于进一步加强公费医疗管理的通知》，并且提出要积极慎重地改革公费医疗制度。

我国的公费、劳保医疗制度，曾对保障职工身体健康、促进经济发展和维护社会稳定发挥了重要的作用。但是，随着经济的发展和改革的深入，这种制度存在的缺陷也日益暴露出来。如覆盖面窄，改革开放以来发展起来的外商投资企业、股份制企业、私营企业及职工和个体工商户，基本上没有纳入公费、劳保医疗的范围内；职工医疗费全部由国家、企事业单位包揽，国家财政和企业不堪重负；医疗费缺乏统筹共济，职工医疗费待遇苦乐不均等。针对公费、劳保医疗制度存在的问题，1998 年 12 月 14 日，国务院发布了《关于建立城镇职工基本医疗保险制度的决定》（以下简称《决定》），对公费、劳保医疗制度进行了改革，将原来的公费、劳保医疗制度实行统一管理，在全国范围内建立城镇职工的基本医疗保险制度，也就是建立适应社会主义市场经济体制要求，充分考虑财政、企业和个人承受能力，切实保障职工基本医疗需求的社会医疗保险制度。但该《决定》所规定的范围过于狭窄。针对此问题，2007 年，国务院发布了《关于开展城镇居民基本医疗保险试点的指导意见》（以下简称《意见》），扩充了医疗保险的覆盖范围，体现了我国医疗保险制度的立法思路。2010 年《社会保险法》规定："职工应当参加职工基本医疗保险，由用人单位和职工按照国家规定共同缴纳基本医疗保险费。无雇工的个体工商户、未在用人单位参加职工基本医疗保险的非全日制从业人员以及其他灵活就业人员可以参加职工基本医疗保险，由个人按照国家规定缴纳基本医疗保险费。"《社会保险法》扩大了职工医疗保险的覆盖范围，不再对职工进行区分，同时对于城镇居民基本医疗保险制度作了原则性的规定。

（二）农村合作医疗保险制度

合作医疗制度是我国农民发扬互助共济精神，按照民办、公助、自愿、适度原则，因地制宜地确定筹资水平、合作形式和保障程度，使农民获得基本医疗卫生服务的一种医疗保障制度。它是我国农村社会保障制度的重要组成部分。1956 年，全国人大一届三次会议通过的《高级农业生产合作社示范章程》中规定，合作社对于因工负伤或因工致病的社员要负责治疗，并且要酌量给予其劳动日作为补助，从而首次使集体介入农村社员疾病医疗的责任承担之中。随后，许多地方开始出现以集体经济为基础，集体与个人相结合，互助共济的集体保健医疗站、合作医疗站或统筹医疗站。1959 年 11 月，卫生部在山西省稷山县召开全国农村卫生工作会议，正式肯定了农村合作医疗制度。其特点是：农民个人和农村集体经济组织在一定范围内共同出资筹集合作医疗基金，参加合作医疗的农民患病时所需的医疗费用，由合作医疗基金组织和个人按一定比例共同负担。2002 年，国务院发布了《关于进一步加强农村卫生工作的决定》，明确提出了"逐步建立新型农村合作医疗制度"，规定省、市（地）、县负责制定农村合作医疗和医疗救助补助资金统筹管理办法。各级政府财政要根据实际需要和财力情况安排资金，对农村贫困家庭给予医疗救助资金支持，对实施合作医疗按照实际参加人数和补助定额给予支持。中央财政通过专项转移支付对贫困地区农民、贫困家庭医疗救助给予适当支持，2003 年，卫生部、财政部、农业部发布了《关于建立新型农村合作医疗制度的意见》，确立了由县政府负责、国家给予补贴、农村居民自愿参加筹资和以大病补助为主的非福利的新型农村合作医疗试点，农村合作医疗保险制度建设成为农村建设的重要内容。目前，该制度已经基本覆盖到了全体农村居民。

在市场经济条件下，我国医疗保险制度改革的方向是统一公费医疗和劳保制度，向社会医疗保险制度发展，同时，按城乡有别原则，健全和完善农村合作医疗制度。

第三节　医疗保险的对象和范围

一、医疗保险的对象

对医疗保险对象的界定，是为了更好地满足公民对基本医疗的需求，提高社会成员对卫生服务利用的可能性，同时又防止对卫生服务的过度利用。这使社会成员既能公平地享受到基本医疗服务，又能使卫生资源更合理、更有效地分配和使用。

目前，医疗保险覆盖面最广的是日本和加拿大及北欧、西欧各国。医疗保险的适用对象已达 100% 的国家有瑞典、日本、意大利、丹麦、加拿大等国，法国也已达到 99%，这些国家可以说是真正实现了"全民皆保险"。但世界上大部分国家的医疗保险范围，并没有达到"全民皆保险"的程度，即便许多发达国家也未做到，荷兰的医疗保险覆盖面仅为 70%，德国为 92%。与此相比，发展中国家的医疗保险范围则更窄，而且主要局限于城市中的劳动者，广大农村和边远地区的医疗保险非常薄弱。

我国医疗保险的范围随着经济体制改革的进程不断扩大。1998 年国务院关于城镇职工基本医疗保险制度改革的决定，把城镇职工都纳入医疗保险的实施范围。近年来，各地医疗保险范围进一步扩大。随着自由职业者日益增多，劳动和社会保障部根据自由职业者的就业特点，提出了建立保障方式、待遇水平、管理方式与自由职业者相适应的医疗保险制度的初步思路。首先是允许灵活就业人员缴费参保，提供多种保障方式以供其选择；其次是研究制定缴费年限等办法，鼓励持续参保，防止逆向选择；再次是为自由职业者参保提供代办保险等服务。2010 年的《社会保险法》不再对职工进行区分，规定私营企业及其职工、城镇个体经济组织业主及其从业人员都应该统一纳入职工基本医疗保险。2007 年，在国务院的部署下又启动了城镇居民基本医疗保险试点工作。试点地区凡未纳入城镇职工基本医疗保险制度覆盖范围的中小学生、少年儿童和其他非从业城镇居民，都可参加城镇居民基本医疗保险。对于城镇居民医疗保险，2010 年的《社会保险法》只是作出了原则性的规定，目前主要参照 2007 年国务院《关于开展城镇居民基本医疗保险试点的指导意见》执行。

二、医疗保险的范围

医疗保险只能保障被保险人在自然生病时所需要的基本医疗服务。对于基本医疗服务以外的医疗服务项目则不属于医疗保险范围，但可通过其他补充医疗保险的形式承保。各国都有关于基本医疗服务项目和基本医疗服务设施的规定。如对医疗用药的范围加以限制，属于该范围内的药品费用，才由医疗保险基金支付。非因自然伤病而需要医疗服务的，应由自己支付或侵权人支付或其他保险途径支付医疗费用。这一部分包括打架斗殴、交通肇事、酗酒等原因所致伤病的医疗费用，以及因自杀、工伤或医疗事故所致伤残的医疗费用。这些由人为因素所致伤病或伤残首先涉及的是赔偿责任，应排除在医疗保险的承保范围之外。

基本医疗服务的范围也不是一成不变的，随着科学技术的进步和社会经济的发展，可逐步调整医疗保险的范围。

第四节　医疗保险待遇

一、医疗保险待遇的内容和标准

（一）疾病津贴

疾病津贴是对被保险人因疾病中断工作而给予的资金帮助。疾病津贴的金额按被保险人平均收入的一定比例发放，一般规定为被保险人工资的 50%～75%。但大多数国家一般明文规定疾病津贴金额的最高限额，或者间接规定缴纳保险费和享受疾病津贴待遇的收入最高限额。

（二）医疗补助

医疗补助，亦称医疗照顾，是指被保险人可以享受的疾病医疗服务。各国医疗保险为被保险人提供医疗服务的种类不尽相同，但一般都包括普通开业医生的治疗、一定的住院治疗及必要的药品供应。有的国家还规定可提供专科医生、外科手术、产科护理、牙科治疗及范围较广的药品和某些供病人使用的辅助器械。

（三）供养亲属的医疗照顾

各国规定在向被保险人提供医疗补助的同时，也应向他们的亲属提供类似的服务。被供养的亲属包括配偶和未成年子女，有时还包括和被保险人共同居住并依靠其供养的其他成年人或年幼的亲属。但有的国家规定给予被保险人亲属提供的医疗服务要少于被保险人。

（四）我国的医疗保险待遇

1. 医疗期间待遇

职工享受医疗保险待遇，除完全丧失劳动能力外，只限于规定的医疗期内。医疗期，即职工因患病或非因工负伤停止工作治病休息且不得辞退的期限。其长度根据职工本人连续工作时间和在本单位工作时间分档次确定，最短不可少于 3 个月，最长一般不超过 24 个月；难以治愈的疾病，经医疗机构提出，本人申请，劳动保障行政部门批准后，可适当延长医疗期，但延长期最多为 6 个月。

在此期间的医疗保险待遇，由下述两部分组成：

（1）医疗保险待遇。职工一般可在与社会保险经办机构和用人单位签订的医疗服务合同中规定的多个定点医疗机构中选择就医。其保险待遇项目主要有：规定范围的药品费用、规定的检查费用和治疗费用、规定标准的住院费用。上述费用按规定比例从医疗保险个人账户和社会统筹基金中支付，超出支付限额的费用和其余费用由个人负担。

（2）疾病津贴。职工患病或非因工负伤，停止工作满 1 个月以上的，单位停发工资，改按其工作时间长短给付相当于本人工资一定比例的疾病津贴。

2. 致残待遇

职工患病或非因工负伤致残的，在医疗期内医疗终结或医疗期满后，经用人单位申请，劳动鉴定机构进行劳动能力鉴定并确定残废等级，享受致残待遇。

3. 职工亲属医疗待遇

职工供养亲属患病治疗时，单位仅就某些项目（如药费、手术费等）的医疗费用给予一定比例（一般为 50％）疾病补助。

二、医疗保险待遇的享受条件

享受医疗保险待遇是以就业和缴纳保险费的期限为条件的，但也有例外。许多国家在立法中对医疗保险待遇的给付规定了具体的限制性条件。如，我国《社会保险法》第三十条即明确规定了不纳入基本医疗保险基金支付范围的几种情形：①应当从工伤保险基金中支付的；②应当由第三人负担的；③应当由公共卫生负担的；④在境外就医的。医疗费用依法应当由第三人负担，第三人不支付或者无法确定第三人的，由基本医疗保险基金先行支付。基本医疗保险基金先行支付后，有权向第三人追偿。当被保险人具有以上情况时，将全部或部分不能享受医疗保险待遇。除此之外，主要的限制条件有如下六种：

（1）保险事故由被保险人故意或犯罪行为所引起的，概不给付保险待遇；

（2）保险事故因被保险人的法定重大过失所引起的，通常不给付疾病津贴之部分或全部；

（3）被保险人无正当理由不服从或拒绝医生诊断治疗的，全部或部分停止保险给付；

（4）被保险人以欺诈或其他不正当行为领取或欲领取保险给付者，于其行为后一定期间（通常为 1 年）内发生疾病的，全部或部分不给付疾病津贴；

（5）被保险人被收容、被处拘役或徒刑，享受国家或公共团体负担费用之疗养或者身处法律适用范围以外区域者，在这些情形续存期间不予保险给付；

（6）被保险人于发生保险事故后仍可领取工资者，按其所得工资多少，减发或不发给疾病津贴。

第五节　医疗保险基金的筹集和使用

一、医疗保险基金的筹集

（一）医疗保险基金的概念

医疗保险基金（ medical benefits fund），是以法定或约定的方式，由参加医疗保险的用人单位和个人缴纳的医疗保险费汇集而成，由保险经办机构组织和管理，用于偿付参保人因病所花费医疗费用的货币形态的后备资金。

（二）医疗保险基金的特征

医疗保险基金作为一种社会保险基金，除具有一般基金的专款专用、支付性和无偿性等特征外，还具有以下特征：

1. 保险基金的筹集具有强制性和广泛性

社会医疗保险不同于商业医疗保险，具有强制性。它通过法律或法规的形式，规定医疗保险基金的筹集范围、对象、比例、周期等，运用经济、行政、法律的手段强制执行。另一方面，医疗保险作为社会保险中的一种，医疗保险基金来源于全社会的劳动者及其所在单位的缴费，以及国家财政不同程度的支持，广泛地体现了公助与自助相结合的社会公平性。医疗保险基金只能用作补偿参保职工在规定范围内所需的医疗费用，而不允许挪作他用，更不能用于弥补政府的财政赤字。

2. 公益福利性

医疗保险制度的建立，一个重要的政策体现是公益福利性的原则，它不同于商业保险以营利为目的，也不同于原来的公费、劳保医疗制度，职工患病后由国家完全包揽。医疗保险制度在基金筹集上，职工个人也要适当负担，这样既有利于增强节约意识，实行自我控制，又体现了医疗保险的公益性，取之于民，用之于民。国家或企业为职工缴纳大部分的医疗保险费，使医疗保险基金的福利性得到了体现。

3. 医疗保险基金运行的直接目的是追求自我平衡

医疗保险基金是医疗保险制度的物质基础，其运行只有实现收支平衡，才能确保既满足劳动者基本医疗消费，又不为国家、企业的财政和劳动者本人增加负担，从而促进社会的稳定和经济的发展。由于医疗保险基金要追求自我平衡，所以其使用要遵循"以支定收"的原则，借助于保险精算等手段，在运行过程中不断调整，以达到既定目标。

（三）医疗保险基金筹集的意义

医疗保险基金作为医疗保险制度的经济基础，在整个医疗保险事业中占有举足轻重的地位，而医疗保险基金筹集作为医疗保险基金运动的起点，是整个医疗保险工作的核心环节，它对于保证社会医疗保险制度正常运转和完善我国社会保障体系具有非常重要的意义。

1. 医疗保险基金的筹集是医疗保险制度的基础

医疗保险制度是通过医疗保险基金制度贯彻落实的，而医疗保险基金的筹集又是医疗保险制度的基础。如果无法筹集到医疗保险所需的基金，那么医疗保险的保障作用就无从谈起。事实上，医疗保险作为一种社会保险，其强制性主要体现在基金的筹集环节上，通过强制手段保证用人单位或劳动者个人履行社会保险的义务。

2. 医疗保险基金的筹集是提高医疗保险保障能力的需求

医疗保险的保障能力表现为两方面：一是对多大范围的劳动者提供医疗保障；二是对劳动者的医疗保障水平如何。提高医疗保险的保障能力既要扩大对劳动者的保障范围，又要不断提高保障标准，而实现这两方面的关键就在于筹集多少医疗保险基金。随着社会经济的发展和人民生活水平的提高，医疗保险的保障范围会继续扩大，保障能力会逐步提高，关键就取决于医疗保险基金的筹集环节。

3. 医疗保险基金的筹集是合理负担社会保险费的需要

医疗保险基金的筹集过程实质上就是分摊医疗保险费的过程。如果医疗保险基金的筹资标准是科学合理的，那么这种合理分摊的关键就在于基金筹集环节的落实，使每个企业和劳动者都按规定及时足额缴纳医疗保险。我国现行的医疗保险制度虽属社会公共福利事业，但它也强调权利与义务的对等。如果有一部分企业或劳动者少缴纳或不缴纳医疗保险费，就等于把他们应该承担的社会保险义务转嫁给了别人，这显然没有体现出社会保险的公平性。

综上所述，改革由国家或企业包揽所有医疗费用，建立一个包括个人在内的多方负担医疗费用的筹资模式，是我国医疗制度改革的必然选择；按照共同负担的筹资模式及时足额地筹集医疗保险基金，对整个医疗保险制度的健康运转具有决定性的作用。

（四）医疗保险基金筹集对象

从世界范围来看，医疗保险基金的筹资对象包括政府、雇主和雇员。在我国，所有应该参加基本医疗保险的城镇职工及其所在单位都是医疗保险基金的筹资对象。《国务院关于建立城镇职工基本医疗保险的决定》（以下简称《决定》）中明确规定，城镇所有用人单位，包括企业、机关、事业单位、社会团体、民办非企业单位及其职工，都要参加基本医疗保险。因此，城镇所有用人单位及其从业人员（包括单位离、退休人员）均为医疗保险基金的筹集对象。但需要指出的是，退休人员参加基本医疗保险，但是个人不缴纳基本医疗保险费。《社会保险法》第二十七条规定，参加职工基本医疗保险的个人，达到法定退休年龄时累计缴费达到国家规定年限的，退休后不再缴纳基本医疗保险费，按照国家规定享受基本医疗保险待遇；未达到国家规定年限的，可以缴费至国家规定年限。同时，无雇工的个体工商户、未在用人单位参加职工基本医疗保险的非全日制从业人员以及其他灵活就业人员，遵照自愿原则，可以参加职工基本医疗保险，由个人按照国家规定缴纳基本医疗保险费，因此也可以成为医疗保险基金的筹集对象。不属于城镇职工基本医疗保险制度覆盖范围的中小学阶段的学生（包括职业高中、中专、技校学生）、少年儿童和其他非从业城镇居民都可自愿参加城镇居民基本医疗保险。《社会保险法》第二十五条规定，城镇居民基本医疗保险实行个人缴费和政府补贴相结合。享受最低生活保障的人、丧失劳动能力的残疾人、低收入家庭六十周岁以上的老年人和未成年人等所需个人缴费部分，由政府给予补贴。因此，不属于城镇职工基本医疗保险制度覆盖范围的中小学阶段的学生（包括职业高中、中专、技校学生）、少年儿童和其他非从业城镇居民均为医疗保险基金的筹集对象。此外，所有以家庭为单位自愿参加新型农村合作医疗的农村居民也是医疗保险基金的筹集对象。

（五）医疗保险基金筹集渠道

世界上大部分国家筹集医疗保险基金的渠道是多元化的，主要由雇主（单位）、雇员（个人）缴纳和国家补贴三方共同负担。医疗保险基金的其他筹集渠道还包括医疗保险基金的保值增值收入、区域调剂收入、转移收入、滞纳金等。在我国现行的医疗保险制度中，医疗保险基金的筹资渠道主要包括用人单位缴纳、职工本人缴纳和国家补贴。其中，用人单位缴纳是医疗保险基金重要的筹资渠道。

1. 雇主（单位）缴纳

雇主（单位）缴纳是指雇主或职工所在的企事业单位按照职工工资的一定比例为职工缴纳一定数额的保险费。从经济学角度看，医疗保险费用属于必要劳动，是劳动力再生产费用的一部分，因此，企业有责任为职工缴纳大部分的保险费，以体现其用人责任。大部分社会医疗保险国家如德国、日本、韩国，医疗保险费的缴纳是雇主、雇员各占一半。在我国，用人单位是医疗保险基金最重要的筹资渠道。《决定》中规定其缴费比例占职工工资总额的6%左右。现在，国内部分城市的缴费比例已经超出了这个标准。其中，企业在税前提取的医疗保险基金一般列入企业的生产成本或营业外支出。

2. 雇员（个人）缴纳

雇员（个人）缴纳是医疗保险基金的重要组成部分。它可作为个人或家庭的健康投资。实行个人缴纳制度有三个明显的优点：扩大了医疗保险的待遇水平；减轻了国家财政的负担，有利于国民收入的合理使用和再分配；最重要的是增强了职工的节约意识，让职工感到是在花自己的钱。这对于遏制卫生资源浪费，促进医疗保险制度的健康发展，均有十分重要的意义。事实上，新实行的医疗保险制度的核心问题之一就是要建立医疗费用的分担机制，分担机制最主要的就是要职工本人也承担部分医疗费用。个人出资的比例在不同的国家各不相同，日本雇员缴纳的保险费占到本人工资的4%～5%；法国个人缴纳的保险费占个人工资的5.5%；新加坡的健康储蓄计划中，雇员缴纳个人工资的3%。在我国，《决定》规定：职工缴费率一般为本人工资收入的2%。今后随着经济的发展将适当调整。

3. 国家补贴

国家补贴是医疗保险基金来源的又一重要渠道，其数额取决于该国的医疗制度、福利政策、社会制度和经济状况等因素。在英国、加拿大及北欧实行国家（政府）医疗保险型的国家，国家补贴占医疗保险基金的绝大部分。如英国医疗保险费用的86.2%（1987年）来自于国家税收。德国、日本等社会医疗保险型的国家根据各保险组织的人员组成状况给予一定补助，但比例不高，主要还是由雇主及雇员承担医疗费用。以商业医疗保险为主体的美国则仅对 65 岁以上的老人、穷人等特殊人群给予一定补贴。我国现行的医疗保险制度作为由国家设立的一项社会保险，国家理所当然负担一部分医疗保险费：①为国家公务员缴纳基本医疗保险费及为城镇参保居民、农村参保居民提供医疗补贴，如《社会保险法》第二十五条规定，享受最低生活保障的人、丧失劳动能力的残疾人、低收入家庭六十周岁以上的老年人和未成年人等所需的个人缴费部分，由政府给予补贴。②企业缴纳医疗保险费在税前列支，国家以少征所得税的形式负担部分医疗费用；③医疗保险基金因不可抗拒的非管理因素造成支大于收时，由政府提供补贴。《社会保险法》对于国家补贴作了原则性的规定，县级以上人民政府将社会保险事业纳入国民经济和社会发展规划。国家多渠道筹集社会保险资金。县级以上人民政府对社会保险事业给予必要的经费支持。国家通过税收优惠政策支持社会保险事业。县级以上人民政府在社会保险基金出现支付不足时，要给予补贴。

4. 利息收入

利息收入是指医疗保险基金的保值、增值部分。医疗保险基金利息收入来源于三个方面：①医疗保险基金存入财政专户取得的存款利息收入；②医疗保险基金存入社会保险机构在银行开设的"医疗保险基金收入"户和"医疗保险基金支出"户取得的利息收入；③医疗保险基金购买国家债券所取得的收益。

5. 调剂收入

调剂收入是指在一定的保险统筹地区内，为体现医疗保险基金的调剂性、共济性，以提高其抗风险的能力，由下级上解或上级补助的医疗保险基金收入。调剂收入包括上级补助收入和下级上解收入。上级补助收入是指上级社会保险事业机构从下级社会保险事业机构上解的医疗保险收入中，在下级社会保险事业机构基金收支运行发生困难时，拨入的医疗保险基金补助收入。下级上解收入是指下级医疗保险机构上缴上级医疗保险机构的医疗保险基金收入。

6. 转移收入

《决定》规定：个人账户的本金和利息归个人所有，可以结转使用和继承，但不得提取现金或挪作他用。转移收入是反映职工因工作地点变迁，其个人账户医疗基金随同转移，转移收入的金额等于个人账户本金和利息的结余额。

7. 其他收入

其他收入是指滞纳金及财政部门核准的其他收入，但不包括罚金。滞纳金是指因用人单位拖缴或欠缴医疗保险费而按规定收取的惩罚性费用。滞纳金并入当地职工医疗保险基金。财政部门核准的其他收入是指经财政部门审核批准允许收取的除上述收入项目以外的其他收入。收取其他收入需经财政部门批准，主要是规范社会医疗保险事业机构的收入行为，避免因乱收费增加企事业单位、个人及国家的负担。按照国家的有关财政规定，用人单位缴纳的罚金应缴入国库，作为财政公共预算收入，不得并入医疗保险基金。

（六）医疗保险基金筹集原则

1. 医疗保险费用由个人、用人单位及国家共同负担

社会保险事业并不是慈善事业，它强调权利和义务的对等，建立一个包括个人在内的，由三方共同负担医疗卫生费用的制约机制，正是我国医疗保障制度改革的核心问题之一。医疗保险费用由用人单位、个人及国家共同负担，是世界上大多数推行社会医疗保险国家的经验。这不仅可以扩大医疗保险资金的来源，更重要的是明确了用人单位和个人的责任，增强了自我保障的意识，避免了医疗资源的浪费。

2. 医疗保险基金的筹集要坚持"以支定收、收支平衡"

所谓"以支定收"，是指在确定费率即医疗保险费收取的标准时，以当地的医疗消费，即以"支"的水平为依据。医疗保险基金作为一种社会保险基金，决定其运营的根本目的就是要追求本身的自我平衡，这样才能确保既满足公民的基本医疗消费，又不为国家或企业的财政和公民本人增加负担。而疾病风险的突发性和复杂性又决定了医疗卫生消费的不稳定性，使得医疗保险基金的筹集必须坚持"以支定收、收支平衡"的原则，并借助于保险精算等手段，在运行过程中不断调整，才能达到自身的平衡。

3. 统一费率

基本医疗保险基金在统筹地区内按统一的费率筹集，实行统一使用和管理，能够保证基本医疗保险广泛覆盖的需求，有利于在一个统筹地区内均衡所有企业的负担，促进企业间的公平竞争；有利于增强基本医疗保险互助共济的功能，提高基金抵御风险的能力。

（七）医疗保险基金的筹资模式

医疗保险基金的筹资大致可以分为现收现付制、积累制和混合制三种模式。

现收现付制以"横向平衡"原则为依据，先测算出近年内需支付的保险费用，然后将这笔费用按一定的提取比例分摊到参加保险的各个单位。也就是说，每年筹集的医疗保险资金要全部用于支付当年的医疗费用，即由用人单位和在职职工个人按工资总额的一定比例（缴费率）缴纳的医疗保险基金，能够且只能满足当年的医疗费用支出。这种筹资模式的特点有：①"以支定收"，每年筹集的医疗保险费与当年的医疗保险基金支出基本平衡，略有结余；②费率调整灵活，易于操作；③医疗费用代际转移，体现了人与人之间的横向调剂；④通过再分配达到公平目的。现收现付制的优点是以支定收，只需考虑短期资金平衡，不必承担长期风险；但它的缺点也是很明显的，当人口结构和劳动力的年龄结构发生变化时，由于没有长期积累，会增加现有人口和劳动力的负担。

积累制以"纵向平衡"原则为依据，在对有关的人口健康指标和社会经济指标（如患病率、工资率、平均医疗费用、通货膨胀率等）进行长期的宏观测算之后，将被保险人在享受保险待遇期间的费用总和按一定的提取比例分摊到整个投保期内，并对已提取但尚未支付的保险基金进行有计划的管理和运营。积累制的优点是可以用长期积累的基金对付可预见的和未能预见到的风险；它的缺点是积累的基金要承担保值和增值的风险。

混合制则兼具前两者的特点，是这两种方法的综合。在混合制中，医疗保险基金的收支呈"T"型平衡结构。一方面，在一定区域内的人群中，"横向"筹集医疗保险基金，费用共济，风险分担；另一方面，保险费中的一部分资金进入个人账户，进行"纵向"积累，以劳动者年轻力壮时积累的资金弥补年老体弱时的费用缺口，自我缓解后顾之忧。这种把社会共济保障与个人自我保障综合起来的筹资模式，既体现了社会公平的原则，又考虑到权利与义务对等的因素，有利于培养被保险人的节约意识，自觉约束医疗消费行为。

我国目前实行的"社会统筹与个人账户相结合"筹资模式实质就是一种混合制的模式。《社会保险法》规定，基本养老保险基金逐步实行全国统筹，其他社会保险基金逐步实行省级统筹，具体时间、步骤由国务院规定。按照1998年《决定》的规定，基本医疗保险原则上以地级以上行政区为统筹单位，但也可以县（市）为统筹单位。2007年以后开始试点的城镇居民基本医疗保险也参照《决定》进行保险基金的统筹。我国城镇职工医疗保险基金由统筹基金和个人账户组成。2007年《试点意见》对城镇居民基本医疗保险没有规定统账结合的模式，而是规定"参保居民按照规定缴纳基本医疗保险费，享受相应的医疗保险待遇"，这使得保险人对于风险的分担更为公平。在建设农村合作医疗保险的过程中，突出了政府的财政责任。2002年，国务院发布《关于进一步加强农村卫生工作的决定》规定，省级政府负责制定农村合作医疗和医疗救助补助资金统筹管理办法，省、市（地）、县级财政都要根据实际需要和财力情况安排资金，对农村贫困家庭给予医疗救助资金支持，对实施合作医疗按实际参加人数和补助定额给予资助。中央财政通过专项转移支付对贫困地区农民贫困家庭医疗救助给予适当支持。农村合作医疗保险要突出以农民个人缴费、集体扶持和政府资助多元结合的筹资机制。

二、医疗保险基金的使用

（一）医疗保险基金使用的原则

医疗保险基金既遵循保险基金使用的一般原则，又有其特性。医疗保险基金作为一种社会保险基金，其使用的直接目的就是保障全体参保人的医疗卫生需求，追求自身的平衡。因此，其使用须遵循以下原则：

1. 以收定支，收支平衡，略有结余

医疗保险基金作为一种社会基金，是国家强制征收的专门用于保障社会劳动者基本医疗需求而建立的财力资源。医疗保险基金筹集以后，如何管理、使用，对于医疗保险制度的正常运行和持续健康发展及社会劳动者的切身利益都有重大的影响。因此，必须正确平衡处理好其收、支、余三方面的关系。

2. 保证参保人基本医疗需求的原则

医疗保险基金的使用要维持在合理的支付水平，满足参保对象的基本医疗需求，又不能超越生产力的发展水平，以及国家、企业及个人等各方面的承受能力。因此，任何地区、部门、单位和个人不得以任何名义擅自扩大医疗保险基金的开支范围、增加开支项目和提高开支标准。

3. 快捷便民的原则

医疗保险基金的使用最终要体现在对参保人基本医疗服务需求的满足上，这种满足一方面也体现为对于个体所面临的社会风险的最低层次的防范和应对，另一方面也体现为参保人可以迅速、通畅和方便的享受和满足医疗卫生需求。因此，必须要使得医疗保险基金的使用手续简化、程序设置合理便捷。

（二）医疗保险基金使用的方法

《决定》规定，统筹基金、个人账户要规定各自的支付范围，分别核算，不能互相挤占。这样既可以避免统筹基金挤占个人账户导致个人账户"空账"运行的局面，也降低了社会保险经办机构对基金的监控难度，简化了工作手续，便于基本医疗保险基金的管理。根据划定支付范围的不同，社会统筹基金与个人账户基金的使用方法主要有三种：

（1）按发生医疗费用的数额划分支付范围，个人账户用于支付小额医疗费用，统筹基金用于支付大额医疗费用。这种使用方式由实际发生的医疗费用大小确定，简单易行，但需要对每个职工所发生的每笔费用进行全程记录和监控，而门诊医疗存在人次多、业务量大、人均费用低、医疗技术指标复杂，导致监控难度较大、管理成本较高等问题。

（2）按病种划分支付范围，即根据不同病种，确定哪些病种发生的医疗费用在个人账户支付，哪些病种在统筹基金中支付。如《社会保险法》第二十八条规定，符合基本医疗保险药品目录、诊疗项目、医疗服务设施标准以及急诊、抢救的医疗费用，按照国家规定从基本医疗保险基金中支付。同时，人力资源与社会保障部关于《实施〈中华人民共和国社会保险法〉若干规定》也规定，参保人员在协议医疗机构发生的医疗费用，符合基本医疗保险药品目录、诊疗项目、医疗服务设施标准的，按照国家规定从基本医疗保险基金中支付。相对而言，这是一种较为科学的支付方式，在经济发达国家使用较为普遍。但这种方法需要以健全的疾病档案管理和基本诊疗规范为基础，而我国绝大多数地区尚不具备这种条件。

（3）按门诊和住院划分支付范围，个人账户用于支付门诊费用，统筹基金用于支付住院费用。这种使用方法简单明了，便于操作。但也有两个明显的弊端：一是对一些在门诊就医、医疗费用较高的慢性病患者来说，个人负担的医疗费用过大，个人经济上难以承受；二是容易造成患者不去或少去看门诊，有病就去住院。

各地应因地制宜，根据各地的实际情况制定出社会统筹基金、个人账户基金的使用方法。相比而言，采取按门诊和住院划分统筹基金和个人账户的支付范围较为合适。但需要注意两点：一是个人账户必须实行社会化管理，真正用于个人医疗支出而不能变现或用于其他非医疗支出；二是统筹基金的支付范围不能绝对限定在住院费用，对少数门诊多发病、惯性病患者个人医疗费用负担过重的，也要适当给予照顾。硬性规定得太死，会导致职工小病大养、门诊挤住院。

（三）医疗保险基金使用的特殊制度

1. 直接结算制度

《社会保险法》第二十九条规定，参保人员医疗费用中应当由基本医疗保险基金支付的部分，由社会保险经办机构与医疗机构、药品经营单位直接结算。该条规定直接打破了过去现有参保人支付全部医疗费用，然后再就其中应由医保基金支付的部分，到社保经办机构保险的做法，便利了参保人员。使得参保人在进行医疗保险基金的使用中更为便捷和方便。

2. 就医的特殊处理

医疗保险基金的使用和结算也要考虑为参保人跨地就医和结算提供便利。就医导致的报销医疗费用难是当前突出的问题，这直接影响到了医疗保险基金的使用，《社会保险法》第二十九条规定，社会保险行政部门和卫生行政部门应当建立异地就医医疗费用结算制度，方便参保人员享受基本医疗保险待遇。人力资源与社会保障部关于《实施〈中华人民共和国社会保险法〉若干规定》第八条规定参保人员确需急诊、抢救的，可以在非协议医疗机构就医；因抢救必须使用的药品可以适当放宽范围。参保人员急诊、抢救的医疗服务具体管理办法由统筹地区根据当地实际情况制定。

3. 缴费年限的计算

当前我国正处于工业化和城镇化发展的转轨阶段，广大参保人地域流转和工作转换频繁，直接导致医疗保险缴费发生多次变更，异地缴费的接续成为影响医疗保险基金使用的重要问题。针对此，人力资源与社会保障部《实施〈中华人民共和国社会保险法〉若干规定》作了原则性的规定，参加职工基本医疗保险的个人，基本医疗保险关系转移接续时，基本医疗保险缴费年限累计计算。

第六节　医疗保险基金的管理和监督

一、医疗保险基金的管理

（一）医疗保险基金的管理方法

由于不同国家实行不同的医疗保险筹资模式，因此，医疗保险基金的管理方式也有所不同。

1. 对国家预算型的医疗保险基金的管理方法

在这种筹资模式下，对医疗保险基金进行高度集中管理，而对于那些作为补充和调节作用的私立医疗保险则不纳入国家计划，只是政府在税收方面给予一定的优惠。英国近年来为提高公立医疗机构的服务效率，引进市场竞争机制，允许地方卫生司利用预算资金购买服务效率高的私立医疗保险服务。这种管理方式的优点是有利于政府进行宏观调控，计划性强，可以合理使用经费。

2. 对社会保险型的医疗保险基金的管理方法

这种管理模式的主要特点是多方筹资，共同管理。对于北欧等福利国家，政府往往承担大部分医疗保险费用，故管理权利主要集中于政府。对于政府承担较少部分保险费的国家，政府则较少参与直接管理，而主要由保险组织自行管理；政府的作用在于制定相应的保险政策法规。这种管理模式的优点是能调动各方的积极性，各行其责，有利于促进社会保险业的发展，在医疗消费上更具公平性。

3. 对自由企业型医疗保险基金的管理方法

这种管理模式的特点是政府很少干预。比各医疗保险机构的管理更分散，供需双方通过市场竞争机制进行调节，属于商业性医疗保险服务。这一种管理模式的优点是保险机构经营效率较高，缺点是费用上涨迅速，甚至难以控制，且易导致低收入人群得不到基本医疗保障，公平性差。

（二）医疗保险基金的管理措施

1. 维持医疗保险基金的平衡

医疗保险基金的平衡是在一定时期、一定范围内医疗保险基金收支上的大体平衡。即收取的医疗保险费与基本医疗保障的偿付费用和按规定提取的管理费、风险储备金之间的平衡。

2. 医疗保险基金的保值增值

医疗保险机构为维护和提高医疗保险偿付能力，确保医疗保险基金的安全和长期持续地正常运转，利用基金支付的时间差、空间差和数量差，采取有效手段，将一部分沉淀的基金进行安全有效的投资，以达到保值增值的目的。

二、医疗保险基金的监督

医疗保险基金监管是指由国家行政监管机构、专职监督部门及利害关系者对医疗保险基金经办机构、运营机构或其他有关中介机构（简称三类机构）的管理过程及其结果进行评审、认证和鉴定，以保证医疗保险基金管理符合国家有关政策、法规，并最大限度地保障被保险人的利益。

医疗保险基金监管是对医疗保险经办机构及有关机构运作基金的活动实施的综合性监督，是比日常管理层次更高的再监督，是医疗保险监管的重中之重，其机构和监督具有相对独立性。

（一）医疗保险基金监管的基本原则

一般来说，医疗保险基金监管应坚持以下原则：

1. 安全性原则

所谓安全性原则，是指监管机构通过监督，维持社会稳定，保护国家利益，维持基金安全与稳健运行；保护参保人的合法权益，防止以权谋私、违规违纪操作，避免基金损失及由此引发的支付困难。如果经办或投资风险过大，不仅无法获得预期效益，而且可能危及社会保障基金的基础，从而引起社会动乱，因此，安全性原则是基金监管的核心原则。

2. 独立性原则

所谓独立性原则，是指监管机构依照法律独立行使行政监管权力，不受其他机关、企业社团和个人的干预。独立性原则确保了监管的严肃性、强制性、权威性和有效性。它主要体现在两个方面：一是监管机构与监督对象、其他机构既要密切合作，又要彼此划清职责界限，互不干涉、越位；二是监管机构对经办机构和运营机构执法时，不受其他机构、个人左右，应保持相对的独立性。

3．审慎性原则

所谓审慎性原则，是指监管机构必须进行审慎监管，包括审慎地准入与退出，审慎地定论与处理，做到宽严适度，以创造良好的监督管理环境。监管机构按照基金安全性、流动性、效益性三大原则，合理设置有关监管指标，进行评价和预测，以最大限度地控制风险。

（二）医疗保险基金监管体系

从基金监管的角度讲，医疗保险政策能否有效实施和贯彻落实，很重要的一点，就是要有一个正常的管理秩序和良好的运营环境，而正常的管理秩序和良好的运营环境又需要强有力的基金监管体系来支持。在我国社会主义市场经济体制已基本确立，社会保障体系框架正在形成的过程中，高效、健全的监管体系，应包括基金监管法律体系、基金监管资格认证体系、基金监管风险监测预警体系和基金监管组织体制等。

1．基金监管法律体系

基金监管法律体系，既是基金监管的依据，又是基金监管的行为规范。它由一系列法律规范和运行规范构成。政府监管机构必须根据授权加强法制建设，制定和完善有关基金监管的法律制度。

2．基金监管资格认证体系

医疗保险基金管理运作方式的变化，将对基金监管工作提出更新、更高的要求，这就需要在吸收国外成功经验和做法的基础上，构建适应新形势要求的基金运行资格认证体系，确保我国社会医疗保险基金的安全和保值、增值。

3．基金监管风险监测预警体系

随着科学技术的进步，欺诈手段亦变得越来越高明，基金潜在的风险也就变得越来越隐蔽。为防范和化解各类风险，应学习借鉴国际监管的经验，研究并采用相应的监管手段和措施，加强基金风险管理，建立适合我国国情的风险监测预警体系，切实防范基金管理和运营风险。

4．基金监管组织体制

1997年，国务院决定将社会保险基金纳入财政专户，实行收支两条线管理。这是我国社会保险基金管理方式的重大变化。与之相应，1998年，国务院在组建劳动和社会保障部时，在该部设立了社会保险基金监督司，经过各级政府机构改革，自上而下地建立社会保险基金行政监管体系，逐步形成以行政监管为主，行政监管与财政、审计监督及社会监督有机结合的基金监管体制。

（1）行政监管。劳动和社会保障行政部门设立监管机构，对医疗保险基金实施行政监督。劳动和社会保障部门可以参考中国人民银行、证监会和保监会的做法，在省、自治区、直辖市（或在若干中心城市）设立派出机构，在部机关领导下对区域内的医疗保险基金实施直接监管。根据法律规定，监管机构应采取有效的监管方式，加强对医疗保险基金收缴支付等经办和运营过程的监督管理。

（2）财政监督。财政部门对医疗保险实施财务监督，保证基金的财务收支活动健康、有序地进行。

（3）审计监督。各级医疗保险经办机构和运营机构必须自觉接受审计部门的监督检查。审计部门要定期或不定期地对基金财务收支（包括基金会计凭证和账目报表）进行审计，发现问题并及时处理，建立基金审计监督机制。

（4）内部控制。内部控制是基金监督管理的基础环节。各级社会保险经办机构和有关运营机构作为基金收支运营管理的主体，必须加强基金规章制度建设，健全内部的财务制度，使之成为内部自我约束机制的重要组成部分。

（5）社会监督。社会监督是基金监管机制的重要环节。医疗保险基金是依靠政府信誉强制建立的专项资金，是广大群众的"保命钱"。广大群众有权了解基金的收支、节余情况。各级经办机构要定期或不定期地向社会公布基金收支和节余报告，自觉接受社会公众（缴费单位和缴费个人）、舆论界、工会、人民代表大会等个人、团体和组织的监督。同时，监管机构要开设举报电话，受理各种投诉，接受不同渠道的社会监督。

案例分析

【案情】27 岁的李国强（化名）是襄樊市襄城区某单位职工。他非常信赖保险，在参加了单位的"医保"后，决定再买一份保险，以期在遇到重大疾病时可以达到双重保险的目的。2000 年 3 月 7 日，李国强与中国平安保险股份有限公司襄樊分公司（以下简称保险公司）签订了一份人寿保险合同，主险为"平安康泰"终身险，附加险为"住院医疗、住院安心、意外伤害及意外医疗"，年保费为 2 701.90 元。2001 年、2002 年，李国强均按时办理了续保手续，缴纳了续保费用，合同有效期到 2003 年 3 月 7 日。2003 年 2 月 12 日，李国强因患上呼吸道感染住进襄樊市中心医院，花去医疗费 1 803.27 元，以现金支付 979.20 元，社会医疗统筹支付 824.07 元。出院后，李国强向保险公司要求理赔。3 月 19 日，保险公司作出了理赔，但在理赔款中减去了"医保"支付的 824.07 元。双方发生纠纷，诉至法院。

一审法院判决保险公司一次性支付李国强 741 元（824 元的 90%），支付律师代理费 500 元，诉讼费由保险公司承担。2003 年 6 月 30 日，保险公司不服一审判决，上诉至襄樊市中级人民法院。2003 年 9 月 23 日，襄樊市中级人民法院作出判决，驳回上诉，维持原判。

【问题】医疗保险与商业保险是否为相同性质，即能否重复或超额赔偿？

【解析】

（一）医疗保险支付的费用是否为原告实际支出的费用？

2003 年 5 月 19 日，襄城区人民法院受理后，适用简易审判程序公开审理此案。原告代理人认为，"医保"支付的费用，是原告实际支出的费用。根据 1998 年《国务院关于建立城镇职工基本医疗保险制度的决定》规定，基本医疗保险费用是由用人单位和职工共同缴纳，用人单位缴费率控制在职工工资总额的 6%，职工缴费率一般为本人工作收入的 2%。因此，社会医疗统筹机构替原告支付的医疗费，实际上就是原告自己的支出，被告以其不是原告的实际支出而拒绝理赔是没有依据的。

被告辩称，医疗保险支付的费用，不是原告实际支出的费用，故不予理赔。医疗保险是保险人对被保险人因疾病或伤害导致的医疗费用支出，依照保险合同约定支付医疗保险金以弥补其经济损失的保险。根据保险原理及惯例，不允许医疗保险金的赔付超过被保险人实际支付的医疗费，故医疗费保险的理赔应当适用补偿原则，即在合同约定的保险金额内补偿被保险人的实际支出的合理费用。

一审法院认为，原告与被告之间的保险合同是有效合同，依法应受法律保护，被告应依照其与李国强签订的保险合同严格履行其保险义务。原告享受的医疗保险和原、被告之间的医疗保险是两种不同性质的保险。原告享受的"医保"是一种社会保险，是一种国家强制性的保险，而与被告签订的医疗保险是商业保险，是一种自由性保险，原告与被告之间形成了一种射幸合同关系。被告不能以原告享受了医疗保险中的权利而减轻或不履行其应在商业保险中应尽的义务，更不能以此来免除其保险责任。如按被告的解释，参加了医疗保险和没有参加医疗保险的投保人，在保险公司享受的待遇是不一样的，这种做法显然违背民法中的公平合理原则。被告应依约赔付原告此次住院花去的医疗费用中的统筹医疗支出的部分。

（二）此合同是"射幸合同"还是"补偿合同"？

保险公司上诉的理由是，商业保险并非一概而论地被定性为射幸合同关系，是"射幸"还是"补偿"，应当基于投保人与保险人订立的保险合同的约定。被保险人支出的医疗费已部分得到单位或社会保险给付的，保险公司可根据医疗费凭证及单位、社保局出具的相关报销或给付金额证明，在有效保额内承担其实际医疗费用剩余部分的赔付责任。因此，本案保险合同"平安附加医疗住院保险条款"第二条明确约定：被保险人……因疾病经医院诊断必须住院治疗，本公司就其实际支出的合理医疗费用按90%给付住院医疗保险金。可见，本案保险合同性质不是"射幸"，而是"补偿"。

二审法院审理认为，附加医疗保险属于人身保险中的健康保险，人身保险在法律上不禁止重复保险，当事人之间亦未约定不能重复保险。并且，社会保险属于国家强制性保险，而附加医疗保险属于商业保险，对于人身保险中重复保险的赔付，允许被保险人获得超出其实际支出费用的保险金额。医疗保险的保险费构成实际包括个人工资、单位和财政三部分支出，说明被保险人在社会保险中同样支出了保险费，发生了约定的健康风险住院治疗，有权依据不同的保险条款，分别获得相应的赔付。保险公司提供给李国强的"平安附加住院医疗保险条款"属于格式条款，对其第二条规定的理解有两种以上的解释，依法应当作出不利于提供格式条款的保险公司的解释，故对"实际支出的合理费用"条款，应当理解为被保险人住院花费的全部医疗费用，包括自费部分和统筹医疗费用部分。保险公司与李国强订立附加医疗保险合同时，没有约定被保险人通过其他方式已获赔付的部分可以免除保险公司的保险责任，法律、行政法规亦未规定该情形下保险公司的免责条款。因此，保险公司的主张依据不足。

第十九章 工伤保险

第一节 工伤保险制度概述

一、工伤保险的发展历史

在工作中受到伤害并不是工业化后独有的现象。在前工业化时代，因工作产生的伤亡也时有发生，但那时雇主和雇员一起劳动，双方持续在一起工作使事故的预防、处理和赔偿得以私下进行。工业化后，随着工业化进程加速，不同阶层利益的冲突使因工受伤雇员很难指望雇主的怜悯和同情，此时开始出现雇员因工伤索赔状告雇主的案件。关于工伤赔偿的责任立法经历了四个阶段。

第一个阶段是劳动者个人责任时期。例如，1837 年，英国高等法院审理了首起工伤赔偿案件——普瑞斯特雷·佛勒案，由于当时的法官和陪审员都从社会中上层人士中选任，导致这个案件确立了对雇员不利的三项工伤索赔原则：共同劳动原则、共同过错原则、对自愿者不构成侵权原则。"共同劳动原则"是指如果雇主和雇员同样地承担劳动，他就无须为雇员在工作中发生的伤亡负责。"共同过错原则"是指事故的受害人要对他自身的过失行为负责，如果事故的发生是由劳动者自己的过失造成的，那他就无权要求赔偿。"对自愿者不构成侵权原则"是指雇员在危险行业工作代表其自愿接受劳动风险，若雇员受到伤害，雇主无须承担责任。这三个原则使劳动者在工伤索赔案件中胜诉变得几乎不可能，劳动者对工伤事故实际上是自己承担责任。

第二个阶段是雇主过失赔偿责任时期。这个时期，雇主可以对工伤事故承担赔偿责任，但需要雇员首先证明雇主对工作伤害存在过失。随着劳动过程的复杂化，雇员对此往往无力证明，从而最终责任还是由雇员承担。雇主过失赔偿责任原则对雇员损失并没有多大帮助。

第三个阶段是雇主无过错补偿责任时期。工业革命以后，随着新技术设备的发明，生产规模不断扩大，但安全保障落后，事故和职业病频繁发生，处理工伤索赔亟须新的规则。此时，工会力量不断壮大，主张雇员应与雇主享有同等待遇的观点占据了主导地位：如果雇主不承担非自身过错引起的伤害，那么雇员也不应承担非自身过错引起的伤害，这引发了对工作中意外事故谁承担责任的讨论。1884 年，德国颁布了世界第一部《劳工伤害保险法》，规定劳工因工作伤害而负伤、致残、死亡，不管过失出自何人，雇主均有义务赔偿劳工的经济损失，补偿不究过失原则正式确立。补偿不究过失原则体现了"职业危险"的理念，凡是雇佣工人，利用机器进行生产的经济活动就会存在危险，雇主应当对受到伤害的职工承担补偿责任。这种理念被不少欧洲国家接受。1897 年英国的《劳工赔偿法令》、1908 年美国的《雇员赔偿法》都确立了此原则，强制雇主对受害雇员提供赔偿金。雇主无过错补偿责任的建立是一大历史进步，但使企业背上了沉重经济负担，对雇员的补偿是一次性给予而无法满足受伤雇员和亲属的长久生活。因此，雇主无过错补偿责任面临着进一步的改进。

第四个阶段是工伤社会保险时期。工伤社会保险通过向所有企业筹集工伤保险基金，受害雇员可从保险基金中获得赔偿，分散了企业风险，较好地平衡了弥补雇员损失和企业持续发展的矛盾。工伤社会保险制度作为一种国家制度安排，使因工致残的劳动者或因工死亡的劳动者家属有权依据法律获得物质帮助，是人类社会的一大进步。据美国社会保障总署编写的《全球社会保障——1999》统计，至 1999 年，全世界共有 164 个国家建立了工伤保险项目。

二、工伤保险的概念及功能

工伤保险是指国家和社会为在生产、工作中遭受事故伤害和患职业性疾病的劳动者提供医疗救治、生活保障、经济补偿、医疗和职业康复等物质帮助的一种社会保障制度。

工伤保险将转移风险、补偿损失的商业保险理念运用于工作伤害补偿，通过建立工伤保险基金，使受伤和患职业病的劳动者能够得到及时救治，并获得补偿以维持生活；通过保险分担风险的机能，使企业免于因独自承担赔偿责任而背负沉重负担，最终无法继续经营的结局。从社会角度看，工伤保险也是社会生产和社会生活"精巧的稳定器"，是社会保障制度的重要组成部分。

三、工伤保险的特点

1. 工伤补偿以不究过失为原则

工伤保险重在对受伤或患职业病劳动者的补偿，而不以追究谁应对职业伤害承担责任为目的。因此，工伤保险确立了补偿不究过失的原则，即无论职业伤害的责任是在雇主、劳动者、第三人，还是意外事故，受伤害者都应受到补偿。这与劳务关系中提供劳务方因提供劳务受到伤害承担责任的原则不同。根据我国《侵权责任法》的规定，个人之间形成的劳务关系中，提供劳务一方因提供劳务而受到伤害，应根据提供劳务方和接受劳务方各自的过错承担相应责任。补偿以不究过失为原则，使受到职业伤害的劳动者能够及时获得补偿。但工伤保险补偿不究过失也有例外，若劳动者对职业伤害存在故意，如自杀、自残或是法律禁止的行为（如故意犯罪、吸毒），则不能获得补偿。

2. 对工伤职工倾斜性的保护

与一般社会保险项目不同，工伤保险只需用人单位一方缴纳工伤保险费，劳动者无须承担缴费义务。原因在于用人单位既然享受生产利润，就应当承受机器大生产带来的生产风险。此外，在工伤认定、工伤保险待遇问题上，应当采用就有不就无、就高不就低的原则处理职工工伤事宜。例如：在"工作时间"、"上下班途中"采用扩大化解释，作出有利于职工的工伤认定。

　　3. 工伤补偿、职业康复与工伤预防相结合

　　保障工伤职工的基本生活是建立工伤保险制度最重要的目的。在工伤保险待遇中，一次性伤残补助金是对工伤劳动者损失的补偿，按月发放的伤残津贴是为了维持劳动者的基本生活。此外，工伤保险还实施职业康复计划，提供工伤职工康复费用，尽可能恢复工伤职工的劳动能力。按照工伤事故发生概率不同实行差别化的行业费率缴纳工伤保险费也起到了事前预防工伤事故的作用。

四、我国工伤保险立法

　　我国早在 1951 年的《中华人民共和国劳动保险条例》中就对企业工人、职工因工负伤应享受的医疗待遇、伤残待遇进行了规定。1978 年，《国务院关于工人退休、退职的暂行办法》对因工受伤工人的退休待遇有所提高。1993 年，劳动部、卫生部、中华全国总工会颁发《职工工伤与职业病致残程度鉴定标准（试行）》，首次将职工伤残丧失劳动能力的程度分为十级，其中一级至四级为完全丧失劳动能力，五级、六级为大部分丧失劳动能力，七级至十级为部分丧失劳动能力。为配合《劳动法》的贯彻执行，推进工伤保险制度改革，1996 年劳动部发布了《企业职工工伤保险试行办法》，对工伤认定标准、劳动鉴定和工伤评残、工伤待遇等工伤保险制度的重要问题进行了全面规定。作为配套制度，同年国家技术监督局颁布的《职工工伤与职业病致残程度鉴定（GB/T16180—1996）》同时实施。2003 年，在工伤保险制度较为成熟的基础上，国务院颁布了《工伤保险条例》，提高了立法等级。同年，劳动和社会保障部颁布了《工伤认定办法》，对工伤认定程序进行进一步规范。2006 年，劳动和社会保障部颁布了《职工工伤与职业病致残程度鉴定标准（GB/T 16180—2006）》，对鉴定标准进行调整。2010 年 12月，国务院对《工伤保险条例》进行修订，扩大了工伤保险适用范围，简化了工伤认定、鉴定和争议处理程序。人力资源和社会保障部也随之修改了《工伤认定办法》。

第二节　工伤保险法

一、工伤保险法的适用范围

　　在世界范围内，早期的工伤保险对象范围只限于那些靠工资收入从事危险工作的工人，后来保障范围逐步扩大。在一些工业化国家，从事经济活动的人和从事非经济活动的人同样受到工伤保险保障，个体经营者、教师、红十字救援人员，甚至家庭雇工、家庭教师、保姆等因工作受到伤害，均包括在工伤保险范围之列。我国工伤保险法的适用

范围也出现不断扩大的趋势。

根据 2010 年《工伤保险条例》第二条规定："中华人民共和国境内的企事业单位、社会团体、民办非企业单位、基金会、律师事务所、会计师事务所等组织和有雇工的个体工商户应当依照本条例规定参加工伤保险，为本单位全部职工或者雇工缴纳工伤保险费。中华人民共和国境内的企事业单位、社会团体、民办非企业单位、基金会、律师事务所、会计师事务所等组织的职工和个体工商户的雇工，均有依照本条例的规定享受工伤保险待遇的权利。"与 2003 年的《工伤保险条例》相比，2010 年的《工伤保险条例》（修订）明显扩大了适用范围。2003 年的《工伤保险条例》仅将中华人民共和国境内的企业、个体工商户的职工、雇工纳入保障范围。新《工伤保险条例》增加事业单位、社会团体、民办非企业单位、基金会、律师事务所、会计师事务所等组织的职工作为工伤保险保障人群。

需注意，公职人员并不适用《工伤保险条例》。2010 年的《工伤保险条例》（修订）规定："公务员和参照公务员法管理的事业单位、社会团体的工作人员因工作遭受事故伤害或者患职业病的，由所在单位支付费用。具体办法由国务院社会保险行政部门会同国务院财政部门规定。"即公职人员因工受伤的损失补偿由国家财政承担。

二、工伤认定标准

工伤保险建立初期，工伤仅包括工作中的意外伤害，职业病并不包括在其中。历史上第一部工伤保险法——1884 年的德国《工伤保险法》，就仅以工伤意外事故为保险事故。职业病虽非事故，但是由于工作给劳动者造成身体疾病，后来也归入了工伤保险的范围。最早把职业病纳入职业伤害补偿范围的是 1906 年英国的《职业补偿法修正案》，将 6 种职业病列入可赔偿的范围之内。1925 年，国际劳工会议把铅中毒、汞中毒、炭疽病感染等 3 种疾病划入了职业病范围。但由于化学工业的迅速发展，出现了许多新的公害。1964 年，国际劳工组织《职业伤害赔偿公约》（第 121 号）把 15 种疾病列入职业病范围，到 1980 年被国际劳工组织列为职业病的疾病已经达到 29 种。现代世界各国的工伤保险制度中，都把职业病包括在内。

1921 年，国际劳工大会《关于工人赔偿（包括农业工人）公约》（第 12 号）中把工伤事故定义为："由于工作直接或者间接引起的事故为工伤事故。"这里的"直接或者间接引起"是指工伤事故必须与工作或者职业的时间和地点相关。在工伤保险事故的范围中，有些并非是直接的工伤事故，如许多国家把职工在上下班途中发生的意外事故也算作工伤。根据国际劳工局调查统计，1925 年世界上仅有 7 个国家把这种非直接的工伤事故包括在工伤保险范围内，而到 1963 年 101 个成员国中有 50 个国家把这种事故视为工伤保险事故。

至于哪些情形属于工伤，各国规定不同。我国根据职工受到伤害与工作联系的紧密程度将工伤情形分为两种类型：典型工伤和视同工伤。

（一）典型工伤情形

典型工伤情形依据我国《工伤保险条例》第十四条的规定："职工有下列情形之一

的，应当认定为工伤：①在工作时间和工作场所内，因工作原因受到事故伤害的；②工作时间前后在工作场所内，从事与工作有关的预备性或者收尾性工作受到事故伤害的；③在工作时间和工作场所内，因履行工作职责受到暴力等意外伤害的；④患职业病的；⑤因工外出期间，由于工作原因受到伤害或者发生事故下落不明的；⑥在上下班途中，受到非本人主要责任的交通事故或者城市轨道交通、客运轮渡、火车事故伤害的；⑦法律、行政法规规定应当认定为工伤的其他情形。"

国际劳工组织 1964 年《工伤事故津贴建议书》中规定："每一会员国均应在规定的条件下将下列事故视为工伤事故：不管什么原因，凡工作时间内在工作地点或工作地点附近，或在工人因工作需要而去的其他任何地方发生的事故……"可见，我国和国际劳工组织都将"工作时间"、"工作地点"、"工作原因"作为伤害和工作联系紧密程度的判断标准。从我国典型工伤的规定可以看出，典型工伤在一定程度上可以不受"工作时间"、"工作地点"的限制，如第二项中的"工作时间前后"、"因工外出"、"上下班途中"，就撇开了工作时间和工作地点的限制，但伤害因工作而起，是由于工作原因产生是典型工伤的重要特点。

典型工伤包括在工作过程中由于机器或操作原因导致职工受到的事故伤害，也包括工作过程中因工作原因受到的人为暴力伤害或自然原因导致的意外伤害，如雷击、地震等。因工外出期间，由于工作原因受到的伤害并未限制伤害产生的原因，保护面更广。

与 2003 年旧的《工伤保险条例》相比，2010 年版的《工伤保险条例》仅修改了典型工伤的第六项。原来规定为："在上下班途中，受到机动车事故伤害的。""上下班途中交通事故认定为工伤"始于 1996 年原劳动部出台的《企业职工工伤保险试行办法》，该办法明确规定，"在上下班的规定时间和必经路线上，发生无本人责任或者非本人主要责任的道路交通机动车事故的"可认定为工伤。2004 年施行的《工伤保险条例》，保留了此项规定，但采取了"在上下班途中，受到机动车事故伤害的"简单化表述。2010年的《工伤保险条例》扩大了在上下班途中受到交通事故认定工伤的类型，将以前的公路交通扩展到城市轨道交通、轮渡交通、火车交通，并明确了此种情况下认定工伤应以本人对事故不负主要责任为前提，避免了因法律表述过于简单而引发歧义。

（二）视同工伤情形

视同工伤情形来源于《工伤保险条例》第十五条的规定："职工有下列情形之一的，视同工伤：①在工作时间和工作岗位，突发疾病死亡或者在 48 小时之内经抢救无效死亡的；②在抢险救灾等维护国家利益、公共利益活动中受到伤害的；③职工原在军队服役，因战、因公负伤致残，已取得革命伤残军人证，到用人单位后旧伤复发的。"

与典型工伤相比，视同工伤的工伤情形和工作并不存在直接联系，并非一定因工作原因而导致。

在工作中突发疾病死亡，可以是因工作紧张导致突发疾病，也可能是因职工本身身体原因导致突发疾病，至于为何突发疾病，法律并不考虑，因而无须证明突发疾病与工作之间存在因果关系。在工作时间和工作岗位突发疾病，48 小时之内经抢救无效死亡的，"48 小时"的起算点以医疗机构的初次诊断时间为准。

视同工伤的第二种情形完全和工作没有关系。但为了鼓励这种见义勇为的行为，也为了使做出这种行为的人获得保障，而将其视同工伤。

视同工伤的第三种情形是为了保证已取得革命伤残军人证，享受抚恤优待待遇的军人，转业后旧伤复发时，依然享受抚恤优待。此时的工伤认定以在服役时取得革命伤残军人证为前提。

（三）不得认定为工伤或视同工伤的情形

若职工对受到的伤害存在故意，则无法被认定为工伤，无法享受工伤保险待遇。这实际上是工伤补偿不究过失的例外情形，因为这些行为本来就受到法律的否定评价，因而不应该得到补偿。这些情形见于《工伤保险条例》第十六条："职工符合本条例第十四条、第十五条的规定，但是有下列情形之一的，不得认定为工伤或者视同工伤：①故意犯罪的；②醉酒或者吸毒的；③自残或者自杀的。"

与旧《工伤保险条例》相比，新《工伤保险条例》第十六条第一项排除工伤的情形有所缩小，将原来的排除情形"因犯罪或者违反治安管理伤亡的"缩小为"故意犯罪"，过失犯罪与违反治安管理伤亡的情形也纳入可以认定工伤的范围。

该法条第二项增加"吸毒"导致伤害为不认定工伤的情形，排除范围有所扩大。此项是指职工本人由于醉酒或吸毒致控制行为能力降低而导致事故伤害的情形，不包括由于在醉酒、吸毒状况下由第三方或自然力造成伤害的情形。

职工自残和自杀的情形也被排除在工伤认定之外，原因在于这种行为本身是故意，本应自己承担责任，另外，若把其列入工伤范围，易引起道德风险。但由于工作原因导致的自杀、自残情形可以被认定为工伤，这在有些地方已有判例，但需证明工作和自杀、自残行为存在因果关系。

三、工伤认定程序

（一）工伤认定申请程序

1. 工伤申请主体

（1）用人单位。《工伤保险条例》将工伤认定申请的义务分配给用人单位，并规定了30天的申请期限。《工伤保险条例》第十七条规定："职工发生事故伤害或者按照职业病防治法规定被诊断、鉴定为职业病，所在单位应当自事故伤害发生之日或者被诊断、鉴定为职业病之日起30日内，向统筹地区社会保险行政部门提出工伤认定申请。遇有特殊情况，经报社会保险行政部门同意，申请时限可以适当延长。"与此义务相对应的是用人单位未在规定期限内申请工伤认定应承担的不利后果：用人单位未在规定的时限内提交工伤认定申请，在此期间发生符合《工伤保险条例》规定的工伤待遇等有关费用由该用人单位负担。

（2）工伤职工或其近亲属、工会组织。《工伤保险条例》也赋予了工伤职工、其直系亲属、工会组织补偿性的申请工伤认定的权利。根据《工伤保险条例》第十七条第二款的规定："用人单位未按前款规定提出工伤认定申请的，工伤职工或者其近亲属、工会组织在事故伤害发生之日或者被诊断、鉴定为职业病之日起1年内，可以直接向用人单位所在地统筹地区社会保险行政部门提出工伤认定申请。"在此种情况下申请工伤认定，不以用人单位同意为必要。

2. 工伤认定申请材料

《工伤保险条例》第十八条规定，提出工伤认定申请应当提交下列材料：①工伤认定申请表；②与用人单位存在劳动关系（包括事实劳动关系）的证明材料；③医疗诊断证明或者职业病诊断证明书（或者职业病诊断鉴定书）。工伤认定申请表应当包括事故发生的时间、地点、原因以及职工伤害程度等基本情况。工伤认定申请人提供材料不完整的，社会保险行政部门应当一次性书面告知工伤认定申请人需要补正的全部材料。

（二）工伤认定程序

1. 工伤认定主体

工伤认定主体是统筹地区的社会保险行政部门，应当向省级社会保险行政部门提出工伤认定申请的，根据属地原则应当向用人单位所在地设区的市级社会保险行政部门提出。

2. 工伤认定申请的受理

社会保险行政部门收到工伤认定申请后，应当在15日内对申请人提交的材料进行审核，材料完整的，作出受理或者不予受理的决定。提出工伤认定申请应当提交：①工伤认定申请表。工伤认定申请表应当包括事故发生的时间、地点、原因以及职工伤害程度等基本情况。②与用人单位存在劳动关系（包括事实劳动关系）的证明材料。③医疗诊断证明或者职业病诊断证明书（或者职业病诊断鉴定书）。材料不完整的，社会保险行政部门应当以书面形式一次性告知申请人需要补正的全部材料。社会保险行政部门收到申请人提交的全部补正材料后，应当在15日内作出受理或者不予受理的决定。工伤认定申请人提交的申请材料符合要求，属于社会保险行政部门管辖范围且在受理时限内的，社会保险行政部门应当受理。社会保险行政部门决定受理的，应当出具《工伤认定申请受理决定书》；决定不予受理的，应当出具《工伤认定申请不予受理决定书》。

3. 工伤认定

（1）调查核实。社会保险行政部门受理工伤认定申请后，可以根据需要对申请人提供的证据进行调查核实。社会保险行政部门进行调查核实，应当由两名以上工作人员共同进行，并出示执行公务的证件。社会保险行政部门工作人员在工伤认定中，可以进行以下调查核实工作：①根据工作需要，进入有关单位和事故现场；②依法查阅与工伤认定有关的资料，询问有关人员并作出调查笔录；③记录、录音、录像和复制与工伤认定有关的资料。调查核实工作的证据收集参照行政诉讼证据收集的有关规定执行。社会保险行政部门工作人员进行调查核实时，有关单位和个人应当予以协助。用人单位、工会组织、医疗机构以及有关部门应当负责安排相关人员配合工作，据实提供情况和证明材料。社会保险行政部门在进行工伤认定时，对申请人提供的符合国家有关规定的职业病诊断证明书或者职业病诊断鉴定书，不再进行调查核实。职业病诊断证明书或者职业病诊断鉴定书不符合国家规定的要求和格式的，社会保险行政部门可以要求出具证据部门重新提供。

社会保险行政部门受理工伤认定申请后，可以根据工作需要，委托其他统筹地区的社会保险行政部门或者相关部门进行调查核实。社会保险行政部门工作人员进行调查核实时，应当履行下列义务：①保守有关单位商业秘密以及个人隐私；②为提供情况的有关人员保密。社会保险行政部门工作人员与工伤认定申请人有利害关系的，应当回避。

（2）举证责任分配。职工或者其近亲属认为是工伤，用人单位不认为是工伤的，由该用人单位承担举证责任。用人单位拒不举证的，社会保险行政部门可以根据受伤害职工提供的证据或者调查取得的证据，依法作出工伤认定决定。

（3）工伤认定期限。一般期限：社会保险行政部门应当自受理工伤认定申请之日起60日内作出工伤认定决定，出具《认定工伤决定书》或者《不予认定工伤决定书》。特殊期限：社会保险行政部门对于事实清楚、权利义务明确的工伤认定申请，应当自受理工伤认定申请之日起15日内作出工伤认定决定。这是新《工伤保险条例》增加的一种短期认定期限。认定期限中止：社会保险行政部门受理工伤认定申请后，作出工伤认定决定需要以司法机关或者有关行政主管部门的结论为依据的，在司法机关或者有关行政主管部门尚未作出结论期间，作出工伤认定决定的时限中止，并书面通知申请人。

（4）决定书的送达与保存。《认定工伤决定书》和《不予认定工伤决定书》应当加盖社会保险行政部门工伤认定专用印章。社会保险行政部门应当自工伤认定决定作出之日起20日内，将《认定工伤决定书》或者《不予认定工伤决定书》送达受伤害职工（或者其近亲属）和用人单位，并抄送社会保险经办机构。职工或者其近亲属、用人单位对不予受理决定不服或者对工伤认定决定不服的，可以依法申请行政复议或者提起行政诉讼。工伤认定结束后，社会保险行政部门应当将工伤认定的有关资料保存50年。

四、劳动能力鉴定

劳动能力鉴定是指劳动功能障碍程度和生活自理障碍程度的等级鉴定。职工发生工伤，经治疗伤情相对稳定后存在残疾、影响劳动能力的，应当进行劳动能力鉴定。劳动能力鉴定为职工享受工伤保险待遇提供了依据，它是职工享受工伤保险待遇的必经程序，劳动能力鉴定又以工伤认定为前提。

（一）劳动能力鉴定程序

1. 劳动能力鉴定申请

劳动能力鉴定申请主体。劳动能力鉴定由用人单位、工伤职工或者其近亲属向设区的市级劳动能力鉴定委员会提出申请，并提供工伤认定决定和职工工伤医疗的有关资料。工伤认定是进行劳动能力鉴定的前提。

2. 劳动能力鉴定

（1）劳动能力鉴定主体。初次劳动能力鉴定主体是设区的市级劳动能力鉴定委员会，再次鉴定的主体是省、自治区、直辖市劳动能力鉴定委员会。省、自治区、直辖市劳动能力鉴定委员会和设区的市级劳动能力鉴定委员会分别由省、自治区、直辖市和设区的市级社会保险行政部门、卫生行政部门、工会组织、经办机构代表以及用人单位代表组成。劳动能力鉴定委员会建立医疗卫生专家库。列入专家库的医疗卫生专业技术人员应当具备下列条件：具有医疗卫生高级专业技术职务任职资格；掌握劳动能力鉴定的相关知识；具有良好的职业品德。

（2）初次鉴定。设区的市级劳动能力鉴定委员会收到劳动能力鉴定申请后，应当从其建立的医疗卫生专家库中随机抽取3名或者5名相关专家组成专家组，由专家组提出鉴定意见。设区的市级劳动能力鉴定委员会根据专家组的鉴定意见作出工伤职工劳动能力鉴定结论；必要时，可以委托具备资格的医疗机构协助进行有关的诊断。设区的市级劳动能力鉴定委员会应当自收到劳动能力鉴定申请之日起60日内作出劳动能力鉴定结论，必要时，作出劳动能力鉴定结论的期限可以延长30日。劳动能力鉴定结论应当及时送达申请鉴定的单位和个人。

（3）再次鉴定。申请鉴定的单位或者个人对设区的市级劳动能力鉴定委员会作出的鉴定结论不服的，可以在收到该鉴定结论之日起15日内向省、自治区、直辖市劳动能力鉴定委员会提出再次鉴定申请。再次鉴定期限与初次鉴定期限相同，这是新《劳动保险条例》增加的规定。省、自治区、直辖市劳动能力鉴定委员会作出的劳动能力鉴定结论为最终结论。劳动能力鉴定实行两局鉴定终局制。劳动能力鉴定工作应当客观、公正。劳动能力鉴定委员会组成人员或者参加鉴定的专家与当事人有利害关系的，应当回避。

（4）复查鉴定。自劳动能力鉴定结论作出之日起1年后，工伤职工或者其近亲属、所在单位或者经办机构认为伤残情况发生变化的，可以申请劳动能力复查鉴定。劳动能力鉴定委员复查鉴定的期限与初次鉴定的期限相同，这是新《劳动保险条例》增加的规定，旧《劳动保险条例》没有规定复查鉴定的期限。

（二）劳动能力鉴定标准与鉴定结论

我国现在进行劳动能力鉴定依据的是2006年劳动和社会保障部制定的《职工工伤与职业病致残程度鉴定标准（GB/T 16180—2006）》。在此之前，我国劳动部、卫生部、中华全国总工会于1992年颁布了《职工工伤与职业病致残程度鉴定标准（试行）》，此标准在全国试行了3年，累计了10万个病例经验。在此基础上，1996年国家技术监督局颁布了《职工工伤与职业病致残程度鉴定（GB/T16180—1996）》的劳动鉴定国家标准，此标准为工伤、职业病患者在社会保险法规规定的医疗期满后进行医学技术鉴定提供了依据和标准。此标准根据器官损伤、功能障碍、医疗依赖及护理依赖四个方面将工伤、职业病伤残程度分解为五个门类，划分为十个等级470个条目。2006年国家颁布的《职工工伤与职业病致残程度鉴定标准（GB/T 16180—2006）》，在工伤偿付标准不变的情况下，评残的条文数则由过去的470条增加到572条，条目增加了102条，但划分依然是依据器官损伤、功能障碍、医疗依赖及护理依赖四个标准，将工伤、职业病致残等级分解为五个门类，划分为十个等级共572个条目，工伤职工致残等级鉴定有了新依据。

国家将劳动功能障碍程度划分为三个类别十个等级，一级最重，十级最轻，一级至四级为全部丧失劳动能力，五级至六级为大部分丧失劳动能力，七级至十级为部分丧失劳动能力。上述等级按照器官损伤、功能障碍、医疗依赖及护理依赖的标准进行划分。器官损伤的直接表现是器官缺失或部分缺损。人体器官各有不同的功用，无可替代。器官缺失是损伤最严重的后果，伤残评定级别较高。功能障碍分为外伤性器官缺失造成的功能和职业病内源性疾病所致的功能障碍。任何损害都会导致不同程度的功能障碍。外伤性的功能障碍一般是永久的、不可逆转的，而内源性疾病所致的功能性损害往往是暂时的、可逆转的。医疗依赖指伤、病致残后，于医疗期满后仍然不能脱离治疗者。护理依赖指伤、病致残者因生活不能自理需依赖他人护理者。生活自理范围主要包括五项：进食；翻身；大小便；穿衣、洗漱；自我移动。护理依赖的程度分为三级：完全护理依赖指生活不能自理，上述五项均需护理者；大部分护理依赖指生活大部分不能自理，上述五项中三项需要护理者；部分护理依赖指部分生活不能自理，上述五项中一项需要护理者。依据上述标准，劳动功能障碍划分为三个类别十个等级。

五、工伤保险待遇

世界各国的工伤保险待遇大致可划分为医疗补贴、伤残补贴和遗属抚恤三种。实行工伤保险制度的国家工伤医疗待遇普遍优于非工伤医疗待遇。根据《社会保障（最低标准）公约》的规定，对工伤雇员提供不受时间限制的医疗照顾。伤残补贴是根据劳动能力鉴定的伤残程度给予工伤者的补偿。遗属抚恤是按月发给工伤死亡者家属的定期待遇。遗属包括受供养的遗孀、鳏夫和子女等。我国的工伤保险待遇主要有三大类型：工伤医疗期间待遇、因工致残待遇、因工死亡待遇。具体内容如下：

（一）工伤医疗期间待遇

（1）工伤医疗待遇。工伤医疗待遇是指工伤职工在医院治疗期间产生的相关费用可以从工伤保险基金中支取的待遇。这些费用包括治疗费用，医疗期间的伙食补助费用，工伤康复的费用，到统筹地区以外就医所需的交通、食宿费用。

治疗工伤所需费用符合工伤保险诊疗项目目录、工伤保险药品目录、工伤保险住院服务标准的，从工伤保险基金中支付。工伤保险诊疗项目目录、工伤保险药品目录、工伤保险住院服务标准，由国务院社会保险行政部门会同国务院卫生行政部门、食品药品监督管理部门等部门规定。职工治疗工伤应当在签订服务协议的医疗机构就医，情况紧急时可以先到就近的医疗机构急救。

职工住院治疗工伤的伙食补助费，以及经医疗机构出具证明，报经办机构同意，工伤职工到统筹地区以外就医所需的交通、食宿费用从工伤保险基金支付，基金支付的具体标准由统筹地区人民政府规定。新《工伤保险条例》改变了旧《工伤保险条例》中关于工伤职工住院治疗的伙食补助费、到统筹地区以外就医的交通、食宿费用的支付主体，变用人单位支付为工伤保险基金支付。

工伤职工到签订服务协议的医疗机构进行工伤康复的费用，符合规定的，从工伤保险基金中支付。工伤职工治疗非工伤引发的疾病，不享受工伤医疗待遇，按照基本医疗保险办法处理。

（2）工伤医疗期限及工资待遇。工伤医疗期又称停工留薪期，是指职工因工伤接受治疗但原工资福利待遇不变的期限。停工留薪期一般不超过12个月。伤情严重或者情况特殊者，经设区的市级劳动能力鉴定委员会确认，可以适当延长，但延长不得超过12个月。职工因工作遭受事故伤害或者患职业病需要暂停工作接受工伤医疗的，在停工留薪期内，原工资福利待遇不变，由所在单位按月支付。工伤职工在停工留薪期满后仍需治疗的，继续享受工伤医疗待遇。

（3）生活护理待遇。生活不能自理的工伤职工在停工留薪期需要护理的，由所在单位负责。

（4）工伤复发医疗待遇。工伤职工工伤复发，确认需要治疗的，享受工伤医疗期间的所有待遇。

（5）认定工伤后，行政复议、行政诉讼期间医疗费用的支付问题。新《工伤保险条例》增加了认定工伤后，行政复议、行政诉讼期间医疗费用不停止支付的规定。新法第三十一条规定："社会保险行政部门作出认定为工伤的决定后发生行政复议、行政诉讼的，行政复议和行政诉讼期间不停止支付工伤职工治疗工伤的医疗费用。"

（二）因工致残待遇

工伤职工停工留薪期满，经劳动能力鉴定委员会评定伤残等级后，停发原工资待遇，享受伤残待遇及生活护理待遇。

1. 伤残待遇

（1）一级至四级伤残待遇。职工因工致残被鉴定为一级至四级伤残的，保留劳动关系，退出工作岗位，即劳动者已完全丧失劳动能力，无法工作，但用人单位不能解雇一级至四级伤残职工。另外，工伤职工还可以享受获得一次性伤残补助金、按月领取伤残津贴，费用由工伤保险基金支付。新《工伤保险条例》提高了一级至四级伤残一次性伤残补助金的标准，每级增加三个月的本人工资。具体待遇为：一级伤残为27个月的本人工资，二级伤残为25个月的本人工资，三级伤残为23个月的本人工资，四级伤残为21个月的本人工资。工伤保险基金按月支付伤残津贴，标准为：一级伤残为本人工资的90%，二级伤残为本人工资的85%，三级伤残为本人工资的80%，四级伤残为本人工资的75%。伤残津贴实际金额低于当地最低工资标准的，由工伤保险基金补足差额。工伤职工达到退休年龄并办理退休手续后，停发伤残津贴，按照国家有关规定享受基本养老保险待遇。基本养老保险待遇低于伤残津贴的，由工伤保险基金补足差额。职工因工致残被鉴定为一级至四级伤残的，由用人单位和职工个人以伤残津贴为基数，缴纳基本医疗保险费。

（2）五级至六级伤残待遇。新《工伤保险条例》也提高了五、六级伤残一次性伤残补助金的标准，每级增加两个月的本人工资。具体标准为：五级伤残为18个月的本人工资，六级伤残为16个月的本人工资。用人单位应保留和五、六级伤残人员的劳动关系，适当安排工作。难以安排工作的，由用人单位按月发给伤残津贴，标准为：五级伤残为本人工资的70%，六级伤残为本人工资的60%，并由用人单位按照规定为其缴纳应缴纳的各项社会保险费。伤残津贴实际金额低于当地最低工资标准的，由用人单位补足差额。经工伤职工本人提出，该职工可以与用人单位解除或者终止劳动关系，由工伤保险基金支付一次性工伤医疗补助金，由用人单位支付一次性伤残就业补助金。一次性工伤医疗补助金和一次性伤残就业补助金的具体标准由省、自治区、直辖市人民政府规定。

（3）七级至十级伤残待遇。工伤保险基金按伤残等级支付一次性伤残补助金，标准为：七级伤残为13个月的本人工资，八级伤残为11个月的本人工资，九级伤残为9个月的本人工资，十级伤残为7个月的本人工资。新《工伤保险条例》规定的一次性伤残补助金比旧条例的待遇有所提高，每级增加一个月的本人工资。劳动、聘用合同期满终止，或者职工本人提出解除劳动、聘用合同的，由工伤保险基金支付一次性工伤医疗补助金，由用人单位支付一次性伤残就业补助金。一次性工伤医疗补助金和一次性伤残就业补助金的具体标准由省、自治区、直辖市人民政府规定。新《工伤保险条例》将五级至十级伤残一次性工伤医疗补助金的支付主体由过去的用人单位支付变为由工伤保险基金支付。

2. 生活护理待遇

工伤职工已经评定伤残等级并经劳动能力鉴定委员会确认需要生活护理的，从工伤保险基金按月支付生活护理费。生活护理费按照生活完全不能自理、生活大部分不能自理或者生活部分不能自理3个不同等级支付，其标准分别为统筹地区上年度职工月平均工资的50%、40%或者30%。

工伤职工因日常生活或者就业需要，经劳动能力鉴定委员会确认，可以安装假肢、矫形器、假眼、假牙和配置轮椅等辅助器具，所需费用按照国家规定的标准从工伤保险基金支付。

（三）因工死亡待遇

职工因工死亡，其直系亲属按照下列规定从工伤保险基金领取丧葬补助金、供养亲属抚恤金和一次性工亡补助金：丧葬补助金为6个月的统筹地区上年度职工月平均工资；供养亲属抚恤金按照职工本人工资的一定比例发给由因工死亡职工生前提供主要生活来源、无劳动能力的亲属。其标准为：配偶每月40%，其他亲属每人每月30%，孤寡老人或者孤儿每人每月在上述标准的基础上增加10%。核定的各供养亲属的抚恤金之和不应高于因工死亡职工生前的工资。供养亲属的具体范围由国务院社会保险行政部门规定；一次性工亡补助金标准为上一年度全国城镇居民人均可支配收入的20倍，这个标准大大提高，旧条例中的一次性工亡补助金为：48个月至60个月的统筹地区上年度职工月平均工资。

伤残职工在停工留薪期内因工伤导致死亡的，其直系亲属同样享受以上三项的待遇。

一级至四级伤残职工在停工留薪期满后死亡的，其直系亲属可以享受丧葬补助金、供养亲属补助金，但不能享受一次性工亡补助金，因为工伤职工在定伤残等级时已享受了一次性伤残补助金，一次性伤残补助金和一次性工亡补助金性质相同，不能重复享受。

对于职工因工外出期间发生事故或者在抢险救灾中下落不明的，从事故发生当月起3个月内照发工资，从第四个月起停发工资，由工伤保险基金向其供养亲属按月支付供养亲属抚恤金。生活有困难的，可以预支一次性工亡补助金的50%。职工被人民法院宣告死亡的，可以享受职工因工死亡的待遇。

伤残津贴、供养亲属抚恤金、生活护理费由统筹地区社会保险行政部门根据职工平均工资和生活费用变化等情况适时调整。调整办法由省、自治区、直辖市人民政府规定。

（四）停止享受工伤保险待遇的情形

我国规定了三种情形丧失工伤保险待遇。《工伤保险条例》第四十二条规定："工伤职工有下列情形之一的，停止享受工伤保险待遇：①丧失享受待遇条件的；②拒不接受劳动能力鉴定的；③拒绝治疗的。"

丧失享受待遇的条件是指受工伤职工经过治疗，恢复劳动能力或生活能够自理，此时，工伤职工将不再享受工伤保险待遇。"拒不接受劳动能力鉴定"作为停止享受工伤保险待遇的情形是因为劳动能力鉴定是受伤职工享受工伤保险待遇的依据，如果受伤职工拒绝接受劳动能力鉴定，工伤保险待遇等级无法确定，因此法律规定其就丧失了享受工伤保险待遇的资格。把拒绝治疗也作为停止享受工伤保险待遇的情形是为了避免受伤职工无故拒绝治疗，影响劳动能力的恢复。新《工伤保险条例》删除了"被判刑正在收监执行的"停止享受工伤保险待遇的规定，从而扩大享受工伤保险待遇的范围。

六、工伤保险责任的分配

用人单位分立、合并、转让的，承继单位应当承担原用人单位的工伤保险责任；原用人单位已经参加工伤保险的，承继单位应当到当地经办机构办理工伤保险变更登记。

用人单位实行承包经营的，工伤保险责任由职工劳动关系所在单位承担。

职工被借调期间受到工伤事故伤害的，由原用人单位承担工伤保险责任，但原用人单位与借调单位可以约定补偿办法。

企业破产的，在破产清算时依法拨付应当由单位支付的工伤保险待遇费用。

职工被派遣出境工作，依据前往国家或者地区的法律应当参加当地工伤保险的，参加当地工伤保险，其国内工伤保险关系中止；不能参加当地工伤保险的，其国内工伤保险关系不中止。

七、我国工伤保险救济程序的不足

2003年《工伤保险条例》的出台，改变了我国处理工伤纠纷没有系统法规的历史，为工伤事故的处理提供了依据。2011年，新《工伤保险条例》使职工权利得到了更好的保障。但我国工伤保险的制度设计还存在一些不足，特别是工伤保险救济程序复杂冗长，严重影响了工伤职工权益的保护。

我国工伤保险程序包括三个基本步骤：工伤认定、劳动能力鉴定、工伤保险待遇给付。如果每一步都进行顺利，走完工伤保险程序需要至少165天，其中包括工伤认定申请30天，工伤申请受理15天，工伤认定60天，劳动能力初次鉴定60天。但这是非常理想化的状态，实际上每个步骤都可能因为工伤保险关系主体发生争议而延长。例如，工伤认定以劳动者与用人单位存在劳动关系为前提，若社会保险部门对劳动者或用人单位提供的劳动关系证明资料不予认可，将会导致工伤认定申请不予受理，此时不得不先进行劳动仲裁，对劳动关系是否存在进行仲裁，若对仲裁结果不服，又会进入诉讼程序，耗时更久。即便工伤认定申请被顺利受理，劳动者与用人单位也可能对工伤认定结果不服而引发行政诉讼。若顺利进入劳动能力鉴定阶段，对劳动能力鉴定结论的不服也会引发再次鉴定。若到达社保待遇给付阶段，劳动者仍可能因对社会保险经办机构核定的工伤保险待遇不服提起行政复议或行政诉讼。工伤保险救济的程序设计比一般民事侵权诉讼更为复杂，劳动者的权益得不到及时救济。下表从时间上表明了工伤保险救济程序烦琐、耗时太长的问题。

工伤保险救济程序时限

工伤程序	一般时限	特定情况下的最长时限
1. 工伤认定申请	1个月	12个月
2. 工伤认定审查受理（若劳动关系证据不足，不予受理）	半个月	半个月
3. 劳动关系确认之诉讼 仲裁：1个半月 仲裁：2个月	一审简易程序：3个月 一审普通程序：6个月	二审：3个月 二审：3个月
4. 工伤申请、受理及工伤认定	2个半月	2个半月
5. 对工伤认定不服的处理程序（行政复议或行政诉讼）	行政复议：2个月 行政复议：3个月 行政诉讼一审：3个月 行政诉讼二审：2个月	有特殊情况需要延长的，由高级人民法院批准，高级人民法院审理需要延长的，由最高人民法院批准。
6. 劳动能力鉴定	2个月	3个月
7. 对劳动能力鉴定不服的处理程序（再鉴定）	2个月	3个月
8. 对工伤保险待遇核定不服的处理程序（行政复议或行政诉讼）	行政复议：2个月 行政复议：3个月 行政诉讼一审：3个月 行政诉讼二审：2个月	有特殊情况需要延长的，由高级人民法院批准，高级人民法院审理需要延长的，由最高人民法院批准。
总计	29.5个月	48个月

职工遭遇工伤事故，理应获得及时救济，但我国的工伤保险救济程序过于繁复，工伤职工的权益在复杂的救济制度中损失殆尽。细观工伤保险救济程序，我们发现耗时最长的就是工伤认定程序。由于劳动关系确认是受理工伤申请的前提，因而社会保险行政部门受理工伤申请首先牵涉到劳动关系的确认，对劳动关系的确认又属于劳动争议的范围，需要劳动仲裁。若劳动仲裁裁决确认劳动关系，则重新进入工伤申请受理和认定程序。工伤认定后，仍然存在对认定结果不服的问题，可能又会导致进入行政复议或行政诉讼程序。

纵观这个过程，工伤认定程序从行政机关确认到劳动仲裁，后又从劳动仲裁折回去进行行政机关确认，并最终可能因为工伤认定的行政行为性质而导致行政复议或行政诉讼。在这个过程中，社会保险行政部门对劳动关系是否成立的争议不仅依赖于劳动争议仲裁委员会的裁决，而且社会保险行政部门作出的工伤认定结果可能会导致更漫长的行政复议或行政诉讼。在此过程中，我们没有看到社会保险行政机构作为工伤认定机构的意义，反倒看到其导致工伤救济程序在行政领域和劳动仲裁间折返，耗时过长。最初我国设置行政机构作为工伤认定主体的起因在于，劳动保障行政部门与社会保险管理部门原属于两个分立的行政部门。我国 2003 年的《工伤保险条例》规定劳动保障部门负责工伤认定，是希望通过工伤认定程序起到劳动行政部门监督社会保险经办部门的作用，但目前这两个行政部门已经合并，由行政部门进行工伤认定变得没有意义。不少学者不断对社会保险行政机构担任工伤认定主体提出质疑，并提出重构建议。我们认为以下观点比较中肯：由劳动争议仲裁委员会进行工伤认定，劳动关系的认定自然也包括在其中，不服仲裁裁决的，直接衔接民事诉讼程序。这样一来，工伤认定退出公法领域，避免了因劳动关系确认问题由公法领域进入劳动仲裁的折腾，从而也避免了工伤行政复议和工伤行政诉讼，消除了工伤认定中行政与司法的冲突，大大提高了工伤救济的效率和公正水平。

第三节　工伤保险基金

工伤保险基金是指国家为实施工伤保险制度，使工伤职工能够得到及时救助、享受工伤保险待遇，而通过法定程序建立起来的专项资金。工伤保险基金是工伤保险制度的基础。

一、工伤保险基金的构成

工伤保险基金由用人单位缴纳的工伤保险费、工伤保险基金的利息和依法纳入工伤保险基金的其他资金构成。

用人单位缴纳工伤保险费，职工个人不缴纳工伤保险费。用人单位缴纳工伤保险费的数额为本单位职工工资总额乘以单位缴费费率之积。对难以按照工资总额缴纳工伤保险费的行业，其缴纳工伤保险费的具体方式由国务院社会保险行政部门规定。

工伤保险费根据以支定收、收支平衡的原则，确定费率。国家根据不同行业的工伤风险程度确定行业的差别费率，并根据工伤保险费使用、工伤发生率等情况在每个行业内确定若干费率档次。行业差别费率及行业内费率档次由国务院社会保险行政部门制定，报国务院批准后公布施行。统筹地区经办机构根据用人单位工伤保险费使用、工伤发生率等情况，适用所属行业内相应的费率档次确定单位缴费费率。国务院社会保险行政部门应当定期了解全国各统筹地区工伤保险基金收支情况，及时提出调整行业差别费率及行业内费率档次的方案，报国务院批准后公布施行。

二、工伤保险基金的支出

因工伤发生的这些费用，从工伤保险基金中支付：①治疗工伤的医疗费用和康复费用；②住院伙食补助费；③到统筹地区以外就医的交通食宿费；④安装配置伤残辅助器具所需费用；⑤生活不能自理的，经劳动能力鉴定委员会确认的生活护理费；⑥一次性伤残补助金和一级至四级伤残职工按月领取的伤残津贴；⑦终止或者解除劳动合同时，应当享受的一次性医疗补助金；⑧因工死亡的，其遗属领取的丧葬补助金、供养亲属抚恤金和因工死亡补助金；⑨劳动能力鉴定费。

除工伤保险待遇，劳动能力鉴定的费用由工伤保险基金支出之外，根据《工伤保险条例》的规定，工伤预防的宣传、培训等费用，以及法律、法规规定的用于工伤保险的其他费用也由工伤保险基金支付。工伤预防费用的提取比例、使用和管理的具体办法，由国务院社会保险行政部门会同国务院财政、卫生行政、安全生产监督管理等部门规定。

工伤保险基金应当留有一定比例的储备金，用于统筹地区重大事故的工伤保险待遇支付。储备金不足支付的，由统筹地区的人民政府垫付。储备金占基金总额的具体比例和储备金的使用办法，由省、自治区、直辖市人民政府规定。

《社会保险法》新增加了工伤保险基金的先行支付功能，主要适用于两种情形。一种情形是：职工所在用人单位未依法缴纳工伤保险费，发生工伤事故的，由用人单位支付工伤保险待遇。用人单位不支付的，从工伤保险基金中先行支付。从工伤保险基金中先行支付的工伤保险待遇应当由用人单位偿还。用人单位不偿还的，社会保险经办机构可以追偿。另一种情形是：由于第三人的原因造成工伤，第三人不支付工伤医疗费用或者无法确定第三人的，由工伤保险基金先行支付。工伤保险基金先行支付后，有权向第三人追偿。

三、工伤保险基金的统筹与监管

2003 年的旧《工伤保险条例》规定：工伤保险基金在直辖市和设区的市实行全市统筹，其他地区的统筹层次由省、自治区人民政府确定。跨地区、生产流动性较大的行业，可以采取相对集中的方式异地参加统筹地区的工伤保险。具体办法由国务院劳动保障行政部门会同有关行业的主管部门制定。

2010年的新《工伤保险条例》提高了统筹层次，提出工伤保险基金逐步实行省级统筹。跨地区、生产流动性较大的行业，依然采取相对集中的方式异地参加统筹地区的工伤保险。

为了维护工伤保险基金的正常运行，加强工伤保险基金的收支监督管理，新《工伤保险条例》加重了对侵害工伤保险基金行为的处罚力度。对于骗保行为，新条例将罚款数额由过去的骗取金额的1~3倍提高到2~5倍，加重了对骗保行为的处罚力度。《工伤保险条例》第六十条规定："用人单位、工伤职工或者其近亲属骗取工伤保险待遇，医疗机构、辅助器具配置机构骗取工伤保险基金支出的，由社会保险行政部门责令退还，处骗取金额2倍以上5倍以下的罚款；情节严重，构成犯罪的，依法追究刑事责任。"与旧条例中对于应当参加工伤保险而未参加的用人单位，仅由劳动保障行政部门责令改正的方式相比，新条例规定除补缴应当缴纳的工伤保险费外，增加自欠缴之日起，按日加收万分之五的滞纳金，逾期仍不缴纳的，处欠缴数额1倍以上3倍以下罚款的规定。新条例还增加了对拒不协助社会保险行政部门对事故进行调查核实的用人单位，由社会保险行政部门责令改正，处2 000元以上2万元以下的罚款的规定，以保障工伤保险基金的安全。

第四节　工伤保险争议处理

一、工伤保险争议的概念、种类

工伤保险争议是指工伤保险关系主体在建立工伤保险关系和实现工伤保险权利的过程中产生的争议。工伤保险争议发生在工伤保险主体之间，工伤保险主体包括：用人单位、劳动者、社会保险经办机构、工伤认定机构。社会保险经办机构负责征缴工伤保险费、给付工伤保险待遇，工伤认定机构对职工受到的伤害是否属于工伤进行认定，被认定为工伤，经过劳动能力鉴定后，社会保险经办机构给付职工工伤保险待遇。在这个过程中，各方工伤保险主体都可能因工伤保险问题产生争议。细致来说，根据工伤保险争议发生主体和争议内容的不同，我们将工伤保险争议分为以下五种类型：

（1）用人单位与工伤职工及其近亲属间的争议。这类争议主要因单位工伤保险待遇支付和工伤赔偿而起，包括这些类型：①用人单位和工伤职工及其近亲属就用人单位应当承担的工伤保险待遇发生的争议。用人单位参加工伤保险，工伤保险待遇除由工伤保险基金支付以外，还有部分需由用人单位支付。用人单位若不如数支付，便会和工伤职工发生争议，像工伤职工停工留薪期间的工资福利，不能自理的工伤职工在停工留薪期的护理费，五、六级伤残职工按月领取的伤残津贴，工伤职工解除或终止劳动合同时，用人单位支付一次性伤残就业补助金，都属于用人单位应当承担的工伤保险待遇。②应参加而未参加工伤保险的用人单位与工伤职工及其近亲属因工伤保险待遇支付发生的争议。③非法用工单位与工伤职工及其近亲属之间就工伤一次性赔偿数额发生争议。④用人单位非法使用童工，造成童工伤亡，童工及其近亲属与用人单位发生争议。这些争议属于劳动争议或依照劳动争议处理。

（2）用人单位与社会保险经办机构间的争议。社会保险经办机构作为工伤保险的保险人，自然也会与工伤保险费的缴纳主体，即用人单位发生争议，这些争议包括：①用人单位因社会保险经办机构办理工伤保险登记、变更、注销手续发生争议；②用人单位因社会保险经办机构确定的单位工伤缴费费率、缴费基数即用人单位工资总额发生争议；③用人单位因社会保险经办机构提供的工伤保险费缴费记录和查询缴费记录服务发生的争议；④用人单位与社会保险经办机构因违法收费、违法要求履行义务发生争议。

（3）工伤职工及其近亲属与社会保险经办机构间的争议。这类争议主要因工伤保险待遇的发放而起，争议内容包括：①工伤职工及其近亲属因核定的工伤保险待遇标准与社会经办机构发生争议；②工伤职工及其近亲属与社会保险经办机构因工伤保险待遇的支付、调整、停止支付发生的争议；③工伤职工与社会保险经办机构因工伤保险关系的转移、接续发生的争议；④工伤职工及其近亲属与社会保险经办机构因违法收费、违法要求履行义务发生的争议。

（4）工伤认定机构与用人单位、工伤职工及其近亲属间的争议。工伤认定是工伤职工享受工伤保险待遇的前提，工伤认定结论无论对于劳动者还是用人单位都意义重大。当用人单位参加工伤保险时，认定工伤，由工伤保险基金分担职业受害风险，有助于减轻用人单位的负担；当用人单位未参加社会保险时，否定工伤更符合用人单位追求利益最大化的目的。因此，工伤职工和用人单位都可能因工伤认定结论与工伤认定机构发生争议。

（5）社会保险经办机构与工伤保险辅助机构间的争议。工伤保险实现的过程离不开工伤保险辅助机构，如工伤诊断的医疗机构和辅助器具配置机构。社会保险经办机构与医疗机构、辅助器具配置机构签订服务协议，双方按服务协议履行义务。由于社会保险经办机构属于行政机关，所以它们之间的服务协议属于行政合同性质。

另外，需要说明的是，在实现工伤保险待遇的过程中，劳动能力鉴定机构出具的鉴定结论是工伤职工享受工伤保险待遇的重要依据，决定工伤职工实际享受工伤待遇的等级，因此其作用巨大。但由于鉴定由行业内专家做出，本身具有科学性和权威性，因而即便劳动者对鉴定结论不服，鉴定结论也不具有可诉性，不能通过诉讼方式解决争议，劳动者只能向上一级劳动能力鉴定委员会申请再次鉴定，并且再次鉴定结论为终局性的结论。

二、工伤保险争议的处理程序

根据发生争议的主体间的关系不同，我们可以把工伤保险争议分为平等主体之间的工伤保险争议和不平等主体之间的工伤保险争议。在上述工伤保险争议类型中，劳动者与用人单位之间的工伤保险争议属于平等主体之间的争议，其余的工伤保险争议属于不平等主体之间的工伤保险争议。针对这两种不同主体关系间的争议，我国法律采用了不同的争议处理方式。劳动者与用人单位这两个平等主体间因工伤保险问题发生的争议按劳动争议处理，由人民法院民事法庭审理。不平等主体间的工伤保险争议，因其中一方是行政机构，所以采用行政复议或行政诉讼方式处理。

1. 劳动争议处理程序

劳动者与用人单位间的工伤保险争议按劳动争议处理，有着明确的法律依据。《中华人民共和国劳动争议调解仲裁法》第二条规定，中华人民共和国境内的用人单位与劳动者因社会保险发生的劳动争议，按本法处理，明确了两者之间包括工伤保险在内的社会保险争议都属于劳动争议。职工所在用人单位未依法缴纳工伤保险费，发生工伤事故的，由用人单位支付工伤保险待遇，他们之间因此发生的争议也属于劳动争议。根据2011年1月1日开始执行的《非法用工单位伤亡人员一次性赔偿办法》的规定，伤残职工或者死亡职工的近亲属、伤残童工或者死亡童工的近亲属就赔偿数额与非法用工单位发生争议的，按照劳动争议处理的有关规定处理。因此，无论用人单位是否参加工伤保险，因工伤赔偿与劳动者发生的争议都属于劳动争议。非法用工单位不具有用人资格，不是劳动关系的合法主体，但只要造成了用工人员的伤亡，发生赔偿争议，就属于劳动争议。用人单位非法使用童工，建立的关系本不属于合法的劳动关系，但只要童工发生伤亡，发生赔偿争议，就属于劳动争议。

劳动争议处理程序是一裁两审模式，劳动争议仲裁是处理劳动争议的必经程序，多数劳动争议裁决并不具有终局性，对仲裁裁决不服还可以进行民事诉讼。劳动争议申请应从当事人知道或者应当知道其权利被侵害之日起一年内提出。劳动争议仲裁庭作出裁判前，应当先行调解。对于追索工伤医疗费不超过当地月最低工资标准12个月金额的争议和因执行国家劳动标准在工伤保险方面争议的仲裁裁决为终局裁决，裁决书自作出之日起发生法律效力。劳动者对上述仲裁裁决不服或用人单位有证据证明上述仲裁裁决可撤销的，可以向人民法院提起诉讼。仲裁庭裁决劳动争议案件，应当自劳动争议仲裁委员会受理仲裁申请之日起45日内结束。案情复杂需要延期的，经劳动争议仲裁委员会主任批准，可以延期并书面通知当事人，但是延长期限不得超过15日。逾期未作出仲裁裁决的，当事人可以就该劳动争议事项向人民法院提起诉讼。劳动争议仲裁委员会对仲裁申请不予受理或者逾期未作出决定的，申请人也可以就该劳动争议事项向人民法院提起诉讼。

2. 行政复议、行政诉讼程序

根据2011年《工伤保险条例》第五十五条的规定："有下列情形之一的，有关单位或者个人可以依法申请行政复议，也可以依法向人民法院提起行政诉讼：①申请工伤认定的职工或者其近亲属、该职工所在单位对工伤认定申请不予受理的决定不服的；②申请工伤认定的职工或者其近亲属、该职工所在单位对工伤认定结论不服的；③用人单位对经办机构确定的单位缴费费率不服的；④签订服务协议的医疗机构、辅助器具配置机构认为经办机构未履行有关协议或者规定的；⑤工伤职工或者其近亲属对经办机构核定的工伤保险待遇有异议的。"我国处理工伤保险争议不再按照2003年《工伤保险条例》第五十三条的规定，将行政复议作为行政诉讼的前置程序，而是由工伤保险关系主体自由选择行政复议或行政诉讼方式处理争议。

　　工伤保险争议行政复议程序可依照 2010 年 3 月 16 日人力资源和社会保障部发布实施的《人力资源社会保障行政复议办法》办理。该办法对一些争议排除适用行政复议方式："公民、法人或者其他组织对下列事项，不能申请行政复议：①人力资源和社会保障部门作出的行政处分或者其他人事处理决定；②劳动者与用人单位之间发生的劳动人事争议；③劳动能力鉴定委员会的行为；④劳动人事争议仲裁委员会的仲裁、调解等行为；⑤已就同一事项向其他有权受理的行政机关申请行政复议的；⑥向人民法院提起行政诉讼，人民法院已经依法受理的；⑦法律、行政法规规定的其他情形。"

　　该办法对行政复议机关进行了具体规定：对人力资源和社会保障行政部门按照国务院规定设立的社会保险经办机构依照法律、法规规定作出的具体行政行为不服，可以向直接管理该社会保险经办机构的人力资源和社会保障行政部门申请行政复议，社会保险经办机构是被申请人。对县级以上人力资源和社会保障行政部门的具体行政行为不服的，可以向上一级人力资源和社会保障行政部门申请复议，也可以向该人力资源和社会保障行政部门的本级人民政府申请行政复议。对人力资源和社会保障部作出的具体行政行为不服的，向人力资源和社会保障部申请行政复议。

　　行政复议期限：公民、法人或者其他组织认为人力资源和社会保障部门作出的具体行政行为侵犯其合法权益的，可以自知道该具体行政行为之日起 60 日内提出行政复议申请。行政复议机构收到行政复议申请后，应当在 5 日内进行审查，分情况作出处理。行政复议机关应当自受理申请之日起 60 日内作出行政复议决定；但是法律规定的行政复议期限少于 60 日的除外。情况复杂，不能在规定期限内作出行政复议决定的，经行政复议机关的负责人批准，可以适当延长时间，并告知申请人和被申请人，但是延长期限最多不超过 30 日。

　　行政复议决定：行政复议原则上采取书面审查的办法，但是申请人提出要求或者行政复议机构认为有必要的，可以向有关组织和人员调查情况，听取申请人、被申请人和第三人的意见。行政复议机关对被申请人的具体行政行为可作出决定维持、决定其在一定期限内履行法定职责、决定撤销、变更该具体行政行为或者确认该具体行政行为违法的行政复议决定。

　　与社会保险经办机构或社会保险行政机构间的工伤保险争议，也可直接通过行政诉讼程序解决，具体程序按《行政诉讼法》执行。

第五节　工伤保险补偿与侵权损害赔偿

　　工伤保险补偿与侵权损害赔偿间的关系包括两层含义：一是工伤保险补偿与雇主侵权损害赔偿间的关系，即工伤职工在获得工伤保险待遇补偿后，是否仍享有向用人单位主张侵权损害赔偿的权利；二是工伤保险补偿与第三人侵权损害赔偿间的关系，即工伤职工的损害由第三人侵害造成，工伤职工在享有工伤保险补偿后，是否还享有向加害第三人主张侵权损害赔偿的权利。我们现分别就这两层含义进行说明。

一、工伤保险补偿与雇主侵权损害赔偿

（一）各国立法模式

雇员因工受伤，并就此获得向雇主要求赔偿损失的权利，这是雇主承担侵权责任的表现。但随着社会保障法的兴起，通过强制保险方式，分散工业风险，工伤劳动者无条件获得工伤保险给付的工伤保险补偿方式逐渐取代私法解决劳动安全的问题。工伤保险补偿请求权和雇主侵权损害请求权，这两种请求权在适用程序、请求基础、赔偿标准等方面都有所不同，各国在进行工伤保险立法时必须解决这两种请求权的关系，比较各国工伤保险立法，主要有四种模式：替代模式、选择模式、兼得模式、补充模式。

（1）替代模式。替代模式是指保险保护取代侵权责任，德国采用这种模式。在这种模式下，工伤雇员只能向工伤保险机构要求工伤保险补偿，而不能追究雇主的侵权责任。即便雇主没有缴纳工伤保险费，发生工伤事故，雇员也可向工伤保险机构申请工伤保险待遇。替代模式使雇员在受到工伤后可以确定、及时、便捷地获得工伤保险补偿，避免了工伤雇员走上漫长的、不确定的、成本高额的追究雇主侵权责任的诉讼之路。但替代模式也剥夺了工伤雇员追究雇主侵权责任，获得更多赔偿的权利。因为侵权赔偿不仅赔偿受害者的直接损失、间接损失，可期待利益的损失也可获得赔偿。因此，适用此模式的前提是工伤补偿数额不低于侵权损害数额，否则工伤雇员的权益就得不到充分保障。英国和其他英联邦等国家也曾一度采用这种模式。但由于它赋予雇员因工负伤后自由选择救济方式的权利而使工伤保险制度的确定性大打折扣，不符合工伤保险发展的要求，所以现在替代模式已经退出了工伤救济制度。

（2）选择模式。选择模式是指在工伤事故案件同时符合侵权责任和工伤保险给付条件时，工伤雇员仅能在工伤保险补偿请求权和人身损害赔偿请求权之间进行选择，选择了其中一个请求权就意味着放弃另一个请求权，两个请求权不能同时主张。选择模式看似赋予工伤雇员选择请求权的自由，实际上这种选择自由在现实中很难实现，由于工伤保险补偿支付确定、及时、便捷，工伤雇员更愿意选择工伤保险补偿方式，对雇主的起诉追偿权利往往被放弃。这种模式"实际上剥夺了事故受害人在侵权行为法上的救济权……除非它是为了在特定的情景下，从根本上废除侵权行为责任，否则，在此种选择状态下，不存在任何合理的社会正义"。

（3）兼得模式。兼得模式是指工伤雇员不仅可以享受工伤保险补偿，还可以向雇主主张侵权损害赔偿。这种模式最大的优点在于工伤雇员可以同时获得工伤保险给付和侵权赔偿的双重救济，利益受到极大保护，在工伤保险待遇和民事赔偿标准均偏低的情形下，对工伤雇员极为有利。它的缺点在于工伤雇员可能因此获得额外利益，工伤雇员获得的工伤保险补偿和侵权损害赔偿的总和可能会超过其所受的实际损害，这违背了"受害人不应因遭受侵害获得意外收获"。因此，大多数国家不采用这种模式，仅有极少数国家推行。例如，英国1948年实施的《国民保险法》规定，受害雇员除可以获得侵权行为损害赔偿外，还可请领五年内伤害及残废给付的50%。但这项规定是由于劳工本身负担近半数保险费，并基于英国工会对政府施加强大压力而制定的。

（4）补充模式。补充模式是指工伤雇员在发生工伤事故，获得工伤保险补偿后，还可以继续向雇主主张侵权损害赔偿，但工伤雇员最终获得的赔偿或补偿不得超过他受到的实际损失。补充模式所采用的救济流程一般是：工伤雇员受领工伤保险待遇后，再向雇主主张侵权损害赔偿，但应当扣除其已领得的工伤保险补偿，即工伤雇员在享受工伤保险待遇之后，仅有权就工伤保险补偿和侵权损害赔偿的差额部分向雇主提起侵权之诉。目前，采用这一模式的国家有日本、智利及北欧等国。补充模式使工伤雇员在确定、及时获得工伤补偿后还有追究雇主赔偿责任的权利，使工伤雇员获得相对充分的损害救济。同时，雇主若对工伤事故存在过错，则雇主需承担更多费用，从而激励雇主对安全措施增加投入。补充模式是工伤赔偿的现代规则，已经为众多国家的立法和理论所接受。

（二）我国的立法与实践

1. 我国法律规定

对于工伤保险补偿与雇主侵权赔偿两种请求权，我国并没有明确表示选择哪种立法模式。如，工伤保险制度最主要的法律依据——《工伤保险条例》，就没有对工伤劳动者获得工伤保险补偿后，是否还可向用人单位请求侵权赔偿作出规定。《职业病防治法》和《安全生产法》似乎赋予了工伤劳动者获得工伤保险补偿后对用人单位继续追偿的权利。如，《职业病防治法》第五十二条规定："职业病病人除依法享有工伤社会保险外，依照有关民事法律，尚有获得赔偿权利的，有权向用人单位提出赔偿要求。"《安全生产法》第四十八条规定："因生产安全事故受到损害的从业人员，除依法享有工伤社会保险外，依照有关民事法律尚有获得赔偿的权利的，有权向本单位提出赔偿要求。"但我们民事侵权赔偿领域内的基本法《侵权责任法》并没有规定与工伤保险补偿相衔接的侵权赔偿制度。2003年《关于审理人身损害赔偿案件适用法律若干问题的解释》第十二条规定，"依法应当参加工伤保险统筹的用人单位的劳动者，因工伤事故遭受人身损害，劳动者或者其近亲属向人民法院起诉请求用人单位承担民事赔偿责任的，告知其按《工伤保险条例》的规定处理"，似乎又以完全的工伤保险取代民事损害赔偿。由于立法模糊不清，我国司法实践在处理工伤保险补偿和民事侵权赔偿关系问题上较为混乱。

2. 我国司法实践

司法实践处理工伤保险补偿和雇主侵权赔偿关系问题较为混乱，但也不乏地方法院采取了较为明确的司法处理态度。例如，2002年广东省高级人民法院《关于审理劳动争议案件若干问题的指导意见》和2003年河南省高级人民法院《民事审判第一庭关于当前民事审判若干问题的指导意见》就采取了补充模式处理两者关系。《关于审理劳动争议案件若干问题的指导意见》第二十八条规定："劳动者被诊断患有职业病的，除依法享有工伤社会保险外，还可依照《民法通则》第一百一十九条的规定向用人单位请求损害赔偿，但该损害赔偿应扣除劳动者因职业病享有的工伤社会保险利益。人民法院受理劳动争议案件后，劳动者根据上述规定向用人单位请求损害赔偿的，人民法院可一并审理。"《民事审判第一庭关于当前民事审判若干问题的指导意见》第十四条规定："劳动者因侵权行为遭受人身损害，经劳动行政部门确认为工伤，在获得工伤保险赔偿以后，就工伤保险赔偿与实际损失的差额，向依法应当承担民事责任的用人单位或者第三人请求民事损害赔偿的，人民法院应当予以支持。工伤保险经办机构在赔偿金额范围内，对实施侵权行为的第三人或者因故意或者重大过失造成损害的用人单位享有代位求偿权。"

法院选择补充模式主要基于我国工伤保险补偿没有民事损害赔偿赔付标准高这个前提，我们可以从四个方面比较两种救济方式的给付标准。

（1）给付项目存在差异。两种救济方式给付项目大致相同，一般都包括给付医疗费用、伤残补偿、死亡补偿等。但两者最大的区别在于民事侵权存在精神损害赔偿，但工伤保险补偿当中不包括精神损害赔偿，工伤职工不能通过工伤保险给付获得精神损害方面的补偿。

（2）给付计算基数不同。工伤保险中的伤亡补偿给付标准都是以雇员受伤前的工资为计算基数，以雇员的直接损失为依据。而侵权损害赔偿则按受诉法院上一年度城镇居民人均可支配收入或农村居民人均纯收入标准为计算基数。雇员工资一般低于城镇居民人均可支配收入，因此，从测算基数看，侵权损害赔偿要比工伤保险补偿高。

（3）给付期限长短不同。工伤保险补偿的给付标准计算期限通常低于侵权损害赔偿的期限。例如，工伤保险待遇中起补偿作用的一次性伤残补助金最高为 27 个月的本人工资，持续性的伤残津贴最高为本人 90% 的工资。侵权损害赔偿中，残疾赔偿金根据受害人丧失劳动能力程度或者伤残等级，按照受诉法院所在地上一年度城镇居民人均可支配收入或者农村居民人均纯收入为标准，自定残之日起按 20 年计算。工伤保险中一次性工亡补助金标准较 2003 年标准大为提高，为上一年度全国城镇居民人均可支配收入的 20 倍，和民事侵权赔偿中死亡赔偿金的计算年限持平，但计算基数不同，死亡赔偿金按照受诉法院所在地上一年度城镇居民人均可支配收入或者农村居民人均纯收入标准计算。

（4）对给付金额限制不同。工伤保险给付项目法律通常有明确的上限规定，但民事侵权赔偿通常以实际发生的费用为计算依据，一般没有上限限制。例如，对于伤残等级较低的工伤职工，经工伤职工本人提出，该职工可以与用人单位解除或者终止劳动关系，由工伤保险基金支付一次性工伤医疗补助金，由用人单位支付一次性伤残就业补助金。一次性工伤医疗补助金和一次性伤残就业补助金的具体标准由省、自治区、直辖市人民政府规定，当地政府往往根据当地经济发展情况确定给付数额，通常难以满足职员康复和就业培训需要。而民事侵权赔偿中的医疗费和康复费以实际发生的费用为给付依据，通常无最高额限制。

二、工伤保险补偿与第三人侵权损害赔偿

工伤事故因第三人侵害造成，例如雇员在去执行业务的途中遭遇第三人过错引起的交通事故，受到伤害，此时雇员享有工伤保险补偿请求权，是否也同时享有对第三人的侵权损害赔偿请求权呢？我国曾在劳动部《企业职工工伤保险试行办法》中规定了先民事损害赔偿，后由工伤保险补充的救济模式，并在工伤职工未获得民事赔偿前，工伤保险可预先垫付。该办法的第二十八条规定，由交通事故引起的工伤，应当首先按照道路

交通事故处理办法处理。交通事故已赔偿职工损失，企业或工伤保险经办机构不支付相应待遇；如果赔偿不足的，则由工伤保险补充差额部分；工伤职工获得赔偿前，企业和工伤保险机构可先垫付医疗、津贴等费用，待职工获得交通事故赔偿后予以偿还。这种模式使工伤保险无法得到优先适用，其优越性无法体现，并且企业和工伤保险机构先行垫付费用，随意性大，工伤职工利益无法得到很好保护，且工伤职工获得垫付后，可能丧失向第三人索赔的积极性，垫付费用的返还还易引发新的债务纠纷。随着《企业职工工伤保险试行办法》的失效，这种处理模式随即终止。

第三人过错导致的侵权责任与工伤保险补偿责任构成不真正连带责任。所谓"不真正连带责任"是指各债务人基于不同原因而对同一损害结果负有清偿义务的数个债务，因受害人不能因受损而获利，因此，一个债务人对债务的履行而使全体债务归于消灭，此时数个债务人之间所负的责任即为不真正连带责任。与此不同，连带责任是基于同一原因而产生的数个债务，每个债务人都对债务有全部的清偿责任，一个债务人清偿后获得对其他债务人的追偿权。第三人过错导致的侵权责任是因侵权行为产生，工伤保险补偿责任是基于用人单位先前支付了工伤保险费而产生，因此，两种责任产生的前提不同，但都对工伤职工具有偿付责任，因而是不真正连带责任。工伤保险补偿责任与雇主侵权赔偿责任也是不真正连带责任，但由于用人单位是保费承担者，工伤保险机构收缴保费则作为责任的最终承担者，而第三人加害行为导致工伤事故发生，因此，第三人应对工伤职工损失负最终的赔偿责任，因此，对于第三人加害而导致的工伤事故，应先由工伤保险机构对工伤职工进行工伤补偿，再由保险机构向加害的第三人代位求偿。原则上，不真正连带债务人间不存在代为求偿，各债务因给付目的满足而消灭。但依学者见解，例外时也可发生内部代位求偿之关系，如保险公司代为赔偿时，就债权人对于侵权行为人之权利有代位权。一般言之，应以损害事故之肇事行为人为最终赔偿义务人，以此理念为中心而定其彼此间的位阶关系。因此，在工伤保险机构先行赔偿之后，应当允许其享有对第三人的代位求偿权。

2011年7月1日开始实施的《社会保险基金先行支付暂行办法》基本肯定了上述观点，规定工伤伤害若是因第三人侵权行为引起，工伤职工可申请工伤保险基金先行支付医疗费用，社会保险经办机构先行支付医疗费后，可向确定了的第三人追偿先行支付数额中的相应部分，个人从第三人处获得赔偿的，应退还工伤保险基金先行支付补偿中应由第三人承担的部分。具体涉及《社会保险基金先行支付暂行办法》的第四条和第十一、十二条。该法第四条规定："个人由于第三人的侵权行为造成伤病被认定为工伤，第三人不支付工伤医疗费用或者无法确定第三人的，个人或者其近亲属可以持工伤认定决定书和有关材料向社会保险经办机构书面申请工伤保险基金先行支付，并告知第三人不支付或者无法确定第三人的情况。"第十二条规定，社会保险经办机构先行支付工伤医疗费用后，有关部门确定了第三人责任的，应当要求第三人按照确定的责任大小依法偿还先行支付数额中的相应部分。第三人逾期不偿还的，社会保险经办机构应当依法向人民法院提起诉讼。第十一条规定："个人已经从第三人或者用人单位处获得医疗费用、工伤医疗费用或者工伤保险待遇的，应当主动将先行支付金额中应当由第三人承担的部分或者工伤保险基金先行支付的工伤保险待遇退还给基本医疗保险基金或者工伤保险基金，社会保险经办机构不再向第三人或者用人单位追偿。个人拒不退还的，社会保险经办机构可以从以后支付的相关待遇中扣减其应当退还的数额，或者向人民法院提起诉讼。"

案例分析

【案情】某公司员工任某早上怕上班迟到，便在某十字路口闯红灯，不幸被一辆汽车撞到，造成左腿骨折。任某向公司提出工伤认定申请。公司认为，任某闯红灯的行为显然违反《中华人民共和国道路交通安全法》第六十二条"行人通过路口或者横过道路，应当走人行横道或者过街设施；通过有交通信号灯的人行横道，应当按照交通信号灯指示通行"的规定，其闯红灯的过错行为导致被撞，因而不能认定为工伤。

【问题】上班途中违反交通规则导致被撞算不算工伤？

【解析】根据2010年《工伤保险条例》第十四条的规定："职工有下列情形之一的，应认定为工伤：……在上下班途中，受到非本人主要责任的交通事故或者城市轨道交通、客运轮渡、火车事故伤害的……"因此，本案例中任某受伤能否被认定为工伤依赖于任某是否需要对这起交通事故负主要责任。根据《中华人民共和国道路交通安全法》第七十六条的规定，机动车与行人之间发生交通事故，行人没有过错的，由机动车一方承担赔偿责任；有证据证明行人有过错的，根据过错程度适当减轻机动车一方的赔偿责任；机动车一方没有过错的，承担不超过百分之十的赔偿责任。因此，对于机动车和行人之间发生的交通事故，法律对机动车的苛责较高。因此，若作为处理实际案例，我们不能仅因任某闯了红灯就理所应当地认为其负主要责任，从而认定他不属于工伤情形，而是应当在交通管理部门对交通事故的责任进行了认定后，才能判定任某是否属于工伤。若就纸面案例而言，我们可以简单地认为任某闯红灯，即对交通事故承担主要责任，因而不属于工伤情形。

第二十章 生育保险

第一节 生育保险的概念和作用

一、生育保险的概念和特点

生育保险，是指国家针对女性生育行为的生理特点，通过社会保险立法，为怀孕和分娩的女职工及时提供物质帮助和产假，以保障受保母子的基本生活，保持、恢复或增进生育女职工的身体健康及其工作能力的一项社会保险制度。在我国，生育保险与养老、失业、医疗、工伤项目并列为社会保险五大项目，但生育保险具有不同于其他社会保险项目的特点：

（1）在社会保险体系中，生育保险就其基金规模而言是一个"小"险，就支付期限而言是一项"短"险，但它所具有的扩大再生产功能，在社会保险体系中却具有唯一性。

（2）享受生育保险的对象主要是女职工，因而待遇享受人群相对比较窄。当然，随着社会进步和经济发展，有些地区允许在女职工生育后，给予其配偶一定假期以照顾妻子，并发给假期工资，还有些地区为男职工的配偶提供经济补助。

（3）各国待遇享受条件不一致。有些国家要求享受者有参保记录，达到一定工作年限、必须是本国公民身份等方面的要求。我国生育保险要求享受对象必须是合法婚姻者，即必须符合法定结婚年龄、按婚姻法规定办理了婚姻登记手续，并符合国家计划生育政策等。

（4）无论女职工将来的妊娠后果如何，均可以按照规定得到补偿。也就是说，无论胎儿存活与否，产妇均享受有关待遇，包括流产、引产及胎儿和产妇发生意外等情况。

（5）生育期间的医疗服务主要以保健、咨询、检查为主，与医疗保险提供的医疗服务以治疗为主有所不同。生育期间的医疗服务侧重于指导孕妇处理好工作与修养、保健与锻炼的关系，使她们能够顺利度过生育期。分娩属于自然现象，正常情况下不需要特殊治疗。

（6）产假有固定要求。产假要根据生育期安排，分产前和产后。产前假期不能提前或推迟使用。产假也必须在生育期间享受，不能积攒到其他时间享用。

（7）生育保险待遇有一定的福利色彩。生育期间的经济补偿高于养老、医疗等保险。生育保险提供的生育津贴，一般为生育女职工的原工资水平。另外，在我国，职工个人不缴纳生育保险费，而是由参保单位按照其工资总额的一定比例缴纳。

二、生育保险的作用

实行生育社会保险制度是保证人类繁衍发展，不断提高人类自身素质的需要。因为妇女劳动者在生育前后暂时丧失劳动能力，日常的工资收入和劳动报酬中断，如果得不到社会的物质帮助，就可能降低必要的保健和营养水准，从而也就达不到优生优育的目的。正因为如此，建立生育保险制度是非常必要的。生育保险具有以下重要作用：

（1）保证生育女职工自身劳动力再生产的正常进行。生育行为是一种具有生命风险的人口再生产行为。女职工在完成这一生产的过程中，一方面要付出巨大的脑力和体力损耗；另一方面，她们在生育及产前产后一段时间里，由于暂时不能正常从事现岗工作而可能导致工资收入中断，给孕产期间维持基本生活带来困难。生育保险则为她们妊娠、分娩和产后机体康复的全过程提供多种物质帮助，预防并消除这一生产过程中可能出现的生命风险和各种异常现象，从而保证她们能够平安度过产期，迅速恢复体能，重返工作岗位。

（2）保证社会劳动力扩大再生产的正常进行。人类繁衍、世代延续是社会得以存在和发展的基础。女职工因其自身生理特点而承担着人类自身再生产的任务。如果女职工在孕产期间不能得到足够的保健和相应的生活保障，就会因生活困难而被迫降低必要的保健与营养水准，从而对胎儿的正常发育和出生带来影响。生育保险通过向生育女职工提供预防保健和医疗，在保护她们身体健康的同时，也保护了下一代，使其得到正常的孕育、出生和哺育，以确保新生婴儿具有健康的体魄和正常智力，从而为新一代的安全问世和后备社会劳动力素质的提高提供良好的物质基础。

（3）调控人口增量规模的有力措施。适度的生育规模是控制人口增量的决定性条件，也是两种社会再生产协调发展的必要条件。在我国，实行计划生育，控制人口数量，提高人口素质是一项基本国策。生育保险可以通过调节保险待遇支付量，使人口出生规模按政府的期望保持在"适度"数量上，促进计划生育和优生优育这一基本国策的落实。

（4）分散生育行为给女职工职业生涯带来的风险，均衡用人单位生育费用负担。女职工本来因生理机能与男职工存在天然差别而在劳动力市场上处于弱者地位，再因生育而暂时丧失劳动能力，会使她们在劳动力市场上的地位更加脆弱。市场经济总是自发地向效率倾斜，鼓励强者，而不会自发地求取社会公平，保护这些因生育而处于更弱者地位的女职工。生育保险既可通过立法强制用人单位保留女职工的就业岗位，又可通过社会统筹使用人单位之间的生育费用负担均衡化，从而消除企业与生育女职工在经济利益上的对立，维护她们的合法权益，使她们不致因生育而失业。

第二节 生育保险的立法

一、生育保险立法的概况

从世界范围来看，绝大多数实行生育保险立法的国家，都对疾病和生育保险实行了统一管理，在保障项目上包括疾病津贴、生育津贴和医疗费用等内容。各国疾病、生育保险立法的时间不同，一般根据本国的工业化程度和经济发展水平而定。

按照各国疾病、生育保险立法的年代分类统计，20 世纪 50 年代前立法的国家或地区有 59 个，主要以德国、英国、法国、瑞士等发达国家为代表；50 至 80 年代立法的国家有 63 个，主要以印度、埃及、乍得和巴哈马等发展中国家为代表；80 年代后立法的只有 5 个国家和地区，它们是新加坡、泰国、中国香港、格林纳达和圣文森特。只有很少一部分国家在 80 年代以后建立生育保险制度。这些国家和地区法律制度建立的条件，一般和经济发展及妇女就业率的提高有直接的关系。法律条款主要涉及覆盖范围、资金来源、享受条件、待遇标准及管理机构等方面的内容。

二、我国的生育保险立法

我国现行的生育保险制度存在严重缺陷，其主要体现在：

（1）内容粗、不规范。①《社会保险法》中对生育保险的规定只有四条，劳动部 1995 年颁发的《企业职工生育保险试行办法》（以下简称《试行办法》），至今还处于"试行"的地位。②全国各省、市、区（县）出台政策不全。③制定标准参差不齐，不统一，不规范。④生育保险统筹的区域不同。⑤对生育医疗费内容界定不规范。⑥《试行办法》与《女职工劳动保护特别规定》有关待遇规定不一致。

（2）滞后于经济社会发展。《试行办法》从 1995 年实施至今已经十多年，一直停留在试行阶段，有些条款已经不适应形势发展的需要，因而生育保险制度改革进展缓慢。

（3）覆盖范围窄。①从统筹区域看，全国实行生育保险社会统筹的市县还不到一半。②从参加生育保险的单位看，企业生育保险的实施范围基本上限于国有企业。③从受益妇女来看，没有把非正规就业的妇女、下岗女工、外出务工妇女及农村妇女等妇女群体列入其范围。

（4）保障层次低。基金征缴困难，收缴率低，且统筹基金支付偏少、结余过多、办法不规范的局面尚未获得根本扭转，基金调剂和保障功能比较弱。

现阶段，在我国进行生育保险制度立法具有必要性。制定统一的生育保险法规，加快推进生育保险制度建设，是依法推进生育保险改革的需要，是尊重、保护人权的重要内容，是保障妇女权益的有效措施，有利于促进妇女平等就业和发展。它有利于维护家庭和社会稳定，有利于促进经济可持续发展，有利于促进社会公平正义。

第三节 生育保险的范围和对象

一、生育保险的范围

不少国家将生育保险的范围扩大到一切符合条件的妇女，包括非工资劳动妇女在内。对于享受生育保险的条件，各个国家的规定也不尽相同。大体有两种情况：第一种没有最低合格期限的规定，只要女职工是该国公民，就有资格享受生育社会保险，如澳大利亚、芬兰、伊拉克等国；第二种有最低合格期限的规定，绝大多数国家属于这种类型。但每一国家的规定各不相同，可以归纳为以下五种情形：

（1）只对居住权有一定要求。如冰岛规定有常住权的母亲，可以享受生育保险金。卢森堡规定受益人必须在该国连续居住12个月，夫妻两人必须在该国居住3年，才能享受生育社会保险。

（2）只要从事受保职业的，就可以享受，而没有规定其他条件。如意大利、日本、波兰、危地马拉、几内亚、丹麦等国。

（3）要求具备从事一定时间的受保职业。如加拿大规定在最近一年内从事受保职业10~14周后，才能取得享受资格。阿根廷规定，产前连续受雇10个月，或从事现职工作1个月，并在从事现职工作的1年内，受雇不少于6个月的，才能享受。

（4）要缴足一定时限的保险费后，才能取得享受生育社会保险的资格。如墨西哥规定，受保妇女生育前12个月内，必须已缴纳30周保险费才能享受生育保险。大多数国家缴费时间规定长短不一，一般为生育前12个月缴纳保险费10个月。

（5）除要求被保险人在生育前投保达到一定时期外，还要求被保险人参加工作达到一定时间。如法国规定，被保险人在分娩前必须投保满10个月，并且在生育的最近一年内的头3个月中，至少受雇200小时。

由于我国地区间、行业间、所有制之间存在明显差异，导致生育保险建制缓慢，发展很不平衡。其中有经济发展水平上的问题，也有观念上的影响。

二、生育保险的对象

我国实行的是"女职工生育保险"，制度的覆盖对象为中华人民共和国境内的一切国家机关、人民团体、企事业单位的女职工。企业包括全民、集体、中外合资、中外合作、独资、乡镇、农村联户企业及私营和城镇街道企业。概括起来，包括以下六类：

（1）城镇企业的职工；

（2）国家机关工作人员、事业单位职工；

（3）城镇民办非企业单位职工；

（4）有雇工的城镇个体工商户及其雇工；

（5）没有雇工的城镇个体工商户和城镇自由职业者；

（6）外商投资企业的中方职工。

生育保险的对象一般不包括：

（1）离退休人员；

（2）在本市行政区域内的外国人和港、澳、台地区人员。

另外，广大农村地区的妇女享受不到生育保险，这对农村地区的妇婴保护和农村计划生育政策的贯彻是不利的。

事实上，我国城镇中的女职工也没有完全被生育保险覆盖，以非正式方式就业的女性劳动者，如家庭保姆、临时工、钟点工等非全日制女性职工，基本享受不到生育保险。

第四节　生育保险待遇

一、生育保险待遇的内容和标准

生育保险的基本内容通常由孕产期医疗保健、生育津贴及有酬产假三部分构成。生育保险制度所提供的物质帮助，一般包括实物（含劳务）帮助和现金补助两部分。其中，实物帮助主要是以基本医疗保健的载体方式提供，例如，孕产期保健检查、分娩接生、孕产期异常现象的早期发现和诊断、必要的药物供应和住院治疗等。现金补助则主要是以生育津贴的方式提供。

1. 生育的医疗费用

生育的医疗费用，是指由医疗机构向女职工所提供的妊娠、分娩及产后医疗护理费用，即通常所说的生育医疗服务费。

我国生育保险提供的医疗保健费涵盖孕产全过程，并侧重提供基本保障。支付项目分为检查费、接生费、手术费、住院费、药费五类，俗称五费。在已实行社会统筹的一些地区，还包括因生育引起的疾病的医疗费。生育医疗保健费的享有对象是符合计划生育规定的孕产女职工，并实行实报实销。

生育医疗保健费中药费的报销范围是指国家规定的治疗药品，营养品、滋补品不予报销。手术费一般是指分娩过程中所需的手术如助产、剖腹产等所产生的费用。生育医疗保健费用，在开展生育保险社会统筹的地区，由生育保险基金支付；在尚未开展生育保险社会统筹的地区，由女职工所在单位支付。

我国的生育保险，为妇女提供从妊娠到分娩的大部分医疗服务费用，这充分体现了国家对女职工的关怀和爱护，对孕、产妇的身体健康和新生儿的正常生长起到了保护作用，对优生优育、计划生育也产生了积极的影响，为国家人口素质的提高奠定了基础。

2. 产假和生育津贴

产假和生育津贴相辅相成地构成生育保险待遇的主干，是建立生育保险基金，实行生育保险社会统筹的出发点和归宿，也是生育保险制度改革的重点。

（1）产假。

产假，是指女职工在分娩或流产期间，依据生育保险法律、法规享有的法定带薪假期。

我国的产假包括正常产产假、难产产假、多胞胎生育产假。在 20 世纪 80 年代以前，产假规定为 56 天。1988 年公布《女职工劳动保护规定》后，对原规定作了很大的修改。国务院 2012 年 4 月 18 日颁布的《女职工劳动保护特别规定》第七条规定："女职工生育享受 98 天产假，其中产前可以休假 15 天；难产的，增加产假 15 天；生育多胞胎的，每多生育一个婴儿，增加产假 15 天。女职工怀孕未满 4 个月流产的，享受 15 天产假；怀孕满 4 个月流产的，享受 42 天产假。"

（2）生育津贴。

生育津贴，是指对女职工因生育或流产暂时离开工作岗位而中断工资收入时，按照生育保险的法律、法规给予定期支付现金的一项生育保险待遇。

二、生育保险待遇的享受条件

世界各国对生育保险待遇享受者规定的条件不同，大体上可以分成以下三种类型：

第一类，实行社会保障制度的国家。也称实行参保制的国家，要求享受生育保险待遇者必须在生育之前尽参保义务，即缴纳一定的保险费，主要以德国、美国、巴西等国为主，并且生育保险包含在医疗保险项目内。

第二类，实行雇主责任制的国家。这类国家的生育费用由企业雇主或职工所在单位负担，不要求有缴费记录，如中国、利比亚、马耳他、布隆迪等国家。

我国在 1988 年前，基本实行雇主负责制。1988 年以后逐步向社会保险制度过渡。我国在实行生育保险社会统筹的地区，规定生育保险享受待遇人员必须符合国家《婚姻法》的规定，履行结婚手续，其职工所在单位参加了生育保险，职工生育符合国家计划生育政策。当然，不同省份、不同的城市，对生育保险待遇所规定的具体条件存在差异。

第三类，实行福利制度的国家。这些国家不以其是否参保作为享受生育保险待遇的前提，如瑞士、加拿大、丹麦、澳大利亚、新西兰等国政府规定，只要符合国家公民资格和财产调查手续的妇女，一般都能享受生育保险待遇。

第五节　生育保险基金的筹集、支付与管理

生育保险基金是整个社会保险基金中的一个组成部分，是依据国家法律专门为生育职工支付有关待遇而筹集的款项。生育保险基金由生育保险费、生育保险基金的利息收入、生育保险费滞纳金等构成。其主要作用是为生育而暂时离开工作岗位的女职工提供医疗费用和生育津贴。

一、生育保险基金的筹集

我国的生育保险制度尚处在建立阶段，其筹资模式受历史遗留因素影响较大。近阶段，国家党政机关、事业单位、人民团体等单位的生育保险基金来源，基本上纳入国家财政预算，以财政直接供款为主；而城镇企业单位则按照一定的费率，向当地社会保险经办机构缴纳生育保险费，并采取现收现付的模式。这种模式一般根据支付的金额需要来确定保险费的费率，基金不留积累部分，只留周转金和意外准备金。

我国是发展中国家，经济实力与发达国家相比还有很大的差距。制定生育保险基金有关政策时，要根据现阶段的经济发展水平和各方面的经济承受能力，综合考虑基金筹集的策略，以适应现有的生产力发展水平。

按照劳动部1994年颁布的《企业职工生育保险试行办法》规定，生育保险基金的筹集办法，基本内容包括：①征缴范围：包括所有城镇企业。即包括国有企业、城镇集体企业、外商投资企业、城镇私营企业和其他城镇企业。劳动者个人不缴纳生育保险费。②缴纳比例：生育保险费的提取比例由当地人民政府根据计划内生育人数和生育津贴、生育医疗费等项费用确定，并可根据费用支出情况适时调整，但最高不得超过工资总额的1%。③筹集方式：生育保险费按属地原则实行社会统筹，根据"以支定收，收支基本平衡"的原则筹集资金。④筹集渠道：主要由企业缴费构成，其他还包括生育保险费的滞纳金、生育保险基金的利息及法律、法规规定的其他资金。国家除了让利、让税等支持措施以外，不直接承担该基金不足时的补贴责任。

单位按月向当地社保部门缴纳生育保险费，由社保部门委托参保企业的开户银行代扣。对逾期不缴纳的，按日加收2‰的滞纳金，滞纳金转入生育保险基金。

二、生育保险基金的支付与管理

（一）生育保险基金的支付

符合国家计划生育政策生育或实施计划生育手术，且所在单位参加生育保险并为该职工连续足额缴费1年的职工，将享受生育保险待遇，并由生育保险基金支付以下费用：女职工产假期间的生育津贴、女职工生育发生的医疗费用、职工实施计划生育手术发生的医疗费用、国家规定的与生育保险有关的其他费用。

具体说来，生育保险基金应支付以下费用和待遇：

（1）用人单位女职工生育或中止妊娠，在下列休假时间内享受生育津贴：①女职工生育休假为90天；难产的，增加休假15天；多胞胎生育的，每多生育1个婴儿，增加休假15天；晚育的，增加休假30天。②女职工怀孕8周以下（含8周）中止妊娠的，休假21天；怀孕8周以上16周以下（含16周）中止妊娠的，休假30天；怀孕16周以上28周以下（含28周）中止妊娠的，休假42天；怀孕28周以上中止妊娠的，休假90天。

生育津贴标准按照女职工所在用人单位上年度职工月平均工资（有雇工的个体工商

户按照所在统筹地区上年度职工月平均工资）计发，从生育保险基金中支付。生育津贴低于女职工本人工资标准的，差额部分由用人单位补足。

（2）女职工在妊娠期、分娩期、产褥期内，因生育产生的检查费、接生费、手术费、住院费、药费等生育医疗费用，实行定额补贴。

女职工因生育引起并发症的，治疗并发症的医疗费或休假期间治疗其他疾病的医疗费用，按照基本医疗保险有关规定执行。

女职工生育，因医疗事故发生的医疗费用，胚胎移植的医疗费用，违反国家和省计划生育规定的生育医疗费用，生育保险基金不予支付。

（3）职工实施下列计划生育手术所发生的医疗费用，实行定额补贴：①实施长效节育手术的；②放置或取出宫内节育器的；③符合国家和计划生育规定，实施长效节育手术后，又实施复通术的；④终止妊娠的，但违反国家和省计划生育规定无正当理由自行中止妊娠的除外。

因施行上述计划生育引起并发症的，治疗并发症发生的医疗费，由施术单位承担。职工实施计划生育手术，因医疗事故发生的医疗费用，生育保险基金不予支付。

（4）对符合计划生育家庭独生子女父母退休后奖励实施意见规定的奖励对象条件的职工，所在单位参加生育保险并连续缴纳生育保险费的独生子女父母退休后应享受的一次性的奖励费。

（5）有些地方，对男职工的配偶无工作单位的妇女生育，符合国家和省计划生育规定的，也可以报销一定的生育相关费用。如吉林省规定，男职工的配偶无工作单位的妇女，生育或实施计划生育手术所发生的医疗费用，按照男职工所在统筹地区生育医疗费、计划生育手术费定额补贴标准的50%，从生育保险基金支付。

但是，应当注意的是，一般在以下六种情况发生费用时，是不能从生育保险中获得补偿的：一是违反国家计划生育规定发生的费用；二是因医疗事故发生的费用；三是未按规定及时到经办机构办理有关手续而发生的费用；四是按照规定应当由职工个人负担的费用；五是婴儿发生的各项费用；六是在实施人类辅助生殖术（如试管婴儿）中，除检查、分娩、终止妊娠、治疗并发症外发生的费用。

（二）生育保险基金的管理

各市（县）、区级社保局应建立健全生育保险基金管理制度，并在当地银行开设生育保险基金专户。生育保险基金的收缴、使用和结存，应接受上级部门及财政、审计、工会的监督和检查。

社会保险经办机构可以从生育保险基金中提取管理费，用于本机构经办生育保险工作所需的人员经费、办公费及其他业务经费。管理费标准，由各地劳动行政部门根据社会保险经办机构人员的设置情况和实际需要提出，报当地人民政府批准。管理费提取比例最高不得超过生育保险基金的2%。生育保险基金及管理费不征缴税费。

企业无故不缴纳生育保险费，由参统所在地的社保局发出催缴通知书，责令其限期缴纳，超过期限仍不缴纳的，每日按照应缴款2‰的比例缴纳滞纳金，滞纳金全部转入生育保险基金。滞纳金在企业自有资金中列支。

任何单位或个人不得出具假证明或虚报生育保险费。凡发现以假证明虚报生育保险费的,取消当事者的生育保险待遇,追回冒领的金额,并处罚款。情节严重的,追究有关人员的责任。

生育保险基金的筹集和使用,实行财务预、决算制度,由社会保险经办机构作出年度报告,并接受同级财政、审计监督。各级社会保险监督机构有权定期检查监督生育保险基金的管理工作。

劳动行政部门或社会保险经办机构的工作人员滥用职权、玩忽职守、徇私舞弊,或贪污、挪用生育保险基金的,应严肃给予处理;构成犯罪的,依法追究刑事责任。

案例分析

【案情】福建省某合资企业,按照省政府规定 1997 年参加当地的生育保险,并按照要求以企业中方职工工资总额 0.7% 的比例,按月向当地社会保险机构缴纳生育保险费。该企业自行规定按照每个职工月工资 0.3% 的比例,向职工个人征收生育保险费。该企业职工认为,国家规定职工个人不缴纳生育保险费用。因此,向劳动仲裁部门反映此情况,劳动部门与企业就这一问题进行协商。

【问题】企业能否自行向职工个人征收生育保险费? 为什么?

【解析】劳动部颁布的《企业职工生育保险试行办法》(劳部发〔1994〕504 号)和福建省人民政府颁布的《福建省企业职工生育保险规定》明确规定,企业按照其工资总额的一定比例向社会保险经办机构缴纳生育保险费,建立生育保险基金,职工个人不缴纳生育保险费。该企业向职工个人征收生育保险费显然违反了国家规定,应予以纠正。所以,企业应撤销向职工征收生育保险费的决定,退还已经向职工征收的生育保险费。

第二十一章　社会救助法

第一节　社会救助概述

社会中的每个人都有获得生存的权利，有劳动能力者可以因就业而获得收入以维持生活，无劳动能力者或虽有劳动能力但受客观因素影响而失业者，却无法获得维持基本生活的收入，这就需要有国家提供社会救助制度予以保障。

社会救助是社会文明的重要标尺。从古到今，任何一个国家、任何一个社会的发展进程中，总会有一部分人因各种原因陷入贫困，总会有一部分人面临着这样或那样的生活困难，存在相当数量的贫困群体。以爱心、责任和道义来对待困难群体，帮助他们与其他社会成员一道前进，这是人类社会长期发展形成的文明特征，也是人类的骄傲。

一、社会救助的概念和特征

（一）社会救助的概念

目前，国际上对社会救助尚未有严格、公认、明确的定义。我国一般认为，社会救助是指对因各种原因造成生活困难、不能维持最低生活水平的公民，由国家和社会按照法定的程序和标准向其提供款物接济和物质援助的一项基本社会保障制度。社会救助同社会保险、社会福利等一样，均是现代社会保障制度的重要组成部分。

（二）社会救助的特征

社会救助是社会保障的一个方面，根据上述对社会救助概念的阐述可知，社会救助具有以下四个方面的特征：

（1）社会救助的资金来源于国家财政和地方财政，列入国家总预算支出。社会成员无须缴纳费用，符合条件者即可获得社会救助。

（2）社会救助的对象是贫困阶层。社会保险面向工薪阶层；社会福利覆盖面最广，公共福利面向全体公民，职工福利面向企事业、机关单位职工；优抚安置面向军人及其家属。

（3）享受社会救助的对象必须基于贫困的事实。享受社会救助前，需要由有关部门对贫困状况或收入作必要的调查，调查的内容包括收入状况、财产状况、劳动力、赡养人口数等，调查的结果达到法定救助标准时才能获得救助。

（4）社会救助提供的是最低生活保障，即维持最低生活标准所需的实际费用，而社

会保险和社会福利都可以在此标准之上，如社会保险金的给付可以依工资的一定比例或
按均一金额，还可以是按缴费基金积累的数额。

　　社会救助属于社会保障体系的最低层次，它是社会保障要实现的最低目标，是社会
保障的补充和辅助。但是，从我国现阶段的实际情况来看，社会保障体系还不成熟，作
为社会保障核心的社会保险还比较薄弱，其预防现实风险的直接保障作用的发挥还比较
微弱，覆盖面比较窄，不能完全覆盖社会所有的成员。无收入、无生活来源、无家庭依
靠并失去工作能力者，以及生活在国家的贫困线以下和生活在最低生活标准以下的家庭
和个人、遭受自然灾害和不幸事故者、在城市流浪乞讨的生活无助的人，都需要通过社
会救助，达到社会保障的最低目标。而且，从我国已经开展的社会保障工作的实际情况
来看，目前发挥最大作用，最完善、最成熟的也是社会救助。

二、社会救助的作用

　　社会救助一词，虽然有时也称为社会救济，但实际上它们是两个不同的概念。通常
来说，救济是一种消极的救贫济穷措施，基于一种同情和慈善的心理，对贫困者行善施
舍，多表现为暂时性的救济措施；而救助则更多地反映了一种积极的救困助贫措施。因
此，作为政府的责任而采取的长期性的救助，是指国家对于遭受灾害、失去劳动能力的
公民及低收入的公民给予物质救助，以维持其最低生活水平的一项社会保障制度。社会
救助主要是对社会成员提供最低生活保障，其目标是扶危济贫，救助社会脆弱群体，对
象是社会的低收入人群和困难人群。社会救助体现了浓厚的人道主义思想，是社会保障
的最后一道防护线和安全网。

三、我国社会救助的种类

　　社会救助的类型划分是社会救助定义的外延。国际上，学术界对社会救助的分类没
有统一的标准。Eardley 把社会救助计划分成三类：①普通救助：为收入低于最低收入标
准的对象提供的现金给付。②类别救助：为特定群体提供的现金给付。③专项救助：指
实物或现金形式的特定的物品或服务，它又可分为住房救助和其他专项救助。

　　一些学者把社会救助分成三种基本类型：①现金救助：为收入低于贫困线的个人和
家庭提供援助。②实物救助：根据贫困个人和家庭的不同需求提供专门的援助。③收入
生成计划：强制救助对象以劳动来交换收入。

　　我国社会救助计划的类型特征是项目繁多，整合性很差，其表现在：①城乡各有一
套独立分开的救助系统；②无论在城市还是在农村地区，各种救助计划之间存在严重的
条块分割问题。这使得我们难以对所有类型进行概括和总结。当然，最低生活保障制度
的出现，在很大程度上改善了这种状况，特别是在城市地区。粮油、医疗、教育、住房
等救助计划都是围绕最低生活保障制度展开，以低保制度的家计调查为基础的。虽然这
样做在一定程度上使得低保卡变成"金卡"，增加了福利依赖的可能性，但在管理上则
节省了大量的行政成本，并形成以低保制度为中心，医疗、教育、住房等救助相配套的

救助体系。我国农村地区的社会救助计划依然存在上述缺陷，亟待政府加强农村低保制度的建设。

四、社会救助法的概念、起源和发展

社会救助法，又被称为"最低生活保障法"，是国家对贫困居民，按照最低生活保障线标准给予基本生活保障的法律制度。社会救助法具有以下特征：

（1）社会救助法律制度规范是国家调节对国民收入的分配和再分配，承担对社会困难群体的扶助责任和义务，保证困难群体的基本生活，在公平与效率之间寻求适度平衡，在一定程度上实现社会公平。

（2）社会救助法是实体法和程序法的统一。有关社会救助的权力的实施和权利的实现及其救济不仅是行政行为和司法行为，而且有严格的程序。

（3）社会保障法是给付法，具有明显的给付性，给付关系是社会保障法调整的核心关系，各种社会保障法律、法规都有量化的给付内容。

社会救助法制建设，其意义和价值不仅仅是为了满足救助贫弱者的制度需求。社会救助法治程度越高，公民权利的实现和救济就越有保障；社会救助法律体系越完善，权力运行必将越规范，政府就更加能够依法行政，社会救助工作就更加高效、务实和透明，全社会的公平正义就更能得以实现和维持。

世界上几乎所有的社会保障文献都提到社会救助制度，它的发展经历了以下三个阶段：

（1）追究个人贫穷责任的时代。从1601年英国的《济贫法》到1874年日本的《恤救规则》，代表了追究个人贫穷责任的时代。其主要特点是：强调救助是统治者的慈善、恩惠；救助与强制劳动相结合，救助与剥夺政治权利相结合。

（2）国家承担救助责任的时代。19世纪末20世纪初，随着生存权的确立，社会救助立法的理念发生了根本性变化，即承认在市场经济条件下，救助作为一种道德规则，是公平致富之路；市场竞争在回报了一部分社会成员后，必然会有人沦为市场竞争的牺牲品，对这部分社会成员的救济，是国家和社会不可推卸的责任。

（3）古典贫穷与现代贫穷。当代社会救助立法的理念又有了新的发展，即认为传统的经济贫困是古典贫穷，而现代贫穷则包括居住条件恶劣、生存环境恶化、精神文化生活匮乏等，这种贫穷绝非经济救助能够解决的，国家应当采取综合性措施，在经济解困的同时，实施住房解困、环境解困、教育解困及文化解困等措施。

英国的工业革命引起了激烈的社会变迁，促使了社会救助制度的诞生。19世纪末，德国创建了社会保险，并且很快为欧美各国普遍采用。但是，在20世纪30年代遍及欧美各国的经济大萧条中，社会保险所扮演的角色还是不及社会救助重要。这显然是因为面对大量现实存在的贫困现象，能够将有限的资金有针对性地用到需求更为迫切的人身上的社会救助具有更大的优势。

我国的社会救济工作是十分繁重的，每年有大量贫困人口需要救济，但现有的救济法规政出多门，立法主体层次高低不同，缺乏统一的社会救助法。社会救助在实际操作过程中，由于缺乏法制的支持，一些重大问题难以明确，有些工作难以正常开展。

根据当前我国社会救助工作的情况，我们认为，要加强社会救助法制建设，构筑有中国特色的救助体系及其法律体系，必须加大工作力度，采取必要措施解决以下问题：

首先，形成合理健全的社会救助立法机制，寻求公法私法外的社会救助法的存在空间和价值张扬，从法律思想和法律规范上建立具有相对独立价值的社会救助法子系统。

其次，通过对社会救助法的立法，规范公权对社会救助的干预。政府（不论中央政府还是地方政府，或者政府的职能部门）在我国当前的社会救助中掌控着话语权，是社会救助名副其实的决策者、管理者、执行者和监督者，其公权对社会救助的干预是全方位、全过程的。建立有中国特色的社会救助体系，必须首先规范政府公权，切实依法行政，以权利、监督及责任等制约政府公权。

再次，通过立法培植中间力量，尽快推进并实现社会救助的多元化和社会化。我国社会救助的任务相当繁重，有效解决困难群体的生活问题，满足其基本的物质和精神需求，需要调配社会资源广泛参与，形成以政府为核心、以社会组织和民众为重要参与力量的救助体系。

五、社会救助法律关系

（一）社会救助法律关系的概念

社会救助法律关系，是社会救助法的调整对象，即国家在救助公民生存权过程中形成的各种社会关系。主要包括给付法律关系、行政法律关系、争议法律关系和监督法律关系。

（1）给付法律关系。社会救助给付是国家通过宪法和具体法律规定的支付义务，给付关系即政府部门与公民之间形成的支付与受付关系。社会救助给付关系体现出平等主体间关系的特征（公民并非一般意义上的行政管理相对人），即政府部门在给付关系中扮演义务主体，履行法定给付义务；而公民则是权利主体，享有给付请求权和受给权。

（2）行政法律关系。主要是指社会救助行政部门与行政管理相对人之间、社会救助行政部门之间所形成的行政社会关系。在社会救助行政系统中，从中央、地方政府到最基层的街道、乡镇办事处，形成了宝塔形的管理体系，而其内部又有主管部门和经办部门之分。

（3）争议法律关系。社会救助争议的范围包括：公民与主管部门之间就受付资格、水准、期限等所发生的争议。不同的争议主体，适用不同的法律，按不同的法律程序解决。

（4）监督法律关系。对社会救助主管部门的监督，应包括内部监督和外部监督，这里主要是指外部监督。外部监督一般包括金融监督和社会监督，公民与用人单位对主管部门的监督，都属于社会监督。

（二）社会救助法律关系的主体

社会救助法律关系的主体主要包括受益主体、义务主体和行政主体。受益主体即权利主体，是国家实施社会救助的利益归属者和最终受益者。公民，尤其是公民中的弱势群体，是社会救助的受益主体。作为基本人权之一，受益主体的生存权受到各国宪法的保护，在社会保障立法中，生存权又具体表现为社会保障权，享有社会保障，是受益主体的基本权利。义务主体是在社会保障关系中，承担缴费、给付义务的个人或组织。义务主体分为两大类：一类是缴费主体，在社会保险中，个人和用人单位承担缴纳保险费的义务；一类是给付主体，凡属于现金给付的，均由社会救助行政部门履行，而现物或服务性给付，通常由受托的业务机构履行。行政主体是代表国家组织、施行、管理社会救助事务的行政部门。与其他行政主体不同，社会救助行政主体不以维护国家利益，行使国家权力为目的，而是为实现公民的生存权利而组织公务。

（三）社会救助法律关系的客体

社会救助法律关系的客体是各种社会保障给付，包括现金给付、现物给付和社会服务性给付。

（四）社会救助法律关系的内容

社会救助法律关系的内容具有以下特征：权利与生俱来、终身专属、不可剥夺；在社会救助和社会福利法律关系中，法定权利不以履行义务为前提，体现出权利和义务的不对等性；如用人单位这样的义务主体，其承担着无实质性权利的社会救助义务；国家实施社会保障，无主观权利，即不以维护国家利益为目的。

第二节　社会救助法的基本内容

一、城市居民最低生活保障法律制度

（一）城市居民最低生活保障法律制度概述

城市居民最低生活保障法律制度是国家对城市中的贫困居民，按照最低生活保障线标准给予基本生活保障的制度。

为了妥善解决城市贫困人口的生活困难问题，国务院决定在全国建立城市居民最低生活保障制度，并于1997年9月2日下发了《关于在全国建立城市居民最低生活保障制度的通知》（国发〔1997〕29号）。城市居民最低生活保障制度的建立和实施，充分体现了社会主义制度的优越性，体现了党和政府全心全意为人民服务的根本宗旨，有利于维护社会稳定，促进经济体制改革的顺利进行。

（二）城市居民最低生活保障法律制度的内容

城市居民最低生活保障法律制度的保障对象是家庭人均收入低于当地最低生活保障标准的、持有非农业户口的城市居民，主要对象是以下三类人员：①无生活来源、无劳

动能力、无法定赡养人或抚养人的居民；②领取失业救济金期间或失业救济期满仍未重新就业，家庭人均收入低于最低生活保障标准的居民；③在职人员和下岗人员在领取工资、基本生活费后及退休人员领取退休金后，其家庭人均收入仍低于最低生活保障标准的居民。

城市居民最低生活保障标准由各地人民政府自行确定。保障标准由各地民政部门会同当地财政、统计、物价等部门制定，经当地人民政府批准后向社会公布，并且随着生活必需品的价格变化和人民生活水平的提高适时调整。所定标准要与其他各项社会保障标准相衔接。在发放最低生活保障金时，对第一类保障对象要按最低生活保障标准全额发放，如其原来享受的生活救济标准高于最低生活保障标准的，则按原救济标准发放；对其他保障对象均按其家庭人均收入与最低生活保障标准的差额发放；根据国家有关规定享受特殊待遇的优抚对象等人员，其抚恤金等不计入家庭收入。

实施城市居民最低生活保障制度所需资金，由地方各级人民政府列入财政预算，纳入社会救济专项资金支出科目，专账管理。每年年底由各级民政部门提出下一年的用款计划，经同级财政部门审核后列入预算，定期拨付，年终要编制决算，送同级财政部门审批。各地财政部门要认真落实城市居民最低生活保障资金，加强保障资金的管理和监督，保证保障资金专款专用，不被挤占、挪用。保障资金的使用要接受财政和审计部门的定期检查、审计及社会监督。目前最低生活保障资金采取由财政和保障对象所在单位分担办法的城市，要逐步过渡到主要由财政负担的方式上来。

由于社会风险有涨有消，这也决定了公民对低保制度能进能出，即当共同生活的家庭成员人均收入低于当地最低生活保障标准时，公民有权请求政府给予物质帮助，从而进入低保制度的适用范围；当享受低保待遇期间家庭人均收入增加时，其享有的物质帮助额度应作相应减少；当享受低保待遇的家庭已经摆脱经济困难，人均收入高于地方最低生活标准时，应当停止享受低保待遇。

二、农村救助法律制度

（一）农村救助法律制度

农村社会救助是相对于城镇社会救助而言的，是指国家和各社会群体为农村中的"三无"人员或因灾、病、缺乏劳动能力等原因造成生活困难的贫困对象，提供物质、扶持生产等多种形式的帮助，以保障其基本生活。

农村社会救助的发展在保障农村弱势群体的基本生活和维护农村稳定方面发挥了十分重要的作用，主要包括：

第一，农村五保供养制度。对农村"三无"人员实行五保供养，是我国农村长期实施的一项基本的社会政策。1994 年，国务院发布了《农村五保供养工作条例》、民政部发布了《敬老院管理暂行办法》，正式通过法规的形式对五保供养的性质、对象、内容、形式等作出了明确规定，并进一步加强了农村敬老院的建设。五保供养的资源在农村经济体制改革之前，来自村级集体经济，分田到户后部分来自五保户田亩的代耕收入，部分来自乡村的公共事业收费。2003 年农村税费改革以来，五保供养经费转变为政府开支。由各级财政在对乡、村的转移支付资金中提取。

第二，特困户定期定量救济政策。为解决农村贫困人口的生活问题，民政部门从20世纪90年代初试图普遍推行农村低保制度，但是在试点探索中发现，受国情国力限制，需要调整政策。2003年初，民政部通过对农村困难群体的调查研究，制定了对生活极度困难、自救能力很差的农村特困户的救济办法。主要做法是对不救不活的农村特困户发放"农村特困户救助证"，实行定期定量救济。以农村救济工作制度化、规范化做法避免农村社会救济的随意性、临时性，切实保障好农村最困难的特困群体的基本生活。

第三，临时救济措施。临时救济的主要对象是不符合"五保"供养条件和农村特困户救济标准，生活水平略高于特困户的一般贫困户，其生活水平处于最低生活保障的边缘地带，一旦受到饥荒、疾病、意外伤害等影响，就很容易陷入贫困境地。为此，一些地区目前采取临时救济的方式来解决。临时救济一般都采取不定期的多种多样的扶贫帮困措施。救济经费一般由当地政府财政列支，辅之以社会救助的方式。

第四，最低生活保障制度。建立农村最低生活保障制度（以下简称低保制度）是以地方人民政府为主，实行属地管辖，低保标准由县以上各级地方政府自行制定和公布执行。

各地确定低保标准主要从以下三方面考虑：一是维持当地农村居民基本生活所必需的吃饭、穿衣、用水、用电等费用；二是当地经济发展水平和财力状况；三是当地物价水平。

对于核定低保申请人的收入等情况采取了因地制宜的方法，主要可以分为两种类型：一类是一些东部经济发达地区，由于已经实现了城乡低保一体化运行，城市化水平高，工作基础较好，可以做到在较准确地核定低保申请人家庭收入的基础上，原则上按照申请人家庭年人均纯收入与保障标准的差额发放低保金；另一类是在广大的中西部地区和部分东部地区，基于农村居民收入渠道比较多，生产经营活动形式多样，家庭收入难以准确核算，但困难家庭的情况左邻右舍都清楚等实际情况，通常是在初步核查申请人家庭收入的基础上，更多地依靠民主评议等办法来确定低保对象，并采取按照低保对象家庭的困难程度和类别，分档发放低保金。这样做比较适合农村的特点，同时也较为简便易行。

要落实农村低保制度，必须把筹集资金、建立稳定的低保资金保障机制放在首位。国家实行最低生活保障，是履行政府公共服务职责，资金主要来自各级财政的投入。过去，各地实行农村低保的资金都来源于各级地方财政，从2007年开始，中央财政将对财政困难地区实施农村低保制度给予资金补助。

申请农村低保的基本程序为：由户主向乡（镇）政府或者村民委员会提出申请；村民委员会开展调查、组织民主评议提出初步意见，经乡（镇）政府审核，由县级政府民政部门审批。乡（镇）政府和县级政府民政部门对申请人的家庭经济状况进行核查，了解其家庭收入、财产、劳动力状况和实际生活水平，结合村民民主评议意见，提出审核、审批意见。在申请和接受审核的过程中，要求申请人如实提供关于本人及家庭的收入情况等信息，并积极配合审核审批部门按规定进行的调查或评议，有关部门也应及时反馈审核审批结果，对不予批准的应当说明原因。

（二）农村扶贫法律制度

我国从 20 世纪 80 年代开始实施大规模的扶贫攻坚计划（简称八七扶贫计划）。起初只侧重生产性扶贫。90 年代后，扶贫政策调整为全方位的扶贫。即扶贫注重提高贫困人口生产自救能力与给予贫困人口最低生活保障的救济。但是，扶贫不能替代救济政策也是显而易见的，对于农村五保户和因病因残丧失劳动力、鳏寡孤独、因灾害等造成家庭生活常年困难的特困人口，只能采取救济政策。

三、城市流浪乞讨人员救助法律制度

我国对城市流浪乞讨人员救助法律制度的变迁主要分为三个阶段：

第一阶段：1982 年至 20 世纪 90 年代初。这一阶段的收容遣送制度是以稳定秩序为优先的价值选择，同时兼有保障基本人权的目的。

我国从 20 世纪 70 年代末开始进行改革开放，随着农村经济体制改革的展开，农村人口向城市流动的问题开始突出，城市流浪乞讨人员增多，为了维护改革开放的稳定局面，保障城市的公共秩序，国务院于 1982 年发布了《收容遣送办法》，该办法赋予收容遣送制度合法性的同时，也使收容遣送制度成为一项涉及社会救助、社会教育、社会管理和社会治安的多元性社会事务行政管理工作。

第二阶段：1991 年至 2003 年 8 月 1 日。这一阶段的收容审查制度以稳定社会秩序为主要价值选择，同时关注收容站的效益，基本失去了社会救济的功能。

20 世纪 90 年代以来，"三农问题"突出，同时城市改革也在推进，社会结构有所松动，大规模盲目无序的流动人口给城市的公共秩序带来了冲击。为了解决治安管理人员数量和能力不足的困境，1991 年 5 月，国务院印发了《关于收容遣送工作改革问题的意见》，将无合法证件、无固定住所、无稳定收入的"三无"人员纳入收容遣送之列。后来，收容遣送人员又扩大到身份证、暂住证、务工证"三证"不全的流浪人员。这样，收容遣送制度就单纯地变为治安管理，社会救济的成分基本丧失。

第三阶段：2003 年 8 月 1 日至今。这一阶段新的社会救济制度取代原收容遣送制度，其所追求的价值目标纯化为保障基本人权，即单纯对生活无着落的流浪乞讨人员这一弱势群体实行救助。

现阶段对城市流浪乞讨人员救助的法律制度，在实行时遇到了不少问题，如主动求助的流浪乞讨人员并不多，公共场所的流浪乞讨人员反倒增多；不属于救助对象的钱物花光、丢失、被偷、被抢、被骗等造成的生活无着落的人员占被救助人数的大多数；出现了重复救助现象；受助人员的真实情况难以核实；救助站，尤其是贫困地区的救助站经费缺乏；救助站工作人员的素质有待提高等。

以上这些问题只是比较突出的问题，还不是问题的全部，这些问题的解决应当是一个系统的社会工程，不是借由一两部法律或法规、规章的颁布就可以解决的。

四、自然灾害救助法律制度

我国是自然灾害多发的国家，洪涝、干旱、台风、风雹、地震、雪灾、低温冷冻、山体滑坡和泥石流等自然灾害每年都不同程度地发生。

我国民政部先后颁布、修订了《应对突发性自然灾害工作规程》、《灾害应急救助工作规程》、《灾区民房恢复重建管理工作流程》及《春荒冬令灾民生活救助工作规程》，使救灾制度更加细致完善，救灾工作更加规范高效。

2010 年 6 月 30 日，国务院颁布了《自然灾害救助条例》，该行政法规对自然灾害救助的总则、救助准备、应急救助、灾后救助、救助款物管理和法律责任等方面进行了详细规定。

案 例 分 析

【案情】有一个山里孩子，8 岁，小学二年级，因父亲去世而从此不愿与周围人说话，经常独自蹲在角落发呆。年迈的爷爷、智障的妈妈、贫困的家庭，似乎注定了他命运的坎坷。

一位从城里来的农村义工注意到了他，了解了他家的境况后，决定帮助他，经过和班主任协商，把这孩子接到城里，由 28 个同学组成的班级出资，建立一个公共账户，专用来帮助他，小孩脸上渐渐有了笑容，变得自信了，成绩也提高了许多。账上的钱除了缴纳学费外，还包括他生活的开销及其家人的生活费用。

【问题】上述案例反映了社会救助的哪些特点？

【解析】贫困救助是社会救助的一个主要领域；权利义务的非直接对应性；救助手段的多样性；社会救助要注意及时性。

第二十二章　社会福利法

第一节　社会福利法概述

一、社会福利的概念和特征

（一）社会福利的概念

社会福利的概念有广义、狭义之分。广义的社会福利概念为西方国家所采用，与我国社会保障的含义相同，是指国家通过收入再分配，提升全社会成员生活质量的所有保障和服务措施，包括社会保险、社会救助、社会优抚，以及全部公共文化、教育、卫生、环境保护事业与设施等。我国采用的是狭义的社会福利的概念，它是指国家和社会为提升社会成员的生活质量而举办的各种福利事业和采取的各种福利措施，它是社会保障体系的组成部分。与提供基本或正常的物质生活保障的社会保险制度和扶危解困的社会救助相比，社会福利不仅满足社会成员的基本物质需要，还以满足社会高层次的精神生活为目标，是社会保障的最高层次。

我国通过立法的方式表明了发展福利事业的态度。我国《劳动法》第七十六条规定："国家发展社会福利事业，兴建公共福利设施，为劳动者休息、休养和疗养提供条件。用人单位应当创造条件，改善集体福利，提高劳动者的福利待遇。"根据福利对象不同，我们将社会福利分为以全体社会成员为对象的公共福利，以职员为对象的职业福利，以社会特定群体为对象的专门性福利。

（二）社会福利的特征

1. 对象的普遍性和享受的公平性

社会福利遍及全体社会成员或特定群体中的所有人。享受社会福利与财产状况、宗教信仰、民族、教育程度等无关，人与人之间平等享受。即便是针对特定群体的专门性福利，在特定群体内部，也是人人机会均等，平等享受福利。从人的生命周期和状态看，针对特殊群体的社会福利也具有普遍性。在专门福利中，无论是针对社会成员不同生命时期确定享受资格的福利，如儿童福利、老年福利；还是依据性别确定享受资格的福利，如女性福利；还是依据社会成员持续身体状态或精神状态确定享受资格的福利，如残疾人福利，都体现了专门性福利的普遍性。

2. 福利内容的广泛性

社会福利项目众多，涉及面广，涵盖社会生活的方方面面。例如，社会福利的各个项目，不论是公共福利、职业福利还是专门性福利，都涉及教育、卫生、环境保护、文化康乐、交通、住房，关乎社会成员的衣食住行、身心健康等各个方面，其广度是社会保险、社会救助所无法比拟的。

3. 功能定位的高层次性

社会福利在保障社会成员保持一定物质生活水平的基础上，更注重提高社会成员的生活质量。生活质量是人们对社会为他们提供的生活条件和生活环境的主观感受，不但包括物质需要的满足，还包括心理、精神和文化需要的满足。如果说社会保险和社会救助的主要功能在于使人们摆脱各种情况下的生活困难，满足基本物质生活需要，那么，社会福利的主要功能在于满足人的精神生活需要和促进人的全面发展。例如，政府和社会提供公共体育健身场地、设施和器材，意在提高人民群众的身体素质和生活质量，并非维持社会成员的基本生活需要。我国传统的社会福利与社会救助有紧密联系，许多项目主要是对无生活来源的鳏、寡、孤、残等社会成员提供生活保障，并不能满足社会成员的高层次需要。但在目前，这些项目仅仅是社会福利制度中的一小部分，社会福利已经扩展到满足社会成员较高层次的需要。例如，对无生活来源的残疾人，国家不仅保障其基本生活，还投资建设残疾人专用的无障碍设施，为其出行和平等参与社会活动提供便利。

4. 资金来源的单向性

社会福利资金主要不是来源于社会成员的缴费，而是来源于国家和社会。总体而言，源于国家税收的财政资金是社会福利最主要的资金来源，公共福利中尤其如此。各类单位按照国家规定提取的职工福利费，则是职业福利的主要资金来源。另外，有奖募捐（如发行福利彩票）、公益演出和社会捐助等通过市场方式或自愿捐助方式募集的社会资金，也是福利资金的重要来源。社会福利资金来源的单向性并不排除在一定条件下对享受社会福利的成员收取一定的费用。例如，公共文化娱乐场所、体育场馆可以采取低收费的使用方式，有生活来源的老人进入养老院需要缴纳一定的费用，国家助学贷款收取低额利息等。

5. 提供方式的服务性

社会福利较少直接运用货币补贴的方式，而是通过向人们提供福利设施和福利服务的方式提供服务。国家和社会投资兴建学校、医院、保健院、养老院、儿童福利院、污水处理厂、公园、绿地等设施，以及提供免费或低收费的教育、护理、保健、文化服务等，是社会福利的主要实施方式。向享受社会福利的个人直接发放货币补贴虽然也是社会福利的实施方式，如单位向职工提供采暖补贴，政府向独生子女家庭发放计划生育奖金等。但是，这种直接的货币补贴在全部社会福利中只占很小一部分。

二、社会福利的作用

社会福利是现代社会国民收入再分配的一种重要形式，是消除市场机制的弊端，保护弱势社会成员，保证社会稳定和谐发展的重要制度。其作用在于：

1. 满足全体社会成员的物质生活需要

社会福利在社会保险、社会救助的基础上，通过福利设施、服务与补贴的提供，进一步满足全体社会成员在衣、食、住、行和生育、年老、疾病、残疾等方方面面的物质生活需要。社会福利的普遍性，可以使全体社会成员，尤其是低收入家庭、无生活来源的人、残疾人等特殊群体，完全平等地共享社会经济发展的成果。

2. 提高全体社会成员的精神生活水平

社会福利中的许多项目，尤其是教育福利、文化福利、环境福利等公共福利项目，关注社会成员的精神生活，促进生活质量的提高和人的全面发展。这与社会保险、社会救助主要关注人的基本物质需要的满足有很大不同，体现了社会文明与进步。

3. 促进经济与社会的健康发展

社会福利通过一种普遍的、公平的机制向社会成员提供满足其物质和精神需要的设施、服务或货币补贴，使所有社会成员分享社会发展成果。一方面，社会福利免除了人们在物质生活方面的后顾之忧，有利于其安心参加社会劳动，激发其工作积极性和创造性，提高劳动生产率，促进经济发展；另一方面，社会福利提高了人们的生活质量，丰富了人们的精神生活，弘扬了互助友爱、扶贫助弱、共同进步的高尚精神，提高了社会凝聚力，提高了社会成员的整体道德素质和文明素质，有利于社会的稳定、和谐与进步。

第二节　社会福利法的基本内容

一、公共福利

公共福利是指国家和社会为满足社会全体成员的物质生活和精神生活基本需要而举办的公益性设施和提供的相关服务。与其他类型的社会福利相比，它适用主体最为广泛，全体社会成员都可作为受益主体；它内容丰富，既涉及对社会成员物质需求的保障，也涉及精神层次的满足；它资金来源单一，主要由国家提供。

（一）教育福利

教育是现代人生存和发展的基本条件。国家有发展教育事业的责任，公民有受教育的权利。国家应当为公民提供接受教育的机会，使公民可以公平地、方便地接受教育，这是国家的责任，也是公民应当享受的教育福利。我国已经建立了包括基础教育、职业教育、高等教育、成人教育在内的较为完整的教育体系，以及针对残疾人的特殊教育，为处于不同年龄段、不同身体状况的公民提供尽量多的受教育机会。我国的教育福利主要体现在：

1. 教育经费以财政拨款为主

《中华人民共和国教育法》规定，国家建立以财政拨款为主、其他多种渠道筹措教育经费为辅的体制，逐步增加对教育的投入，保证国家开办的学校教育经费的稳定来源。企业事业组织、社会团体及其他社会组织和个人依法举办的学校及其他教育机构，办学经费由举办者负责筹措，各级人民政府可以给予适当支持。国家财政性教育经费支出占国民生产总值的比例应当随着国民经济的发展和财政收入的增长逐步提高。全国各级财政支出总额中教育经费所占比例应当随着国民经济的发展逐步提高。国务院及县级以上地方各级人民政府应当设立教育专项资金，重点扶持边远贫困地区、少数民族地区实施义务教育。对于聋、哑、盲、智障等特殊群体，国家通过投资设立特殊教育学校来保障其接受教育。

2. 实行九年义务教育

我国 1986 年公布了《中华人民共和国义务教育法》（以下简称《义务教育法》），2006 年 9 月又进行了修订。《义务教育法》规定我国实施九年义务教育，即涵盖小学六年和初中三年，共九年的教育。《义务教育法》明确规定："义务教育是国家统一实施的所有适龄儿童、少年必须接受的教育，是国家必须予以保障的公益性事业。实施义务教育，不收学费、杂费。国家建立义务教育经费保障机制，保证义务教育制度实施。"地方各级人民政府设置的实施义务教育学校的事业费和基本建设投资，由地方各级人民政府采取征收教育事业费附加等方式筹措。中央政府对经济困难地区实施义务教育的经费予以补助。在非义务教育阶段，虽然学校可以收取费用，但应当根据当地经济发展状况和群众收入的承受能力确定标准和程序，并需经教育、物价、财政等有关部门批准，不得"高收费"，更不得"乱收费"。

3. 设立国家助学制度

国家设立助学制度，通过减免费用、建立助学金、发放助学贷款的方式对贫困学生的学习进行资助。费用减免包括学费减免、杂费减免、书本费减免及寄宿费减免等，一般在进行家庭收入调查的基础上对贫困学生个别实施。助学金是国家帮助贫困学生就学的专项资金，主要从各级财政安排的教育事业费中统筹解决，用于抵减贫困学生的课本费及补助寄宿制贫困学生的生活费等。助学金原则上集中分配到校，不直接发给学生本人。国家助学贷款制度目前针对高等学校中经济困难的全日制学生实行，为无担保低息专项贷款，通常在学生毕业后偿还。国家助学贷款由符合条件的商业银行发放，享受政府补贴。

除国家外，社会组织和个人也是教育福利的重要提供者，尤其是在资助困难学生方面。对于直接和间接资助困难学生的社会组织和个人，国家给予鼓励和支持。

（二）住房福利

住房福利是世界各国都有的一种公共福利。英国住房福利制度中政府扮演的角色值得我们深思。英国住房福利的历史可以追溯到 20 世纪 40 年代后期，即从英国福利改革后成为福利国家开始。"二战"后，英国政府面临 20 世纪中最为严重的住房短缺状况。为了稳定社会，英国政府开始建设公有住房，并出租给普通市民。1945 年至 1975 年之间，英国政府新建了将近 390 万幢房屋，住房数量高于居民的增长速度。据统计数据显示，1951 年英国仍然缺少 80 万幢住宅，然而到 1976 年英国则多出 50 万幢住宅。当时公有住房的租金非常低廉。在 60 年代，年租金只相当于当时房价的 1.1%，也就是说需要 90 年的时间，累计房租才可能与房屋价格持平，远低于市场年租金。从个人负担来看，当时英国公房居民的房租支出仅占收入的 10%。各种租户成为公房低价格出租的直接受益者，但刚建立的住房福利制度与家庭收入水平挂钩不够紧密，出现了不同收入家庭可以享受同样福利的不合理局面。

为了应对上面提到的问题，英国政府于 1971 年提出了"公平房租"的概念。所谓"公平房租"就是使公房租金与市场的租金水平保持一致，实际上"公平房租"必然会高于以往的公房房租。英国政府将申请公房的家庭进行收入层级划分，处于"标准住房福利标准"的家庭，政府会给予一定的住房福利，减免房租；对低于这一标准的家庭，政府会适当增加住房福利；对高于这一标准的家庭，政府则会相应减少住房福利。"公平房租"因为与收入水平相关，比较合理。但此举大大增加了地方政府的工作量，管理上出现一些问题，实施中遇到阻力较大，历经几届政府的更迭后才最终完成。

英国政府投入大量资金兴建公有出租房的政策使得英国政府背上了沉重的财政负担，也在一定程度上干扰了住房市场的有效运行。由于公有住房租金低廉，越来越多的家庭开始申请，导致公房数量在 70 年代末 80 年代初供不应求，私人投资房地产市场的热情受到影响。1979 年，以撒切尔夫人为首的保守党击败工党上台执政，政府开始对旧的大包大揽的福利政策进行全面改革。在住房福利制度改革中，主要有两个方面：一是鼓励私人购买住房，公有住房私有化；其次是大规模地削减公共开支，减少住房补贴。在 80 年代之前，英国有 1/3 的家庭享受不同程度的住房补贴，政府支付大量资金进行补贴。撒切尔夫人执政后，开始大规模削减住房补贴。即使是扣除房租后，家庭收入在贫困线之下的最低收入家庭，仍然需要缴纳 20% 的最低房租。地方政府可以根据最低收入家庭的特殊情况给予一定的救助。1997 年，布莱尔执政，基本延续了撒切尔夫人削减政府在福利制度中作用的理论，福利住房依然处于紧缩状态。自 1997 年至 2007 年 10 年间，英国的住房价格增长了 200%，使得低收入阶层的住房短缺问题再次显露出来。

我国也有住房福利制度，但在不同时期有不同的表现形式。在城乡二元体制大背景下，中国一直实行城乡分离的住房保障体制。城市住房保障制度一直在不断演进。在农村，政府为农民提供"宅基地"，供其自建房屋。宅基地曾属于农民私有财产，1954 年《宪法》曾对此确认和保护。1962 年的《农村人民公社工作条例修正草案》规定宅基地归生产队所有，农民需向集体申请宅基地用来建房，但宅基地不准出租和买卖。政府对农民的住房承担极为有限。在城市，住房福利制度较为完整：

（1）城市福利住房供给制。从新中国成立到改革开放初期，我国实施"统一管理，统一分配，以租养房"的公有住房实物分配制度。由国家财政拨款或企业和集体单位积累的资金建设住房；土地由国家无偿划拨；由所在单位以实物福利的形式按职级和家庭人口直接分配给职工，职工支付低租金。由于租金长期不变，城镇居民支付的房屋租金占其家庭收入的比重不断下降。在产权关系上，职工住房属国家、企业或集体所有，个人不能随意转让。在物业管理上，由产权单位无偿进行维修和管理。福利分房具有明显的国家保障特征，但是，它也存在社会财富分配不公、住房严重短缺、阻碍社会流动等一系列弊病。

（2）住房公积金制度。1994年7月18日，国务院下发《关于深化城镇住房制度改革的决定》（国发〔1994〕43号）（以下简称《决定》），深化城镇住房制度改革，促进住房商品化和住房建设的发展。改革的基本内容是：把住房建设投资由国家、单位统包的体制改变为国家、单位、个人三者合理负担的体制；把各单位建设、分配、维修、管理住房的体制改变为社会化、专业化运行的体制；把住房实物福利分配的方式改变为以按劳分配为主的货币的工资分配方式；建立以中低收入家庭为对象、具有社会保障性质的经济适用住房供应体系和以高收入家庭为对象的商品房供应体系；建立住房公积金制度。《决定》提出近期的任务之一是全面推行住房公积金制度，并指出实行住房公积金制度有利于转变住房分配体制，有利于住房资金的积累、周转和政策性抵押贷款制度的建立，有利于提高职工购、建住房能力，促进住房建设。所有行政和企事业单位及其职工均应按照"个人存储、单位资助、统一管理、专项使用"的原则交纳住房公积金，建立住房公积金制度。

1999年4月3日，国务院发布《住房公积金管理条例》，2002年进行了修改。该条例规定住房公积金应当用于职工购买、建造、翻建、大修自住住房，任何单位和个人不得挪作他用。住房公积金的管理实行住房公积金管理委员会决策、住房公积金管理中心运作、银行专户存储、财政监督的原则。职工个人缴存的住房公积金和职工所在单位为其缴存的住房公积金，属于职工个人所有。职工住房公积金的月缴存额为职工本人上一年度月平均工资乘以职工住房公积金缴存比例。单位为职工缴存的住房公积金的月缴存额为职工本人上一年度月平均工资乘以单位住房公积金缴存比例。职工有下列情形之一的，可以提取职工住房公积金账户内的存储余额：①购买、建造、翻建、大修自住住房的；②离休、退休的；③完全丧失劳动能力，并与单位终止劳动关系的；④出境定居的；⑤偿还购房贷款本息的；⑥房租超出家庭工资收入的规定比例的。根据《财政部、国家税务总局关于基本养老保险费、基本医疗保险费、失业保险费、住房公积金有关个人所得税政策的通知》（财税〔2006〕10号）等相关文件规定，单位和个人分别在不超过职工本人上一年度月平均工资12%的幅度内，其实际缴存的住房公积金，允许在个人应纳税所得额中扣除。

（3）住房补贴制度。住房补贴是国家为职工解决住房问题而给予的补贴资助，即将单位原有用于建房、购房的资金转化为住房补贴，分批（如按月）或一次性地发给职工，再由职工到住房市场上通过购买或租赁等方式解决自己的住房问题。1998年，国务院发布《关于进一步深化城镇住房制度改革，加快经济适用住房建设的通知》，提出1998年下半年开始停止住房实物分配，逐步实行住房分配货币化。停止住房实物分配后，房价收入比（即本地区一套建筑面积为60平方米的经济适用住房的平均价格与双职工家庭年平均工资之比）在4倍以上，且财政、单位原有住房建设资金可转化为住房补贴的地区，可以对无房和住房面积人未达到规定标准的职工实行住房补贴。至于住房补贴的具体办法，由市（县）人民政府根据本地实际情况制订，报省、自治区、直辖市人民政府批准后执行。

根据各地规定，住房补贴适用的人群是：未享受国家福利分房政策，或虽已享受国家福利分房但未达规定面积标准的职工，包括离退休职工。住房补贴资金主要来源于国家财政和单位原有住房建设资金的转化。实施住房补贴的目的是在实行住房公积金制度的基础上，通过向职工发放住房补贴，增加职工工资收入中的住房消费资金含量，提高职工的购房支付能力，由职工根据需要自行购买、租赁商品房或安居房解决住房问题，逐步把住房实物福利分配转变为以按劳分配为主体的货币工资分配，推进住房商品化、社会化，从根本上适应广大职工的合理住房需求。

住房公积金和住房补贴是在新的住房分配制度下职工解决住房问题的两个重要资金来源。两者有许多相同之处。例如，单位用于资助职工的住房公积金和住房补贴的资金来源相同，都来源于单位原有住房基金的划转；两项资金都归职工个人所有，都免征个人所得税。但两者也有所不同：住房公积金由单位资助和职工个人工资扣缴部分构成，住房补贴则由单位负担，无须从职工工资中扣缴。住房公积金的适用对象不包括离退休职工，住房补贴的发放对象包括未享受福利分房和住房面积未达到其职级所对应的住房补贴面积标准的离退休职工。

（4）经济适用房制度。1998年，《关于进一步深化城镇住房制度改革，加快经济适用住房建设的通知》再次提出建立多层次、多渠道的住房供应体系，对不同收入家庭实行不同的住房供应政策：最低收入家庭租赁由政府或单位提供的廉租住房；中低收入家庭购买经济适用住房；其他收入高的家庭购买、租赁市场价商品住房。

2007年11月19日，修订后的《经济适用住房管理办法》发布，该文件对经济适用房的适用人群、价格管理、准入和退出管理进行了具体规定。城市低收入家庭申请购买经济适用住房应同时符合下列条件：①具有当地城镇户口；②家庭收入符合市、县人民政府划定的低收入家庭收入标准；③无房或现住房面积低于市、县人民政府规定的住房困难标准。对于经济适用房而言，价格低廉是其一大特点，新建的经济适用住房出售价格实行政府指导价，按保本微利原则确定，利润应控制在3%以下。

经济适用住房管理应建立严格的准入和退出机制。经济适用住房购房人拥有有限产权。购买经济适用住房不满5年，不得直接上市交易，购房人因特殊原因确需转让经济适用住房的，由政府按照原价格并考虑折旧和物价水平等因素进行回购。购买经济适用住房满5年，购房人上市转让经济适用住房的，应按照届时同地段普通商品住房与经济适用住房差价的一定比例向政府交纳土地收益等相关价款，政府可优先回购；购房人也可以按照政府所定的标准向政府交纳土地收益等相关价款后，取得完全产权。个人购买的经济适用住房在取得完全产权以前不得用于出租经营。

（5）廉租房制度。2007年，国务院发布《关于解决城市低收入家庭住房困难的若干意见》，进一步确立了中国住房保障制度，明确了廉租住房制度是住房保障制度的核心和主要内容；提出以廉租住房和经济适用住房作为解决低收入住房困难家庭的主要保障方式。自2003年始，相关部门相继颁布《城镇最低收入家庭廉租住房管理办法》、《城镇廉租住房租金管理办法》、《廉租住房保障资金管理办法》、《关于加强廉租住房质量管理的通知》等管理规定。城镇最低收入家庭廉租住房保障方式应当以发放租赁住房补贴为主，实物配租、租金核减为辅。所谓租赁住房补贴，是指市、县人民政府向符合条件的申请对象发放补贴，由其到市场上租赁住房。所谓实物配租，是指市、县人民政府向符合条件的申请对象直接提供住房，并按照廉租住房租金标准收取租金。所谓租金核减，是指产权单位按照当地市、县人民政府的规定，在一定时期内对现已承租公有住房的城镇最低收入家庭给予租金减免。

城镇最低收入家庭廉租住房资金的来源，实行财政预算安排为主、多种渠道筹措的原则，主要包括：①市、县财政预算安排的资金；②住房公积金增值收益中按规定提取的城市廉租住房补充资金；③社会捐赠的资金；④其他渠道筹集的资金。

实物配租的廉租住房来源主要包括：①政府出资收购的住房；②社会捐赠的住房；③腾空的公有住房；④政府出资建设的廉租住房；⑤其他渠道筹集的住房。实物配租的廉租住房来源应当以收购现有旧住房为主，限制集中兴建廉租住房。实物配租应面向孤、老、病、残等特殊困难家庭及其他亟须救助的家庭。政府新建的廉租住房建设用地实行行政划拨方式供应。

（6）公租房制度。为解决既买不起经济适用房又不够廉租房条件的"夹心层"，即中等偏下收入家庭的住房问题。2010 年 6 月 12 日，住房和城乡建设部等七部门联合制定并发布《关于加快发展公共租赁住房的指导意见》，对公租房制度的目的、原则、租赁管理、房源筹集等问题进行了原则性规定。

2012 年 5 月 28 日，住房和城乡建设部发布《公共租赁住房管理办法》（以下简称《办法》），并于 2012 年 7 月 15 日起施行。该《办法》对公共租赁住房的申请与审核、轮候与配租、使用与退出等问题进行了规定。它明确了公租房的性质和适用对象。公共租赁住房是指面向符合规定条件的城镇中等偏下收入住房困难家庭、新就业无房职工和在城镇稳定就业的外来务工人员出租的限定建设标准和租金水平的保障性住房。申请公共租赁住房，应当符合以下三个条件：①在本地无住房或者住房面积低于规定标准；②收入、财产低于规定标准；③申请人为外来务工人员的，在本地稳定就业达到规定年限。

租用公租房需要经过申请、审核、轮候、意向登记、复审、配租、订立合同七步程序。首先，申请人申请公租房需要提交申请材料，市、县级人民政府住房保障主管部门受理并审核。通过审核的申请人登记为轮候对象，在轮候期内安排公租房，轮候期一般不超过 5 年。市、县级人民政府住房保障主管部门应当制定并公布公租房房源配租方案，轮候对象可以到市、县级人民政府住房保障主管部门对房源进行意向登记。市、县级人民政府住房保障主管部门对意向登记的轮候对象进行复审，复审通过的轮候对象，市、县级人民政府住房保障主管部门可采取综合评分、随机摇号等方式，最后确定配租对象与配租排序。配租结果应当向社会公开。配租对象选择公共租赁住房后，公共租赁住房所有权人或者其委托的运营单位与配租对象应当签订书面租赁合同。公共租赁住房租赁期限一般不超过 5 年。

公租房的同时存在退出机制。公租房是政府为解决中等偏下收入家庭的住房问题提供的一种过渡性办法，当这部分群体有支付能力了，他们就离开公共租赁住房，到市场购买或承租住房。承租人有下列行为之一的，应当退回公共租赁住房：①转借、转租或者擅自调换所承租公共租赁住房的；②改变所承租公共租赁住房用途的；③破坏或者擅自装修所承租公共租赁住房，拒不恢复原状的；④在公共租赁住房内从事违法活动的；⑤无正当理由连续 6 个月以上闲置公共租赁住房的。租赁期届满需要续租的，承租人应重新提出申请，经住房保障部门审核通过的可再次配租。承租人有下列情形之一的，应当腾退公共租赁住房：①提出续租申请但经审核不符合续租条件的；②租赁期内，通过购买、受赠、继承等方式获得其他住房并不再符合公共租赁住房配租条件的；③租赁期内，承租或者承购其他保障性住房的。

2013 年 12 月 2 日，住房和城乡建设部、财政部、国家发改委公布了《关于公共租赁住房和廉租住房并轨运行的通知》，其要求从 2014 年起，各地公共租赁住房和廉租住房并轨运行，并轨后统称为公共租赁住房。

（三）卫生福利

卫生福利，也称卫生保健福利，是国家和社会为保护和促进人民健康而提供的公共社会福利。个人健康是个人幸福的基础，全民健康则是国家富强的基础。任何一个国家无论过去还是现在，都要把国民体格强健作为重要的奋斗目标。现代国家更是把保障国民健康作为国家义务，把健康权作为国民基本人权加以规定。卫生福利的基本目标是人人享有卫生保健，实现国民健康。我国在《传染病防治法》、《全国计划免疫工作条例》等法律、法规中对卫生福利有相当具体的规定。卫生福利的主要形式有：

（1）国家、社会建立卫生保健机构，为社会成员享受卫生服务提供便利。卫生保健机构包括从事疾病诊断、治疗活动的医院、卫生院、疗养院、门诊部、诊所、卫生所，以及急救站等医疗机构、保健机构、疾病预防控制机构、采供血机构等。国家不仅保障建立卫生保健机构，还对其正常运行提供持续、稳定的经费支持。同时，国家鼓励和扶持国内外社会组织和个人投资建立卫生保健机构。

（2）提供卫生保健服务。卫生保健服务内容众多、形式多样，包括疾病预防、伤病诊治、医疗与康复、健康教育、宣传与咨询、计划生育技术服务与教育等。卫生福利的提供可以是免费的，如部分地区对于法定传染病的诊治、医疗；也可以是低收费的，这与经济发展水平和人民群众的承受能力相适应。

我国历来高度重视卫生福利，保护和增进人民健康。当前的卫生福利制度主要体现在初级卫生保健制度之中。初级卫生保健是人人都能得到的、体现社会平等与公平的、人民群众和政府都能负担得起的一种综合性基本卫生保健服务，包括保健、预防、医疗及康复等方面。初级卫生保健的具体内容包括建设和改善卫生基本设施、加强健康教育、提倡良好的卫生习惯及健康的生活方式、开展妇幼老年保健工作、普及儿童计划免疫、控制和消灭主要传染病与地方病、普及营养知识、改善饮水条件、搞好公共场所的卫生、为国民提供适宜的防治技术和基本药物，以及健全多形式、多层次社会卫生保障体系等。

（四）文化康乐福利

文化康乐福利是国家和社会为满足社会成员的科学、文化、娱乐等精神需要而提供的公共社会福利。

文化康乐福利主要通过国家、社会建设公共文化康乐设施和提供免费、低收费服务的方式实施。文化康乐设施类型多样，包括图书馆、公园、广场、纪念馆、博物馆、展览馆、剧院、电影院、俱乐部、康乐宫、体育场、社区健身场所与设施等。国家投资兴办的上述公共文化康乐设施，部分免费供全体社会成员使用，如广场、社区健身场所与设施、一部分公园、纪念馆等；多数象征性地收取一定费用，价格低于市场价格，如图书馆、博物馆等；少数文化康乐设施一般按照市场价格收费，只在特定情形下提供免费或低收费服务，如剧院、电影院等。除此之外，政府开办的电视台、广播电台提供免费电视节目、广播节目，政府开办或资助的互联网站提供免费的文化、科学、娱乐知识和信息。在商业性社会机构和个人举办文艺康乐活动时，国家也可以提供经济资助、组织帮助、税收优惠，间接向社会公众提供文化康乐福利。

（五）环境福利

环境福利是国家和社会为保护和改善环境，提高社会成员的生活质量而提供的公共社会福利。随着我国进入工业化社会，污染程度日益严重，我国政府也越来越注重环境治理问题。环境福利也逐渐被认为是公共社会福利的重要组成部分。环境福利表现为政府和社会投资环境保护设施和增建环境保护场所，如建设污水处理、垃圾处理设施，增加林地、绿地、湿地、自然保护区等，这是环境福利的主要形式。此外，环境福利还包括国家和社会提供环境保护服务，如国家、社会组织对个人开展环境保护教育，维护环境保护设施、林地、绿地，提供有害物品回收服务等。

二、职业福利

职业福利的对象是单位职工，其目的是满足职工物质生活和精神生活的需要。职业福利按享受对象可分为职工集体福利和职工个人福利。职业福利以建立福利设施、提供福利服务和发放福利补贴的方式实现。职业福利的经费一部分来源于国家，国家拨给国有企业基本建设费，其中包含与职工基本生活有关的必要的非生产性建设投资费用，如可建造职工住宅、各种文化娱乐设施等。职业福利经费主要来源于用人单位，国家规定各单位为解决职工生活福利问题必须建立职工福利基金，企业职工福利基金按照国家规定的比例从企业利润中提取。国家机关和事业单位的职工福利基金，可按职工人数提取或工资总额一定比例提取。机关的行政经费、企业的管理费和事业单位的事业费中的一部分以及工会经费的一部分都可作为职业福利的来源。福利设施本身的收入，如电影、溜冰和某些文艺演出、体育竞赛活动所得的收入，也可作为职业福利的来源。

（一）职工集体福利

职工集体福利是为了满足职工的集体性或普遍性生活需要而面向全体职工提供的职业福利。在形式上，职工集体福利可以表现为福利设施的提供，也可以表现为福利服务的提供。前者如设立职工食堂、托儿所、幼儿园、职工子弟学校，修建浴室、理发室、洗衣室等，免费或低收费为职工生活提供便利，或修建电影院、图书馆、俱乐部、体育场、健身馆等，免费或低收费为满足职工的精神生活需要提供条件；后者如供上下班班车服务，对职工进行免费或低收费培训，与教育机构联合开办夜大、函授学习班等。职工集体福利中通常并不直接向职工提供货币补贴。对于因各种原因不利用职工集体福利设施和服务的职工，单位也不另行给予替代性补偿。

（二）职工个人福利

职工个人福利是为了满足职工个人物质和精神需要而提供的职业福利。职工个人福利以货币形式的福利补贴为主，也包括提供福利设施和福利服务。福利补贴是为解决职工不同需要，减轻其生活费用开支而建立的补贴制度，如生活困难补贴、部分地区职工宿舍冬季取暖补贴、职工探亲假补贴、上下班交通费补贴等。职工个人福利设施，主要是指免费或低收费的职工集体宿舍和住宅。福利服务主要包括单位为职工集体宿舍提供免费或低收费物业管理服务、为孤寡残疾职工提供免费照顾等。

长期以来，我国职业福利以职工集体福利和职工个人住房福利为主。但是，职工集体福利和住房福利由单位提供弱化了单位的本来功能，尤其是企业的经济功能。同时，长期、大量的福利设施建设、维修、管理资金的投入也加重了单位的经济负担，难以适应经济改革形势，成为阻碍经济社会发展的因素。因此，从 20 世纪 90 年代初期开始，我国逐渐开始进行职业福利社会化改革，将集体福利和住房福利从职业福利中分离出来，改由国家和社会提供相应的保障。单位在提高职工工资的同时，将职业福利限制在货币化的福利补贴范围内。

三、专门福利

专门福利，也称特殊群体福利，是国家和社会向特殊群体提供的社会福利。专门福利中的特殊群体，包括儿童、老人、妇女、残疾人等。作为追求社会公平的收入再分配制度，社会福利理应向这些特殊群体倾斜，为其提供通过市场不能或不完全能得到的保障。这些特殊群体享受社会福利的状况，往往是衡量一个国家文明发达程度的重要标志。

（一）儿童福利

儿童福利，也称未成年人福利、少年儿童福利，是国家和社会向少年儿童提供的社会福利。少年儿童是国家和民族的希望和未来，保护少年儿童利益，发展儿童福利事业，确保儿童健康成长、全面发展是儿童福利制度发展的目标，为各国和国际组织所接受。

1. 儿童福利立法

国际社会，特别是联合国成立以来，始终关心儿童幸福和儿童权利问题。1946 年 12 月 11 日，联合国设立儿童基金会。1948 年，联合国大会通过《世界人权宣言》，该宣言承认儿童必须受到特殊照顾和协助。1959 年 11 月 20 日，联合国发布专门的《儿童权利宣言》，强调保护儿童权利。由于《儿童权利宣言》不具有条约法的效力，对保障儿童权利极为不利，在波兰的亚当·洛帕萨教授（后为公约起草工作组主席）的倡议下，1979 年，联合国人权委员会开始儿童权利公约的起草工作。同年，波兰向人权委员会提交了儿童权利公约草案的修正文本。人权委员会授权一个不固定的工作小组继续就该文本进行工作。1979—1989 年的 10 年间，人权委员会详尽研究了公约草案，并于 1989 年，即《儿童权利宣言》发表 30 周年和"国际儿童年"设立 10 周年之时完成公约全文的拟定工作，并经由经济及社会理事会提交联合国大会。1989 年 11 月 20 日，联合国大会通过了《儿童权利公约》。1990 年 8 月 29 日，中国政府正式签署了《儿童权利公约》。

1991 年 9 月，我国全国人大常委会通过了《中华人民共和国未成年人保护法》，对未成年人保护问题进行专项立法，该法中"未成年人"的概念与联合国《儿童权利公约》中"儿童"的概念外延一致，为年龄未满十八周岁的公民。2006 年 12 月和 2012 年 10 月，我国又对《未成年人保护法》进行了两次修改。除《未成年人保护法》外，我国还形成了以《中华人民共和国宪法》为核心，包括《刑法》、《民法通则》、《婚姻法》、《教育法》、《义务教育法》、《残疾人保障法》、《未成年人保护法》、《妇女权益保障法》、《母婴保健法》、《传染病防治法》和《收养法》等在内的一系列有关未成年人生存、保护和发展的法律，以及大量法规、政策，形成了较为完备的保护未成年人权益的法律体系。

作为专项的未成年人立法，《未成年人保护法》明确未成年人享有生存权、发展权、参与权、受保护权等权利，国家应当根据未成年人身心发展特点给予特殊、优先保护，保障未成年人的合法权益不受侵犯。生存权是基础性权利，未成年人作为弱小的生命群体，理应受到家庭的庇护，社会也应制定必要制度和采取一定措施，保障未成年人生存的权利。未成年人应当接受教育，享有发展的权利。学校等机构应当安排未成年人参加集会、文化娱乐、社会实践等集体活动，促进未成年人的健康成长。国家和社会应当保护未成年人免受身心摧残、伤害或凌辱、虐待或剥削，保护未成年人在学习、生活、参与社会活动、司法活动中的合法权利。

2. 儿童福利项目

（1）设立儿童救助、福利机构。

孤儿、弃儿、流浪儿童是因各种原因失去家庭保护的未成年人，是未成年人中最需要保护的群体。我国《未成年人保护法》第四十三条规定："县级以上人民政府及其民政部门应当根据需要设立救助场所，对流浪乞讨等生活无着未成年人实施救助，承担临时监护责任；公安部门或者其他有关部门应当护送流浪乞讨或者离家出走的未成年人到救助场所，由救助场所予以救助和妥善照顾，并及时通知其父母或者其他监护人领回。对孤儿、无法查明其父母或者其他监护人的以及其他生活无着的未成年人，由民政部门设立的儿童福利机构收留抚养。未成年人救助机构、儿童福利机构及其工作人员应当依法履行职责，不得虐待、歧视未成年人；不得在办理收留抚养工作中牟取利益。"针对流浪未成年人的保护，国务院办公厅 2011 年发布《关于加强和改进流浪未成年人救助保护工作的意见》，为提高救助保护工作实效，民政部制定了《流浪未成年人需求和家庭监护情况评估规范》，推动各地开展流浪未成年人需求和家庭监护情况评估。

根据 2010 年《国务院办公厅关于加强孤儿保障工作的意见》，对于失去父母或查找不到生父母的未满 18 周岁的孤儿，我国提供了安置孤儿的四种途径：亲属抚养，依照《中华人民共和国民法通则》等法律、法规确定孤儿的监护人；机构养育，对没有亲属和其他监护人抚养的孤儿，经依法公告后由民政部门设立的儿童福利机构收留抚养；家庭寄养，由孤儿父母生前所在单位或者孤儿住所地的村（居）民委员会或者民政部门担任监护人的，可由监护人对有抚养意愿和抚养能力的家庭进行评估，选择抚育条件较好的家庭开展委托监护或者家庭寄养，并给予养育费用补贴，当地政府可酌情给予劳务补贴；依法收养，收养孤儿按照《中华人民共和国收养法》的规定办理。我国传统福利事业的一个重点就是开办儿童福利院、孤儿院、SOS 儿童村等儿童福利机构，专门解决孤儿、弃儿的抚养、保健、教育问题。除此之外，为满足孤儿基本生活需要，我国还建立了孤儿基本生活保障制度。各省、自治区、直辖市政府按照不低于当地平均生活水平的原则，合理确定孤儿基本生活最低养育标准，机构抚养孤儿养育标准应高于散居孤儿养育标准，并建立孤儿基本生活最低养育标准自然增长机制。

（2）提供医疗卫生保健设施和服务。

国家和社会建立专门为儿童提供医疗和卫生保健服务的儿童医院、儿童保健院等机构，开展儿童医疗卫生保健免费咨询、教育活动。我国实行儿童计划免疫制度。凡城镇 0～7 岁，农村 0～12 岁儿童，定期享受儿童基础免疫。国家免费提供破伤风混合疫苗等 7 种疫苗，由当地儿童保健所或社区医院负责接种。近年来，部分地区又增加了免疫接种疫苗的种类，儿童的医疗保健水平大幅提高。我国实行儿童保健制度。凡 7 岁以下的儿童，在城市由居住区指定保健所或综合医院负责，在农村由土地乡村医生和上级保健巡回医生共同负责，按围产期保健、新生儿保健、婴儿保健、幼儿保健、学龄期保健五个阶段分别实行儿童健康保健。保健内容包括：健康观察、定期体检、新生儿专项管理、儿童保健指导、儿童传染病管理等。

（3）提供教育福利。

儿童教育福利主要是普及义务教育，保障儿童享有平等受教育的权利。义务教育经费完全由政府提供。从 2008 年 9 月 1 日开始，我国城乡义务教育全部免除学杂费。

教育福利还包括为达到一定年龄的未成年人提供职业教育。我国在经济不发达地区曾建立初等职业教育，对小学毕业的学生施以职业技能教育。我国还建立了中等职业教育体系和高等职业教育体系，对初中和高中毕业生进行职业技能教育。对未成年人进行教育培训，实际上使他们获得了发展的权利。

（4）提供儿童看护、文化科学活动场所和设施以及健康的社会环境。

国家和社会建立和普及托儿所、幼儿园促进儿童成长，并为家庭提供生活工作便利。同时，建立儿童活动中心、儿童乐园、少年宫等公共文化设施，为儿童进行文化、科学、娱乐活动提供保障。爱国主义教育基地、图书馆、青少年宫、儿童活动中心应当对未成年人免费开放；博物馆、纪念馆、科技馆、展览馆、美术馆、文化馆以及影剧院、体育场馆、动物园、公园等场所，应当按照有关规定对未成年人免费或者优惠开放。国家鼓励新闻、出版、信息产业、广播、电影、电视、文艺等单位和作家、艺术家、科学家以及其他公民，创作或者提供有利于未成年人健康成长的作品。出版、制作和传播专门以未成年人为对象的内容健康的图书、报刊、音像制品、电子出版物以及网络信息等，国家给予扶持。禁止任何组织、个人制作或者向未成年人出售、出租或者以其他方式传播淫秽、暴力、凶杀、恐怖、赌博等毒害未成年人的图书、报刊、音像制品、电子出版物以及网络信息等。中小学校园周边不得设置营业性歌舞娱乐场所、互联网上网服务营业场所等不适宜未成年人活动的场所。任何组织或者个人不得招用未满十六周岁的未成年人，国家另有规定的除外。任何组织或者个人按照国家有关规定招用已满十六周岁未满十八周岁的未成年人的，应当执行国家在工种、劳动时间、劳动强度和保护措施等方面的规定，不得安排其从事过重、有毒、有害等危害未成年人身心健康的劳动或者危险作业。

（5）司法救助与保护。

公安机关、人民检察院、人民法院以及司法行政部门，应当依法履行职责，在司法活动中保护未成年人的合法权益。在司法活动中对需要法律援助或者司法救助的未成年人，法律援助机构或者人民法院应当给予帮助，依法为其提供法律援助或者司法救助。人民法院审理离婚案件，涉及未成年子女抚养问题的，应当听取有表达意愿能力的未成年子女的意见，根据保障子女权益的原则和双方具体情况依法处理。对违法犯罪的未成年人，实行教育、感化、挽救的方针，坚持教育为主、惩罚为辅的原则。对违法犯罪的未成年人，应当依法从轻、减轻或者免除处罚。公安机关、人民检察院、人民法院办理未成年人犯罪案件和涉及未成年人权益保护案件，应当照顾未成年人身心发展特点，尊重他们的人格尊严，保障他们的合法权益，并根据需要设立专门机构或者指定专人办理，各地纷纷成立未成年人法庭保护未成年人的应有权利。公安机关、人民检察院讯问未成年犯罪嫌疑人，询问未成年证人、被害人，应当通知监护人到场。公安机关、人民检察院、人民法院办理未成年人遭受性侵害的刑事案件，应当保护被害人的名誉。

3. 儿童福利制度的不足

我国虽然形成了保护儿童权利的一系列儿童福利制度，但是关于儿童权利保护的福利制度还是存在一些问题，主要表现在：儿童监护人不履行监护人职责或监护人侵犯儿童权益时，对儿童的救济机制规定过于笼统，使儿童权利得不到应有保障。《未成年人保护法》虽然规定"父母或者其他监护人不履行监护职责或者侵害被监护的未成年人的合法权益，经育不改的，人民法院可以根据有关人员或者有关单位的申请，撤销其监护人的资格，依法另行指定监护人。被撤销监护资格的父母应当依法继续负担抚养费用"，但并未指明"有关人员"和"有关单位"的具体身份，而且未规定有关人员和单位不履行申请撤销监护人义务的法律后果，使这条规定几乎形同虚设。《未成年人保护法》虽规定"父母或者其他监护人不依法履行监护职责，或者侵害未成年人合法权益的，由其所在单位或者居民委员会、村民委员会予以劝诫、制止；构成违反治安管理行为的，由公安机关依法给予行政处罚"。但现实中因对儿童疏忽和存在暴力行为的家长，很少被行政处罚，国家或社会力量往往进入不到家庭领域层面，现实中家长打死孩子或饿死孩子的事件虽引起民众轰动，却无法得到根治。我国应赋予行政部门或社会基层部门更多职责和义务，让国家和社会两股力量进入到家庭中，制止侵害未成年人权利事件的再次发生。

（二）老年福利

老年福利是国家和社会向老年人提供的社会福利。根据我国《老年人权益保护法》的规定，老年人是指六十周岁以上的公民。老年人为家庭和社会无私奉献了数十载，是社会财富的重要创造者。老年人有权从国家和社会获得物质帮助，有权享受社会服务和社会优待的权利，有权共享社会发展成果。国家和社会应当采取措施，健全保障老年人权益的各项制度，逐步改善保障老年人生活、健康、安全以及参与社会发展的条件，实现老有所养、老有所医、老有所为、老有所学、老有所乐。旨在为老年人提供舒适生活环境，提高老年生活质量的老年福利，有利于家庭和谐与社会稳定，有利于尊老传统美德的发扬光大。老年福利的目标是老年人生活安定、身心健康。为实现这一目标，1996年10月开始施行的《老年人权益保护法》对老年福利的内容作了系统、具体的规定，2012年12月该法修订后重新发布。

1. 提供老年补贴

老年补贴是国家向老年人提供的普遍性货币福利。老年补贴是社会保险之外的老年物质帮助措施，不以事先缴纳有关费用为前提，也不进行收入调查。原则上，所有超过一定年龄的老年人都有权领取，数额均等。老年补贴是福利国家最常见的全民社会保障制度，是养老保障制度的重要组成部分。由于整体经济条件所限，我国不存在普遍性的全民老年补贴制度，仅存在地区性老年补贴和与计划生育挂钩的老年补贴。自2004年起，我国对农村实施计划生育家庭的老年人，每月给予一定奖励。"十二五"期间，该项奖励措施将惠及城市实施计划生育家庭的老年人。关于这点，我国新修订的《老年人权益保障法》也有体现，它规定国家建立和完善计划生育家庭老年人扶助制度。

我国鼓励地方建立八十周岁以上低收入老年人高龄津贴制度。高龄津贴是一种兼有社会救助和社会福利性质的社会保障措施。至2009年，中国80岁以上的高龄老人已达到1 800多万，并正在以每年100万以上的速度增长。为了解决这部分老年人养老服务的资金保障问题，中国民政部提出：有条件的地区可建立困难老人、高龄老人津贴制度。2011年7月4日，民政工作年中分析会宣布目前全国已有14个省份全面建立高龄津（补）贴制度，惠及800万高龄老人。

2. 设立老年人生活照料机构

国家对经济困难的老年人给予基本生活、医疗、居住或者其他救助。老年社会福利院是民政部门在城镇设立的社会福利事业单位，其任务是接纳城镇无劳动能力、无生活来源、无赡养人和扶养人，或者其赡养人和扶养人确无赡养能力或者扶养能力的"三无"老人，被收养人员的一切生活费用由政府承担。敬老院是农村集中供养"五保老人"的场所，"五保老人"供养是国家举办的农村福利事业的组成部分。收养的"五保老人"依靠集体供养为主，辅之以国家和社会必要的援助，他们的吃、穿、住、医、葬的费用，由农村集体经济组织支付。养老院收住的是居家养老有困难的老人，入住费用自理。养老院大多是民办的养老机构，属于自负盈亏的商业服务机构。政府投资兴办的养老机构，应当优先保障经济困难的孤寡、失能、高龄等老年人的服务需求。2013年，民政部发布《养老机构管理办法》和《养老机构设立许可办法》，为老龄化社会中养老机构的设立、管理提供了法律支持。老年福利院、敬老院、养老院等多层次、多形式的老年人生活照料机构，为老年人提供了生活保障和便利。

3. 提供老年医疗卫生保健服务

老年是最需要医疗卫生保健的人生阶段，国家和社会有义务提供适合老年人的医疗卫生保健服务。1985 年，卫生部发布了《关于加强我国老年医疗卫生工作的意见》，对于我国的老年医疗卫生工作提出指导性意见，主要包括：进行老年流行病学调查，县以上综合性医院可创造条件开设老年病科或组；在挂号、就诊、检查和取药等环节对老年人给予照顾，可采用老年门诊、老年专诊台等多种形式，尽量做到随到随诊；各级医疗机构大力开展家庭病床，把家庭病床作为解决老年人住院难的便民措施；加强老年医学的研究，提高老年病的预防、治疗、科研水平；普及老年保健知识，增强老年人的自我保健意识等。

4. 提供老年人文化康乐活动设施

在我国经济实力增强，老年人获得基本物质保障的前提下，老年人的精神健康对其生活质量的提高更具意义。国家提倡与老年人日常生活密切相关的服务行业为老年人提供优先、优惠的服务。城市公共交通、公路、铁路、水路和航空客运，应当为老年人提供优待和照顾。博物馆、美术馆、科技馆、纪念馆、公共图书馆、文化馆、影剧院、体育场馆、公园、旅游景点等场所，应当对老年人免费或者优惠开放。除此之外，国家和社会还应向老年人免费或低收费提供专门的文化康乐设施，如老年人俱乐部、活动中心等，为老年人参加社会活动、发展个人兴趣与特长提供便利。

（三）妇女福利

妇女福利是国家和社会专门针对女性社会成员提供的社会福利。妇女福利是维护女性社会成员身心健康，切实保障其获得与男性社会成员平等社会地位的重要制度。1988 年 9 月开始施行的《女职工劳动保护规定》和 1992 年 10 月施行《妇女权益保护法》对妇女福利进行了原则性的规定。2005 年 8 月，《妇女权益保护法》进行了修改。

1. 提供女性保健津贴和生育津贴

女性本身的生理特点决定了女性保健支出高于男性，女性还承担着孕育子女的重任，因此，许多国家向女性提供女性保健津贴和生育津贴。我国没有规定统一的女性保健津贴制度，但在许多地区和单位都有职业女性保健津贴，采取"保健费"、"卫生费"等名称。我国在职工生育保险制度中有关于生育津贴的规定。

2. 提供妇女医疗卫生保健设施和服务

国家、社会和单位建立妇幼保健院、女职工卫生室、孕妇休息室等，为妇女提供医疗卫生保健便利。各单位在条件允许的情况下，配备一名专职或兼职人员负责妇幼保健工作，建立健全女职工档案，每年进行一次免费的妇科病检查；对从事有毒作业的女职工还要定期进行职业性健康检查。

3. 提供文化康乐设施和服务

国家和社会通过建立专门的妇女活动中心等设施，保障妇女进行科学、文化、娱乐等活动，丰富妇女精神生活，促进女性身心健康发展。

（四）残疾人福利

根据《中华人民共和国残疾人保障法》的规定，残疾人是指在心理、生理、人体结构上，某种组织、功能丧失或不正常，全部或部分丧失以正常方式从事某种活动能力的人。残疾人包括视力残疾、听力残疾、言语残疾、肢体残疾、智力残疾、精神残疾、多重残疾等。残疾人福利是国家和社会专门向残疾人提供的社会福利。残疾人福利的目标是通过提供残疾人福利，减轻或消除残疾影响和外界障碍，使残疾人分享社会进步成果，平等参与社会生活。2008 年 4 月修订的《残疾人保障法》对残疾人福利进行了相关规定。

1. 提供残疾人医疗康复设施与服务

国家和社会在医疗机构设立康复医学科室，开办必要的专门医疗康复机构，开展康复医疗与训练、科学研究、人员培训、技术指导工作。各级政府和有关部门应积极开展社区医疗康复工作。医疗康复工作应从实际出发，将现代康复技术与我国传统康复技术相结合。以康复机构为骨干，以社区康复为基础，以残疾人家庭为依托；以实用、易行、受益广的康复内容为重点，并开展康复新技术的研究、开发和应用，为残疾人提供有效的免费或低收费的医疗康复服务。

2. 开办特殊教育

国家和社会设立特殊教育学校，或在普通学校附设特教班，保障残疾人受教育的权利。国家给特殊教育教师和手语翻译提供特教津贴。除特殊教育外，普通教育机构有义务接收具有接受普通教育能力的残疾人随班就读。

3. 保障残疾人就业

2007 年，国务院为促进残疾人就业，公布针对性立法——《残疾人就业条例》，鼓励社会组织和个人通过多种渠道、多种形式，帮助、支持残疾人就业，鼓励残疾人通过应聘等多种形式就业。禁止在就业中歧视残疾人。用人单位应当按照一定比例安排残疾人就业，并为其提供适当的工种、岗位。用人单位安排残疾人就业的比例不得低于本单位在职职工总数的 1.5%。用人单位安排残疾人就业达不到其所在地省、自治区、直辖市人民政府规定比例的，应当缴纳残疾人就业保障金。国家对集中使用残疾人的用人单位依法给予税收优惠，并在生产、经营、技术、资金、物资、场地使用等方面给予扶持。集中使用残疾人的用人单位中从事全日制工作的残疾人职工，应当占本单位在职职工总数的 25% 以上。对残疾人从事个体经营的，应当依法给予税收优惠，有关部门应当在经营场地等方面给予照顾，并按照规定免收管理类、登记类和证照类的行政事业性收费。国家对自主择业、自主创业的残疾人在一定期限内给予小额信贷等扶持。中国残疾人联合会及其地方组织所属的残疾人就业服务机构应当免费为残疾人就业提供就业服务。

4. 提供残疾人参与社会活动的便利条件

国家和社会对于行动不便的残疾人提供辅助工具，并逐步实行方便残疾人的城市道路和建筑物设计规范，采取无障碍措施。公共服务机构应为残疾人提供优先服务和辅助性服务。残疾人搭乘公共交通工具，应给予方便和照顾；其随身必备的辅助器具，应准予免费携带。盲人可免费乘坐市内公共汽车、电车、地铁、轮渡；盲人读物可免费邮寄。公共服务机构和公共场所应当创造条件，为残疾人提供语音和文字提示、手语、盲文等信息交流服务，并提供优先服务和辅助性服务。公共交通工具应当逐步达到无障碍设施的要求。有条件的公共停车场应当为残疾人设置专用停车位。

5. 供养困难残疾人

地方各级人民政府对无劳动能力、无扶养人或者扶养人不具有扶养能力、无生活来源的残疾人，按照规定予以供养。国家鼓励和扶持社会力量举办残疾人供养、托养机构。残疾人供养、托养机构及其工作人员不得侮辱、虐待、遗弃残疾人。

四、社区服务

社区服务是社区给人民群众提供的福利性服务。社会通过社区组织和福利机构，把社区的人们组织起来，向需要帮助的人们提供必要的服务，以帮助他们解除或缓解某种困难。近几年，在全国城市中兴起的社区服务，为解决人民群众生活中的诸多不便，缓解社会矛盾，提高人们的生活质量发挥了重要作用。

1. 社区为老年人提供的福利服务

目前，各城市社区开展得最广泛的老年人服务项目是老年人包户服务。一般做法是：先由社区服务中心摸查社区内退休孤老、身边无子女或生活有困难的老年人的生活状况，再由居委会和参加服务的单位和个人签订包户协议，确定服务人员、项目、时间和要求，然后由街道办事处对辖区内包户工作进行检查督促。其他的社区老年人服务项目有：由街道、居委会兴办老年公寓，提供收养、寄托服务；兴建老年人社区活动中心、老年茶社等，提供文化生活服务；由老年人社会保护组织依据法律、法规为那些基本生活权利受到严重侵害的老年人提供紧急庇护、法律咨询、家庭纠纷调解和生活安全服务，以及老年人婚姻介绍服务等。

2. 社区为残疾人和精神病患者提供的服务

基层社区开办残疾人康复中心，开展残疾人康复活动，使散居在社区的残疾人得到康复治疗；开办精神病人工疗站，把社区内的精神病患者收管起来，让他们参加一些简单劳动，同时辅以康复治疗；开办伤残儿童寄托站、弱智儿童启智班，开展残疾儿童寄托服务。

3. 便民利民服务

为了方便居民生活，转移居民家务负担，缓解居民在衣、食、住、行等方面的困难，使他们能安居乐业，基层社区组织开办了便民利民服务，主要有：小型修理业、小型出租业、家庭搬运业务、劳务小时工、日用品小卖部、小型餐饮服务等。

案 例 分 析

【案情】某市劳动就业服务中心举办了一场企业招聘洽谈会，吸引了大量的应聘者。其中，某企业需要招聘电脑操作人员。小李是一位左腿装了假肢的残疾女青年，非常熟悉电脑操作及程序设计。经过面试和实操考核，招聘人员对小李非常满意，但在得知小李为残疾人后，态度有所转变。劳动就业服务中心经理知道此事后，就对该企业说："按比例安排残疾人就业是每个单位应承担的法律责任。接纳残疾人就业是现代文明和社会主义平等、博爱观的体现。安置一名残疾人就业，可以稳定一家，影响一片，具有深刻的社会意义。安置一名残疾人就业，并不会损害企业形象，相反，还会树立企业良好的社会形象，而且单位安置残疾人达到一定比例，还可以免缴相应的残疾人就业保障金。"在劳动就业服务中心的说服下，该企业终于招聘了小李。小李下肢虽然残疾，但并不影响其脑力、手部功能的发挥，在电脑操作这个岗位上，腿部功能是不影响工作效率的，因此工作后小李的业绩较佳。

【问题】在促进残疾人就业方面，应着重做好哪些方面的工作？

【解析】残疾人在激烈的劳动力市场竞争中处于弱势，其劳动权利需要运用政府行为来保护。我国是社会主义国家，能否让残疾人和健全人平等地享有获得劳动等生存条件的权利，不但关系社会稳定，而且影响着政府的形象。这个案例充分显示了职业指导人员在对残疾人给予就业援助时，帮助用人单位消除偏见，在树立残疾人残而不废的新观念方面发挥着重要作用。

在市场经济条件下，残疾人就业安置的主要矛盾是企业自主用人、减员增效原则与政府指令性安置的矛盾。因此，在促进残疾人就业方面，应着重做好以下五个方面的工作：

（1）学习和宣传残疾人保障法及国家有关残疾人就业的法规、政策（各省安置残疾人就业比例和缴纳残疾人就业保障金的规定不同）。

（2）向用人单位介绍岗位特点及岗位用人要求，帮助单位做好用工计划，留出安置岗位，解决残疾人就业。

（3）分析残疾人的特点，做到取其长、避其短。

（4）以理服人，以情动人。在积极向用人单位宣传法律、法规的同时，强调其社会责任和义务。

（5）运用政府行为向单位下达指令性指标，并用行政手段督促其完成。

第二十三章　社会优抚法

第一节　社会优抚法概述

一、社会优抚的概念和特征

（一）社会优抚的概念

社会优抚，是指国家和社会对有特殊贡献者及其家属提供褒扬和优惠性质的物质帮助，以保障其生活不低于当地一般生活水平的制度。社会优抚是社会保障的特殊组成部分，属于特殊阶层的社会保障。抚恤、优待和安置是社会优抚的典型形式。[①] 社会优抚主要包括：

（1）社会抚恤。国家对符合法定条件的因公伤残人员、因公牺牲及病故人员家属采取的一种物质抚慰方式。国家负责对他们予以抚慰，并为保障其生活而提供具有褒扬意义和补偿性质的抚恤金。社会抚恤分为死亡抚恤和伤残抚恤。

（2）社会优待。国家按照法律规定和社会习俗，从政治上和物质上给予现役军人及其亲属等优待对象良好的物质或资金待遇、优先照顾与专项服务，以保证优待对象一定生活水平和生活质量的优抚保障。

（3）军人退役安置和离退休安置。安置就是国家对特定对象或生产、生活有困难者的扶持、帮助或就业安排。退役安置是指国家和社会依法向退出现役的军人提供资金和服务保障，使之重返并适应社会的一种优抚保障制度。离退休安置是向直接从军队现役中离退休的军人提供的养老保障。

（4）医疗减免。国家对于优待对象采取减免医疗费的优抚保障。按照我国法律规定，二等乙级以上革命伤残人员、在乡退伍老战士享受公费医疗；对三等革命伤残军人、在乡老复员军人因病所需医疗费本人支付有困难的，由民政部门给予补助；对烈属、带病回乡退伍军人，因病医疗又无力支付医疗费的，由当地医疗部门酌情给予减免。

（5）医疗供养。国家对基本丧失劳动能力的特等、一等革命伤残军人和其他需要护养治疗的优抚对象实行集中医疗供养。

[①] 郑功成. 社会保障学. 北京：中国劳动社会保障出版社，2005. 223；郭士征. 社会保障研究. 上海：上海财经大学出版社，2005. 186.

（6）孤残养护。无法定赡养人的孤老优抚对象由政府供养，供养标准在社会孤老供养标准基础上再加上抚恤补助金，供养方式采取集中供养和分散供养相结合。①

（二）社会优抚的特征

1. 社会优抚对象的特殊性

社会优抚的对象不是一般的社会大众，而是法律规定的对国家和社会有特殊贡献者及其家庭。例如，我国现行立法所规定的社会优抚对象包括：①现役军人，包括中国人民解放军现役军官、文职干部、士兵和具有军籍的学员；②革命伤残人员，包括伤残军人、伤残民兵、伤残民警；③退役军人，又称复员退伍军人；④烈属即革命烈士家属，指为革命事业牺牲并取得革命烈士称号的人员的遗属；⑤病故军人家属，指在各个时间病故的革命军人的遗属；⑥军属即现役军人家属，指现役军和实行义务兵役制的人民警察（包括武警、边防、消防民警）的家属；⑦见义勇为人员，即非履行职务而为保护国家利益、公共利益和公民人身、财产安全，不顾个人安危，同违法犯罪行为作斗争或在灾害事故中勇于救助的人员。

2. 保障目标具有双重性

一般社会保障制度的目标，是保障社会成员的基本生活并促进社会的稳定与和谐发展，而优抚安置保障的目标则包括稳定军心、巩固国防和维护社会稳定的双重目标。其中，稳定军心、巩固国防是直接目标，并且是社会稳定的基础。这是其他社会保障子系统所不具备的。

3. 保障待遇具有激励性

一方面，与普通国民的社会保障相比，军人保障的待遇要优厚一些，如军队离退休干部的生活费、补助补贴及服务管理就较地方同职级退休人员的待遇标准高，对军人的抚恤标准也高于一般劳动者的工伤抚恤标准，对军属、烈属的照顾也是对军人保障待遇较优的体现。另一方面，在优抚安置保障中，又根据军人个体作出贡献及付出牺牲的不同而有所区别。如对于立功者的优抚安置待遇标准较未立功者相应提高；对因战伤亡的抚恤较因公、因病伤亡的标准要高；在边防海岛艰苦地区服役的要高于一般地区的待遇标准等。这种待遇上的优厚性及差别性，既体现了优抚安置保障制度的政治褒扬性和利益补偿性，又体现了对军人牺牲付出的激励性。

4. 保障内容的全面性

优抚安置保障不同于社会保险、社会救助、社会福利或医疗保障，仅承担社保对象某一方面的生活保障任务，而是涵盖了保险、救助、福利等相关内容，承担着对军人提供全面保障的责任。如伤亡抚恤与离退休安置制度就与一般社会保险内容基本一致。军人精神病院、康复医院、光荣院、离退休休养所及义务兵邮资免费等，实质上与社会福利性质一致。农村乡镇、城市社区对军烈属的某些援助属于社会救助的性质。部分符合条件的优抚安置对象还享受公费医疗待遇，就带有了医疗保障的性质。因此，优抚安置保障具有明显的保障内容综合性特点，是一个以特殊群体对象为划分标志的，相对独立

---

① 陈信勇. 社会保障法原理. 杭州：浙江大学出版社，1996. 43.

的、全面的、综合的社会保障子系统。

5. 保障的政府责任性

优抚保障的责任主体为政府。优抚保障的经费来源主要依靠中央政府及其财政来保证，即实行"国家保障，政府主导"的基本原则。因此，社会优抚的各种手段都以政府有关部门实施为主，社区组织实施为辅，其资金来源以政府财政支出为主，以社会统筹为辅。例如，我国县级以上各级地方政府民政部门设置优抚安置机构，各级民政部门建立财务管理制度，对优抚经费做到专款专用，保证优抚经费按时到位，保障优抚对象的生活。

二、社会优抚的作用

社会优抚在国家的社会经济生活和政治生活中发挥着很大作用，其中较突出的表现在以下三方面：

（一）保障军人崇高的社会地位，激励军人保家卫国

社会优抚可以提高军人的社会地位，增强社会各界对军队和军人的尊敬，表现为社会大众积极参与和支持拥军优属活动。社会优抚还可以加强军队建设，增强国防力量，不断激发男女青年的参军热情，积极报名应征入伍，不断为军队建设输入新鲜血液，提高士兵队伍的素质。社会优抚可以激励军人保卫祖国、建设祖国的献身精神。社会优抚可以解除军人的后顾之忧，激励他们在抵抗外敌入侵、抢险救灾、保卫国家财产和人民生命安全中作出巨大贡献。

（二）使优抚对象的生活得到保障，有效维护社会稳定

社会优抚使抚恤对象在物质生活及上学、就业、医疗、住房等方面有所保障，国家和社会为他们提供一定的优厚待遇，尽力为他们创造良好的生存环境。抚恤对象生活得到切实保障，就可以安心生产和生活，进而增强社会的稳定和安宁。

（三）调动公民同违法犯罪行为斗争的积极性，有利于社会治安综合治理

社会优抚对于调动人民群众保卫社会主义建设的积极性，加强社会治安综合治理，动员社会力量同违法犯罪行为进行斗争，有着积极的保障和促进作用。例如，1985年公布的《关于人民群众因维护社会治安同犯罪分子进行斗争而致伤亡的抚恤问题的通知》对于促进人民群众同犯罪分子进行斗争有着积极作用。[①]

---

① 张京萍. 社会保障制度. 中国社会报，2003（11）.

三、社会优抚法的概念和发展

（一）社会优抚法的概念

社会优抚法是调整社会优抚过程中产生的社会关系的法律规范的总称。社会优抚法包括军人优抚法、烈属优抚法及其他主体优抚法。国家制定并实施社会优抚法律制度的目的在于，通过立法来保障优抚对象的生活，提高他们的社会地位，激励军人保卫祖国、建设祖国的献身精神，加强军队建设，增强国防力量。

社会优抚立法活动在依据社会保障立法一般原则基础之上，结合社会优抚工作的特点，有其特殊的立法原则。主要表现在：第一，优待抚恤与精神褒扬相结合的原则。社会优抚法与其他社会保障法的最大不同，在于其具有强烈的政治性。国家通过立法确立的优抚对象和优抚内容，不仅仅是物质上的优抚，而且带有强烈的精神褒扬色彩，并希望通过物质上的优待和精神上的褒扬，在全体公民中树立起英雄形象和学习榜样。第二，待遇优厚的原则。社会优抚给付标准的制度，应贯彻待遇优厚原则，即给付标准应不低于或稍高于当地群众的平均生活水平。这一原则也与社会保障中层次最低的社会救助的原则完全不同。第三，社会优抚资金三方负担的原则。针对不同的优抚对象实施保障层次不同、标准有别的优抚措施，综合应用社会救助、社会保险与社会福利措施。

（二）社会优抚法的发展

世界各国的社会优抚安置立法，是在军队建设和社会发展过程中不断发展和完善起来的。世界各国都从各自的兵役法和国家稳定的需要出发，对现役军人的优待抚恤和退役后的生活待遇等作了相应的规定。从各国社会优抚立法情况看，有些国家是单独制定优抚条例，对现役军人的优待抚恤和退役后的生活待遇等作出特殊规定，有些国家是在一般性社会保障制度中对优抚对象给予优惠性保障。无论是资本主义国家还是社会主义国家，都建立了适合其本国国情的社会优抚制度体系。例如，1930 年，美国成立退伍军人管理署，内设医疗、福利、阵亡纪念三个处。其主要保障项目是病残退休补偿、阵亡军人遗属抚恤、退伍军人生活贫困补助、退伍军人死亡后其配偶及子女的补助、丧葬补助、职业培训、医疗、退伍军人安置等。

我国自新中国成立以来，一直十分重视社会优抚法律制度的建设。1950 年，经政务院批准，内务部公布了《革命烈士家属、革命军人家属优待暂行条例》、《革命残废军人优待抚恤暂行条例》、《革命军人牺牲、病故褒恤暂行条例》、《民兵民工伤亡抚恤暂行条例》。这些条例详细规定了优抚对象应该享有的实物、劳务、现金待遇，在许多民事权益和社会权益方面，为优抚对象规定了优先权。这四个条例一直沿用到 1988 年，国务院发布《军人抚恤优待条例》后才告废止。党的十一届三中全会以后，党中央、国务院、中央军委多次强调要做好优抚工作。1981 年，国务院、中央军委发布了《关于军队干部退休的暂行规定》，对退休条件、退休后的生活费待遇、住房、家属安置作了详细规定。1984 年颁布的《兵役法》对优抚对象的优抚待遇作了规定。1985 年，中共中央、国务院发出了《关于尊重、爱护军队，积极支持军队改革和建设的通知》，要求切实做好优抚工作。1987 年，国务院发布了《退伍义务兵安置条例》，对义务兵安置范围、原则、具体安置办法都作了规定。1988 年，国务院公布了《军人抚恤优待条例》，该条例对优抚对象应该享受的优待作了全面规定，各省、市、自治区根据各地具体情况制定了具体优待办法。1994 年，民政部、财政部发布了《关于提高部分优抚对象抚恤补助标准的通知》。经过几十年的发展，我国的社会优抚制度的体系、制度、框架已基本建立，为社会优抚工作的开展提供了法律保证。我国社会优抚法律制度的发展呈现出以下特征：

第一，保障范围逐步扩大。1950 年，内务部颁布有关抚恤的条例，对革命军人、民兵民工、革命工作人员作了规定。1980 年，国务院《革命烈士褒扬条例》规定了褒扬在革命斗争、保卫祖国和社会主义现代化建设事业中壮烈牺牲的中国人民解放军指战员和人民群众。1985 年，民政部《关于人民群众因维护社会治安同犯罪分子进行斗争而致伤亡的抚恤问题的通知》把同犯罪分子作斗争而致伤亡的人列入抚恤对象。

第二，待遇标准不断提高。特、一等革命伤残人员由国家供养终身，享受国家的定期抚恤。1988 年以来，国家先后 7 次提高了抚恤金标准，以因战特等伤残人员抚恤金为例，每人每年已从原来的 1 200 元提高到 2007 年的 8 400 元，增长了 7 倍。民政部、财政部 2007 年《关于提高部分优抚对象补助标准的通知规定》规定，生活在农村的烈属、因公牺牲军人家属为每人每月 160～165 元，病故军人家属每人每月 155～160 元。这其中除了国家经济不断发展、国力增强、物价上涨因素以外，也体现了国家对革命伤残人员的关心和爱护。

第三，享受待遇的条件逐步放宽。与 1950 年内务部规定的评残条件相比，1989 年民政部公布的评残条件放宽了。具体表现在：①增加了内伤和职业病条款 26 条；②内、外伤评残条件尽量明确定量标准，例如对视力、听力程度，失去肢体和内伤脏器切除的部位等，都有具体标准，易于操作，易于保护优抚对象的合法权益。[①]

第二节　社会优抚法的基本内容

一、社会优待

社会优待，是指国家和社会按照法律规定和社会习俗，对现役军人及其亲属提供保证一定生活水平和生活质量的资金和服务的优抚保障项目。我国《宪法》规定，优待军人家属。我国《兵役法》规定，现役军人家属应受到社会的尊重和优待。

（一）现役军人家属优待

我国实行现役军人家庭享受优待金的制度。军人家属享受优待金后，生活仍有困

① 刘翠霄. 我国优抚安置法律制度的改革和完善. 法商研究，1999（3）.

难，国家还给予适当补助。农村军人家属优待金，一般以乡、镇为单位统筹，有的地方已实行全县统筹。其统筹办法，一般按人口或承包土地数量平均负担向农户收取，少数地方从乡镇企业收入或其他集体收入提取。优待金按照法定的义务兵现役期限，由义务兵入伍的户口所在地政府发给，非户口所在地入伍的义务兵，不予优待。超期限服役的，部队团以上机关应及时通知地方政府，可继续给予优待；没有部队通知的，义务兵服现役期限满即停止发给优待金。从地方直接招收的军队院校的学员及文艺、体育专业人员的家属，不享受义务兵家属的优待金待遇。

军人家属还享有其他方面的优待。如符合某类条件的军属在入托、入学、就业、住房、参军、看病及贷款和救助等方面均享有一定优待。根据《军人抚恤优待条例》的规定，义务兵入伍前是农业户口的，他们在农村承包的责任田和分得的自留地（山、林）等继续保留；入伍前是企业事业单位职工的，其家属继续享受原有的劳动保险福利待遇。革命烈士、因公牺牲军人、病故军人的子女、弟妹，自愿参军又符合征兵条件的，在征兵期间可优先批准一人入伍。

（二）革命伤残军人优待

革命伤残军人优待主要包括：①领取伤残保健金的革命伤残军人，享受其所在单位的医疗待遇。②领取伤残抚恤金的二等乙级以上（含二等乙级）革命伤残军人，享受卫生部门的公费医疗待遇。③领取伤残抚恤金的三等革命伤残军人因伤口复发治疗所需医疗费用由当地民政部门解决，因病所需医疗费用本人支付有困难的，由当地民政部门酌情给予补助。④因战因公致残、领取伤残抚恤金的革命伤残军人伤口复发，经批准到外地治疗或安排装假肢的，其交通、食宿费用和住院期间伙食费由县级民政部门给予适当补助；领取伤残保健金的革命伤残军人伤口复发医疗和经批准需到外地安装假肢的，其交通、食宿费用，由其所在单位按工伤待遇办理。

（三）复员、退伍军人优待

未参加工作的复员、退伍军人，生活有困难的，由当地民政部门给予定期定量补助，并逐步改善他们的生活待遇。具体条件为：①孤老的；②年老体弱、丧失劳动能力、生活困难的；③带病回乡不能参加生产劳动，生活困难的。

二、社会抚恤

社会抚恤，是指国家负责对符合法定条件的伤残人员或死者遗属予以抚慰，并为保障其生活而提供具有褒扬意义和补偿性质的抚恤金。根据抚恤的事由和对象的不同，分为死亡抚恤和伤残抚恤。

（一）死亡抚恤

死亡抚恤是国家对死者遗属采取的物质抚慰形式。死亡抚恤具有褒扬和补偿性质，主要是用于帮助解决突发性生活困难的社会津贴，也是为了帮助解决长期性生活困难而具有救助性质的国家补助。死亡抚恤可分为：①一次性抚恤金。现役军人死亡，根据死亡性质和本人死亡时的工资收入，由民政部门发给家属一次性抚恤金。②定期抚恤金。革命烈士、因公牺牲军人、病故军人的家属按照规定的条件享受定期抚恤金。③特别抚恤金。在国防和军队建设、科研职业或者作战中作出牺牲贡献的现役军人死亡，除上述抚恤金外，可由国防部发给特别抚恤金。

死亡抚恤的对象是符合法定条件的死者遗属，包括革命烈士家属、因公牺牲军人家属、病故军人家属。由于享受抚恤待遇的遗属一般不可能是死者的全部遗属，国家对遗属的顺序作了限制性规定：①有父母（或抚养人）无配偶的，发给父母（或抚养人）；②有配偶无父母（或抚养人）的，发给配偶；③既有父母（或抚养人）又有配偶的，由其自行商定，未能自行商定的则发给父母（或抚养人）；④没有父母（或抚养人）、配偶的，按先子女后兄弟姐妹的顺序发给其他亲属。

（二）伤残抚恤

伤残抚恤是国家依法为保障现役伤残军人及其家属的生活达到当时社会的一定水平，而按法定项目和标准提供一定资金和服务的特殊保障。伤残抚恤的事故范围，只限于因战致残、因公致残、因病致残。根据《革命伤残军人评定伤残等级的条件》和《革命伤残军人评定病残的条件》的规定，伤残等级应当依据丧失劳动能力及影响生活能力的程度确定。国家根据伤残军人有无工作分别发给伤残保健金或伤残抚恤金。

三、安置保障

（一）退伍安置

退伍安置是指国家和社会依法向退出现役的军人提供资金和服务保障，使之重返并适应社会的一种优抚保障制度。资金保障包括退役安置费、各种临时性生活津贴和生产性贷款；服务保障包括就业安置、就学安置、落户安置、职业培训、技术培训等。退役安置的对象包括转业的军官、复员的志愿兵和退伍的义务兵。

1. 转业军官

转业军官由组织部门和人事部门负责安排工作。根据1975年国务院、中央军委《关于军队干部退出现役暂行办法》的规定，对军队干部退出现役的"转业、复员、退伍"三种渠道提出了具体规定，对干部复员的对象、去向和待遇等问题作了原则要求。国务院军安领导小组、民政部、总政治部等部门于1993年联合发出《关于做好军队复员干部安置工作的通知》，对干部复员安置政策进行了调整。主要内容有：①明确了干部复员是"多渠道地安置军队退出现役的干部"的一种形式，其对象应是符合中国人民解放军《现役军官服役条件》和《文职干部暂行条例》规定的退出现役条件、本人自愿要求复员的军官和文职干部。②扩大了在安置去向上的选择余地。自愿复员的干部既可回原籍或入伍时户口所在地，也可到配偶所在地。除自愿回农村的外，都落非农业户口。③规定了干部复员必须纳入年度军队干部复员计划，由国务院军安领导小组、民政部、总政治部共同下达。④开辟了就业门路。对自愿复员的干部，政府不再分配工作，由本人自行就业；对自谋职业及到边远艰苦地区、经济特区、开发区和重点建设工程、新建扩建单位工作的复员干部，规定了优惠的政策；对复员干部就业后的待遇、住房、随迁家属的安置等，也作了明确规定。

2. 复员的志愿兵和退伍的义务兵

志愿兵和家住城镇、属非农业户口的义务兵由民政部门和劳动部门负责安排工作；家住农村、属农业户口的义务兵按"从哪里来，到哪里去"的原则安置。依据1983年国务院、中央军委《中国人民解放军志愿兵退出现役安置暂行办法》及1994年国务院、中央军委批转国务院军安领导小组、民政部、总参谋部《关于志愿兵转业实行集中交接的意见》的规定，对志愿兵退伍安置，实施回入伍时户口所在地的县（市）安置的办法。在外地结婚的志愿兵转业回入伍时户口所在地安置有困难时，对服役期满、配偶婚前在当地有常住户口且结婚满5年的，可以到配偶所在地安置。在服役期间家庭住址变迁的，未婚志愿兵转业时，可到父母户口所在地安置。其他有特殊情况需要易地安置的，一般由省、自治区、直辖市安置部门审批。

3. 退伍的伤病残义务兵

根据国务院、中央军委在1992年批转民政部、总参谋部等部门《关于进一步做好伤病残义务兵退伍和安置工作意见》的规定，对退出现役集中供养的特等、一等革命伤残义务兵，仍按1979年国务院、中央军委《关于做好部队退伍义务兵伤病残战士安置工作的通知》的规定执行。战士在服役期间患慢性病症，部队要积极予以治疗。对决定退伍的义务兵慢性病病员，在其医疗终结后，符合评定病残条件的，部队按照有关规定予以评残；不符合评定病残条件的，回乡后旧病复发，地方医疗单位应积极予以治疗。因战因公负伤致残的二等、三等革命伤残义务兵退伍后，由原征集地的人民政府接收。原是城市户口的，由原征集地的退伍军人安置机构安排力所能及的工作；原是农业户口的，原征集地有条件的，可以在企业、事业单位安排适当工作；对要求自谋职业的，应予鼓励。

（二）离退休安置

离退休安置是向直接从军队现役中离退休的军人提供的养老保障。其对象包括：离休、退休的军队干部，落实政策改退休的原军队干部，退休的志愿兵，退休的军队无军籍职工。军队干部的退休条件分为三类：一是年老退休，是指军官达到一定的年龄，通常是达到规定的服满现役的最高年限，经组织批准，办理退休；二是伤病残退休，是指尚未达到规定的服满现役的最高年龄，但因战、因公致伤致残或积劳成疾，基本丧失工作能力而办理退休；三是特殊情况退休，是因编制名额缩减，有些干部虽不到退休年龄，身体也不够伤病残退休条件，但又难于安排工作，转业到地方工作，而提前办理退休的。

离退休安置的基本原则是，离休干部除一部分由军队安置外，其余全部由民政部门接收安置。具体措施如下：

（1）凡配偶同在一地的，原则上就地安置。国务院、中央军委《关于军队退出现役暂行办法》规定，军队干部原则上回本人或配偶原籍省、市、自治区安置；如有特殊情况，也可到配偶或父母、子女工作地区安置。

（2）对长期在高原缺氧或特别艰苦的海防和沙漠地区工作的离退休军官，长期从事飞行、舰艇、接触核辐射、导弹推剂等特种专业的离退休干部，长期在艰苦地区工作或长期从事危险性大的特殊工作，身体受到不同程度的损害，离退休后一般回内地安置。本人自愿留在该地区安置的，在安置地点上给予适当照顾。

（3）离休干部从外地到北京、上海、天津三市安置的，从严掌握。1981年，国务院、中央军委《关于军队干部退休的暂行规定》规定："退休干部的安置要从实际出发，有的可以就地安置，有的可以回本人或配偶原籍安置，有的可以到配偶、子女、父母居住地区安置。从外地到北京、上海、天津安置的要从严掌握。自愿回农村安置的给予鼓励。"

四、社会优抚资金

社会优抚资金按其用途一般分为抚恤、安置和补助三大类。抚恤费和安置费，由地方民政部门和军队有关部门直接发给法定的抚恤对象和安置对象。补助经费分为国家补助经费和社会优待经费，前者以社会救助方式使用，即向生活困难且短期内无法摆脱困境的优抚对象定期支付日常生活补贴，向生活暂时发生困难的优抚对象一次性支付应急性补贴；后者则拨给向优抚对象提供优待的单位使用。

（一）资金来源

按照来源不同，社会优抚资金可分为：

（1）预算内优抚资金，是指中央和地方财政拨给的用于社会优抚的专项资金。其使用范围包括：死亡军人抚恤费，伤残军人抚恤费，复员、退伍、转业、离退休军人的安置费，生活补助费或生活费，优抚事业单位经费，烈士纪念建筑物管理维修费等。

（2）预算外资金，是由社会优抚管理机构根据党的方针政策和国家财政制度，按照国家指定的收支范围，自收自支，单独结算，自主管理的资金。它主要由统筹资金、社会资助资金、优抚事业单位上缴资金组成。

（二）资金管理

（1）抚恤补助经费用来保障优抚人员的生活不低于或略高于当地群众平均生活水平。所需经费主要由中央财政根据民政部、财政部制定的基本标准下拨，地方财政适当补贴；在乡老复员军人和带病回乡退伍军人的定期定量补助经费主要由地方各级财政负担，补助标准由各地根据当地经济发展状况确定。

（2）优抚事业单位专项补助经费，是中央财政为促进优抚医院、光荣院改善办院条件，加快事业发展，改进住院人员生活设施，更好地为优抚对象服务所提供的补助性经费。此项经费主要用于优抚医院增添和更新医疗仪器；光荣院主要用于房屋维修、改善老人生活设施和增添必要的医疗保健设备。新建、扩建项目一般不予安排。

（3）优抚事业单位专项补助经费由民政部和财政部共同管理，申请这项经费的报告由各省、自治区、直辖市和计划单列市优抚部门提出，经民政厅（局）审核、会签同级财政部门意见后，以省级或计划单列市民政、财政厅（局）名义联合行文，报送民政部、财政部管理此项经费的具体业务部门。

申请优抚事业单位专项补助经费报告的主要内容包括：申请单位的全称、隶属关系、所在地、简要的基本情况、申请项目的预算及其简要说明，以及地方和申请单位配套资金的落实情况。优抚事业单位专项补助经费申请报告的时间一般在当年的四月底。

（4）烈士纪念建筑物专项补助经费主要是用于烈士纪念建筑物的维修、保护、改善园林园貌和陈展条件等。此项经费由省级民政、财政厅（局）联合向民政部、财政部提出申请经费报告。民政部和财政部研究审批。根据烈士纪念建筑物"分级管理"的原则，中央财政所拨的专项补助经费使用范围仅限于全国重点烈士纪念建筑物保护单位。

案例分析

【案情】某天深夜，王某在回家的路上，遇到一个手持钢刀、正在实施抢劫的歹徒，王某奋不顾身与其搏斗，不幸被歹徒刺中胸部，倒在血泊中。见义勇为的王某被群众送到医院救治。然而，要治好他的伤至少需要8万元，而来自农村的王某家境贫寒，医院一直尽力救治王某，也没有催促王某家属缴纳医疗费。但是，医院毕竟不是慈善机构，无法承担过多的医疗费。而行凶歹徒也没有什么钱，被救助人李某也是下岗工人，靠打零工为生。这样，王某的医疗费陷入困境。而且，由于伤及要害，王某丧失了劳动能力，今后的生活只能依靠其妻子的劳动所得。王某家属向市政府申请见义勇为补助。该市见义勇为协会认为，虽然市政府设立了100万元见义勇为基金，但主要是用来表彰奖励见义勇为英雄的，不能用来支付见义勇为英雄的伤残费、补助费和医疗费。

【问题】负伤致残的见义勇为英雄能否像伤残军人一样得到社会优抚的待遇？

【解析】负伤致残的见义勇为英雄能像伤残军人一样得到社会优抚的待遇。对于见义勇为者，他们面临危险挺身而出，可以说对社会有着特殊贡献。因此，国家应当给予他们优于一般人的保障与奖励。近年来，我国各地纷纷制定有关见义勇为的法规，立法目的在于奖励和保障见义勇为者。保障是维护见义勇为者合法权益的最起码要求，包括见义勇为者受伤的医疗费用承担、丧失劳动能力的保障措施、死亡的丧葬费用及生前抚养人的抚养费用等。奖励包括精神奖励与物质奖励，是法律对见义勇为行为的肯定与褒扬。长期以来，我国社会优抚对象仅限于军烈属、伤残军人、退伍军人等，但实际上现有的地方立法在处理见义勇为公民伤残、牺牲问题时几乎都是参照社会优抚办法加以解决的。因此，对负伤见义勇为者，医疗机构和有关单位要积极、及时地组织抢救和治疗，不得以任何理由拒绝或拖延。要做好见义勇为先进人物的奖励抚恤工作，建立由公安、民政、财政、人事、劳动和社会保障、教育、卫生等部门和社会团体参加的见义勇为者的表彰、评烈、评残、抚恤等工作机制。对于符合革命烈士条件的见义勇为者，要积极申报评烈，并解决好其家属的各项待遇。对于其他见义勇为伤亡者的抚恤，也要按照特殊情况从优办理。

参考文献

1. 黄越钦. 劳动法新论. 北京：中国政法大学出版社，2003.
2. 史尚宽. 劳动法原论. 上海：上海正大印书馆，1934.
3. ［日］大须贺明. 生存权论. 林浩译. 北京：法律出版社，2001.
4. 关怀，林嘉. 劳动与社会保障法. 北京：法律出版社，2011.
5. 王全兴. 劳动法. 北京：法律出版社，2008.
6. 贾俊玲. 劳动法学. 北京：北京大学出版社，2013.
7. 常凯. 劳权论——当代中国劳动关系的法律调整研究. 北京：中国劳动社会保障出版社，2004.
8. 董保华. 劳动关系调整的法律机制. 上海：上海交通大学出版社，2000.
9. 林嘉. 劳动法和社会保障法. 北京：中国人民大学出版社，2011.
10. 程延园. 集体谈判制度研究. 北京：中国人民大学出版社，2004.
11. 郑尚元. 劳动争议处理程序的现代化——中国劳动争议处理制度的反思与前瞻. 北京：中国方正出版社，2003.
12. 姜颖. 劳动合同法论. 北京：法律出版社，2006.
13. 李国光. 劳动合同法教程. 北京：人民法院出版社，2007.
14. 郭捷. 劳动法与社会保障法. 北京：中国政法大学出版社，2008.
15. 石美遐. 劳动法学. 北京：中国劳动社会保障出版社，2004.
16. 常凯. 劳动法. 北京：高等教育出版社，2011.
17. 李炳安. 劳动和社会保障法. 厦门：厦门大学出版社，2007.
18. 张颖. 劳动法学. 北京：中国劳动社会保障出版社，2007.
19. 周长征. 劳动法学. 北京：科学出版社，2004.
20. 黎建飞. 劳动与社会保障法教程. 北京：中国人民大学出版社，2013.
21. 陈良瑾. 社会保障教程. 北京：知识出版社，1990.
22. 郑功成. 社会保障学. 北京：商务印书馆，2000.
23. 郭崇德. 社会保障学概论. 北京：北京大学出版社，1992.
24. 覃有土等. 社会保障法. 北京：法律出版社，1997.
25. 王益英. 社会保障法. 北京：中国人民大学出版社，2000.
26. 葛寿昌. 社会保障经济学. 上海：复旦大学出版社，1990.
27. 莫泰基. 香港贫穷与社会保障. 北京：中华书局，1993.
28. 王元月等. 社会保障. 北京：企业管理出版社，2004.
29. 林嘉. 社会保障法的理念、实践与创新. 北京：中国人民大学出版社，2002.
30. 韩君玲. 劳动和社会保障法简明教程. 北京：商务印书馆，2005.